Bilingual Dictionary

English-Kurdish
Kurdish-English
Dictionary

Compiled by
Shivan Alhussein

STAR Foreign Language BOOKS

© Publishers

ISBN : 978 1 912826 45 2

All rights reserved with the Publishers. No part of this publication may be reproduced or transmitted in any form or by any means, electronic, mechanical, photocopying, recording or otherwise, without the prior written permission of the Publishers.

This Edition : 2026

Published by

STAR Foreign Language BOOKS

a unit of
Star Books

56, Langland Crescent
Stanmore HA7 1NG, U.K.
info@starbooksuk.com
www.bilingualbooks.co.uk

Printed in India at
Star Print-O-Bind, New Delhi-110 020

About this Dictionary

Developments in science and technology today have narrowed down distances between countries, and have made the world a small place. A person living thousands of miles away can learn and understand the culture and lifestyle of another country with ease and without travelling to that country. Languages play an important role as facilitators of communication in this respect.

To promote such an understanding, **STAR Foreign Language BOOKS** has planned to bring out a series of bilingual dictionaries in which important English words have been translated into other languages, with Roman transliteration in case of languages that have different scripts. This is a humble attempt to bring people of the word closer through the medium of language, thus making communication easy and convenient.

Under this series of *one-to-one dictionaries*, we have published almost 63 languages, the list of which has been given in the opening pages. These have all been compiled and edited by teachers and scholars of the relative languages.

Publishers

Bilingual Dictionaries in this Series

English-Afrikaans / Afrikaans-English	Abraham Venter
English-Albanian / Albanian-English	Theodhora Blushi
English-Amharic / Amharic-English	Girun Asanke
English-Arabic / Arabic-English	Rania-al-Qass
English-Bengali / Bengali-English	Amit Majumdar
English-Bosnian / Bosnian-English	Boris Kazanegra
English-Bulgarian / Bulgarian-English	Vladka Kocheshkova
English-Burmese (Myanmar) / Burmese (Myanmar)-English	Kyaw Swar Aung
English-Cambodian / Cambodian-English	Engly Sok
English-Cantonese / Cantonese-English	Nisa Yang
English-Chinese (Mandarin) / Chinese (Mandarin)-Eng	Y. Shang & R. Yao
English-Croatian / Croatain-English	Vesna Kazanegra
English-Czech / Czech-English	Jindriska Poulova
English-Danish / Danish-English	Rikke Wend Hartung
English-Dari / Dari-English	Amir Khan
English-Dutch / Dutch-English	Lisanne Vogel
English-Estonian / Estonian-English	Lana Haleta
English-Farsi / Farsi-English	Maryam Zaman Khani
English-Finnish / Finnish-English	Jessica Maunus
English-French / French-English	Aurélie Colin
English-Georgian / Georgina-English	Eka Goderdzishvili
English-Gujarati / Gujarati-English	Sujata Basaria
English-German / German-English	Bicskei Hedwig
English-Greek / Greek-English	Lina Stergiou
English-Hindi / Hindi-English	Sudhakar Chaturvedi
English-Hungarian / Hungarian-English	Lucy Mallows
English-Italian / Italian-English	Eni Lamllari
English-Japanese / Japanese-English	Miruka Arai & Hiroko Nishimura
English-Kinyawanda / Kinyarwanda-English	Irakoze Shammah La Grace
English-Korean / Korean-English	Mihee Song
English-Kurdish / Kurdish-English	Shivan Alhussein
English-Latvian / Latvian-English	Julija Baranovska
English-Levantine Arabic / Levantine Arabic-English	Ayman Khalaf
English-Lithuanian / Lithuanian-English	Regina Kazakeviciute
English-Malay / Malay-English	Azimah Husna
English-Malayalam - Malayalam-English	Anjumol Babu
English-Nepali / Nepali-English	Anil Mandal
English-Norwegian / Norwegian-English	Samuele Narcisi
English-Pashto / Pashto-English	Amir Khan
English-Polish / Polish-English	Magdalena Herok
English-Portuguese / Portuguese-English	Dina Teresa
English-Punjabi / Punjabi-English	Teja Singh Chatwal
English-Romanian / Romanian-English	Georgeta Laura Dutulescu
English-Russian / Russian-English	Katerina Volobuyeva
English-Serbian / Serbian-English	Vesna Kazanegra
English-Shona / Shona-English	Victorious Tshuma
English-Sinhalese / Sinhalese-English	Naseer Salahudeen
English-Slovak / Slovak-English	Zuzana Horvathova
English-Slovenian / Slovenian-English	Tanja Turk
English-Somali / Somali-English	Ali Mohamud Omer
English-Spanish / Spanish-English	Cristina Rodriguez
English-Swahili / Swahili-English	Abdul Rauf Hassan Kinga
English-Swedish / Swedish-English	Madelene Axelsson
English-Tagalog / Tagalog-English	Jefferson Bantayan
English-Tamil / Tamil-English	Sandhya Mahadevan
English-Thai / Thai-English	Suwan Kaewkongpan
English-Tigrigna / Tigrigna-English	Tsegazeab Hailegebriel
English-Turkish / Turkish-English	Nagme Yazgin
English-Twi / Twi-English	Nathaniel Alonsi Apadu
English-Ukrainian / Ukrainian-English	Katerina Volobuyeva
English-Urdu / Urdu-English	S. A. Rahman
English-Vietnamese / Vietnamese-English	Hoa Hoang
English-Yoruba / Yoruba-English	O. A. Temitope

STAR Foreign Language BOOKS

English-Kurdish

A

a *(art.)*
aback *(adv.)* پشتەوه Pshtewe
abactor *(n.)* دزینی رمشوڵاخ dizeeny rashwalakh
abacus *(n.)* ئەوەی کە رمشوڵاخ دهدزێت awey ka rashewalakh dadzet
abandon *(v.)* چۆڵکردن chol kirdin
abandoned *(adj.)* ڕیسواکردن reswa kirdin
abase *(v.)* شەرمەزار کردن shermazar kirdin
abashed *(adj.)* شەرمەزار دهکات shermazar dekat
abate *(v.)* کەم دەکاتەوە Kem dekatewe
abatement *(n.)* کەم کردنەوە Kem kirdinewe
abbey *(n.)* کڵێسە klesa
abbot *(n.)* کورت دەکاتەوە kort dekatewe
abbreviate *(v.)* کورتکراوه kort krawe
abbreviation *(n.)* وازدەهێنێت Waz dehenet
abdicate *(v.)* واز هێنان waz henan
abdication *(n.)* وازهێناوه waz henawe
abdomen *(n.)* زك Zik
abdominal *(adj.)* زکی Ziki
abduct *(v.)* فراندن frandn
abductee *(n.)* ڕفێنراو Rfenraw
abduction *(n.)* وازهێنان waz henan
abductor *(n.)* ڕفێنەر Rfener
aberrant *(adj.)* نارێك narek
aberration *(n.)* لادان ladan
abet *(v.)* هاندان handan
abettor *(n.)* یارمەتیدەر Yarmetider
abeyance *(n.)* خاموشی khamoshe
abhor *(v.)* ڕق لێبوون Riq Le boon
abhorrent *(adj.)* ڕەقاوی Reqawi
abide *(v.)* بەردەوامبوون Berdewamboon
abiding *(adj.)* پابەندبوون Pabendboon
ability *(n.)* توانا twana
abiotic *(adj.)* نازیندوو Na zindo
abject *(adj.)* پیس Pis
abjure *(v.)* تۆبەکردن tobakirdn
abjurer *(n.)* ئەبجور abjor
ablactate *(v.)* ڕق لی بوون Riq le boon
ablactation *(n.)* ناتەواندن natawandn
ablate *(v.)* هەڵناوسان halawsan
ablation *(n.)* بەستنەوە bastnawa
ablative *(adj.)* لیستی کەڵوپەل Listi kel u pel

ablaze *(adv.)* گڕگرتوو Gir girto
able *(adj.)* بەتوانا batwana
abled *(adj.)* توانای هەیە Twanay heye
ablution *(n.)* دەستنوێژ Dest nwej
ably *(adv.)* بەچالاکی Be chalaki
abnegate *(v.)* خۆنەویستن Kho ne wistn
abnegation *(n.)* لەخۆقەدەغەکردن Le kho qedekhe kirin
abnormal *(adj.)* ناناسایی Na asay
abnormality *(n.)* ناسروشتی Na sroshti
abnormally *(adv.)* بەشێوەیەکی ناناسایی Be sheweyeki na asay
aboard *(adv.)* لەناو فڕۆکەکەدا Le naw frokeda
abode *(n.)* ماڵ mal
abolish *(v.)* نەهێشتن Ne heshtn
abolition *(n.)* هەڵوەشاندنەوە Helweshandnewe
abominable *(adj.)* بەخشندە bakhshinda
abominate *(v.)* بێمانا Be mana
abomination *(n.)* بێهێزی Be hezi
aboriginal *(adj.)* ڕەسەن Resen
aborigine *(n.)* هاوڵاتیین ڕەسەن Hawlatien resen
abort *(v.)* لەباربردن Le barbirdin
abortion *(n.)* لەبارچوون Le bar choon
abortionist *(n.)* لەباربردنی منداڵ Le bar birdini mndal
abortive *(adv.)* پووچ کراوه poch krawa
abound *(v. & prep.)* زۆر بوون Zor boon
about-turn *(n.)* نزیکەی سورانەوە Niziki soranewe
above *(adv. & prep.)* لەسەر Le ser
abrasion *(n.)* لێکردنەوە Le kirdinewe
abrasive *(adj.)* بڕین Brin
abreast *(adv.)* لە یەکتردا Le yektr da
abridge *(v.)* کورتکردنەوە Kort kirdinewe
abridgement *(n.)* کورت کردنەوە Kort kirdinewe
abroad *(adv.)* لە دەرەوەی وڵات la daraway wlat
abrogate *(v.)* هەڵی وەشاند hale washand
abrogation *(n.)* هەڵوەشانەوە Hel weshanewe
abrupt *(adj.)* لەناکاو Le nakaw
abruptly *(adv.)* بەناکاو Be nakaw
abscess *(n.)* چوری Chewri
abscond *(v.)* هەڵاتن Helatin
abseil *(v.)* هەوس Hews
absence *(n.)* نەبوون nabon

absent *(adj.)* نەھاتوو Ne hatoo
absentee *(n.)* ئامادەنەبوو Amade nebo
absolute *(adj.)* رەھا raha
absolutely *(adv.)* بێگومان Be goman
absolution *(n.)* لێخۆشبوون Le khosh boon
absolutism *(n.)* رەھا گەرایی Reha geray
absolve *(v.)* توانەوە Twanewe
absorb *(v.)* ھەڵمژین Hel mijin
absorbable *(adj.)* ھەڵدەمژرێت Hel demijret
absorbent *(adj.)* مژەر Mjer
absorption *(n.)* ھەڵمژینی Hel mijini
abstain *(v.)* خۆت بەدوور بکرە khot bador bikra
abstinence *(n.)* خۆبەدوورگرتن kho ba dorgirtn
abstract *(adj.)* پوختە pokhta
abstraction *(n.)* رووتاندن rotandn
abstruse *(adj.)* ناڕوون Na roon
absurd *(adj.)* بێھوودە Be hode
absurdity *(n.)* گەمژەیی Gemjey
absurdly *(adv.)* بە شێوەیەکی بێمانا Be sheweyeki be mana
abundance *(n.)* زۆری zore
abundant *(adj.)* زۆر zor
abundantly *(adv.)* بە شێوەیەکی زۆر Be sheweyeki zoor
abuse *(v.)* مامەڵەی خراپ Mamelay khrab
abusive *(adj.)* سووکایەتی پێکردن Sokayeti pe kirin
abusively *(adv.)* بە شێوەیەکی سووکایەتی پێکردن Be shewey sokayeti pe kirin
abut *(v.)* لەیەکدان Le yekdan
abyss *(n.)* دۆزەخ Dozekh
acacia *(n.)* ئاکاسیا Akasia
academia *(n.)* ئەکادیمیا akademea
academic *(adj.)* ئەکادیمی Akademi
academically *(adv.)* لە ڕووی ئەکادیمی یا زانستییەوە la roe akademe ya zansteiawa
academician *(n.)* ئەندامی کۆمەڵەکی(زانیاری) نووسەری ئەکادیمی ھونەری) andame komalake(zanyare nwsare akademe honare
academy *(n.)* ئەکادیمی Akademi
acausal *(adj.)* ھاوسۆز Haw soz
accede *(v.)* بەشداریکردن Beshdari kirdin
accelerate *(v.)* خێراکردن Khera kirdin
acceleration *(n.)* توندی Tundi
accelerator *(n.)* تاودەر Taw der
accend *(v.)* شێوەزار Shewe zar

accent *(n. & v.)* زمان گرتن ziman girtn
accentor *(n.)* زەقکەرەوە zaqkarawa
accentuate *(v.)* زەقکردنەوە zaqkirdnawa
accept *(v.)* پەسەندکردن pasand kiridn
acceptability *(n.)* قبوڵکردن Qbol kirdin
acceptable *(adj.)* قبوڵکراوە qbol kirawa
acceptant *(adj.)* قبوڵکەر qbolkar
accepted *(adj.)* وەرگیراوە wargirawa
access *(n.)* دەسگەیشتن dastgaishtn
accessibility *(n.)* دەستڕاگەیشتن dastragayshtin
accessible *(adj.)* دەتواندرێ Detwandre
accession *(n.)* بەرزبوونەوە barzbonawa
accessory *(n.)* پارچەیەکی زیاد Parcheyeki ziad
accidence *(n.)* ڕوداو Rudaw
accident *(n.)* ڕوداو Rudaw
accidental *(adj.)* بەڕێکەوت Beri kewt
accidentally *(adv.)* بە ھەڵە Behele
acclaim *(v.)* ستایشی بکەن stayshe bikan
acclamation *(n.)* ستایشکردن staysh kirdin
acclimatise *(v.)* خۆگونجاندن kho gonjandn
accolade *(n.)* دەستخۆشی dast khoshi
accommodate *(v.)* جێگەی بگرێتەوە Jegay bgretewe
accommodating *(adj.)* جێگیرکردن jiger kirdin
accommodation *(n.)* شوێنی مانەوە shwine manewe
accompaniment *(n.)* ھاوڕێیەتی Hawre yeti
accompanist *(n.)* یاوەری Yaweri
accompany *(v.)* یاوەری بکەن yaware bikan
accomplice *(n.)* ھاوبەش Haw besh
accomplish *(v.)* تەواوکردن tawawkirdin
accomplished *(adj.)* تەواوکرا tawawkra
accomplishment *(n.)* بەدیھێنان badehinan
accord *(n. & v.)* ڕێککەوتن Rek kewtin
accordance *(n.)* بەپێی Be pey
according *(adv.)* بەگوێرەی Be gwerey
accordingly *(adv.)* بەو پێیە Bew peye
accost *(v.)* بەخەمگرتن bakha girtn
accouchement *(n.)* مندالبوون Mindal boon
accoucheur *(n.)* پزیشکی مندالبوون Pizishki mindal boon
account *(n.)* ژمار Jimar
accountability *(n.)* لەپرسینەوە Le pirsinewe
accountable *(adj.)* لێپرسینەویان لەگەڵدا بکرێت liprsenawayan le gelda bkret
accountancy *(n.)* ژمێریاری jmiryari

accountant (n.) ژمێریار Jmeryar
accounting (n.) ژمێریاری jmiryari
accoutre (v.) پەخشندە pakhshinda
accoutrement (n.) زیادکردن Ziadkirin
accredited (adj.) باوەڕپێکراو bawarepikraw
accrete (v.) زیادبوون Ziad boon
accretion (n.) زۆربوون Zor boon
accrue (v.) قازانج کردن qazanj kirdin
accumulate (v.) کۆکردنەوە kokirdnawa
accumulation (n.) کەڵەکەبوون kala kabon
accumulator (n.) کۆکەر Koker
accuracy (n.) وردی Wirdi
accurate (adj.) ورد Wird
accurately (adv.) بەوردی Bewrdi
accusal (n.) تۆمەتبارکردن tomatibarkirdn
accusation (n.) تاوان tawan
accusative (n.) تاوانبار tawanbar
accuse (v.) تۆمەتبارکردن tawanbarkirdn
accused (n.) تاوانباری کرد tawanbare krd
accuser (n.) تۆمەتبار tomatbar
accusing (adj.) گومان خستنە پاڵ goman khstna pal
accustom (v.) خووگرتن khogirtn
ace (n.) یەک لەزار یان لە دۆمینۆ yak lazar yan la domeno
acellular (adj.) بێ خانەیی Be khaney
acene (n.) زیپکە zeepka
acentric (adj.) نا مە لبە ندی Na melbendi
acer (n.) نسیر aser
acerbic (adj.) توند tond
acetate (n.) خۆیی نە سید Khoe asid
acetic (adj.) خەڵی khale
acetic acid (n.) سرکە srka
acetone (n.) شلەبەکی بێ ڕەنگ زوو گڕگرتووە shlabake bi rang zw grgrtwa
acetylene (n.) گازی نەستلین gaze astlin
ache (n.) ئێش Esh
ache (v.) ئێشان eishan
achieve (v.) بەدەستهێنان Be desthenan
achievement (n.) دەستکەوت dastkaot
achiever (n.) بەدەستهێنەر badasthinar
achromat (n.) ناکڕۆمات akromat
achromatic (adj.) بێ ڕەنگ Be reng
acid (n.) ترش tirsh
acid rain (n.) ترشە باران tirsha baran
acid test (n.) تاقیکردنەوەی ترش taqekirdnawae tirsh
acidic (adj.) تێزابی tizabe
acknowledge (v.) دان پێدانان dan pidanan

acknowledgement (n.) ناسیاوی Nasiawi
acme (n.) قوتکە qotika
acne (n.) عازەبە azaba
acolyte (n.) ناکۆلایت akolaet
acorn (n.) بەڕوو baro
acoustic (adj.) دەنگناسی dangnase
acoustics (n.) زانستی دەنگ zanste dang
acquaint (v.) دەزانی dazani
acquaintance (n.) ناسیاو Nasiawi
acquest (n.) دەستبەسەرداگرتن Dest beserda girtin
acquiesce (v.) ڕەزامەندی دەربڕین Rezamendi derbrin
acquire (v.) بەدەست هێنان Bedest henan
acquisition (n.) وەرگرتن wargirtn
acquisitive (adj.) بەدەستهێنانی Bedest henani
acquit (v.) بێتاوان بێت Betawan bet
acquittal (n.) بێتاوان بوون Betawan boon
acratic (adj.) ناکراتیک akratek
acre (n.) دۆنم donm
acreage (n.) دۆنم زەوی donm zaoe
acrid (adj.) تاڵ tal
acrimonious (adj.) تاوانبار tawanbar
acrimony (n.) تاوانبارکردن tawanbarkirdn
acritical (adj.) ڕەخنەگرانە rakhna girana
acrobat (n.) پاڵەوان palawan
acrobatic (adj.) یاری پاڵەوانی yare palawane
acrobatics (n.) تەنافبازی tanafbaze
acronym (n.) کورتکراوەی kortkraoe
acrophobia (n.) ترسان لە بەرزایی trasan la barzay
acropolis (n.) قەڵای ئەسینا Qelay asina
across (prep.) سەرانسەر saransar
acrostic (n.) هۆنراوە honrawa
acrylate (n.) ئەکریلات akrelat
acrylic (adj.) ئەکریلیك akrelek
act (v.) کردار krdar
acting (n.) نواندن nwandn
action (n.) جولە jola
actionable (adj.) دەتوانریت کردار بکریت datwanrit krdar bkrit
activate (v.) چالاك بکە chalak bika
activation (n.) چالاککردن chalakkirdn
active (adj.) چالاك chalak
actively (adv.) چالاکانە chalakana
activist (n.) چالاك chalak
activity (n.) چالاکی chalake
actor (n.) ئەکتەر aktar
actress (n.) ئەکتەر(بۆ مێ) aktar(bo mi)

actual (adj.) بەراستی ba raste
actually (adv.) لە ڕاستی دا la raste da
acumen (n.) چاوتێژی Chaw tiji
acupressure (n.) پەستانی دەرزی لێدان Pestani derzi le dan
acupuncture (n.) دەرزی لەمێنگایەکی تایبەتی لەشدا ھەندێ نەخۆشی چارەسەردەکات darze lajiga ya ke taybate lashda handi nakhoshe charasardakat
acupuncturist (n.) پزیشکی دەرزی لێدان Pizishke derzi le dan
acute (adj.) تووند tond
ad hoc (adj.) تەرخانکراو tarkhankraw
adage (n.) پەندی پێشینان pande pishenan
adamant (adj.) بەردێکی سەخت bardike sakht
adapt (v.) دەگونجێنێ dagonjini
adaptable (adj.) گونجاوە gonjawa
adaptation (n.) گونجاندن gonjandn
adaptor (n.) ئەداپتەری adaptare
add (v.) کۆی دەکاتەوە koe dakatawa
addendum (n.) زیادە Ziade
adder (n.) زیادکەر Ziad ker
addict (n.) ئالوودەبوون Alode boon
addict (v.) ھۆگر Hogir
addicted (adj.) ئالووده Alode
addiction (n.) خۆوگری khogre
addictive (adj.) ئالوودەبوون Alode boon
add-in (n.) زیادکردن-لە zyadkirdn-la
addition (n.) لەسەر دانان lasar danan
additional (adj.) سەر باز sar baz
additive (n.) زیادەکراو Ziad kraw
addled (adj.) زیادکراو Ziad kraw
address (n.) ناونیشان Naw nishan
addressee (n.) ناونیشاندەر Naw nishander
addresser (n.) پوستەنیر postanir
adduce (v.) بەڵگەھێنانەوە Belge henanewe
adept (n.) شارەزا sharaza
adept (adj.) لێزان lizan
adequacy (n.) بەس bas
adequate (adj.) بەسیەتی Besyeti
adequately (adv.) بە شێوەیەکی گونجاو ba shiwayake gonjaw
adhere (v.) پابەند بن Pabend bin
adherence (n.) پابەندبوون Pabend boon
adherent (n.) پابەن Paben
adhesion (n.) پێوەنوسان Pewenosan
adhesive (n.) پێوە مەنوسێ Pewe denose

adieu (exclam.) ماڵئاوایی لێ بکەن malawai li bkan
adipose (adj.) چەوری chaore
adjacent (adj.) نزیك Nizik
adjective (n.) ناوەڵناو awalnaw
adjoin (v.) ھاوسنوورەبوون haosnorbon
adjourn (v.) دواخستن Dwakhistin
adjournment (n.) دواخستن Dwakhistin
adjudge (v.) دادگەری کردن dadgare kirdn
adjudicate (v.) دادوەری بکەن dadware bikan
adjunct (n.) یارمەتیدەر yarmatedar
adjuration (n.) سۆێند خواردن soind khwardn
adjure (v.) سوێنددان soinddan
adjust (v.) راستی دەکاتەوە rasty dakatawa
adjustment (n.) رێکخستن Rek khstin
administer (v.) کاردەگێرێ kardagiri
administrate (v.) بەڕێوەبردن Berewebirdin
administration (n.) کارگێری Kargeri
administrative (adj.) بەڕێوەبەرایەتی Berewererayeti
administrator (n.) بەڕێوەبەر bariwabar
admirable (adj.) بەباشترین شێوە Be bashtreen shewe
admiral (n.) دەریاوان daryawan
admiralty (n.) دیوانی ھێزی دەریا dewany hize darya
admiration (n.) پەسەندی pasande
admire (v.) پەسندیدەکات Pesend dekat
admissible (adj.) ڕێپێدراو Re pedraw
admission (n.) وەرگرتن wargirtn
admit (v.) دان پیدانان dan pidanan
admittance (n.) چۆنەڕۆوەوە Chone jorewe
admittedly (adv.) دان بەوەدا بنێین Dan beweda bnen
admonish (v.) ئامۆژگاری بکەن amizhgare bikan
admonition (n.) ئامۆژگاریکردن amizhgarekirdn
ado (n.) زۆرجوڵانەوە Zor jolanewe
adobe (n.) خشت khsht
adolescence (n.) ھەرزەکاری Herzekari
adolescent (adj.) ھەرزەکار harzakar
adopt (v.) دەیگرتەخۆی Dey gretekhoy
adoption (n.) گرتنەخۆ grtnakho
adoptive (adj.) بەخێوکردن Be khew kirdin
adorable (adj.) خۆشەویست Khoshe wist
adoration (n.) پەرستن parstin
adore (v.) پە رستن parstin

adorn *(v.)* رازاندنەوە razandnawa
adrenal *(adj.)* نەدرنال adrnal
adrift *(adj.)* بێنامانج Be amanj
adroit *(adj.)* شارەزایی Sharezay
adscititious *(adj.)* دروستکەر drostkar
adscript *(adj.)* دەق daq
adsorb *(n.)* مژینی Mjini
adulate *(v.)* زۆر پیاھەڵدان Zor pia heldan
adulation *(n.)* ریاکاری Ria kari
adult *(n.)* گە یشتوو Geyshto
adulterate *(v.)* زیناکەر zenakar
adulteration *(n.)* خراپ کردن khrap kirdn
adulterer *(n.)* زیناکەر(پیاو) zenakar(peao)
adultery *(n.)* زیناکردن zenakirdn
advance *(v.)* بەرەو پێش چوون barao pish chon
advanced *(adj.)* پێشکەوتوون pishkaoton
advantage *(n.)* سەوود saod
advantageous *(adj.)* بەسوود Be sood
advent *(n.)* گەیشتن gaeshtn
adventure *(n.)* سەرکەش sarkash
adventurous *(adj.)* سەرکەشانە sarkashana
adverb *(n.)* ئاوەڵفرمان awalfrman
adverbial *(adj.)* ئاوەڵفرمانی awalfrmane
adversary *(n.)* نە یار Neyar
adverse *(adj.)* پێچەوانە pichawana
adversity *(n.)* بەڵا bala
advertise *(v.)* ریکلامکردن reklamkirdn
advertisement *(n.)* راگەیاندن ragayandin
advice *(n.)* ئامۆژگاری amozhgare
advisability *(n.)* ئامۆژگاریکردن amozhgarekirdn
advisable *(adj.)* ئامۆژگاری دەکریت amozhgare dakrit
advise *(v.)* راویژ Rawej
advisory *(adj.)* راویژکاری Rawej kari
advocacy *(n.)* لایەنگری layangire
aegis *(n.)* قەڵغان qalghan
aeon *(n.)* کات kat
aerate *(v.)* ھەواگرکی hawagorki
aerial *(n.)* ئاسمانی asmane
aerobatics *(n.)* نمایشی تەقڵبازی فرۆکە nmaeshe taqlabaze firoka
aerobics *(n.)* ئایرۆبیک aerobek
aerodrome *(n.)* فرۆکەخانە frokakhana
aerodynamics *(n.)* زانستی دینامیکی zanste denameke
aerofoil *(n)* ئایرۆفۆیل aerofoel
aeronautics *(n.)* فرۆکەوانی frokawane

aeroplane *(n.)* فڕۆکە froka
aerosol *(n.)* دوکەڵ dokal
aerospace *(n.)* تەکنەلۆجیای فڕین لەم ناوچەدا Teknolojiay frin lem nawcheda
aerostatics *(n.)* ئایرۆستاتیك aerostatek
aesthete *(n.)* جوانکاری jiwankare
aesthetic *(adj.)* جوانی jwane
afar *(adv.)* دوور dor
affable *(adj.)* دۆستانە dostana
affair *(n.)* کاروبار karobar
affect *(v.)* کاریگەری karegare
affectation *(n.)* سۆز soz
affected *(adj.)* کاریگەری لەسەرە karegare lasara
affection *(n.)* ئارەزو arazo
affectionate *(adj.)* ئەفینی Avini
affidavit *(n.)* بەڵگەنامەی سوێندخواردن balganamae soindkhwardin
affiliate *(v.)* پەیوەندیدار paewandedar
affiliation *(n.)* پەیوەندیکردن paewandekirdn
affinity *(n.)* نزیکایەتی Nizikayeti
affirm *(v.)* دووپاتی بکەمەوە dopate bikanawa
affirmation *(n.)* دووپاتکردنەوە dopatkirdnawa
affirmative *(adj.)* دووپاتکردنەوە dopatkirdnawa
affix *(v.)* زیادە بە ووشە دەلکێندری zeada ba wsha dalindri
afflict *(v.)* خەم وخەفەت پێدان Khem u khefet pedan
affliction *(n.)* ئێش و ئازار Esh u azar
affluence *(n.)* دەوڵەمەندی Dewlemendi
affluent *(adj.)* دەوڵەمەند daolamand
affluential *(n.)* دەوڵەمەند daolamand
afford *(v.)* توانین twanen
affordability *(n.)* بە نرخێکی گونجاو ba nrkhike gonjao
afforest *(v.)* دارستان dairstan
affray *(n.)* شەرکردن sharkirdn
affront *(n.)* بەسووك سەیرکردن basok saerkirdn
afield *(adv.)* لە کێڵگە la kilga
aflame *(adv.)* بڵێسەی ناگر blisae agir
afloat *(adv.)* لە ناودا ھەڵدەفرێت Le awda heldefret
afoot *(adv.)* بە پێ be pe
afore *(prep.)* پێشتر Peshtr
aforementioned *(adj.)* پێشتر باسمان کرد Peshtr basman kird

afraid *(adj.)* ترس trs
afresh *(adv.)* سەرلەنوێ sarlanoe
aft *(n.)* له بەشی دواوەی کەشتیدا la bashe dwawae kashteda
after *(prep.)* پاش pash
afterbirth *(n.)* دوای لەدایکبوون dwae ladaykbon
aftercare *(n.)* چاودێری دوایی Chawderi dway
after-effect *(n.)* دوای کاریگەری Dway karegeri
aftermath *(n.)* دوای ئەوە dwae awa
afternoon *(n.)* دوای نیوەڕۆ dwae newaro
after-party *(n.)* دوای ئاهەنگەکە dwae ahangaka
aftersales *(adj.)* پاش فرۆشتن pash firoshtn
aftershave *(n.)* دوای ڕیش تاشین dwae resh tashen
afterthought *(n.)* بیرکردنەوەی دوایی berkirdnawaye dwae
afterwards *(adv.)* دواتر dwatir
again *(adv.)* دووباره dobara
against *(prep.)* دژی Diji
agar *(n.)* ئاگار Agar
agate *(n.)* عەقیق aqeq
agaze *(adj.)* ئاگازی agaze
age *(n.)* تەمەن Temen
aged *(adj.)* بەسالا چو ba sala cho
ageing *(n.)* پیربوون Pirboon
ageism *(n.)* تەمەنگەرایی tamangarae
ageless *(adj.)* بێ تەمەن Be temen
agency *(n.)* دەزگا Dezga
agenda *(n.)* کارنامە karnama
agent *(n.)* بریکار brekar
agglomerate *(n.)* کۆمەڵ komal
agglomerate *(v.)* تۆپەڵ کردن twpalkirdn
aggradation *(n.)* تۆندبوونەوە tondbonawa
aggrandize *(v.)* گەورەکردن Gewrekirdin
aggravate *(v.)* خراپترکردن khraptkirdn
aggravation *(n.)* ناڵەباربوون nalabarebon
aggregate *(v.)* کۆکردنەوە kokirdnawa
aggression *(n.)* شەڕ ئەنگێزی sharangize
aggressive *(adj.)* دوژمنکارانە dozhmnkarana
aggressor *(n.)* شەڕ ئەنگێز sharangiz
aggrieve *(v.)* ئازاردان azardan
aghast *(adj.)* سەرسورهێنەر Sersorhener
agile *(adj.)* گورج و گۆڵ gorj o gol
agility *(n.)* بەهەڵمەت Be helmet

agitate *(v.)* تێکەڵ بکە tikal bka
agitation *(n.)* وروژاندن wrozhandn
aglare *(adj.)* ژیر Jir
aglow *(adv.)* گەش gash
agnostic *(n.)* کەسێکی گومانی لەبوونی خودا kasike gomanaoe labone khoda
agnosticsm *(n.)* زانستی ناشیاو Zansti nashiaw
ago *(adv.)* پێش pish
agog *(adj.)* بە پەرۆش ba parosh
agonize *(v.)* ئازاریدەدا Azare deda
agony *(n.)* ئازار azar
agoraphobia *(n.)* فۆبیای تەرسی شوێنی گشتی fobyae trse shoine gshte
agrarian *(adj.)* کشت و کاڵ Kisht u kal
agree *(v.)* ڕازی بوون Razi boon
agreeable *(adj.)* رەزامەندی لەسەرە razamande lasara
agreement *(n.)* ڕێککەوتن Rek kewtin
agricultural *(adj.)* کشت و کاڵی Kisht u kali
agriculture *(n.)* کشتوکاڵ Kisht u kal
agriculturist *(n.)* کشتوکاڵکار Kisht u kal kar
agriproduct *(n.)* بەرهەمی کشتوکاڵی Berhemi kisht u kali
agro *(n.)* کشتوکاڵ Kisht u kal
agrochemical *(n.)* کشتوکاڵی کیمیایی Kisht u kali kimiawi
agro-industry *(n.)* پیشەسازی کشتوکاڵی Pehsesazi kisht u kali
agrology *(n.)* کشتوکاڵناسی Kisht u kalnasi
agronomy *(n.)* ئەندازەی کشتوکاڵ Andeazey Kisht u kal
ague *(n.)* ملاریا malaria
ahead *(adv.)* لەبەر پێشەوە Le bo peshewe
ahoy *(interj.)* من خۆشم دەوێت mn khoshm dawit
aid *(n. & v.)* هاوکاری Hawkari
aide *(n.)* یاریدەدەر yaredadar
AIDS *(n.)* یارمەتییەکان yarmateakan
ail *(v.)* ئازاریدەدا Azari deda
ailing *(adj.)* نەخۆش nakhwsh
ailment *(n.)* دەرد dard
aim *(v.)* ئاراستەیدەکا Arastey deka
aimless *(adj.)* بێ ئامانج Be amanj
air *(n.)* با Ba
air conditioning *(n.)* تەندروستی tandrosti
air freight *(n.)* گواستنەوە بەڕگای ئاسمان gwastnawa bargae asman
air freshner *(n.)* پاکەرمەوەی با pakarawae ba

air hostess (n.) خانەخۆیی ئاسمان khanakhoi asman
airbag (n.) سەرینی هەوا sarene hawa
airband (n.) ئایرباند aerband
airbase (n.) بنکەی ئاسمانی bnkae asmane
airbed (n.) جێگەی نوستن لە هەوا jigae nostn le hawa
airborne (n.) ئاسمانی asmani
airbrake (n.) سۆکانێکی هەوا sokanike hawa
airbus (n.) ئایرباس Air bas
aircraft (n.) فڕۆکە fruka
aircrew (n.) دەستەی ئاسمان Destey asman
airdrop (n.) دابەزینی هەوا Dabezini ba
airfare (n.) کرێی فڕۆکە krey fruka
airfield (n.) فڕۆکەخانە fruka xana
airgun (n.) دەمانچەی هەوایی damanchay hawa
airlift (n.) گواستنەوەی ئەسمانی gwastnaway asman
airy (adj.) هەوادار hawadar
aisle (n.) ڕێڕەو Rerew
ajar (adv.) نەختێک کراوە nakhtik krawa
akin (adj.) ناسیاو Nasiaw
akinesia (n.) ئاکینێسیا akenisya
alabaster (n.) مەڕمەڕی سپی marmare sipe
alacrious (adj.) هاوسۆز hawsoz
alacrity (n.) خێرایی khiraye
alarm (n.) ئاگادارکردن agadarkirdn
alarming (adj.) ترسناك trsnak
alarmist (n.) کەسێکی دەم بەهاوار kasike dam bahawar
alas (interj.) بەداخەوە badakhawa
albatross (n.) ئەلباترۆس albatros
albeit (conj.) هەرچەندە harchanda
albino (n.) بێ ڕەنگ Be reng
album (n.) ئەلبوم albom
albumen (n.) سپی هێلکە sipe gilka
alchemist (n.) کیمیاگەر Kimia ger
alchemy (n.) کیمیا بە واتا کۆنەکەی kemya ba wata konakai
alcohol (n.) کهول khol
alcoholic (n.) کحولی khole
alcoholism (n.) هەمیشە عارەق خواردنەوە hamesha araq khwardnawa
alcove (n.) سووچ soch
alder (n.) دەرختێکە لەچنار دەچێت darkhtika lachnar dachit
ale (n.) ئاوجۆ Awcho
alegar (n.) ئەلیگار alegar

alert (adj.) ئاگادارە agadara
alertness (n.) بێداری bidare
alfa (n.) ئەلفا alfa
algae (n.) قەوزە qaoza
algebra (n.) جەبر jabir
algorithm (n.) ئەلگۆریزم algwrezm
alias (adv.) ناسراوبە nasraeba
alibi (n.) بیانوو هێنانەوە beano hinanawa
alien (adj.) دەخیل dakhel
alienate (v.) ئاوارەکردن awarakirdn
aliferous (adj.) ئالیفێرویوس aliferoews
alight (v.) دابەزینە dabaina
align (v.) ڕێکخستنی rikshstne
alignment (n.) ڕێکخستن rikshstn
alike (adj.) هاوشێوە hawshiwa
aliment (n.) بژێو bzhio
alimony (n.) نەفەقە nafaqa
alive (adj.) زیندوو zendo
alkali (n.) قەڵای qalae
alkaline (adj.) تفت tift
all (adj.) گشت gsht
allay (v.) هێوریکردەوە hiwrekrdawa
allegation (n.) داواکاری dawakare
allege (v.) دەڵێت delet
allegiance (n.) بەیعەت baeaat
allegory (n.) چیرۆکێکی نیشانەیی cherokike neshanaye
allergic (adj.) هەستیار hastyar
allergy (n.) هەستیاری hastyare
alleviate (v.) سووککردن sokkirdn
alleviation (n.) کەم کردنەوە kam kirdnawa
alley (n.) دارشتە darshta
alliance (n.) هاوپەیمان Hawpeyman
allied (adj.) هاوپەیمانان Hawpeymanan
alligator (n.) تەمساحی ئەمریکییە temsahe amriki
alliterate (v.) یەکلاکەرەوە yaklakarawa
alliteration (n.) قەسەکردن qsakirdn
allocate (v.) تەرخان دەکا tarkhan daka
allocation (n.) دانان danan
allot (v.) تەرخان بکە tarkhan bika
allotment (n.) تەرخانکردن tarkhankirdn
allow (v.) ڕێپێدان Re pedan
allowance (n.) دەرماڵە darmala
alloy (n.) دارشتە darshta
allude (v.) تێکەڵیدەکا tikaledaka
allure (v.) دڵفڕاندن dlfrandn
alluring (adj.) فریودەر frewadar

allusion *(n.)* ناوهێنانی ناراستەوخۆ Naw henani na rastewkho
allusive *(adj.)* ئاماژە Amaje
ally *(n.)* هاوپەیمان Hawpeyman
almanac *(n.)* سالنامە salnama
almighty *(adj.)* گەورە gawra
almirah *(n.)* ئەلمیرە almera
almond *(n.)* گوێز gwiz
almost *(adv.)* نزیکەی nzekae
alms *(n.)* زەکات zakat
aloe *(n.)* ئالۆی aloe
aloft *(adv.)* بەرز barz
alone *(adj.)* تەنها tanha
along *(adv. & prep.)* بەدرێژایی badrizhae
alongside *(prep.)* شانبەشانی Shan beshani
aloof *(adv.)* دوورکەوتنەوە dwrkaotnawa
aloud *(adv.)* بە دەنگی بەرز ba dange bariz
alp *(n.)* ئالپ alp
alpha *(n.)* ئەلفا alfa
alphabet *(n.)* ئەلفوبێ alfobye
alphabetical *(adj.)* ئەلف و بێیانی Alf u beyani
alpine *(adj.)* پێیوەندی بە چیاکانی ئەلب هەیە paeande ba cheakane alb haya
already *(adv.)* پێشتر pishtir
also *(adv.)* هەروەها harwaha
altar *(n.)* قوربانگا qorbanga
alteration *(n.)* گۆڕانکاری gorankare
altercation *(n.)* مڵمڵانی mlmlani
alternate *(v.)* جێگۆڕین jigoren
alternative *(adj.)* گۆڕاو gorao
alternatively *(adv.)* لەسەرێکی ترەوە lasarike tirawa
although *(conj.)* هەرچەندە harchanda
altimeter *(n.)* بەرزی پێوەر barze piwar
altitude *(n.)* بەرزی barze
altogether *(adv.)* هەمووی hamoy
altruism *(n.)* خۆبەخشی khwbakhshe
altruist *(n.)* خۆبەخش khwbakhsh
altruistic *(adj.)* خۆبەخشانە khwbakhshana
aluminate *(v.)* ئەلمەنایت alamnaet
aluminium *(n.)* ئەلۆمنیۆم alomneom
always *(adv.)* هەموکاتێ hamokate
Alzheimer's disease *(n.)* نەخۆشی ئالزەیمەر nashoshe alzamer
am *(abbr.)* ئام am
amalgam *(n.)* ئەمەلگەم amalgam
amalgamate *(v.)* یەك دەگرێ yak dagri
amalgamation *(n.)* دارێژان darizhan

amass *(v.)* کۆمەڵ کردن komal kirdn
amateur *(n.)* ناپێشەباز napeshabaz
amatory *(adj.)* ئاماتۆری amatore
amaze *(v.)* سەرسەم بێت sarsam bit
amazement *(n.)* سەرسورمان sarsorman
ambassador *(n.)* بالیۆز baleoz
amber *(n.)* کەھرەمان Kehreman
amberite *(n.)* عەنبەر Anber
ambidexter *(n.)* ڕێکخستن rikkhstn
ambience *(n.)* دەوروبەر daorobar
ambient *(adj.)* لەھەموو لایەکەوە Le hemo layekewe
ambiguity *(n.)* ناروونی Narooni
ambiguous *(adj.)* فرمانا framana
ambit *(n.)* کەمەرە kamara
ambition *(n.)* ئاوات awat
ambitious *(adj.)* ئاوات خواز awat khwaz
ambivalence *(n.)* دووفاقی Dofaqi
ambivalent *(adj.)* دوودڵ بەرامبەر بە مرۆڤ dodl barambar ba mirov
amble *(v.)* لەسەرخۆ ڕۆیشتن Le ser kho roishtin
ambulance *(n.)* ئۆتۆمبیلی فریاکەوتن Autombili Fryakewtin
ambulant *(adj.)* ئۆتۆمبیلی فریاکەوتن Autombili Fryakewtin
ambush *(n.)* کەمین Kemin
ameliorate *(v.)* چاك کردن chak kirdn
amelioration *(n.)* گۆڕان goran
amen *(interj.)* ئامین amen
amenable *(adj.)* جێگەی ڕەزامەندی jigae razamande
amend *(v.)* هەموار کردن hamwar kirdn
amendment *(n.)* هەموار کردنەوە hamwar kirdnawa
amenity *(n.)* خزمەتگوزاری khzmatgozare
amiability *(n.)* دۆستایەتی dostayate
amiable *(adj.)* دۆستانە dostana
amicable *(adj.)* ڕووخۆش rokhosh
amid *(prep.)* لەناو lanao
amiss *(adj.)* ناشیاو nashyao
amity *(n.)* هاوڕێیەتی haorieate
ammonia *(n.)* ئەمۆنیا amonya
ammunition *(n.)* جبەخانە jbakhana
amnesia *(n.)* نەخۆشی لەبیرچوونەوە nakhoshe laberchonawa
amnesty *(n.)* لێبوردن libordn
among *(prep.)* لەنێوان laniwan
amongst *(prep.)* لە نێوان laniwan

amoral *(adj.)* بێ ئەخلاق bi akhlaq
amorous *(adj.)* دڵدار dldar
amorphous *(adj.)* نادیار nadyar
amount *(n.)* بڕ bir
amour *(n.)* دڵداری dldare
ampere *(n.)* ئەمپیر amper
amphibian *(n.)* گیانەوەرێکی وشکاوەکیە gyanawarik wshkawakea
amphibious *(adj.)* دوو سروشت do srosht
amphitheatre *(n.)* بەپانە bapana
ample *(adj.)* فراوان frawan
amplification *(n.)* درێژکردن drizhkirdn
amplifier *(n.)* دەنگ گەورەکەر dang gaorakar
amplify *(v.)* گەورەدەکا gaoradaka
amplitude *(n.)* زۆری zore
amputate *(v.)* بڕینەوەی پەلی مرۆڤ بە نەشتەرگەری brenawae pale mirov ba nashtargare
amputation *(n.)* بڕینی جەستە brene jasta
amputee *(n.)* بڕبڕەی پشت brbrae pisht
amuck *(adv.)* پیاو کوژ pyae kozh
amulet *(n.)* چاوەزار chawazar
amuse *(v.)* دڵێدەداتەوە dledasatawa
amusement *(n.)* دڵدانەوە dldanawa
An *(adj. & art.)* ناوی ئەنسیارە amraze nanasyara
anabolic *(n.)* ئەنابۆلیك anabolek
anachronism *(n.)* هەڵەی مێژووی halae mizhoe
anaemia *(n.)* کەم خوێنی kam khoine
anaesthesia *(n.)* بێهۆشکردن bihoshkirdn
anaesthetic *(n.)* بێهۆشکەر bihoshkar
anal *(adj.)* نزیکی کۆم nzeke kom
analgestic *(n.)* ئازار شکێن azar shkin
analogous *(adj.)* هاوشێوە hawshiwa
analogy *(n.)* لێکچوون Lek choon
analyse *(v.)* شیکاری بکەن shekare bikan
analysis *(n.)* شیکاری shekare
analyst *(n.)* شیکارکەر shekar kar
analytical *(adj.)* شیکەرەوە shekarawa
anamnesis *(n.)* مێژووی نە خۆش Mejoy nekhosh
anamorphosis *(adj.)* ئانامۆرفۆسیس anamorfoses
anarchism *(n.)* فەرمانڕەواییە farmnrawaea
anarchist *(n.)* ئاژاوەخواز Ajawe khwaz
anarchy *(n.)* ئاژاوە Ajawe
anatomy *(n.)* زانستی توێژکاری Zansti tuejkari

ancestor *(n.)* باپیر baper
ancestral *(adj.)* باوباپیران baobaperan
ancestry *(n.)* ڕەگەز ragaz
anchor *(n.)* لەنگەر langar
anchorage *(n.)* لەنگەرگرتن langargirtn
ancient *(adj.)* دێرین Derin
ancillary *(adj.)* یارمەتیدەر yarmatedar
and *(conj.)* و o
android *(n.)* ئەندرۆید android
anecdote *(n.)* چیرۆك cherok
anemometer *(n.)* خوێن پێوەر Khoin pewer
anew *(adv.)* سەرلەنوێ Ser le nwe
angel *(n.)* پەری pare
anger *(n.)* توورەی torae
angina *(n.)* وەناق wanaq
angiogram *(n.)* ئەنجیۆگرام anjeogram
angle *(n.)* پەری pare
angry *(adj.)* توورە tora
angst *(n.)* توورەیی torae
anguish *(n.)* ئازار azar
angular *(adj.)* گۆشەیی goshae
animal *(n.)* ئاژەڵ azhal
animal husbandry *(n.)* بەخێوکردنی ئاژەڵ bakhiokirdne azhal
animate *(v.)* زیندووکردنەوە Zindo kirdnewe
animation *(n.)* بزواندن bzwandn
animosity *(n.)* دوژمنایەتی dozhmnaeate
animus *(n.)* بزوێنەر bzoinar
aniseed *(n.)* تۆوی ڕازیانە toe razyana
ankle *(n.)* پاژن pazhin
anklet *(n.)* پاژنەی پێ pazhnae pi
annalist *(n.)* ئەنالیست analest
annals *(n.pl.)* ساڵنامەکان salnamakan
annex *(v.)* هاوپێنج Hawpech
annexation *(n.)* لکاندنی lkandne
annihilate *(v.)* لەناوبردنی Le naw brdini
annihilation *(n.)* لەناوچوون Le nawchon
anniversary *(n.)* ساڵانە salana
annotate *(v.)* تێبینی بکە tibene bika
announce *(v.)* ڕایبگەیەنێت raebgaenanit
announcement *(n.)* ڕاگەیاندن ragayandn
announcer *(n.)* بێژەر Bejer
annoy *(v.)* بێزاریدەکا bizarzaredaka
annoyance *(n.)* بێزارکردن bizarkirdn
annoying *(adj.)* ناخۆش nakhosh
annual *(adj.)* ساڵانە salana
annuity *(n.)* پارە یا دەستکەوتیکی بڕاوەی ساڵانە para ya dastkaotike brawae salana
annul *(v.)* هەڵوەشاندنەوە halwashandnawa

annulment *(n.)* بەتاڵکردنوە batalkirdnwa
anoint *(v.)* چاوردمکا بە مەلحەم chaordaka ba malham
anomalous *(adj.)* ڕێزپەر rizpar
anomaly *(n.)* شتێکی سەیر Shteki seyr
anon *(adv.)* ناوی نهێی یا درۆ Nawi nheni yan dro
anonymity *(n.)* بیناوی binaoe
anonymosity *(n.)* بێ ناونیشان Be naw u nishan
anonymous *(adj.)* ناوی نادیار naoe nadyar
anorak *(n.)* ئانۆراك anorak
anorexia *(n.)* بێناگایی لە خواردن biagae la khwardn
anorexic *(adj.)* بێناگایی لە خواردن biagae la khwardn
another *(adj.)* دانەیەکی تر danayake tir
answer *(n.)* وەڵام walam
answerable *(adj.)* وەڵامدەرەوە walamdarawa
answering machine *(n.)* ئامێری وەڵام دانەوە amire walam danawa
ant *(n.)* مێروولە mirola
antacid *(adj.)* دژە ترش Dije tirs
antagonism *(n.)* دژایەتی Dijayeti
antagonist *(n.)* دژە Dije
antagonize *(v.)* دژایەتیکردن Dijayeti kirdin
antarctic *(adj.)* جەمسەری باشوور jamsare bashor
antecardium *(n.)* پێش دڵ Pesh dil
antecede *(v.)* قەرز qarz
antecedent *(n.)* پێشینە pishena
antedate *(n.)* لەپێشتردابوون یا ڕوودان lapishtrdabon ya rodan
antelope *(n.)* ئاسك asik
antenatal *(adj.)* پێش لەدایکبوون pish ladaekbon
antenna *(n.)* ئاریەل areal
anterior *(adj.)* لە پێشەو la pishawa
anthem *(n.)* سروود srod
anthology *(n.)* کەمشکۆڵ kashkol
anthrax *(n.)* نەخۆشی سپڵ nakhoshe spil
anthropoid *(adj.)* لە مەیمون چو Le meymoon cho
anthropology *(n.)* زانستی ئادەمیزادناسی zanste adamezadnase
anti *(pref.)* دژ Dij
anti-ageing *(adj.)* دژە پیربوون Dije perboon
anti-aircraft *(adj.)* دژە فرۆکە Dije firoke
antibacterial *(adj.)* دژە بەکتریا Dije bekteria

antibiotic *(n.)* میکرۆب کوژ mekrob kozh
antibody *(n.)* دژتەن Dije ten
antic *(n.)* سەیر Seyr
anticipate *(v.)* مەزەندەدەکا mazandadaka
anticipation *(n.)* پێشبینیکردن pishbenekirdn
anticlimax *(n.)* دژە لوتکە Dije lotke
anticlockwise *(adv.)* بە ناراستەی دژە کاتژمێر Be arastey dije kat jmer
antidote *(n.)* دژە ژەهر Dije jehr
antifreeze *(n.)* دژە بەستن Dije bestn
antigen *(n.)* دژە جەستە Dije geste
antinomy *(n.)* نەنتمۆن antmon
antioxidant *(n.)* دژە ئۆکسێنەر Dije uksener
antipathy *(n.)* دژایەتی Dijayeti
antiphony *(n.)* ئاواز سازی awaz saze
antipodes *(n.)* دژە پۆدەکان dzha podakan
antiquarian *(adj.)* دێرەناس direnas
antiquary *(n.)* دێرینخانە direnkhana
antiquated *(adj.)* کۆن بوون kon bon
antique *(adj.)* شوێنەواری shoinaware
antiquity *(n.)* زەمانی کۆن zamane kon
antiseptic *(n. & adj.)* مادەی پاکەرەوە madae pakarawa
antisocial *(adj.)* دژە کۆمەڵایەتی Dije komelayeti
antithesis *(n.)* دژە تێزی Dije tizi
antler *(n.)* شاخی ئاسک shakhe asik
antonym *(n.)* دژە ناو Dije naw
anus *(n.)* کۆم kom
anvil *(n.)* دەزگای ئاسنگەر dazgae asngar
anxiety *(n.)* دڵە ڕاوکێ dla raoki
anxious *(adj.)* نیگەران negaran
anxiously *(adv.)* بەدڵەڕاوکێیەوە badlarawkeawa
any *(adj.)* هەر har
anybody *(pron.)* هەرکەسێك harkasik
anyhow *(adv.)* بە هەر شێوەیەک بێت ba har shiwaek bit
anyone *(pron.)* هەر کەسێک har kasik
anyplace *(pron.)* هەر شوێنێک har shoinik
anything *(pron.)* هەر شتێک har shtik
anytime *(adv.)* هەر کاتێدا har katida
anyway *(adv.)* هەر چۆنێک بێت har chonik bit
anywhere *(adv.)* لە هەر شوێنێک la har shoinik
aorta *(n.)* شادەمار shadamar
apace *(adv.)* خێرا khira
apart *(adv.)* بەشێک bashik

apartheid (n.) سیاسەتی ڕەگەزپەرستی syasate ragazparste
apartment (n.) شوقە shoqa
apathy (n.) بێباکی bibake
ape (n.) مەیمون maemon
aperture (n.) کون Kon
apex (n.) لوتکە lotka
aphasia (n.) زمان بەستران zman bastran
aphorism (n.) پەندی پێشینان pande pishenan
apiary (n.) پلوورە هەنگ خانە plora hang khana
apiculture (n.) هەنگ بەخێوکردن hang bakhiokirdn
apiece (adv.) هەریەکەی hareakae
aplenty (adj.) زۆر zor
aplogetic (adj.) دوای لێبوردن دەکات dwae libordn dakat
apnoea (n.) کۆتایی هاتنی هەناسەدان kotae hatne hanasadan
apologize (v.) داوای لێبووردن کردن dawae libordn kirdn
apology (n.) دوای لێبوردن dwae libordn
apostle (n.) نێردراوی خودا nirdraoe khoda
apostrophe (n.) جیاکەرەوەی سەرو jeakarawae sarw
apotheosis (n.) نموونەی بەرز nmonae barz
app (n.) ئەپێک apik
appal (v.) دەترسێنێ datrsini
apparatus (n.) ئامێر amir
apparel (n.) جل و بەرگ jil o barg
apparent (adj.) ڕووخسار rokhsar
appeal (v.) تێهەڵچوونەوە tihalchonawa
appear (v.) دەرکەوتن darkaotin
appearance (n.) شێوە shiwa
appease (v.) هێوریدەکات hioredakat
appellant (n.) داواکاری پێداچوونەوە dawakare pidachonawa
append (v.) دەیکا بە پاشکۆ daeka ba pashko
appendage (n.) زیادە zyada
appendicitis (n.) هەوکردنی ڕیخۆڵە کۆیرە haokirdne rikhola koira
appendix (n.) پاشکۆ pashko
appetite (n.) ئارەزووی خواردن arazwe khwardin
appetizer (n.) پێشکەشکار pishkashkar
applaud (v.) چەپڵە لێدان chapla lidan
applause (n.) چەپڵە chapla
apple (n.) سێو Sew
appliance (n.) ئامێر amir

applicable (adj.) جێبەجێدەکرێ jibajidakri
applicant (n.) داواکەری نێش dawakare aesh
application (n.) جێبەجێکردن jibajidakirdn
applied (adj.) جێبەجێکراو jibajikraw
apply (v.) جێبەجێدەکا jibajidaka
appoint (v.) دیاریکردن dyarekirdn
appointment (n.) دەستنیشان کردن dastneshan kirdn
apportion (v.) دابەشکردن dabashkirdn
apposite (adj.) شیاو shyao
appraise (v.) نرخ لەسەردانان Nirkh le ser danan
appreciable (adj.) دەنرخێندرێ Denrkhendre
appreciate (v.) دەنرخێنی danrkhini
appreciation (n.) نرخاندن nrkhandn
apprehend (v.) ڕادەگرێ radagri
apprehension (n.) مەترسی matrse
apprehensive (adj.) هەست تێژ hast tezh
apprentice (n.) خوێنکار khoinkar
apprise (v.) نزیک دەبیتەوە nzek dabitawa
approach (v.) نزیک بوونەوە nzek bonawa
approachable (adj.) ڕووخۆش rokhosh
approbation (n.) پەسەندکردن pasandkirdn
appropriate (adj.) شیاو shyao
appropriation (n.) تەرخان کردن tarkhan kirdn
approval (n.) ڕازیبوون razebon
approve (v.) ڕازیدەبێ لە razedabi la
approximate (adj.) نزیکەیی nzekaee
approximately (adv.) نزیکەی nzekaee
apricot (n.) قەیسی qaese
April (n.) نیسان nesan
apron (n.) پێشبرکێ pishbrki
apt (adj.) شیاو shyao
aptitude (n.) لێهاتووی lihatoe
aptitude test (n.) تاقیکردنەوەی لێهاتووپی taqekirdnawae lihatwee
aquarium (n.) پیشانگای زیندەوەرانی ئاو pishangae zendawarane aw
aquarius (n.) بورجی سەتڵ borje satl
aquatic (adj.) ئاوی awe
aquatint (n.) ئاوی awe
aqueduct (n.) ئاوی بۆری awe bore
Arab (n.) عەرەبی arabe
arable (adj.) کشتوکاڵی kshtokale
arbiter (n.) ناوبژیوان Naw bijiwan
arbitrary (adj.) سەرپێنی serpi
arbitrate (v.) ناوبژیوانی بکات Naw bijiwani bkat

arbitration *(n.)* ناوبژیوانی Naw bijiwani
arbitrator *(n.)* ناوبژیوان Naw bijiwan
arbour *(n.)* ستوون Stoon
arc *(n.)* کەوانە kawana
arcade *(n.)* یاریگا yarega
arcane *(adj.)* نهێنی nhine
arch *(n.)* تاق taq
archaeologist *(n.)* پسپۆر له شوێنەوارناسی pspor la shoinawarnase
archaeology *(n.)* زانستی شوێنەوارناسی zanste shoinawarnase
archaic *(adj.)* کۆن kon
archbishop *(n.)* سەرۆکی قەشمەکان saroke qashakan
archer *(n.)* تیرهەڵگر terhalgr
archery *(n.)* تیر و کەوان ter o kawan
architect *(n.)* تەلارساز talarsaz
architecture *(n.)* تەلارسازی talarsaze
archive *(n.)* ئەرشیڤ arshev
Arctic *(adj.)* جەمسەری باکوور jamsare bakor
ardent *(adj.)* گەش gash
ardour *(n.)* دڵ گەرم dl garim
arduous *(adj.)* قورس qors
area *(n.)* ناوچە naocha
arena *(n.)* گۆرەپان gorapan
argil *(n.)* گڵە جان gla jan
arguable *(adj.)* جێگەی مشتومڕ jigae mshtomr
argue *(v.)* مشتومڕ mshtomr
argument *(n.)* گفتوگۆ giftogo
arid *(adj.)* ووشک wshk
aries *(n.)* کەڵوی کاور kalloe kaor
aright *(adv.)* بەتەواوی batawawe
arise *(v.)* بەرز بوونەوە barz bonawa
aristocracy *(n.)* ئەرستۆکراتی arstokrase
aristocrat *(n.)* ئەرستۆکرات aostoqrat
arithmetic *(n.)* بەگزادیی ba gzadae
ark *(n.)* گەشتی نوح kashte noh
arm *(n.)* باسک basik
armada *(n.)* گەله کەشتی جەنگ gala koshte janig
armament *(n.)* پڕ چەک کردن pr chak kirdn
armature *(n.)* لقێنەر Liviner
armchair *(n.)* کورسی korse
armed *(adj.)* چەکدار chakidar
armed forces *(n.)* هێزە چەکدارەکان hiza chakidarakan
armhole *(n.)* کونە قۆڵ kona qol
armistice *(n.)* ئاگربەست agirbast

armlet *(adj.)* بازن bazin
armour *(n.)* زرێپۆش zreposh
armoury *(n.)* جبەخانە jbakhana
armpit *(n.)* چەناگە chanaga
armrest *(n.)* قۆڵبەستن qolbastin
army *(n.)* هێزی سەربازی hize sarbaze
aroma *(n.)* بۆنێکی خۆش bonike khosh
aromatherapy *(n.)* چارەسەری بۆنخۆش charasare bonkhosh
around *(adv. & prep.)* لەدەور ladaor
arouse *(v.)* وروژاندن Worjandin
arrabbiata *(adj.)* عەرەبیتا arabeta
arraign *(v.)* تومەتباکردن tomatbakirdn
arrange *(v.)* رێکخستن rikkhstin
arrangement *(n.)* ئامادەکاری amadekare
arrant *(adj.)* تەواو tawao
array *(n.)* رێکی rike
arrears *(n.pl.)* پاشەکەوتەکان Pashekewtekan
arrest *(v.)* دەستگیرکردن dastgerkirdn
arrival *(n.)* گەیشتن gaeshtin
arrive *(v.)* دەگا daga
arrogance *(n.)* لووت بەرزی lot barze
arrogant *(adj.)* لووت بەرز lot barz
arrow *(n.)* تیر ter
arrowroot *(n.)* الاروروت alarorot
arsenal *(n.)* بارودخانە barodkhana
arsenic *(n.)* زەرنێخ zarnekh
arson *(n.)* ئاگربەردانەمال Agir berdanemal
art *(n.)* هونەر honar
art direction *(n.)* دەرهێنانی هونەری darhinane honare
art form *(n.)* هونەر لە honar la
artefact *(n.)* شوێنەوار shwinawar
artery *(n.)* خوێنبەر khoinbar
artesian *(adj.)* نارتیزیان artizyan
artful *(adj.)* لاساییکەرەوە lasaekarawa
arthritis *(n.)* جومگە ئاوسان jomga aosan
artichoke *(n.)* رووکێکی درکاوی وەک کنگر rokike drkaoe wak kngir
article *(n.)* نوسراو nosrao
articulate *(adj.)* قسەکردن qsakirdn
artifice *(n.)* زیرەکی zerake
artificial *(adj.)* دروستکراو Drostkraw
artificial intelligence *(n.)* زیرەکی دەستکرد zerake dastkird
artillery *(n.)* تۆپ top
artisan *(n.)* پیشەساز Peshesaz
artist *(n.)* هونەرمەند honarmand
artistic *(adj.)* هونەری honare

artless *(adj.)* بێ هونەر Be honer
as *(adv.)* وەك wak
asafoetida *(n.)* ئاسافۆیتیدا asafoeteda
asbestos *(n.)* ئەسبست asbst
ascend *(v.)* بەرزبوونەوە barzbonawa
ascendancy *(n.)* دەسەڵات زۆربوون dasalat zorbon
ascent *(n.)* بەرزبوون barzbon
ascertain *(v.)* دڵنیاکردنەوە dlnyakirdnawa
ascetic *(n. & adj.)* زاهید zahid
ascribe *(v.)* دانە پاڵ کەسێک dana pal kasik
aseptic *(adj.)* پاکك کراوە pak krawa
asexual *(adj.)* بێ زاوزێ bi zaozi
ash *(n.)* خۆڵەمێش kholamish
ashamed *(adj.)* شەرمین sharmin
ashen *(adj.)* رەنگ مردوو rang mirdo
ashore *(adv.)* لەکەنارى دەریا lakanare darya
aside *(adv.)* لەلاوە lalawa
asinine *(adj.)* بێ مێشك bi mishk
ask *(v.)* دەپرسێت daprsit
asleep *(adv.)* نوستوو nosto
asparagus *(n.)* کڤار Kivar
aspect *(n.)* تەنیشت tanesht
aspersion *(n.)* ڕق و کینە rq o kena
asphyxia *(n.)* خنکان khnkan
asphyxiate *(v.)* خنکاندن khnkandn
aspirant *(n.)* ئاواتخوازى awatkhwaze
aspiration *(n.)* ئاوات awat
aspire *(v.)* ئاوات دەخوازێ awat dakhwazi
ass *(n.)* کەر kar
assail *(v.)* هێرشکردنە سەر hirshkirdna sar
assassin *(n.)* بکوژ Bikoj
assassinate *(v.)* تیرۆرکردن terorkirdn
assassination *(n.)* پیاوکوشتن pyaokoshtin
assault *(n.)* هێرش hirsh
assemble *(v.)* کۆکردنەوە kokirdnawa
assembly *(n.)* ئەنجومەن anjoman
assent *(n.)* ڕەزامەندى razamande
assert *(v.)* جەختکردنەوە jakhtkirdnawa
assertive *(adj.)* پێداگر pidagir
assess *(v.)* هەڵسەنگاندن halsangandn
assessment *(n.)* نرخاندن nrkhandn
asset *(n.)* جیاکەر jyakar
assibilate *(v.)* تێگەیشتن tigaeshtn
assign *(v.)* تەرخان دەکات tarkhan dakat
assignee *(n.)* جێگر jigr
assignment *(n.)* تەرخان کردن tarkhan kirdn
assimilate *(v.)* دەگریتەخۆ dagritakho
assimilation *(n.)* گرتنەخۆ girtnakho

assist *(v.)* یارمەتى yarmate
assistance *(n.)* یارمەتیدان yarmatedan
assistant *(n.)* هاوکار haokar
associate *(v.)* پەیوەست Peywest
association *(n.)* دامەزراوە damazrawa
assort *(v.)* دەپۆلێنێت Depolenet
assorted *(adj.)* پۆلێنراو Polenraw
assortment *(n.)* ڕیکخستن rikkhstin
assuage *(v.)* دڵنەواییکردن dlnawaekirdn
assume *(v.)* وادادەنێت Wadadenet
assumption *(n.)* وادانان wadanan
assurance *(n.)* دووپات کردنەوە dopat kirdn
assure *(v.)* دووپات دەکاتەوە dopat dakatawa
astatic *(adj.)* ناجێگیر Na jegir
asterisk *(n.)* ئەستێرە لە چاپگەریدا astira la chapgareda
asterism *(n.)* کۆنە ئەستێرە kona astira
asteroid *(v.)* ئەستێرەیى astirae
asthma *(n.)* تەنگەنەفەسى tanganafase
astigmatism *(n.)* پەرشبینى Persh bini
astonish *(v.)* سەرسورمان Sersorman
astonishment *(n.)* سەرسورمان sarsorman
astound *(v.)* سەرسام بێت sarsam bit
astral *(adj.)* ئەستێرەیى astirae
astray *(adv.)* گومڕا gomra
astride *(adv. & prep.)* سواربوون swarbon
astringent *(adj.)* چەقۆکێش chaqokish
astrolabe *(n.)* ئەستێرەناس astiranas
astrologer *(n.)* ئەستێرەناس astiranas
astrology *(n.)* ئەستێرەناسى astiranase
astronaut *(n.)* ئاسمانەوان asmanawan
astronomer *(n.)* گەردوون ناس gardon nas
astronomy *(n.)* گەردوون ناسى gardon nase
astute *(adj.)* دانا dana
asylum *(n.)* داڵدە dalda
asymmetrical *(adj.)* ناهاوسەنگ nahaosang
asymmetry *(n.)* ناهاوسەنگى nahaosange
at *(prep.)* لە la
atheism *(n.)* بێباوەرى Be baweri
atheist *(n.)* بێدین Be din
athirst *(adj.)* تینوویەتى tenoeate
athlete *(n.)* وەرزشوان warzshwan
athletic *(adj.)* وەرزشى warzshe
athwart *(prep.)* بە پانى Be pani
atlas *(n.)* ئەتڵەس atlas
atmosphere *(n.)* کەش و هەوا kash o hawa
atmospheric *(adj.)* بەرگەهەوایى bargahawae

atoll (n.) دوورگەیەکی شیلانی خڕە بەدەوری کەمێک ئاودا dorgaeake shelane khra badaore kamik awda
atom (n.) گەردیلە gardela
atomic (adj.) گەردیلەیی gardelae
atone (v.) تاوان tawan
atonement (n.) سەرینەوەی تاوان بە سزا چەشتن srenawae tawan ba sza chashtin
atopic (adj.) نەتۆپیك atopek
atrium (n.) ئاتریۆم atreom
atrocious (adj.) درندانە drndana
atrocity (n.) درندەیی drndae
atrophy (v.) وەرینی خوێن Warini khoin
attach (v.) هاوپێچکردن Haw pechkrdin
attache (n.) پاشکۆ pashko
attachment (n.) هاوپێچ haopich
attack (v.) هێرش hirsh
attain (v.) بەدەست دەهێنێت Be dest dehenet
attainment (n.) دەست کەوتن dast kaotn
attaint (v.) لەکەدارکردن Le kedarkirdin
attempt (v.) هەوڵ دەدات haol dadat
attend (v.) چارەسەریدەبێت Charesri debet
attendance (n.) بایەخ پێدان baeakh pidan
attendant (n.) بەردەست bardast
attention (n.) ئاگاداری agadare
attentive (adj.) سەرنجڕاکێش sarnjrakish
attenuance (n.) لاوازبوون lawazbon
attest (v.) بڕوانامە بدەن brwanama bdan
attic (n.) ژێرزەمین zhirzamen
attire (n.) جل و بەرگ jil o barig
attitude (n.) بۆچوون bochon
attorney (n.) پارێزەر Parezer
attract (v.) سەرنجڕاکێشان Sernj rakeshan
attraction (n.) ڕاکێشان Rakeshan
attractive (adj.) سەرنج ڕاکێش Sernj rakesh
attribute (v.) بەشداری bashdare
atypic (adj.) نائاسایی N asay
aubergine (n.) باقلە paqla
auburn (adj.) ئاوبۆرن aoborn
auction (n.) زیادکردن zyadkirdn
audacious (adj.) بوێرانە boirana
audacity (n.) بوێری boire
audible (adj.) بیستراو bestraw
audience (n.) جەماوەر jamawar
audio (n.) دەنگ dang
audiovisual (adj.) بینراو و بیستراو benrao o nestrao
audit (n.) وردبینی Wordbini
audition (n.) ئاودیشن aodeshn

auditive (adj.) وردبینی Wordbini
auditor (n.) وورد بینەر Wordniner
auditorium (n.) هۆلی ئامادەبوون hole amadabon
auger (n.) دەموشە draosha
aught (n.) شتێک shtik
augment (v.) زۆرکردن zorkirdn
augmentation (n.) زیادبوون zyadbon
august (n. & adj.) ئاب ab
aunt (n.) مامۆژن Mamo jin
aura (n.) شتێکی نەبینراو لەهەوادا shtike nabenraw lahawada
auriform (adj.) ئاوریفۆرم aoreform
aurilave (n.) ئاوریلاڤ aorelav
aurora (n.) بەیانی bayane
auspicate (v.) بەخێوکردن Be khewkirdin
auspice (n.) بەسەرپەرشتی Be serpershti
auspicious (adj.) بەختەوەر Bekhtewer
austere (adj.) توندوتیژ Tun u teej
authentic (adj.) ڕەسەن rasan
authenticate (v.) ڕەسەنایەتی rasanaeate
authentication (n.) مۆرکردن morkirdn
author (n.) دروستکەر drostkar
authoritative (adj.) بە دەسەڵات ba dasalat
authority (n.) سەرپشک کردن sarpshk kirdn
authorize (v.) دەستەڵاتی دەداتێ Destelati dedate
autism (n.) خەیاڵ پەرستی khayal parste
autistic (adj.) خەیاڵ پەرست khayal parst
autobiography (n.) ژیاننامە بەدەستی نووسەر خۆی zhyanama badaste nosar khoe
autocorrect (n.) خۆراستکردنەوە khorastkirdnawa
autocracy (n.) تاکە فەرمانڕەوایی taka frmanrawae
autocrat (n.) خۆسەپێن khosapin
autocratic (adj.) بە تاکە فەرمانڕەوایی ba taka frmanrawae
autofocus (n.) فۆکۆسی ئۆتۆماتیکی fokose aotomateke
autograph (n.) واژۆکردن wazhokirdn
automate (v.) ئۆتۆماتیکی کردن aotomateke kirdn
automatic (adj.) ئۆتۆماتیکی aotomateke
automatically (adv.) ئۆتۆماتیکی کردن aotomateke kirdn
automation (n.) ئۆتۆماتیک کاری aotomatek kare
automobile (n.) ئۆتۆمۆبیل aotomobel

autonomous (adj.) سەربەخۆ sarbakhw
autopilot (n.) ئۆتۆپایلۆت aotopalplot
autopsy (n.) تویکاری toikare
autumn (n.) پاییز paez
auxiliary (adj.) یاریدەدەر yaredadar
avail (v.) سوددبەخشێت soddabkhshit
available (adj.) هەیە Heye
avalanche (n.) هەرمس haras
avarice (n.) چاوبرسێتی chaobrsite
avenge (v.) تۆلەکردنەوە tolakirdnawa
avenue (n.) ڕێگای بە دار چێنراوو rigae ba dar chindaro
average (n.) تێکڕا tikra
averse (adj.) ڕق لێبوون rq libon
aversion (n.) قێنە qena
avert (v.) لادەبات La debat
aviary (n.) قەفەزێکی گەورەی باڵندە qafazike gawrae balnda
aviation (n.) فڕۆکەوانی frokawane
avid (adj.) چاوچنۆک chaochnok
avidly (adv.) ئاسایی Asay
avocado (n.) ئەڤۆکادۆ avokado
avoid (v.) بەدوورگرتن badorgirtn
avoidance (n.) دوورکەوتنەوە dorkaotnawa
avow (v.) دان پیانان dan pyanan
avulsion (n.) بەزۆرلێکردنەوە bazor likirdnawa
await (v.) چاوەڕوانیدەکات chawarwane dakat
awake (v.) بەئاگادێت baagadit
awakening (n.) بەخەبەر bakhabar
award (v.) دەبەخشێت dabakhshit
award (n.) خەڵات khalat
aware (adj.) ئاگادار agadar
awareness (n.) هۆشیاری hoshyare
away (adv.) دوور dor
awesome (adj.) ناوازە Nawaze
awful (adj.) سەمەرە samara
awhile (adv.) بۆ ماوەیەک bo mawaeak
awkward (adj.) نامۆ namo
axe (n.) تەقەمەنی taqamane
axial (adj.) تەوەرەیی tawarae
axillary (adj.) تایبەتی بە بن باڵ یا بن قۆڵ taebate ba bn bal ya bn qol
axis (n.) تەوەر tawar
axle (n.) ئەکسل aksl
Ayurveda (n.) ئایۆرڤێدا aeorvida
azote (n.) ئازۆت azot
azure (n.) ڕەنگی ئاسمانی range asmane

babble (n. & v.) چەنەدەکات chana dakat
babe (n.) مندالی ساوا mndale sawa
babel (n.) شاری بابل share babl
baboon (n.) بابۆن:جۆرێکە لە مەیمون babon:jorika la maemon
babtist (n.) بابتیست baptest
baby (n.) مندال mndal
baby bump (n.) چاقۆی مندال chaqoe mndal
baby carriage (n.) گاڵیسکەی منال galeskae mnal
baby corn (n.) گەنمەشامی مندال ganmashme mndal
baby food (n.) خۆراکی مندالی ساو khorake mndale sao
babyface (n.) ڕوخساری مندال rokhsare mndal
babyproof (adj.) بەڵگەی مندال balgae mndal
babysit (v.) چاودێری منداڵان chaodire mndal
babysitting (n.) چاودێریکردنی مندال chaodirekirdne mndal
baccalaureate (n.) بەکالۆریا bakalorya
bacchanal (n. & adj.) هاری hare
bachelor (n.) سەڵت salt
bachelor party (n.) ئاهەنگی بەکالۆریۆس ahange ba kaloreos
bachelorette (n.) بەکالۆریۆس ba kaloreos
back (n.) گەرانەوە garanawa
backbencher (n.) باکبینچەر bakbinchar
backbiting (n.) پاشەکشەکردن pasha kshakirdn
backbone (n.) بڕبڕەی پشت brbrae bshit
backdate (v.) بەرواری پاشەکشە barwae pashaksha
backdrop (v.) پەردەی پشت شانۆ pardae psht shano
backfire (v.) پاشەکشەکرد pasha kshakirdn
background (n.) وێنەی پشتەوە winae pshtawa
backhand (n.) پشتەدەست pshtadast
backing (n.) پشتگیری pshtgere
backlash (n.) گەڕانە دواوەی کتوپڕتوند garana dwawae ktoprotond
backlash (n.) گرێ خواردن gri khwardn

backlight *(n.)* ڕووناکی پشتەوە ronake pshtawa
backlog *(n.)* پاشەکەوتکردن pashakaotkirdn
backpack *(n.)* جانتای پشتەوە jantae pshtawa
backpacker *(n.)* پشتێنەوان pshtinawan
backslide *(v.)* پاشەکشەکردن pasha kshakirdn
backstage *(adv.)* لە پشت کۆرسییەکان la psht korseakan
backstairs *(n.)* لە قاتی پشتەوە la qate pshtawa
backtrack *(v.)* پاشەکشەکردن pasha kshakirdn
backup *(n.)* پاشەکەوتکردن pasha kaotkirdn
backward *(adj.)* دوودڵ dodl
backward *(adv.)* دواکەوتووانە Dwa ketwane
backwash *(n.)* ئەنجام anjam
bacon *(n.)* گۆشتی بەراز goshte baraz
bacteria *(n.)* بەکتریا baktrya
bad *(adj.)* خراپ khrap
badge *(n.)* باج baj
badger *(n.)* گۆڕەهەڵکەنە gorhalkana
badly *(adv.)* بەشێوەیەکی خراپ bashiwaeake khrap
badminton *(n.)* یاری پەڕ yare par
baffle *(v.)* دەشێوێنێ dashioini
bag *(n.)* جزدان jzdan
bag *(v.)* جانتا janta
bagel *(n.)* نان Nan
baggage *(n.)* بارگە barga
bagpiper *(n.)* جۆزەڵەمو شمشاڵی نێرلەندە و نۆسکۆتلەندە jozalao shmshale airlanda o aoskotlanda
baguette *(n.)* باگێت bagit
bail *(n.)* کەفالەت kafalat
bailable *(adj.)* کەفالەت دەکرێت kafalat dakrit
bailey *(n.)* دیواری دەرەوەی قەڵا یا کۆشک deware darawae qala ya koshk
bailiff *(n.)* مواشیری دادگا mwashere dadga
bailout *(n.)* ڕزگارکردن Rizgar kirdin
bait *(n.)* گاڵتە پێکردن Galete pe kirdin
bake *(v.)* برژاندن Birjandn
baker *(n.)* نانەوا nanawa
bakery *(n.)* نانەواخانە Nanewakhane
balaclava *(n.)* باڵاکلاڤا balaklava
balafon *(n.)* باڵافۆن balafon
balance *(n.)* هاوسەنگی hawsange
balance *(v.)* دەست مایە Dest maye
balance sheet *(n.)* باڵانسی دارایی Balansi daray

balanced *(adj.)* هاوسەنگ بێت hawsang bit
balcony *(n.)* باڵکۆنە balkone
bald *(adj.)* کەچەڵ kachal
bale *(n.)* گورزە gorza
baleen *(n.)* ئێسقانی زۆر باریکی کاژێری سەرموەی نەهەنگ aisqane bareke kazhire sarawae nahang
ball *(n.)* تۆپ top
ball bearing *(n.)* تۆپ دانان top danan
ballad *(n.)* پارچە هۆنراوەی فۆلکلۆری parcha honrawae folklore
ballerina *(n.)* باڵیرینە balerena
ballet *(n.)* باڵێ bali
ballistics *(n.)* زانستی تەقاندن و بزواندن و کارئەنجامی گوللە و مووشەک و بۆمبا zanste taqandn o bzwandn o karanjame golla o moshak o bomba
balloon *(n.)* مێزەڵان mezalan
ballot *(n.)* دەنگدان dangdan
ballot paper *(n.)* کاغەزی دەنگدان kaghaze dangdan
ballroom *(n.)* هۆڵێ ئاهەنگ holi ahang
balm *(n.)* مەڵحەمی بۆن خۆش malhame bon khosh
balsam *(n.)* بەڵسەم balsam
bamboo *(n.)* قامیش qamesh
ban *(v.)* قەدەغەدەکات Qedekhe dekat
banal *(adj.)* هیچ و پووچ hech o poch
banana *(n.)* مۆز moz
band *(n.)* بەند band
bandage *(n.)* بەندکردن bandkirdn
Band-Aid *(n.)* یارمەتیدەری باند yarmatedare band
bandana *(n.)* سەربەست sarbast
bandit *(n.)* دز diz
bandwagon *(n.)* عەرەبانەیەکی ڕازاوەیە تێپیکی مۆسیقای لەسەر سوار دەبێت لە خۆپێشاندانیکدا arabanaeake razawaea tepike moseqae lasar swar dabit la khopeshandanikda
bandwidth *(n.)* باندبەرینی bandbarene
bane *(n.)* فەوتان fawtan
bang *(n.)* توند دەست و مشاندن tond dast washandn
bangle *(n.)* بازنە bazna
banish *(v.)* دوورێدەخاتەوە doredakhatawa
banishment *(n.)* دەرکردن darkirdn
banjo *(n.)* بانجۆ banjw
bank *(v.)* ڕوخیروبار rwkherobar
bank holiday *(n.)* پشووی بانق pshoe banq

banker *(n.)* بانکەوان bankawan
banknote *(n.)* پارەی کاغەز parae kaghaz
bankrupt *(adj.)* موفلیس mofiles
bankruptcy *(n.)* ئیفلاس بوون aeflas bon
banner *(n.)* ئاڵا ala
bannister *(n.)* ئاڵایەکی بچووک alaeake bchok
banquet *(n.)* بانگهێشتن banghishtin
bantam *(n.)* مریشکی بچووک mreshke bchok
banter *(n.)* گاڵته دەکات galta dakat
bantling *(n.)* منداڵی بچوک به تایبەتی زۆڵ Mndali bichok be taybeti zol
banyan *(n.)* دار هەنجیرێکی هیندی darhanjerike hendi
baptism *(n.)* مەعمودیەت mammwdeat
baptize *(v.)* مەعمودیەت بدەن mammwdeat bdan
bar *(n.)* تۆڵی کانزا tole kanza
barb *(n.)* جۆره کۆتریکه jora kotrika
barbarian *(n.)* درندە drnda
barbaric *(adj.)* درندانه drndana
barbarism *(n.)* درندەیی drndae
barbarity *(n.)* دڵڕەقی dlraqe
barbarous *(adj.)* کێوی kiwe
barbecue *(n.)* گۆشت برژێن له هەوای کراوەدا gosht brzhin la hawae krawada
barbed *(adj.)* درکاوی drkawe
barbed wire *(n.)* تەڵی درکاوی tale drkawe
barber *(n.)* سەرتاش sartash
barcode *(n.)* بارکۆد barkod
bard *(n.)* کۆرتان kortan
bare *(adj.)* ڕووت root
barefoot *(adj.)* پێی ڕووت pey root
barely *(adv.)* جۆ jo
bargain *(n.)* سەودا sawda
barge *(n.)* کەشتی kashte
baritone *(n.)* باریتۆن bareton
barium *(n.)* باریۆم bareom
bark *(n.)* نیانی درەخت neane darakht
bark *(v.)* سەگوەڕ sagwar
barley *(n.)* به که می Be kemi
barman *(n.)* مێگێر maegir
barn *(n.)* پشتیری ئاژەڵ Pishtiri ajel
barnacle *(n.)* جۆره قازێکی کێویه jwra qazike kiwea
barometer *(n.)* بارۆمومەتر Barometir
baron *(n.)* بارۆن baron
baroness *(n.)* ژنی بارۆن Jini baroon
baroque *(adj.)* ناڕێك narik

barouche *(n.)* عەرەبانەیەکی سەرپێچراوەی چوار کۆرسییە arabanaeake sarpichrawae chwar korsea
barrack *(n.)* سەربازگە sarbazga
barrage *(n.)* پرد pird
barrel *(n.)* بەرمیل barmel
barren *(adj.)* نەزۆك nazwk
barricade *(n.)* دەگرێتەباوەش Degritewe bawesh
barrier *(n.)* بەربەست Berbest
barring *(prep.)* بەدەرکردن badarkirdn
barrister *(n.)* پاریزەر parizar
bartender *(n.)* بارتەندەر bartandar *(v.)* ئاڵوگۆڕکردن alogwrkirdn
basal *(adj.)* بنەڕەتی Bnereti
base *(n.)* بناغه bnagha
base camp *(n.)* کەمپی بنەڕەتی Kempi bnereti
baseless *(adj.)* بێ بنەما bi bnama
basement *(n.)* ژێرزەمین Jer zemin
bash *(n.)* دەتپێنی datapine
bash *(v.)* به توندی لێدەدا ba tonde lidada
bashful *(adj.)* شەرمین sharmin
basic *(adj.)* بنچینەیی Binchiney
basically *(adv.)* بەزۆری Be zoori
basil *(n.)* ڕیحان rihan
basin *(n.)* تەشت tasht
basis *(n.)* بنچینه bnchena
bask *(v.)* بەر خۆر دەدا bar khwr dada
basket *(n.)* سەبەتە sabata
basketball *(n.)* تۆپی سەبەتە tope sabata
bass *(n.)* دەنگ زل dang zl
bastard *(n.)* زۆڵ Zool
bastion *(n.)* مەڵبەند malband
bat *(n.)* شەمشەمەگوێڕ shamshama gwir
batch *(n.)* کۆمەڵە komala
bath *(n.)* گەرماو garmaw
bathe *(v.)* خۆشۆردن khoshwrdn
bathrobe *(n.)* جل و بەرگی حەمام jl o barge hamam
baton *(n.)* گۆچانی سەرکردایەتی مۆسیقا gwchane sarkrdaeate moseqa
batsman *(n.)* تۆپ لێدەر له یاری کریکیتدا top lidar la yare krekitda
battalion *(n.)* کەتیبە kateba
batten *(n.)* قەڵەبوون qalaw bon
batter *(n.)* دەشکێنێت dashkinit
battery *(n.)* باتری patre
battle *(n.)* جەنگ jang
battlefield *(n.)* مەیدانی جەنگ maedane jang

battlefront *(n.)* بەرەی شەر berey sher
baulk *(n.)* سەردێراو ser deraw
bawl *(v.)* هاواردەکات hawrdakat
bay *(n.)* کەنداو kandaw
bayonet *(n.)* خانجەر khanjar
bayside *(adj.)* بایساید baesaed
bazaar *(n.)* بازار bazar
bazooka *(n.)* توپی دژەتانك Topi dije tank
be *(v.)* کردارى بوون krdare bon
beach *(n.)* کەنار دەریا kanar darya
beach ball *(n.)* توپی کەنار دەریا tope kanar darya
beachfront *(adj.)* کەنار دەریا kanar darya
beachside *(adj.)* کەنار دەریا kanar darya
beacon *(n.)* چرای ڕێنیشاندەر chrae rinshandar
bead *(n.)* موروو Moroo
beadle *(n.)* پەیامبەر payambar
beady *(adj.)* زەنگیانەیی zangyanae
beak *(n.)* دەنووگ danog
beaker *(n.)* دەفر defr
beam *(n.)* تیشك teshk
bean *(n.)* فاسۆلیا faswlya
bear *(n.)* ورچ wrch
bear *(v.)* خۆدەگرێت kho degret
beard *(n.)* ڕیش resh
bearing *(n.)* پەیوەندی peywendi
beast *(n.)* گیانەوەر gyanawar
beastly *(adj.)* درندەیی dirndey
beat *(v.)* لێدان le dan
beatific *(adj.)* بەختەوەر bakhtawar
beatification *(n.)* بەختەوەرکردن bakhtawarkirdn
beatitude *(n.)* بەختەوەری bakhtaware
beautiful *(adj.)* جوان jwan
beautify *(v.)* جوانکردن jwankirdn
beauty *(n.)* جوانی jwane
beaver *(n.)* بیڤەر bevar
beaverskin *(n.)* پێستی بیڤەر piste bivar
becalm *(v.)* هێمن بە himn ba
because *(conj.)* بەهۆی bahwe
beck *(n.)* بنك bik
beckon *(v.)* نیشارەت بکە aesharat bka
become *(v.)* بوون bon
bed *(n.)* قەروێلە qarwila
bed sheet *(n.)* پەڕۆی جێگا Peroy jega
bedcover *(n.)* سەرپۆشى سەر جێگە sarposhe sar jege
bedding *(n.)* جێگەی نوستن jegay nostin

bedevil *(v.)* ڕەووست پیس کردن rawst pes kirdn
bedridden *(adj.)* کەوتوو kawtw
bedrobe *(n.)* جێگەی نوستن jegay nostin
bedroom *(n.)* ژووری نووستن Jori nostin
bedsore *(n.)* برینی نەخۆشێکى کەفتەکار بەهۆی brene kawtne lanaw jigada bo mawaeake zwr nakhoshike kaftakar bahwe kawtne lanaw jigada bo mawaeake zwr
bee *(n.)* هەنگ hang
beech *(n.)* ڕەشەدار rashadar
beef *(n.)* گۆشتی گا goshte ga
beefy *(adj.)* قەڵەو qalaw
beehive *(n.)* شانە هەنگەکان shana hangakan
beekeeper *(n.)* هەنگەوان hangawan
beep *(n.)* بیپ bep
beer *(n.)* بیرە bire
beet *(n.)* چاومەندەر chawanndar
beetle *(n.)* قالۆنچە qaloncha
beetroot *(n.)* چەندەمەر chandawar
befall *(v.)* ڕوودان rudan
befit *(v.)* شیان shyan
before *(adv. & prep.)* لە پێش le pesh
beforehand *(adv.)* پێشەکی pesheki
befriend *(v.)* هاوڕێیەتی بکە hawrieate bka
beg *(v.)* سوال بکە swal bka
beget *(v.)* لەدایك بوون ladaek bon
beggar *(n.)* سواڵکەر swalkar
begin *(v.)* دەستپێکردن dastpikirdn
beginner *(n.)* سەرەتایی seretay
beginning *(n.)* سەرەتا sereta
begrudge *(v.)* بێزاری be zari
beguile *(v.)* فریودان frewdan
behalf *(n.)* لەجیاتی le jiyati
behave *(v.)* ڕەفتارکردن reftar kirdin
behaviour *(n.)* ڕەوشت rawsht
behead *(v.)* سەر لێدەکاتەوە ser le dekatewe
behest *(n.)* فەرمان farman
behind *(adv. & prep.)* دواکەوتوو dwa kewto
behold *(v.)* سەرنج دەدات sarnj dadat
being *(n.)* بوون bon
belabour *(v.)* بێلاپۆر bilapor
belated *(adj.)* دواکەوتن dwakatin
belch *(v.)* هاوێشتنی بەهێز hawishtne bahiz
beleaguered *(adj.)* گەمارۆ دراوە gamarw drawa
belie *(v.)* دڕۆ بکە drw bka
belief *(n.)* باوەڕ bawar
believe *(v.)* باوەڕدەکات bawardakat

belittle (v.) بچووککردنەوه bchokkirdnawa
bell (n.) زنگ zang
bellboy (n.) زنگ لێدەر zang lidar
belle (n.) دڵبەر dlbar
bellhop (n.) بەردەستی میوانخان bardaste mewankhan
bellicose (adj.) شەڕخواز sharkhwaz
belligerent (adj.) شەڕکەر sharkar
bellow (v.) بۆراندن borandn
bellowing (n.) به زەقکردنەوه ba zaqkirdnawa
bellows (n.) دوو سییەکان do seyekan
belly (n.) ورگ worg
belong (v.) دەگەڕێتەوه degeretewe
belongings (n.) ماڵ و موڵك mal o molk
beloved (adj.) خۆشەویست khoshawest
belt (n.) قایش qaesh
belvedere (n.) باڵکۆن balkon
bemoan (v.) شین بۆ کردن shen bo kirdn
bemused (adj.) سەرلێشێواو ser le shewaw
bench (n.) قەنەفه qanafa
bend (v.) دەچەمێتەوه dechemetewe
beneath (adv.) خواروو khwaroo
benediction (n.) پیرۆزکردن perozkirdn
benefaction (n.) خێر kher
benefactor (n.) خێرومەند kheromend
benefic (adj.) سوودبەخشه sood bekhshe
benefice (n.) سوودمەند بێت sood mend bet
beneficial (adj.) بەسوود be sood
beneficiary (n.) سوودبەر sood ber
benefit (v.) چاکه chaka
benevolence (n.) خێرخوازی khirkhwaze
benevolent (adj.) پیاوچاک pyawchak
benight (v.) شەوی شەو shawe shaw
benign (adj.) دڵ و دەروونی باش dil u deroni bash
bent (n.) چەماوەیە chemaweye
benzene (n.) بەنزین banzen
bequeath (v.) وەسیەتنامه wesyet name
bequest (n.) شتی بۆ بەجێماو shte bo bajimaw
berate (v.) شکاندن shkandn
bereaved (adj.) خەمبار بووه khambar bwa
bereavement (n.) جەرگ سووتان jarg swtan
bereft (adj.) بێ بەش be besh
beseech (v.) دەپاڕێتەوه de paretewe
beseeching (n.) داوای لێبوردن dawae libordn
beserk (adj.) بێباك bey bak
beserker (n.) قەڵغان qel ghan
beshame (v.) شەرمەزاری sharmazare
beside (prep.) سەرەڕای sararae

besiege (v.) گەمارۆدان gemaro dan
beslaver (v.) بێسلاڤەر beslavar
besmirch (v.) پیس کردن pes kirdn
besotted (adj.) ڕشتنی rshtne
bespeak (v.) پێشمەکی داوکردن pishake dawkirnd
bespectacled (adj.) چاوێلکەدار chawelkadar
bespoke (adj.) به خواستی خۆت ba khwaste khwt
best (adj.) باشترین bashtren
bestial (adj.) ئاژەڵداری Ajel dari
bestow (v.) بەخشین bakhshen
bestride (v.) سواربوون swarbon
bestseller (n.) باشترین فرۆشیار bashtren froshyar
bet (v.) گرەو بکە graw bka
beta (adj.) بێتا bita
betide (v.) بێنتاید bentaid
betray (v.) خیانەت دەکات khyanat dakat
betrayal (n.) ناپاکی napake
betroth (v.) دەزگیران dazgeran
betrothal (n.) داخوازی dakhwaze
betrothed (adj.) دەزگیران کراوە dazgeran krawa
better (adj.) باشتر bashtr
betterment (n.) باشتربوون bashtrbon
betting (adj.) گرەوکردن grawkirdn
bettor (n.) گرەوکەر grawkar
between (prep.) لەنێوان le newan
betwixt (prep.) لەناوەراست le nawerast
beverage (n.) خواردنەوه khwardnawa
bevy (n.) دەستە dasta
bewail (v.) بگرێن bgren
beware (v.) ئاگاداربه agadar be
bewilder (v.) دەشڵەژێنی deshle jine
bewilderment (n.) شڵەژان shle jan
bewind (v.) لەدواوه le dwawe
bewitch (v.) جادووکردن jadokirdn
beyond (adj. & prep.) دوای dwae
bi (adj.) دووباره dobara
biangular (adj.) دووگۆشەیی dwgoshae
biannual (adj.) دوو ساڵانە dw salana
biannually (adv.) ساڵی دووجار Sale do jar
biantennary (adj.) دوو ئانتێنە dw antina
bias (n.) لایەنگیر leyengir
biased (adj.) لایەنگیر leyengir
biaxial (adj.) دوو میحوەریی dw mehware
bib (n.) خواردنەوه khwardnawa
bibber (n.) سەرخۆش ser khosh

bible *(n.)* ئینجیل aenjel
bibliographer *(n.)* سەرچاوەی پەرتووک زان sarchawae partok zan
bibliography *(n.)* چاوگنامە chawgnama
bibliophile *(n.)* کتێبدۆست ktibdwst
bicentenary *(adj.)* دووەم یادی سەدسالە dwam yade sadsala
biceps *(n.)* ماسولکەی قۆڵ و ڕان masolkae qol o ran
bicker *(v.)* شەڕە قسەکردن shara qsmakirdn
bicycle *(n.)* پایسکل paeskl
bid *(n.)* فرمان دەدات frman dadat
bid *(v.)* داوادەکات dawadakat
bidder *(n.)* مەزادکەر mazadkar
bide *(v.)* نەگوڕان na gwran
bidet *(n.)* بیدە beda
bidimensional *(adj.)* دوو ڕەهەندی dw rahande
biennial *(adj)* دوو ساڵانە do slalana
bier *(n.)* تابووت taboot
bifacial *(adj.)* دوو ڕوو do roo
biff *(n.)* زلە zile
biff *(v.)* مستەکۆڵە mstakola
bifocal *(adj.)* بۆ دوو ماوەی دووری کراوە bo do mawey dori krawe
biformity *(n.)* دوو شێوەی do shewey
bifurcate *(v.)* دوو پەل کردن dw pal kirdn
bifurcation *(n.)* دوو لقی do lqi
big *(adj.)* گەورە gawra
bigamist *(n.)* ئەو کەسەی دوو ژنی هەبێ لە هەمان کات aw kasae dw zhne habi la haman kat
bigamous *(adj.)* دوو مێردار dw mirddar
bigamy *(n.)* دوو ژنی do jni
bighead *(n.)* لووت بەرزی lot barze
bighearted *(adj.)* گەورە دڵدار gawr dldar
bight *(n.)* کەنداو kandaw
bigot *(n.)* تونددرۆ tondraw
bigotry *(n.)* خۆپەرستی khoparste
bike *(n.)* پایسکل paeskl
biker *(n.)* بایکەر baekar
bikini *(n.)* بیکینی bekene
bilateral *(adj.)* دووانی dwane
bile *(n.)* دوولایەنە do layene
bilingual *(adj.)* دووانزمان dwanazman
bill *(n.)* دەنووک danwk
billable *(adj.)* دەتوانرێت فەسڵ بکرێت detwanret fesil bkret

billboard *(n.)* تابلۆی بازرگانی tablwe bazrgane
billiard table *(n.)* مێزی بیلیارد mize belyard
billiards *(n.)* بیلیارد belyard
billion *(n.)* ملیار mlyar
billionaire *(n.)* ملیاردێر mlyardir
billow *(v.)* شەپۆلی ناو shapole aw
bimonthly *(adj.)* دووەمانگی do mangi
bin *(n.)* دەفری نان یان خەڵۆز dafre nan yan khaloz
binary *(adj.)* دووبەش do besh
bind *(v.)* دەبەستنی dabaste
binding *(n.)* پەرگی بەرتووک barge partok
binge *(n.)* ماوەیەکی جڵەو بۆ خۆ شل کردن mawaeake jlaw bo kho shl kirdn
bingo *(n.)* جۆرێکە لە قومار jorika la qomar
binocular *(adj.)* بە هەردوو چاو بەکاردەهێنرێت ba hardw chaw badahinritkar
binoculars *(n.)* دووربین dorbin
bioactivity *(n.)* چالاکی زیندەیی chalake zendae
bioagent *(n.)* مادەی زیندەیی madae zendae
biochemical *(adj.)* بایۆکیمیایی baeokemyae
biochemistry *(n.)* زانستی زیندەکیمیا zanste zendakemya
bioclimate *(n.)* کەش و هەوای زیندوو kash o hawae zendw
biodegradation *(n.)* تێکچوونی زیندەیی tikchwne zendae
bioengineering *(n.)* ئەندازیاری بایۆلۆجی andazyare baewloji
biofuel *(n.)* سووتەمەنی بایۆلۆجی sotamane baewloji
biogas *(n.)* گازی بایۆلۆجی gazi bayoloji
biographer *(n.)* ژیاننامەنووس Jyan name noos
biography *(n.)* ژیاننامە Jyan name
biohazardous *(adj.)* مەترسیدارە زیندەییەکان metrsidare zindyekan
biological *(adj.)* پەیوەستە بە زیندەوەرزانی peyweste be zindewer zani
biologically *(adv.)* زیندەوەری zindeweri
biologist *(n.)* زیندەوەرزان zindewerzan
biology *(n.)* زیندەوەرزانی zindewerzani
biomass *(n.)* بایۆماس baeomas
biometric *(adj.)* زیندەوەرزانی ژمێرەی zindewerzani jmerey
bionic *(adj.)* بایۆنیک baeonek
biopic *(n.)* ژیاننامە jyan name

biopsy *(n.)* تێروانینی ڕیشاڵی لەشێکی زیندوو بە گەردبین بۆ ئەوەی بزانرێت یا نا (بزیشکەوانی) tirwanene reshale lashike zendw ba gardben bo awae bzanrit ya na(bzeshkawane)
biorhythm *(n.)* ڕیتمیکی بایۆلۆژی retmike baewloji
bioscope *(n.)* بایۆسکۆپ baeoskop
bioscopy *(n.)* بایۆسکۆپی baeoskope
bipartisan *(adj.)* دوولایەنە do layene
bipolar *(adj.)* دوو جەمسەری do jemseri
biracial *(adj.)* دوو ڕەگەز do regez
birch *(n.)* دارەسپی daraspe
bird *(n.)* باڵندە balnda
birdlime *(n.)* تەڵە tala
birth *(n.)* لەدایکبوون la daekbon
birthdate *(n.)* ڕۆژی لە دایکبوون roji le dayk boon
birthday *(n.)* ڕۆژی لە دایکبوون roji le dayk boon
birthmark *(n.)* خاڵ khal
biscuit *(n.)* بسکویت biskewit
bisect *(v.)* دوو بەش do besh
bisexual *(adj.)* دوو ڕەگەز do regez
bishop *(n.)* قەشە qasha
bison *(n.)* بایسۆن bayson
bisque *(n.)* ڕەنگی سووری زەردباو range sore zardbaw
bistro *(n.)* بیسترۆ bestrw
bit *(n.)* کەمێك kamik
bitch *(n.)* دەڵەسەگ dalasag
bitcoin *(n.)* بیتکۆین betkoen
bite *(v.)* گازلێدان gazlidan
biting *(adj.)* گازگرتن gazgrtn
bitter *(adj.)* تاڵ tal
bitterness *(n.)* تاڵیی tale
bi-weekly *(adj.)* دوو هەفتانە do heftane
bizarre *(adj.)* سەیر و سەمەرە saer o samara
blab *(v.)* نهێنی درکاندن nhine drkandn
blabber *(n.)* کەسێکی چەنەباز kasike chanabaz
black *(adj.)* ڕەش rash
blackbird *(n.)* باڵندەی ڕەش balindey resh
blackboard *(n.)* تەختە ڕەش takhta rash
blacken *(v.)* ڕەشی دەکات rashe dakat
blacklist *(n.)* لیستی ڕەش listi resh
blackmail *(n.)* ڕەشبگێری rashbgere
blackmailer *(n.)* ڕەشبگێرکەر rashbgerkar
blackout *(n.)* ڕەشبونەوە rashbonawa

blacksmith *(n.)* ئاسنگەر asngar
bladder *(n.)* میزڵدان mezldan
blade *(n.)* نۆوك nok
blame *(v.)* لۆمە loma
blanch *(v.)* بلانچ blanch
bland *(adj.)* بێ ڕەنگ be reng
blank *(adj.)* بەتاڵ batal
blanket *(n.)* بەتانی batane
blare *(v.)* هاوارکردن hawarkrden
blaspheme *(v.)* جنیودان jniwdan
blasphemy *(n.)* کفر kfr
blast *(n.)* تە قینە وە teqinewe
blatant *(adj.)* دەنگ قایم یا بەرز dang qaem ya barz
blaze *(n.)* گڕ gir
blazer *(n.)* سووکەچاکەت soke chaket
blazing *(adj.)* سووتێناو sotinaw
blazon *(v.)* بانگ بۆ هەڵدان bang bo haldan
bleach *(v.)* فاس fas
bleak *(adj.)* چۆڵ chol
bleary *(adj.)* ماندوو mandoo
bleat *(v.)* باعباع baba
bleb *(n.)* بلۆق bloq
bleed *(v.)* خوێنیبەردەبێت khoini ber debet
blemish *(n.)* تێکدان tek dan
blench *(v.)* سپیبوون spi boon
blend *(v.)* تێکەڵ دەکات tekel dekat
blender *(n.)* تێکەڵاوکەر tekelaw ker
bless *(v.)* پیرۆزکردن piroz kirdin
blessed *(adj.)* بەرمەکەتراو bereket kiraw
blessing *(n.)* نیعمەت neamat
blight *(n.)* دەردی ڕووەک derdi rwek
blind *(adj.)* کوێر kwir
blindage *(n.)* کوێرکردن kwirkirdn
blindfold *(n.)* جاو بەستراو jaw bastraw
blindness *(n.)* کوێربوون kwirbon
bling *(n.)* زیادەڕەوی کراوە zyadarawe krawa
blink *(v.)* ترپاندن trpandn
blip *(n.)* وێنە یا ڕوناکییەکی سەر شاشەی ڕادار wina ya rwnakeake sar shashae radar
bliss *(n.)* خۆشی khoshi
blister *(n.)* تاڵە موومەکان tala mwakan
blithe *(adj.)* شاد shad
blitz *(n.)* هێرش یا پەلامارەدانێکی لەپڕ و توندوتێژ hirsh ya palamardanike lapr o tondotezh
blizzard *(n.)* ڕەشابایەکی بە هێز rashabaeake be hez
bloat *(v.)* ئاوساو awsaw
blob *(n.)* دڵۆپ dlop

bloc *(n.)* بلۆك blok
block *(n.)* پارچە parcha
blockage *(n.)* داخران dakhran
blockbuster *(n.)* شتێك یا كەسێك زۆر بە كار و بەزمبر و سەركەوتوو shtik ya kasik zwr ba kar o bazabr o sarkawtw
blockhead *(n.)* كەوج kawj
blog *(n.)* بلۆگەكە blogaka
blogger *(n.)* بلۆگەر blogar
blogging *(v.)* بلۆگكردن blogkirdn
blood *(n.)* خوێن khoin
bloodshed *(n.)* خوێنڕشتن khoin rishtin
bloody *(adj.)* خوێناوی khoinawi
bloom *(v.)* خونچە khoncha
bloomer *(n.)* بلومەر blwmar
blot *(n.)* پەڵەی مەرەكەب palae marakab
blotted *(adj.)* سڕاوەتەوە srawatawa
blouse *(n.)* بلوز bloz
blow *(v.)* تەقان taqan
blowout *(n.)* تەقینەوە teqinewe
blowsy *(adj.)* قسە خۆش qsa khosh
blue *(n.)* شین shen
bluetooth *(n.)* بلوتۆز blotoz
bluff *(v.)* فریودەدات frew dadat
blunder *(n.)* هەڵەی گەورە heley gewre
blundering *(adj.)* هەڵەكردن hele kirdin
blunt *(adj.)* بێمانا be mana
bluntly *(adv.)* بە ڕاشكاوی ba rashkawe
blur *(v.)* كاڵكردنەوە kal kirdinewe
blurb *(n.)* بڵاوكەرەومەیەكی كورتی ستایشی blawkarawaeaki korti staeshi
blurt *(v.)* لەدەم دەرچوون بەبێ بیركردنەوە ladam darchon babi berkirdnawa
blush *(v.)* شەرم sharm
blusher *(n.)* سوورکەرەوە sorkarawa
bluster *(v.)* ترساندن trsandn
boa *(n.)* جۆرە مارێكی گەورەی بێژەهرە jora marike gawrey be jehr
boar *(n.)* نێرەی بەراز nirae beraz
board *(n.)* تەختە takhta
board game *(n.)* یاری تەختە yare takhta
boarding *(n.)* سواربوون swar boon
boarding school *(n.)* قوتابخانەی داخیلی qotabkhanae dakhele
boast *(v.)* شانازی بكەن shanaze bkan
boat *(n.)* بەڵەم balam
boathouse *(n.)* خانووی بەڵەم khanwe balam
boatman *(n.)* بەڵەموان balamwan
bob *(v.)* تۆپەڵەقژ topala qizh

bobbin *(n.)* خلۆكە khloka
bobble *(n.)* مزرکشە mzrksht
bodice *(n.)* كراسی كورتی ژنان krase korte jinan
bodily *(adv.)* تەنی tane
body *(n.)* لاشە lasha
bodyguard *(n.)* پاسەوانی تایبەت pasawane taebat
bog *(n.)* زلكاو zlkaw
bogland *(n.)* زەوی تاڵاو zawi talaw
boglet *(n.)* بۆگلێت boglit
bogus *(adj.)* قەڵب qalb
bohemian *(adj.)* بۆهێمی bohaeme
boil *(v.)* دەكوڵێت dakolit
boiler *(n.)* كوڵێنەر kolener
boist *(n.)* كوڵان kolan
boisterous *(adj.)* قایم qaem
bold *(adj.)* تۆخ tokh
boldly *(adv.)* بە بوێرەوە ba boireawa
boldness *(n.)* بوێری boire
bolero *(n.)* سەمایەكی ئیسپانییە semayeki ispanye
bollard *(n.)* بۆلارد bolard
bollocks *(n.)* بۆلۆكس boloks
bolt *(n.)* بورغی borghe
bomb *(n.)* بۆمبا bomba
bombard *(v.)* بۆمبارانی دەكات bomba barani dekat
bombardier *(n.)* بۆمب هاوێژ bomb hawej
bombardment *(n.)* بۆمبارانكردن bomba baran kirdn
bomber *(n.)* بۆمباهاوێژ bomb hawej
bonafide *(adj.)* بە ڕێك و پێكی، بەدڵەوە ba rek o peke, badlawa
bonanza *(n.)* بۆنزا bonza
bond *(n.)* گرێ gre
bondage *(n.)* كۆیلایەتی koelayeti
bonds *(n.pl.)* بۆندەكان bondakan
bone *(n.)* ئێسك isk
boneless *(adj.)* بێ ئێسك be isk
bonfire *(n.)* ئاگرە خۆشە agra khosha
bonnet *(n.)* سەرقاپی مەكینەی ئۆتۆمۆبیل sarqape makenae aotomobel
bonus *(n.)* سەرمۆوچە sarmocha
book *(n.)* پەرتوك partok
book *(v.)* تۆمار دەكات tomar dekat
bookie *(n.)* دەڵاڵی گرو dalale graw
bookish *(n. & adj.)* كتێب باز ktib baz
book-keeper *(n.)* كتێب پارێز ktep parez

booklet (n.) ناميلكه namelka
bookmaker (n.) لەجاپدەر le chapder
bookmark (n.) پەرتووک نیشانەكەر partok neshanakar
bookseller (n.) پەرتووک فرۆش partok frosh
bookshop (n.) كتێبخانە ktibkhana
bookstall (n.) فرۆشگای پەرتووك froshgae partok
bookworm (n.) مۆرانەی پەرتووك moranae partok
boom (n.) ستوونی بایەوانی کەشتی با stone baeawane kashte ba
boon (n.) بەهرە bahra
boor (n.) مسكین mskin
boost (n.) بەرزدكاتەوە berz dekatewe
boost (v.) پشتگیری دەكات pishtgiri dekat
booster (n.) پشتگیر pishtgir
boot (n.) پۆتین poten
booth (n.) كۆشك koshk
booty (n.) تالانی جەنگ talane jang
booze (v.) مەست بوون mast bon
border (n.) كەنار kanar
bore (v.) بێزار دەبێت bezar debet
born (adj.) لەدایك بوون le daik boon
borne (adj.) هەڵگیراو hel geraw
borough (n.) شارێكی ئۆتۆمیدار shareki autonomidar
borrow (v.) قەرزدەكات qerz dekat
bosom (n.) سەنگەر sangar
boss (n.) سەرۆك sarok
bossy (adj.) بەرهبرۆزمنگ barabrozang
botanical (adj.) ڕووەکی rwaki
botany (n.) ڕووەکناسی rwaknasi
botch (v.) بەخراپی پێنەكردن bakhrape penakirdn
both (adj & pron.) هەردووك hardok
bother (v.) هەراسان دەكات harasan dekat
botheration (n.) بێزار كردن bezar kirdin
bottle (n.) بوتڵ botl
bottom (n.) خوارو khwarw
bough (n.) شاڵقی درەخت shalqi drakht
boulder (n.) بەرد bard
boulevard (n.) شەقامی پان shaqami pan
bounce (v.) بازدەدات baz dedat
bouncer (n.) شتێکی زۆل و زل shteki zol u zil
bound (v.) سنور snor
boundary (n.) سنوری وڵات snori wlat
bountiful (adj.) بەخشندە bakhshnda
bounty (n.) بەخشیش bakhshish

bouquet (n.) چپکە گوڵ chapka gwl
bourgeois (adj.) بۆرژوا borjaw
bourgeoise (n.) بۆرژوازی borjawze
bout (n.) خول khol
boutique (n.) بۆتیك botek
bow (n.) چەمانەوە chamanawa
bowel (n.) ڕیخۆڵە rikhola
bower (n.) کەپر kapr
bowl (n.) دەفری قوڵ dafri qol
bowler (n.) توپهاوێژی کریکێت top haweji krekit
box (n.) ڵێنی دەدات ley dedat
boxer (n.) مشتەوان mishtewan
boxing (n.) مستێن mstin
boy (n.) کور kor
boycott (v.) خۆدادەبرێت kho dadebret
boyhood (n.) لاوی lawe
boyish (adj.) مندالانە mndalana
bra (n.) سوخمەی مەمک sokhmae mamk
brace (n.) سمۆ smw
bracelet (n.) بازن bazn
braces (n.) ئامێری برێس amiri bris
bracing (adj.) ئاسقە پانتول asqe pantol
bracken (n.) جۆرە ڕووەکێکە jora rwakeke
bracket (n.) کۆڵەکە kolaka
brackish (adj.) توزێک بە خوێ tozik ba khwe
brag (v.) فشەکردن fshakirdn
braggart (n.) کەسێکی فشەکەر یا خۆهەڵکێش kaseki fshakar ya khwhalkesh
braid (n.) هۆنینەوە honenawa
braille (n.) ڕێگەی برایل کە تایبەتە بە نابینان rigae brael ka taebata ba nabenan
brain (n.) مێشک mishk
brainchild (n.) مندالی مێشک mndale mishk
brainstorm (n.) بە کارکردنی مێشک be karkirdini meshk
brainy (adj.) مێشکدار meshkdar
braise (v.) زەردکردن و کۆڵاندن لە ناوێکی کەمدا zardkirdn ekolandn la awike kamda
brake (n.) گیرە gera
brake (v.) ئۆتۆمۆبیلە دەوەستێنی aotomobela dawastini
bran (n.) کەپەک kapak
branch (n.) لق lq
brand (n.) نیشانە neshana
branding (n.) داخکردن dakhkirdn
brandish (v.) ڕاوەشاندن بە هەڕەشەوە rawashandn ba harashawa
brandy (n.) برانډی brande

brangle *(v.)* برانگڵ brangl
brash *(adj.)* قرچۆک qrchok
brass *(n.)* مس ms
brasserie *(n.)* براسێری brasire
brat *(n.)* مندالێکی بێ حەیا و هاروهاج mndaleki be haya o harohaj
bravado *(n.)* لافی نازایی lafe azae
brave *(adj.)* نازا aza
bravery *(n.)* نازایەتی azaeati
brawl *(n.)* شەڕکردن sharkirdn
brawn *(n.)* ماسولکە masolka
bray *(n.)* دەمڕێت dazarit
braze *(v.)* لە مس دروست کردن la ms drwst kirdn
breach *(v.)* یاساشکاندن yasa shikandin
bread *(n.)* نان nan
breadcrumb *(n.)* وورده نان wrda nan
breaded *(adj.)* نان کراوه nan krawa
breadth *(n.)* پانایی panae
breadwinner *(n.)* بژێوی ژیان bijewi jiyan
break *(v.)* شکاندن shkandn
break point *(n.)* خاڵی شکاندن khali shkandn
breakage *(n.)* شکان shkan
breakdown *(n.)* پارچەپارچەی بکە parche parchey bke
breakfast *(n.)* نانی بەیانی nane bayane
breakfront *(n.)* پێشانگای شکاندن pishangae shkandn
breaking *(n.)* شکاندن shkandn
break-off *(n.)* شکان shkan
breakout *(n.)* برین یا شکاندن و دەربازبوون bren ya shkandn o darbazbon
breaktime *(n.)* کاتی پشودان kate pshodan
breakup *(n.)* جیابوونەوە jyabonawa
breast *(n. & v.)* مەمك mamk
breastfeed *(v.)* شیرپێدان shir pedan
breath *(n.)* هەناسە hanasa
breathe *(v.)* هەناسەدەدات henase dedat
breathtaking *(adj.)* هەناسەبڕکێ hanase brke
breech *(n.)* سمت smt
breed *(v.)* زۆر بوون zoor boon
breeze *(n.)* هەوای گەرم hawae garm
breviary *(n.)* کورتکراوەی kortkrawae
brevity *(n.)* کورتی korti
brew *(v.)* خواردنەوە khwardnawa
brewery *(n.)* کارگەی بیرە kargae bera
bribe *(v.)* بەرتیڵ bartel
brick *(n.)* خشت khsht
bridal *(adj.)* بووکێنی bokite

bride *(n.)* بووك bok
bridegroom *(n.)* زاوا zawa
bridesmaid *(n.)* ئاوەڵ زاوا awal zawa
bridge *(n.)* پرد prd
bridle *(n.)* کۆت و کۆت kot o kot
brief *(adj.)* کورت kort
briefcase *(n.)* جانتای زانیاری jantai zanyari
briefing *(n.)* کورتەیەک kortaeak
brigade *(n.)* لیوا لە سوپادا lewa la sopada
brigadier *(n.)* عەمید لە سوپادا amed la sopada
brigand *(n.)* چەتە chata
bright *(adj.)* ڕووناك ronak
brighten *(v.)* دەبریقێنێوە debriqetewe
brightness *(n.)* ڕووناکی ronaki
brilliance *(n.)* درەوشانەوە direwshanewe
brilliant *(adj.)* هەڵکەوتو helkewto
brim *(n.)* لێوار liwar
brine *(n.)* ئاوێکی سێر aweki sir
bring *(v.)* دەهێنێت de henet
brinjal *(n.)* برینجاڵ brenjal
brink *(n.)* نزیك nizik
briquet *(n.)* بریکێت brekit
brisk *(adj.)* خێرا khera
bristle *(n.)* ڕیش resh
british *(adj.)* بەریتانی beritani
brittle *(adj.)* شکاو shkaw
broad *(adj.)* فراوان frawan
broadband *(n.)* شە پۆلی فراوان Shepoli frawan
broadcast *(v.)* بڵاودەکاتەوە blawdakatawa
broadway *(n.)* ڕێگای فراوان Regay frawan
brocade *(n.)* قوماشی نەقش و نیگاراوی qomashe naqsh o negarawe
broccoli *(n.)* برۆکلی brokle
brochure *(n.)* نامیلکە namelka
broke *(adj.)* شکاندی shkande
broken *(v.)* شکاو shkaw
broker *(n.)* دەڵاڵ dalal
brokerage *(n.)* دەڵاڵی dalali
bromide *(n.)* دەرمانی نێش شکاندن darmane aish shkandn
bronchial *(adj.)* بۆرییەکانی هەناسە boreakane hanasa
bronchitis *(n.)* هەوکردنی بۆرییەکانی هەناسە hawkirdne boreakane hanasa
bronze *(n.)* برۆنزی bronzi
brooch *(n.)* بڕۆش brosh
brood *(n.)* بەچکەی باڵندە bachkae balnda

brook (n.) جۆگە joga
broom (n.) گەسك gask
broth (n.) شۆربە shorba
brothel (n.) قەحبەخانە Qehbe khane
brother (n.) برا bra
brotherhood (n.) برایەتی brayeti
brouge (n.) بروج broj
brow (n.) کەناری شاخ kanare shakh
brown (adj.) قاوەیی qawae
browse (v.) دەلەمۆرێت deleweret
browser (n.) گەڕۆك garok
bruise (n.) کێشان keshan
brunch (n.) نانی بەیانی و نیوەڕۆ پێکەوە nane bayane o newarw pikawa
brunette (n.) گەنم ڕەنگ ganm rang
brunt (n.) قورسایی qorsay
brush (n.) فلچە flcha
brusque (adj.) لەڕوو le roo
brustle (v.) زبری zbre
brutal (adj.) درندانە drndana
brutalize (v.) درندانەکردن drndane kirdin
brute (n.) درندە drnda
brutify (v.) توندوتیژی tond u tiji
brutish (adj.) دڵڕەق dil req
bubble (n.) بلق blq
bubble wrap (n.) پێچانی بلق pichane blq
bubblegum (n.) بنیشتی بلقدار bnishte blqdar
buck (n.) بێچوە ئاسك bichwa ask
bucket (n.) سەتڵ satl
bucket list (n.) لیستی سەتڵ leste satl
buckle (n.) پساندن psandn
bud (n.) چرۆ chrw
budding (adj.) ساوا sawa
buddy (n.) هاوڕێ hawre
budge (v.) فەڕوە farwa
budget (n.) بۆدجە bodja
buff (n.) پێستی گامێش pisti gamesh
buffalo (n.) گامێش gamesh
buffer (n.) بەربەست لە نێوان دوو شت berbest le newan do shit
buffer zone (n.) ناوچەی بەربەست: ناوچەی بێلایەن nawchae barbast: nawchae bilaean
buffet (n.) زلە zile
buffoon (n.) قەشمەڕچی qashmarche
bug (n.) مێشولە mesole
buggy (n.) عەڕەبانەی مندال arabanae mndal
bugle (n.) کەڕەنا karana
build (v.) دروست دەکات drwst dakat
builder (n.) بەننا banna

building (n.) بالەخانە balakhana
bulb (n.) گڵۆپ glop
bulbous (adj.) گڵۆپی هەیە glope haea
bulge (n.) گەورەبوون gewre boon
bulimia (n.) بولیمیا bolemya
bulk (n.) بارستایی barstae
bulky (adj.) قەبە qaba
bull (n.) گا ga
bull's eye (n.) چاوی گا chawe ga
bulldog (n.) بولدۆگ boldog
bulldozer (n.) بولدۆزەر boldwzar
bullet (n.) گوللە golla
bullet train (n.) شەمەندەفەری زۆر خێرا shamandafare zor khera
bulletin (n.) پەخشنامە pakhshnama
bulletproof (adj.) گوللەبەند gawllaband
bullion (n.) پارچە زێڕ یا زیو parcha zir ya zew
bullish (adj.) کەڵەگایی kalagae
bullock (n.) گاجووت gajot
bully (n.) نەگریس nagres
bulwark (n.) سەنگەر sangar
bumble (v.) گیژەهاتن gize hatin
bump (n.) خۆپیادان Kho piadan
bumper (n.) پارێزەی ئۆتۆمۆبێل parizae aotomobel
bumpkin (n.) کەسێکی ساویلکە kasike saelka
bun (n.) کێکی کشمیشدار kike kshmeshdar
bunch (n.) هێشوو hishw
bundle (n.) گورزە gorza
bungalow (n.) خانووی یەك نهۆم khanoe eak nhom
bungee jumping (n.) بازدانی بانجی bazdane banje
bungle (v.) تێکدان tek dan
bungle (n.) خەسارکردن khesar kirdin
bunk (n.) قسەی قۆڕ بێ مانا qsae qor bi mana
bunk bed (n.) جێگەی نوستنێکی دووقات jigae nostnike do qat
bunker (n.) بنکەر bnkar
buoy (n.) سەراوکەوتوو ser aw kewto
buoyant (adj.) سووك sowk
burble (v.) بلقبلق کردن blqablq kirdn
burden (n.) بار bar
burdensome (adj.) قورس qors
bureaucracy (n.) بیرۆکراسی berokrase
bureau (n.) نووسینگە nosenge
bureaucrat (n.) بیرۆکرات biro krat
burgeon (v.) چرۆکردن chrwkirdn

burger *(n.)* بەرگر bargr
burglar *(n.)* دز dz
burglar alarm *(n.)* ئاگادار کردنەوە لە دزی زین agadar kirdnawa la dzhe zen
burglary *(n.)* دزیکردن dzekirdn
burial *(n.)* ناشتن nashtn
burke *(v.)* بورک bork
burlesque *(n.)* شانۆگەری لاقرتێ و لاسایی shanogare laqrti o lasay
burn *(v.)* دەسۆتێنێت desotenet
burner *(n.)* سووتێنەر sotener
burning *(adj.)* سووتان sotan
burp *(v.)* قرقێنە qrqina
burrow *(n.)* کۆنی خۆشاردنەوە kone khwshardnawa
bursary *(n.)* خەزنەی زانکۆ یا پەرستگا khaznae zanko ya parstga
burst *(v.)* تەقین taqen
bursur *(n.)* بورسار borsar
bury *(v.)* دەنێژێت denejet
bus *(n.)* پاس pas
bus shelter *(n.)* وێستگەی پاس wistgae pas
bus stop *(n.)* شوێنی وەستانی پاس shwine wastane pas
bush *(n.)* دارستان darstan
bushy *(adj.)* قژ پڕ qij pir
business *(n.)* بازرگانی bazrgani
business card *(n.)* کارتی بازرگانی karti bazrgani
business class *(n.)* پۆلی بازرگانی poli bazrgani
business plan *(n.)* پلانی بازرگانی plani pazrgani
businessman *(n.)* بازرگان bazrgan
bustle *(v.)* جەنجاڵی janjale
busy *(adj.)* سەرقاڵ sarqal
but *(conj.)* بەڵام balam
butcher *(n.)* قەساب qasab
butler *(n.)* گەورەی خزمەتکاران gewrey khzmetkaran
butt *(v.)* کۆنی kone
butter *(n.)* کەرە kara
butterfly *(n.)* پەپوولە papola
butterhead *(n.)* سەری کەرە sare kara
buttermilk *(n.)* ماستاو mastaw
buttock *(n.)* سمتێک smtik
button *(n.)* دوگمە dwgma
buy *(v.)* کڕین kiren
buyer *(n.)* کڕیار kryar

buzz *(n.)* گیزە geza
buzzer *(n.)* زەنگی کارەبا zangi karaba
by *(prep.)* لەلای lalae
bye *(interj.)* خواحافیز khwahafaez
by-election *(n.)* بە هەڵبژاردن be helbijartn
bygone *(adj.)* تێپەڕیوە tiparewa
bylaw, bye-law *(n.)* پەیڕەوی ناوخۆ paerawe nawkhw
bypass *(n.)* بای پاس bae pas
by-product *(n.)* بەرهەمی لاوەکی barhame lawake
byre *(n.)* گەوورەی مانگا gawre manga
byte *(n.)* بایت baet
byway *(n.)* تووڵەڕێ tolari
byword *(n.)* پەندی پێشینان pande pishenan

C

cab *(n.)* تەکسی takse
cabana *(n.)* کابانا kabana
cabaret *(n.)* کابارە kabara
cabbage *(n.)* کەڵەڕم kalarm
cabby *(n.)* شۆفێری تەکسی shwfire takse
cabin *(n.)* کابینە kabena
cabinet *(n.)* ئەنجومەنی وەزیران anjomeni weziran
cable *(n.)* تەل tal
cable car *(n.)* عەرەبەی شەمەندەفر arebey shemendefr
cable television *(n.)* تەلەفزیۆنی کەبیڵ talafzewne kabel
cabuncle *(n.)* کابۆنکڵ kabonkl
cache *(n.)* حاشارگە hasharga
cachet *(n.)* مۆر mor
cackle *(v.)* قیقەقیق qeqaqeq
cactus *(n.)* سۆبێر sobir
cad *(n.)* دارشتن بەیارمەتی کۆمپیوتەر darshtn bayarmate kompewtar
cadaver *(n.)* بۆگەن bogan
cadaverous *(adj.)* لە مردوو دەچێت le mirdo dechet
cadence *(n.)* ئاواز awaz
cadet *(n.)* کوڕ یان براى بچووک kor yan brae bchok
cadge *(v.)* مشەخۆری دەکات mshakhore dakat
cadmium *(n.)* کادمیۆم kadmyom
cafe *(n.)* قاوەخانە qawakhana

cafeteria (n.) کافیتریا kafetrya
caffeine (n.) کافین kafen
cage (n.) قەفەز qafaz
cajole (v.) ڕازی دەکات razi dekat
cake (n.) کێک kek
cakewalk (v.) سەمایەکی قۆڵەڕشەکانی ئەمریکایە samaeake qolarashakane amrekaea
calamity (n.) کارەسات karasat
calamity (n.) بەڵا bala
calcium (n.) ماددەی کالسۆم maddae kalsom
calculate (v.) دەژمێرێت dejmeret
calculation (n.) ژماردن jimardin
calculator (n.) ژمێریار jmeryar
calendar (n.) ساڵنامە salnama
calf (n.) گوێرەکە gwiraka
calibrate (v.) مەزرندەی دەکات mazndae dakat
calibration (n.) دەپێوێ dapiwi
calibre (n.) هاوێژەر hawejer
call (v.) بانگ دەکات bang dakat
call (n.) بانگ کردن bang kirdn
call centre (n.) ناوەندی پەیوەندیکردن nawande paewandekirdn
caller (n.) پەیوەندیکەر peywendi ker
calligraphy (n.) خۆشنووسی khwshnwse
calling (n.) پەیوەندیکردن paewandekirdn
callous (adj.) دڵ ڕەق dl raq
callow (adj.) کەسێکی ناشی kasike nashe
calm (adj.) هێمن himn
calmative (adj.) هێمنکەرەوە himnkarawa
calmness (n.) هێمنی himne
calorie (n.) گەرمۆکە garmoka
calorific (adj.) گەرماپێدەر garmapidar
calumniate (v.) چەواشەکاری chawashakare
calumny (n.) بوختان bokhtan
camel (n.) ووشتر wshtr
cameo (n.) بەردێکی بەهادار bardike bahadar
camera (n.) کامێرا kamira
camlet (n.) کاملێت kamlit
camouflage (n.) فریودان frewdan
camp (n.) سەربازگە sarbazga
campaign (n.) هێرش hersh
camper (n.) هەوارنشین hawarnshen
campfire (n.) ناگری هەوارگە agre hawarga
camphor (n.) کافور kafor
campsite (n.) هەوارگە hawarga
campus (n.) ناو زانکۆ naw zankw
can (v.) دەتوانێ datwane
can (n.) قوتو qotw
canal (n.) جۆگە choga

canard (n.) دەنگوباسی درۆ یا هەڵبەستراو deng u basi dro ya helbestraw
canary (n. & v.) کەناری kanare
cancel (v.) هەڵوە شاندن helweshandin
cancellation (n.) هەڵوەشاندنەوە halwashandnawa
cancer (n.) شێرپەنجە shirpanja
candid (adj.) ڕاشکاوانە rashkawana
candidacy (n.) کاندیدبوون kandedbon
candidate (n.) کاندید kanded
candle (n.) مۆم mom
candlelight (n.) ڕووناکی مۆم ronaki mom
candour (n.) ئاشکرا ashkra
candy (n.) شیرینی sherene
cane (n.) گۆچان gwchan
canine (adj.) کەڵبە kalba
canister (n.) قوتیوکە qotewka
cannabis (0) حەشیش hashesh
cannibal (n.) گۆشتی ئادەمیزاد خۆر goshte adamezad khor
cannibalise (v.) مرۆڤخۆرکردن mrovkhwrkirdn
cannon (n.) تۆپ top
cannonade (v.) تۆپباران topbaran
canny (adj.) کارامە karama
canon (n.) یاسای کڵێسە yasae klisa
canonize (v.) پیرۆزی کەسێک دەردەخا pirozi kesek derdekha
canopy (n.) تارا tara
canteen (n.) چێشتخانەی ناو دامەزراوێک chishtkhanae naw damazrawik
canter (n.) لۆقەکردن loqakirdn
canton (n.) هەرێم herem
cantonment (n.) سەربازگە sarbazga
canvas (n.) جانفاس janfas
canvass (v.) دەپشکنی dapshkni
canyon (n.) دەربەند darband
cap (v.) شەپقە shapqa
cap (n.) کڵاو klaw
capability (n.) توانا twana
capable (adj.) بەتوانا batwana
capacious (adj.) تواناودار twanadar
capacity (n.) توانین twanen
cape (n.) پۆشاکێکی پان و بۆری ئافرەتانە poshakike pan o bore afratana
capillary (n.) شینەدەمار shenadamar
capital (n.) پایتەخت paytekht
capitalism (n.) سەرمایەداری semayedare
capitalist (n.) سەرمایەدار sarmaeadar

capitalize (v.) سەرمایەبەکارھێنان sermaye be karhenan	cardiograph (n.) نامێری نەخشەکێشانی دڵ amire nakhsha kishane dl
capitation (n.) سەرانە sarana	cardiology (n.) دڵناسی dlnase
capitulate (v.) تەسلیم بوون tamlem bon	care (v.) ئاگەداریدەبێت agadar debet
cappuccino (n.) کاپوچینۆ kapwchenw	care (n.) ئاگاداریبوون agadari bon
caprice (n.) ویستێکی سەرپێی westike sarpie	career (n.) پیشە pesha
capricious (adj.) هەوەسکار hawaskar	carefree (adj.) بێ باک bi bak
capricorn (n.) قلەی کارژۆڵە qllae karzhwla	careful (adj.) بە ئاگا ba aga
capsicum (n.) بیبەر beber	careless (adj.) کەمتەرخەم kemter khem
capsize (v.) وەردەگەڕێت wer degeret	carer (n.) چاودێر chaw der
capsular (adj.) کەپسولەیی kapsolae	caress (v.) ناز کردن naz kirdin
capsule (n.) کەپسول kapsol	caretaker (n.) پاسەوان pasawan
captain (n.) سەرۆک تیپ sarok tep	cargo (n.) بار bar
captaincy (n.) پلەی کاپتن plae kaptn	caricature (n.) کاریکاتێر karekatir
captcha (n.) کاپچا kapcha	carious (adj.) کڵۆر klor
caption (n.) ژێرنووس jer noos	carlock (n.) کارلۆک karlok
captivate (v.) بەدیل گرتن badel girtn	carnage (n.) لاشە lasha
captive (adj.) دیل del	carnal (adj.) هەستی haste
captive (n.) بەند band	carnival (n.) کەرنەڤاڵ karnaval
captivity (n.) دیلی dele	carnivore (n.) گۆشتخۆر goshtkhor
capture (n.) دیلیدەکات deledakat	carol (n.) سروود srod
capture (v.) گرتن girtn	carouse (v.) خواردنەوە و زەماوەند گێڕان khwardnawa o zamawand giran
car (n.) ئۆتۆمبێل aotombil	carousel (n.) یاری چەرخ و فەلەکی ئەسپ yare charkh o falake asp
carabine (v.) کارابین karaben	
caracass (n.) تەرم tarm	carp (n.) سکاڵاکردن بەبێ هۆ skalakirdn babi hw
caramel (n.) کاراملێ karamil	
carat (n.) قیرات qerat	carpel (n.) نێسقانەی مەچەڵ aisqane machal
caravan (n.) کاروان karwan	carpenter (n.) دارتاش dartash
carbide (n.) کاربایید karbaed	carpentry (n.) دارتاشی dartashe
carbon (n.) کاربۆن karbon	carpet (n.) ڕایەخ raeakh
carbon copy (n.) لە بەرگرتنەوەی کاربۆنی le bergirtnewey karbon	carpool (n.) ئۆتۆمبیلی ھاوبەش aotombile hawbash
carbonate (n.) کاربۆنات karbonat	carrack (n.) کاڕاك karak
carbonization (n.) کاربۆن لێدان karboon le dan	carriage (n.) عەرەبانە arabana
carbonize (v.) کردن بە کاربۆن یان خەڵۆز kirdn ba karbon yan khaloz	carrier (n.) هەڵگر halgr
	carrot (n.) گێزەر gizar
card (n.) کارت kart	carry (v.) هەڵگرتن halgrtn
card reader (n.) خوێنەری کارت khwinare kart	carsick (adj.) کارسیک karsek
	cart (n.) گالیسکەی دەستی galeskae daste
cardamom (n.) هێلکە hilka	cartage (n.) کرێی گواستنەوەی شت krie gwastnawae sht
cardboard (n.) کارتۆن karton	
cardholder (n.) خاوەن کارت khawan kart	cartel (n.) ڕێککەوتنی داگیرکەرانە rikkawtne dagerkarana
cardiac (adj.) دڵ dl	cartilage (n.) ئێسقانەکان esqanekan
cardiac arrest (n.) وەستانی دڵ wastane dl	cartographer (n.) نەخشەکێش nekhshe kesh
cardigan (n.) چاکەتی خۆری تەنك chakate khore tank	carton (n.) کارتۆن karton
cardinal (n.) سەرەکی و گرنگ sarake o grng	cartoon (n.) کارتۆنی kartoni
	cartoonist (n.) کارتۆنەکان kartonakan

cartridge *(n.)* گوله golla
carve *(v.)* دەنەخشێنی de nekhshine
carving *(n.)* هەڵكۆڵین halkolen
cascade *(n.)* تاڤگەی بچوك tavgae bchok
case *(n.)* كێشە keshe
casern *(n.)* كاسێرن kasirn
cash *(n.)* پارەی نەختی parae nakhte
cashback *(n.)* بە نەقدی ba naqde
cashew *(n.)* داری كاشوو dare kashw
cashier *(n.)* ژمێریاری پارە jmeryari pare
cashmere *(n.)* كەشمیر kashmer
casing *(n.)* بەرگ barg
casino *(n.)* گازینۆ gazenw
cask *(n.)* بۆشكەی تەختەیی boshakae takhtae
casket *(n.)* سندوق sndoq
casserole *(n.)* قابلمە qablama
cassette *(n.)* شریتەكە خۆی shretaka khwe
cast *(v.)* دادەكەنی dadakani
cast *(n.)* قالب qalb
caste *(n.)* چین chen
castellan *(n.)* فەرماندەری قەڵا farmandare qala
caster *(n.)* فریدەر fridar
castigate *(v.)* سزا دەدات بەتوندی sza dadat batonde
casting *(n.)* دارشتن darshtn
castle *(n.)* قەڵا qala
castor *(n.)* خوێدان khwidan
castor oil *(n.)* ڕۆنی گەرچەك roni gerchek
casual *(adj.)* ڕێكەوت re kewt
casualty *(n.)* زیانی گیانی zyane gyane
cat *(n.)* پشیلە pshela
cataclysm *(n.)* بەهێز bahiz
catacomb *(n.)* گۆڕستانی ژێرزەمین gorstani jer zemin
catagorize *(v.)* پۆلێنكردن polinkirdn
catalogue *(n.)* كەتەلۆگ katalog
catalyse *(v.)* پاڵدان paldan
catalyst *(n.)* كاری یاریدەدەر kare yaredadar
catalyzer *(n.)* پاڵدەر pal der
catapult *(n.)* ناگرگە agrga
cataract *(n.)* تاڤگە tavga
catastrophe *(n.)* كارەسات karasat
catastrophic *(adj.)* جەرگبڕ jargbr
catch *(v.)* دەیگرێت daegrit
catching *(adj.)* درم drm
categorical *(adj.)* پۆلێن بەندی polin bendi
category *(n.)* جۆر jor
cater *(v.)* باربۆی دەكات barboe dakat

caterer *(n.)* ناندەر nandar
caterpillar *(n.)* كرمۆكە krmoka
catfight *(n.)* شەڕی پشیلە share pshela
catfish *(n.)* ماسی كۆتر mase kotr
catharsis *(n.)* پاكردنەوەی ڕێخۆڵە و ناوسك pakirdnawae rekhola o nawsk
cathedral *(n.)* كاتدرائی katdrae
catholic *(adj.)* كاسۆلیكی kasoleke
catholicism *(n.)* ڕێبازی كاسۆلیك ribaze kasolek
cattle *(n.)* ئاژەڵ ajel
catwalk *(n.)* ڕێڕەوی تەسك rerewi tesk
caudal *(adj.)* پاشڵ pashal
cauldron *(n.)* مەنجەڵی قورس manjale qors
cauliflower *(n.)* قەرنابیت qarnabet
causal *(adj.)* هۆیی hoy
causality *(n.)* هۆ ho
causation *(n.)* بوونە هۆ bone ho
cause *(v.)* دەبێتەهۆی debete hoy
cause *(n.)* ئامانج amanj
causeway *(n.)* جادە jada
caustic *(adj.)* مادەی داغكەر madae daghkar
caution *(n.)* ئاگاداركردن agadarkirdn
cautionary *(adj.)* ئاگاداری agadare
cautious *(adj.)* بە ئاگا ba aga
cavalry *(n.)* هێزی سوارە یان تانك hezi sware yan tank
cave *(n.)* ئەشكەوت ashkawt
caveat *(n.)* ئاگادار كردنەوە agadar kirdinewe
cavern *(n.)* ئەشكەوتی گەورە ashkawte gawra
caviar *(n.)* كاڤیار kavyar
cavil *(v.)* ڕەخنەی هیچ و پووچ گرتن rakhnae hech o poch girtn
cavity *(n.)* بۆشایی boshay
cavort *(v.)* جووتە لێچدان بە هەوادا یاری كردن jota lechdan ba hawada yare kirdn
cavorting *(n.)* هارنەسەمكان harnasakan
caw *(v.)* قارە قارە كردن qara qara kirdn
cease *(v.)* دەوەستێت dawastint
ceasefire *(n.)* شەڕ وەستاندن shar wastandn
ceaseless *(adj.)* بەردەوام bardawam
cedar *(n.)* دار ئەرۆز dar arwz
cede *(v.)* دەستی لێ هەڵدەگرێت desti le heldegret
ceiling *(n.)* بنمێچ bnmech
celebrate *(v.)* ئاهەنگ دەگێڕێت ahang dagirit
celebration *(n.)* ئاهەنگ گێڕان ahang giran
celebrity *(n.)* كەسێكی ناسراو kasike nasraw
celerity *(n.)* خێرایی khirae

celery *(n.)* کەرەوز karawz
celestial *(adj.)* ئاسمانی asmane
celibacy *(n.)* بێ شووکردن be shokirdin
celibate *(adj.)* بێ شوو be show
cell *(n.)* خانە khana
cell phone *(n.)* تەلەفۆنی دەستی talafone daste
cellar *(n.)* سەرداو sardaw
cello *(n.)* چاڵۆ chalw
cellophane *(n.)* کاغەزی ڕوون kaghaze rwn
cellular *(adj.)* شانەی پڕ لە خانە shanae pr la khana
cellulite *(n.)* چەور chewr
celluloid *(n.)* مادەی سیلۆلۆید madae selwlwid
Celsius *(adj.)* سیلیزی silizi
cement *(n.)* چیمەنتۆ chemantw
cemetery *(n.)* گۆڕستان gorstan
cense *(v.)* بۆنی شوینێک یا کەسێک خۆش کردن bone shwinik ya kasik khwsh kirdn
censer *(n.)* شوشەی بخوور تێدا سووتاندن shwshae bkhwr tida swtandn
censor *(n.)* چاودێر chawdir
censorious *(adj.)* ڕەخنەگر rakhnagr
censorship *(n.)* چاودێری chawdire
censure *(v.)* لۆمە loma
census *(n.)* سەرژمێری ser jmer
cent *(n.)* سنت sent
centaur *(n.)* گیانداریکی ئەفسانەییە gyandarike afsanaea
centenarian *(n.)* کەسێک سەدساڵ بێت kasik sadsal bit
centenary *(n.)* یادی سەدساڵە yade sadsala
centennial *(n.)* یادی تێپەڕبوونی سەدەیەک yade tibarbone sadaeak
center *(n.)* ناوەند nawand
centigrade *(adj.)* سەدی sade
centimetre *(n.)* سەنتیمەتر santematr
centipede *(n.)* هەزارپێ hezar pe
central *(adj.)* ناوەندی nawende
central locking *(n.)* قفڵکردنی ناوەندی qflkirdn nawande
centralze *(v.)* ناوەندی nawendi
centre *(n.)* ناوەند nawand
centrical *(adj.)* ناوەندی nawande
centrifugal *(adj.)* دوور لە ناوەند dwr la nawand
centuple *(adj.)* سەدە sada
century *(n.)* سەد ساڵ sad sal
cephaloid *(adj.)* سەرپۆش sarposh
ceramics *(n.)* هونەری گڵکاری honare glkare

cerated *(adj.)* حەبەکان habakan
cereal *(n.)* دانەوێڵە danawila
cerebellum *(n.)* مێشکە بچکۆلە mishka bchkola
cerebral *(adj.)* مێشکی mishka
ceremonial *(adj.)* ئاهەنگانە ahangana
ceremonious *(adj.)* ئاهەنگ خواز ahang khwaz
ceremony *(n.)* ئاهەنگ ahang
certain *(adj.)* دڵنیا dlnya
certainly *(adv.)* بێگومان be goman
certainty *(n.)* باوەڕ bawar
certificate *(n.)* بڕوانامە brwanama
certify *(v.)* بڕوانامە بدە brwanama bda
certitude *(n.)* قایل بوون qael bon
cerumen *(n.)* مێوی گوێ miwe gwe
cervical *(adj.)* تایبەتی بە مل و زێ taybeti be mil u ze
cesarean *(n. & adj.)* نەشتەرگەری قەستەرە nashtargare qastara
cessation *(n.)* وازهێنان waz henan
cesspool *(n.)* زیراب zirab
cetin *(n.)* سێتین seten
cetylic *(adj.)* سێتیلیک setelek
chain *(n.)* زنجیرە znjera
chair *(n.)* کورسی korse
chairman *(n.)* سەرۆک sarok
chaise *(n.)* چایز chayz
chalet *(n.)* شاڵێت shalet
chalice *(n.)* جام jam
chalk *(n. & v.)* تەباشیر tabasher
chalkdust *(n.)* تۆزی گچکە toze gchka
challenge *(n.)* ئاستەنگی astang
chamber *(n.)* ژوور joor
chamberlain *(n.)* یاوەر yawar
champagne *(n.)* شەمپانیا shampanya
champion *(n.)* پاڵەوان palawan
chance *(n.)* ڕێکەوت rikawt
chancellor *(n.)* سەرۆک و مزیران sarok wazeran
chancery *(n.)* ئەنجومەنی دادوەران anjomane dadwaran
chandelier *(n.)* شاندەری shandare
change *(n.)* گۆڕین gorin
change *(v.)* گۆڕینەوە gorinewe
channel *(n.)* دەربەند darband
chant *(n.)* گۆرانی gorane
chaos *(n.)* ئاژاوە ajawe
chaotic *(adv.)* شڵەژاو shile jaw

chapel (n.) كڵێسەی بچوك klisae bchok
chaperone (n.) شاپەرۆن shaparon
chaplain (n.) كاپلان kaplan
chapter (n.) بابەتی babate
character (n.) كاراكتەر karaktar
charade (n.) باری وشەزانین bare wshazanen
charcoal (n.) خەڵوزی دار khaloze dar
charge (n.) تاوانباری دەكات tawanbare dakat
charge (v.) بارگاوی bargawe
charger (n.) بارگاویكەرەوە bargawe karawa
chariot (n.) گالیسكە galeska
charisma (n.) كاریزما karezma
charismatic (adj.) كاریزماتیك karezmatek
charitable (adj.) خێرخوازی khirkhwaze
charity (n.) چاكە chaka
charm (n.) جوانی jwane
charm (v.) شەیدا دەكات shaeda dakat
charming (adj.) دڵفرێن dlfren
chart (v.) هێڵكاری hilkare
chartbuster (n.) پلان plan
charter (n.) پەیمان peyman
chartered (adj.) بەكرێ گیراو be kre giraw
chase (v.) ڕاوكردن rawkirdn
chaser (n.) ڕاوچی rawche
chasis (n.) ڕاوكردن rawkirdn
chaste (adj.) پاكیزە pakeza
chasten (v.) سزا بدە sza bda
chastise (v.) سزادان szadan
chastity (n.) پاكیزەیی pakezae
chat (v.) چات chat
chat room (n.) ژووری چات jori chat
chat show (n.) بەرنامەی گفتوگۆ barnamae gftogw
chateau (n.) شاتۆ shatw
chatter (v.) قسەكردن qsakirdn
chauffeur (n.) شۆفێر shofer
chauvinism (n.) شۆڤینیزم shofinizm
chauvinist (n. & adj.) دەمارگیر damargar
cheap (adj.) هەرزان herzan
cheapen (v.) هەرزانی دەكات harzane dakat
cheat (n.) فێڵ كردن fel kirdin
cheat (v.) قۆپی كردن qopi kirdin
cheater (n.) ساختەچی sakhtache
check (n.) پشكنین pishkinin
check (v.) چاودێری دەكات chawdire dakat
checker (n.) بۆردی سەترەنج borde satranj
check-in (n.) هاتنە ژوورەوە hatne jorewe
checklist (n.) لیستی پشكنین listi pishkinin

checkmate (n.) كش مات لە ksh mat la
checkout (n.) پشكنین pishkinin
checkpoint (n.) خاڵی پشكنین khali pishkinin
cheddar (n.) چیدار chidar
cheek (n.) ڕوومەت romet
cheep (v.) جوكەجوكی جولە jokajoke jola
cheer (v.) هاواردەكات hawar dekat
cheerful (adj.) خۆش khosh
cheerleader (n.) هاندەران handaran
cheerless (adj.) خە موكی khemoki
cheese (n.) پەنیر paner
cheesecake (n.) دروست دەكرێت drost dekret
cheesy (adj.) خراپ khrap
cheetah (n.) بەور bawr
chef (n.) سەرۆكی چێشت لێنەران seroki chest le neran
chemical (n.) كیمیایی kimyay
chemical (adj.) ماددەی كیمیایی madey kimyay
chemise (n.) ژێركراسی ژنانە jer krasi jnane
chemist (n.) كیمیاگەر یان دەرمانگەر kimyager yan dermanger
chemistry (n.) كیمیا kimya
chemotherapy (n.) چارەسەری كیمیایی chareseri kimyay
cheque (n.) پشكنین pishkinin
cherish (v.) ڕێز لێ گرتن rez le girtin
cheroot (n.) چروت: جورە جگەرەیەكە chrwt: jwra jgaraeaka
cherry (n.) گێلاس gilas
chess (n.) یاری شەترەنج yare shatranj
chessboard (n.) تەختەی شەترەنج takhtae shatranj
chest (n.) سنگ sng
chestnut (n.) كەستانە kastana
chew (v.) دەمجوێت dechwet
chic (adj.) جوانپۆش jwanposh
chick (n.) جوجك jojk
chicken (n.) مریشك mreshk
chickpea (n.) نۆك nok
chide (v.) سەرزەنشت كردن sarzanshtkirdn
chief (adj.) سەرۆك sarok
chiefly (adv.) بەشێوەیەكی سەرەكی bashiwaeake sarake
chieftain (n.) سەرۆك كۆمەر sarok komar
child (n.) مندال mndal
childbirth (n.) مندال بوون mndal boon
childcare (n.) چاودێری منداڵان chawdire mndalan

childhood (n.) مندالی mndale
childish (adj.) مندالانه mndalana
chill (n.) سارد sard
chilli (n.) نالەتی توون و تیژ alate twn o tezh
chilly (adj.) سەخت sakht
chime (n.) جەرس jaras
chimera (n.) گیاندارێکی ئەفسانەییە gyandareki afsaney
chimney (n.) دووکەڵکێش do kel kesh
chimpanzee (n.) شمپانزی shampanzi
chin (n.) چەنەگە chanaga
china (n.) چین chen
chink (n.) قڵێش qlesh
chip (n.) چیپ chep
chipping (n.) چیپکردن chepkirdn
chirp (v.) جیومجیو دەکات jewajew dakat
chirpy (adj.) چرچ و لۆچی chrch o loche
chisel (n.) ئەسکەنە askana
chit (n.) کچیکە قسەرەق kchike qsaraq
chivalrous (adj.) جوامێر jwamir
chivalry (n.) سوارچاکی swarchake
chlorine (n.) کلۆرین kloren
chloroform (n.) کلۆرۆفۆرم klorwform
chocolate (n.) شوکولاتە shokolata
choice (n.) هەڵبژاردن hel bijartin
choir (n.) کۆر kor
choke (v.) خنکاندن khnkandn
cholera (n.) کۆلێرا kolira
choleric (adj.) زوو هەڵچوو zo helcho
cholesterol (n.) کۆلیسترۆڵ kolestrol
choose (v.) هەڵبژاردن hel bijartin
choosy (adj.) هەڵبژێردراو hel bijerdraw
chop (v.) بڕی bre
chopper (n.) قیمەکێش qemakish
chopstick (n.) دووچیلکەیە بۆخواردن بەکاردێت لە چین و ژاپۆن dwchelkaea bokhwardn bakardit la chen o zhapon
chord (n.) گۆریس gores
choreograph (v.) کۆریۆگرافی koriografi
choreography (n.) سەما sama
chorus (n.) کۆرس kors
Christ (n.) مەسیح maseh
Christendom (n.) جیهانی گاور jihani gawr
Christian (adj.) گاور gawr
Christianity (n.) مەسیحییەت mesihiyet
Christmas (n.) جەژنی کریسمس jenji kresmes
chrome (n.) کرۆم krom
chromosome (n.) کرۆمۆسۆم kromosom

chronic (adj.) درێژخایەن drej khayen
chronicle (n.) رۆژنامە roj name
chronological (adj.) بەپێی کاتی روودان bapie kate rwdan
chronology (n.) روودا نووسینزانی rwdaw nosenzane
chrysalis (n.) قۆزاخە qozakha
chubby (adj.) دەموچاو قەڵەو dem u chaw qelew
chuckle (v.) پێکەنین pe kenin
chum (n.) دۆست dwst
chunk (n.) پارچەی گەورە parchae gawra
church (n.) کڵێسە klisa
churchyard (n.) حەوشەی کڵێسە hawshae klisa
churlish (adj.) دڵڕەق dlraq
churn (v.) مەشکە mashka
cicada (n.) مێروو miro
cider (n.) شەربەتی سێو sherbeti sew
cigar (n.) سیگەر segar
cigarette (n.) جگەرە jgara
cinema (n.) سینەما sinema
cinematic (adj.) سینەمایی sinemay
cinematography (n.) سینەماکاری sinemakari
cineplex (n.) سینەپلێکس senapliks
cinnamon (n.) قەنەفر qanafr
cipher(or cypher) (n.) سیفەر sefar
circle (n.) بازنە bazna
circuit (n.) خول khol
circular (adj.) بازنەیی bazney
circulate (v.) بڵاودەکاتەوە blaw dekatewe
circulation (n.) بڵاوبوونەوە blaw bonewe
circumcise (v.) ختەنەدەکات khetene dekat
circumference (n.) چێوەی بازنە chewy bazne
circumstance (n.) دۆخ dokh
circumstantial (adj.) بەستراوە بە بار و دۆخ bestraw be baro dokh
circumvent (v.) فێل کردن لە یاسا fel kirdin le yasa
circus (n.) سێرك sirk
cirrhosis (n.) نەخۆشی جگەر nakhshe jgar
cirrus (n.) هەوری تەنك hawre tank
cisco (n.) سیسکۆ sesko
cist (n.) سیست sest
cistern (n.) کانیاو kanyaw
citadel (n.) قەڵا qala
citation (n.) وەرگێران wergeran

cite *(v.)* ناماژە بە amaje be
citizen *(n.)* هاوڵاتی hawlati
citizenship *(n.)* ڕەگەزنامە ragaznama
citric *(adj.)* لیمۆ lemo
citrine *(n.)* سیترین setren
citrus *(n.)* ترشەمەنی trshamane
city *(n.)* شار shar
civic *(adj.)* شاری share
civics *(n.)* زانستی مەدەنی zanste madane
civil *(adj.)* شارستانی sharstane
civilian *(n.)* شاری share
civilization *(n.)* شارستانیتی sharstanite
civilize *(v.)* باش دەکات bash dakat
clack *(v.)* تەقەتەق کردن taqataq kirdn
clad *(adj.)* داپۆشراو daposhraw
cladding *(n.)* ڕوپۆشکردن roposhkirdn
claim *(v.)* داواکردن dawakirdn
claimant *(n.)* داواکار dawakar
clam *(n.)* هێلکەی شەیتانۆکە hilkae shaetanoka
clamber *(v.)* بە زەحمەت سەردەکەوێ bazahmat sardakawe
clammy *(adj.)* تەڕ tar
clamour *(n.)* غەڵبە غەڵب ghalba ghalb
clamp *(n.)* گیرە gera
clan *(n.)* خێڵ khel
clandestine *(adj.)* نهێنی nheni
clap *(v.)* چەپڵە لێدان cheple le dan
clapper *(n.)* چەپڵەلێدەر cheple le der
claque *(n.)* چەپڵە لێ دەری بەکرێ گرتوو cheple lederi be kre grtoo
clarification *(n.)* ڕوونکردنەوە roon kirdinewe
clarify *(v.)* ڕوون دەکاتەوە roon dekatewe
clarinet *(n.)* کلارنێت klarnet
clarity *(n.)* دەلالی delali
clash *(v.)* لێکدان lek dan
clasp *(v.)* ناوزەنگی awzange
class *(n.)* جۆر jor
classic *(adj.)* کلاسیک klasek
classical *(adj.)* کلاسیکی klaseke
classification *(n.)* پۆلین polin
classified *(adj.)* پۆلین کراوە polin krawa
classify *(v.)* پۆلینکردن polinkirdn
classmate *(n.)* هاوپۆل hawpol
classroom *(n.)* پۆل pol
clatter *(n.)* تەقەتەق teqe teq
clatter *(v.)* تەقەتەق دەکات taqataq dakat
clause *(n.)* دەستەواژە destewaje

claustrophobia *(n.)* فۆبیای ترسی جێگای داخروتەنگ fobyay trsi jegay teng
clave *(n.)* پەیوەست peywest
claw *(n.)* پەنجە panja
clay *(n.)* قوڕ qor
clean *(v.)* خاوێن دەکات khawen dekat
clean *(adj.)* خاوێن khawen
cleaner *(n.)* کەسێکی پاککەرەوە kasike pakkarawa
cleanliness *(n.)* خاوێنی khawine
cleanse *(v.)* پاکیژ دەکات pakij dekat
clear *(adj.)* ڕوون ron
clearance *(n.)* جۆڵ کردن jol kirdn
clearly *(adv.)* بە ئاشکرا ba ashkra
cleat *(n.)* ناڵی بن پێڵاو nali bin pelaw
cleavage *(n.)* درز drz
cleave *(v.)* دوو کەرتی دەکات do kerti dekat
cleft *(n.)* قڵیشاندن qleshandn
clemency *(n.)* لێ خۆشبوون le khosh boon
clement *(adj.)* بەبەزەیی babazae
clementine *(n.)* کلێمێنتین kleminten
clench *(v.)* توند دای دەخات tond day dekhat
clergy *(n.)* پیاوە ئایین pyawa ayn
clerical *(adj.)* پەیامی payame
clerk *(n.)* نووسەر nosar
clever *(adj.)* زیرەک zerak
clew *(n.)* گورزە بەن gorza ban
cliché *(n.)* دەستەواژەی دووپات کراو destewajey dopat kraw
click *(n.)* کلیک بکە klek bka
client *(n.)* بکر bikir
cliff *(n.)* کەند kand
climate *(n.)* ئاو و هەوا aw u hewa
climate change *(n.)* گۆڕانی کەش و هەوا gorani kesh u hewa
climate control *(n.)* کۆنترۆڵی کەش و هەوا kontroli kesh u hewa
climax *(n.)* لوتکە lotka
climb *(v.)* سەرکەوتن ser kewtin
climber *(n.)* شاخەوان shakhawan
clinch *(v.)* توندگرتن tond girtin
cling *(v.)* لێی دەناڵێت ley de alet
clingy *(adj.)* پێوە نووساو pewe nosaw
clinic *(n.)* دەیدەنگەی پزیشکی deydengey pizishki
clinical *(adj.)* پزیشکی pizishki
clink *(n.)* خش خش khish khish
clip *(n.)* لێدەدات Le dedat

clipper (n.) کەشتی چارۆکەداری خێرا keshti charokedari khera
clipping (n.) وردەکاغەز worde kakhez
clive (n. & v.) کلایڤ klaev
cloak (n.) پۆشاک poshak
cloakroom (n.) ژووری جل گۆڕین jori jil gorin
clobber (n.) لێدان بە تووندی و دڵڕەقانە ledan be tondi u dil reqane
clock (n.) کاتژمێر kat jmer
clockwise (adv.) لە گەڵ میلی کاتژمێردا le gel mili kat jmer da
clod (n.) خۆڵ khol
cloister (n.) ڕارەو rarew
clone (n.) کەسێک کە کت و مت لە کەسێکی تر دەچی kasik ka kt omt la kasiketr dache
close (adj.) نزیک nizik
close (n.) تەواو tawaw
closet (n.) گەنجینە ganjena
closure (n.) داخستنی dakhistini
clot (n.) مەین mayn
cloth (n.) جل jl
clothe (v.) دای دەپۆشێت day deposhet
clothes (n.) جل و بەرگ jl o barg
clothing (n.) پۆشین poshen
cloud (n.) هەور hawr
cloudburst (n.) بارنێکی بەتین و لە ناکاو barnike baten o la nakaw
cloudy (adj.) هەور داپۆشیو hawr daposhew
clove (n.) سێر ser
clown (n.) گاڵتەچی galtache
club (n.) کۆتەک kotak
clue (n.) بەڵگە balga
clueless (adj.) بێ نیشانە be nishane
clumsy (adj.) نامۆ namo
cluster (n.) هێشوو heshow
clutch (n.) کلاچ kilach
clutch (v.) دەگرێت de gret
clutter (v.) دایدەنی day dene
coach (n.) گالیسکە galeska
coal (n.) خەڵوز khaloz
coalition (n.) یەکبوون yek boon
coarse (adj.) در dr
coasguard (n.) پاسەوانی کەنارەوەکان pasewani kenarawekan
coast (n.) کەنارەدەریا kanardarya
coastal (adj.) کەنار دەریاکان kanar daryakan
coaster (n.) کۆستەر kostar
coastline (n.) کەنار دەریا kanar darya

coat (n.) چاکەت chakat
coating (n.) ڕوپۆشکردن ro poshkirdin
coax (v.) ڕازی کردن razi kirdin
coaxial (n.) لەسەر یەک تەومەن leser yek teweren
cobalt (n.) کانزای کۆباڵت kanzay kopalt
cobble (n.) پێڵاو چاک دەکات pelaw chak dekat
cobbler (n.) پێنەدۆز penadoz
cobblestone (n.) خڕە بەردێکە کۆڵان و شەقامی پێ بەردەڕێز دەکری khra bardika kolan o shaqame pi bardarizh dakri
cobra (n.) کۆبرا kobra
cobweb (n.) تۆڕی جاڵجاڵۆکە tore jaljaloka
cocaine (n.) کۆکاین kokaen
cock (n.) کەڵەشێر kalashir
cockade (n.) کۆکاد kokad
cocker (v.) سەگێکی بچووکە sagike bchoka
cockle (v.) قەد qad
cockpit (n.) مەیدانی شەڕە کەڵەشێر meydani shere kelesher
cockroach (n.) سیسرک sesrk
cocktail (n.) کۆکتێل koktil
cocoa (n.) کاکاو kakaw
coconut (n.) گوێزی هیند goize hend
cocoon (n.) قۆزاخە qozakha
cod (n.) جۆرە ماسییەکە jore masyeke
code (n.) کۆد kod
coding (n.) کۆدکردن kodkirdn
co-education (n.) پەروەردەی هاوبەش parwardae hawbash
coefficient (n.) ڕێژەکە rejke
coerce (v.) زۆرکردن zor kirdin
coexist (v.) پێکەوە ژیان pekewe jyan
coexistence (n.) هاوگوزەرانی hawgozarane
coffee (n.) قاوە qawa
coffee bean (n.) دانەوێڵەی قاوە danawilae qawa
coffee break (n.) پشووی قاوە خواردنەوە pshwe qawa khwardnawa
coffee maker (n.) دروستکەری قاوە drostkare qawa
coffer (n.) سندۆق sndoq
coffin (n.) دارمەمێت daramaet
cog (n.) ددانی تایە ddani taye
cogent (adj.) بەڵگەیەکی بەهێز belgeyeki behez
cognate (adj.) لە یەک ڕەگ le yek reg
cognition (n.) خزمایەتی khizmayeti

cognitive *(adj.)* توانای مێشکی twanay meshki
cognizance *(n.)* ناگاداربوون agadar boon
cohabit *(v.)* هاوسەری دەکات hawseri dekat
cohere *(v.)* یەکدەگرێت yek degret
coherent *(adj.)* یەکگرتووی بیروڕا yek grtoy bir u ra
cohesion *(n.)* پێکەوەنووسان pekewe noosan
cohort *(n.)* کۆمەڵ komal
coiffure *(n.)* دەلاك dalak
coil *(n.)* دەپێچێت dapichit
coin *(n.)* پارەی کانزا parae kanza
coinage *(n.)* پارە لێدان pare le dan
coincide *(v.)* ڕێککەوتوو rek kewto
coincidence *(n.)* بە ڕێککەوت گونجان be rekewt gonjan
coir *(n.)* تویك وپۆشی گۆیزی هیندی twik wposhe gwizi
coke *(v.)* خەڵوزی کۆك khaloze kok
cold *(adj.)* سارد sard
coleslaw *(n.)* زەڵاتەی کەڵەمی zalatay kalami
colic *(n.)* ژانزگ jane zik
collaborate *(v.)* هاوکاری دەکات haw kari dekat
collaboration *(n.)* هاوکاری haw kari
collagen *(n.)* کۆلاجین kolajen
collapse *(v.)* دەکەوێت dekewet
collar *(n.)* یەخە yekhe
collate *(v.)* کاغەز کۆکردنەوە kaghaz kokirdnawa
collateral *(n.)* هاریك harik
colleague *(n.)* هاوڕی hawre
collect *(v.)* کۆدەکاتەوە kodakatawa
collection *(n.)* کۆکردنەوە kokirdnawa
collective *(adj.)* بە کۆمەڵ ba komal
collector *(n.)* باجگر bajgr
college *(n.)* کۆلێژ kolej
collide *(v.)* پێکدادن pek dadan
collision *(n.)* بە یەکاکەوتن be yeka kewtin
colloquial *(adj.)* باو baw
colloquialism *(n.)* زمانی ووتووێژ zmani wot u wej
collude *(v.)* پیلان گێڕان pilan geran
collusion *(n.)* پیلانی شاراوە pilani sharawe
cologne *(n.)* قۆلۆنیا qolonya
colon *(n.)* جۆتەخاڵ jotakhal
colonel *(n.)* پلەی عەقید plae aqed
colonial *(adj.)* داگیرکاری dagerkare
colony *(n.)* داگیرکە dagerka

colossal *(adj.)* مەزن mazn
colour *(n.)* ڕەنگ rang
colour-blind *(adj.)* ڕەنگ کوێر rang kwir
colourful *(adj.)* ڕەنگاوڕەنگ renga u reng
column *(n.)* ستوون ston
columnist *(n.)* ستوونی نووسەر ston nosar
coma *(n.)* بووڕانەوە boranawa
comatose *(adj.)* تەمەڵ tamal
comb *(n.)* شانە shana
combat *(n.)* شەڕ shar
combatant *(n.)* جەنگاوەر jangawar
combative *(adj.)* شەڕانی sharane
combination *(n.)* کۆمەڵە komala
combine *(v.)* ناوبتەمکردن awete kirdin
combust *(v.)* سووتاندن sotandn
combustible *(adj.)* سووتێنەر sotiner
combustion *(n.)* سووتاندن sotandn
come *(v.)* هاتن hatn
comedian *(n.)* کۆمیدی komede
comedy *(n.)* چیرۆکی کۆمیدی cheroke komede
comely *(adj.)* قەشەنگ qashang
comet *(n.)* ئەستێرەی کلکدار astirae klkdar
comfit *(n.)* نوقڵ noqol
comfort *(n.)* ئاسودەیی asodey
comfortable *(adj.)* ئاسودەیە asodeye
comfy *(adj.)* ئارام aram
comic *(n.)* گاڵتە galta
comic *(adj.)* هەزڵی hozale
comical *(adj.)* گاڵتەبازە galtabaza
comma *(n.)* فارێزە fareza
command *(v.)* فرمان دەدات frman dadat
commandant *(n.)* فەرمانڕەوا ferman rawe
commander *(n.)* فەرماندار farmandar
commandment *(n.)* ڕاسپاردە rasparda
commando *(n.)* خەبات دەکات khabat dakat
commemorate *(v.)* یادی دەکاتەوە yadi dekatewe
commemoration *(n.)* یادکردنەوە yadi kirdinewe
commence *(v.)* دەست پێدەکات dest pe dekat
commencement *(n.)* دەستپێکردن dest pe kirdin
commend *(v.)* پێ سپاردن pe spardin
commendable *(adj.)* جێی ستایشە jie staesha
commendation *(n.)* پەسەندکردن pesend kirdin
comment *(n.)* تێبینی tebini
commentary *(n.)* لێدوان ledwan

commentator (n.) دوانبێژ dwan bej
commerce (n.) بازرگانی bazrgani
commercial (adj.) سەر بە بازرگانی se be bazrgani
commiserate (v.) شین کردن shin kirdin
commission (n.) کار kar
commissioner (n.) دەسەڵات پێدراو dasalat pidraw
commissure (n.) کۆمیسیۆن komeseon
commit (v.) ئەنجام دان anjam dan
commitment (n.) پابەند بوون paband bon
committee (n.) لێژنە lijne
commode (n.) دۆڵابێکی رازێنراوی نزم dolabeki rezenrawi nizm
commodity (n.) کەلوپەل kel u pel
common (adj.) گشتی gishti
commoner (n.) ئەندام لە ئەنجومەنی نوێنەران andam la anjomane noinaran
commonplace (adj.) شتی ئاسایی shti asay
commonwealth (n.) وڵات wlat
commotion (n.) شۆڕش shorsh
communal (adj.) کۆمەڵایەتی komelayeti
commune (n.) هەست دەکات لەگەڵ hast dakat la gal
communicate (v.) دەگوێزرێتەوە deguezretewe
communication (n.) گەیاندن gayandn
communion (n.) هاوبەشی کردن hawbeshi kirdin
communique (n.) ڕاگەیاندن ra geyandin
communism (n.) گشتی گەری gishti geri
communist (n.) کۆمۆنیست komonest
community (n.) کۆمەڵ komal
commute (v.) سوک دەکات sok dakat
compact (adj.) یەکبوو yek bo
companion (n.) هاوڕێ hawre
company (n.) کۆمپانیا kompanya
comparative (adj.) بەراوردکاری beraword kari
compare (v.) بەراورد beraword
comparison (n.) بەراورد کردن beraword kirdin
compartment (n.) ژوورۆچکە jorochke
compass (n.) قیبلەنما qeblanma
compassion (n.) بەزەیی bazae
compatible (adj.) گونجاو gwnjaw
compel (v.) ناچاریدەکات nachari dekat
compendious (adj.) کورت و پوخت kort o pokht
compensate (v.) بژاردن bijardin

compensation (n.) قەرەبووکردنەوە qerebo kirdinewe
compete (v.) تەواو tawaw
competence (n.) لێهاتووی le hatoy
competent (adj.) چوست chost
competition (n.) پێش بڕکێ pesh brke
competitive (adj.) پێش بڕکێیی pesh brkey
competitor (n.) ڕکابەر rkabar
compilation (n.) کۆکردنەوە kokirdnawa
compile (v.) کۆدەکاتەوە kodakatawa
complacent (adj.) خۆپەسەند khopasand
complain (v.) سکاڵادەکات skala dekat
complaint (n.) سکاڵا skala
complaisance (n.) سۆز soz
complaisant (adj.) خۆشی khoshi
complement (n.) تەواوکەر tewaw ker
complementary (adj.) تەواوکاری tewaw kari
complete (adj.) تەواودەکات tewaw dekat
completion (n.) تەواوکردن tewaw kirdin
complex (adj.) ئاڵۆز aloz
complexion (n.) ڕوخسار rokhsar
compliance (n.) مڵکەچ بوون mlkach bon
compliant (adj.) مڵکەچ mlkach
complicate (v.) ئاڵۆزدەکات alozdakat
complication (n.) ئاڵۆزبوون alozbon
complicity (n.) دەست تێکەڵی dest tekeli
compliment (n.) ستایش staysh
complimentary (adj.) ڕێزگرتووانە rez girtwane
comply (v.) بە قسەی دەکات ba qsae dakat
component (adj.) بنچینەیی binchiney
compose (v.) پێک دەهێنێت pek dehenet
composite (adj.) لە پێکهێنەرەکان la pikhinarakan
composition (n.) پێک هێنان pek henan
compositor (n.) ڕێکخەر rek kher
compost (n.) پەیینی گژ و گیا peyini be gij u gya
composure (n.) هێمنی hemni
comprehend (v.) تێدەگات te degat
comprehension (n.) تێگەیشتن tegeyshtin
comprehensive (adj.) گشت گر gisht gir
compress (v.) دەمپەستێت depestet
compressor (n.) پەستێنەر pestiner
comprise (v.) دەگرێتەوە degretewe
compromise (v.) چارەسەریدەکات charasaredakat
compulsion (n.) ناچارکردن nacharkirdn

compulsory *(adj.)* ناچاری na chari
compunction *(n.)* گومان goman
computation *(n.)* ژماردن jimardin
compute *(v.)* دەژمێرێت dejmeret
computer *(n.)* کۆمپیوتەر kompeotar
computerize *(v.)* دەکەوێتە بەر شیکاری کۆمپیوتەر dakawita bar shekare kompeotar
comrade *(n.)* هاورێ hawre
concave *(adj.)* چاڵ chal
conceal *(v.)* دەشارێتەوە de sharetewe
concealer *(n.)* کۆنسێلەر konsilar
concede *(v.)* دان پێ دانان dan pe dan
conceit *(n.)* خۆبەزلزانین kho be zil zanin
conceive *(v.)* دووگیان بێت do gian bet
concentrate *(v.)* جەمختکردن jekht kirdin
concentration *(n.)* چڕبوونەوە chrbonao
concentric *(adj.)* هاوسەنتەری haw senteri
concept *(n.)* چەمک chamk
conception *(n.)* دووگیانی do gyani
concern *(v.)* نیگەرانی nigerani
concerned *(adj.)* نیگەران ni geran
concerning *(prep.)* سەبارەت بە sabarat ba
concert *(n.)* ئاهەنگی مۆسیقا ahange moseqa
concerted *(adj.)* دووانی dwani
concession *(n.)* ڕەوا پێدراو rawa pidraw
conch *(n.)* گوێچکەماسی gwichka masi
conciliate *(v.)* ئاشت دەکاتەوە asht dakatawa
concise *(adj.)* کورتە korta
conclude *(v.)* دەبڕێتەوە dabritawa
conclusion *(n.)* کۆتایی kotae
conclusive *(adj.)* یەکلاکەرەوە yek lakerewe
concoct *(v.)* تێکەڵی دەکات tikale dakat
concoction *(n.)* تێکەڵکردن tikalkirdn
concord *(n.)* گونجان gonjan
concordance *(n.)* ڕێک کەوتن rek kewtin
concourse *(n.)* یاریگا yarega
concrete *(n.)* ڕاستی rasti
concubine *(n.)* دۆست dost
concur *(v.)* لە گەڵی دەگونجێت la gale dagonjit
concurrent *(adj.)* یاریدەدار yaredadar
concussion *(n.)* زەربەی مێشک zarpe mishk
condemn *(v.)* تاوان باریدەکات tawan baredakat
condemnation *(n.)* تاوان بارکردن tawan barkirdn
condensate *(n.)* خەست کردنەوە khast kirdnawa
condense *(v.)* خەست دەکاتەوە khast dakatawa

condition *(n.)* مەرج marj
conditional *(adj.)* بە مەرج ba marj
condole *(v.)* پرسەنامە prsanama
condolence *(n.)* پرسە و سەرخۆشی prsa o sarakhoshe
condonation *(n.)* تەسلیم بوون taselm boon
condone *(v.)* لێخۆش بوون le khosh boon
condor *(n.)* سیسارکی ئەمریکی گەورە sesarke amareke gawra
conduce *(v.)* والێکردن walekirdin
conduct *(n.)* ڕەفتار reftar
conduction *(n.)* گەیاندن geyandin
conductor *(n.)* بەڵگە balga
cone *(n.)* قۆچەک qochak
confection *(n.)* حەڵوا halwa
confectionery *(n.)* شوێنی حەڵوا فرۆشتن shwine halwa froshtn
confederation *(n.)* یەکگرتن yek girtin
confer *(v.)* دەبەخشێت debekhshet
conference *(n.)* کۆنگرە kongra
confess *(v.)* دان پەیاندنێت dan peyandenet
confession *(n.)* دان پیانان dan pyanan
confidant *(n.)* باوەڕپێکراو bawer pekraw
confide *(v.)* نهێنی لا دەدرکێنێت nheni la dedirkenet
confidence *(n.)* باوەڕ bawar
confident *(adj.)* بە باوەڕ ba bawar
confidential *(adj.)* نهێنی nheni
configuration *(n.)* نیگار nigar
configure *(v.)* ڕێکخستن rek khistin
confine *(v.)* سنووردارکردن snordarkirdn
confinement *(n.)* زیندانیکردن zindani kirdin
confirm *(v.)* دڵنیاکردنەوە dlnyakirdnawa
confirmation *(n.)* پشتڕاست کردنەوە pisht rast kirdnewe
confiscate *(v.)* دەستبەسەرداگرتن dest beserdagirtin
confiscation *(n.)* زەوت کردن zawt kirdn
conflict *(n.)* پێکدادان pek dadan
confluence *(n.)* کۆبوونەوە kobonawa
confluent *(adj.)* بەیەک گەیشتوو beyek geyshto
conform *(v.)* وەکو یەک دەنێت weko yek denet
conformist *(adj.)* دەربەست darbast
conformity *(n.)* گونجان gonjan
confound *(v.)* دەبزێنێت debezenet
confront *(v.)* بەرەنگاری دەبێت barangare dabit

confuse (v.) سەری لێ دەشنوێنێ seri le deshwene
confusion (n.) سەرلێ شێوان ser le shewan
confute (v.) بەدرۆخستنەوە be dor khistnewe
congeal (v.) دەبەستێ debeste
congenial (adj.) لەیەکچوو le yekcho
congested (adj.) جنجاڵ janjal
congestion (n.) جنجاڵی janjale
conglomerate (n.) تێکەڵ tikal
congratulate (v.) پیرۆزبایی لێ دەکات piroz bay le dekat
congratulation (n.) پیرۆزبایی لێ دەکات piroz bay le dekat
congregate (v.) کۆدەبنەوە kodabnawa
congregation (n.) کۆمەڵ komal
congress (n.) کۆنگرە kongra
congruent (adj.) لەگەڵ یەکداگۆنجان legel yekda gonjan
conical (adj.) شێوە قۆچەکی shewe qocheki
conjecture (n. & v.) تەخمین tekhmin
conjoin (v.) پێکەوەبەستن pekewe bestin
conjugal (adj.) تایبەتە بە پەیوەندی نێوان ژن و مێرد taebata ba paewande niwan zhn o mird
conjugate (v.) فەرمان لە frman la
conjunct (adj.) یەکبوون yek boon
conjunction (n.) پەیوەندی peywendi
conjunctivitis (n.) ھەوکردنی پێستی دیوی ناوەوەی پێڵووی چاو hakirdne piste dewe nawawae pilwe chaw
conjure (v.) دەپارێتەوە de paretewe
connect (v.) دەبەستێت de bestet
connection (n.) پەیوەندی peywendi
connivance (n.) پۆشین poshin
connive (v.) چاوپۆشی لێدەکات chaw poshi le dekat
conniving (adj.) پیلانگێڕی pilan geri
connoisseur (n.) شارەزا sharaza
connote (v.) واتا wata
conquer (v.) داگیرکردن dagir kirdin
conquerer (n.) داگیرکەر dagir ker
conquest (n.) فەتحکردن fathkirdn
conscience (n.) ویژدان wijdan
conscious (adj.) بەھۆش be hosh
consecrate (v.) پیرۆز بکەن piroz biken
consecutive (adj.) یەک لە دوای یەک yek le duay yek
consensual (adj.) بە ڕەزامەندی ba razamande

consensus (n.) کۆدەنگی kodange
consent (n.) ڕەزامەندی razamande
consequence (n.) دەرئەنجام daranjam
consequent (adj.) لە ئەنجامدا la anjamda
conservation (n.) پاراستن parastn
conservative (adj.) پارێزگار parizgar
conservator (n.) پارێزەر parizar
conservatory (n.) پەیمانگایی مۆسیقا paemangae moseqa
conserve (v.) دەی ھێڵێتەوە dey heletewe
consider (v.) ڕادەمێنێت ra deminet
considerable (adj.) ڕەچاوکراو rechaw kraw
considerate (adj.) پەیڕەوی لە peyrewi le
consideration (n.) ڕەچاوکردن rechaw kirdin
considering (prep.) لەبەرچاوگرتنی le ber chaw girtini
consign (v.) ڕاسپاردن raspardn
consignment (n.) سپاردە sparda
consist (v.) پێک دێت pek det
consistency (n.) سازگاری sazgare
consistent (adj.) ھەتەر hatar
consolation (n.) ماتەمینی matamene
console (v.) دڵنەوایی dil neway
consolidate (v.) پشتگیری دەکات pishti giri
consolidation (n.) چەسپاندن chespandn
consonance (n.) گۆنجان gonjan
consonant (n.) وەک یەک wek yek
consort (n.) لەگەڵ پەیمانی دەبەستێ peymani legel debeste
conspectus (n.) پۆختە pokhta
conspicuous (adj.) ئاشکرا ashkra
conspiracy (n.) پیلان pilan
conspirator (n.) پیلانباز pilan baz
conspire (v.) پیلان دەگێڕێ pilan degere
constable (n.) پۆلیس poles
constant (adj.) نەگۆڕ nagor
constellation (n.) ڕوومەتی ئاسمانی rometi asmani
consternation (n.) لەڕاوکێ و گومان le rawki u goman
constipation (n.) قەبزی qebzi
constituency (n.) دەنگدەرانی ناوچەی ھەڵبژاردن dangdarani nawchey halbijardn
constituent (adj.) پێکھێنەری سەرەکی pek heneri sereki
constitute (v.) پێک دەھێنێت pek dehenet
constitution (n.) پێکھاتن pek hatin
constrain (v.) زۆری لێ دەدات zori le dedat

constraint (n.) سنورداری snor dari	**continue** (v.) بەردەوام berdewam
constrict (v.) تەنگی پێ هەلدەچنێت tengi pe heldechinet	**continuous** (adj.) بەردەوام bardawam
	continuum (n.) بەردەوامە bardawame
construct (v.) پێك دێنێت pek denet	**contour** (n.) كۆنتۆر kontor
construction (n.) دروست كردن drost kirdn	**contra** (pref.) پێشگرە بە واتای دژ pishgra ba watay dij
constructive (adj.) دروستكەر drostkar	
construe (v.) راڤەدەكات rave dekat	**contraband** (n.) قاچاغچیاتی qachakhchyati
consul (n.) كۆنسۆڵ konsol	**contraception** (n.) نەهێشتنی سك پڕبوون ne heshtini sk pir boon
consular (adj.) كۆنسۆڵی konsole	
consulate (n.) كۆنسۆڵخانە konsolkhana	**contraceptive** (n.) هۆیەك بۆ نەهێشتنی سك پڕبوون hoyek bo ne heshtini sk pir boon
consult (v.) راوێژدەكات rawej dekat	
consultant (n.) راوێژكار rawej kar	**contract** (n.) بچۆك دەكاتەوە bichok dekatewe
consultation (n.) راوێژكردن rawej kirdin	**contraction** (n.) بچۆك كردنەوە bichok kirdnewe
consume (v.) لەكاری دەكات le kari dekat	**contractor** (n.) بەڵێندەر belender
consumer (n.) لەكاركەر le karker	**contradict** (v.) بەرپەرچی دەداتەوە berperchi dedatewe
consumption (n.) لەكاركردن le karkirdin	
contact (n.) پەیوەندی peywendi	**contradiction** (n.) دژێتی dijeti
contact (v.) كاربا بەر یەك كەوتن karaba bar yek kawtn	**contrary** (adj.) دژ dij
	contrast (n.) جیاوازی jiawazi
contact lens (n.) چاوێلكەی پێنوسوس chawelkey pewenos	**contribute** (v.) دەبەخشێت debekhshet
	contribution (n.) هاوبەشیكردن hawbeshi kirdin
contagion (n.) ژەهر jehr	
contagious (adj.) درم drm	**contributor** (n.) هاوبەشكار hawbesh kar
contain (v.) تێدایە tedaye	**contrive** (v.) دای دەهێنێت day dehenet
container (n.) دەفر dafr	**control** (n.) دەستی بەسەرداگرتن desti beserda degret
containment (n.) وستاندن wastandn	
contaminate (v.) پیس دەكات pes dakat	**controller** (n.) وردكار wird kar
contemplate (v.) بیر دەكاتەوە bir dekatewe	**controversial** (adj.) شایانی مشت و مڕ shayani misht u mir
contemplation (n.) مەبەست mebest	
contemporary (adj.) كاتی kati	**controversy** (n.) مشت و مڕ misht u mir
contempt (n.) ڕیسواكردن reswa kirdin	**contuse** (v.) رووشاندن roshandin
contemptuous (adj.) كەم زانی kam zane	**contusion** (n.) خوێن تیژان khwin tizan
contend (v.) مشت و مڕ دەكات misht u mir dekat	**conundrum** (n.) مەتەڵی سەیروسەمەرە meteli seyr u semer
contender (n.) هەوڵدەدات hewl dedat	**convalesce** (v.) چاكبوونەوەی دوای نەخۆشی chakbonawae dway nakhoshi
content (adj.) ئاسودە asode	
contention (n.) بۆچوون bochon	**convalescence** (n.) لەش ساخ بوون lash sakh bon
contentment (n.) پڕئاسوودەیی pir asodey	
contest (n.) وازی waze	**convalescent** (adj.) چاكبوونەوە chak bonawa
contestant (n.) پێشبڕكێی كەر peshbirke ker	
context (n.) بوار bwar	**convection** (n.) هەڵگرتنی گەرمی helgirtini germi
contiguous (adj.) نزیك nizik	
continent (n.) كیشوەر keshwar	**convene** (v.) كۆ دەبێتەوە ko debetewe
continental (adj.) كیشوەری keshware	**convener** (n.) بانگ هێشت كەر bang hesht ker
contingency (n.) كتوپڕ ktopr	
contingent (n.) لەوانەیە le waneye	**convenience** (n.) ئاسوودەیی asodey
continual (adj.) بەردەوام berdewam	**convenient** (adj.) گونجاو gonjaw
continuation (n.) بەردەوام بوون berdewam boon	**convent** (n.) پەرستگا parstga

convention (n.) کۆنگره kongra
conventional (adj.) ئاسایی asay
converge (v.) بەیەک دەگات beyek degat
convergence (n.) یەکگرتنەوە لەك خاڵ یا شوێندا eakgrtnawa lak khal ya shwinda
convergent (adj.) یەکگرتوو yek girto
conversant (adj.) ئاگادار agadar
conversation (n.) گفت و گۆ gift u go
converse (v.) پێچەوانە pechewane
conversion (n.) گۆڕین gorin
convert (v.) دەگۆڕێت degoret
convertible (n.) گۆڕاو goraw
convertible (adj.) توانای گۆڕینی هەیە twanay gorini heye
convey (v.) کاروان karwan
conveyance (n.) گواستنەوە gwastnawa
conveyor (n.) ئامێری گواستنەوە amire gwastnawa
convict (v.) سزادراو szadraw
conviction (n.) قەناعەت پێکردن qenaat pe kirdin
convince (v.) ڕازیکردن razekirdn
convivial (adj.) دۆستایەتی dostayeti
convocation (n.) بانگ هێشت کردن bang hesht kirdin
convoke (v.) داوای کۆبونەوە دەکات daway kobonewe dekat
convolve (v.) بسوڕێ bsore
convoy (n.) کاروان karwan
convulse (v.) تەشەنوج tashanoj
convulsion (n.) گرژبوونی ماسولکە girj boni masolke
cook (v.) لێ دەنێت le denet
cook (n.) چێشت لێنەر chesht lener
cooker (n.) ئامێری چێشت لێ نان amiri chesht le nan
cookie (n.) شەکرۆکە shakreka
cool (adj.) سارد sard
coolant (n.) ساردکەرەوە sardkarawa
cooler (n.) سەهۆڵدان sahwldan
cooperate (v.) هاوکاری کردن hawkare kirdn
cooperation (n.) هەرمۆزکردن harawazkirdn
cooperative (adj.) هەرمۆزکەر harawazkar
coordinate (v.) هاوتا hawta
coordination (n.) هاوتاکردن hawtakirdn
coot (n.) مریشکە رەشە mreshka rasha
cope (v.) چارەمێدەکات charey dekat
copier (n.) لاسایی کەرەوە lasay kerewe

coping (n.) دیوار diwar
copious (adj.) زۆر zoor
copper (n.) مس mis
coppice (n.) بێشەی دەمەن و بنچک beshey dewen u binchik
copulate (v.) کۆپولکردن kopolkirdn
copy (n.) لەبەرگیراو le ber giraw
copy (v.) لەبەریدەگرێتەوە le beri degretewe
copyright (n.) مافی لەچاپدان و بڵاوکردنەوە mafi chap kirdin u bilawkirdinewe
coquette (n.) مەکرباز یا چاوباشقاڵ یا نازوونۆزکەر makrbaz ya chawbashqal ya nazwnozkar
coral (n.) شێلان shelan
corbel (n.) کۆربێل korbel
cord (n.) کۆرد kord
cordial (adj.) خۆش ڕۆ khosh ro
cordless (adj.) بێ تەل be tel
cordon (n.) ئابڵوقە abloqa
corduroy (n.) شۆرت short
core (n.) ناوەکی هەسارە naweki hesare
coriander (n.) زەنجەفیل zanjafel
cork (n.) فلێن flen
cormorant (n.) کەسێکی چاوبرسی keseki chaw birsi
corn (n.) دانەوێڵە danawila
cornea (n.) بیلبیلەی چاو bilbiley chaw
corner (n.) گۆشە gosha
cornet (n.) کەڕنا karana
cornicle (n.) کۆرنیکڵ kornekl
corollary (n.) ئەنجام anjam
coronation (n.) ئاهەنگی پاشاگەردانی ahangi pashagardani
coronet (n.) کۆرۆنێت koronit
corporal (adj.) دوو خەت do khet
corporate (adj.) یەکگرتو yek girto
corporation (n.) دامەزراو damazraw
corps (n.) سوپا sopa
corpse (n.) لاشە lasha
correct (adj.) ڕاست rast
correct (v.) ڕاست دەکاتەوە rast dakatawa
correction (n.) ڕاست کردنەوە rast kirdnawa
correlate (v.) بەستنەوەی دووشت بە یەکەوە bastnawae do sht be yekewe
correlation (n.) هاوپێوەندی گۆڕاوەکان haw peywendi gorawekan
correspond (v.) یەکسانە yeksane
correspondence (n.) گونجان gonjan
correspondent (n.) پەیامنەر peyamner

corridor (n.) رارو rarew
corroborate (v.) پشتگیری دەکات pishtgiri dekat
corroborative (adj.) پشت راست کەرەوە pisht rast kerewe
corrosive (adj.) ژەنگاوی jengawi
corrugated (adj.) شێپۆڵدار shapoldar
corrupt (adj.) گەندەڵ gandal
corruption (n.) گەندەڵی gandale
cortege (n.) دەست و پێوەندی شا dast piwande sha
cortisone (n.) کۆرتیزۆن kortezon
cosmetic (adj.) کەرەستەی ئارایشت karastae araysht
cosmetic (n.) جوانکاری jwankare
cosmic (adj.) گەردوونی gardone
cosmopolitan (adj.) دوور لە نەرێتی ناوچەگەری dor le nereti nawchegeri
cosmos (n.) گەردون gardon
cost (v.) تێچوون te chon
costal (adj.) پە راسوی perasoy
costly (adj.) گرانبەها gran baha
costume (n.) جل و بەرگ jl o barg
cosy (adj.) ئاسوودە asoda
cot (n.) کەتی مندال kate mndal
cotemporal (adj.) هاوکاتی hawkate
cottage (n.) کۆخ kokh
cotton (n.) لۆکە loka
couch (n.) قەنەفە qanafa
cough (v.) کۆکە koka
could (v.) توانا wana
council (n.) ئەنجومەن anjoman
councillor (n.) ئەندامی ئەنجومەن andame anjoman
counsel (n.) راوێژ rawej
counsellor (n.) راوێژکار rawejkar
count (v.) دەژمێرێت dejmeret
countable (adj.) ژمێراو jmeraw
countdown (n.) ژماردنی بەرەو ژێرەوە هەتا سفر jimardnı oaraw jeri hata sfr
countenance (n.) روو row
counter (n.) کاونتەر kawntar
counter (v.) پێچەوانە pechewane
counteract (v.) پوچەڵ دەکاتەوە pochal dakatawa
counter-attack (n.) دژە هێرش dije hersh
counterfeit (adj.) ساختەکاری sakhtakare
counterfeiter (n.) ساختەچی sakhtache

counterfoil (n.) تۆمارگەی چەکی پارە tomargae chake para
countermand (v.) لای دەبات lay debat
counterpart (n.) هاوشان hawshan
countersign (v.) وشەی نهێنی wshae nhine
countess (n.) کۆنتیسە kontesa
countless (adj.) بێشومار bishomar
country (n.) وڵات wlat
county (n.) پاریزگا parizga
coup (n.) کودەتا kodata
couple (n.) دووانە dwana
couple (v.) جووت بوون joot boon
couplet (n.) جووتخشتەکی joot khshtey
coupon (n.) کۆبۆن kobon
courage (n.) ئازایەتی azayeti
courageous (adj.) ئازا aza
courier (n.) پەیامنێر peyamner
course (n.) یاراستە yarasta
court (n.) دادگا dadga
court (v.) دەست و پێوەندی شا dast o piwande sha
courteous (adj.) قسەخۆش qsakhosh
courtesan (n.) قەحبە qahba
courtesy (n.) خۆش دوان khosh dwan
courtier (n.) گەورە پیاوانی شاە gawra pyawan ishah
courtship (n.) دڵداری dildari
courtyard (n.) حەوشە hawsha
cousin (n.) ئامۆزا یان خاڵۆزا amoza yan khaloza
couture (n.) کۆتۆر kotor
cove (n.) کەنداوی چکۆڵە kandawe chkola
covenant (n.) ریککەوتن rek kewtin
cover (v.) دادەپۆشێت dade poshet
cover (n.) سەرقاپ sarqap
coverage (n.) داپۆشین daposhin
coverlet (n.) شتێک کە شتێکی تری پێ داپۆشرێت shtik ka shtike tre pi daposhrit
covert (adj.) شاراوە sharawa
covet (v.) حەزی لێدەکات haze lidakat
cow (n.) مانگا manga
coward (n.) ترسنۆک trsnok
cowardice (n.) ترسنۆکی trsnoke
cower (v.) دەستە و نەژنۆ dasta u ajno
co-worker (n.) هاوکار hawkar
coy (adj.) کچی شەرمن kche sharmn
cozy (adj.) گەرم وخۆش وخنجیلانە garm o khosh wkhnjelana
crab (n.) قرژاڵی دەریا qirjali derya

crack (n.) شکان shkan
crack (v.) دەشکێنێت desh kenet
crackdown (n.) سەرکوتکردن sarkotkirdn
cracker (n.) ناگەڵبیاری agrayare
crackle (v.) پەنجە تەقاندن panja taqandn
cradle (n.) لانك lank
craft (n.) پیشه pesha
craftsman (n.) کرێکاری کارامە krekari karame
crafty (adj.) فێڵباز filbaz
cram (v.) تێدەژمێنێت tede jenet
cramp (n.) دەبەستێ dabasti
crane (n.) لەقلەق laqlaq
crankle (v.) کرانکڵ krankl
crash (v.) پێداکەوتن peda kewtin
crasis (n.) کراسیس krases
crass (adj.) کەرو نەفام karw nafam
crate (n.) سندوق sndoq
crater (n.) دەمی ناگرپزێن demi agirjin
crave (v.) بە پەرۆش دەبێت ba parosh dabit
craven (adj.) ترسنۆك trsnok
craving (n.) هەڵکۆلین halkolen
craw (n.) خەزان khazan
crawl (v.) گاگۆڵە gagola
crayfish (n.) قەرژاڵی درێژ qerjali drej
crayon (n.) تەباشیری رەنگاورەنگ tabashere rangaorang
craze (n.) شێتێ shite
crazy (adj.) شێت shit
creak (v.) جیرە jera
cream (n.) رۆن ron
crease (n.) لۆچ loch
create (v.) دروست دەکات drost dakat
creation (n.) دروست کردن drost kirdn
creative (adj.) دروستکەر drostkar
creator (n.) دروستکار drostkar
creature (n.) دروستکراو drostkraw
credential (n.) نوێنەر nwener
credible (adj.) باوەڕپێکراو bawer pe kraw
credit (n.) متمانە mtmana
credit card (n.) کارتی قەرز karte qarz
creditable (adj.) بەسوپاسەوە be supasewe
creditor (n.) قەرزدەر qarzdar
credulity (n.) ساوێلکەیی sawelkae
credulous (adj.) خۆش باوەڕ khosh bawar
creed (n.) رێباز re baz
creek (n.) چەم cham
creep (v.) دەخشێت dekhshet
creeper (n.) خشۆك khshok

creepy (adj.) نامۆ namo
cremate (v.) سووتاندنی swtandne
cremation (n.) سووتاندنی جەستە sotandne jasta
crematorium (n.) سووتێنەر sotinar
creole (n.) کرێۆڵ kriol
crepe (n.) کرێپ krip
crepitate (v.) تەقەتەق کردن taqataq kirdn
crepitation (n.) قرچەقرچ کردن qrchaqrch kirdin
crescent (n.) مانگی نوێ mangenwe
crest (n.) تۆێکڵ toikl
cretin (n.) کەسێکی کەر kasike kar
crevet (n.) کریڤێت krivit
crew (n.) دەستە dasta
crib (n.) خەستەخانە khastakhana
cricket (n.) یاری کرێکێت yare krekit
crime (n.) تاوان tawan
criminal (n.) تاوانبار tawanbar
crimp (n.) قەد qad
crimple (v.) چرچ و لۆچی chrch o loche
crimson (n.) سوور sor
cringe (v.) مڵکەچی mlkache
crinkle (v.) چرچ و لۆچی chrch o loche
cripple (n.) پەککەوتە pakkawta
crisis (n.) قەیران qeyran
crisp (adj.) ووشك wshk
crispen (v.) کرێسپێن krespin
criterion (n.) پێوەر piwar
critic (n.) رەخنەگر rakhnagr
critical (adj.) گرنگ grng
criticism (n.) رەخنە rakhna
criticize (v.) رەخنە بگرە rakhna bgra
critique (n.) وتارێکی هەڵسەنگێنەر wtarike halsanginar
croak (n.) قیرە qera
crochet (n.) چنین chnen
crockery (n.) دەفری گڵێنە dafre glena
crocodile (n.) تیمساح temsalh
croft (n.) زەوی zewi
croissant (n.) کرۆسانت krosant
crome (n.) کرۆم krom
crone (n.) حیزبون hiz boon
crook (n.) مرۆڤی بەد mrove bad
crooked (adj.) بەدخو badkhw
croon (v.) نوکە نوك کردن noka nok kirdn
crop (n.) دانەوێڵە danawila
cross (v.) دەپەرێتەوە daparitawa
cross (n. & adj.) خاچ khach

crossbar *(n.)* بەربەست barbast
crossfire *(n.)* لێدان le dan
crossing *(n.)* پەڕینەوە parenawa
crossroads *(n.)* یەکتربڕینەکان yektir brinekan
crotch *(n.)* ناولنگ nawlng
crotchet *(n.)* بیرێکی نامۆ berike namw
crouch *(v.)* هەڵدەکورێ haldakori
crow *(n.)* قەلەڕەش qalarash
crowbar *(n.)* لووسە losa
crowd *(n.)* جەماوەر jamawar
crowded *(adj.)* جەنجاڵ janjal
crowfunding *(n.)* تە مویلی بە کومە ل temwili be komel
crown *(n.)* تاج taj
crowned *(adj.)* تاجی سەری دانراوە taje sare danrawa
crucial *(adj.)* گرنگ grng
crucified *(adj.)* لە خاچ دراوە la khach drawa
crucifix *(n.)* لە خاچ دراو la khach draw
crucify *(v.)* لە خاچ بدەن la khach bdan
crude *(adj.)* نەوتی خاو nawte khaw
cruel *(adj.)* دڵڕەق dlraq
cruelty *(n.)* دڕندەیی dirindey
cruise *(v.)* گەشتی دەریایی gashti daryai
cruiser *(n.)* ڕاونەر rawnar
crumb *(n.)* پارچە نان parcha nan
crumble *(v.)* وردەکات wrdakat
crump *(v.)* کرم krm
crumple *(v.)* قەدی دەکات qade dakat
crunch *(v.)* کرانچ kranch
crusade *(n.)* جەنگی خاچ پەرست jange khach parst
crusader *(n.)* خاچ پەرست khach parst
crush *(v.)* شەیدایی sheyday
crust *(n.)* تووێکڵ twikl
crutch *(n.)* چاقۆ chaqw
cry *(v.)* گریان gryan
cryogenics *(n.)* کرایۆجینیکەکان kraeojenekakan
cryptic *(adj.)* نهێنی nhie
cryptography *(n.)* شفرە shfra
crystal *(n.)* کریستاڵ krestal
crystalize *(v.)* دەبلۆرێنێت deblorenet
cub *(n.)* کۆپ kop
cube *(n.)* شەش پاڵوو shash palw
cubical *(adj.)* قەوارەیی qawarae
cubicle *(n.)* دابراو dabraw
cubit *(n.)* باڵ bal

cuckold *(n.)* کۆیلەی koelay
cuckoo *(n.)* کوکو koko
cucumber *(n.)* خەیار khayar
cuddle *(v.)* باوەش گرتن bawash girtn
cudgel *(n.)* گۆپاڵ gopal
cue *(n.)* ئاماژ amaje
cuff *(n.)* سەردەستە sardasta
cuisine *(n.)* چێشتخانە chishtkhana
culinary *(adj.)* چێشتخانەیی chishtkhanay
cullet *(n.)* کۆلێت kolet
culminate *(v.)* گەیشتن بە لوتکە gaeshtn ba lotka
culpable *(adj.)* تاوانبار tawanbar
culprit *(n.)* تاوانکەر tawankar
cult *(n.)* پەرستن parstn
cultivate *(v.)* بەخێودەکات bakhiwdakat
cultivation *(n.)* کشت و کاڵ ksht o kal
cultural *(adj.)* ڕۆشنبیری rewshenbiri
culture *(n.)* شارستانیەتی sharstaneati
culvert *(n.)* زیراب zirab
cumulative *(adj.)* کەڵەکەبوو kalakabo
cunning *(adj.)* فێڵباز fel baz
cup *(n.)* کۆپ kop
cupboard *(n.)* کانتۆر kantor
cupid *(n.)* خوای خۆشەویستی لەلایەن ڕۆمانەکان khwae koshaweste lalaean romanakan
cupidity *(n.)* تەماعکار tamakar
cupon *(n.)* کوپۆن kopon
curable *(adj.)* چارەسەر دەکرێت charasar dakirit
curator *(n.)* کارمەندی لێپرسراو karmande liprsraw
curb *(v.)* دامرکاندن damrkandn
curcumin *(n.)* کۆرکۆمین korkomen
curd *(n.)* قاوە qawa
curdle *(v.)* ترشان trshan
cure *(v.)* چاک دەکاتەوە chak dakatawa
curfew *(n.)* هاتوچۆ قەدەغەکردن hatochw qadaghakirdn
curiosity *(n.)* زان خوازی zan khwazi
curious *(adj.)* سەیر seyr
curl *(v.)* کەزی kaze
curly *(adj.)* لوول lol
currant *(n.)* کشمش kshmsh
currency *(n.)* پارە para
current *(n.)* تەوژم tew jim
current *(adj.)* ڕۆیشتوو roeshtw
current account *(n.)* ژمار jimar
curriculum *(n.)* بەرنامە barnama

curse *(n.)* نەفرەت nafrat
cursive *(adj.)* نووسینی پێکەوە لکێنراو nosene pikawa lkinraw
cursor *(n.)* جێی نیشاندەر jey nishan der
cursory *(adj.)* بەپەلە be pele
curt *(adj.)* بە کورتی be korti
curtail *(v.)* کەم دەکاتەوە kam dakatawa
curtain *(n.)* پەردە parda
curvature *(n.)* لابەلای la belay
curve *(n.)* لاری lari
curve *(v.)* دەچەمێنێتەوە de chemenetewe
cushion *(n.)* بالیف balef
cusp *(n.)* سەر sar
custard *(n.)* کاستەر kastar
custodian *(n.)* پاسەوان pasawan
custody *(n.)* پاسەوانی pasawani
custom *(n.)* نەریت naret
customary *(adj.)* ئاسایی asay
customer *(n.)* بکر bikr
cut *(n.)* برین brin
cute *(adj.)* زیرەك zirek
cutlery *(n.)* وەك چاقۆ wak chaqw
cutlet *(n.)* پارچەگۆشتیکی ماسی parcha goshtike mase
cut-off *(n.)* بیبرموە bebrawa
cutter *(n.)* برەر brar
cutting *(n.)* شەمتڵ shatl
cuvette *(n.)* کیوڤێت keovit
cyan *(n.)* شینی ئاسمانی sheni asmani
cyanide *(n.)* سیانید syaned
cyber *(adj.)* ئەلیکترۆنی alektroni
cyberbullying *(n.)* قسەکردن بە ئەلیکترۆنی qsakirdn ba alektroni
cybercafé *(n.)* کافیی ئەلیکترۆنی kafie alekreni
cyberchat *(n.)* چاتی ئەلیکترۆنی chate alektroni
cybercrime *(n.)* تاوانی ئەلیکترۆنی tawane alektroni
cycle *(n.)* سوور sor
cyclic *(adj.)* خولگەیی kholgey
cyclist *(n.)* پاسکیل سوار paskel swar
cyclone *(n.)* گەردەلوولە gardalola
cyclops *(n.)* سایکلۆپس saeklops
cyclostyle *(n.)* سایکۆستایل saekostael
cylinder *(n.)* لولەك lolak
cylindrical *(adj.)* لولەکی lolaki
cynic *(n.)* گاڵتەجار galtajar
cynical *(adj.)* گاڵتەجاری galtajari

cypher *(n.)* سفر sfr
cypress *(n.)* داری سەرو dare sarw
cyst *(n.)* میزڵدان mezldan

D

dabble *(v.)* تەردەکات tardakat
dacoit *(n.)* داکۆیت dakoet
dacoity *(n.)* داکۆیتی dakoete
dad (or daddy) *(n.)* باوك bawk
daffodil *(n.)* نێرگز nergiz
daft *(adj.)* گەمژە gemje
dagger *(n.)* خەنجەر khanjar
daily *(adj. & adv.)* رۆژانە rojane
dainty *(adj.)* تەنك tank
dairy *(n.)* کارگەی شیرەمەنی kargae sheramani
dairy product *(n.)* بەرهەمی شیری barhame shiri
dais *(n.)* سەکۆ sakw
daisy *(n.)* بەیبون baebon
dale *(n.)* دۆڵێکی بچوك dwlikae bchok
dally *(v.)* کات بەفیرۆدەدات kat baferwdadat
dam *(n.)* بەنداو bandaw
damage *(n.)* زیان ziyan
damage control *(n.)* کۆنترۆڵکردنی زیان kontrolkirdne ziyan
damaging *(adj.)* زیانبەخش ziyanbakhsh
damask *(n.)* داماسك damask
dame *(n.)* دام dam
damn *(v.)* نەفرەت nafrat
damnable *(adj.)* نەفرەت لێکراوی nafrat likrawi
damnation *(n.)* نەفرەتکردن nafratkirdn
damned *(adj.)* نەفرەت لێکراو nafrat likraw
damp *(adj.)* شیدار shidar
dampen *(v.)* تەریدەکات taredakat
damsel *(n.)* کچنك kchik
dance *(n.)* سەما sama
dancer *(n.)* سەماکار samakar
dancing *(adj.)* سەماکردن samakirdn
dandelion *(n.)* قاوەی qawae
dandle *(v.)* هەڵیدەپەرێنێ haledaparine
dandruff *(n.)* کریش krish
dandy *(n.)* شیك shek
danger *(n.)* مەترسی matrsi
dangerous *(adj.)* ترسناك trsnak

dangle (v.) شۆردەبێتەوە shordabitawa
dangling (adj.) ھەڵواسراو halwasraw
dank (adj.) زۆر شێدار zor shidar
dap (v.) داپ dap
dapper (adj.) شیك shek
dapple (v.) خاڵدار khaldar
dare (v.) بەمەرنگاری دەكات barangari dakat
daredevil (n.) ئازا aza
daring (n.) نەترس natrs
daring (adj.) نەترسی natrse
dark (adj.) نەزانراو nazanraw
dark (n.) تاریك tarek
darken (v.) تاریكی دەكات tareke dakat
darkle (v.) تاریك tarek
darkness (n.) تاریكی tareke
darling (n. & adj.) خۆشەویست khoshawest
dart (n.) دارت dart
dartboard (n.) داربۆرد dartbord
darting (n.) دارتینگ darteng
dash (v.) جووڵەی خێرا jolay khera
dashboard (n.) داشبۆرد dashbord
dashing (adj.) نەترس natrs
data (n.) داتا data
databank (n.) بانكی داتا banki data
database (n.) بنكەدراوە bnkadrawa
date (n.) بەروار barwar
date (v.) ڕێكەوت rekewt
dated (adj.) بەرواری barwari
daub (n.) لەقۆری دەگرێ laqori dagre
daughter (n.) كچ kch
daunt (v.) بێوورە دەبێ biwra dabe
daunting (adj.) ترسناك trsnak
dauntless (adj.) بێ ترس bi trs
dawdle (v.) خاوەخاو khawakhaw
dawdler (n.) ئەو كەسەی كاتی بە فێڕۆ دەدات aw kesey kati be fero dedat
dawn (n.) شەبەق shabaq
dawn (v.) كازێوە kazewa
dawnlight (n.) ڕۆناكی بەیانی ronaki bayani
day (n.) ڕۆژ roj
daybreak (n.) بەرەبەیانی ڕۆژ barabayane roj
daylight (n.) تیشكی ڕۆژ teshke roj
daze (v.) وڕبوون wrbon
dazed (adj.) سەری لێ شێواوە sare li shiwawa
daziness (n.) سەرسوڕمان sarsorman
dazzle (v.) سەرسوڕهێنەر sarsorhinar
dazzling (adj.) بریسكەدار breskadar
dazzlingly (adv.) بەشێوەیەكی سەرسوڕهێنەر bashiwaeake sersorhener

deacon (n.) دیكۆن dekon
deactivate (v.) بەمەردانی نۆردوو bardane aordw
deactivation (n.) ناچالاك كردن na chalak kirdin
deactivator (n.) ناچالاك كەر na chalak ker
dead (adj.) نەزۆك nazok
dead (n.) مردو mrdw
deadbolt (n.) قوفڵی تێكەڵاو qofle tikalaw
deadline (n.) دوا دواده dwa dwada
deadlock (n.) بن بەست bn bast
deadly (adj.) كوشندە koshnda
deaf (adj.) كەڕ kar
deafen (v.) گوێ كەڕ دەكات gwi kardakat
deafening (adj.) بە ژاوەژاو ba jawe jaw
deal (n.) بڕ br
deal (v.) لێدەدات le dedat
dealer (n.) بازرگان bazrgan
dealership (n.) بڕیكاركردن brekarkirdn
dealings (n.) مامەڵەكان mamalakan
dealmaker (n.) مامەڵەكار mamalakar
dean (n.) ڕاگر ragir
dear (adj.) نازیز azez
dearest (adj.) نازیزترین azeztren
dearth (n.) برسێتی brseite
death (n.) مردن mrdn
deathly (adj.) كوشندە koshnda
debacle (n.) ڕووخان rwkhan
debar (v.) ناهێڵی na hele
debase (v.) فێڵ دەكات fel dekat
debate (n.) مشت و مڕ msht o mr
debauch (n. & v.) خەراپە kharapa
debauchee (n.) كەسێكی سەرسەری kasike sarsare
debauchery (n.) لەش فرۆشتن lash froshtn
debenture (n.) بەڵێننامەی قەرز balenamae qarz
debile (adj.) خسێس khses
debilitant (n.) لاوازكەر lawazker
debilitate (v.) لاوازكردن lawazkirdn
debilitating (adj.) لاوازكەر lawazker
debilitation (n.) لاوازبوون lawazbon
debility (n.) لاوازی lawaze
debit (n.) قەرز qarz
debit card (n.) كارتی بانك karti bank
debonaire (adj.) دیبۆنێر deboner
debrief (v.) دەنگوباس و مەرگرتن dangobas wargirtn
debris (n.) پاشماوە pashmawa

debt *(n.)* قەرز qarz
debt-free *(adj.)* بێ قەرز be qerz
debtor *(n.)* قەرزدار qerz dar
debuff *(n.)* دیبوف debeof
debug *(v.)* ڕاستکردنەوە rastkirdnawa
debunk *(v.)* خستنەڕووی هیچ و پووچی khstnawe hech poche
debut *(n.)* یەکەم دەرکەوتن yekem derkewtin
debutante *(n.)* بۆ یەکەمین جار bo eakamen jar
decade *(n.)* دە ساڵ da sal
decadent *(adj.)* پووکاوە pokawa
decalcification *(n.)* کەمکردنەوەی کالیسفیک kamkirdnawae kalesfek
decalcifiy *(v.)* کەمکردنەوەی کالیسیۆم kamkirdnawae kalesewm
decalibrate *(v.)* قەبارەی لابردن qabarae labrdn
decamp *(v.)* باردەکات bardakat
decapitate *(v.)* سەربڕین sarbren
decay *(v.)* بۆگەن بوون bogan bon
decay *(n.)* خراپ بوون khrap bon
decease *(n.)* دەمڕێت demret
deceased *(adj.)* مردوو mirdo
deceit *(n.)* گزی gze
deceitful *(adj.)* گزیکەر gzekar
deceive *(v.)* گزی لێ دەکات gzi le dedat
decelerate *(v.)* خاوکردنەوە khawkirdnawa
deceleration *(n.)* خاوبوونەوە khawbonawa
december *(n.)* کانونی یەکەم kanone eakam
decency *(n.)* ڕەوشت rewsht
decennary *(n.)* دە ساڵە da sala
decent *(adj.)* شایستە shaesta
decentralize *(v.)* نا مەلبەندی کردن na melbendi kirdin
decentre *(v.)* نا مەلبەندی na melbendi
deception *(n.)* فریودان frewdan
deceptive *(adj.)* فریودەر frewdar
decibel *(n.)* یەکەی پیوانی تێنی دەنگ eakae pewane tene dang
decide *(v.)* بڕیاردەدات bryari dedat
decided *(adj.)* دیاریکراوی dyarekrawe
decidedly *(adv.)* هەرگیز hargez
decimal *(adj.)* دەهەمی dahame
decimal point *(n.)* خاڵی دەیی khale dae
decimate *(v.)* دەیەک daeak
decimation *(v.)* لەناوبردن le naw birdin
decipher *(v.)* شیکردنەوە shekirdnawa
decision *(n.)* بڕیار bryar

decisive *(adj.)* یەکلاکەرەوە eaklakarawa
deck *(n.)* پشتی کەشتی pshti kashti
declaration *(n.)* بەیاننامە beyan name
declare *(v.)* ڕای بگەیەنن ray bgeyenn
declassify *(v.)* پۆلێنکردن لابردن polinkirdn labrdn
decline *(v.)* ڕەتکردنەوە ratkirdnawa
declivity *(n.)* دابەزین dabazen
declutter *(v.)* ڕێکخستن rek khistin
decoction *(n.)* کوڵاو kolaw
decode *(v.)* کۆدکردنەوە kodkirdnawa
decoder *(n.)* دیکۆدەر dekodar
decolonization *(n.)* کۆلۆنیالیزمکردن kolonyalezakirdn
decolonize *(v.)* کۆلۆنیزمکردن kolonezakirdn
decommission *(v.)* لەکارکەوتن le kar kewtin
decompose *(v.)* شیدەکاتەوە she dekatewe
decomposition *(n.)* شیبوونەوە shi bonewe
decompress *(v.)* پەستان لابردن pastan labrdn
decompression *(n.)* دابەزاندنی پەستان dabazandne pastan
decongest *(v.)* قەرەباڵغی qarabalghe
deconstruct *(v.)* تفکیک tfkek
deconstruction *(n.)* ویران کردن weran kirdin
deconstructively *(adv.)* بە شێوەیەکی ویرانکەر be sheweyeki weran ker
decontrol *(v.)* کۆنترۆڵکردن kontrolkirdn
decor *(n.)* دیکۆر dekor
decorate *(v.)* ڕازاندنەوە razandnawa
decoration *(n.)* ڕازانەوە razanawa
decorative *(adj.)* ڕازاوە razawa
decorum *(n.)* لێهاتن le hatin
decoy *(n.)* دانەی داوانەوە danae dawnanawa
decoy *(v.)* فێڵکردن fel kirdin
decrease *(v.)* کەم کردنەوە kam kirdnawa
decreasingly *(adv.)* بە شێوەیەکی کەمبوونەوە ba shiwaeake kombonawa
decree *(n.)* بڕیار bryar
decree *(v.)* بڕیار دەردەکات bryar dadakat
decrement *(n.)* کەم بوونەوە kam bonawa
decrepitate *(v.)* خراپ بوون khrap bon
decrepitation *(n.)* خراپ بوون khrap bon
decriminalization *(n.)* تاوان نەکردن tawan nakirdin
decriminalize *(v.)* تاوان نەکردن tawan nakirdin
decry *(v.)* نێدانکردن edane kirdin
decrypt *(n. & v.)* کۆدکردنەوە kodkirdnawa

decryption (n.) ناشکراکردن ashkrakirdn
dedicate (v.) تەرخان دەکات tarkhan dakat
dedication (n.) پێشکەش کردن pishkash kirdn
deduce (v.) بۆیدەمردەکەویت boy derdekewet
deduct (v.) لێیدا دەشکێنێت leyda deshkenet
deduction (n.) لێبرین le brin
deed (n.) کردار kirdar
deem (v.) وادادەنێت wa dadenet
deep (adj.) قووڵ qol
deepen (v.) قووڵ دەکات qol dakat
deeply (adv.) بە قوولی ba qole
deer (n.) ئاسک ask
deface (v.) دەشێوێنێت de shewenet
defamation (n.) ناوزران nawzran
defamatory (adj.) ناوزراندن nawzrandn
defame (v.) نەتک atk
defame (v.) ناوزراندن nawzrandn
default (n.) بنەرەتی bnereti
defeat (v.) شکست shkst
defecate (v.) پیسایی کردن pisay kirdin
defect (n.) کەم و کوری kam o kori
defective (adj.) خاوشن khawshn
defence (n.) بەرگری bergri
defenceless (adj.) بێبەرگری be bergri
defend (v.) بەرگری دەکات bergri dekat
defendant (n.) تاوانبارکراو tawanbarkraw
defensive (adj.) پاریزەری parizari
defer (v.) دوای دەخات dwae dakhat
deference (n.) مڵکەچی mlkche
defiance (n.) سەرپێچی کردن serpechi kirdin
defiant (adj.) سەرپێچەکار sarpiche kar
deficiency (n.) کەموکوری kamokore
deficient (adj.) کەم kam
deficit (n.) کەمبووی بودجە kemboy bodje
defile (n.) ناوبانگی پیس دەکات nawbangi pes dakat
define (v.) پێناسەی دەکات penasey dekat
definite (adj.) دیاری کراو ddiari kraw
definition (n.) پێناسە pe nase
definitive (adj.) براوا brawa
deflate (v.) لە هەوا بەتاڵی دەکات la hawa batale dakat
deflation (n.) داشکانی نرخ dashkane nrkh
deflect (v.) لایدەدات lay dedat
deflection (n.) لادان ladan
deflesh (v.) گۆشتکردن goshtkirdn
deflower (v.) بێ بن کردن bi bn kirdn
defoliant (n.) رووت دەکرێت root dekret

defoliate (v.) گەڵا لێکردنەوە gala likirdnawa
deforest (v.) دارستان برین darstan bren
deforestation (n.) دارستان برین darstan bren
deform (v.) شێواوی shewawi
deformity (n.) شێواندن shewandin
defragment (v.) پارچە پارچەبوون parcha parchabon
defragmentation (n.) پارچەپارچەکردن parchaparchakirdn
defrost (v.) شلکردنەوە shlkirdnawa
deft (adj.) شارەزا sharaza
defunct (adj.) مردوو mrdw
defuse (v.) لەکارخستن le kar khistin
defy (v.) بەرەنگاری دەبێت berengari debet
degenerate (v.) تێکچوون tek chon
deglutination (n.) شلکردنەوە shlkirdnawa
degrade (v.) دابەزاندن dabazandn
degrading (adj.) ریسواکردن reswa kirdin
degree (n.) پلە pla
degustation (n.) تامکردن tamkirdn
dehort (v.) دیهۆرت dehort
dehumidify (v.) شیدارکردنەوە shidar kirdnawa
dehydrate (v.) وشککردنەوە wshk kirdnawa
dehydration (n.) ئاوچنیانی لەش awchnyane lash
deify (v.) شتی گەورە بکات shti gawra bkat
deign (v.) دەستی لێهەڵدەگری desti le heldegre
deism (n.) خوداپەرەستی khodaparaste
deist (n.) الربوبی alrbobe
deity (n.) خودای khoday
deject (v.) دەبێتە هۆی خەمباری debete hoy khem bari
dejection (n.) خەمبار khem bar
delay (v.) دواخستن dwakhstn
delay (n.) دوادەخات dwa dekhat
delectability (n.) خۆشی khoshi
delectable (adj.) بە تام و چێژ be tam o chej
delegacy (n.) نوێنەرایەتی nwenerayeti
delegalize (v.) بە یاسایی کردن ba yasae kirdn
delegate (n. & v.) نوێنەر nwener
delegation (n.) راسپاردن raspardn
delegator (n.) نوێنەر nwener
deletable (adj.) دەتوانریت بسردرێتەوە datwanrit bsrdritawa
delete (v.) سرینەوە srenawa
deliberate (adj.) بە ئەنقەست ba anqast
deliberation (n.) وردبینی wrdbene
delicacy (n.) ناسکی naske

delicate *(adj.)* وورد wrd
delicatessen *(n.)* باستورمه bastorma
delicious *(adj.)* بەتام batam
delight *(v.)* دڵشاددەکات dlshaddakat
delightedly *(adv.)* بە خۆشحاڵییەوە be khosh halyewe
delightful *(adj.)* خۆشە kosha
delimit *(v.)* سنووردارکردن snordarkirdn
delimitate *(v.)* سنووردارکردن snordarkirdn
delimitation *(n.)* سنووردارکردن snordarkirdn
delineate *(v.)* هێڵکاری hel kari
delinquency *(n.)* تاوانکاری tawan kari
delinquent *(n. & adj.)* تاوانبار tawanbar
delipidate *(v. & adj.)* دیڵی بدات delebedat
delipidation *(n.)* شل کردنەوە shil kirdinewe
deliriant *(n.)* بێ هۆشکەر be hoshker
delirium *(n.)* هێڵنجە دان hilnjdan
deliver *(v.)* گەیاندن gayandn
deliverance *(n.)* رزگاربوون rzgarbon
delivery *(n.)* منداڵ بوون mndal bon
delta *(n.)* دەڵتای daltae
deltoid *(n.)* دێڵتۆید diltoed
delude *(v.)* وای دێنێتە بەر چاو way denete ber chaw
deluge *(n.)* لافاو lafaw
delusion *(n.)* خاپاندن khapandn
delusional *(adj.)* وەهماوی wahmawe
deluxe *(adj.)* دیڵۆکس deloks
delve *(v.)* وردبونەوە wrdbonawa
demagnetize *(v.)* دامالینی موگناتیسی damaleni moqnatesi
demagogue *(n.)* دیماگۆگ demagog
demagogy *(n.)* دیماگۆژی demagoji
demand *(n.)* داواکردن dawakirdn
demanding *(adj.)* دواکراو dwakiraw
demarcate *(v.)* سنوور دیاریدەکات snor dyaredakat
demarcation *(n.)* سنووردانان snordanan
demasculinization *(n.)* دامالینی پیاوسالاری damalene pyawsalare
dematerialisation *(n.)* بێ مادده be made
dematerialize *(v.)* بێ مادده be made
demean *(v.)* بێڕێزیکردن be rez kirdin
demean *(v.)* خۆی سوک دەکات khwe sok dakat
demeaning *(adj.)* سووکایەتی کردن sokayeti kirdin

dement *(v.)* نەخۆشی بیرچوونەوە nakhoshe berchonawa
demented *(adj.)* مێشك تێکچوو mesh tekcho
dementia *(n.)* نەخۆشی مێشك nakhoshe mish
demerit *(n.)* ناتواوی natawawe
demicircle *(n.)* نیوە بازنە newa bazna
demilitarized *(adj.)* لە سەربازی دامالراون la sarbaze damalrawn
demise *(n.)* لەناوچوون le naw chon
demobilization *(n.)* کۆتایی خزمەتی سەربازی kotae khzmate sarbaze
demobilize *(v.)* کۆتایی خزمەتی سەربازی kotae khzmate sarbaze
democracy *(n.)* دیموکراتی demokrate
democrat *(n.)* دیموکرات demokrat
democratic *(adj.)* دیموکراسی demokrase
demographic *(adj.)* دیمۆگرافی demografe
demolish *(v.)* ڕوخاندنی rokhandne
demolition *(n.)* ڕووخاندن rokhandn
demon *(n.)* نەگریس nagres
demonetize *(v.)* دامالینی دراو damalini draw
demonize *(v.)* شەیتان بکەن shaetan bkan
demonstrate *(v.)* نمایشکردن nmaish kirdin
demonstration *(n.)* خۆپیشاندان kho peshandan
demoralize *(v.)* بێ هۆش کردن be hosh kirdin
demote *(v.)* دابەزاندن da bezandin
demur *(n.)* ناز naz
demure *(adj.)* سەنگین sengin
demurrage *(n.)* سزای دوا کە وتن szay dua kewtin
demystify *(v.)* ڕوون کردنی بابە تێك ron kirdin babetek
den *(n.)* لانە lana
denationalize *(v.)* بێ نەتەوەیی کردن be netewey kirdin
dengue *(n.)* خوێن بەربوون khoin berbon
denial *(n.)* رەت کردوو ret kirdo
denominate *(v.)* ناوی بردن nawe brdn
denomination *(n.)* ناوین aeen
denote *(v.)* ئاماژە بە amaje be
denounce *(v.)* نێدانەکردن idane kirdin
dense *(adj.)* چڕ chr
density *(n.)* چڕی chri
dentist *(n.)* پزیشکی ددان pzeshke ddan
denude *(v.)* ڕوونی دەکاتەوە rone dakatawa
denunciation *(n.)* دەربڕینی نارەزای derbrini na rezay
deny *(v.)* نکۆڵی کردن nkole kirdn

deodorant *(n.)* بۆن خۆشکەر bon khoshker
deodrize *(v.)* دیودریزی deodreze
deontology *(n.)* زانستی ئەخلاقی zanste akhlaqe
deoxidation *(n.)* ئۆکساندنی ئۆکسجین aoksandne aoksjen
depart *(v.)* ڕۆشتن roshtn
department *(n.)* بەش bash
departmentalization *(n.)* بەبەشداری کردن be beshdari kirdin
departure *(n.)* جێ هێشتن je hishtin
depauperate *(v.)* بێ دەسەڵات be destelat
depend *(v.)* پشت بەستن psht bastn
dependant *(n.)* وابەستە wabasta
dependence *(n.)* وابەستەیی wabastae
dependent *(adj.)* سەربە sarba
depict *(v.)* وەسف دەکات wasf dakat
depiction *(n.)* پێشاندان peshan dan
depilatory *(adj.)* موو لابەر mw labar
deplete *(v.)* بەکاریدێنی bekar dene
depleted *(adj.)* کەم بووەتەوە kam bwatawa
depletion *(n.)* نەمان maman
deplorable *(adj.)* بێزارکەر be zar ker
deplore *(v.)* پێی پەست و دڵگیردەبێت pey best u dil gir debet
deploy *(v.)* بڵاودەبێتەوە blaw debetewe
depolarize *(v.)* جەمسەرگیری jamsargeri
deponent *(n.)* بریکارمەکان brekarakan
deport *(v.)* دوور کردن dor kirdin
depose *(v.)* لەسەر کار لادەدرێت le ser kar la dedret
deposit *(n.)* دەنیشێت de nishet
deposition *(n.)* بەڵگەنامەی شایەتی belgenamey shayeti
depository *(n.)* گەنجینە ganjena
depot *(n.)* کۆگا koga
depravation *(n.)* بێ بەش کردن be besh kirdin
deprave *(v.)* خراپەکاری khrapakari
deprecate *(v.)* سووک لە نرخی کەم دەکاتەوە le nirkhi kem dekatewe
depreciate *(v.)* لە نرخی کەم دەکاتەوە le nirkhi kem dekatewe
depreciating *(adj.)* دابەزینی نرخ nabezini nirkh
depreciatory *(adj.)* دابەزینی نرخ nabezini nirkh
depredate *(v.)* تاڵان کردن talankirdn
depress *(v.)* خەفەت khafat
depression *(n.)* دابەزین da bezin

deprive *(v.)* بێ بەشدەکات be besh dekat
depth *(n.)* قوڵی qole
deputation *(n.)* نوێنەرایەتی کردن nuenerayeti kirdin
depute *(v.)* جێگر jigr
deputy *(n.)* بریکار brekar
derail *(v.)* شەمەندەفەر لەسەر هێڵ لادەچێت shemendefir le ser hel la dechet
derailment *(n.)* وەرگەڕانی شەمەندەفەر wargarane shamandafar
deranged *(adj.)* شێواو shewawi
deregulate *(v.)* ڕێک خستنەوە rek khistinewe
deride *(v.)* گاڵتەکردن galte kirdin
derivative *(adj.)* وەرگیراو wer geraw
derive *(v.)* وەرگرتن wer gitin
dermabrasion *(n.)* پێست برین pist bren
dermatology *(n.)* پزیشکی پێست pzeshke pist
derogatory *(adj.)* سووکایەتی پێکردن sowkayeti pe kirdin
derrick *(n.)* ئامێری بەرزکەرەوە amire barzkarawa
desalt *(v.)* خوێی لێ بکەرەوە khoe le bkerewe
descale *(v.)* لابردنی چەوری labrdin chewri
descend *(v.)* دابەزین dabazen
descendant *(n.)* نەوە nawa
descent *(n.)* ڕەچەڵەک rachalak
descrete *(adj.)* جیاواز jyawaz
describe *(v.)* باس دەکات bas dakat
description *(n.)* باسکردن baskirdn
descriptive *(adj.)* باسەنی basane
desert *(v.)* کۆچ دەکات koch dakat
desert *(n.)* بیابان byaban
deserve *(v.)* شایانێتی shayanite
design *(n.)* نەخشە کێشان nekhshe keshan
designate *(v.)* دیاری دەکات dyari dakat
designated *(adj.)* دیاری کراوە dyari krawa
designer *(n.)* دیزاینەر dezaener
designing *(adj.)* دیزاینکردن dezaen kirdn
desirable *(adj.)* خوازراو khwazraw
desire *(n.)* ویستن westn
desire *(v.)* خواستن khwastn
desirous *(adj.)* دەخوازێت de khwazet
desist *(v.)* دەوەستێ dawasti
desk *(n.)* مێز mez
desktop *(n.)* ڕۆمێز ro mez
desocialization *(n.)* بێ کۆمەڵایەتی کردن be komelayeti kirdin
desolate *(adj.)* ویستن westn
desolvate *(v.)* ویرانە werane

despair *(n.)* بێ هیوایی be hiway
desperate *(adj.)* بێ هیوا be hiwa
despicable *(adj.)* نەفرەت لێکراو nefret le kraw
despise *(v.)* سووکایەتی پێکردن sokayeti pe kirdin
despiteful *(adj.)* سەرەڕای ئەوە sere ray awe
despondent *(adj.)* پەست past
despot *(n.)* دادوەری ڕەها dadware raha
dessert *(n.)* شیرینی shirini
destabilization *(n.)* ناسەقامگیری na saqam giri
destabilize *(v.)* ناسەقامگیرکردن na seqam gir kirdin
destination *(n.)* جێمەبەست jeme best
destiny *(n.)* چارەنووس charanos
destitute *(adj.)* بێ بەش be ebsh
destress *(v.)* نارەحەتی na reheti
destroy *(v.)* ویران کردن weran kirdin
destroyer *(n.)* لەناوبەر le naw ber
destruction *(n.)* تێکدان tekdan
detach *(v.)* جیاکردنەوە jyakirdnawa
detachment *(n.)* دابران dabran
detail *(n.)* وردەکاری worde kari
detain *(v.)* دەست بەسەرکردن dest beser kirdin
detect *(v.)* تەبینی کردن tebini kirdin
detective *(n.)* بەدواداچوون be dwada choon
detention *(n.)* گلدانەوە gildanewe
detergent *(n.)* پاککەرەوە pak kerewe
deteriorate *(v.)* تێکچوون tek chon
deteriorate *(v.)* نزم دەبێتەوە nizm debetewe
determination *(n.)* هەتەری hatare
determine *(v.)* بڕیاردەدات bryar dedat
detest *(v.)* ڕقی لێیەتی rqe lieate
dethrone *(v.)* لە شایەتی لای دەبات le shayeti lay debat
detonate *(v.)* دەی تەقێنێتەوە dey teqenetewe
detoxication *(n.)* ژەهراوی کردن jehrawi kirdin
detract *(v.)* کەمکردنەوە kem kirdinewe
detractor *(n.)* ڕەخنەگر rakhnagr
detriment *(n.)* زیان گەیاندن zyan gayandn
deturpation *(n.)* تێک چوون tek choon
devalue *(v.)* بێ بەهاکردن be beha kirdin
devastate *(v.)* ویران کەر weran kirdin
develop *(v.)* پەرەپێدان pere pedan
developer *(n.)* گەشەپێدەر geshe peder
development *(n.)* پەرەپێدان pere pedan

deviate *(v.)* لادەدات la dedat
deviation *(n.)* لادان ladan
device *(n.)* هۆ ho
devil *(n.)* شەیتان sheytan
devilry *(n.)* بێباکی bebaki
devise *(v.)* دادەهێنێت dadehenet
devoid *(adj.)* پەتی لە pate la
devote *(v.)* تەرخان دەکات tarkhan dakat
devotee *(n.)* پەرستراو parstraw
devotion *(n.)* تەرخان کردن tarkhan kirdin
devour *(v.)* دەخوات dakhwat
devout *(adj.)* پاك pak
dew *(n.)* شەبنەم shabnam
diabetes *(n.)* شەکرە shakra
diagnose *(v.)* دەست نیشان کردن dest nishan kirdin
diagnosis *(n.)* دەستنیشان کردنی نەخۆشی dest nishan kirdini nekhoshi
diagonal *(adj.)* دیاکۆن dyakon
diagram *(n.)* دیاگرام dyagram
dial *(n.)* پەیوەندی بکە paewande bka
dialect *(n.)* زاراوە zarawa
dialogue *(n.)* دیالۆگ dyalog
dialysis *(n.)* شۆردنی خوێن shordni khwin
diameter *(n.)* تیرە tera
diamond *(n.)* ئەلماس almas
diaper *(n.)* حە فازە hefaze
diarrhea *(n.)* سک چوون sk chon
diary *(n.)* یادنامە yadnama
diaspora *(n.)* ڕەوەند rawand
dibble *(n. & v.)* دیبل dibl
dice *(n.)* زار zar
dicey *(adj.)* ترسناک trsnak
dictate *(v.)* دەسەپێنێت desepenet
dictation *(n.)* پێ نووسینەوە pe nosinewe
dictator *(n.)* دیکتاتۆر dektator
diction *(n.)* شێواز shewa
dictionary *(n.)* فەرهەنگ farhang
dictum *(n.)* پەندی پێشینان pande pishenan
didactic *(adj.)* فێرکارانە firkarana
die *(v.)* دەمرێت demret
diehard *(n.)* سەرسەخت sarsakht
diesel *(n.)* دیزل dizl
diet *(n.)* دایت dayt
diet *(n.)* پارێز parez
dietician *(n.)* خواردن ناس khwardin nas
differ *(v.)* جیاوازی دەبێت jyawazi debet
difference *(n.)* جیاوازی jyawazi
different *(adj.)* جیاواز jyawaz

difficult *(adj.)* سخت sakht
difficulty *(n.)* سختی sakhti
diffident *(adj.)* شرمن sharmn
diffuse *(v.)* بڵاودەبێوە blaw debetewe
dig *(v.)* هەڵدەكەنێت heldekenet
digest *(v.)* هەرس دەكات hars dakat
digestion *(n.)* هەرسكردن hars kirdn
digit *(n.)* ژمارە jmare
digital *(adj.)* دیجیتاڵ dejetal
digitalize *(v.)* دیجیتاڵكردن dejetalkirdn
dignify *(v.)* كەرامەت بكە karamat bka
dignitary *(n.)* بەڕێز berez
dignity *(n.)* شكۆ shko
digress *(v.)* لە باس لادەدات la bas ladadat
digression *(n.)* لە باس لادان la bas ladan
dilaceration *(n.)* شل بوونەوە shl bonewe
dilapidation *(n.)* ویران بوون weran boon
dilate *(v.)* فراوان بێت frawan bet
dilemma *(n.)* دووریان do ryan
diligence *(n.)* كۆشش koshsh
diligent *(adj.)* هەوڵدەر hawldar
dilute *(v.)* تێكی دەدات teki dedat
dilution *(n.)* شێناو shinaw
dim *(adj.)* لێل lil
dimension *(n.)* ڕەھەند rahand
diminish *(v.)* كەم دەكات kemdekat
diminution *(n.)* كەمی kemi
diminutive *(adj.)* بچوك كراوە bchok krawa
dimly *(adv.)* بەلێڵی balile
dimness *(n.)* كاڵ بوونەوە kal bonewe
din *(n.)* هاتوهاوار hatohawar
dine *(v.)* ژەمە خۆراكی سەرەكی دەخوات jeme khoraki sereki dekhwat
diner *(n.)* عەرەبانەی خواردنگێر arebaney khoardin ger
dingy *(adj.)* پیس pis
dinner *(n.)* نانی نێوەڕۆ nane aiwara
diocese *(n.)* قەشەیەتی qashaeati
dioxide *(n.)* دووەم ئۆكسید dwam aoksed
dip *(v.)* نقۆم دەكات nqom dakat
diploma *(n.)* دبلۆمنامە dblomnama
diplomacy *(n.)* دبلۆماسیتی dblomasiti
diplomat *(n.)* دبلۆمات dblomat
diplomatic *(adj.)* دبلۆماسی dblomasi
dire *(adj.)* بە نازار ba azar
direct *(adj.)* ڕاستەوخۆ rastawkho
direction *(n.)* ئاراستە arasta
directive *(n.)* فەرمان frman
director *(n.)* بەڕێوەبەر berewe ber

directory *(n.)* ڕابەر rabar
dirt *(n.)* پیسی pısı
dirty *(adj.)* پیس pıs
disability *(n.)* كەم ئەندامی kam andam
disable *(v.)* ناچاڵاك كردن nachalak kirdn
disabled *(adj.)* پەككەوتە pakkawta
disadvantage *(n.)* زیان zyan
disagree *(v.)* لەگەڵ ئەودا نین la gal awada nen
disagreeable *(adj.)* ناكۆكن nakokn
disallow *(v.)* ڕێگە نەدات rege nedat
disappear *(v.)* وون بوون won boon
disappearance *(n.)* دیارنەمان dyarnaman
disappoint *(v.)* نائومێدكردن naomidkirdn
disapprove *(v.)* پەسەند نەكردن pasand nakirdn
disarm *(v.)* چەك داماڵێن chak damalen
disarmament *(n.)* داماڵینی چەك damalenı chak
disarrange *(v.)* ناڕێك خستن na rek khıstın
disarray *(n.)* پشێوی pshiwe
disaster *(n.)* كارەسات karasat
disastrous *(adj.)* كارەساتبار karasatbar
disband *(v.)* هەڵوەشاندنەوە halwashandnawa
disbelief *(n.)* كوفر kofr
disbelieve *(v.)* كافر بكەن kafr bkan
disburse *(v.)* خەرجكردن kharjkirdn
disc *(n.)* قەوان qawan
discard *(v.)* كەم دەكات kam dakat
discharge *(v.)* بەتاڵ دەكات batal dakat
disciple *(n.)* شاگرد shagrd
discipline *(n.)* ڕێك rek
disclaim *(v.)* دانی پیانانێت danı pya nanet
disclose *(v.)* دەری دەخات derı dekhat
discolour *(v.)* ڕەنگ دەگۆڕێت reng degoret
discomfit *(v.)* نائومێدی دەكات naomidı dakat
discomfort *(n.)* نائاسودەیی naasodaı
disconnect *(v.)* لێك دەتر ەزێنێت lik datrazinit
discontent *(n.)* بێزاری bezarı
discontinue *(v.)* دەوەستێنیتەوە dewestenetewe
discord *(n.)* ناكۆكی nakokı
discotheque *(n.)* سەماخانە samakhana
discount *(n.)* داشكاندن dashkandın
discourage *(v.)* بێ ووڕەیی دەكات be wrey dekat
discourse *(n.)* قسە qsa
discourteous *(adj.)* دڵڕەق dlraq
discover *(v.)* دەدۆزێتەوە dedozetewe

discovery *(n.)* دۆزینەوە dozınewe
discredit *(v.)* بێ ناوبانگ کردن be naw bang kırdın
discreet *(adj.)* بە وریاییەوە ba wryaeeawa
discrepancy *(n.)* ناتەبایی natababy
discretion *(n.)* ئیختیاری aekhtyare
discriminate *(v.)* جیاکاری بکەن jyakarı bkan
discrimination *(n.)* جیاکاری jyakarı
discuss *(v.)* گفتوگۆکردن gft u go kirdn
disdain *(v.)* بێ ڕێزیکردن be rez kırdın
disease *(n.)* نەخۆشی nakoshı
disembody *(v.)* بێ جەستە be jeste
disenchant *(v.)* بێ هیوا بوون be hıwa boon
disengage *(v.)* بەشداری کردن beshdarı kırdın
disfigure *(v.)* شێواندن shewandın
disgrace *(n.)* ڕیسوابوون reswa boon
disgrace *(n.)* ئابڕووچوون abro choon
disgruntled *(adj.)* بەدڵ نەبوون be dıl ne boon
disguise *(v.)* خۆی لێدەگۆڕێت khoy le degoret
disgust *(n.)* قێزدەکاتەوە qiz dakatawa
dish *(n.)* قاپ qap
dishearten *(v.)* دوای دەخات dway dakhat
dishonest *(adj.)* ناپاک napak
dishonesty *(n.)* ناپاکی napakı
dishonour *(n.)* شۆڕەیی shoray
disillusion *(v.)* بەئاگاهاتن be aga hatın
disinclined *(adj.)* نەویست ne wıst
disinfect *(v.)* پوختەی دەکات pokhtay dakat
disjunction *(n.)* جیابوونەوە jyabonawa
dislike *(n.)* قێن qen
dislocate *(v.)* لەجێ دەچێت le jey dechet
dislodge *(v.)* دەردەکات dardakat
disloyal *(adj.)* نادڵسۆز nadlsoz
dismal *(adj.)* پەست past
dismantle *(v.)* دەکاتەوە dakatawa
dismay *(n.)* ترس trs
dismiss *(v.)* بەلاوە نان balawa nan
dismissal *(n.)* دەرکردن der kırdın
disobey *(v.)* سەرپێچی بکەن sarpiche bkan
disorder *(n.)* تێکچوون tek choon
disorganize *(v.)* ئاژاوە دەنێتەوە ajawe denetewe
disorient *(v.)* سەر لێ شێواندن sar li shiwandn
disown *(v.)* نکۆڵی لێدەکات nkole lidakat
disparate *(adj.)* جیا jya
disparity *(n.)* جیاوازی jyawazı
dispatch *(v.)* دەنێرێت deneret
dispensary *(n.)* دەرمانخانە darman khana

dispense *(v.)* دابەش دەکات dabash dakat
disperse *(v.)* دەرمان دەگرێتەوە darman dagretewe
displace *(v.)* لادەدات la dedat
display *(n.)* پیشان دەدات peshan dedat
displease *(v.)* تووڕە دەکات toradakat
displeasure *(n.)* بێزاری be zarı
disposal *(n.)* داوا dawa
dispose *(v.)* دابەش دەکات dabash dakat
disproportion *(n.)* لارسەنگی larsangı
disprove *(v.)* بە دروو دەخاتەوە ba drwdakhatawa
disputation *(n.)* گفتوگۆ gft u go
dispute *(v.)* گفتوگۆ کردن gft u go kirdin
disqualification *(n.)* دوور خستنەوە بەهۆی دەرنەبوونی چۆستی dwrkhstnawa behoy naboni chosti
disqualify *(v.)* مافی دەروات mafi derwat
disquiet *(n.)* بێزاری دەکات be zari dekat
disregard *(v.)* خۆی لێ گێل دەکات khwe le gel dakat
disrepute *(v.)* لە دەست دانی ناوبانگی باش la dast dane nawbange bash
disrespect *(n.)* نەمانی ڕێز لێنان namane rez le nan
disrupt *(v.)* پارچەپارچەی دەکات parchaparchae dakat
dissatisfaction *(n.)* ناڕازی بوون narazi boon
dissatisfy *(v.)* ناڕازی کردن narazi kirdin
dissect *(v.)* پارچەم کردن parche kirdin
dissection *(n.)* تویکاری twekari
dissimilar *(adj.)* نایەکسان na yeksan
dissipate *(v.)* پەرش و بڵاوی persh u bilawi
dissolve *(v.)* تواوەتەوە twawatawa
dissuade *(v.)* ڕەگیری کردن لە regiri kirdin le
distance *(n.)* دووری dori
distant *(adj.)* دوور door
distil *(v.)* دەدڵۆپێنێت de dilopenet
distillery *(n.)* کارگەی دڵۆپاندن kargey dlopandn
distinct *(adj.)* ئاشکرا ashkra
distinction *(n.)* دیاریکردن dyari kirdin
distinctive *(adj.)* دیار dyar
distinguish *(v.)* جیاکردنەوە jya kirdnawa
distort *(v.)* شێواندن shewandn
distraction *(n.)* سەرقاڵکردن sarqal kirdin
distraught *(adj.)* سەر لێ شێواو ser le shewaw
distress *(n.)* تەنگانە tangana

distress *(v.)* خەم kham
distribute *(v.)* دابەش دەکات dabash dakat
distribution *(n.)* دابەشکردن dabash kirdin
district *(n.)* هەرێم herem
distrust *(n.)* باوەڕنەمان bawarnaman
distrust *(v.)* بێ متمانەیی bi mtmaney
disturb *(v.)* بێزارکردن be zar kirdin
ditch *(n.)* چاڵ chal
ditto *(n.)* هەروەها harwaha
dive *(v.)* نقوم دەبێت nqom dabet
dive *(n.)* ژێرە مەلە دەکات jere mele dekat
diverse *(adj.)* جیاواز jyawaz
diversify *(v.)* هەمەچەشن کردن heme cheshn kirdin
divert *(v.)* دەگۆڕێت de goret
divide *(v.)* دابەش دەکات dabash dakat
dividend *(n.)* بەش بەش bash bash
divine *(adj.)* پیرۆز peroz
divinity *(n.)* خوا khwa
division *(n.)* بەشکران bash kran
divorce *(n.)* تەڵاق talaq
divorce *(v.)* ڕەهاکردن rahakirdn
divulge *(v.)* درکاندن drkandn
do *(v.)* دەکات dakat
doable *(adj.)* کردەنی krdani
doating *(v.)* بەخشین کردن bakhshin kirdn
dob *(n. & v.)* دۆب dob
doc *(n.)* بەڵگەنامە balganama
docent *(n. & adj.)* ڕابەر rabar
docile *(adj.)* گوێڕایەڵ gwe rayel
dock *(n.)* کەشتیگە kashtega
dock *(v.)* قەفەزی تاوان بارکردن qafaze tawanbarkirdn
docket *(n.)* لیستەی lestay
dockmaster *(n.)* ڕێوبەری بەندەر reweberi bender
dockworker *(n.)* کرێکاری بەندەر krekari bender
dockyard *(n.)* گۆڕەپانی بەندەر gorepani bender
doctor *(n. & v.)* پزیشک pzeshk
doctorate *(n.)* دکتۆرا dktora
doctored *(adj.)* دکتۆرایە dktoraea
doctrine *(n.)* عەقیدە aqide
document *(n.)* بەڵگەنامە balganama
documentary *(adj.)* بەڵگەنامەیی balganamay
documentary *(n.)* قەواڵەیی qawaley
dodge *(v.)* دەگەرێ degere

dodge *(n.)* فێڵ fel
dodo *(n.)* کەڕ kar
doe *(n.)* مێی ئاسک mey asik
doer *(n.)* بکەر bkar
doeskin *(n.)* پێستەی مێ ی ئاسک pistae mey asik
dog *(n. & v.)* سەگ sag
dogbreath *(n.)* هەناسەی سەگ hanasay sag
dogfight *(n. & v.)* شەڕی سەگ sheri sag
doghole *(n.)* کونە سەگ kona sag
doghouse *(n.)* سەگخانە sagkhana
dogma *(n.)* بیرو باوەڕی نیماندارێ berobawari imandari
dogmatic *(adj.)* باوەڕداری bawardari
dole *(n. & v.)* دەیداتێ daedate
doll *(n.)* بووکەڵە bokala
dollar *(n.)* دۆلار dwlar
dolman *(n.)* عەبا یا ڕۆبی تورکی aba ya robi turki
dolmen *(n.)* عەبا یا ڕۆبی تورکی aba ya robi turki
dolorous *(adj.)* غەمبار ghambar
dolphin *(n.)* هەسارەی دۆلفین hasaray dolfen
domain *(n.)* بوار bwar
dome *(n.)* گومەت gwmat
domestic *(adj.)* ناوخۆیی nawkhoy
domestic *(n.)* ماڵی male
domestical *(adj.)* ناوخۆیی nawkhwe
domesticate *(v.)* خۆماڵی کردن khomalekirdn
domesticator *(n.)* ماڵیکەر malekar
domicile *(n.)* شوێنی نیشتەجێ بوون shwine neshtaje boon
domiciled *(adj.)* نیشتەجێ بوون neshtaje boon
domiciliary *(adj.)* ماڵەوە malawa
dominant *(adj.)* باو baw
dominate *(v.)* زاڵ بن zal bn
domination *(n.)* زاڵبوون zal boon
dominion *(n.)* حوکمڕانی hokmrani
domino *(n.)* یاری دۆمینە yare domine
donate *(v.)* دەبەخشێت de bekhshet
donation *(n.)* بەخشین bekhsheen
donkey *(n.)* کەڕ kar
donor *(n.)* بەخشەر bekhshar
doodle *(v.)* زوڕنا ژەندن zwrna jandn
doom *(n.)* چارەنووس charanos
doom *(v.)* فەوتان fawtan
doomed *(adj.)* مەحکومە mahkoma
doomsday *(adj.)* ڕۆژی قیامەت roji qyamat

doomsday *(n.)* قیامت qyamat
door *(n.)* دروگا darga
doorbell *(n.)* زنگی دروگا zange darga
doorknob *(n.)* دسکی دروگا daske darga
doormat *(n.)* پړوی دروگا parwe darga
dope *(n.)* بئ میښک be meshk
dope *(v.)* چاوری قورس chawri qors
dope *(adj.)* بئ میښک be meshk
doped *(adj.)* مادده هوښبرمکان mada hoshbarakan
dopey *(adj.)* تلیاکی کیشاوه tlyake kishawa
dorky *(adj.)* دوړکی dwrke
dormant *(adj.)* خاوتو khawtw
dormitory *(n.)* بمښناوخویی beshe nawkhoy
dorsal *(adj.)* پښتاوهی pshtawey
dosage *(n.)* ژمه درمانکه jama darmanaka
dose *(n.)* ژمه درمانهکه jama darmanaka
dot *(n.)* خال khal
dot *(v.)* خالفاو khalafaw
double *(adj.)* دوو هیندهی dw hinda
double *(n.)* دوو هینده ده کات dw hinda
double *(v.)* دوو هینده dw hinda
doubt *(n.)* گومان goman
doubt *(v.)* گومان دمکت goman dakat
doubtful *(adj.)* گومان لئکراو goman le kraw
doubtless *(adj.)* گومان لئنهکراو goman le nakraw
dough *(n.)* هاویر hawer
doughnut *(n.)* چۆرک chorak
dour *(adj.)* دلړق dlraq
douse *(v.)* پیاکیشان pyakishan
dove *(n.)* کۆتر kotr
dowery *(n.)* ماریی maray
down *(v.)* بۆخوارمه bo khwarawa
down *(adv.)* خوارمه khwarawa
down *(prep.)* بهرمخوار baraw khwar
down and out *(adj.)* بئدمرامت be daramat
downfall *(n.)* کهوتنهخوارمه kawtna khwarewe
download *(v.)* داگرتن dagrtn
downpour *(n.)* بارانیکی بهخور baraneki bakhor
downright *(adv.)* بهڕاستی barasty
downright *(adj.)* قسه لهڕوو qsa larw
downstairs *(adj.)* له نهوم خوارو la nhome khwarw
downward *(adj.)* بهڕمخوار baraw khwar
downward *(adv.)* بهڕم خوارمه braw khwarawa

downwards *(adv.)* بۆخوارمه bo khwarawa
doze *(n.)* ونوزدمدات wnawz dedat
doze *(v.)* خاوی دئت khawı det
dozen *(n.)* دسته dasta
drab *(n.)* داوین پیس dawin pıs
drab *(adj.)* داوین پیسی dawin pisi
drab *(v.)* داوینپیس dawin pisi
draconic *(adj.)* دراکۆنیک drakonek
draft *(n. & v.)* ڕهشنووس resh nos
draftsman *(adj.)* وینهکیش wene kesh
drafty *(adj.)* ڕهشنووس rash nosi
drag *(n.)* ڕاکیشان ra keshan
drag *(v.)* ڕادمکیشنت ra dekeshenet
dragon *(n.)* ئهژدیها ajdeha
dragonfly *(n.)* پۆشکه به قنگ poshka ba qng
drain *(n.)* دمڕوینئت derowenet
drain *(v.)* ئاوڕۆ awarw
drainage *(n.)* ڕوماندن rawandn
drainpipe *(n.)* بۆڕی ئاوڕۆ bore awarw
dram *(n.)* درم dram
drama *(n.)* شانۆگمری shanogari
dramatic *(adj.)* شانۆگمر shanogary
dramatist *(n.)* شانۆنووس shano nos
drape *(n. & v.)* دایدمخات day dakhat
draper *(n.)* کۆتاڵ فرۆش kotal frosh
drapery *(adj.)* جلوبهرگی ئامادهکراو jl u bargi amadakraw
drastic *(n.)* توند tond
draught *(n.)* قوم qom
draw *(n.)* ڕادمکیشنت ra dekeshenet
draw *(v.)* وینهدمکیشنت wene dekeshenet
drawback *(n.)* خۆش khosh
drawbridge *(n.)* پردی کیشراو pirdi keshraw
drawer *(n.)* چهکمهجه chakmaja
drawing *(n.)* وینهکیشان wene keshan
drawing-room *(n.)* ژووری وینهکیشان jori wene keshan
dread *(n.)* ناخۆش na khosh
dread *(v.)* ترس trs
dread *(adj.)* تۆقین toqen
dreadful *(adj.)* تۆقینهر toqiner
dreadful *(n.)* ترسناکه trsnaka
dreadfully *(adv.)* به شیومیهکی ترسناک be sheweyeki trsnak
dreadlock *(n. & v.)* درێدلۆک dridlok
dream *(n.)* خاون khawn
dream *(v.)* خاون دمبینیت khewn debinet
dreamcatcher *(n.)* خاون گیر khawn ger
dreamer *(n.)* خاونبین khawn bin

dreamily (adv.) خەوناویانە khawnawyana	**drought** (n.) وشکە سالّی wishke sali
dreamworld (n.) جیهانی خەون jehani khawn	**drown** (v.) خنکان khnkan
dreamy (adj.) خەوناوی khawnawi	**drug** (n.) دەرمان darman
drench (v.) تەرکردن tarkirdn	**drug addict** (n.) ئالوودەبووی مادە هۆشبەرەکان alwdaboe made hoshbarakan
dress (n.) کراسی ژنان krasi jinan	**druggist** (n.) دەرمانساز darman saz
dress (v.) لەبەردەکات le ber dekat	**druid** (n.) پیاویکی ئاینی pyaike aene
dressing (n.) پۆشینی جل و بەرگ poshini jil u berg	**drum** (n.) تەپلّ tapl
dressing table (n.) مێزی جوانکردن mize jwankirdn	**drum** (v.) تەپلّ لێدان tapl ketin
dressmaker (n.) بەرگدرووی ژنان bargdrwe jinan	**drum kit** (n.) کیتی تەپلّ kete tapl
drib (n.) دریب dreb	**drumbeat** (n.) تەپلّ لێدان tapl lidan
dribble (n. & v.) دڵۆپە دەکات dlopa dakat	**drumfish** (n.) ماسی تەپلّ mase tapl
dried (adj.) وشک کراوەتەوە wshk krawatawa	**drunk** (adj.) سەرخۆش sarkhosh
drift (n.) رامالێن ramalen	**drunkard** (n.) مەیخۆر may khor
drift (v.) رادەمالێت ra demalet	**dry** (adj.) ووشک wshk
drill (n.) مەشق mashq	**dry** (v.) ووشک کردن wshk kirdin
drill (v.) مەشق دەکات mashq dakat	**dry-clean** (v.) پاکردنەوەی ووشک pakrdnawae wshk
drink (n.) خواردنەوە khwardnawa	**dryer** (n.) وشککەرەوە wshkkarawa
drink (v.) دەخواتەوە dakhwatawa	**dual** (adj.) دووانە dwana
drinking chocolate (n.) خواردنەوەی شۆکۆلاتە khwardnawae shokolata	**duality** (n.) دووانەیی dwanay
drinking water (n.) ئاو خواردنەوە aw khwardnawa	**dual-purpose** (adj.) دوو مەبەست dw mabast
drip (n.) دڵۆپاندن dlopandn	**dub** (n.) بانگ کردن bang kirdin
drip (v.) دڵۆپە دەکات dlopa dakat	**dub** (v.) بانگە دەکات bange dakat
drive (n.) وادەگەیەنێت wa degeyenet	**dubious** (adj.) گومان لێکراو goman le kraw
drive (v.) لێی دەخورێت le dekhoret	**ducat** (n.) دەکەت dakat
driver (n.) شۆفێر shofer	**duchess** (n.) دۆقە doqa
drizzle (n.) وەشت washt	**duck** (v. & n.) مراوی mrawy
drizzle (v.) وردەباران wrde baran	**duct** (n.) جۆگە joga
droid (n.) ڕۆبۆت rbot	**duct** (v.) کەند kand
drone (n.) فڕۆکەی بێفڕۆکەوان frokey be frokevan	**duct tape** (n.) شریتی داکت shreti dakt
drool (v.) لێکی دەرژێت leke derjet	**dude** (n.) پیاو pyaw
drool (n) لێکی ڕژان lek rijan	**due** (adj.) بەهۆی be hoy
droop (v.) رادەمێنێ ra demine	**due** (n. & adv.) شایان shayan
droop (n.) شۆردەمێنتەوە shor debetewe	**duel** (n.) زۆرانبازی zwran baze
droopy (adj.) دواکەوتوو dwa kewto	**duel** (v.) زۆرانبازی کردن zwran bazi kirdin
drop (v.) دەکەوێت dekewet	**duet** (n. & v.) دووانە dwana
drop (n.) دلّۆپ dlop	**duffel bag** (n.) جانتای داڤل jantae dafl
drop box (n.) درۆپبۆکس dropboks	**duke** (n.) دۆق doq
drop-in (adj.) هاتنە ژوورەوە hatine jorewe	**dull** (adj.) گێل gel
drop-off (n.) جێ هێشتن je heshtin	**dull** (v.) جارس jars
dropout (n.) وازهێنان waz henan	**duly** (adv.) وەک پێویستە wak piwesta
dropzone (n.) ناوچەی فڕێ دان nawchey frew dan	**dumb** (adj.) لالّ lal
	dum-bell (n.) دۆم بێل dom bel
	dumbfound (v.) دمار damaw
	dumbfounded (adj.) داماو بوو damaw bo
	dumbo (n.) دامبۆ dam bo
	dummy (n.) ساختەکاری sakhtakare
	dummy (v.) نەریت naret

dump *(n.)* توپڵ topal
dump *(v.)* زبڵ zbl
dumpster *(n.)* زبڵدان zbldan
dunce *(n.)* گەمژە gemje
dune *(n.)* گردێک که با دروستی کردبێت grdek ke be ba drost kirdbet
dung *(n.)* پەینی ئاژەڵ peyni ajel
dungeon *(n.)* زیندان zendan
dunk *(n.)* له قاوه la qawa
dunk *(v.)* شێر sher
duo *(n.)* گۆرانی یا ناوازی دوو قۆڵی gorani ya awaze dw qole
dup *(v.)* دوپ dop
dupe *(v.)* گزی دەکات gzi dakat
dupe *(n.)* گزی کردن gzi kirdin
duplex *(n.)* خانوی دوبنەماڵەی khanoy do bnamalae
duplicate *(adj.)* لەبەردەمگرێتەوە le ber degretewe
duplicate *(n.)* دووبارەکردن dobare kirdin
duplicate *(v.)* دووبارەکردنەوە dobare kirdinewe
duplicity *(n.)* دووانەیی dwanae
durability *(n.)* خۆگر khogr
durable *(adj.)* نەبز nabaz
duration *(n.)* ماوه mawa
during *(prep.)* لەماوەی lamawae
dusk *(n.)* زەردەپەر zardapar
dust *(n.)* تۆز tor
dust *(v.)* تۆز دەتەکێنێت toz detekenet
duster *(n.)* تەختەسڕ takhtasr
dutiful *(adj.)* گوێڕایەڵ goe rayel
duty *(n.)* ئەرک ark
duty-free *(adj. & adv.)* کاڵای بێ گومرگ kalae be gomrg
duvet *(n.)* پەرۆ parw
dwarf *(n.)* کوێرە kwere
dwarf *(v.)* گرگن grgn
dwarf *(adj.)* شەمۆلە shamola
dwell *(v.)* دەژی deji
dwelling *(n.)* نیشتەجێبوون nishte jeboon
dwindle *(v.)* کەم دەبێتەوە kem debetewe
dye *(v.)* رەنگ دەکات rang dakat
dye *(n.)* رەنگ rang
dynamic *(adj.)* جۆلە jola
dynamics *(n.)* جۆلەزانی jolazani
dynamite *(n.)* دینامیت denamet
dynamo *(n.)* دینەمۆ denamo

dynasty *(n.)* خێزانی دەسەڵاتدار khizani dasalatdar
dysentery *(n.)* نەخۆشی دیزەنتری nakhoshi dezantri
dystopia *(n.)* دیستۆپیا destopya

E

each *(pron.)* هەر har
each *(adj. & adv.)* هەریەک heryek
eager *(adj.)* پەرۆش parosh
eagle *(n.)* هەڵۆ halw
ear *(n.)* گوێ gwe
earbud *(n.)* گوێچکە gwichka
early *(adj. & adv.)* زوو zoo
earn *(v.)* بەدەست هێنان bedest henan
earnest *(adj.)* بە جددی ba jde
earth *(n.)* زەوی zawe
earthen *(adj.)* گڵێن glen
earthenware *(n.)* دەفریکی له قور دروستکراو dafrike la qor drostkraw
earthly *(adj.)* دنیایی dnyae
earthquake *(n.)* بوومەلەرزە bomalarza
ease *(n.)* ئاسان کردن asan kirdin
ease *(v.)* ئاسان دە کات asan dekat
east *(n. & adj. & adv.)* خۆرهەڵات khorhalat
easter *(n.)* جەژنی کریستیانە کان jejni kristyanekan
eastern *(adj.)* خۆرهەڵاتی khorhalate
easy *(adj.)* ئاسان asan
easy-to-use *(adj.)* ئاسانە بۆ بەکار هێنان asana bo be kar henan
eat *(v.)* خواردن khwardn
eatable *(n.)* خواردنی khwardne
eatable *(adj.)* دەخۆرێت dakhoret
eave *(n.)* یافی yave
eavesdrop *(v.)* بەدزییەوە گوێدەگرێت badzeeawa goy degret
eavesdrop *(n.)* بەدزییەوە گوێ کردن badzeeawa goy kirdin
ebb *(n.)* داچوون dwa choon
ebb *(v.)* داچوون کردن dwa choon kirdin
ebony *(n.)* ئەبنوس abnos
e-book *(n.)* کتێبی ئەلیکترۆنی ktibe alektrone
ebulliate *(v.)* گەشەکردن gashakirdn
ebullience *(n.)* هەڵچوون halchon
ebullient *(adj.)* گەشەسەندوو gashe sando

eccentric (adj.) سەرنجڕاكێش sarnjrakesh
ecclesiast (n.) پەرستیار parstyar
ecclesiastical (adj.) كەنسەی kansae
echinid (n.) كۆترە kotra
echo (n.) دەنگدانەوە dang danewe
echo (v.) دەنگ دەداتەوە dang ddedatewe
echocardiogram (n.) ئیكۆكاردیۆگرام eko kardew gram
eclampsia (n.) ئێكلەمپسیا ek lampsya
eclectic (n. & adj.) هەمە ڕەنگ hama rang
eclipse (n.) ڕۆژگیران roj geran
eclipse (v.) مانگ گیران mang geran
eclipsis (n.) خۆرگیران khorgeran
ecological (adj.) ژینگەیی jingey
ecologist (n.) ئیكۆلۆژیست aekolozhest
ecology (n.) ئیكۆلۆژیست aekolozhest
e-commerce (n.) بازرگانی ئەلیكترۆنی bazrgane alektrone
economic (adj.) ئابوری abore
economical (adj.) ئابوری abore
economics (n.) ئابوریزانی aborezane
economy (n.) ئابوری abore
ecosystem (n.) ئیكۆسیستەم aekosestam
ecoterrorism (n.) ئیكۆتۆریزم aekotorezm
ecstasy (n.) مەستی maste
ecstatic (adj.) مەست mast
ectopia (n.) دەرەوەی جەستە darawae jasta
ectoplasm (n.) ئێكتۆپلازما aiktoplazma
ecumenic (adj.) ئیكۆمێنیك aekominek
ecumenical (adj.) جیهانی jihane
eczema (n.) ئەگزیما agzema
edema (n.) ئاودز awdz
edge (n.) كەنار kanar
edible (adj.) دەخۆریت dakhorit
edict (n.) فەرمان farman
edificant (adj.) بنیاتنەر bnyatnar
edification (n.) بنیاتنانی bnyatnane
edifice (n.) بینا bena
edify (v.) چاكەی فیردەكات chakae firdakat
edit (n.) لێیدەكۆڵێت liedakolit
edition (n.) چاپ chap
editor (n.) سەرنووسەر sarnosar
editorial (adj.) سەرووتار sarwtar
editorial (n.) سەرنووسەری sarnosare
educate (v.) پەروەردە بكەن parwarda bka
education (n.) خوێندن khwindn
eel (n.) مارماسی marmase
eerie (adj.) ترسناك trsnak
effable (adj.) بەردەستە bardasta

effably (adv.) بە شێوەیەكی ba shiwaeake
efface (v.) سڕینەوە srenawa
effect (n. & v.) كاریگەری karegare
effective (adj.) كاریگەر karegar
effeminate (adj.) ژنانە zhnana
efficacy (n.) كاریگەری karegare
efficiency (n.) چوستی choste
efficient (adj.) چوست chost
effigy (n.) وێنەی كەسێك winae kasik
effort (n.) ڕەنج ranj
effortless (adj.) ئاسان asan
effusive (adj.) هەڵچوو halchw
egg (n.) هێلكە hilka
ego (n.) خۆپەسەند khopasand
egocentric (adj.) خۆویستی khoweste
egotism (n.) لەخۆبایییبوون lakhobaeebon
eight (n.) هەشت hasht
eighteen (n.) هەژدە hazhda
eighty (n.) هەشتا hashta
either (pron.) یەكێك لەو دووانە eakik law dwana
either (adv.) هەریەك hareak
ejaculate (n. & v.) ڕژانی زاوزێ rzhane zawzi
ejaculation (n.) ئاوهاتنەوە awhatnawa
ejaculatory (adj.) ئیسراحەتكردن aesrahatkirdn
eject (v.) دەركردن darkirdn
elaborate (v.) درێژ میدەداتی drizhaedadati
elaborate (adj.) ڕوونكردنەوە rwnkirdnawa
elapse (v.) ڕادەبوریت radaborit
elastic (adj.) جێر jer
elasticity (n.) جێری jere
elate (v. & adj.) كەیف خۆش kaef khosh
elated (adj.) دڵخۆش بوو dlkhosh bw
elation (n.) خۆشحاڵی khoshhale
elbow (n.) ئەنیشك aneshk
elder (adj.) بە تەمەنتر ba tamantr
elder (n.) پیر per
elderly (adj.) بەساڵاچوو basalachw
elect (v.) هەڵدەبژێریت haldabzhirit
election (n.) هەڵبژاردن halbzhardn
electorate (n.) هەڵبژیران halbzhiran
electric (adj.) كارەبایی karabae
electricity (n.) كارەبا karaba
electrify (v.) كارەبایی لێدەدات karabae lidadat
electrocute (v.) بە كارەبا لەسێدار میدەدات ba karaba lasidaraedadat

electrocution (n.) کوشتن به کاربا koshtn ba karaba
electrolyte (n.) ئەلکترۆلیت alktrolet
electron (n.) ئەلیکترۆن alektron
electronic (adj.) ئەلیکترۆنی alektrone
elegance (n.) جوانپۆشی jwanposhe
elegant (adj.) شەنگ shang
elegy (n.) سیاچامانە syachamana
element (n.) تۆخم tokhm
elemental (adj.) ڕەگەزی ragaze
elementary (adj.) سەرەتایی saratae
elephant (n.) فیل fel
elephantine (adj.) زل zl
elevate (v.) بەرزدەکات barzdakat
elevation (n.) بڵندی blnde
elevator (n.) بەرزکەرە barzkara
eleven (n.) یازدە yazda
elf (n.) جنۆکە jnoka
elicitate (v.) ئەستنبط astnbt
eligibility (n.) شایستەیی shaestae
eligible (adj.) شایستە shaesta
eliminate (v.) بنبڕکردن bnbrkirdn
elimination (n.) نەهێشتن nahishtn
eliminator (n.) ئێلیمینەر aelemenar
eliminatory (adj.) نەهێشتن nahishtn
elision (n.) شاردنەوە shardnawa
elite (n. & adj.) هەڵبژاردە halbzharda
elitism (n.) نۆخبەگەرایی nokhba garae
elitist (n.) نۆخبەیی nokhbae
elixir (n.) ئیکسیر aekser
elk (n.) کەڵەکێوی kalakiwe
ellipse (n. & v.) شێوە هێلکەیی shiwa hilkae
elliptic (adj.) بیضاوی bedawe
elocution (n.) قسەکردن qsakirdn
elope (v.) هەڵهاتن halhatn
eloquence (n.) هونەری ئاخاوتن honare akhawtn
eloquent (adj.) ڕەوانبێژ rawanbizh
else (adj.) دی de
else (adv.) تر tr
elucidate (v.) ڕوونیدەکاتەوە rwnedakatawa
elude (v.) خۆلیدەدزێتەوە khoelidadzitawa
elusion (n.) درێبڵکردن dreblkirdn
elusive (adj.) فێڵباز filbaz
emaciate (v.) لەڕولاوازکردن larwlawazkirdn
emaciated (adj.) لاواز lawaz
email (n.) ئیمەیڵ aemael
emanate (v.) هەڵدەقولێت haldaqolit
emanation (n.) دەرهاتن darhatn

emancipate (v.) ئازادیدەکات azadedakat
emancipation (n.) ئازادکردن azadkirdn
emasculate (v.) لاوازکردن lawazkirdn
emasculation (n.) سێکسی زاوزی sikse zawzi
embalm (v.) بەڵسەم balsem
embalming (n.) بەسکردن baskirdn
embank (v.) پاراستن parastn
embankment (n.) بەندەڕ bandar
embargo (n.) ئابلوقە abloqa
embark (v.) سواری کەشتی دەبێت sware kashte dabit
embarrass (v.) شپرزەدەبێت shprzadabit
embarrassing (adj.) ناشرین nashren
embarrassment (n.) شڵەژان shlazhan
embassy (n.) باڵوێزخانە balwizkhana
embellish (v.) ڕازاندنەوەی razandnawae
embitter (v.) تاڵتر taltr
emblem (n.) نیشانە neshana
embodiment (n.) بەرجەستەکردن barjastakirdn
embody (v.) بەرجەستەکردنی barjastakirdne
embolden (v.) بوێری بکەن bwire bkan
embrace (v.) دەگریتە باوەش dagrita bawash
embrace (n.) لەخۆگرتن lakhogirtn
embroidery (n.) نەخشاندن nakhshandn
embryo (n.) کۆرپە korpa
embryonic (adj.) کۆرپەیی korpae
embush (v.) بۆسەدان bosadan
emend (v.) هەموارکردنەوە hamwarkirdnawa
emendate (v.) هەموارکردنەوە hamwarkirdnawa
emerald (n.) زمرد zmrd
emerge (v.) دەرکەوتن darkawtn
emergency (n.) فریاکەوتن fryakawtn
emigrate (v.) کۆچ بکەن koch bkan
emigration (n.) کۆچکردن kochkirdn
eminence (n.) بەناوبانگ banawbang
eminent (adj.) شکۆمەند shkomand
emissary (n.) پۆلەسە نهێنی polese nhine
emission (n.) دەردانی گازی ژەهراوی dardane gaze zhahrawe
emit (v.) ینبعث enbas
emittance (n.) دەرچوون darchon
emmet (n.) ئیمێت aemet
emoji (n.) ئیمۆجی aemoje
emolument (n.) پاداشت padasht
emote (v.) هەست و سۆز hast o soz
emoticon (n.) ئیمۆجین aemojen

emotion *(n.)* سۆز soz
emotional *(adj.)* سۆزداری sozdare
emotive *(adj.)* هەستدار hastdar
empath *(n.)* هاوسۆزی hawsoze
empathic *(adj.)* هاوسۆزی hawsoze
empathy *(n.)* هاوەمردی hawdarde
emperor *(n.)* ئیمپراتۆر aenprator
emphasis *(n.)* دڵنیاکردن dlnyakirdn
emphasize *(v.)* دووپاتیدەکاتەوە dwpatedakatawa
emphatic *(adj.)* دووپاتی dwpate
empire *(n.)* ئیمپراتۆریەت aempratoreat
empirical *(adj.)* ئەزمونی azmone
empiricism *(n.)* فەلسەفەی ئەزمونگەری falsafae azmongare
empiricist *(n.)* ئەزمونگەر azmongar
employ *(v.)* دامەزراندن damazrandn
employee *(n.)* کارمەند karmand
employer *(n.)* خاوەنکار khawankar
employment *(n.)* کار kar
empower *(v.)* بەهێزکردن bahizkirdn
empress *(n.)* ئیمپراتۆر aemprator
empty *(v.)* بەتاڵ batal
empty *(adj.)* پۆش posh
empty-handed *(adj.)* دەست بەتاڵ dast batal
emulate *(v.)* چاوی لێدەکات chawi le dedatr
emulation *(n.)* ململانێ ml mlane
emulsifier *(n.)* ئیمۆلیفایەر aemolefaer
emulsify *(v.)* ئیمۆلیفای بکە aemolefae bka
en route *(adv.)* لە ڕێگادا le regada
enable *(v.)* چالاک کردن chalak kirdn
enact *(v.)* یاسا دەربکات yasa darbkat
enamel *(n.)* مینای minay
enamour *(v.)* پرسیارکردن pirsyar kirdin
enamoured *(adj.)* عاشق بوو ashiq bo
enamourment *(n.)* عاشق بوو ashiq bo
encage *(v.)* لە قەفەز بەندی دەکات la qafaz bande dakat
encapsulate *(v.)* تە غلیف کردن tekhlif kirdin
encase *(v.)* بەرگی تێ دەگری barge tedagri
enchant *(v.)* شەیدادەبێت sheyda debet
encircle *(v.)* دەوردەدات dewr dedat
enclose *(v.)* شۆردەکات shor dekat
enclosure *(n.)* پەرژین کردن perjin kirdin
encompass *(v.)* دەورگرتن dewr girtin
encounter *(n.)* بەرەوڕوو berew ro
encounter *(v.)* بەرەوڕوو berew ro debet
encourage *(v.)* هان دەدات han dedat
encouragement *(n.)* هاندان handan

encroach *(v.)* زیادەڕوی دەکات zyade roy dekat
encrust *(v.)* داپۆشران بە چینێکی سەخت daposhran be chineki req
encrusted *(adj.)* تویژکراو tewj kraw
encrypt *(v.)* کۆدکردن kodkirdn
encrypted *(adj.)* کۆد کراوە kod krawa
encryption *(n.)* نهێنی کردن nheni kirdin
encumber *(v.)* ڕیزلێ گرتن rez le girtin
encyclopedia *(n.)* ئینسکلۆپیدیا ensklopedia
end *(v.)* کۆتایی پێ دێنێت kotay pe denet
end *(n.)* کۆتایی kotay
endanger *(v.)* دەخاتە مەترسیەوە dekhate metrsyewe
endangered *(adj.)* ژێر مەترسی jer metrsi
endear *(v.)* خۆشەویست khoshawest
endearment *(n.)* خۆشەویستی khoshawesti
endeavour *(n.)* هەوڵدان hawldan
endeavour *(v.)* هەوڵ دەدات hawl dadat
endemic *(n. & adj.)* تایبەت بەناوچەیەک taybet be nawcheyek
endemiology *(n.)* زانستی نە خۆشییە کان zansti ne khoshyekan
endless *(adj.)* بێ کۆتایی be kotay
endorse *(v.)* پشتگیری بکە pisht giri bke
endorsement *(n.)* پشتگیری کردن pisht giri kirdin
endorser *(n.)* پشتگیری کەر pisht giri ker
endoscopic *(adj.)* ئەندۆسکۆپی andoskopi
endoscopy *(n.)* ئەندۆسکۆپی andoskopi
endow *(v.)* دەبەخشێنت de bekhshet
endowed *(adj.)* بەخشراو bakhshraw
endowment *(n.)* خەڵات کردن khelat kirdin
endurable *(adj.)* لەگەڵی دەردەبرێت le geli derdebret
endurance *(n.)* ئارام aram
endure *(v.)* ئارام دەگرێت aram degret
enemy *(n.)* دوژمن dojmin
energetic *(adj.)* پڕ لە ووزە و چالاکی pr la wza o chalake
energize *(v.)* جۆشدان joshdan
energy *(n.)* ووزە wza
enervate *(v.)* لاوازدەکات lawaz dekat
enervated *(adj.)* دەمارگیری damargiri
enfeeble *(v.)* لاواز lawaz
enforce *(v.)* جێ بەجێکردن je bejekirdin
enfranchise *(v.)* ئازاد دەبێت azad debet
engage *(v.)* قۆرخیدەکات qorkhi dekat
engagement *(n.)* خوازبێنی khwaz beni

engaging *(adj.)* سەرنج ڕاكێش sarnj rakesh
engine *(n.)* بزوێنەر bzwinar
engineer *(n.)* ئەندازیار andazyar
engineering *(n.)* ئەندازیاری andazyari
enginous *(adj.)* بزوێنەری bzwinare
English *(n.)* ئینگلیزی aengleze
englobe *(v.)* ئینگڵۆب aenglob
engorge *(v.)* ئەنگۆرج angorj
engrave *(v.)* نەخشاندن nekhshandin
engross *(v.)* سەرقاڵ دەبێت sarqal dabet
engulf *(v.)* نوقم دەبێت noqm dabet
enhance *(v.)* بەنرخی دەكات benirkhi dekat
enhancement *(n.)* بەرزكردنەوە berz kirdinewe
enigma *(n.)* مەتەڵ matal
enigmatic *(adj.)* مەبەست نادیار mabast nadyar
enigmatical *(adj.)* مەتەڵ و مەتەڵ matal o matal
enigmatically *(adv.)* بە شێوەیەكی مەتەڵ ba shiwaeake matal
enjoy *(v.)* چێژ وەرگرتن chej wergirtin
enjoyability *(n.)* توانای چێژ وەرگرتن twanay chej wergirtin
enjoyable *(adj.)* خۆش khosh
enjoyment *(n.)* ڕابواردن rabwardn
enlarge *(v.)* فراوان دەكات frawan dakat
enlighten *(v.)* ڕۆشنبیر بكەنەوە rwshnber bkanawa
enlist *(v.)* دەبێتە سەرباز debete derbaz
enliven *(v.)* شتێك چالاك دەكات shtik chalak dakat
enmity *(n.)* كینە kena
ennoble *(v.)* مەزنی دەكات mezni dekat
enormous *(adj.)* قەبە qaba
enough *(adj. & adv.)* بەس bas
enquiry *(n.)* پرس prs
enrage *(v.)* تۆرەكردن tore kirdin
enrapture *(v.)* سەرسامكردن sersam kirdin
enrich *(v.)* دەوڵەمەندكردن dewlemend kirdin
enrichment *(n.)* دەوڵەمەندبوون dewlemend boon
enrol *(v.)* ناوت تۆمار بكە nawt tomar bka
ensemble *(n.)* یەكجێ yekje
enshrine *(v.)* پیرۆز بكە peroz bka
enslave *(v.)* كۆیلە بكەن kwela bkan
ensue *(v.)* بەدوایدا دێت be dwaida det
ensure *(v.)* دڵنیاكردن dlnia kirdin
entangle *(v.)* دەیخاتە تەڵەوە dey khate telewe

enter *(v.)* دەچێتەناوەوە dechete nawewe
enterprise *(n.)* پڕۆژە pirroje
entertain *(v.)* ئاسوودەی دەكات asodey dekat
entertainment *(n.)* ئاسوودەیی asodey
enthral *(v.)* دڵ بەند دەكات dl band dakat
enthrone *(v.)* تاج دەخاتەسەری taj dakhate sare
enthusiasm *(n.)* پەرۆش parosh
enthusiastic *(adj.)* بە پەرۆش ba parosh
entice *(v.)* لەخشتەی دەبات le khishtey debat
enticement *(n.)* لەخشتەبردن le khishte birdin
enticer *(n.)* هاندەری handare
enticing *(adj.)* ڕاكێشان ra keshan
entire *(adj.)* هەموو hamw
entirely *(adv.)* بە تەواوی ba tawawe
entitle *(v.)* ناونیشان naw u nishan
entity *(n.)* قەوارە qawara
entomb *(v.)* گۆر gor
entomology *(n.)* میرولەمزانیی merole zani
entrails *(n.)* ڕیخۆڵە rekhola
entrance *(n.)* دەرگا darga
entrap *(v.)* بەتەڵەوە كردن batalawa kirdn
entrapment *(n.)* تەڵەكردن talakirdn
entreat *(v.)* دەپارێتەوە de paretewe
entreaty *(n.)* پاڕانەوە paranawa
entrench *(v.)* گەمارۆی دەدات gamarwi dedat
entrenchment *(n.)* پتەوكردن ptawkirdn
entrepreneur *(n.)* قۆنتراتچی qontratche
entropic *(adj.)* ئەنترۆپیك antropek
entropy *(n.)* ئەنترۆپیی antrwpi
entrust *(v.)* بسپێرن bspern
entry *(n.)* هاتنە ژوورەوە hatne jorewe
entry form *(n.)* فۆرمی بەشداریكردن forme bashdarekirdn
entry-level *(adj.)* ئاستی سەرەتایی aste saratae
enumerable *(adj.)* ژماردن دەكرێت jmare dekret
enumerate *(v.)* ژماردنی jmardini
enumerative *(adj.)* ژمارەیی jmarey
enunciate *(v.)* بە ڕوونی ئاشكرای دەكات be roni ashkra dekat
enunciation *(n.)* پەخشكردن pekhshkirdin
enunciatory *(adj.)* وتارمكەم wtarakam
envelop *(v.)* بەرگی تێدەگری bergi te dekre
envelope *(n.)* زەرف zarf
envelopment *(n.)* زەرفكردن zarfkirdn
enviable *(adj.)* چاوی لەسەربێت chawi le ser bet

envious *(adj.)* لەچڕ lachar
environment *(n.)* ژینگە jinge
environmental *(adj.)* ژینگەیی jingey
environmentalism *(n.)* ژینگەپارێزی jinge parezi
environmentalist *(n.)* ژینگەپارێز jinge parez
envisage *(v.)* پێشبینی بکە peshbini bke
envision *(v.)* وابێنەن wabenen
envoy *(n.)* نێردراو nirdraw
envy *(v.)* لەچڕی le chere
enzyme *(n.)* ئەنزیم anzem
enzymic *(adj.)* ئەنزیمی anzeme
eon *(n.)* کات kat
ephemera *(n.)* شتێکی تەمەن کورت shteki temen kort
ephemeral *(adj.)* بەسەرچوو beser cho
ephemeric *(adj.)* کاتیی kati
epic *(n.)* ئەفسانەیی afsanai
epical *(adj.)* ئێپیکی epeki
epicene *(adj.)* نێرەموۆک niramok
epicentre *(n.)* ناوەندی بومەلەرزە nawandi bomalarza
epicure *(n.)* نەوسن nawsn
epicurean *(n. & adj.)* نە بی قوری abi qori
epidemic *(n.)* پەتایی patae
epidural *(n.)* ئێپیدورال aipedwral
epiglottis *(n.)* سەرەوەی گەدە sarawae gada
epigram *(n.)* نوکتە nokta
epilate *(v.)* ئێپیلات aepelat
epilepsy *(n.)* سەرنێشە ser eshe
epileptic *(adj.)* پەرکەماوی parkamawae
epileptic *(n.)* پەرکەماوی parkamawe
epilogue *(n.)* کۆتایی کتێب یان هۆنراوە ktib yan honrawa
epiphany *(n.)* دەرکەوتنی خودایەک derkewtni khodayek
episode *(n.)* ئەلقەی alqey
epitaph *(n.)* گۆرنامە gornama
epitome *(n.)* کورتە korta
epoch *(n.)* چەرخ charkha
epoxy *(n.)* ئێپۆکسی epoksi
equal *(n. & adj.)* یەکسان yeksan
equal *(v.)* یەکسان کردن yeksan kirdin
equality *(n.)* یەکسانی yeksani
equalize *(v.)* یەکسانی دەکات yeksani dekat
equate *(v.)* هاوسەنگ دەکات hawsang dakat
equation *(n.)* هاوکێشە haw keshe

equator *(n.)* هێڵی یەکسانبوون heli yeksan boon
equilateral *(adj.)* کەمەرەیی kemerey
equinox *(n.)* یەکسانبوونی شەو و رۆژ yeksan boni shew u roj
equip *(v.)* دەیداتێ dey date
equipment *(n.)* کۆل و پەل kol o pal
equitable *(adj.)* دادپەروەر dadparwar
equivalent *(adj.)* هاوتا hawta
equivocal *(adj.)* نادیار nadyar
era *(n.)* دەم dam
eradicate *(v.)* لەناو دەبات le naw debat
eradication *(n.)* نەهێشتن ne heshtn
eradicator *(n.)* بنبڕکەر bn bir ker
erase *(v.)* سڕینەوە srenawa
eraser *(n.)* سڕینە ر srener
erect *(v.)* راست بێت rast bet
erect *(adj.)* لەسەرپێی leser pe
erectile *(adj.)* ڕەپ بوون rap bon
erection *(n.)* راست بوونەوە rast bonewe
erode *(v.)* دادخۆرێت dadakhoret
erosion *(n.)* داخۆران da khoran
erosive *(adj.)* دارزێنەر darzener
erotic *(adj.)* حەشەری hashari
erotica *(n.)* وێنە و پەرتووک و گۆڤار و شتی هەوەس هەڵسێن wina o partok o govar o shte hawas halsen
eroticism *(n.)* هەوەس هەڵسان hewes helsan
eroticize *(v.)* ئیرۆتیک کردن aerotekkirdn
err *(v.)* ڕێی پێ وون دەکات rey pe wn dakat
errand *(n.)* ئەرک نامە ark nama
erroneous *(adj.)* پڕە لە هەڵە pra la hala
error *(n.)* هەڵە hale
erupt *(v.)* هەڵ دەچێت hel dechet
eruption *(n.)* هەڵ چوون hel choon
escalate *(v.)* پیا هەڵ دەگەڕێنی pia hel degerine
escalator *(n.)* بلندکەر blndkar
escapability *(n.)* هەڵهاتن hel hatn
escapable *(adj.)* هەڵهاتووە hel hato
escape *(n.)* راکردن ra kirdin
escape *(v.)* رادەکات ra dekat
escapee *(n.)* هەڵاتوو helatw
escapism *(n.)* هەڵاتن لە ڕاستی helatn le rasti
escapist *(n.)* هەڵهاتن خواز hel hatin khwaz
escapology *(n.)* هەڵهاتن ناسی hel hatin nasi
escargot *(n.)* حە لە زوون helezoon
eschew *(v.)* خۆ بە دوور گرتن kho be dor girtin
eschewment *(n.)* خۆدزینەوە kho dzinewe
escort *(n.)* ئەسکۆرت askort

escort (v.) ئەسكۆرت دە كات askort dekat
escorted (adj.) بە ياوەرى ba yaweri
escrow (n.) پەيماننك يا سەندنكى نيوان دوو كەس paemanik ya sanadike niwan dw kas
escrow (v.) پەيمان دە دات peyman dedat
esophageal (adj.) سورينچك sorinchk
esoteric (adj.) ڕازى razi
esoterism (n.) ئيزۆتێريزم ezoterizm
espace (n.) يسپاسى espasi
especial (adj.) بە تايبەتى be taebati
especially (adv.) بە تايبەتى be taebati
espouse (v.) لايەنگرى دەكات layengri dekat
essay (n.) ووتار wtar
essay (v.) ووتار گوتن wtar gotin
essayist (n.) وتارنووس wtar nos
essence (n.) كڕۆك krok
essential (adj.) گرنگ grng
establish (v.) دادەمەزرێنێ dademezrene
establishment (n.) دامەزراندن damazrandn
estate (n.) خانوبەرە khanobara
estate agent (n.) وەكيلى خانووبەرە wakele khanobara
esteem (n.) ڕێز rez
esteem (v.) ڕێزگرتن rez girtn
estimate (n.) مەزەندە كردن mezende kirdin
estimate (v.) مەزەندە دە كات mezende dekat
estimation (n.) قەبلاندن qablandn
estimative (adj.) خەملاندن khamlandn
estragon (n.) ئيستراگۆن aestragon
estrange (v.) نامۆ namw
estranged (adj.) دوور كەوتۆتەوە dwr kawtotawa
estrogen (n.) ئيسترۆجين estrojen
estuary (n.) دەرياچەى دەريا daryachey darya
etcetera (adv.) هتد htd
etch (v.) هەڵدەكۆڵى hel dekole
etched (adj.) هەڵكەندراوە halkandrawa
etching (adj.) چەسپاندن chespandn
eternal (adj.) نەمر namr
eternalize (v.) هەميشەيى كردن hemishey kirdin
eternally (adv.) بۆ هەميشە bo hemishe
eternity (n.) نەبەديەت abedyet
ether (n.) ئيتەر eter
ethical (adj.) ڕەوشتى rawshti
ethics (n.) ئێتيك aitek
ethnic (adj.) نەتەوەيى netewey
ethnicity (n.) نەتەوە netewe
ethos (n.) ڕامياری ramyari

etiquette (n.) ئاكاری ڕەفتار akari reftar
etymology (n.) تۆژينەوەى ووشەداتاشين tojinawey wshadatashen
eucalypt (n.) يوكاليپت ewkalept
eunuch (n.) كۆپان kopan
euphemistic (adj.) دەبرينى تازەیى darbreni tazey
euphoria (n.) بەختيارى bakhtyari
eureka (int.) يۆريكا ewreka
euthanize (v.) كوشتن koshtn
evacuate (v.) چۆڵ دە كات chol dekat
evacuation (n.) چۆڵكردن cholkirdn
evade (v.) خۆ دزينەوە kho dzinewe
evaluate (v.) دەنرخێنێت denirkhenet
evangel (n.) ئينجيل injel
evangelic (adj.) ئينجيلى injili
evaporate (v.) بەھەڵم كردن be helm kirdin
evasion (n.) خۆدزينەوە khodzenawa
evasive (adj.) بەھانەچى behane chi
even (adj.) تەخت takht
even (v.) ھەتا heta
even (adv.) ڕێك و پێك rek u pek
evening (n.) ئێوارە eware
evenly (adv.) وەك يەك wek yek
event (n.) ڕوداو rudaw
eventually (adv.) لە كۆتاييدا le kotay da
ever (adv.) تا نيستا ta esta
everglade (n.) نێقەرگلێپ evergeyld
evergreen (n. & adj.) ھەردەم سەوز herdem sewz
everlasting (adj.) ھەميشەیى hemishey
ever-ready (adj.) ھەميشە ئامادەيە hemishe amadey
evert (v.) ئيڤرت evert
every (adj.) ھەموو hemo
everybody (pron.) گشت gisht
everyday (adj.) ڕۆژانە rojane
everyone (pron.) ھەموو يەكنك hemo yekek
everything (pron.) ھەمووشتنك hemo shtek
everywhere (pron.) لە ھەموو شوننننك le hemo shwenek
eve-teasing (n.) گاڵتەكردن بە شەو galte kirdin be shew
evict (v.) دەركر دە كات der dekat
eviction (n.) دەركردن der kirdin
evictor (n.) دەركەر der ker
evidence (n.) بەڵگە belge
evident (adj.) دياره dyara
evil (n. & adj.) شەرانگێز sharangiz

evince (v.) بەڵگە belge
eviscerate (v.) ڕیخۆڵە ناوسك دەرهێنان rekhola naw sk derhenan
evisceration (n.) دەرهێنانی ڕیخۆڵە derhenanı rekhole
evitability (n.) خۆدزینەوە kho dzınewe
evocate (v.) وەبیر هێنانەوە weber henanewe
evocation (n.) بانگ کردن bang kirdn
evocative (adj.) یادگاریەکان دێنەوە یاد yadgaryekan denewe yad
evoke (v.) دەوروژێنێت dewro jenet
evolution (n.) گەشە gasha
evolutionary (adv.) گەشەداری geshedarı
evolve (v.) گەشە دەکات geshe dekat
ewe (n.) کاور kawr
exact (adj.) تەواو tewaw
exactly (adv.) بەتەواوەتی be tewawetı
exaggerate (v.) پێوە دەنێت pewe denet
exaggeration (n.) پێونان pewe nan
exalt (v.) پێش دەکەوێ pesh dekewe
examination (n.) ئەزمون azmon
examine (v.) تاقی دەکات taqı dekat
examinee (n.) تاقیکەرەوە taqı kerewe
examiner (n.) تاقیکەرەوە taqı kerewe
example (n.) نموونە nmona
excavate (v.) هەڵکەندن hel kendın
excavation (n.) پشکنین pıshkının
exceed (v.) تێدەپەڕێت te deperet
excel (v.) لەو باشتر دەبێت lew bashtr debet
excellence (n.) نایابی nayabı
excellency (n.) خاوەن پایە khawen paye
excellent (adj.) نایاب nayab
except (v.) بێجگە bejge
except (prep.) جگە لە jga la
exception (n.) هەڵنەردن hela werdın
exceptional (adj.) هەڵاوێردراو hala werdo
excerpt (n.) شتێکی وەرگیراو shtekı wergıraw
excess (n.) زۆری zoorı
excess (adj.) لە ڕادە دەرچون le rade derchoon
excess baggage (n.) جانتای زیادە jantay ziade
excessive (adj.) لە ڕادە بەدەر le rade be der
exchange (n.) ئاڵوگۆڕ al u gor
exchange (v.) ئاڵوگۆڕ دەکات al u gor dekat
exchange rate (n.) نرخ گۆڕینەوەی دراو nrkh gorenaway draw
excise (n.) گومرگی gomrge
excite (v.) وروژاندن wrojandin

exclaim (v.) هاوار بکە hawar bka
exclamation (n.) هاوار hawar
exclude (v.) دەرکردن darkirdn
exclusive (adj.) تایبەت taybet
excommunicate (v.) دەرکردن لە پەرستگا der kirdin le perstga
excursion (n.) گەشتکردن gasht kirdin
excuse (n. & v.) بەهانە bahana
execute (v.) جێبەجێ دەکات je beje dekat
execution (n.) تەواو کردن tewaw kirdin
executioner (n.) پیاوکوژ pyaw koj
executive (adj.) پایەبەرز paye berz
executive (n.) جێبەجێکاری je be je karı
exemplar (n.) نموونەیی nmonae
exempt (v.) لێخۆش دەبێت le khosh debet
exempt (adj.) لێخۆش بوون le khosh boon
exercise (n.) مەشق mashq
exercise (v.) مەشق دەکات mashq dekat
exfoliate (v.) تویکڵ دانەوە twekl danewe
exhaust (v.) ماندوو mandw
exhibit (n.) نمایشکردن nmaysh kirdin
exhibit (v.) پیشان دەدات peshan dedat
exhibition (n.) پیشانگە peshanga
exile (n.) دوور خستن dor khistin
exile (v.) دووری دەخاتەوە dorı dekhatewe
exist (v.) هەیە heye
existence (n.) بوون boon
existential (adj.) تایبەت بەبوون taybet be boon
existentialism (n.) هەبوون خوازی heboon khwazı
exit (n.) دەرچە darcha
exit (v.) دەچێتە دەرەوە dacheta derewe
exotic (adj.) کەلوپەلی بیانی kel u pelı byanı
expand (v.) فراوان دەکات frawan dakat
expansion (n.) فراوانبوون frawan boon
ex-parte (adj. & adv.) لە لایەکەوە le layekewe
expect (v.) پێشبینی pesh bini
expectation (n.) چاوەڕوانی chawe rwani
expedient (adj.) خێرا khera
expedite (v.) خێراکردن khera kirdin
expedition (n.) گەشتکردن gesht kirdin
expel (v.) دەرکردن der kirdin
expend (v.) خەرجکردن kherj kirdin
expenditure (n.) خەرجییەکان kherjyekan
expense (n.) خەرجی kherji
expensive (adj.) گرانبەها gran beha
experience (n.) ئەزموون azmoon

experience (v.) لێزانین le zanin
experiment (n.) تاقیکردنەوەیەکی زانستی teqi kirdneweyeki zansti
expert (adj.) پسپۆر pspor
expert (n.) شارەزا shareza
expire (v.) بەسەرچوون beser choon
expiry (n.) بڕانەوە branewe
explain (v.) لێک دەداتەوە le dedatewe
explanation (n.) ڕوونکردنەوە roon kirdnewe
explicit (adj.) ڕەوان rewan
explode (v.) دەتەقێت de teqet
exploit (n. & v.) چەوسانەوە chew sanewe
exploration (n.) ئیستیغلال کردن estikhlal kirdin
explore (v.) گەڕان geran
explosion (n.) تەقینەوە teqinewe
explosive (n. & adj.) تەقەمەنی teqemeni
exponent (n.) توان twan
export (v.) دەرنێرێتەوە دەرەوە deneretewe derewe
export (n.) ناردن بۆ دەرەوە nardin bo derewe
expose (v.) دەخاتە ڕوو dekhate row
express (v.) خەرا khera
express (n. & adj.) ئاشکرا ashkra
expression (n.) لێدوان ledwan
expressive (adj.) دەربڕ darbr
expulsion (n.) دەرهێنان derhenan
exquisite (adj.) نایاب nayab
exquisitive (adj.) نایاب nayab
extend (v.) درێژکردنەوە drej kirdinewe
extent (n.) ماوە mawa
external (adj.) دەرەکی dereki
extinct (adj.) جیا jya
extinguish (v.) کوژاندنەوە kojandinewe
extol (v.) پەسەندی دەکات pesendi dekat
extortion (n.) بە زۆرە وەرگرتن be zoro wergirtin
extra (adj. & adv.) سەربار serbar
extract (n.) پوختە pokhta
extract (v.) پوختە دەکات pokhte dekat
extrajudicial (adj.) دەرەوەی دادگا derewey dadga
extramarital (adj.) دەرەوەی هاوسەرگیری derewey hawser giri
extranet (n.) ئێکسترانێت ekstranet
extraordinary (adj.) نا ئاسایی na asay
extrapolate (v.) خەملاندن khmlandin

extrapolation (n.) دەرهێنان der henan
extraspecial (adj.) تایبەتمەندییەکی زیادە teybet mendyeki zyade
extraterrestrial (n. & adj.) دەرەوەی زەوی derewey zewi
extravagance (n.) ئیسرافی esrafi
extravagant (adj.) نابەجێ nabaji
extreme (n. & adj.) توند tond
extremist (n.) توندڕەو tond rewi
extremity (n.) توندڕەوی tond rewi
extricate (v.) دەرهێنان der henan
extrinsic (adj.) دەرەکی dereki
extrinsically (adv.) بە شێوەیەکی دەرەکی be sheweyeki dereki
extrovert (n.) دەرەومگەرا derewegera
exude (v.) دادەچۆرێ dade chore
exult (v.) شادبوون shad boon
exultant (adj.) لاسک lask
eye (n.) چاو chaw
eyeball (n.) ناوەڕاستی چاو nawerasti chaw
eyebrow (n.) برۆ bro
eyecatcher (n.) چاوکێش chaw kesh
eye-catching (adj.) چاوی لێدەکرێت chawi le dekret
eyeglass (n.) چاوێلکە chawelka
eyelash (n.) برژانگ brjang
eyelet (n.) کونی بچووک koni bchok
eyelid (n.) پێڵووی چاو piloy chaw
eyeliner (n.) ئایلاینەر aylayner
eye-opener (n.) چاوکراوە chaw krawe
eyespot (n.) پەڵەی چاو peley chaw
eyewash (n.) چاو شۆردن chaw shordn

F

fable (n.) ئەفسانە afsana
fabric (n.) ڕیشاڵ reshal
fabricate (v.) دروست کردن drostkirdin
fabrication (n.) هەڵبەستن helbestin
fabulous (adj.) سەیر seyr
facade (n.) ڕووبەر rober
face (n.) دەموچاو dem u chaw
face (v.) ڕووبەڕوو دەبێت ro be ro debet
Face cream (n.) کرێمی دەموچاو kremi dem u chaw
face mask (n.) ماسکی دەموچاو maski dem u chaw

facelift (n.) رۆخسار گۆڕینەوە rokhsar gorinewe
facelift (v.) رۆخسار گۆڕێت rokhsar de goret
facet (n.) عەدەساقەرەنی adesa qereni
facet (v.) ڕووبەرێکی بچوک robereki bichok
facial (adj.) رۆخسار گۆڕینەوە rokhsar gorinewe
facile (adj.) رۆخسار rokhsar
facilitate (v.) ئاسانکردن asan kirdin
facilitation (n.) ئاسانکاری asan kari
facility (n.) دامەزراوە damezrawe
facsimile (n.) وێنەی دەقاودەق weney deqa u deq
fact (n.) ڕاستی rasti
faction (n.) دەستەیەکی جیاخواز desteyeki jya khwaz
factious (adj.) دووبەرەکی do bereki
factor (n.) کارا kara
factory (n.) کارگە karga
faculty (n.) توانایی twanay
fad (n.) مۆدە moda
fade (v.) کز دەبێت kiz debet
faggot (n.) گۆرزەیەک gorzeyek
Fahrenheit (adj.) فەهرەنهایتی fehrenhayti
fail (n.) شکست shkst
fail (v.) دەکەوێت dekewet
failure (n.) سەرنەکەوتن ser ne kewtin
faint (adj.) کز kz
faint (v.) دەبورێتەوە de boretewe
fair (n.) دادوەر dadwar
fair (adj.) گەنجاو ganjaw
fair game (n.) یاریەکی دادپەروەرانە yaryeki dad perwerane
fair trade (n.) بازرگانی دادپەروەرانە bazrgani dad perwerane
fairground (n.) گۆڕەپانی پێشانگا porepani peshanga
fairly (adv.) دادپەروەرانە dad perwerane
fairy (n.) پەری peri
faith (n.) باوەڕ bawer
faithful (adj.) وەفادار wefadar
fake (adj.) ساختە sakhte
fake (n.) فێڵباز fel baz
fake (v.) قەڵب دەکات qelb dekat
falcon (n.) باز baz
fall (v.) دەکەوێتە خوارەوە dekewete khwarewe
fall (n.) تافگە tafga
fallacy (n.) بەهەڵەداچوون be hele da choon

fallen (n.) کەوتوو kewto
fallen (adj.) کەوتووە kewtwe
fallout (n.) کەوتنە خوارەوە kewtine khwarewe
fallow (n. & v.) زەوی کێڵراو zewi kelraw
falls (n.) شلەمەنیەکان shlemenyekan
false (adj.) هەڵە hele
falsehood (n.) درۆ drow
falsetto (n.) دەنگی بڵند dengi bilind
falsification (n.) درۆکردن drow kirdin
falsify (v.) قەڵب دەکات qelb dekat
falter (v.) زمان گیران zman geran
fame (n.) ناوبانگ naw bang
familiar (adj.) ناسراو nasraw
family (n.) خێزان khezan
famine (n.) برسیەتی brsyeti
famous (adj.) بەناوبانگ be naw bang
fan (n.) هەوادار hawadar
fanatic (adj.) کۆنەپەرستانە kone perstane
fanatic (n.) دەمارگیر demar ger
fanciful (adj.) خەیاڵی khayale
fancy (n.) خەیاڵ khayal
fancy (v.) حەزی لێ دەکات hezi le dekat
fancy (adj.) نەخشاو nakhshaw
fantastic (adj.) سەیر seyr
fantasy (n.) خەیاڵ khayal
far (adj. & adv.) دوور door
faraway (adj.) زۆر دوور zoor door
farce (n.) مەسخەرە maskhere
fare (n.) کرێی ئۆتۆمبێل krey automobil
farewell (interj. & n.) خواحافیزی khwa hafizi
farm (n.) کێڵگە kelge
farmaceutical (adj.) کشتوکاڵی kshtokali
farmer (n.) جوتیار jotyar
farmhouse (n.) خانووی کێڵگەیی khanoy kelgey
fascinate (v.) سەرسام کەر sersam kar
fascination (n.) سەرسامبوون sersam boon
fashion (n.) مۆدە moda
fashionable (adj.) وەك باو wak baw
fast (adj.) خێرا khera
fast (adv.) جیگیر jiger
fast (n.) ڕۆژوو rojo
fast (v.) ڕۆژوو دەگرێت rojo degret
fast food (n.) خواردنی خێرا khwardni khera
fasten (v.) بەستنەوە bestinewe
fat (adj.) قەڵەو qelew
fat (n.) چەوری chewri

fatal *(adj.)* کوشنده koshnda
fatalism *(n.)* بروایی به قەزا و قەدەر brway be qeza u qeder
fatality *(n.)* قەزاوقەدەر qeza u qeder
fate *(n. & v.)* چارەنووس charanos
father *(n.)* باوک bawk
father *(v.)* خوا khwa
fathom *(n.)* بەژن bejn
fathom *(v.)* باش تێگەیشتو bash tegeyshto
fatigue *(n.)* شەکەتی shakati
fatigue *(v.)* ماندو بوونێکی زۆر mando boneki zoor
faucet *(n.)* حەنەفی henefi
fault *(n.)* هەڵە hele
faulty *(adj.)* خەوشدار khewsh dar
fauna *(n.)* تەواوی ئاژەڵان tewawi ajelan
favour *(n.)* چاکە chaka
favour *(v.)* پشتگیری دەکات psht giri dekat
favourable *(adj.)* گونجاو gonjaw
favourite *(n. & adj.)* پەسەند pesend
fax *(n. & v.)* فاکس faks
fealty *(n.)* دڵسۆزی DIL SOZI
fear *(n.)* ترس trs
fear *(v.)* دەترسێ DE TRSE
fearful *(adj.)* ترسناك rtsnak
feasible *(adj.)* لەکردن هاتو le kirdin hato
feast *(n.)* جەژن chejn
feast *(v.)* میواندارى دەکات mewan dari dekat
feat *(n.)* جوامێرى jwameri
feather *(n.)* پەڕ per
feature *(n.)* ڕەوشت rawsht
feature *(v.)* جیاکەرەوە jyakerewe
febrile *(adj.)* تا ta
February *(n.)* مانگى شوبات mani shobat
fecal *(adj.)* پیساى pisay
feces *(n.)* میز کردن miz kirdin
fecund *(adj.)* بەبەر هەم be berhem
fecundation *(n.)* مندالبوون mndal boon
federal *(adj.)* فیدراڵى fidrali
federation *(n.)* فیدراڵیەت fidralyet
fee *(n.)* کرێ kre
feeble *(adj.)* لاواز lawaz
feed *(v.)* خۆراك پێدان khorak pe dan
feed *(n.)* خواردن khwardin
feel *(v.)* هەست دەکات hest dekat
feeling *(n.)* هەست hest
feign *(v.)* پێکەوەنان pekewe nan
felicitate *(v.)* پیرۆزبایى لێکردن pirozbay le kirdin

felicitations *(int.)* پیرۆزبایى pirozbay
felicity *(n.)* شادى shadi
feline *(adj.)* بە فیلوى be feloy
felinity *(n.)* بەختەورى bekhteweri
fell *(v.)* کەوت kewt
fellatio *(n.)* زمانەکان zmanekan
fellow *(n.)* هاوەڵ hawel
fellowship *(n.)* هاوەڵى haweli
felony *(n.)* تاوانێکى گەورە tawaneki gewre
female *(adj.)* مێینە meyne
female *(n.)* مێ me
feminine *(adj.)* مێینە meyne
feminism *(n.)* ڕێبازى یەکسانى ژن و پیاو لە مافدا rebazi yeksani jn u mer le mafda
feminist *(n. & adj.)* فیمینیست fimenest
femur *(n.)* ڕان ran
fence *(v.)* پەرژین دەکات perjin dekat
fence *(n.)* شوورە shore
fencer *(n.)* یاریکەر yariker
fencing *(n.)* یارى شیربازى yari sher bazi
fend *(v.)* خۆ دەپارێزێت kho deparezet
fengshui *(n.)* فینگ شوى fingshoy
fennel *(n.)* رەشکە rashke
ferment *(n.)* چەورکردن chewr kirdin
ferment *(v.)* دەترشێت detrshet
fermentation *(n.)* ترشاندن tirshandin
fern *(n.)* تەراش terash
ferocious *(adj.)* دڕندە dirnde
ferret *(n.)* لێ کولەرى چالاك le koleri chalak
ferret *(v.)* بە دوادا چوون be dwada choon
ferry *(n.)* کەشتى keshti
ferry *(v.)* پەرینە perine
ferryboat *(n.)* کەشتى keshti
fertile *(adj.)* بە پیت be pit
fertility *(n.)* مندالبوون mindal boon
fertilize *(v.)* پیتاندنى pitandni
fertilizer *(n.)* پێودان pew dan
fervent *(adj.)* بە گەرمى be germi
fervour *(n.)* پەرۆشى peroshi
fester *(v.)* هۆشى تێك دەدات hoshi tek dedat
festival *(n.)* ئاهەنگ aheng
festive *(adj.)* شادى shadi
festivity *(n.)* جەژن jejn
festoon *(n.)* خەمڵاندن khemlandin
fetal *(adj.)* کۆرپەیى korpey
fetch *(v.)* هێنان henan
fetish *(n.)* بت پەرست pt perst
fetishism *(n.)* شەهوەتى جنسى shehweti jinsi
fetter *(n.)* کۆت kot

fetter (v.) گریدان gredan	filamentation (n.) فیلامینسیون felamension
feud (v.) شړ sher	filamented (adj.) ریشالدار reshal dar
feud (n.) ناکوکی nakoki	file (n.) فایل fayl
feudal (adj.) دەربېګ derebeg	file (v.) بربنگ brbeng
feudalism (n.) دەربېگی derebegi	fillet (n. & v.) بەستن bastin
fever (n.) تا ta	film (n.) تویژاڵ twejal
feverish (adj.) تادار tadar	film (v.) فلیمی سینەمایی filmi sinemay
few (adj.) کەم kam	filmmaker (n.) سینەماکار sinemakar
fiancé (n.) دەگیران dageran	filter (n.) فلتەر filter
fiasco (n.) هیوا hewa	filter (v.) فلتەر کردن fltar kirdin
fibre (n.) ریشاڵەکان rishalekan	filth (n.) پیسی pısı
fibreglass (n.) ریشاڵی شووشە rishali shoshe	filthy (adj.) پیس pıs
fibre-optic (adj.) ریشاڵی بینایی rishali binay	fin (n.) پەرەکە pereke
fibrillate (v.) لە رزان lerzan	final (adj.) کۆتایی هاتوو kotay hato
fibroid (adj.) ریشاڵی rishali	finale (n.) کۆتایی kotay
fibromuscular (adj.) ریشاڵی ماسولکەیی reshale masolkae	finance (n.) دارایی daray
	finance (v.) پارەی دەدات parey dedat
fibrosis (n.) فیبرۆسیس fibrosis	financial (adj.) دارایی daray
fibrosity (n.) ریشاڵی rishali	financier (n.) پسپۆری دارایی bsporı daray
fibrous (adj.) دروستکراوە لە ریشاڵ drostkrawa la reshal	find (v.) دەدۆزێتەوە de dozetewe
	fine (n.) باش bash
fickle (adj.) گۆڕاو goraw	fine (v.) پێ بژاردن pe bıjardın
fiction (n.) چیرۆک لە خەیاڵدا cherok le kheyalda	fine (adj.) جوان jwan
	finger (n. & v.) پەنجە pence
fictional (adj.) هەڵبەستراو hel bestraw	fingernail (n.) نینۆکی چەنجە nınokı chenje
fictitious (adj.) خەیاڵی kheyali	fingerpaint (n.) جێ پەنجە je penje
fiddle (v.) کەمانجە دەژمنیت kemanje dejenet	fingerprint (n.) جێ پەنجە je penje
fiddle (n.) کەمانجە kemanje	fingerstick (n.) پەنجە چەقۆ penje cheqo
fidelity (n.) پاکی paki	finish (n.) کۆتایی kotay
fidget (n.) جۆلان شێت گیرانە jolani shet girane	finish (v.) کۆتایی پێ دێنێت kotay pe denet
	finite (adj.) کۆتایی هاتوو kotay hato
fidget (v.) شێت گیرانە دەجوڵێتەوە shitgerana dajolitawa	fir (n.) پەلک pelk
	fire (n.) ئاگر agir
fie (interj.) فێل fel	fire (v.) گولە پێوەدەنێت gole pewe denet
field (n.) کێڵگە kelge	fire engine (n.) ئۆتۆمۆبیلی ئاگر کوژێنەوە automobili agir kojinewe
fiend (n.) شەیتان sheytan	
fierce (adj.) درّ dr	fire exit (n.) دەرچوونی ئاگر derchoni agir
fiery (adj.) ئاگرین agrin	fire extinguisher (n.) ئامێری ئاگر کوژێنەوە amiri agir kojinewe
fifteen (n.) پازدە pazde	
fifty (n.) پەنجا penca	fire station (n.) وێستگەی ئاگر کوژێنەوە westgey agir kojinewe
fig (n.) هەنجیر henjir	
fight (n.) جەنگ jeng	fireball (n.) تۆپی ئاگرین topi agrin
fight (v.) دەجەنگێت de jenget	firefight (n.) ئاگر کوژێنەوە agir kojinewe
figment (n.) چیرۆکی هەڵبەستراو chiroki helbest raw	firefighter (n.) کارمەندی ئاگر کوژێنەوە karmendi agir kijinewe
figurative (adj.) خوازراو khwazraw	firehose (n.) سۆندەی ئاگر کوژێنەوە sondey agir kojinewe
figure (v.) شێوە shewe	
figure (n.) وێنە wene	firehouse (n.) ئاگر agir
filament (n.) فیلامێنت flament	firepit (n.) چاڵە ئاگرین chale agrin

fireproof *(v. & adj.)* دژە ناگر dije agir
fire-resistant *(adj.)* دژە ناگر dije agir
firesuit *(n.)* جل و بەرگی ناگرکوژێنەوە jl u bergi agir kojinewe
firetruck *(n.)* ئوتومۆبیلی ناگرکوژێنەوە automobili agir kojinewe
fireworks *(n.)* یاری ناگر yari agir
firm *(n.)* جێگیر jegir
firm *(adj.)* دەزگا dezga
firmament *(n.)* ئاسمان asman
firmness *(n.)* قایمی راگرتن qaimi ragirtin
first *(adv. & n. & adj.)* یەکەم yekem
first aid *(n.)* فریاکەوتنی سەرەتایی fryakewtini seretay
fiscal *(adj.)* دارایی daray
fish *(n.)* ماسی masi
fish *(v.)* راوە ماسی دەکات rawe masi
fisherman *(n.)* ماسیگر masi gir
fissure *(n.)* قەڵش qalsh
fist *(n. & v.)* کۆڵەمستە kolamsta
fistula *(n.)* بۆری bori
fit *(n. & adj.)* لەبار lebar
fit *(v.)* دەگونجێت degonjet
fitful *(adj.)* نارێک narek
fitness test *(n.)* تاقیکردنەوەی لەشجوانی taqikrdinewey lesh jwani
fitness tracker *(n.)* شوێن پێ هەڵگری لەشجوانی shwen pe helgri lesh jwani
fitness training *(n.)* راهێنانی لەشجوانی rahinane lashjwane
fitter *(n.)* فیتەر fiter
fitting room *(n.)* ژووری جل و بەرگ تاقیکردنەوە jori jil u berg taqikirdinewe
five *(n.)* پێنج penj
fix *(v.)* چاک کردن chak kirdin
fix *(n.)* جێگیر دەکات jegir dekat
fixer-upper *(n.)* جێگیرکەر سەرەوە jegirker-serewe
fixture *(n.)* جێگیر کردن jegir kirdin
fizz *(n.)* گیزمگیز gize giz
fizz *(v.)* گیزمگیز دە کات gize giz dekat
fizzy *(adj.)* برێقەدار briqe dar
flabbergast *(n.)* سەری سوڕ دەمێنێت seri sor demninet
flabbergast *(v.)* سەری سوڕ بوون seri sor boon
flabbergasted *(adj.)* سەرسام بوو ser sam bow
flabby *(adj.)* شل و شلۆق shl o shloq

flag *(n.)* ئاڵا ala
flagrant *(adj.)* زەق و زەق zaq o zaq
flake *(n. & v.)* تویژاڵ twijal
flaking *(adj.)* خەریکە لە کەوتن دایە kherek le kewtin daye
flambé *(n. & adj.)* گرگرتوو grgrtw
flambé *(v.)* گرگر دە کات grg dekat
flamboyance *(n.)* برێقە دەداتەوە briqe dedatewe
flamboyant *(n. & adj.)* گاڵتەچی galtache
flame *(n.)* گر gr
flame *(v.)* گر دەگرێت gr degret
flamenco *(n.)* فلامێنکۆ flamenkw
flank *(n. & adj.)* تەنیشت tenisht
flank *(v.)* ناوپۆشی دەکات nawposhi dekat
flannel *(n.)* فانیلە fanela
flap *(v.)* دەشەکێتەوە desheketewe
flap *(n.)* زمانە zmana
flapper *(n.)* فلاپەر flapar
flapping *(n. & adj.)* پەنجە لێدان penje ledan
flapping *(v.)* پەنجە لێدە دات penje le dedat
flare *(n.)* گەشانەوە geshanewe
flare *(v.)* دەگەشێتەوە degeshetewe
flash *(n.)* چەخماخە chakh makhe
flash *(v.)* فلاش دە دات flash dedat
flashback *(n.)* فلاش بەک flash bak
flashbulb *(n.)* بەشی شوشەی گڵۆپی کامێرا beshi shoshey glopi kamera
flashcard *(n.)* کارتی تڕووسکە karti troske
flasher *(n.)* فلاشەر flasher
flashing *(n.)* هەڵچوون hel chon
flashlight *(n.)* چرای دەستی chray desti
flask *(n.)* کەمۆڵە kamola
flat *(n. & adj.)* شوقە shoqa
flat screen *(n.)* شاشەی تەخت shashey tekht
flatbed *(n. & adj.)* تەختە tekhte
flatbread *(n.)* نانە تەختەکان nane tekhtekan
flatfoot *(n.)* پێی تەخت pey tekht
flatland *(n.)* زەویە تەختەکان zewye tekhtekan
flatter *(v.)* مەرایی دەکات meray dekat
flattery *(n.)* ستایش staysh
flatulence *(n.)* قسەی زل و هیچ و پووچ qsey zl u hich u poch
flatulent *(adj.)* ترکەن trken
flaunt *(v.)* شانازی دەکات shanazi dekat
flaunter *(n.)* خۆ دەرخستن kho derkhistin
flavour *(n.)* تام tam
flaw *(n.)* گۆزەر gozer

flawless *(adj.)* سانا sana	**fluid** *(n.)* شل shl
flea *(n.)* مێشووله meshole	**fluid** *(adj.)* شله shle
flea market *(n.)* مەزادخانە mezad khane	**fluorescent** *(adj.)* تیشکاوی tishkawi
flee *(v.)* ڕای کرد ray kird	**flush** *(v.)* فڵش دە کات flsh dekat
fleece *(n.)* خوری بەرخ khori berkh	**flush** *(v.)* فڵشکردن flsh kirdin
fleece *(v.)* برینی خوری بەرخ brini khori berkh	**flute** *(n.)* شمشاڵ shmshal
fleet *(n.)* کەشتی گەل keshti gel	**flute** *(v.)* شمشاڵ لێ دان shmshal le dan
flesh *(n.)* گۆشت gosht	**flutter** *(n.)* تڕپەتڕپ trpe trp
flexible *(adj.)* جێر jer	**flutter** *(v.)* تڕپەتڕپ دەکات trpe trp dekat
flicker *(n.)* دوو دڵی do dli	**fly** *(n.)* مێش mesh
flicker *(v.)* ناگر بە ربوون agir berboon	**fly** *(v.)* دەفڕێت de fret
flight *(n.)* فڕین frin	**flyer** *(n.)* بالنده balinde
flimsy *(adj.)* تەنکۆڵە tankola	**foal** *(n.)* تێژکی ئەسپ tejki asp
fling *(v.)* فڕێ دان fre dan	**foal** *(v.)* ئەسپ تێژکی دە بێ asp tejki debe
flip *(n.)* وێنەی ناوێنەی weney awene	**foam** *(n.)* کەف kef
flip *(v.)* پەرچ دانی perch dani	**foam** *(v.)* کەف کردن kef kirdin
flip *(adj.)* وێنەی ناوێنەی weney aweney	**foamy** *(adj.)* کەفاوی kefawi
flippancy *(n.)* بێڕێزی be rezi	**focal** *(adj.)* چەقی کۆری cheqi kori
flirt *(n.)* گەمە کردن geme kirdin	**focalization** *(n.)* فۆکەس کردن fokes kirdin
flirt *(v.)* گەمەی لەگەڵ دەکات gemey legel dekat	**focalize** *(v.)* کۆکردنەوە لە ناو چەقدا kokirdinewe le naw cheqda
float *(v.)* سەرناوکەوتن der aw kewtin	**focus** *(n.)* تە رکیز terkiz
flock *(n.)* پۆل pol	**focus** *(v.)* تە رکیز کردن terkiz kirdin
flock *(v.)* ڕەوە rewe	**focused** *(adj.)* تەرکیز کراوە terkiz krawe
flog *(v.)* بە قامچی لێی دەدات be qamchi le dedat	**focusing** *(adj.)* تە رکیز کردن terkiz kirdin
flood *(n.)* لافاو lafaw	**fodder** *(n.)* عەلوە alwa
flood *(v.)* ڕا دە ماڵیت ra demalet	**foe** *(n.)* دوژمن dojmin
flood gate *(n.)* دەروازەی لافاو derwazey lafaw	**foetus** *(n.)* کۆرپەڵە korpala
floodlight *(n.)* چرای بەهێز chray behez	**fog** *(n.)* تەم tam
floodlight *(v.)* چرا بەهێز دە کات chra behez dekat	**fogbank** *(n.)* فۆگبانك fogbank
floor *(v.)* سە ڕی کە وت seri kewt	**foggy** *(adj.)* تەماوی temawi
floor *(n.)* نهۆم nhom	**foil** *(v.)* کانزای تەنك kanzay tenk
flop *(v.)* لەپیر دەکەوێت le pir dekewet	**fold** *(n.)* پێچان pechan
flora *(n.)* فلۆرا flora	**fold** *(v.)* دەپێچێتەوە de pechetewe
florist *(n.)* گوڵ فرۆش gol frosh	**folder** *(n.)* بوخچە bokhcha
floss *(v.)* جۆگە joge	**folding** *(n. & adj.)* تاودان tawdan
flour *(n.)* نارد ard	**foldup** *(adj.)* قەدی بکە qedi bke
flourish *(v.)* دەگەشێتەوە degehsetewe	**foliage** *(n.)* گەڵاکانی gelakani
flow *(n.)* لێشاو leshaw	**foliate** *(v. & adj.)* گەڵادار galadar
flow *(v.)* دەڕوات derwat	**foliation** *(n.)* گەڵاکان galakan
flow chart *(n.)* هێڵکاری ڕەوتی helkari rewti	**folic** *(adj.)* فۆلیك folek
flower *(n.)* گوڵ gol	**folio** *(n.)* کاغەز kakhez
flowery *(adj.)* گوڵ گوڵی gol goli	**folk** *(n.)* گەل gel
fluctuate *(v.)* دەلەڕێتەوە deleretewe	**folk** *(n.)* کەس و کار kas o kar
fluent *(adj.)* زمان ڕەوان zman rawan	**folklore** *(n.)* نەریت nerit
	folkloric *(adj.)* فۆلکلۆری folklore
	follies *(n.)* گەمژەیی gemjey
	follow *(v.)* بەدواداچوون be dwada choon
	follower *(n.)* شوێنکەوتوو shwen kewto

follow-up *(n.)* بەدواداچوون be dwada choon
folly *(n.)* گەمژەیی gemjey
foment *(v.)* تیمار دەکات temar dekat
fond *(adj.)* خۆشەویست khoshawest
fondant *(n.)* فۆندانت fondant
fondle *(v.)* نازی دەداتێ naze dedati
fondler *(n.)* نازکردن naz kirdn
fondling *(n.)* نازکردن naz kirdn
font *(n.)* جۆرەپیت jorapet
food *(n.)* خۆراك khorak
fool *(v.)* گەوجانە رەفتار دەکات gawjana raftar dekat
fool *(n.)* گەوج gawj
foolish *(adj.)* گەوج gawj
foolscap *(n.)* فۆلسکاپ folskap
foot *(n. & v.)* پێ pe
footage *(n.)* گرتە ڤیدیۆییەکان videoekan
football *(n.)* تۆپی پێ topi pe
foothold *(n.)* پێگەی پێ pegey pe
footloose *(adj.)* ئازاد azad
footman *(n.)* سەربازی پیادە serbazi pyade
footmark *(n.)* شوێنی پێ shwen pe
footnote *(n.)* پەراوێز perawez
footnote *(v.)* پەراوێز دە کا perawez deka
footpath *(n.)* قەرەخ qarakh
footprint *(n.)* شوێنی پێ shwen pe
footsore *(adj.)* ئازاری پێ azari pe
footwear *(n.)* پێڵاوی پێ pelawi pe
footwork *(n.)* کاری پێ kari pe
for *(conj. & prep.)* بۆ bo
forage *(n.)* ئاڵیکی ماڵات aliki malat
forage *(v.)* ئاڵیك دە کات alik dekat
forager *(n.)* خۆراك دۆزینەوە khorak dozinewe
foraging *(n.)* خۆراك دۆزینەر khorak doziner
foray *(n.)* هێرش hersh
foray *(v.)* داگیر دەکات dagir dekat
forbear *(v.)* بەرگەی بگرن bergri bigrin
forbearance *(n.)* لێبوردەیی le bordey
forbid *(v.)* قەدەغە بکە qedekhe bke
forbidden *(adj.)* قەدەغە qedekhe
force *(n.)* هێز hez
force *(v.)* زەبر zabr
forceful *(adj.)* بەزۆر be zoor
forceps *(n.)* چەقۆ cheqo
forcible *(adj.)* بەزۆر be zoor
forearm *(n.)* باسك bask
forearm *(v.)* پێشمەکی خۆی پڕ چەك دەکات pesheki khoy pir chek dekat

forecast *(n.)* پێشبینی pesh bini
forecast *(v.)* پێشبینی دەکات pesh bini dekat
forecourt *(n.)* بانێژە baneje
forefather *(n.)* پێشینان peshinan
forefinger *(n.)* پەنجەی سە بابە penjey sebabe
forehead *(n.)* ناوچاوان nawchawan
foreign *(adj.)* بیانی byani
foreigner *(n.)* کەسی بیانی kesi byani
foreknowledge *(n.)* پێشمەکی زانین pesheki zanin
foreleg *(n.)* لاقی پێشەوە laqi peshewe
forelock *(n.)* قژی ناو چەوان qiji naw chawan
foreman *(n.)* سەرکار sarkar
foremost *(adj.)* سەرەکی sereki
forenoon *(n.)* پێش نیوەڕۆ pesh niwerow
forensic *(adj.)* دادگایی dadgay
forensic *(n.)* دادگەری dadgari
forerunner *(n.)* پێشەنگ pesheng
foresee *(v.)* پێشبینی دەکات pesh bini dekat
foresight *(n.)* دوور بینی doo bini
forest *(n.)* دارستان darstan
forestall *(v.)* ڕێ لێگرتن re le girtin
forester *(n.)* لێپرسراوی دارستان le prsrawi darstan
forestry *(n.)* زانستی دارستان zansti darstan
foretell *(v.)* پێشبینی دەکات pesh bini dekat
forethought *(n.)* بیرۆکەی پێشمەکی birokey pesheki
forever *(adv.)* تاهەتایە ta hetaye
forewarn *(v.)* بە ئاگا دێت be aga det
foreword *(n.)* زارە پێشمەکی zare pesheki
forfeit *(v.)* پێ دەبزێرێت pe de dijeret
forfeit *(n.)* پێ بژاردن pe bijardin
forfeiture *(n.)* بەفیرۆدان be fero dan
forge *(v.)* کانزا گەرم دەکات و دە ی کوتی kanza germ dekat
forge *(n.)* دەزگای ئاسنگەری dezgay asin geri
forgery *(n.)* ساختەکاری sakhtekari
forget *(v.)* لەبیرکردن le bir kirdin
forgetful *(adj.)* لەبیرکراو le bir kraw
forgive *(v.)* لێخۆش بوون le khosh boon
forgo *(v.)* دەستبەردار بوون dest berdar boon
forlorn *(adj.)* بێهۆش be hosh
form *(v.)* پێك دەهێنێت pek dehenet
form *(n.)* فۆرم form
formal *(adj.)* فەرمی fermi
formality *(n.)* ئەتیکێت atiket
format *(n.)* فۆرمات format
formation *(n.)* دروستبوون drost boon

former *(pron. & adj.)* پێشووتر peshow tir
formerly *(adv.)* پێشتر peshtir
formidable *(adj.)* دژوار dijwar
formula *(n.)* ڕێسا resa
formulate *(v.)* دادەڕێژێت dade rejet
forsake *(v.)* وازی لێ دێنێت wazi le denet
forswear *(v.)* چۆلی دەکات choli dekat
fort *(n.)* قەڵا qelaw
forte *(n.)* بەرز berz
forth *(adv.)* چوارم chwaram
forthcoming *(adj.)* لە داهاتوودا le dahatow da
forthwith *(adv.)* یەکسەر yek ser
fortify *(v.)* بەهێزکردن be hez kirdin
fortitude *(n.)* خۆڕاگری kho ragiri
fortnight *(n.)* دوو هەفتە do hefte
fortress *(n.)* قەڵا qala
fortunate *(adj.)* بەختەوەر bekhtewer
fortune *(n.)* سامان saman
forty *(n.)* چل chl
forum *(n.)* مەکۆ makw
forward *(v.)* هێرشبەر hersh ber
forward *(adj.)* کەم ڕەوشت kem rewsht
forward *(adv.)* پێشەکی pesheki
fossil *(n.)* کۆنەپەرست kone perst
foster *(v.)* پەروەردەدەکات perwerde dekat
foster care *(n.)* چاودێری بەخێوکردن chaw deri be khew kirdin
foul *(n.)* پیس pis
foul *(adj.)* چەپەڵ chepel
foul *(v.)* هەڵە لە وەرزشدا hele le werzish da
foul play *(n.)* گزی gzi
found *(v.)* دادەمەزرێنێت dade mezrenet
foundation *(n.)* دامەزراندن damezrandin
founder *(n.)* دامەزرێنەر damezrener
foundry *(n.)* ئاڵاندنی کانزا alandini kanza
fountain *(n.)* نافۆرە nafore
four *(n.)* چوار chwar
fourteen *(n.)* چواردە chwarde
fowl *(n.)* باڵندە balnde
fowler *(n.)* باڵندەچی balindechi
fox *(n.)* ڕێوی rewe
fraction *(n.)* بەشە beshe
fracture *(n.)* شکان shkan
fracture *(v.)* دەشکێنێت deshkenet
fragile *(adj.)* دەشکێت deshket
fragment *(n.)* تەلەزم telezm
fragrance *(n.)* بۆنی خۆش boni khosh
fragrant *(adj.)* بۆنخۆش bonkhosh

frail *(adj.)* لاواز lawaz
frame *(v.)* پێک دێنێت pek denet
frame *(n.)* تەن ten
framework *(n.)* سنوور snor
franchise *(n.)* مافی دەستوری mafi destori
frank *(adj.)* قسەڵەڕوو qse le row
frankly *(adv.)* قسەڵەڕووانە qse le rowane
frantic *(adj.)* هەژیو hejiw
fraternal *(adj.)* برایانە barayane
fraternity *(n.)* هەستی برایانە hesti brayane
fratricide *(n.)* بکوژی برا یان خوشک bkoji bra yan khoshk
fraud *(n.)* ساختە sakhte
fraudulent *(adj.)* ساختەکاری sakhtekari
fraught *(adj.)* پڕ لە پڕ pr le pr
fray *(n.)* ناژاوە ajawe
freak *(adj.)* شاز shaz
freak *(n.)* نەزوە nezwe
freak *(v.)* کردنی کاری نامۆ namw
freak-out *(n.)* شێت بوون shet boon
free *(adj.)* ئازاد azad
free *(v.)* ئازاد دەکات azad dekat
freedom *(n.)* ئازادی azadi
freelancer *(n.)* سەربەرخۆ serberkhw
freewheel *(v.)* وێڵەکی ئازاد weleki azad
freeze *(v.)* بەستن bastn
freight *(n.)* ترس trs
French *(n. & adj.)* فەڕەنسی ferensi
frenzy *(n.)* شێتی sheti
frequency *(n.)* لەڕە lere
frequent *(adj.)* زۆر ڕووداو zor rudaw
fresh *(adj.)* تازە taze
fret *(n.)* تورە بوون tore boon
fret *(v.)* تورە دەبێت tore debet
friction *(n.)* لێ خشان le khshan
Friday *(n.)* هەینی hayni
fridge *(n.)* بەفرمخەرەی کارەبا befre khrey kareba
friend *(n.)* هاوڕێ hawre
fright *(n.)* توقین toqen
frighten *(v.)* دەترسێنێت detrset
frigid *(adj.)* زۆر سارد zwr sard
frill *(n.)* قەراخ بۆ جوانی qerakh bu jwani
fringe *(n.)* پەڕ par
fringe *(v.)* لێوار lewar
frivolous *(adj.)* بێ بایەخ be bauekh
frock *(n.)* جلی(مندال ژنان) jli mndal u jinan
frog *(n.)* بۆق boq
frolic *(n.)* یاری کردن yeari kirdin

frolic (v.) یاری دەكات yeari dekat
from (prep.) له le
front (n. & adj.) رووكار rokar
front (v.) بەرەی جەنگ berey jeng
front page (n.) سەرپەڕ serper
frontier (n.) سنووری وڵات snori wlat
frontside (adj.) لای پێشەوە lay peshewe
frost (n.) بەستەڵەك bestelek
frosting (n.) بەستن bastn
frown (n.) موون دەبێت mon debet
frown (v.) رووگرژ دەكات row girj dekat
frozen (adj.) بەستوو bestow
frugal (adj.) هەرزان herzan
fruit (n.) مێوە mewe
fruitful (adj.) بەسوود be sood
frustrate (v.) بێزار كردن be zar kirdin
frustration (n.) بێزاری bezari
fry (v.) سووری بكەرەوە sori dekat
fry (n.) سوورمكراوە sore krawe
fuel (n.) سووتەمەنی sotemeni
fugitive (adj.) راكردوو ra kirdow
fugitive (n.) دەربەدەر der be der
fulfil (v.) دەھێنێتە دی dehenete de
fulfilment (n.) جێ بەجێ كراو je be je kraw
full (adj. & adv.) پڕ pr
full moon (n.) مانگی چواردە mangi chwarde
full name (n.) ناوی تەواو nawi tewaw
full stop (n.) خاڵ khal
fullness (n.) پڕی pre
fully (adv.) بەتەواوی be tewawi
fumble (v.) بە شپرزیی دەستگرتن be shprzey dest girtin
fun (n.) رابواردن ra bwardin
function (n.) ئیش esh
function (v.) كاردەكات kar dekat
functionary (n.) فەرمانبەر ferman ber
fund (n.) پارە pare
fundamental (adj.) بنچینەیی binchiney
fundraise (v.) كۆكردنەوەی پارە ko kirdineway pare
funeral (n.) تازیە tazye
fungus (n.) قارچك qarchk
funny (n.) گاڵتەجی galtechi
fur (n.) كوڵك kolk
furious (adj.) شێگیر shegir
furl (v.) دەپێچرێتەوە de pichretewe
furlong (n.) یەكەی پێوانی درێژایی كە یەكسانە بە ٢٢٠ یارد yekey pewani drejay ke yeksane be 220 yard

furnace (n.) فرن frn
furnish (v.) موبیلیات mobelyat
furniture (n.) كەلوپەلی ماڵەوە kel u peli malewe
furrow (n.) چەقۆ chaqw
further (adv.) زیاتر zyatr
further (adj.) دوورتر dwrtr
further (v.) قووڵتر qoltr
fury (n.) شێگیری shegeri
fuse (v.) شل دەكاتەوە shl dekatewe
fuse (n.) فیوز fewz
fusion (n.) تێكەڵ كردن tekel kirdin
fuss (n.) هەرا hara
fuss (v.) هەڵا hala
futile (adj.) بێسوود be sood
futility (n.) نەزۆكی ne zoki
future (n. & adj.) دوا رۆژ dwa roj
futuristic (adj.) ئایندەیی ayndey
futurology (n.) ئایندەناسی aynde nasi
fuzz (n. & v.) فۆز foz
fuzzy (adj.) لێل lel

gabble (v.) چەنەبازی chene bazi
gadfly (n.) میشەمكەرانە meshe kerane
gadget (n.) ئامێرە amire
gaffe (n.) كەریتی keriti
gag (v.) خنكاندن khnkandin
gag (n.) ڕشانەوە reshanewe
gaiety (n.) خۆشی khoshi
gain (n.) قازانج qazanj
gain (v.) قازانج دەكات qazanj dekat
gainful (adj.) سوودبەخش sod bekhsh
gainly (adj.) بە قازانج ba qazanj
gainsay (v.) نایەوێت nayewet
gait (n.) ڕارەو rarew
gala (adj.) فیستیفاڵ vistefal
gala (n.) ئاهەنگ ahang
galactic (adj.) شیری sheri
galaxy (n.) گالاكسی galaksi
gale (n.) ڕەشەبا rashaba
gallant (adj.) ئازا aza
gallant (n.) نەبەز nebez
gallantry (n.) نەبەزی nebezi
gallery (n.) گەڵەری galare
gallon (n.) گاڵۆن galon

gallop (n.) غاری ئەسپ ghare asp
gallop (v.) غار دەدات ghar dedat
gallows (n.) سێدارە se dare
galore (adv.) فرەیی frey
galvanize (v.) پاڵدان paldan
galvanometer (n.) جلفانۆمەتر jilvano metir
galvanoscope (n.) جلفانۆسکۆپ jilvano skop
gambit (n.) دەست پێ کردن لە یاری شەترەنج dest pe kirdin le yari shtrenj
gamble (v.) قومار دەکات qomar dekat
gamble (n.) قومار کردن qomar kirdn
gambler (n.) قومارچی qomarche
game (n.) یاری yari
game (v.) یاری کردن yari dekat
game changer (n.) یارە گۆڕ yare gor
game point (n.) خاڵ یاریەکە khal yaryeke
gamemaster (v.) سەرکردەی یاری sarkrdey yari
gamepad (n.) تەختەی یاری takhtey yari
gameplayer (n.) یاریزان yarezan
gamespace (n.) فەزای یاریکردن fezay yari kirdin
gamma (n.) گاما gama
gander (n.) نێرەی قاز nerey qaz
gang (n.) دەستە deste
gangrene (n.) نەخۆشی گەنگرینا nekhoshi gengerina
gangster (n.) یەکێک لە دەستەی yekek le destey
gap (n.) بۆشایی boshay
gap (v.) جیابوونە وە jia bonewe
gape (v.) باوەشك هاتنەوە baweshk hatinewe
garage (n.) گەراج geraj
garb (n.) پۆشاک poshak
garb (v.) پۆشاک لە بە رکردن poshak le be rkirdn
garbage (n.) پاشماوە pash mawa
garden (n.) باخچە bakhche
gardener (n.) باخەوان bakhewan
gargle (v.) غەرغەرە gharghare
garisson (n. & v.) گاریسۆن gareson
garland (n.) تاجە گوڵینە taja golena
garland (v.) تاجی گوڵینە لە سە ر دادە نێت taji goline le ser dadenet
garlic (n.) سیر ser
garlicky (adj.) سیردار serdar
garment (n.) جل و بەرگ jl u berg
garnish (v.) دە رازێنێت razandnewe
garnish (n.) ڕازاندنەوە razandnewe
garnishment (n.) ڕازاندنەوە razandnewe

garrotte (n. & v.) گاڕۆت garot
garrotter (n.) چاودێر chawder
garter (n.) نیشان nishan
gas (n.) غاز gaz
gasesous (adj.) گازی gazi
gash (n.) بڕینداری سەخت brendare sakht
gash (v.) بە سەختی بڕیندار کردن beL sekhti brindar kirdin
gashing (adj.) برین brin
gasification (n.) کردنە گاز krdna gaz
gasified (adj.) غازی کراوە ghazi krawe
gasify (v.) دەکاتە گاز dekate gaz
gasket (n.) قاپاغ qapagh
gasmask (n.) دەمامکی گاز demamki gaz
gasoline (n.) بەنزین benzin
gasp (n.) هەناسەدان hanasadan
gasp (v.) هەناسەدە کات henase dekat
gassy (adj.) پڕ لە گاز pr le gaz
gastric (adj.) گەدەیی gedey
gastronomy (n.) هونەری باش خواردن honery bash khwardin
gate (n.) دەروازە derwaze
gatehouse (n.) دەروازەخانە derwaze khana
gatekeeper (n.) دەروازپارێز derwaz parez
gatepost (n.) دەروازە derwaze
gateway (n.) دەروازە derwaze
gather (v.) کۆکردنەوە ko kirdinewe
gaudy (adj.) قیژەکەر qije ker
gauge (n.) پێوانە pewane
gaunt (adj.) لەڕ ler
gauntlet (n.) دەستکێشی کانزایی dast keshi kanzay
gawk (n.) کەسێکی ساویلکەی گەمژە kaseki sawelkey gemje
gawk (v.) ئەبڵەق بوون ablaq bon
gawky (adj.) شان و شەپیلک خوار shan o shapelk khwar
gay (n. & adj.) هاوڕەگەزباز haw regez baz
gaze (v.) نیگا دە کات negar dekat
gaze (n.) نیگاکردن nega kirdn
gazelle (n.) ئاسک ask
gazette (n.) ڕۆژنامە roj name
gazillion (n.) گازلیون gazlion
gear (n.) گێر ger
gearbox (n.) گێربۆکس ger box
gearset (n.) سێتی گێر seti ger
gearwheel (n.) گێر ویل ger weel
geek (n. & v.) گیک gik
geeksville (n.) گیک سڤێل giksvel

geekwear (n.) جل و بەرگی گێنیک jl u bargi gik	geological (adj.) جیۆلۆجی jeoloji
geeky (adj.) گیکی giki	geologist (n.) زەویزان zawy zan
geisha (n.) گایشا gaysha	geology (n.) زەویزانی zawy zani
gel (n. & v.) جل jal	geometrical (adj.) ئەندازەیی andazey
gelatin (n.) جێلاتین jelatin	geometry (n.) ئەندازەزانی andaze zani
gelatinize (v.) جێلاتین کردن jelatin kirdin	geopolitical (adj.) جیۆپۆلەتیکی jeo polateki
gelatinous (adj.) جێلاتینی jelatini	geothermal (adj.) گەرمی زەوی germi zewi
geld (v.) خەسان khasan	geranium (n.) جێرانیۆم jiraneom
gelded (adj.) ڕێباز rebaz	germ (n.) میکرۆب mekrob
gelding (n.) خەساو khasaw	germicide (n.) میکرۆب کوژ mekrob koj
gem (n.) گەوهەر gewher	germin (n.) میکرۆب mekrob
geminal (adj.) دوانە dwane	germinate (v.) ڕەواندنەوە rewandinewe
geminate (adj.) جووت joot	germination (n.) ڕەواندن rewandin
geminate (v.) جووت کردن joot kirdin	gerund (n.) چاوۆگ chawog
Gemini (n.) جمك jmk	gesture (n.) تەشەر tesher
gemmology (n.) گەوهەرناسی gewher nasi	get (v.) دەستی دەکەوێت desti dekewet
gender (n.) ڕەگەز regez	geyser (n.) گیزەر gezer
gene (n.) جین jen	ghastly (adj.) ترسناك trsnak
genealogical (adj.) نەسەبنامە neseb name	ghetto (n.) گەرمکی جوولەکەکان لە شەریکدا gereki jolekekan le sherek da
genealogy (n.) بۆماوەزانی bomawe zani	ghost (n.) جنۆکە jinoke
generable (adj.) درستکراو drstkraw	ghost town (n.) شاری جنۆکە shry jinoke
general (adj.) گشتی gshti	ghostwriter (n.) نووسەری جنۆکە nosare jnoka
generally (adv.) بەگشتی be gshti	ghoul (n.) غول gol
generate (v.) بەرهەم هێنان berhem henan	ghoulish (adj.) کالغول kalghol
generation (n.) نەوە newe	giant (n.) زەبەلاح zebelakh
generator (n.) مۆلیدە moleda	giantess (n.) زەبەلاحی zebelakho
generosity (n.) بەخشندەیی pekhshndey	gib (n. & v.) گێب geb
generous (adj.) مەرد merd	gibber (n.) گێبەر geber
genetic (adj.) بۆماوەیی bo mawey	gibber (v.) گێبە دەکات gebe dekat
geneticist (n.) جیناتناس jinat nas	gibberish (n.) وڕینە wrine
genial (adj.) ڕووخۆش ro khosh	gibberish (adj.) وڕینەی wriney
geniality (n.) لێبوردن le bordin	gibbon (n.) گیبۆن gebon
genie (n.) جنۆکە jnoka	gibe (v.) گاڵتە پێکردن galte pe kirdn
genital (adj.) ئەندامی زاوزێ andami zawze	gibe (n.) توانج دان twanj dan
genitalia (n.) ئەندامی زاوزێ andami zawze	giddy (adj.) توشی گێژی بووە toshi geji bowe
genius (n.) بلیمەت blemet	gift (n.) خەڵات khelat
genocide (n.) جینۆساید jinosayd	gift (v.) دەبەخشێت debekhshit
genome (n.) جینۆم jenom	gifted (adj.) بەهرەمەند behremend
genre (n.) ژانرا janra	giftwrap (v.) پێچانی دیاری pechani diyari
genteel (adj.) شیك shek	gig (n.) بەڵەمی گچکە belemi gchke
gentility (n.) ڕووخۆش rokhosh	gig (n.) ئێز عاجی دەکا balame bchok
gentle (adj.) نیان nyan	gigabit (n.) کیگابیت kega bet
gentleman (n.) کاك kak	gigabyte (n.) کیگابایت kega bayt
gentry (n.) خانەدانی khanedani	gigantic (adj.) زۆرگەورە zoor gewre
genuine (adj.) ڕاستەقینە rastaqena	giggle (n.) بە دەنگی بلند پێ پێدەمکەنێت be dengi bilind pe dekenet
geographer (n.) جوگرافیازان jografya zan	
geographical (adj.) جوگرافیایی jografyay	gild (v.) داپۆشران بە زێر daposhran be zer
geography (n.) جوگرافیا jografya	

gilt *(adj.)* داپۆشراو بە زێڕ daposhraw be zer
gimmick *(n.)* فێڵبازی fel bazi
gimmick *(v.)* فێڵی دەکا feli deka
gimmickry *(n.)* فێڵبازی fel bazi
gimp *(n.)* بەربەست berbest
gimp *(v. & adj.)* قەیتان qaetan
gin *(n.)* جن jn
ginger *(n. & adj.)* ناوی زنجەفیل awe zanjafel
ginger ale *(n.)* خواردنەوەیەکی گازاوی سەرخۆش نەکەرە khwardineweyeki gazawi serkhosh nekere
gingerbread *(n.)* نانی زنجەفیل nane zanjafel
giraffe *(n.)* زرافە zerafe
gird *(v.)* لاسایی lasay
girder *(n.)* داربەند darband
girdle *(n.)* پشتێنە pshtene
girdle *(v.)* دوری دەپێچی dori depeche
girl *(n.)* کچ kch
girlish *(adj.)* کچانە kchana
gist *(n.)* پۆختە pokhta
give *(v.)* دەدات dedat
gizmo *(n.)* ئامرازێک amrazek
glacier *(n.)* سەهۆڵبەندان sehol bendan
glad *(adj.)* خۆشحاڵ khoshhal
gladden *(v.)* دڵخۆش بوون dlkhosh bon
glade *(n.)* زەوی بیابان zawi byaban
gladiator *(n.)* زۆرانباز zwran baz
gladiatorial *(adj.)* زۆرانبازی zwran bazi
gladly *(adv.)* بە خۆشحاڵیەوە be khosh halyewe
glam *(n. & adj.)* گڵام glam
glamour *(n.)* زەوق zawq
glance *(n.)* تەماشە دەکات temashe dekat
glance *(v.)* بەخێرا تەماشە دەکات be khera temashe dekat
gland *(n.)* ڕژێن rjin
glare *(n.)* دەدرەوشێتەوە dedrewshetewe
glare *(v.)* دەرەوشێ derewshe
glass *(n.)* شووشە shosha
glasses *(n.)* چاوێلکە chawelka
glasshouse *(n.)* شووشەخانە shoshe khana
glassify *(v.)* شووشەسازی shoshe sazi
glassmaker *(n.)* شووشە ساز shoshe saz
glaucoma *(n.)* گڵۆکۆما glokoma
glaze *(v.)* داپۆشی da poshi
glaze *(n.)* ڕووی نەرم roy nerm
glazier *(n.)* شووشە shosha

gleam *(n.)* درەوشە drawsha
gleam *(v.)* دەدرەوشێت dedrewshet
gleaming *(adj.)* درەوشاوە drawshawe
glee *(n.)* چاوڕۆشنی chaw roshni
gleeful *(adj.)* چاوڕۆشن chaw roshn
gleefully *(adv.)* بە خۆشحاڵیەوە be khosh halyewe
glide *(n.)* خلسکان khlskan
glide *(v.)* دەخلیسکێت dakhlisket
glider *(n.)* فڕۆکەی چارۆکەدار frokey charoke dar
glimmer *(n.)* چەخماخە chakh makha
glimmer *(v.)* دەبریقێتەوە dabriqetewe
glimpse *(n.)* سەرنج sarnj
glitch *(n. & v.)* گلێچ glech
glitter *(v.)* دەبریقێت de briqet
glitter *(n.)* بریقەدار briqedar
gloat *(n. & v.)* چاوی تێدەبڕێت chawi te debret
gloatingly *(adv.)* بە خۆشحاڵیەوە be khosh halyewe
global *(adj.)* جیهانی jihani
global warming *(n.)* گەرمبوونی جیهان germ boni jihan
globally *(adv.)* لە ئاستی جیهانیدا le asti jihani da
globe *(n.)* گۆی زەوی gwe zewi
globetrotter *(n.)* گەڕیدە gareda
gloom *(n.)* دڵتەنگی dltange
gloomy *(adj.)* پەست past
glorification *(n.)* نەمری nemri
glorify *(v.)* شکۆداری دەکات shko dari dekat
glorious *(adj.)* شکۆدار shkodar
glory *(n.)* شکۆ shko
gloss *(n.)* سواغی دەدات swaghi dedat
glossary *(n.)* فەرهەنگۆک farhangok
glossy *(adj.)* تروسکەدار troskadar
glove *(n.)* دەستکێش dest kesh
glovebox *(n.)* سندوقی دەستکێش sndiqi dest kesh
glow *(v.)* دەدرەوشێت ded rewshet
glow *(n.)* درەوشانەوە drewshanewe
glucose *(n.)* گلۆکۆز glokoz
glue *(v. & n.)* سیکۆتین sekoten
glue stick *(n.)* دارێکی چەماوە dareki chemawe
glut *(n.)* پڕکردن pr kirdin
glut *(v.)* پڕ دەکات pr dekat
gluten-free *(adj.)* بێ گلۆتین be gloten

glutton (n.) خۆراک خۆر khwrak khor
gluttony (n.) خۆراکخۆری khorak khori
glycerine (n.) گلیسرین glesren
gnarl (n. & v.) درندەیی drndey
gnaw (v.) هارین haren
gnome (n.) گرگنی ئەفسانەیی grgne afsaney
go (v.) دەرۆات darwat
goad (n.) ناقیز naqez
goal (n.) گۆل gol
goalkeeper (n.) گۆلچی golchi
goalpost (n.) گۆل پۆست gol post
goalscoring (n.) گۆل تۆمارکردن gol tomarkirdn
goanna (n.) جوانا jwana
goat (n.) بزن bzn
gobble (n.) بەپەلە دەخوات be pele dekhwat
goblet (n.) گلاس glas
god (n.) خودا khoda
goddess (n.) ژنێکی زۆر جوان jneki zor jwan
godfather (n.) بەخێوکەر be khew ker
godhead (n.) خوداوەند khoda wand
godly (adj.) خوداپەرست khoda parst
godown (n.) رویشتن بۆ خوارەوە roishtin bu xwarewe
godsend (n.) بەخشینی خودا bekhshini khuoda
goggles (n.) چاویلکە chawelka
gold (n.) زێر zer
golden (adj.) زێرین zerin
goldsmith (n.) ئاڵتونچی alton chi
golf (n.) گۆلف golf
golf cart (n.) گالیسکەی گۆلف galeskey golf
golf course (n.) کۆرسی یاری گۆلف korsi yari golf
gonads (n.) گۆنادەکان gonadekan
gondola (n.) گۆندۆلا gondwla
gong (n.) زەنگل zangl
goo (n. & v.) لیج lej
good (n. & adj.) باش bash
good-bye (interj.) خوات لەگەڵ khwat le gel
goodness (n.) چاکە chaka
goodwill (n.) نیازپاکی nyaz paki
goof (v.) هەڵەی کرد heley kird
goof (n.) گەمژە gemje
goofy (adj.) گەمژەیی gemjey
google (v.) گوگڵ gogl
gooney (n.) گونی gone
goose (n.) قاز qaz
gooseberry (n.) کشمیش kshmesh

gore (n.) خوێنی مەیو khwine maew
gore (v.) گۆری لێ دان gori le dan
gorge (n.) تێپەرینی بەر تەنگ te perini ber teng
gorge (v.) خواردن بە یەک جاری khwardin be yek jari
gorge (adj.) ناوسک nawsk
gorgeous (adj.) جوان jwan
gorilla (n.) سەمگسار sagsar
gospel (n.) ئینجیل enjil
gossip (n.) قسەوقسەڵۆک qsaoqsalok
gossip (v.) قسەوقسەڵۆک دە کا qsaoqsalok deka
gothic (n. & adj.) گۆتی gote
gouda (n.) گودا goda
gourd (n.) گۆرد gord
gout (n.) زراو zraw
govern (v.) حوکمڕانی بکە hokmrani deka
governance (n.) حوکمڕانی hokmrani
governess (n.) حاکم hakm
government (n.) حکومەت hkomat
governor (n.) پارێزگار parezgar
gown (n.) کراس kras
grab (v.) دەفرێنێت defrenet
grace (n.) جوانی jwani
grace (v.) نوێژی نان خواردن nweji nan khwardin
graceful (adj.) شۆخ shokh
gracious (adj.) میهرەبان mihreban
gradation (n.) پۆلێنکردن polin kirdn
grade (n.) پلە pla
grade (v.) پلە دە دات pla dedat
gradual (adj.) وردە وردە wrde wrde
graduate (v.) دەرچوون der chon
graduate (n.) دەرچوون dar chon
graduation ceremony (n.) ئاهەنگی دەرچون ahengi derchoon
graffiti (v.) گرافیتی grafete
graft (v. & n.) گریفت greft
grain (n.) گەنم ganm
grammar (n.) رێزمان rezman
grammarian (n.) رێزمانناس rezman nas
gramme (n.) گرام gram
gramophone (n.) ئامێری گرامۆفۆن amiri gramofon
granary (n.) گەنجینە ganjena
grand (adj.) زل zl
grand finale (n.) کۆتایی گەورە kotay gewre
grandeur (n.) گەورەیی gewrey
grant (v.) دە بەخشی de bekhshe

grant *(n.)* بەخشین bekhshin	**grip** *(v.)* ده گریت de gret
grape *(n.)* تری trE	**grip** *(n.)* گرتن girtn
graph *(n.)* هێڵکاری helkari	**groan** *(v.)* گریانە gryane
graphic *(adj.)* هێڵکاریانە helkaryane	**groan** *(n.)* ناڵین nalen
grapple *(n.)* دەستگیری کردن destgiri kirdn	**grocer** *(n.)* بەقال baqal
grapple *(v.)* دەستگیری دەکات destgiri dekat	**grocery** *(n.)* دوکانی بەقاڵی dokani beqali
grasp *(v.)* گرتن girtn	**groom** *(n.)* زاوا zawa
grasp *(n.)* زاڵبوون zalbon	**groom** *(v.)* چاودێری دەکا chawderi deka
grass *(n.)* گیا gya	**groove** *(n.)* کەندەك kendek
grassland *(n.)* چیمەنتۆ chimentow	**groove** *(v.)* کەڵەبەز kelebez
grate *(v. & n.)* ڕەند rand	**grope** *(v.)* ڕێگا دەگرێت rega degret
grateful *(adj.)* سوپاس گوزار sopas gozar	**gross** *(n.)* دوانزە دەستە dwanze deste
grater *(n.)* ڕەندەکەر randakar	**gross** *(adj.)* زبر zbr
gratification *(n.)* ڕازیکردن razi kirdn	**grotesque** *(adj.)* نامۆ namw
gratis *(adv.)* بەخۆڕایی be khoray	**ground** *(n.)* بنچینە bnchena
gratitude *(n.)* سوپاسگوزاری sopas gozari	**ground** *(v.)* زەوی zewi
gratuity *(n.)* خەڵات khelat	**ground attack** *(n.)* هێرشی زەمینی hershi zemini
grave *(n. & adj.)* گۆڕ gor	
gravitate *(v.)* ڕادەکێشرێت rede keshret	**ground clearance** *(n.)* زەوی پاککردنەوە zewi pak kirdinewe
gravitation *(n.)* کێش kesh	
gravity *(n.)* بایەخ bayekh	**group** *(n.)* کۆمەڵە komele
graze *(v.)* گیا دەخوات gya dakhwat	**group** *(v.)* کۆدەبنەوە ko debnewe
graze *(n.)* گیا خواردن gya khwardin	**grow** *(v.)* گەشە geshe
grease *(n.)* چەوری chawre	**grower** *(n.)* بەرهەم هێنەر berhem hener
grease *(v.)* چەوردەکات chawr dekat	**growl** *(n.)* گریانی gryani
greasy *(adj.)* چەورکراو chawr kraw	**growl** *(v.)* گلە کردن gle kirdin
great *(adj.)* مەزن mazn	**growth** *(n.)* گەشە geshe
greed *(n.)* چاوچنۆك chaw chnok	**grudge** *(v.)* ڕقی لێ هەڵدەگرە rqi le heldegre
greedy *(adj.)* چاوبرسی chaw brsi	**grudge** *(n.)* ڕق لێ هەڵگرتن riq le helgirtin
Greek *(n.)* یۆنانی yonan	**grumble** *(v.)* بۆڵە دەکات bole dekat
Greek *(adj.)* گریکی yonani	**grunt** *(n.)* مۆڕە کردن more kirdin
green *(adj.)* ڕەنگی سەوز range sawz	**grunt** *(v.)* مۆڕدەکات more dekat
green *(n.)* سەوز sawz	**guarantee** *(v.)* گەرەنتی دە کا garante deka
greenery *(n.)* درەختی سەوز drakhte sawz	**guarantee** *(n.)* گەرەنتی garante
greenhouse *(n.)* گەرمخانە garm khana	**guard** *(v.)* پاسەوانی دە کا pasewani deka
greet *(v.)* سڵاو slaw	**guard** *(n.)* پاسەوان pasewan
grenade *(n.)* نارنجۆك narnjok	**guardian** *(n.)* سەرپەرشتیار serpershtyar
grey *(adj.)* ڕەساسی resasi	**guava** *(n.)* گواڤا gwava
grey market *(n.)* بازاڕی خۆڵەمێشی bazari kholemeshi	**guerilla** *(n.)* پارتیزان partezan
	guess *(v.)* مەزەندە کردن mezende kirdin
greyhound *(n.)* سەگی خۆڵەمێشی segi kholemeshi	**guess** *(n.)* مەزەندە دە کات mezende dekat
	guest *(n.)* میوان mewan
grief *(n.)* خەم khem	**guest list** *(n.)* لیستی میوانان listi mewanan
grievance *(n.)* سکاڵا skala	**guest room** *(n.)* ژووری میوان jori mewanan
grieve *(v.)* خەم دە خوا khem dekhwa	**guidance** *(n.)* ڕابەری rabare
grievous *(adj.)* خەمبار khem bar	**guide** *(v.)* ڕابەری دەکات raberi dekat
grim *(adj.)* مۆن mon	**guide** *(n.)* ڕابەر raber
grind *(v.)* دەهاڕێت deharet	**guideline** *(n.)* ڕێنما renma
grinder *(n.)* وردکەر wrdkar	**guild** *(n.)* دەستە deste

guile (n.) فێڵبازی fel bazi
guilt (n.) گوناه gonah
guilt-free (adj.) بێ تاوان be tawan
guilty (adj.) تاوانبار tawanbar
guise (n.) جل jl
guitar (n.) گیتار getar
gulf (n.) کەنداو kandaw
gull (n.) نەورەس nawras
gull (v.) فێڵ کردن fel kirdin
gulp (n.) قووت کردن qot kirdin
gulp (v.) قووت دە کا qot deka
gum (n.) کەتیرە katera
gumboot (n.) گامبووت gambot
gun (n.) دەمانچە demanche
gunpoint (n.) هەڕەشە کردن بە چەک hereshe kirdin be chek
gust (n.) باوبۆران bawboran
gutter (n.) زیراب zirab
guttural (adj.) بازنەیی bazney
gymnasium (n.) هۆڵی وەرزشی holi werzishi
gymnast (n.) لەشجوانی lesh jwani
gymnastic (adj.) جمناستیک jimnastik
gymnastics (n.) ڕاهێنان و یاریە وەرزشییەکان rahenan u yarye werzishyekan

habeas corpus (n.) دەرکردنی بانگهێشت نامە derkirdini banghesht name
habit (n.) خوو khw
habitable (adj.) جێگەی نیشتەجێبوون jegey nishtejeboon
habitat (n.) نشینگە nshenga
habitation (n.) نیشتەجێبوون nishtejeboon
habituate (v.) خووگرتن kho girtin
hack (v.) هاککردن hakkirdn
hacker (n.) هاکەر hakar
haemoglobin (n.) هیمۆگلۆبین hemogloben
hag (n.) فاڵچی falche
haggard (adj.) لاواز lawaz
haggle (v.) چەنەچۆن دەکات chanochon dekat
hail (n.) تەرزە tarza
hail (v.) بانگەواز دەکات bangewaz dekat
hailstorm (n.) باو بۆرانی تەرزە ba u borani terze
hair (n.) قژ qij
hairbrush (n.) فڵچەی قژ filchey qij

hairdryer (n.) قژ ووشککەرەوە qij woshik ker
hale (adj.) لەش ساغ lash sagh
half (n. & adj.) نیو new
half-day (n.) نیو رۆژ new roj
half-hearted (adj.) نیوە دڵ newe dil
hall (n.) هۆڵ hol
hallmark (n.) مۆری خشڵ more khshl
hallow (v.) پیرۆز دەکات peroz dekat
hallucination (n.) وڕینە wrine
halt (v.) دەوەستێنێت dewestenet
halt (n.) دەوەستێنی dewestene
halve (v.) نیوە دەکات newe dekat
hamlet (n.) گوندێکی بچوک gondeki bichok
hammer (n.) چەکوش chakosh
hammer (v.) دەیکوتێ deykote
hand (n.) دەست dest
hand (v.) دەیداتێ deydate
hand baggage (n.) جانتای دەستی jantay desti
hand lotion (n.) دەست زوور dast zwr
hand luggage (n.) جانتای دەستی jantay desti
handbill (n.) دەست نووس dest nos
handbook (n.) کتێبی دەستی ktebi desti
handbrake (n.) سووکانێکی دەستی sokaneki desti
handcuff (n.) دەستبەند dest bend
handcuff (v.) دەستبەندی dest bendi deka
handful (n.) مشتێک mshtik
handicap (n.) ناستەهەنگ asteng
handicap (v.) دە بێتە ناستەهەنگ de bete asteng
handicraft (n.) کاری دەستی kare desti
handiwork (n.) کاری دەستی kare desti
handkerchief (n.) دە ست کێش dest kesh
handle (n.) دەسک dask
handle (v.) چارە دەکا chare deka
handsome (adj.) قۆز qooz
handy (adj.) بەدەستەویە be desteweye
hang (v.) هەڵواسێن halwasen
hanker (v.) زۆر بیری دەکات zor biri dekat
haphazard (adj.) کوێرانە kwerane
happen (v.) ڕوو دەدات ru dedat
happening (n.) ڕوداو rudaw
happiness (n.) خۆشی khoshi
happy (adj.) کامەران kameran
harass (v.) ماندووی دەکات mandoy dekat
harassment (n.) ئازار azar
harbour (n.) بەندەر bender
harbour (v.) پەناد دەبات pena debat
hard (adj.) بە هێز be hez

hard (adv.) بەتوندی be tondi	he (pron.) ئەو aw
harden (v.) ڕەقکردنەوە req kirdinewe	head (n.) سەر sar
hardihood (n.) ڕەقبوون req boon	head (v.) کەڵەی لێدەدات keley le dedat
hardly (adv.) بە سەختی be sekhti	headache (n.) ژانەسەر jane ser
hardship (n.) سەختی sekhti	headband (n.) سەر پێچ ser pech
hardware (n.) ڕەفەکاڵا raqakala	heading (n.) ناونیشان naw u nishan
hard-working (adj.) ئیشی قورس ishi qors	headlight (n.) ڕوناکی پێشەوەی ئۆتۆمۆبیل ronaki peshewey utombil
hardy (adj.) ڕەقە raqa	
hare (n.) کەروێشکی کێوی karwishke kiwe	headline (n.) مانشێتی ڕۆژنامە mansheti rojname
harm (n.) ئازار azar	
harm (v.) ئازار دەدا azar deda	headlong (adv.) ھەڵچوو halchw
harmful (adj.) زیان بەخش zyan bekhsh	headquarter (v.) سەری دڕێژ seri drej
harmless (adj.) بێ زیان be zyan	headstrong (adj.) سەری بەھێز seri be hez
harmonious (adj.) ھاوئاھەنگ hawahang	heal (v.) چاک دەکاتەوە chak dekatewe
harmonium (n.) ھاومۆنیۆم hawmonewm	health (n.) تەندروستی tendrosti
harmony (n.) گونجان gonjan	healthy (adj.) دروست drost
harness (n.) لغاو lghaw	heap (n.) کۆمەڵ komal
harness (v.) تفاقی ئەسپ tfaqe asp	heap (v.) کۆمەڵ دەکات komel dekat
harp (n.) قێسارە qesara	hear (v.) دەبیستێ de biste
harsh (adj.) ڕەق raq	hearsay (n.) قسەڵۆك qsalok
harvest (n.) دروێنە drwine	heart (n.) دڵ dl
harvest (v.) دروێنەدەکات drwine dekat	heartbeat (n.) لێدانی دڵ ledani dil
harvester (n.) دروێنەکار drwinakar	heartbreak (n.) دڵ شکاندن dil shakndin
haste (n.) پەلە pele	hearth (n.) ئاگردان agrdan
hasten (v.) خێرا دەکات khera dekat	heartily (adv.) لە ناخی دڵەوە le nakhi dlewe
hasty (adj.) خێرا khera	heat (n.) گەرمی garme
hat (n.) شەپقە shapqa	heat (v.) گەرم دەکات garm dekat
hatch (n.) دەرگا darga	heat-resistant (adj.) بەرگەی گەرمی bargey germi
hatch (v.) ھەڵدێنێت hel denet	
hatchet (n.) تەور tewr	heatstroke (n.) گەرمی لێدان germi le dan
hate (n.) ڕقی لێ دەبێت rqi le denet	heave (v.) بەرز کردنەوە beriz kirdinewe
hate (v.) خۆشی ناوێت khoshi nawet	heaven (n.) بەھەشت behesht
hat-trick (n.) بردنەوەی سیانی brdinewey siani	heavenly (adj.) ئاسمانی asmani
	heavily (adv.) بە قورسی be qorsi
haughty (adj.) خۆبەزل زان kho be zl zan	heavy (adj.) قورس qors
haunt (v.) سەری لێ دەدات ser le dedat	hedge (n.) پەرژینی دەمەن perjini dewen
haunt (n.) سەری لێدان seri le dan	hedge (v.) دەور پێچان dor pechan
have (v.) ھەیەتی heyeti	heed (v.) وریا دەبێتەوە wrya debetewe
haven (n.) دەپارێزێت de parezet	heed (n.) وریا بوون wrya boon
havoc (n.) وێرانی werani	heel (n.) پاژنەی پێ pajney pe
hawk (n.) داڵ dal	hefty (adj.) زۆر گران zor gran
hawker (n.) فرۆشیاری گەڕۆك froshyari gerok	height (n.) بەرزی berzey
hawthorn (n.) ھێلکەدان helke dan	heighten (v.) بەرز دەبێتەوە berz debetewe
hay (n.) پەڵەمۆری palaware	heinous (adj.) ناپەسەند na pesend
hazard (n.) مەترسی matrse	heir (n.) میراتگر (نێر) merat gir (ner)
hazard (v.) مەترسی لە ئەستۆ دەگرێ matrse le asto degre	heiress (n.) میراتگر (مێ) merat gir (me)
	hell (n.) دۆزەخ dozekh
haze (n.) تەنکە تەم tanka tam	helm (n.) دەسکی سوکان لە کەشتیدا deski sokan le keshtida
hazy (adj.) تەم و مژاوی tam u mjawi	

helmet (n.) كڵاو ئاسن klaw u asin
help (v.) يارمەتى دەدات yarmeti dedat
help (n.) يارمەتى yarmeti
helpful (adj.) ئامادەيە بۆ يارمەتى amadeye bo yarmeti
helpless (adj.) هەژار hejar
helpmate (n.) هاورێى يارمەتيدەر hawrey yarmeti der
hemisphere (n.) نيومگۆى زەوى niwe goy zewi
hemp (n.) گەنم ganm
hen (n.) مريشك mreshk
hence (adv.) لێرەوە lerewe
henceforth (adv.) لەمەودوا le mew dwa
henceforward (adv.) لەمەودوا le mew dwa
henchman (n.) بەردەستى دڵسۆز ber desti dlsoz
henpeck (v.) كۆنترۆلى ميردى دە كا kontroli merdi deka
her (adj. & pron.) ئەو aw
herald (n.) مژدەدەر mjde der
herald (v.) مژدە دەدا mjde deda
herb (n.) گيا gya
herculean (adj.) هەرقەڵى harqale
herd (n.) ڕەوە rewe
herdsman (n.) شوانى مێگەل shwani me gel
here (adv.) ئێرە ere
hereabouts (adv.) لێرەوە lerewe
hereafter (n. & adv.) دواڕۆژ dwa roj
hereditary (adj.) بۆماوەيى bo mawey
heredity (n.) بۆماوەيى bo mawey
heritable (adj.) بۆماوەيى bo mawey
heritage (n.) كەڵەپور kalapor
hermit (n.) دەروێش derwesh
hermitage (n.) دەروێش خانە derwesh khane
hernia (n.) فتق ftq
hero (n.) پاڵەوان palawan
heroic (adj.) قارەمانێتى qaremaneti
heroine (n.) پاڵەوان palawan
heroism (n.) قارەمانێتى qaremaneti
herring (n.) جۆرە ماسيەكە jore masiyeke
hesitant (adj.) دوو دڵ dw dl
hesitate (v.) دوو دڵ دەبێت dw dl debet
hesitation (n.) دوودڵبوون dw dl bon
hew (v.) دەبرێنت debret
heyday (n.) ماوە زێرينە mawe zerine
hibernation (n.) سربوون srbon
hiccup (n.) نزگارە nzgara
hide (n.) پێستە pesta

hide (v.) خۆ دەشارێتەوە kho deshareteve
hideous (adj.) ناشيرين na shirin
hierarchy (n.) پلە بەرز بوونەوە ple berz bonewe
high (adj.) بەرز barz
higher education (n.) خوێندنى باڵا khwndni bala
highlight (n.) خاڵى بنچينەيى باسەكە khali bnchiney baseke
highly (adv.) زۆر zoor
Highness (n.) بەرزايى berzayi
highway (n.) رێگاى گشتى regay gshti
hilarious (adj.) گاڵتەئامێز galte amez
hilarity (n.) پێكەنيناوى pekeninawi
hill (n.) گرد grd
hillock (n.) گردێك grdek
him (pron.) ئەو aw
hinder (v.) رێگرى كردن regri kirdin
hindrance (n.) بەربەست berbest
hint (n.) ئاماژە amaje
hint (v.) ئاماژە دە دا amaje deda
hip (n.) ڕان ran
hire (n.) بەكرێ گرتن bakri grtn
hire (v.) بەكرێ دە گرى bakri de gre
hireling (n.) بەكرێ گيراو be kre giraw
his (pron.) ئەو aw
hiss (n.) فيشكە feshka
hiss (v.) دەفيشكێنێت de fishkenet
historian (n.) مێژووناس mejo nas
historic (adj.) مێژوويى mejoy
historical (adj.) مێژوويىيانە mejoyane
history (n.) مێژوو mejoo
hit (n.) لێدەدات le dedat
hit (v.) لێدان le dan
hitch (n.) راى دەكێشێنت ray dekeshenet
hither (adv.) لەوێ lewe
hitherto (adv.) تا ئێستا ta esta
hive (n.) پوورەهەنگ pore heng
hoarse (adj.) زبر zbr
hoax (n.) فێڵ fel
hoax (v.) تەڵە tala
hobby (n.) خۆليا kholya
hobbyhorse (n.) گۆچانى سەرخير gojani ser khir
hobnob (v.) دەدوێت dedwet
hockey (n.) يارى هۆكى yari hoki
hoist (v.) بەرز دەكاتەوە berz dekatewe
hold (n.) گرتن grtn
hold (v.) دەگرێت de gret

holdback (n.) ناي کات nay kat
hole (n.) کون kon
hole (v.) کون ده کات kon dekat
holiday (n.) رۆژى پشو roji pisho
hollow (n.) بۆش bosh
hollow (adj.) کلۆر klor
hollow (v.) ھۆڵۆڵ holol
holocaust (n.) ھۆلۆکۆست holokost
holograph (n.) ھۆلۆگراف holograf
holy (adj.) پيرۆز piroz
homage (n.) ريزلينان rez lenan
home (n.) مالَّمِه malewe
home-made (adj.) دروستکراوى مالَّمِه drost krawey malewe
homeopath (n.) ھۆمۆپاتى homoyati
homeopathy (n.) چاره کردنى ھەندىك نەخۆشى بە درمانى کەم chare kirdini hendek nekhoshi be dermani kem
homesick (adj.) بيرى مالَّمِه briri malewe
homicide (n.) کوشتن koshtn
homogeneous (adj.) يەکسان yeksan
honest (adj.) راستگۆ rastgw
honesty (n.) راستگۆيى rastgoy
honey (n.) ھەنگوين hangwen
honeycomb (n.) شانه shane
honeymoon (n.) مانگى ھەنگوين mange hangwen
honorarium (n.) کرێ kre
honorary (adj.) شانازانه shanazana
honour (n.) شانازى shanazi
honour (v.) ريزى لىٰ دەگرئ rezi le degre
honourable (adj.) پياوچاک pyawchak
hood (n.) گلاو glaw
hoodwink (v.) فيلٌ دەکات fel dekat
hoof (n.) دەروات derwat
hook (n.) قولاپ qolap
hooligan (n.) ناژاومچى ajawe chi
hoot (n.) زورنا لىٰ دان zwrna le dan
hoot (v.) زورنا لىٰ دەدات le dedat
hop (v.) باز دەدات baz dedat
hop (n.) باز baz
hope (v.) ھيوا دەخوازيت hewa dekhwazet
hope (n.) ھيوا hewa
hopeful (adj.) گەشبين gashben
hopeless (adj.) نائوميد na umed
horde (n.) حەشامەت hashamat
horizon (n.) ناسۆ asw
horn (n.) قۆچى گيانەوەر qochi gyanewer

hornet (n.) زەردەوالَّەى گەوره zerdewaley gewre
horrible (adj.) ناشيرين na shirin
horrify (v.) دەتۆقێنێت de qotet
horror (n.) ترس trs
horse (n.) ئەسپ asp
horseshoe (n.) نالٌ nal
horticulture (n.) پەيوەندى بە باخەوە ھەيە peywendi be bakhewe heye
hose (n.) بۆرى ئاو bori aw
hosiery (n.) گۆرەوى ژنانەو پياوانە gorey jnane u pyawane
hospitable (adj.) بەخشنده bekhshinde
hospital (n.) نەخۆشخانە nekhosh khane
hospitality (n.) ميواندارى mewandari
host (n.) خانەخوئ khane khoy
hostage (n.) بارمتە barmta
hostel (n.) بەشى ناوخۆيى خوێندکاران beshi nawkhoy khwendkaran
hostile (adj.) نەيار nayar
hostility (n.) نەيارى nayari
hot (adj.) گەرم germ
hotchpotch (n.) تێکەلّە tekele
hotel (n.) ئوتێل otel
hound (n.) سەگى راو sagi raw
hour (n.) سەعات saat
house (n.) ماڵ mal
house (v.) خانوو khanw
household (n.) خێزان khezan
how (adv.) چۆن choon
however (conj. & adv.) ھەرچۆنێک بێت herchonek bet
howl (v.) دەلوورێنێت delorenet
howl (n.) لووره lore
hub (n.) تەوەره tewere
hubbub (n.) ھەرا hara
huge (adj.) زل zl
hum (v.) دەمنگێنێت demn genet
hum (n.) منگەمنگ mngamng
human (adj.) مرۆڤ mrov
humane (adj.) مرۆڤى mrovi
humanitarian (adj.) خێرخوازى kher khwazi
humanity (n.) مرۆڤايەتى mrovayeti
humanize (v.) وەک شيرى دايکى لىٰ دەکات wek shiri dayki le dekat
humble (adj.) خوێرى khoire
humdrum (adj.) جارسکەر jarskar
humid (adj.) شێدار shedar

humidity (n.) شێ she
humiliate (v.) زەلیل دەکا zelil deka
humiliation (n.) زەلیلکردن zelil kirdin
humility (n.) خۆبەزلزانین kho be zl zanin
humorist (n.) نوکتەچی noktache
humorous (adj.) گاڵتەجاڕانە galtajarane
humour (n.) نوکتە nokta
hunch (n.) دەچمێتەوە de chemetewe
hundred (n.) سەد sad
hunger (n.) برسێتی bresti
hungry (adj.) برسی brsi
hunt (v.) ڕاودەکات rawe dekat
hunt (n.) ڕاو raw
hunter (n.) ڕاوکەر raw ker
huntsman (n.) ڕاوکەر raw ker
hurdle (v.) ڕێگربازی دەکات regr bazi dekat
hurdle (n.) ڕێگر regr
hurl (v.) دەیهاوێت dey hawet
hurrah (interj.) پێشوازی گەرم peshwazi germ
hurricane (n.) گەردەلوول gardalol
hurry (v.) پەلەدەکات pele dekat
hurry (n.) پەلەکردن pele kirdin
hurt (v.) ئازار دەدات azar dedat
hurt (n.) ئازار azar
husband (n.) مێرد merd
husbandry (n.) بەڕێوەبردنی کاروباری ناومالْ berewe birdini kar u bari naw mal
hush (n.) بێدەنگی be dengi
hush (v.) بێدەنگ دەبێت be deng debet
husk (n.) سۆس sos
husky (adj.) نوساو nosaw
hustle (v.) پەلەدەکات pele dekat
hut (n.) زنج znj
hyaena, hyena (n.) هیێنا hiena hiena
hybrid (adj.) دوورەگی do regi
hybrid (n.) دوورەگ do reg
hydrogen (n.) هایدرۆجین haydrojin
hygiene (n.) خاوێنی khaweni
hygienic (adj.) دروست drost
hymn (n.) خوێندنەوەی سروودی ئاینی khwendinewey srodi ayni
hyperbole (n.) پێوەنان pewe nan
hypnotism (n.) پیشەی خەواندنی موگناتیسی pishey khewandini mognatisi
hypnotize (v.) موگناتیسیانە دەیخەوێنێت mognatisyane dekhewenet
hypocrisy (n.) دوورویی do rowoyi
hypocrite (n.) ڕیاکار row

hypocritical (adj.) ڕیاکارانە do row yane
hypothesis (n.) وادانای زانستی wadanay zanisti
hypothetical (adj.) وادانراوی wa danrawe
hysteria (n.) هیستیریا hesterya
hysterical (adj.) هیستیریانە hesteryana

I

I (pron.) من mn
iambic (adj.) ئیامبیچ ayambech
ice (v.) سەهۆڵ sahol
ice (n.) بەفر befr
ice bucket (n.) سەتڵی سەهۆڵ setli sahol
ice cream (n.) دۆندرمە dondirme
iceberg (n.) شاخی سەهۆڵبەندان shakhi sahol bendan
iceblock (n.) تەنی سەهۆڵ teni sahol
icebreaker (n.) سەهۆڵ شکێن sahol shken
icecap (n.) کلاوی سەهۆڵی klawe sahole
ice-cold (adj.) ساردی بەفر sardi befr
iced (adj.) سەهۆلاوی saholawi
icicle (n.) سەهۆڵبەندان saholbandan
icon (n.) ئایکۆن aykon
iconic (adj.) ئایکۆنی aykoni
iconoclastic (adj.) ئایکۆنۆکلاستیک aykon klastik
icy (adj.) سەهۆڵاوی saholawe
idea (n.) بیرۆکە beroka
ideal (n. & adj.) نموونەیی nmoney
idealism (n.) ئایدیالیزم aydializm
idealist (n.) نموونەیی nmoney
idealistic (adj.) نموونەیی nmoney
idealize (v.) ئایدیالیکردن aydiali kirdin
ideate (v.) بیرۆکە beroka
identical (adj.) هاوجووت hawjot
identification (n.) دیاریکردن dyari kirdin
identify (v.) دیاریدەکات dyari dekat
identity (n.) دەیناسێتەوە dey nasetewe
identity card (n.) کارتی ناسنامە karti nasname
idiocy (n.) گەمژەیی gemjey
idiom (n.) زاراوە zarawa
idiomatic (adj.) زاراوەیی zawrawey
idiot (n.) کەمدەن kewden
idiotic (adj.) نیشانەی شێتییە nishaney shetye
idle (adj.) بێنیش be esh

idleness *(n.)* بێنیشی be eshi
idler *(n.)* تەمەڵ temel
idol *(n.)* بت bt
idolater *(n.)* بت پەرست btparst
if *(conj.)* ئەگەر ager
igloo *(n.)* کۆختەی بەفرین kokhtey befrin
ignite *(v.)* دایدەگیرسێنێت day degirsenet
ignition *(n.)* داگیرساندن dagirsan
ignoble *(adj.)* نارەسەن ne resen
ignorance *(n.)* نەزانی ne zani
ignorant *(adj.)* نەزان ne zan
ignore *(v.)* خۆی لێ گێڵ دەکات khoy le gel dekat
ill *(adj.)* نەخۆش ne khosh
ill *(adv.)* خراپ khrap
ill *(n.)* نەخۆش ne khosh
illegal *(adj.)* ناشەرعی na sherii
illegibility *(n.)* نەخوێنەرەوە ne khwenerewe
illegible *(adj.)* ناخوێندرێتەوە na khwendretewe
illegitimate *(adj.)* ناشەرعی na sherii
illicit *(adj.)* نایاسایی na yasayi
illiteracy *(n.)* نەخوێندەواری ne khwendewari
illiterate *(adj.)* نەخوێندەوار ne khwendewar
illness *(n.)* نەخۆشی ne khoshi
illogical *(adj.)* ناڵۆژیکی na lojiki
ill-treat *(v.)* خراپ مامەڵەکردن khrap mamele kirdin
illuminate *(v.)* ڕووناک بکەرەوە ronak bkerewe
illumination *(n.)* ڕووناککردنەوە ronak kirdinewe
illusion *(n.)* وەهم wehm
illustrate *(v.)* وێنادە کا wene deka
illustration *(n.)* وێنەکردن wene kirdin
image *(n.)* وێنە wene
imagery *(n.)* وێنەگرتن wene girtin
imaginary *(adj.)* خەیاڵی kheyali
imagination *(n.)* خەیاڵ kheyal
imaginative *(adj.)* خەیاڵی kheyali
imagine *(v.)* بیرکردنەوە bir kirdinewe
imbalance *(n.)* ناهاوسەنگی na hawsengin
imitate *(v.)* لاسایی دە کا lasay deka
imitation *(n.)* لاسایی کردن lasay kirdin
imitator *(n.)* لاسایی کەر lasay ker
immaterial *(adj.)* نامادی na madi
immature *(adj.)* نەپێگەیشتوو ne pe geyshto
immaturity *(n.)* نەپێگەیشتن ne pe geyshtin
immeasurable *(adj.)* بێ پێوانە be pewane

immediate *(adj.)* دەستبەجێ dest beje
immemorial *(adj.)* یادگاری yadgari
immense *(adj.)* مەزن mezn
immensity *(n.)* بێئەندازەیی be andazey
immerse *(v.)* نوقمدە کا noq mkirdin
immersion *(n.)* نوقمکردن noq mkirdin
immigrant *(n.)* کۆچبەر koch ber
immigrate *(v.)* کۆچ دە کا kochkirdn
immigration *(n.)* کۆچکردن koch kirdin
imminent *(adj.)* نزیکە nzeka
immodest *(adj.)* بێ ڕەوشت be rewsht
immodesty *(n.)* بێ ئیرادە be irade
immoral *(adj.)* بێ ڕەوشت be rewsht
immorality *(n.)* بێڕەوشتی be rewshti
immortal *(adj.)* نەمر nemr
immortality *(n.)* بێڕەوشتی be rewshti
immortalize *(v.)* نەمری دەکات ne mri dekat
immovable *(adj.)* ناجۆڵێندرێت na jolendret
immune *(adj.)* پتەوکراو ptaw kraw
immunity *(n.)* بەرگری bergri
immunize *(v.)* بەرگری دەداتێ bergri dedate
impact *(n.)* کاریگەری karegeri
impart *(v.)* هەواڵ بەیەکێك دەگەیەنێت hewal be yekek degeyenet
impartial *(adj.)* بابەتیانە babetyane
impartiality *(n.)* بێلایەنی be layeni
impassable *(adj.)* گوزەری پێدا ناکرێ gozeri peda nakre
impasse *(n.)* ڕێگەیەکی داخراو regeyeki dakhraw
impatience *(n.)* بێ تاقەتی be taqeti
impatient *(adj.)* نائارامگر na aram gir
impeach *(v.)* دە عوا لی دە کات deawa le dekat
impeachment *(n.)* ڕێگری لێ کردن نەهێبی regri le neheebi
impeccable *(adj.)* بێ خەوش be khewsh
impede *(v.)* ڕێگری لێ دەکات regri le dekat
impediment *(n.)* بەربەست berbest
impenetrable *(adj.)* نەبراوە ne braw
imperative *(adj.)* ئەمر amr
imperfect *(adj.)* ناتەواو na tewaw
imperfection *(n.)* ناتەواوی na tewawi
imperial *(adj.)* داگیرکاری dagirkari
imperialism *(n.)* ئیمپریالیزم emperyalizm
imperil *(v.)* داگیردە کات dagir dekat
imperishable *(adj.)* نەمر namr
impermissible *(adj.)* نابێت na bet
impersonal *(adj.)* ناخۆیی na khoy

impersonate *(v.)* خۆی دەکات بەیەکێکی تر khoy dekat be yekeki tr
impersonation *(n.)* دیاریکردن و دۆزینەوە dyari kirdin u dozinewe
impertinence *(n.)* بێ نابڕووی be abroy
impertinent *(adj.)* بێ نابڕو be abro
impetuosity *(n.)* بەپەلەکردن be pele kirdin
impetuous *(adj.)* هەڵەشە heleshe
implement *(n.)* هۆ hw
implement *(v.)* جێ بەجێ دەکات je be je dekat
implicate *(v.)* هاوبەشی تاوان دەداتە پاڵ hawbeshi tawan dedate pal
implication *(n.)* توشبوون tosh boon
implicit *(adj.)* شاراوە sharawa
implore *(v.)* دەپاڕێتەوە لە de paretewe le
imply *(v.)* وادەگەیەنێ wa degeyene
impolite *(adj.)* بێ ڕێز be rez
import *(v.)* دەهێنێت لە دەرەوە dehenet le derewe
import *(n.)* هێنان لە دەرەوە henan le derewe
importance *(n.)* بایەخ bayekh
important *(adj.)* بایەخدار bayekh dar
impose *(v.)* دەسەپێنێت de sepenet
imposing *(adj.)* شکۆدار shkodar
imposition *(n.)* سەپاندن sependin
impossibility *(n.)* ستەمیی stemi
impossible *(adj.)* ستەم stem
impostor *(n.)* دەستبر dest br
imposture *(n.)* خۆ لێ گۆڕین kho le gorin
impotence *(n.)* بێبەر be ber
impotent *(adj.)* پەک کەوتوە pek kewtewe
impoverish *(v.)* هەژاری دەکات hajari dekat
impracticability *(n.)* ناکردارى nakrdari
impracticable *(adj.)* ناکرداری nakrdari
impress *(v.)* سەرزەن ڕادە کێشێت resnj radekeshet
impression *(n.)* کارێگەری karegeri
impressive *(adj.)* بەرچاو ber chaw
imprint *(n.)* چاپ کردن chap kirdin
imprint *(v.)* چاپ دەکات chap dekat
imprison *(v.)* زیندانی دەکات zindani dekat
improper *(adj.)* نا گونجاو na gonjaw
impropriety *(n.)* نادروستی na drosti
improve *(v.)* باشتر دەکات bashtir dekat
improvement *(n.)* باشترکردن bashtir kirdin
imprudence *(n.)* بێ وریایی be wryay
imprudent *(adj.)* بێ وریا be wrya
impulse *(n.)* هاندەر hander

impulsive *(adj.)* سەرمزۆ sere row
impunity *(n.)* پاراستن parastin
impure *(adj.)* تێکەڵ tekel
impurity *(n.)* ناپوختی na pokhti
impute *(v.)* تاوانی دەخاتە پاڵ tawani dekhate pal
in *(prep.)* لە le
inability *(n.)* نەتوانین ne twanin
inaccurate *(adj.)* ناوورد na word
inaction *(n.)* تەمەڵی temeli
inactive *(adj.)* سست sst
inadequate *(adj.)* ناتەواو بێت na twaw bet
inadmissible *(adj.)* قبوڵ ناکرێت qbol nakret
inanimate *(adj.)* بێ گیان be gyan
inapplicable *(adj.)* کارپێنەکراو ker pe ne kraw
inattentive *(adj.)* بێ ئاگا be aga
inaudible *(adj.)* نابیسترێت na bistret
inaugural *(adj.)* دەستبەکاربوون dest be kar boon
inauguration *(n.)* دەستبەکاربوون dest be kar boon
inauspicious *(adj.)* ناخۆش nakhosh
inborn *(adj.)* لەدایکبوو le dayk bo
inbound *(adj.)* هاتنە ژوورەوە hatine jorewe
inbox *(n.)* ئینبۆکس en boks
incalculable *(adj.)* نا ژمێردرێ na jmer dre
incapable *(adj.)* بێ توانا be twana
incapacity *(n.)* بێ توانایی be twanay
incarnate *(adj.)* جەستەدار jeste dar
incarnate *(v.)* لە سەر شێوەی مرۆڤ le ser shewey mrov
incarnation *(n.)* جەستەبوون jeste boon
incense *(v.)* بخور bkhor
incense *(n.)* تورەدەکات tore dekat
incentive *(n.)* هاندەر hander
inception *(n.)* کردنەوە kirdinewe
inch *(n.)* گرێ gre
incharge *(n. & adj.)* بەرپرس ber pirs
incident *(n.)* ڕوداو rudaw
incidental *(adj.)* بەڕێکەوت beri kewt
incite *(v.)* هاندان handan
inclination *(n.)* مەیلی meyli
incline *(v.)* لادەدات la dedat
include *(v.)* لار lar
inclusion *(n.)* گرتنەوە grtnewe
inclusive *(adj.)* گشتگر gshtgr
incoherent *(adj.)* ناتەبایی na tebay
income *(n.)* داهات dahat

incomparable *(adj.)* بێ وێنە be wene
incompetent *(adj.)* بێتوانا be twana
incomplete *(adj.)* ناتەواو na tewaw
inconsiderate *(adj.)* بێ ڕەچاوکردن be rechaw kirdin
inconvenient *(adj.)* نا ئارام na aram
incorporate *(v.)* جێگیر دەکات jegir dekat
incorporate *(adj.)* جێگیرکردن jegir kirdin
incorporation *(n.)* یەکگرتنەوە yek girtow
incorrect *(adj.)* ھەڵەیە heleye
incorrigible *(adj.)* چاك نەكراوە chak nakrawa
incorruptible *(adj.)* نەفەوتاو ne fewtaw
increase *(n.)* زیادکردن zyad kirdin
increase *(v.)* زیاد دەکا zyad deka
incredible *(adj.)* ناوازە nawaze
increment *(n.)* زۆری zwre
incriminate *(v.)* تاوانباری دەکات tawanbare dakat
incubate *(v.)* سەر دەکەوێت sir dekewet
inculcate *(v.)* فێری دەکات feri dekat
incumbent *(n. & adj.)* پێویستە لەسەری pewiste le seri
incur *(v.)* خۆی قەرزار دەکات khoy qerzar dekat
incurable *(adj.)* چارەسەر ناکرێت chare ser dekret
indebted *(adj.)* قەرزار qerzar
indecency *(n.)* بێ شەرم و شكۆیی be sherm u shkoy
indecent *(adj.)* بەرەڵا berela
indecision *(n.)* دوو دڵی do dli
indeed *(adv.)* بەڕاست be rast
indefensible *(adj.)* بەرگری لێ ناکرێت bergri le nakret
indefinite *(adj.)* دیاری نەکراو dyari ne kraw
indemnity *(n.)* بیمە beme
independence *(n.)* سەربەخۆیی serbekhoy
independent *(adj.)* سەربەخۆ serbekho
indescribable *(adj.)* وەسف ناکرێت wesf nakret
index *(n.)* پێرست perst
Indian *(adj.)* ھیندی hindi
indicate *(v.)* دەری دەخات deri dekhat
indication *(n.)* دەرخستن derkhistin
indicative *(adj.)* دەرخەر derkher
indicator *(n.)* نیشانە nishane
indict *(v.)* تاوانبار دەکات tawan bar dekat

indictment *(n.)* بڕیاری تۆمەتبارکردن bryari tomet bar kirdin
indifference *(n.)* گوێ پێنەدان gwe pe ne dan
indifferent *(adj.)* گوێ پێنەدان gwe pe ne dan
indigenous *(adj.)* ھاوولاتی hawlati
indigestible *(adj.)* ھەرس ناکرێت hers nakret
indigestion *(n.)* ھەرس کردن بە ناخۆشی hers kirdini be nekhoshi
indignant *(adj.)* کێنەوەر kinewer
indignation *(n.)* بێزاری be zari
indigo *(n.)* نیلی nili
indirect *(adj.)* نا ڕاستەوخۆ na rastew u kho
indiscipline *(n.)* بێ دیسپلین be displen
indiscreet *(adj.)* بێ وریا be wrya
indiscretion *(n.)* بێ وریایی be wryay
indiscriminate *(adj.)* بێ جیاوازی be jiawazi
indispensable *(adj.)* زۆر پێویست zoor pewist
indisposed *(adj.)* بێ ڕەوشت be rewsht
indisputable *(adj.)* پێویست pewist
indistinct *(adj.)* لێڵ lel
individual *(adj.)* تاك tak
individualism *(n.)* تاکگەڕای tak geray
individuality *(n.)* کەسێتی سەربەخۆ keseti serbekho
indivisible *(adj.)* دابەش نەکراو dabesh ne kraw
indolent *(adj.)* تەمەڵ temel
indomitable *(adj.)* نابەزێنرێت na bezenret
indoor *(adj.)* ناوەکی nawake
indoors *(adv.)* لە ناو ماڵدا le naw mal da
induce *(v.)* ھاندان handan
inducement *(n.)* ڕازی کردن razi kirdin
induct *(v.)* ھێنانە بەر بار henane bar
induction *(n.)* ھاندەر hander
indulge *(v.)* سەرقاڵ دەبێت ers qal debet
indulgence *(n.)* چاوپۆشی chaw poshi
indulgent *(adj.)* زۆر بەخشندە zoor pekhshinde
industrial *(adj.)* دەستکرد dest kird
industrious *(adj.)* ھەتەر heter
industry *(n.)* پیشەسازی peshesazi
ineffective *(adj.)* بێ کاریگەرە be karigere
inert *(adj.)* بێھێز behez
inertia *(n.)* سڕەوتن srawtn
inevitable *(adj.)* ھەر دەبێ ببێت her debe bbet
inexact *(adj.)* ناورد nawrd
inexorable *(adj.)* کەڵەڕەق kele req

inexpensive *(adj.)* هەرزان herzan
inexperience *(n.)* ناشارەزایی na sharezay
inexplicable *(adj.)* لێك نەدراوە lek ne drawe
infallible *(adj.)* بێ هەڵە be hele
infamous *(adj.)* بەناوبانگە be naw bange
infamy *(n.)* ناوبانگ naw bang
infancy *(n.)* کۆرپەیی korpey
infant *(n.)* کۆرپە korpe
infanticide *(n.)* کۆرپەکوژ korpe koj
infantile *(adj.)* کۆرپەیی korpey
infantry *(n.)* پیادە pyade
infatuate *(v.)* شەیدادەبێت sheyda debet
infatuation *(n.)* لاوێتی laweti
infect *(v.)* پیس دەکات pis dekat
infection *(n.)* پیس بوون pis boon
infectious *(adj.)* درم drm
infer *(v.)* بۆی دەردەکەوێت boy derdekewet
inference *(n.)* بۆ دەرکەوتن bo derkewtin
inferior *(adj.)* نایەخ ayekh
inferiority *(n.)* نایەخی ayekhy
infernal *(adj.)* نەفرەت لێکراو nefret le kraw
infertile *(adj.)* بێ پیت be pit
infest *(v.)* چرچ chrch
infinite *(adj.)* بێسنوور boisnor
infinity *(n.)* ناکۆتا nakota
infirm *(adj.)* لاواز lawaz
infirmity *(n.)* دەرد dard
inflame *(v.)* دەگرێت degret
inflammable *(adj.)* گڕدەگرێت gr degret
inflammation *(n.)* گڕگرتن grgritn
inflammatory *(adj.)* هەڵناوساو hel awsaw
inflation *(n.)* هەڵوسان helawsan
inflexible *(adj.)* ڕەق req
inflict *(v.)* پیادەدات pyadedat
influence *(n.)* کاریگەری karegeri
influence *(v.)* کاریگەری لێ دە کات karegare
influential *(adj.)* کاریگەر karegar
influenza *(n.)* ئەنفلەونزا anflawanza
influx *(n.)* لێشاو leshaw
inform *(v.)* دەزانێت dezanet
informal *(adj.)* نافە رمی na fermi
information *(n.)* زانیاری zanyari
informative *(adj.)* پڕ زانیاری pr zanyari
informer *(n.)* هەواڵبەر hewal ber
infringe *(v.)* دەست درێژی دەکات dest dreji dekat
infringement *(n.)* دەست درێژی dest dreji dekat
infuriate *(v.)* تووڕەی دەکات tore dekat

infuse *(v.)* دەچنێت de chinet
infusion *(n.)* چاندن chandin
ingrained *(adj.)* چەسپیو chespiw
ingratitude *(n.)* بێ نەمەکی be ameki
ingredient *(n.)* بەشێك لە پێکهێنەکانی شتێك beshek le pehatekani shtek
inhabit *(v.)* دانیشتووە لە danishtwe le
inhabitable *(adj.)* شیاوە بۆ نیشتەجێبوون shyawe bo nishtejeboon
inhabitant *(n.)* لە دانیشتوان le danishtwan
inhale *(v.)* هەناسەی وەردەگرێت henase werdegret
inherent *(adj.)* بۆ ماوە bo mawe
inherit *(v.)* بۆی دەمێنێتەوە boy deminetewe
inheritance *(n.)* بۆ ماوە bo mawe
inhibit *(v.)* ڕێی دەگرێت rey degret
inhibition *(n.)* ڕێ گرتن re girtin
inhospitable *(adj.)* میوان نەخواز mewan ne khwaz
inhuman *(adj.)* نامرۆڤانە na mrovane
inimical *(adj.)* دوژمنایەتی dojmnayeti
inimitable *(adj.)* بێ وێنە be wene
initial *(n. & adj.)* سەرەتایی seretay
initial *(v.)* ئیمزا کردن emza kirdin
initiate *(v.)* دەست بە دە کات dest pe dekat
initiative *(n.)* دەست پێشخەری dest pesh kheri
inject *(v.)* دەرزی لێدەدات derzi le dedat
injection *(n.)* دەرزی لێدان derzi le dan
injudicious *(adj.)* سەرشێت ser shet
injunction *(n.)* فەرمان ferman
injure *(v.)* ئازاری دەدات azari dedat
injurious *(adj.)* بەئازار be azar
injury *(n.)* زیان zyan
injustice *(n.)* بێ دادی be dadi
ink *(n.)* مەرەکەب merekeb
inkling *(n.)* باسکردنی کورت bas kirdini kort
inland *(adv.)* ناوەکی naweki
inland *(adj.)* دوور لە کەناری دەریا door le kenari derya
in-laws *(n.)* لە یاساکاندا la yasakanda
inmate *(n.)* زیندانی کراو zindani krawe
inmost *(adj.)* لە ناخەوە le nakhewe
inn *(n.)* مەیخانە mey khane
innate *(adj.)* زگماکی zk maki
inner *(adj.)* ناوەوە nawewe
innermost *(adj.)* قوڵترین qoltrin
innings *(n.)* گەڕ ger
innocence *(n.)* خاوێنی khaweni
innocent *(adj.)* بێتاوان be tawan

innovate (v.) داهێنان بکەن dahenan bke
innovation (n.) داهێنان نوێ خوازی dahenani nwe khawzi
innovator (n.) داهێنەر dahener
innumerable (adj.) بێ شومار be shomar
inoculate (v.) دە کوتی de kote
inoculation (n.) کوتان kotan
inoperative (adj.) بێ کاربوون be kar bon
inopportune (adj.) ناگونجاو na gonjaw
input (n.) زانیاری تێکردن zaniyari te kirdin
inquest (n.) توژینەوە twejinewe
inquire (v.) دەپرسێت de prset
inquiry (n.) پرسیار prsyar
inquisition (n.) پرسینەوە prsinewe
inquisitive (adj.) زۆر پرسا zoor pirsa
insane (adj.) شێتوکە shetoke
insanity (n.) شێتی sheti
insatiable (adj.) چلێسی chlesi
inscribe (v.) هەڵدەکەنیت hel dkenet
inscription (n.) هەڵکەندن hel kendin
insect (n.) مێروو miro
insecticide (n.) مێرووکوژ miro koj
insecure (adj.) شلۆق shloq
insecurity (n.) بێباوەری be baweri
insensibility (n.) بێ هەستی be hesti
insensible (adj.) هەست پێنەکراو hest pe ne kraw
insensitive (adj.) بێ هۆش be hosh
inseparable (adj.) جیانابێتەوە jya na betewe
insert (v.) دەئاخنێت de akhenet
insertion (n.) ئاخنین akhnin
inside (prep.) لە ناوەوە nawewe
inside (adj.) ناوەوەی nawewey
inside (n. & adv.) ناوەوە nawewe
insight (n.) پێشبینی pesh bini
insignificance (n.) ئایەخی ayekhi
insignificant (adj.) ئایەخ ayekh
insincere (adj.) ناپاک napak
insincerity (n.) دڵسۆزی نەمان dlsozi ne man
insinuate (v.) تێوەردەدات tewer dedat
insinuation (n.) سەرنج sernj
insipid (adj.) بێ تامی be tami
insipidity (n.) بێ تام و چێژ be tam u chej
insist (v.) پێداگری peda gri
insistence (n.) هەتەری heteri
insistent (adj.) هەتەر heter
insolence (n.) لەوچەیی lewchey
insolent (adj.) لەوچە lewche
insoluble (n.) ناتوێنێتەوە na twetewe

insolvency (n.) نابووتی na boti
insolvent (adj.) ناتوانێ قەرزەکەی بداتەوە natwane qerzeke bdat
inspect (v.) دەپشکنێت de pshkinet
inspection (n.) پشکنین pshkinin
inspector (n.) پشکنەر pshkiner
inspiration (n.) ئیلهام ilham
inspire (v.) سرووشی بۆ دێنێت sroshi bu denet
instability (n.) ناشۆب ashop
install (v.) دادەنێت dadenet
installation (n.) دامەزراو damezraw
instalment (n.) قیست qist
instance (n.) بۆنە bone
instant (n.) سات sat
instant (adj.) دەم dem
instantaneous (adj.) یەکسەری yekseri
instantly (adv.) لە یەک کاتدا le yek kat da
instigate (v.) هانی دە دات hani dedat
instigation (n.) هاندان handan
instil (v.) چاندن chandn
instinct (n.) غەریزە ghareza
instinctive (adj.) غەریزەیی gharezey
institute (n.) پەیمانگا peymanga
institution (n.) دامەزراوە damezrawe
instruct (v.) ڕێنمایی بکە renmay bke
instruction (n.) ڕێنمایی renmay
instructor (n.) ڕاهێنەر rahener
instrument (n.) ئامراز amraz
instrumental (adj.) ئامێری ameri
instrumentalist (n.) ئامێرژەن amer jen
insubordinate (adj.) ڕێنماییکردن renmay kirdin
insubordination (n.) بێ مڵکەچبوون be mlkech boon
insufficient (adj.) بەس نیە bes nye
insular (adj.) دوورگەیی dorgey
insularity (n.) دوورگەیی dorgey
insulate (v.) جیادەکاتەوە jya dekatewe
insulation (n.) جیاکردنەوە jya kirdinewe
insulator (n.) جیاکار jyakar
insult (n.) ڕیسواکردن reswa kirdin
insult (v.) ڕیسوا دەکات reswa dekat
insupportable (adj.) بەرگە ناگرێت berge nagret
insurance (n.) بیمە beme
insure (v.) بیمە بکە beme bke
insurgent (n.) یاخی بوو yakhi bo
insurgent (adj.) سەرپێچی کەر sepechi ker

insurmountable *(adj.)* ناتوانریّت ببەزێنرێت natwanret bbezenret
insurrection *(n.)* ناژاوە ajawe
intact *(adj.)* ساغ sagh
intangible *(adj.)* دەست لێ نەدراو dest le ne drawe
integral *(adj.)* بنچینە binchine
integrate *(v.)* لێك دەدات lek dedat
integrity *(n.)* پەیوەستی peywesti
intellect *(n.)* عەقڵ aql
intellectual *(adj.)* بیر bir
intellectual *(n.)* هۆش hosh
intelligence *(n.)* هەوالگری hewal gri
intelligent *(adj.)* هەوالگر hewal gr
intelligentsia *(n.)* چینی رۆشنبیران chini rewshenbiran
intelligible *(adj.)* ئاشکرا ashkra
intend *(v.)* نیازی وایە nyazi waye
intense *(adj.)* خەست khest
intensify *(v.)* خەست دەکاتەوە khest dekatewe
intensity *(n.)* خەست کردن khest kirdin
intensive *(adj.)* خەست khest
intent *(n.)* نیاز nyaz
intent *(adj.)* مەبەست mabast
intention *(n.)* ئامانج amanj
intentional *(adj.)* بەئەنقەست baanqast
interactive *(adj.)* کار لێکردن kar le kirdin
intercept *(v.)* دەبێتە کۆسپ de bete kosp
interception *(n.)* رێپێگرتن و بەرەنگاربوون repe girtin u berengar boon
interchange *(n.)* ئاڵوگۆڕ al u gor
interchange *(v.)* ئاڵوگۆڕ دەکات al u gor dekat
intercourse *(n.)* جووتبوون jot boon
interdependence *(n.)* وابەستەیی یەکتر wa bestey yektir
interdependent *(adj.)* هاوبەند haw bend
interest *(n.)* بایەخ bayekh
interested *(adj.)* ئارەزوومەند arezoo mend
interesting *(adj.)* خۆش khosh
interfere *(v.)* دەستی تێ دەخات desti te dekhat
interference *(n.)* دەست تێخستن dest te khistin
interim *(n.)* دەمی demi
interior *(adj.)* ناوەکی naweki
interior *(n.)* ناو naw
interjection *(n.)* ئامرازی سەرسوڕمان amrazi ser sorman
interlock *(v.)* داوەکان پێکەوە دەبەستێ dawekan pekewe debeste

interlude *(n.)* پشوو pshw
intermediary *(n.)* نێوەند newend
intermediate *(adj.)* ناوەند nawend
interminable *(adj.)* کۆتایی پێ نایەت kotay pe nayet
intermingle *(v.)* تێکەڵاو کردن tekelaw kirdin
intern *(n.)* دەمگرێت degret
internal *(adj.)* ناوەکی naweki
international *(adj.)* جیهانی jihani
internet *(n.)* ئینتەرنێت enter net
interplay *(n.)* کارلێك کردن karlek kirdin
interpret *(v.)* کارلێك دەکاتەوە karlek dekatewe
interpreter *(n.)* وەرگێڕ werger
interrogate *(v.)* دەدوێنێت dedwenet
interrogation *(n.)* دواندن dwandin
interrogative *(n. & adj.)* پرسیاری prsyari
interrupt *(v.)* هاوبەشی ناکات haw beshi nakat
interruption *(n.)* هاوبەشینەکردن haw beshi nekirdin
intersect *(v.)* بە یەك دەگەن be yek degen
intersection *(n.)* یەکتربڕین yektir brin
interval *(n.)* ماوە mawe
intervene *(v.)* دەستی تێ دەخات desti te dekhat
intervention *(n.)* دەست تێ وەردان dest te werdan
interview *(n.)* چاوپێکەوتن chaw pe kewtin
interview *(v.)* چاوپێی دەکەوێت chaw pe dekewet
intestinal *(adj.)* ڕیخۆڵەیی rekholey
intestine *(n.)* ڕیخۆڵە rekhole
intimacy *(n.)* هۆگری hogri
intimate *(adj.)* قووڵ qol
intimate *(v.)* پێی دەڵێت pey delet
intimation *(n.)* گەیاندن geyandin
intimidate *(v.)* دەتۆقێنێت detowqenet
intimidation *(n.)* تۆقاندن toqandin
into *(prep.)* بۆ ناو bu naw
intolerable *(adj.)* بەرگە ناگیرێت berge nagret
intolerance *(n.)* بەرگەنەگرتن berge ne girtin
intolerant *(adj.)* لێ نەبوردو le ne bordo
intoxicant *(n.)* مەستکەر mest ker
intoxicate *(v.)* مەستی دەکات mesti dekat
intoxication *(n.)* مەستی mesti
intransitive *(adj. (verb))* فرمانی تێنەپەڕ frmani te neper

intrepid *(adj.)* بێ ترس be tirs
intrepidity *(n.)* ترسناکیی trsnaki
intricate *(adj.)* ئاڵۆز aloz
intrigue *(v.)* فیتنه ده کا fitne deka
intrigue *(n.)* فیتنه fitne
intrinsic *(adj.)* ناوەکی naweki
introduce *(v.)* ناساندن nasandin
introduction *(n.)* پێشەکی pesheki
introductory *(adj.)* پێشەکی pesheki
introspect *(v.)* خۆراگری kho ragri
introspection *(n.)* دەروون پشکنین deron pshkinin
introvert *(n.)* گۆشەگیر goshe ger
intrude *(v.)* خۆی تێ هەڵدەقوتێنێت khoy te hel deqotenet
intrusion *(n.)* خۆ تێ هەڵقوتاندن kho te hel qotandin
intuition *(n.)* ژیری jiri
intuitive *(adj.)* ژیرانه jirane
invade *(v.)* داگیرکردن dagirdin
invalid *(n. & adj.)* نادروست nadrost
invalidate *(v.)* هەڵدە وەشێنێتەوە hel deweshenet
invaluable *(adj.)* بێ نرخ be nirkh
invasion *(n.)* داگیرکردن dagirkirdin
invective *(n.)* جنێودان jnew dan
invent *(v.)* داده هێنێت dadehenet
invention *(n.)* داهێنان dahenan
inventive *(adj.)* داهێنەرانه dahenerane
inventor *(n.)* داهێنەر dahener
invert *(v.)* پێچەوانەکردنەوە pechewne kirdinewe
invest *(v.)* وەبەرهێنان weber henan
investigate *(v.)* لێکۆڵینەوە le kolinewe
investigation *(n.)* پشکنین pshkinin
investment *(n.)* وەبەرهێنان weber henan
invigilate *(v.)* چاودێری بکەن chawderi bken
invigilation *(n.)* چاودێریکردن chawderi kirdin
invigilator *(n.)* چاودێر chawder
invincible *(adj.)* نەدۆڕاوە ne dowrawe
inviolable *(adj.)* پێشێل نەکراوە peshel ne krawe
invisible *(adj.)* نەبینراو ne binraw
invitation *(n.)* بانگهێشت کردن bang hesht kirdin
invite *(v.)* مێوانداری دەکات mewandari dekat
invocation *(n.)* پاڕانەوە paranewe
invoice *(n.)* لیستەی نرخ listey nirkh

invoke *(v.)* دەپاڕێتەوە له de paretewe le
involve *(v.)* بەشداری دەکات beshdari dekat
inward *(adj.)* بەرەو ناوەوە berew nawewe
inwards *(adv.)* بۆ ناوەوە bu nawewe
irate *(adj.)* تووڕە tore
ire *(n.)* تووڕەیی torey
Irish *(adj.)* ئێرلەندی erlendi
Irish *(n.)* زمانی ئێرلەندی zmane erlendi
irk *(v.)* بێزاری دەکات bezari dekat
irksome *(adj.)* وەڕەسکار weres kar
iron *(n.)* ئاسن asn
iron *(v.)* ئوتوو دەکات auto dekat
ironic *(adj.)* گاڵتەخواز galte khwaz
ironical *(adj.)* گاڵتەخوازانە galte khwazane
irony *(n.)* گاڵته galte
irradiate *(v.)* شەوق دانەوە shewq danewe
irrational *(adj.)* ناماقووڵ namaqol
irreconcilable *(adj.)* ئاشت نابنەوە asht nabnewe
irrecoverable *(adj.)* دەست ناکەوێت dest nakewet
irrefutable *(adj.)* به درۆ ناخرێتەوە be drow nakhretewe
irregular *(adj.)* ڕێزبەر rezber
irregularity *(n.)* ڕێزبەری rez beri
irrelevant *(adj.)* ناپەیوەست na peywest
irresistible *(adj.)* بەرگری لێناکری bergri le nakre
irrespective *(adj.)* بەبێ ڕەچاوکردنی be be rechaw kirdini
irresponsible *(adj.)* کەمتەرخەم kemter khem
irrigate *(v.)* ئاودێری بکەن awderi bken
irrigation *(n.)* ئاودان awdan
irritable *(adj.)* تووڕە دەبێت tore debet
irritant *(n. & adj.)* وروژێنەر worjener
irritate *(v.)* تووڕەکردن tore dekat
irritation *(n.)* خوران khoran
irruption *(n.)* پچران pchran
island *(n.)* دوورگه dwrga
isle *(n.)* دوورگه dwrga
isobar *(n.)* ئایزۆبار ayzo bar
isolate *(v.)* جیاکردنەوە jya kirdinewe
isolation *(n.)* گۆشەگیری goshe giri
issue *(v.)* بڵاوی دەکا blawi deka
issue *(n.)* کێشە keshe
it *(pron.)* ئەو aw
Italian *(n. & adj.)* ئیتاڵی itali
italic *(adj.)* لار lar

italics (n.) چاپ کردن به تیپی لار chap kirdin be tipi lar
itch (n.) خورو khorw
itch (v.) دەخورێنێت de khorenet
item (n.) مادده madde
itinerary (n.) گەشتنامە gesht name
ivory (n.) کەڵبەی فیل kelpey fel
ivy (n.) لاولاوە law lawe

jab (v.) زەخت دەکات zekht dekat
jabber (v.) چەنەچەن دەکات chene chen dekat
jack (n.) کەس kes
jack (v.) بەرزکەرە berz kere
jackal (n.) چەقەڵ cheqel
jacket (n.) چاکەت chaket
jackpot (n.) گەورەترین خەڵات لە یانسیب gewre treen khelat le yanesib
jade (n.) ژنێکی بەدناو jneki bed naw
jail (v.) سجن کردن bendi khane
jail (n.) بەندیخانە bendi khane
jailer (n.) بەندیخانەچی bendi khane chi
jam (n.) دەستپێت de pestet
jam (v.) دۆشاوی میوە doshawi mewe
jam-packed (adj.) مرەبا پڕکراوەتەوە mreba prkrawetewe
janitor (n.) دەرگاوان dergawan
January (n.) مانگی کانونی دووهەم mangi kanoni dohem
jar (n.) دۆلکە dolke
jargon (n.) شێوازێکی دیاریکراوە لە زمان بەکارهێنراندا shewazeki dyari kraw le zman be karhenan da
jasmine, jessamine (n.) یاسەمین جێسامین yasmin jisamin
jaundice (n.) زەردووی zerdoy
jaundice (v.) زەردووی دە کا zardoy deka
javelin (n.) شمشێر لێدان shm sher le dan
jaw (n.) شەوێلاگ shewelag
jay (n.) جەی jey
jealous (adj.) حەسوود hesood
jealousy (n.) حەسوودی hesoody
jean (n.) جین jen
jeer (v.) جیەر jeyer
jelly (n.) جەلی jely
jeopardize (v.) مەترسی دە کات metrsi dekat

jeopardy (n.) مەترسی metrsi
jerk (n.) جوولەی خێرا joley khera
jerkin (n.) جێرکین jerkin
jerky (adj.) جێرکی jerki
jersey (n.) جێرسی jersi
jest (n.) گاڵتە galte
jest (v.) گاڵتە دە کا galte deka
jet (n.) جێت jet
jet engine (n.) مەکینەی فڕۆکە mekiney froke
jew (n.) جولەکە joleke
jewel (n.) گەوهەر gewher
jewel (v.) خە ملاندن بە گەوهەر khemlandin be gewher
jeweller (n.) گەوهەرچی gewher chi
jewellery (n.) زەرەنگەری zerengeri
jiggle (v.) لەرینەوە lerinewe
jigsaw (n.) باری پانۆراما panorama
jingle (n.) زەنگۆڵە zengole
jingle (v.) دەزرەنگێتەوە dezrengetewe
job (n.) کار kar
jobber (n.) سمسار smsar
jobbery (n.) گەندەڵی gendeli
jobless (adj.) بێ نیش be ish
jockey (n.) سوارە sware
jocular (adj.) گاڵتەچی galtechi
jog (v.) دەیجۆڵێنێت dey jolenet
join (v.) دەبەستێ debeste
joiner (n.) دارتاش dartash
joint (n.) جومگە jomge
joint (adj.) دەبەستێ debeste
joint effort (n.) هەوڵی هاوبەش hewli hawbesh
jointly (adv.) بە هاوبەشی be hawbeshi
joke (n.) گاڵتە galte
joke (v.) گاڵتە دەکات galte dekat
joker (n.) گاڵتەچی galtechi
jollity (n.) کەیف خۆشی keif khoshi
jolly (adj.) ڕووخۆش ro khosh
jolt (n.) دەلەرزێت delerzet
jolt (v.) دەلەرزێنی delerzene
jostle (n.) لێی دەخشێت ley dekhshet
jostle (v.) لێی دەخشێنی ley dekhshene
jot (n.) گەردیلە gerdile
jot (v.) بە خێرا دەنوسی be khera denose
journal (n.) گۆڤار govar
journalism (n.) ڕۆژنامەگەری rojname geri
journalist (n.) ڕۆژنامەگەر rozhnamagar
journey (n.) گەشت gesht
journey (v.) گەشت کردن gesht kirdin

jovial *(adj.)* خۆشى khoshi
joviality *(n.)* خۆشى khoshi
joy *(n.)* خۆشى khoshi
joyful *(adj.)* خۆشحاڵ khoshhal
joyous *(n.)* ئاسوودە asode
jubilant *(adj.)* دڵخۆشكەر dlkhoshkar
jubilation *(n.)* دڵخۆشبوون dlkhosh boon
jubilee *(n.)* ئاهەنگ aheng
judge *(n.)* دادوەر dadwer
judge *(v.)* دادوەرى دەكات dadwar
judgement *(n.)* فەرمان ferman
judicature *(n.)* فەرمان ferman
judicial *(adj.)* دادوەرى dadweri
judiciary *(n.)* دادگەرىى dadgeri
judicious *(adj.)* دانا dana
jug *(n.)* كەمۆڵە komele
juggle *(v.)* توپ بازى دەكات top bazi dekat
juggler *(n.)* جادووكەر jadoker
juice *(n.)* گوشراو goshraw
juicy *(adj.)* پر خۆشاو pr khoshaw
jukebox *(n.)* جەوكبۆكس jawkboks
jumble *(n.)* تێكە لكردن tekel kirdin
jumble *(v.)* تێكە ل دە كات tekel deka
jump *(n.)* بازدان bazdan
jump *(v.)* بازى دە دات bazi dedat
junction *(n.)* يەكگرتن yek girtin
juncture *(n.)* يەكگرتن yek girtin
jungle *(n.)* دارستان darstan
junior *(n. & adj.)* بچووك bchok
junk *(n.)* ئاسنەكۆن asne kon
jupiter *(n.)* جووپيتەر jopeter
jurisdiction *(n.)* دەسەڵاتى دادوەرى destelati dadweri
jurisprudence *(n.)* دادوەرى dadweri
jurist *(n.)* ياساوان yasawan
juror *(n.)* ئەندامى دەستەى سوێندخۆران andami destey swend khoran
jury *(n.)* دەستەى سوێندخۆران dastey swend khoran
juryman *(n.)* ئەندامى سوێندخۆران andami swend khoran
just *(adj.)* تەنها tenha
justice *(n.)* دادپەروەرى dadperweri
justifiable *(adj.)* ڕەوا دەبينرێت rewa debinret
justification *(n.)* پاساو pasaw
justified *(adj.)* ڕەوا دەبينرێت rewa debinret
justify *(v.)* ڕاست كردنەوە rast kirdinewe
justly *(adv.)* بە دادپەروەرانە be dadperwerane

jute *(n.)* جوت jot
juvenile *(adj.)* نەوجەوان new jwan
juxtapose *(v.)* يەكتر دابنى yektir dabne
juxtaposed *(adj.)* لە يەكتردا جێگير كراوە le yektirda jegir krawe
juxtaposition *(n.)* يەكتر جێگيركردن yektir jegir kirdin

K

kaffir *(n.)* كافير kafir
kaki *(n.)* كاكى kaki
kaleidoscope *(n.)* كاليدۆسكۆپ kalido skop
kamikaze *(n.)* فرۆكەوانى فيداكەرى ژاپۆنى frokewani fidakeri japoni
kangaroo *(n.)* كەنگەرو kangarw
karat *(n.)* كاراتى karate
keen *(adj.)* پەرۆش perosh
keenness *(n.)* توندى tondi
keep *(v.)* پاراستن parastin
keeper *(n.)* پارێزەر parezer
keepsake *(n.)* يادگارى yadgari
kennel *(n.)* كۆشكى ئاژەڵان koshki ajelan
kerchief *(n.)* دەست كێش dest kesh
kernel *(n.)* ناوك nawk
kerosene *(n.)* نەوتى سپى newti spi
ketchup *(n.)* كەچاپ kechep
kettle *(n.)* چاپەست chapest
key *(n.)* كليل klil
key *(v.)* نوسين بە ناميرە ى نوسين nosin be amerey nosin
key *(adj.)* كليل klil
keyboard *(n.)* كيبۆرد kibord
keyhole *(n.)* كونە كليل kone klil
keypad *(n.)* كيپاد kipad
keysmith *(n.)* كيسميس kismis
keystone *(n.)* بەردى كليل berdi klil
keyword *(n.)* وشەى سەرەكى wshey sereki
kick *(n.)* لێدان le dan
kick *(v.)* لێ دە دات le dedat
kick-start *(v.)* لێدانى دەستپێكى ledani dest peki
kid *(n.)* منداڵ mndal
kidnap *(v.)* رفاندن rfandn
kidney *(n.)* گورچيلە gorchela
kill *(v.)* دەكوژێت de kojet
kill *(n.)* كوشتن koshtin

kiln *(n.)* کوره kore
kilo *(n.)* کیلو kilo
kilogram *(n.)* کیلوگرام kilogram
kilt *(n.)* ته نوره tenore
kilt *(v.)* ته نوره بوی دینی tenore boy dene
kin *(n.)* خزمایەتی khizmayeti
kind *(n. & adj.)* جۆر jor
kindergarten *(n.)* باغچەی ساوایان bakhchey sawayan
kind-hearted *(adj.)* دڵسۆز dlsoz
kindle *(v.)* دادگیرسێنێت dadegirsenet
kindly *(adv.)* میهرەبانانە mihrebanane
kindness *(n.)* دڵنەرمی dil nermi
kinetic *(adj.)* جوڵەیی joley
king *(n.)* شاه shah
kingdom *(n.)* شانشین shan shin
kinship *(n.)* خزمایەتی khzmayeti
kiosk *(n.)* کۆشك koshk
kiss *(n.)* ماچ mach
kiss *(v.)* ماچ دەکات mach dekat
kit *(n.)* کەرەستەی نێش kerestey ish
kitchen *(n.)* ژووری چێشت لێنان jori chesht le nan
kite *(n.)* کۆلارە kolare
kith *(n.)* کیت ket
kitten *(n.)* بێچووە پشیلە bechwe pshile
knave *(n.)* بەدخۆ bed kho
knavery *(n.)* ناپاك napak
knead *(v.)* دەشێڵێت deshelet
knee *(n.)* ئەژنۆ ajno
kneel *(v.)* کڕنۆش دەبات krnosh debat
knife *(n.)* چەقۆ chaqw
knight *(n.)* سوارچاك swar chak
knight *(v.)* سوارچاکی دە کات swar chaki dekat
knit *(v.)* دەچنێت de chinet
knock *(v.)* لێدەدات le dedat
knockout *(n.)* کۆتایی هات kotay hat
knot *(n.)* گرێ gre
knot *(v.)* گرێدەدات grey dedat
know *(v.)* دە زانی de zane
knowledge *(n.)* زانیاری zanyari
knowledgeable *(adj.)* پڕ زانین pr zanin
knuckle *(n. & v.)* جومگە jomga
koala *(n.)* کوالا kwala
koi *(n.)* کۆی kwe
krill *(n.)* کریل krel

L

label *(n.)* نیشانە nishane
label *(v.)* نیشانە دادەنێت nishane dadenet
labial *(adj.)* زاری zari
laboratory *(n.)* تاقیگە taqi geh
laborious *(adj.)* کار kar
labour *(v.)* ئەرك ark
labour *(n.)* کار kar
laboured *(adj.)* وێستراو westraw
labourer *(n.)* کرێکار krekar
labyrinth *(n.)* گوێ ی ناوەوە goy nawewe
lac, lakh *(n.)* لاك لاك lak lak
lace *(v.)* لێوار lewar
lace *(n.)* کەنار kenar
lacerate *(v.)* پارچەپارچە دەکات parche parche dekat
lachrymose *(adj.)* گرینۆك grenok
lack *(v.)* پێویستی pewisti
lack *(n.)* کەمی kemi
lackey *(n.)* بەردەست berdest
lacklustre *(adj.)* بێ دەروشاوە be drewshawe
laconic *(adj.)* کورتە korte
lactate *(v.)* شیر دەرێژێت shir derjet
lactic *(adj.)* شیری shiri
lactometer *(n.)* لاکتۆمیتەر laktomiter
lactose *(n.)* لاکتۆز laktoz
lacuna *(n.)* بۆشایی boshae
lacy *(adj.)* شەلێتی shaelite
lad *(n.)* کوڕ kor
ladder *(n.)* پەیژەی گەرۆك peyjey gerok
lade *(v.)* بار لێ بارکردن bar le barkirdin
ladle *(n.)* ئەسکوێ askoy
ladle *(v.)* خزمە تی کرد askoy
lady *(n.)* خانم khanim
lag *(v.)* دواکەوێت dwa dekewet
laggard *(n.)* دواکەوتوو dwak kewtow
lagoon *(n.)* تاڤگە tavga
laid-back *(adj.)* نارام بێت aram bet
lair *(n.)* لانە lana
lake *(n.)* دەریاچە deryache
lakefront *(n.)* بەری دەریاچە bery deyache
lama *(n.)* لاما lama
lamb *(n.)* بەرخ barkh
lambaste *(v.)* لێدەدات le dedat
lambkin *(n.)* مەڕ mer

lame *(v. & adj.)* بەربەست berbest
lament *(n. & v.)* گریانی gryani
lamentable *(adj.)* جێگەی داخە jegey dakhe
lamentation *(n.)* ماتەمینی matemini
laminate *(v.)* لێ دەبوڕێ le debore
lamp *(n.)* چرا chra
lampoon *(n.)* جوێنپێی دەدات joinepi dadat
lampoon *(v.)* گاڵتەپێ دەکات galte pe degat
lance *(n.)* رم rm
lance *(v.)* دەکاتەوە dekatewe
lancer *(n.)* سەربازی رم هەڵگر serbazi rm helgr
lancet *(adj.)* لانسێت lanset
land *(n.)* زەوی zewi
land *(v.)* دەنیشێنتەوە denishetewe
landing *(n.)* نیشتنەوە nishtinewe
landline *(n.)* هێڵی زەمینی heli zemini
landlord *(n.)* خاوەن خانوو khawen khano
landmark *(n.)* هێما سەرەکییەکان hema serekyekan
landscape *(n.)* ئاسۆیی asoy
lane *(n.)* هێڵی heli
language *(n.)* زمان zman
languish *(v.)* لاواز دەبێت lawaz debet
languor *(n.)* بێ تاقەتی be taqey
lank *(adj.)* باریک و درێژ barek u drej
lantern *(n.)* چرا chra
lanugo *(n.)* لانۆجۆ lanojo
lap *(n.)* کۆش kosh
lapse *(v.)* پشت گوێ دەخا psht goy dekha
lapse *(n.)* هەڵەیەکی نا بەرێکەوت heleyeki na bere kewt
laptop *(n.)* لاپتۆپ laptop
lard *(n.)* چەوری chewri
large *(adj.)* گەورە gewre
largesse *(n.)* بەخشندەیی pekhshindey
lark *(n.)* کڵاوکۆڕە klawkore
lascivious *(adj.)* داوێن پیسی dawen pisi
lash *(v.)* دەبەستێ debeste
lash *(n.)* لێدان le dan
lass *(n.)* کچ kch
last *(adj. & adv.)* دوایین dwayn
last *(v.)* بەردەوام دەبێت berdewam debet
last *(n.)* دوایین dwayn
lasting *(adj.)* بەردەوام berdewam
lastly *(adv.)* لە دواییدا le dwayda
latch *(n.)* قفڵ qfl
late *(adj.)* دواکەوتوو dwa kewtow
late *(adv.)* خوا لێ خۆش بوو khwa le khosh bo

lately *(adv.)* لەم دواییەدا lem dway yeda
latent *(adj.)* شاراوە sharawe
lath *(n.)* پارچە parche
lathe *(n.)* چەرخ cherkh
lather *(n.)* کەفی سابوون kefi saboon
latitude *(n.)* بواری پانبوون bwari pan boon
latrine *(n.)* ئاودەست aw dest
latter *(adj.)* دواترین dwatreen
lattice *(n.)* رشتەیی rshtey
laud *(v.)* ستایش دەکات dtaysh dekat
laud *(n.)* ستایش کردن staysh kirdin
laudable *(adj.)* ستایشکراو staysh kraw
laugh *(n.)* پێکەنین pe kenin
laugh *(v.)* پێدەکەنێ pe dekene
laughable *(adj.)* پێکەنیناوی pe keninawi
laughter *(n.)* پێکەنین pe kenin
launch *(v.)* بەکار دە خات be kar dekhat
launch *(n.)* بەکارخستن be kar khistin
launder *(v.)* جل شۆردن jl shordn
laundress *(n.)* جلشۆر jl shor
laundry *(n.)* جلشۆرگە jl shorge
laureate *(adj.)* نەخشێنراو بە غار nekhshenraw be khar
laureate *(n.)* خاوەن خەڵات khawen khelat
laurel *(n.)* درەختی غار drakhte ghar
lava *(n.)* ناگراو agraw
lavatory *(n.)* تەوالێت tewalet
lavender *(n.)* لاڤاندەر lavander
lavish *(adj.)* دەست بڵاو dest blaw
lavish *(v.)* پەخشێندە pekhshinde
law *(n.)* یاسا yasa
lawful *(adj.)* یاسایی yasay
lawless *(adj.)* لە یاسا بەدەر le yasa beder
lawn *(n.)* پاوان pawan
lawyer *(n.)* پارێزەر parezer
lax *(adj.)* تۆشی رەوان بوو toshi rewan boon
laxative *(n. & adj.)* دەرمانی رەوانی dermani rewani
laxity *(n.)* خاوبوونەوە khaw bonewe
lay *(v.)* سە کس کردن seks kirdin
lay *(v.)* دانان danan
lay *(adj.)* علمانی ilmani
layer *(n.)* تویژاڵ twejal
layman *(n.)* مرۆڤێکی ئاسایی mroveki yasay
lay-off *(n.)* دەرکردن der kirdin
layout *(n.)* ڕێزبەست rez best
laze *(v.)* تەمەڵی دەکات temeli dekat
laziness *(n.)* تەمەڵی temeli
lazy *(adj.)* تەمەڵ temel

lea (n.) لەومرگا le werga
leach (v.) پاڵاوتن palawtın
lead (n.) قورقوشم qorqoshım
lead (v.) ڕابەریدەکات raberı dekat
leaden (adj.) قورقوشمی qorqoshmı
leader (n.) ڕابەر raber
leadership (n.) ڕابەری raberı
leaf (n.) گەڵای ڕووەك gelay rwek
leaflet (n.) نامیلکە namılke
leafy (adj.) پڕ گەڵا pr gela
league (n.) یەکگرتوو yek grtow
leak (n.) دزەکردن dze kirdin
leak (v.) دزە دە کا dazkirdn
leakage (n.) تەشەنەکردن teshene kirdin
lean (n.) لار دەبێتەوە lar debetewe
lean (v.) ڕاگیردەبێت ragir debet
leap (v.) بازدەدات baz dedat
leap (n.) باز baz
learn (v.) فێردەبێت fer debet
learned (adj.) ڕۆشنبیر rowshin bir
learner (n.) خوێندکار khwend kar
learning (n.) فێربوون fer boon
lease (n.) کرێنامە kre name
lease (v.) بە کرێ وەرگرتن be kre wer girtin
least (adj. & adv.) کەمترین kemtreen
leather (n.) چەرم cherm
leave (n.) ماوەمێدان mawe pe dan
leave (v.) بەجێدەهێڵێت be je de helet
lecture (n.) ووتار wtar
lecture (v.) وانە wane
lecturer (n.) وانە بێژ wane bej
ledger (n.) کتێبی سەرمکی ktebi sereki
lee (n.) جێگا jega
leech (n.) پزیشك pzishk
leek (n.) کەوەر kewer
left (adj.) وازی لێهێنا wazi le hena
left (n.) چەپ chep
leftist (n.) چەپەکان chepekan
leftover (n.) پاشماوە pashmawe
leg (n.) قاچ qech
legacy (n.) میرات mirat
legal (adj.) یاسایی yasay
legal action (n.) ڕێکاری یاسایی rekari yasay
legality (n.) یاسایی بوون yasay boon
legalize (v.) شێوەی یاسایی دەداتێ shewey yasay de date
legend (n.) ئەفسانە afsane
legendary (adj.) ئەفسانەیی afsaney
leghorn (n.) لێگۆرن le gorin

legible (adj.) خوێنەرەوەیە khwenereweye
legibly (adv.) بە شێوەیەکی خوێنەرەوە be sheweyeki khwenerewe
legion (n.) فەیلەق feyleq
legionary (n.) لەشکری leshkeri
legislate (v.) یاسادادەنێت yasa dadenet
legislation (n.) یاسادانان yasa danan
legislative (adj.) یاسادانانی yasa danani
legislator (n.) یاسادانەر yasa daner
legislature (n.) ئەنجومەنی یاسادانان anjomeny yasa danan
legitimacy (n.) یاسایەتی yasayeti
legitimate (adj.) ڕەوا rewa
leisure (n.) تەمبەڵی temeli
leisurely (adj. & adv.) لەسەرخۆ le ser khow
lemon (n.) ڕەنگی لیمۆیی renge limoni
lemonade (n.) لیمۆ lemo
lend (v.) قەرزدان qerz dan
length (n.) درێژی dreji
lengthen (v.) درێژکردنەوە drej kirdinewe
lengthy (adj.) درێژی dreji
lenience (n.) نەرم و نیان nerm u nyan
leniency (n.) نەرمی nermi
lenient (adj.) نەرم nerm
lens (n.) هاوێنە hawene
lentil (n.) نیسك nisk
Leo (n.) کەڵۆی شێر keloy sher
leonine (adj.) شێرانە sherane
leopard (n.) پلنگ plng
leper (n.) گول gol
leprosy (n.) گولی guli
leprous (adj.) گول و گەر gul u ger
less (prep. & adv. & n. & adj.) کەمتر kem tir
lessee (n.) کرێچی krechi
lessen (v.) کەمی دەکاتەوە kemi dekatewe
lesser (adj.) بچوکتر bichok tr
lesson (n.) وانە wane
lest (conj.) نەوەکو ne weko
let (v.) کرێنامە kre name
lethal (adj.) کوشندە koshinde
lethargic (adj.) تەمبەڵی temeli
lethargy (n.) بێهێزی be hezi
let-out (n.) با دەربچێت ba der bchet
letter (n.) نامە name
letterhead (n.) سەری نامە sare name
level (n.) ئاست ast
level (adj.) ئاسۆیی asoy
level (v.) ئاراستەی دەکات arastae dakat

lever *(v.)* بلند کردن bilnd kirdin
lever *(n.)* کرێن kren
leverage *(n.)* هێزی بەرزکردنەوە hezi berz kirdinewe
levity *(n.)* کێش سووکی kesh sowki
levy *(v.)* باج دەسێنێت baj desenet
levy *(n.)* زۆرە سەربازی zore serbazi
lewd *(adj.)* داوێن پیس dawin pis
lexicography *(n.)* فەرهەنگ دانان feheng danan
lexicon *(n.)* فەرهەنگ ferheng
liability *(n.)* لێپرسراوی le prsrawi
liable *(adj.)* لێپرسراو le prsraw
liaison *(n.)* پەیوەندی peywendi
liar *(n.)* درۆزن drozin
libel *(n.)* بەناوبانگ کردن be naw bang kirdin
libel *(v.)* هاوێشتنج haweshtinj
liberal *(adj.)* ئازادبیر azad bir
liberalism *(n.)* ئازادیخوازی azadi xwazi
liberality *(n.)* بەخشندەیی bekhshindey
liberate *(v.)* ئازادکردن azadkirdn
liberation *(n.)* رزگاری rizgari
liberator *(n.)* رزگارکەر rizgar ker
libertine *(n.)* ئازادیخواز azadi khwaz
liberty *(n.)* ئازادی azadi
librarian *(n.)* کتێبخانەوان kteb khane wan
library *(n.)* کتێبخانە kteb khane
licence *(n.)* مۆڵەت molet
license *(v.)* مۆڵەتی پێدەدرێت moleti pe dedret
licensee *(n.)* خاوەن مۆڵەت khawen molet
licentious *(adj.)* بێ ئابڕو be abro
lick *(v.)* دەلێسێتەوە de lisetewe
lick *(n.)* لێسانەوە lesanewe
lid *(n.)* سەرقاپ ser qap
lie *(n.)* راد‌ەکشێت ra dekeshet
lie *(v.)* پاڵ‌دەداتەوە pal dedatewe
lien *(n.)* ڕەهن rehn
lieu *(n.)* لە جیاتی le jyati
lieutenant *(n.)* نەقیب neqib
life *(n.)* ژیان jyan
life jacket *(n.)* چاکەتی رزگارکردن chaketi rizgar kirdin
life support *(n.)* پشتگیری ژیان psht giri jyan
lifeless *(adj.)* بێ گیان be gyan
lifelong *(adj.)* بە درێژیی ژیان be dreji jyan
lifestyle *(n.)* شێوازی ژیان shewazi jyan
lift *(n.)* بەرزکەرەوە berz kerewe
lift *(v.)* بەرز دەکات berz dekat
ligament *(n.)* بەستەر bester

light *(n. & adj.)* ڕووناکی ronaki
light *(v.)* گردەگرێنێت gr degret
lighten *(v.)* ڕووناک دەکات ronak dekatewe
lightening *(n.)* بروسکە broske
lighter *(n.)* چەرخ cherkh
lightly *(adv.)* بە سووکیی be sowki
lignite *(n.)* لیگنێت lignet
like *(v.)* هاوتا hawta
like *(adj.)* لێکچو lek cho
like *(n.)* هاوتا hawta
like *(prep.)* وە کو weko
likelihood *(n.)* لەوانەیە le waneye
likely *(adj.)* لەوانەیە le waneye
liken *(v.)* هاوشێوە haw shewe
likeness *(n.)* هاوشێوەیی haw shewey
likewise *(adv.)* بەهەمان شێوە be heman shewe
liking *(n.)* حەزکردن hez kirdin
lilac *(n.)* لیلاك le lak
lily *(n.)* سۆسن sosn
limb *(n.)* ئەندام andam
limber *(v.)* بەکێشمان be keshman
limber *(adj.)* جێر jer
limber *(n.)* نەرم nerm
lime *(n.)* قسڵ qsl
lime *(v.)* لیمۆ lemo
limelight *(n.)* شەوقێکی بەهێز shewqeki be hez
limit *(n.)* سنوور snor
limit *(v.)* دیاری دەکات dyari dekat
limitation *(n.)* دیاریکردن dyari kirdin
limited *(adj.)* دیاریکراو dyari kraw
limitless *(adj.)* بێ سنوور be snor
line *(n.)* هێڵ hel
line *(v.)* هێڵ دەکێشێت hel de keshet
lineage *(n.)* ڕەچەڵەك rechelek
linen *(n.)* کەتان ketan
linger *(v.)* درێژە بکێشە dreje bkeshe
lingo *(n.)* دواد‌ەکەوێت dwa dekewet
lingual *(adj.)* زمانەوانی zmane wani
linguist *(n.)* زمانزان zmanzan
linguistic *(adj.)* زمانەوانی zmane wani
linguistics *(n.)* زمانزانی zman zani
lining *(n.)* ناوپۆش naw posh
link *(n.)* ئەلقە alqa
link *(v.)* دەبەستێ debeste
linseed *(n.)* تۆو کەتان tow ketan
lintel *(n.)* سەرە دەرگا sere derga
lion *(n.)* شێر sher

lioness (n.) دەڵەشێر dele sher
lip (n.) لێو lew
liquefy (v.) شلکردنەوە shil kirdinewe
liquid (n. & adj.) شلە shle
liquidate (v.) ساغ دەکاتەوە sakh dekawtewe
liquidation (n.) ساغ کردنەوە sagh dakatawa
liquor (n.) ئەلکحول alkhol
lisp (v.) زمان پس zamn ps
lisp (n.) پس pis
list (n.) لیست list
list (v.) دەکا بە لیست deka be list
listen (v.) گوێ گرتن gwe girtin
listener (n.) گوێ گر gwe gir
listless (adj.) بێ نیرادە be irade
literacy (n.) خوێندەواری khwende wari
literal (adj.) وشەیی wshey
literary (adj.) وێژەیی wejey
literate (adj.) روشنبیر roshen bir
literature (n.) وێژە weje
litigant (n.) داواکار dawakar
litigate (v.) دادگایی دە کا dagay deka
litigation (n.) دادگاییکردن dagay kirdin
litre (n.) لیتر litr
litter (v.) پیس دەکات pis dekat
litter (n.) زبل zbl
litterateur (n.) وێژەوان weje wan
little (n.) کەم kem
little (adj.) بچوک bchok
little (adv.) کەم kem
littoral (adj.) کەناری دەریا kenary derya
liturgical (adj.) رێ و رەسمی re u resmi
live (v.) دەژی deji
live (adj. & adv.) زیندوو zindo
livelihood (n.) گوزەران gozeran
lively (adj.) چالاک chalak
liver (n.) جگەر jger
livery (n.) داپۆشینەر da poshener
living (adj.) چالاک chalak
living (n.) زیندوو zindo
lizard (n.) مارمێلکە mer melke
load (n.) بار bar
load (v.) هەڵدەگرێت hel degret
loadstar (n.) بارکردن bar kirdin
loadstone (n.) بەردی بناغە berdi bnakhe
loaf (n.) سەمون semoon
loaf (v.) نان nan
loafer (n.) دەروزەمکەر derozeker
loan (n.) قەرز qerz
loan (v.) قەرز دە دات qerz dedat

loath (adj.) دڵی تێکەڵدێت dli tekel det
loathe (v.) زۆر ڕقی لێدەمێنێت zoor rqi le det
loathsome (adj.) بۆگەن bo gen
lobby (n.) هۆڵ hol
lobe (n.) چیلە chele
lobster (n.) قرژاڵی دەریا qrjali derya
local (adj.) خۆجێیی khoje
locale (n.) شوێ showe
locality (n.) هەرێم herem
localize (v.) بنجی کردن bn je kirdin
locate (v.) دەکەوێتە de kewetewe
location (n.) شوێن shwen
lock (n.) قوفڵ qofl
lock (v.) قفل دەکات qofl dekat
locker (n.) سندوقی گچکە sndoqi gchke
locket (n.) ملوانکە mlwanke
locomotive (n.) لۆکۆمۆتیڤ lokomotev
locus (n.) شوێن shwen
locust (n.) کوڵە kole
locution (n.) دەربڕین der brin
lodge (n.) لۆچ loch
lodge (v.) نیشتەجێی دەبێت nishte je debet
lodging (n.) نیشتەجێبوون nishte je boon
loft (n.) هەورمبان hewre ban
lofty (adj.) شکۆدار shkodar
log (n.) تۆمار tomar
log (v.) تۆمار دە کات tomar dekat
logarithm (n.) لۆگاریتم logaretm
loggerhead (n.) دوژمنایەتی dojminayeti
logic (n.) لۆژیك lojik
logical (adj.) بیرسایی birsay
logician (n.) زانای لۆژیك zanay lojik
logout (n.) چوونە دەرەوە chone derewe
loin (n.) کە مە ر kemer
loiter (v.) دەرۆزە دەکات deroze dekat
loll (v.) شۆڕ دەبێتەوە shor debetewe
lollipop (n.) مژمژە mij mije
lone (adj.) تانیا tanya
loneliness (n.) تەنهایی tenhay
lonely (adj.) تەنها tenha
lonesome (adj.) تەنهایی tenhay
long (adv.) درێژ drej
long (v.) بیری هێز دەکات biri hez dekat
long (adj.) درێژ drej
longevity (n.) تەمەن درێژی temen dreji
longing (n.) زوور بیری کردن zoor biri kirdin
longitude (n.) درێژایی drejay
long-term (adj.) درێژخایەن drej khayen
look (v.) سەیرکردن seyr kirdin

look (n.) سه‌رنج sernj	lucerne (n.) لوسیرن losern
loom (n.) دیاربوون dyar boon	lucid (adj.) ئاشكرا ashkra
loom (v.) دیار ده بێت dyar debet	lucidity (n.) روشنی roshni
loop (n.) گرێ gre	luck (n.) به‌خت bekht
loop-hole (n.) كونێكی لوپ koneki lop	luckily (adv.) له چاك به‌ختی le chak bekhti
loose (adj.) شل shl	luckless (adj.) بێ به‌خت be bekht
loose end (n.) كۆتایی شل kotay shl	lucky (adj.) به به‌خت ba bekht
loosen (v.) شلكردنه‌وه shil kirdinewe	lucrative (adj.) قازانج به‌خش qazanj bekhsh
loot (n.) تاڵانكردن talan kirdin	lucre (n.) قازانج qazanj
loot (v.) تاڵان ده‌كات talan dekat	luggage (n.) كه‌ل و په‌ل kel u pel
lop (v.) ده‌بڕێت de bret	lukewarm (adj.) گه‌رم و گۆر germ u gor
lop (n.) چقی گچكه‌ی دار dari gchkey dar	lull (v.) هێور كردنه‌وه hior kirdinewe
lord (n.) خودا khoda	lull (n.) كپی ده‌كات kpi dekat
lordly (adj.) په‌روه‌ردگار per werd gar	lullaby (n.) لای لایه lay laye
lordship (n.) په‌روه‌ردگار بوون per werd gar boon	luminary (n.) ئه‌ستێره astera
	luminous (adj.) دره‌وشاوه drewshawe
lore (n.) نه‌ریتی ئه‌ده‌بی neriti adebi	lump (n.) پارو parw
lorry (n.) باركێش bar kesh	lump (v.) پارچه parche
lose (v.) وون ده‌كات won dekat	lump sum (n.) به كۆمه‌ڵا be komela
loss (n.) دۆراندن dorandin	lunacy (n.) شێتی sheti
lost (v.) وونیكرد wni kird	lunar (adj.) هه‌یڤی heyvi
lot (n.) بڕ br	lunatic (n. & adj.) شێت sheti
lotion (n.) پێست نه‌رمكه‌ر pist nerm ker	lunch (v.) نانی نیوه‌ڕۆ ده خوا nani newe ro de khwa
lottery (n.) یانه‌سیب yanesib	lunch (n.) نانی نیوه‌ڕۆ nani newe ro
lotus (n.) شلێری ناوی shleri awi	lung (n.) سی se
loud (adj.) به‌رز berz	lunge (v.) په‌لامار pela mar
lounge (v.) ده‌سوڕێته‌وه desoretewe	lurch (n.) ته‌نها له tenha le
lounge (n.) ژووری حه‌سانه‌وه jori hesanewe	lurch (v.) لاربوونه‌وه la bornewe
louse (n.) ئه‌سپی aspi	lure (n.) جوانی jwani
lovable (adj.) خۆشه‌ویست khoshewist	lure (v.) فریودان frew dan
love (n.) خۆشه‌ویستی khoshewisti	lurk (v.) خوی ده‌شارێته‌وه khoy de sharetewe
love (v.) خۆشی ده‌وێت khoshi de wet	luscious (adj.) بۆن خۆش bon khosh
lovely (adj.) جوان jwan	lush (adj.) چڕ و پڕ chr u pr
lover (n.) شه‌یدا sheyda	lust (n.) چلێسی chlesi
loving (adj.) حه‌زلێكردو hez le kirdo	lustful (adj.) به‌دخو bed khow
low (adj. & adv.) نزم nzm	lustre (n.) دره‌وشانه‌وه drewshanewe
low (v.) خوارو khwarow	lustrous (adj.) بریسكه‌دار briske dar
low (n.) هێمن hemin	lusty (adj.) پتهو ptew
lower (v.) نزمی ده‌كاته‌وه nzmi dekatewe	lute (n.) عود awd
low-fat (adj.) چه‌وری كه‌م chewri kem	luxuriance (n.) زۆری zori
lowliness (n.) نزمیی nzmi	luxuriant (adj.) زۆر zori
lowly (adj.) نزم nzm	luxurious (adj.) نایاب nayab
loyal (adj.) دڵسۆز dlsoz	luxury (n.) ڕابواردن rabwardin
loyalist (n.) لایه‌نگر layen gir	lynch (v.) له سێداره‌ دەدات به بێ دادگاییكردنی یاسایی le se dare dedat be be dadgay kirdini yasay
loyalty (n.) دڵسۆزی dlsozi	
lubricant (n.) ڕۆن ron	lyre (n.) قێساره qesara
lubricate (v.) چه‌وری ده‌كات chewri dekat	lyric (n.) هۆنراوه‌ی گۆرانی horawey gorani
lubrication (n.) چه‌وركردن chewri kirdin	
lucent (adj.) به‌شه‌وق be shewq	

lyric *(adj.)* شاعیرانه shairane
lyrical *(adj.)* گۆرانی goorani
lyricist *(n.)* هۆزانڤانی گۆرانی hozan vani gorani

M

macadamia *(n.)* ماکادامیا makadamia
macaroon *(n.)* ماکارۆن makaroon
mace *(n.)* سەولەجان sewlejan
mace *(v.)* سپرای دەکا spray deka
machinate *(v.)* نامێری دروستکردن ameri drost kirdin
machination *(n.)* کاری نامێری kari ameri
machine *(n.)* نامێر amer
machine-made *(adj.)* دروستکراوی نامێر drost krawi amer
machinery *(n.)* نامێرەکان amerekan
machinist *(n.)* ماشینچی amere chi
mack *(n. & v.)* ماک mak
macro *(adj.)* زل zl
macro *(n.)* گەورە gawre
macrobiotic *(adj.)* ماکرۆبایۆتیك makrobayotik
macrocephala *(n.)* ماکرۆسیفالی makrosifaly
macrofibre *(n.)* ماکرۆفایبەر makrofayber
macrosphere *(n.)* ماکرۆسفێر makrosifer
maculate *(v.)* لەکەدارکردن le kar dirdin
maculate *(n.)* پیس دەکات pis dekat
mad *(adj. & adv.)* شێت shet
madam *(n.)* خانم khanm
madden *(v.)* شێت دەکات shet dekat
maddening *(adj.)* شێتکردن shet kirdin
madhouse *(n.)* نەخۆشخانەی شێتان nekhoshkhaney shetan
madness *(n.)* شێتی sheti
mafia *(n.)* مافیا mafia
magazine *(n.)* گۆڤار govar
mage *(n.)* جادوگەر jado ger
maggot *(n.)* کۆترە kotre
magic *(n.)* سیحر sehr
magical *(adj.)* جادووی jadoy
magician *(n.)* جادوگەر jado ger
magisterial *(adj.)* دادوەری dad weri
magistracy *(n.)* دادوەری dad weri
magistrate *(n.)* دادوەر dad wer
magistrature *(n.)* دادوەر dad wer

magma *(n.)* بەردی تواوە berdi twawe
magnanimity *(n.)* پیاومەتی pyaweti
magnanimous *(adj.)* جوامێر jwamer
magnate *(n.)* پیشەگەر pishe ger
magnet *(n.)* مۆگناتیس mognatis
magnetic *(adj.)* مۆگناتیسی mognatisi
magnetism *(n.)* مۆگناتیسیتی mognatisiti
magnificent *(adj.)* گەورە gewre
magnify *(v.)* گەورە دەکات gewre dekat
magnitude *(n.)* بایەخ bayekh
magpie *(n.)* جۆرە باڵندە یە ك jore balindeyek
mahogany *(n.)* داری ماهۆگەنی dari mahogeni
mahout *(n.)* فیلەوان fele wan
maid *(n.)* کچە کارەکەر kche kareker
maiden *(adj.)* کچ kch
maiden *(n.)* کچێنی kcheni
mail *(n.)* پۆست post
mail *(v.)* بۆستە دەنێرێت poste deneret
main *(adj.)* سەرەکی sereki
main *(n.)* پانایی دەریا panay derya
mainly *(adv.)* بە شێوەیەکی سەرەکی be sheweyeki sereki
mainstay *(n.)* پشت psht
maintain *(v.)* دەپارێزێت dey parezet
maintenance *(n.)* چاکسازی chak sazi
maize *(n.)* گەنمەشامی genme shami
majestic *(adj.)* شکۆمەند shkomend
majesty *(n.)* شکۆمەندی shkomendi
major *(n. & adj.)* سەرەکی sereki
majority *(n.)* زۆرینە zorine
make *(v.)* جێگا چاك کردن jega chak kirdin
make *(n.)* جێگا چاك دەکات jega chak dekat
makeover *(n.)* گۆڕانکاری goran kari
maker *(n.)* دروستکەر drost ker
make-up *(n.)* ماکیاژ makyaj
maladjustment *(n.)* خراپ خۆگونجاندن khrao kho gonjandin
maladministration *(n.)* خراپ ڕێکخستن khrap rek khistin
maladroit *(adj.)* ناکارامە na karame
malady *(n.)* نەخۆشی ne khoshi
malaise *(n.)* هەست کردن بە نەخۆشی hest kirdin be na khoshi
malaria *(n.)* مەلاریا melarya
malcontent *(adj.)* نارازی بوون na razi boon
malcontent *(n.)* تۆرە tore
male *(n. & adj.)* نێر ner
malediction *(n.)* جنێودان jnew dan

malefactor *(n.)* نیره nere
maleficent *(adj.)* خراپەکار khrape kar
malfunction *(v.)* خراپ کارکردن khrap kar kirdin
malice *(n.)* خراپەکاری khrape kari
malicious *(adj.)* بەدختانە bed khane
malign *(v. & adj.)* رقی لێھەڵدەگرێت rq le hel degret
malignancy *(n.)* نەخۆشی شێرپەنجەیی nekhoshi shir penjey
malignant *(adj.)* زیاندار zyan dar
malignity *(n.)* رق و کینە rq u kine
malleable *(adj.)* نەرم nerm
malmsey *(n.)* جۆرە شەرابێکی شیرینی بۆن خۆشە jore sherabeki shirini boon khoshe
malnourished *(adj.)* گەندە خۆر gende khor
malnutrition *(n.)* خراپ خۆری khrap khori
malpractice *(n.)* بەدرەفتار bed reftar
malt *(n.)* مەڵت melt
mal-treatment *(n.)* چارەسەری خراپ chareseri khrab
mamma *(n.)* دایە daye
mammal *(n.)* گیانەوەری شیردەر gyaneweri shir der
mammary *(adj.)* مەمکی memki
mammon *(n.)* سامان saman
mammoth *(n. & adj.)* ماموس mamos
man *(v.)* پیاوی بۆ دەنێری pyawi bo denere
man *(n.)* پیاو pyaw
manage *(v.)* بەڕێوەی دەبات be rewey debat
manageable *(adj.)* بەڕێوەبەرایەتی دەکرێت berwe berayeti dekat
management *(n.)* بەڕێوەبردن be rewe birdin
manager *(n.)* بەڕێوەبەر be rewe ber
managerial *(adj.)* بەڕێوەبەرایەتی be rewe berayeti
mandate *(n.)* ئیختیار ekhtyar
mandatory *(adj.)* زۆرمڵی zore mli
mane *(n.)* مەین meyn
manes *(n.)* ڕیشەکان reshekan
manful *(adj.)* پیاوانە pyawane
manganese *(n.)* مەنگەنیز mengeniz
manger *(n.)* مەنجەر menjer
mangle *(v.)* دەیگوشێ dey goshe
mango *(n.)* مانگۆ mangw
manhandle *(v.)* بە دەست ھەڵدەگری be dest hel de gre
manhole *(n.)* مانهۆڵ manhol
manhood *(n.)* پیاوەتی pyawati

mania *(n.)* شێتی sheti
maniac *(n.)* شێت shet
manicure *(n.)* مانیکێر manikir
manifest *(adj.)* ڕوون ron
manifest *(v.)* دیار dyar
manifestation *(n.)* ڕوونکردنەوە ron kirdinewe
manifesto *(n.)* ئاگاداری agadari
manifold *(adj.)* ھەمەجۆر heme jor
manipulate *(v.)* بەکاری دەھێنێت be kari de henet
manipulation *(n.)* کارتێکردن kar te kirdin
mankind *(n.)* مرۆڤ mrov
manlike *(adj.)* بە پیاو دەچێت be pyaw de chet
manliness *(n.)* پیاوەتی pyawati
manly *(adj.)* پیاوانە pyawana
manna *(n.)* گەزۆ gezow
mannequin *(n.)* مۆدێل model
manner *(n.)* ڕێگا rega
mannerism *(n.)* ڕەفتارێکی دروستکراوانە reftareki drost krawane
mannerly *(adj.)* ڕەوشت جوان rewsht jwan
manoeuvre *(n.)* مانۆڕ manor
manoeuvre *(v.)* مانۆڕ دەکات manor dekat
manor *(n.)* کێڵگەی دەرەبەگایەتی kelgey derebegayeti
manorial *(adj.)* مانۆریاڵ manoryal
mansion *(n.)* کۆشک koshk
mantel *(n.)* ڕەفە یا لنواری سەر ئاگردانی ناو دیوار refe yan lewari ser agirdani naw diwar
mantle *(n.)* باڵاپۆش bala posh
mantle *(v.)* دادەپۆشێ dade poshe
manual *(adj.)* دەنگی دەدا dengi deda
manual *(n.)* پەرتوکی ڕێنما pertoki renma
manufacture *(v.)* دروست دەکات drost dekat
manufacture *(n.)* پیشەسازی peshe sazi
manufacturer *(n.)* پیشەگەر pisheger
manumission *(n.)* بەندە ئازادکردن bende azad kirdin
manumit *(v.)* مانۆمێت manomet
manure *(n.)* ڕێخ rekh
manure *(v.)* پەینی ئاژەڵی peyni ajeli
manuscript *(n.)* دەستنووس dest nos
many *(adj.)* زۆر zoor
map *(v.)* نەخشە دەکێشێت nekhshe de keshet
map *(n.)* نەخشە nekhshe
mar *(v.)* دەشێوێنی de shewene

marathon *(n.)* ماراسۆن marason
maraud *(v.)* هێرش دەبات hersh debat
marauder *(n.)* تاڵانکەر talan ker
marble *(n.)* مەرمەر mermer
march *(n.)* ئازار azar
March *(n.)* مارت mart
march *(v.)* ئازار azar
mare *(n.)* دەریا derya
margarine *(n.)* مەرگەرین mer gerin
margin *(n.)* کەنار kenar
marginal *(adj.)* پەراوێزی perawezi
marigold *(n.)* گوڵە شەستە پەڕە gole shest peri
marine *(adj.)* دەریایی deryay
mariner *(n.)* دەریاوان deya wan
marionette *(n.)* بووکە شووشە لەسەر شانۆ boke shoshe le ser shano
marital *(adj.)* جەنگی jengi
maritime *(adj.)* دەریایی deryay
mark *(n.)* نیشانە nishane
mark *(v.)* ئاماژە دەکات amaje dekat
marker *(n.)* نیشانە دانەر nishane daner
market *(n.)* بازاڕ bazar
market *(v.)* بازاڕ کردن bazar kirdin
market research *(n.)* توێژینەوە لەبارەی بازاڕ twejinewe le barey bazar
market share *(n.)* پشکی بازاڕ pshki bazar
marketable *(adj.)* بە بازاڕ کردن be bazar kirdin
marksman *(n.)* نیشانەچی nishane chi
marl *(n.)* مارل marl
marmalade *(n.)* مارمێلکە mar melke
maroon *(v.)* بەجێ هێڵانی کەسێک لە گزیرتەیەک be je helani kesek le gzirteyek
maroon *(n. & adj.)* مارۆنی maroni
marriage *(n.)* هاوسەرگری کردن hawser giri kirdin
marriageable *(adj.)* ئامادە بۆ هاوسەرگیری amade bu hawser giri
marrow *(n.)* مێشکی لە ناو هەستی meshki le naw hesti
marry *(v.)* هاوسەرگیری hawser giri
Mars *(n.)* مەریخ merihk
marsh *(n.)* زۆنگاو zongaw
marshal *(n.)* مارشاڵ marshal
marshal *(v.)* هێز کۆدەکاتەوە hez kodekatewe
marshy *(adj.)* زۆنگاو زۆر zongaw zor
marsupial *(n.)* ڕیبەری دەکات reberi dekat
mart *(n.)* بازاڕ bazar

marten *(n.)* دەڵک delek
martial *(adj.)* سەربازی ser bazi
martinet *(n.)* توندو تیژ tond u tiji
martyr *(n.)* شەهید shehid
martyrdom *(n.)* شەهیدبوون shehid boon
marvel *(n.)* سەیر seyr
marvel *(v.)* سەرسام دەبێت ser sam debet
marvellous *(adj.)* سەرسوڕ هێنەر ser sorhener
mascot *(n.)* بەختدار bekht dar
masculine *(adj.)* نێرینە nerine
mash *(v.)* هە ڕیس heris
mash *(n.)* پڕۆشکراو prosh kraw
mask *(n.)* دەمامک demamk
mask *(v.)* دەمامک دەکاتێ demamk dekate
mason *(n.)* دروستکەری ئازاد drost keri azad
masonry *(n.)* ماسۆنیەت masonyet
masquerade *(n.)* ناهەنگی خۆ دەمامک لە بەر کردن ahengi demamk le ber kirdin
mass *(n.)* تەن ten
mass *(v.)* کۆ کردنەوە ko kirdinewe
massacre *(n.)* ڕەشەکوژی reshe koji
massacre *(v.)* سەر دەبڕێ ser debre
massage *(n.)* ناوە name
massage *(v.)* مەساج دەکات masaj
masseur *(n.)* مەساجکەر mesaj ker
massive *(adj.)* زۆر zoor
massy *(adj.)* گەورە gewre
mast *(n.)* پەردە هەڵگری بەڵەم perde helgri belem
master *(n.)* ماستە ر master
master *(v.)* وەستایی دەکات westay dekat
master class *(n.)* پۆلی مامۆستا poli mamosta
master copy *(n.)* کۆپی سەرەکی kopy sereki
masterly *(adj.)* وەستایانە westayane
masterpiece *(n.)* شاکار shakar
mastery *(n.)* شارەزایی sharezay
masticate *(v.)* مەست کردن mest kirdin
masturbate *(v.)* دەستە پەر deste per
mat *(n.)* حەسیر hesir
matador *(n.)* شەرە گایی shere gayy
match *(v.)* دەگونجێ de gonje
match *(n.)* یاری yari
matchless *(adj.)* بێهاوتا be hawta
matchmaker *(n.)* هۆی جووت بوون hoy joot boon
mate *(n.)* هاوری hawre
mate *(v.)* هاوەڵی دەکات haweli dekat
material *(adj.)* مادە madde

material *(n.)* بابەتی خوێندن babeti khwendin
materialism *(n.)* فەلسەفەی مادەخوازی felsefey madde khwazi
materialize *(v.)* دێتەدی dete de
maternal *(adj.)* دایکانە daykane
maternity *(n.)* لەدایک بوون le dayk boon
mathematical *(adj.)* بیرکارانە bir karane
mathematician *(n.)* بیرکاریزان bir kari zan
mathematics *(n.)* بیرکاری birkari
matinee *(n.)* ئاهەنگی ڕۆژانە ahengi rojane
matriarch *(n.)* دایک سالاری dayk salari
matricidal *(adj.)* دایکان daykan
matricide *(n.)* دایک کوشتن dayk koshtin
matriculate *(v.)* بڕوانامەی زانکۆ brwanamey zanko
matriculation *(n.)* ئەزمونی لە زانکۆ وەرگیران azmoni le zanko wergeran
matrimonial *(adj.)* هاوسەرانە haw serane
matrimony *(n.)* هاوسەریتی haw serity
matrix *(n.)* قالب qalb
matron *(n.)* خانم khanm
matter *(n.)* کێشە keshe
matter *(v.)* گرنگە grnge
mattock *(n.)* بێڵ bel
mattress *(n.)* دۆشەک doshek
mature *(adj.)* کارامە karame
mature *(v.)* پێدەگات pe degat
maturity *(n.)* کارامەیی karamey
maudlin *(adj.)* بەسۆزو گرینۆک be soz grinok
maul *(n.)* مشە mshe
maul *(v.)* برینی دەکا brini deka
maulstick *(n.)* ماولستیک maulstik
maunder *(v.)* سۆرانەوە soranewe
mausoleum *(n.)* گۆر gor
mawkish *(adj.)* زۆر بێ تام zoor be tam
maxilla *(n.)* شەوەلگەی سەرو shewelgey sero
maxim *(n.)* ڕاستییەکی گشتی rastyeki gshti
maximize *(v.)* گەیاندنە پەری ئەوپەر geyandine peri aw per
maximum *(n.)* ئەوپەری aw peri
maximum *(adj.)* لووتکەی lotkaey
May *(n.)* مانگی مایس mangi mais
may *(v.)* لە وانە یە mange maes
mayor *(n.)* پارێزگار parezgar
maze *(n.)* مەتەڵ metel
me *(pron.)* من min
mead *(n.)* خواردنەوەیەکی کحولی یە khwardineweyeki kholiye
meadow *(n.)* مێرگ merg

meagre *(adj.)* لەڕو لاواز ler u lawaz
meal *(n.)* ژەمە خۆراک jeme khorak
mealy *(adj.)* ئاردەاوی ardawy
mean *(n.)* مەبەست mebest
mean *(v.)* دەیەوی deyewe
mean *(adj.)* واتە wate
meander *(v.)* شەپۆڵ دەدات shepol dedat
meaning *(n.)* مانا mana
meaningful *(adj.)* پڕمانا prmana
meaningless *(adj.)* بێواتا be wata
meanness *(n.)* تڕۆیی troy
means *(n.)* ڕێگا rega
meanwhile *(adv.)* لە هەمان کات دا le heman kat da
measles *(n.)* سوورێژە soreje
measurable *(adj.)* دەپێوری de pewre
measure *(v.)* دەپێوێت de pewet
measure *(n.)* پێوانە pewnae
measureless *(adj.)* بێ ئەندازە be andaze
measurement *(n.)* پێوان pewan
meat *(n.)* گۆشت gosht
mechanic *(n. & adj.)* کرێکاری میکانیکی krekareki mikaniki
mechanical *(adj.)* میکانیکانە mikanikane
mechanics *(n.)* میکانیکزانی mikanikzani
mechanism *(n.)* میکانیزم mikanizm
medal *(n.)* مەدالی medali
medallist *(n.)* دەستهێنەری مەدالیا destheneri medali
meddle *(v.)* دەست خستنەکاری خەڵک dest khstne kari khelk
median *(adj.)* مامناوەند mam nawend
mediate *(v.)* نێوەندگیری بکەن newend giri bken
mediation *(n.)* نێوەندگیری newend giri
mediator *(n.)* ناوبژیوان naw bjiwan
medic *(n.)* پزیشکی pzishki
medical *(adj.)* پزیشکی pzishki
medicament *(n.)* دەرمان derman
medicinal *(adj.)* چارەسەری chare seri
medicine *(n.)* دەرمان derman
medieval *(adj.)* سەدەکانی ناوەڕاست sedekani nawer rast
mediocre *(adj.)* مامناوەند mam nawend
mediocrity *(n.)* مام ناوەندێتی mam nawenditi
meditate *(v.)* بیردەکاتەوە bir dekatewe
meditation *(n.)* بیرکردنەوە bir kirdinewe
meditative *(adj.)* بیرکردنەوەیی bir kirdinewey

medium (n.) ناوەند nawend
medium (adj.) ناوەند nawand
meek (adj.) لاواز lawaz
meet (n.) دیدەنی دەکات dideni dekat
meet (v.) ڕووبەڕووی دەبێ ro be roy debe
meeting (n.) کۆبوونەوە kobonewe
megalith (n.) مێگالیت megalet
megalithic (adj.) مێگالیتیك megaletik
megaphone (n.) زۆرنا zorna
megastore (n.) فرۆشگای گەورە froshgay gewre
melancholia (n.) خەمۆکی khemoki
melancholic (adj.) خەمۆکی khemoki
melancholy (n. & adj.) دڵتەنگی dl tengi
melee (n.) شەڕی دەستو یەخە sheri deste u yekhe
meliorate (v.) باشترکردن bashtir kirdin
mellow (adj.) جوان jwan
melodious (adj.) بەسۆز ba soz
melodrama (n.) مێلۆدراما melo drama
melodramatic (adj.) مێلۆدرامای melo dramay
melody (n.) ناواز awaz
melon (n.) کاڵەك kalek
melt (v.) دەتوێتەوە de twetewe
member (n.) ئەندام andam
membership (n.) ئەندامەتی andameti
membrane (n.) ئەندامەتی andameti
memento (n.) یادگار yadgar
memoir (n.) یادنامە yad name
memorable (adj.) لەبیر ناکرێت le bir nakret
memorandum (n.) بیرخەرەوە bir kherewe
memorial (n. & adj.) بیرکەوتنەوە bir kewtinewe
memory (n.) بیر bir
menace (n.) هەڕەشە hereshe
menace (v.) هەڕەشە دە کات hereshe deakt
mend (v.) چاکی دەکات chaki dekat
mendacious (adj.) درۆزن drozn
menial (n. & adj.) سووك sowk
meningitis (n.) نە خۆشی ھەوکردنی پەردەی مێشك nekhoshi hewkirdni perdey meshk
menopause (n.) وە ستانی سوری مانگانە westani sori mangane
menses (n.) خوێن دێتن khoin ditin
menstrual (adj.) سوری مانگانە sori mangane
menstruation (n.) خوێنی بێنوێژی khoini be nweji

mental (adj.) هۆش hosh
mentality (n.) هۆشێتی hosheti
mention (n.) بەبیردەخاتەوە be bir dekhatewe
mention (v.) بیر هاتنەوە bir hatinewe
mentor (n.) ئامۆژگاری amojgari
menu (n.) لیستەی خواردن listey khwardin
mercantile (adj.) بازرگانی bazrgani
mercenary (n.) بەکرێگیراو be kre geraw
mercerise (v.) مەرسی رێز mersi rez
merchandise (n.) کاڵا بازرگانییەکان kala bazrganyekan
merchant (n.) بازرگان bazrgan
merciful (adj.) میهرە بان mihreban
merciless (adj.) دڵ ڕەق dl req
mercurial (adj.) جیوەیی jewey
mercury (n.) جیوە jewe
mercy (n.) بەزەیی bezey
mere (adj.) تەنها tenha
merge (v.) تێکەڵاوبوون tekelaw boon
merger (n.) یەکگرتنەوە yek grtnewe
meridian (n.) لوتکە lotke
merit (v. & n.) شایستەیی shaystey
meritorious (adj.) شایستە shayste
mermaid (n.) دەریاچەی دەریا deryachey derya
merman (n.) دەریاچەی دەریا deryachey derya
merriment (n.) خۆشی khoshi
merry (adj.) خۆشحاڵ بێت hkosh hal bet
mesh (n.) تۆڕ tor
mesh (v.) تەڵە tele
mesmerism (n.) نواندنی مۆگناتیسی nwandini mognatisi
mesmerize (v.) مۆگناتیسانە دێنوێنێت mognatisane denwenet
mess (n.) ئاژاوە ajawe
mess (v.) ژووری خواردنی سەربازی jori khwardini serbazi
message (n.) نامە name
messenger (n.) نامەبەر name ber
messiah (n.) مەسیح mesih
Messrs (n.) گەورەکان gewrekan
metabolism (n.) ڕاچەنین ra chenin
metal (n.) کانزا kanza
metallic (adj.) کانزایی kanzay
metallurgy (n.) کانزاسازی kanza sazi
metamorphosis (n.) گۆڕان goran
metaphor (n.) خواستن khwastn
metaphysical (adj.) خوازراوی khwazrawi

metaphysics (n.) له پاش سروشت le pash srosht
mete (v.) وێژەیی wejey
meteor (n.) بەردەنەیزە berde neyze
meteoric (adj.) نەیزەکی neyzeki
meteorologist (n.) کەشناسی kesh nasi
meteorology (n.) کەشناسی kesh nasi
meter (n.) مەتر matr
method (n.) ڕێگا rega
methodical (adj.) مێتۆدی metodi
meticulous (adj.) وردبینانە word binane
metre (n.) مەتر matr
metric (adj.) پێوەر pewer
metrical (adj.) مەتری metri
metro (n.) مێترۆ metro
metropolis (n.) شارە گەورەکان share gewrekan
metropolitan (n. & adj.) پایتەختەتی paytekhti
mettle (n.) چالاك chalak
mettlesome (adj.) نازا aza
mew (n.) میاوەی پشیلە myawey pshile
mew (v.) میاوەی دە کات myawey dekat
mezzanine (n.) نزمترین بالکۆنی سینەما nzmtrin balkoni sinema
mica (n.) مایکە mayke
microbrewery (n.) مایکرۆ بیرەخانە maikro bire khane
microfilm (n.) مایکرۆفلیم maykro film
micrology (n.) وردبینی wordbini
micrometer (n.) مایکرۆمیتەر maykro miter
microphone (n.) مایکرۆفۆن maykro fon
microprint (n.) مایکرۆپرێنت maykro prent
microprocessor (n.) مایکرۆپرۆسیسەر maikro proseser
microscope (n.) مایکرۆسکۆپ maykro skop
microscopic (adj.) وردبینی wordbini
microwave (n.) مایکرۆوێڤ maykro wev
mid (adj.) ناوەڕاست nawerast
midday (n.) نیوەڕۆ newarw
middle (n. & adj.) ناوەڕاست nawe rast
middleman (n.) میانکار myan kar
middling (adj.) ناسایی asay
midget (n.) شەمۆلە shemole
midland (n.) ناوچەی ناوەڕاستی وڵات nawchey nawerasti wlat
midnight (n.) نیوەشەو new shew
mid-off (n.) ناوەڕاستی کۆتایی nawerasti kotay

mid-on (n.) ناوەڕاستی سەرەوە nawerasti serewe
midriff (n.) ناوەڕاستی بەربەرەی پشت nawerasti br brey psht
midst (n.) ناوەڕاست nawerast
midsummer (n.) ناوەڕاستی هاوین nawerasti hawin
midwife (n.) مامان maman
miffed (adj.) بێزار be zar
might (n.) ڕەنگە renge
mighty (adj.) بەهێز ba hez
migraine (n.) شەقیقە sheqiqe
migrant (n.) کۆچبەر koch ber
migrate (v.) کۆچ بکەن koch bken
migration (n.) کۆچکردن koch kirdin
milch (adj.) شیر sher
mild (adj.) سووك sok
mildew (n.) کۆپان kopan
mile (n.) میل mel
mileage (n.) کیلۆمەتر kelomatr
milestone (n.) هەنگاوی گرنگ hengawi grng
milieu (n.) دەوروبەر dewr u ber
militant (adj.) کۆشا kosha
militant (n.) شۆڕشگێڕ shorshgir
military (adj.) سەربازی serbazi
military (n.) سەرباز serbaz
militate (v.) دژی دەوەستێت dji dewestet
militia (n.) میلیشیا meleshya
milk (v.) دەدۆشێ de doshe
milk (n.) شیر shir
milk powder (n.) شیری وشك shiri woshk
milky (adj.) شیری shiri
mill (v.) دەهێرێ de here
mill (n.) ئاش ash
millennium (n.) هەزار ساڵە hezar sal
miller (n.) ئاشەوان ashe wan
millet (n.) هەرزە herze
milliner (n.) میلینەر miliner
millinery (n.) میلینەری milinery
million (n.) ملیۆن mlion
millionaire (n.) ملیۆنێر mlioner
millipede (n.) جۆرە کرمێکە jore krmeke
mime (n.) لاسایی کردن lasay kirdin
mime (v.) لاساییدەکاتەوە lasay dekatewe
mimesis (n.) لاسایی lasay
mimic (n. & adj.) لاسایی کار lasay kar
mimic (v.) لاسایی دەکاتەوە lasay dekatewe
mimicry (n.) لاسایی کردنەوە lasay kirdinewe
minaret (n.) مناره mnare

mince *(v.)* وردکردن word kirdin
mind *(v. & n.)* عەقڵ aql
mind-blowing *(adj.)* عەقڵ دەفرێنێت aql defrenet
mindful *(adj.)* بە عەقڵەوە be aqlewe
mindless *(adj.)* بێ عەقڵ be aql
mindset *(n.)* بیر bir
mine *(pron. & n.)* هی من he min
miner *(n.)* مین کۆلێنەر min kolener
mineral *(n. & adj.)* کانزا kanza
mineralogist *(n.)* کانزا ناس kanza nas
mineralogy *(n.)* کانزا زانی kanza zani
mingle *(v.)* تێکەڵ tekel
miniature *(adj.)* وێنەیەکی بچوککراوە weneyeki bchok kraw
miniature *(n.)* بچوککراوە bchok krawe
minim *(n.)* کە مترین kem trin
minimal *(adj.)* کە مترین kem trin
minimize *(v.)* کەم دەکاتەوە kem dekatewe
minimum *(n. & adj.)* کەمترین kem trin
minion *(n.)* کۆیلە kwele
minister *(v.)* شالیار shalyar
minister *(n.)* وەزیر wezir
ministrant *(adj.)* وەزارەت wezaret
ministry *(n.)* وەزارەت wezaret
mink *(n.)* ئاژەڵێکی شیردەر ajeleki shir der
minor *(n.)* ناوەنجی nawnji
minor *(adj.)* کەسێکی نەگەیشتوو keseki ne geyshto
minority *(n.)* کەمینە kemine
minster *(n.)* کڵێسەی پەرستگا klesey perstga
mint *(n.)* گەزۆ gezoo
mint *(v.)* دارشتگەی پارە darshtgey pare
minus *(n. & adj.)* کەم kem
minus *(prep.)* کەمکردنەوە kem kirdinewe
minuscule *(adj.)* بچوک bchok
minute *(adj.)* خۆلەک kholek
minute *(n.)* ورد word
minutely *(adv.)* خۆلەکی kholeki
minx *(n.)* کچێکی بێ غیرەت kcheki be ghiret
miracle *(n.)* موعجیزە moajize
miraculous *(adj.)* سەیر seyr
mirage *(n.)* سەراب serab
mire *(v.)* لە قۆڕ دەچەقێنێت le qor de cheqenet
mire *(n.)* قۆڕ qor
mirror *(v.)* دەداتەوە de datewe
mirror *(n.)* ئاوێنە awene
mirror image *(n.)* وێنەی ئاوێنەیی weney aweney

mirth *(n.)* خۆشی khoshi
mirthful *(adj.)* خۆشحاڵ khosh hal
misadventure *(n.)* کۆسپی خراپ kospi khrab
misalliance *(n.)* یەکگرتنێکی نا بەجێ yek grtneki na be je
misanthrope *(n.)* ڕق لە دڵ rq le dil
misapplication *(n.)* بە خراپی بەکارهێنان be khrabi be kar henan
misapprehend *(v.)* بە هەڵە تێگەیشتن be hele te geyshtin
misapprehension *(n.)* تێگەیشتن بە هەڵە te geyshtin be hele
misappropriate *(v.)* دزین dzin
misappropriation *(n.)* خراپ بەکارهێنان khrab be kar henan
misbehave *(v.)* خراپ ڕەفتار بکەن khrab reftar bken
misbehaviour *(n.)* هەڵسوکەوتی خراپ reftari khrab
misbelief *(n.)* بێباوەڕی be baweri
miscalculate *(v.)* هەڵە حیساب دەکات hele hisab dekat
miscalculation *(n.)* هەڵە حیسابکردن hele hesab kirdin
miscall *(v.)* بە هەڵە ناو هێنان be hele naw henan
miscarriage *(n.)* لە ناو بردن le naw birdin
miscarry *(v.)* لە بار دەبات le bar deabt
miscellaneous *(adj.)* هەمەجۆر heme jor
miscellany *(n.)* هەڵبژاردە hel bjarde
mischance *(n.)* بەد بەختی bed bekhti
mischief *(n.)* زیان zyan
mischievous *(adj.)* زیان بەخش zyan bekhsh
misconceive *(v.)* خراپ تێدەگا khrab te dega
misconception *(n.)* خراپ تێگەیشتن khrab te geyshtin
misconduct *(n.)* خۆ خراپی kho khrabi
misconstrue *(v.)* بە هەڵە تێگەیشتن be hele te geyshtin
miscreant *(n.)* خراپەکار khrabe kar
misdeed *(n.)* کارێکی خراپ kareki khrab
misdemeanour *(n.)* تاوانی نادروست tawani na drost
misdiagnose *(v.)* بە دەستنیشانکردن be hele dest nishan kirdin
misdirect *(v.)* بە هەڵە ئاراستەکردن be hele araste kirdin
misdirection *(n.)* بەلاڕێ دابردن be lari da birdin

miser (n.) بەدبەخت bed bekhti	mistrust (v.) گومان لێدەکا goman le deka
miserable (adj.) خەمبار khem bar	mistrust (n.) بێباوەڕی be baweri
miserly (adj.) چاوچنۆك chaw chnok	misty (adj.) تەم و مژاوی tem u mjawi
misery (n.) خەمباری khem bari	misunderstand (v.) خراپ تێدەمگا khrab te dega
misfire (v.) تێک چوو tek cho	
misfit (n.) مرۆڤی ناناسایی mroy na asay	misunderstanding (n.) خراپ تێگەیشتن khrab te geyshtin
misfortune (n.) بەدبەختی bed bekhti	misuse (n.) خراپ بەکار دەهێنان khrab be kar de henet
misgive (v.) گومان دەکا goman deka	
misgiving (n.) ترس trs	misuse (v.) خراپ بەکار دەهێنێت khrab be kar de henet
misguide (v.) بە هەڵەدا بردن be hele da birdin	
	mite (n.) پارچەیەکی کەم pareyeki kem
mishap (n.) ڕووداوی ناخۆش rudawi na khosh	mithridate (n.) دژە ژەهر dje jehre
	mitigate (v.) سزا کە م دە کات sza kem dekat
misjudge (v.) حوکمدانی هەڵە hokim dani hele	mitigation (n.) سووکردنی سزا swok kirdin sza
mislead (v.) بەلاڕێدابردن be lari da birdin	mitre (n.) کڵاوی قەشە klawi qeshe
mismanagement (n.) خراپ بەڕێوەبردن khrab be rewe birdin	mitten (n.) دەست کێش dest kesh
	mix (v.) تێکەڵ دەکات tekel dekat
mismatch (v.) ناتەبایی na tebay	mixture (n.) تێکەڵ tekel
misnomer (n.) ناوی هەڵە nawi hele	mnemonic (adj.) یارمەتیدەری یاد yarmeti deri yad
misperception (n.) تێگەیشتنێکی هەڵە te geyshtneki hele	
	mnemonic (n.) تایبەت بە یاد taybet be yad
misplace (v.) نا لە جێگای خۆ na le jegay kho	mnemonization (n.) یادگاریکردن yad gari kirdin
misprint (n.) هەڵە چاپکردن hele chap kirdin	moan (v.) ناڵە دەکات nale dekat
misprint (v.) لە چاپدا هەڵە دەکات le chap da hele dekat	moan (n.) ناڵین nalin
	moat (n.) چاڵی ئاوی chali awi
misrepresent (v.) بە هەڵە خستنە بەرچاو be hele khistine ber chaw	moat (v.) دوورپێچان بەچاڵ dor pexhan be chal
misrepsentation (n.) بەیاننامەیەکی درۆ beyan nameyeki drow	mob (n.) ژاوەژاو jawe jawe
	mob (v.) ژاوەژاو دەکات jawe jawe dekat
misrule (n.) خراپ بەڕێوەبردن khrab be rewe birdin	mobile (adj.) گەڕۆك gerok
miss (v.) بیرکردن bir kirdin	mobility (n.) جوولە jole
miss (n.) خاتوو khatw	mobilize (v.) کۆکردنەوە ko kirdinewe
missile (n.) موشەك moshhek	mock (v.) گاڵتە پێ دەکات galte pe dekat
missing (adj.) ون win	mock (adj.) گاڵتە پێکردن galte pe kirdin
mission (n.) ئەرك erk	mockery (n.) گاڵتەکردن galte kirdin
missionary (n.) مژدەبەری mojde beri	mocktail (n.) مۆکتێل moktil
missis, missus (n.) خاتوو میس khato, mis	modality (n.) چۆنیەتی chonyeti
missive (n.) نامە بۆ گاڵتە name bu galte	mode (n.) باو baw
mist (n.) مژ mij	model (v.) شێواز shewaz
mistake (v.) هەڵە دەکات hele dekat	model (n.) مۆدە moda
mistake (n.) هەڵە hele	moderate (adj.) مام ناوەندی mam nawendi
mister (n.) کاکە kake	moderate (v.) هێواش دەکاتەوە hewash dekatewe
mistletoe (n.) ڕووەکێکی بۆن خۆشە rwekeki bon khosh	
	moderation (n.) میانڕەو myan rew
mistreat (v.) بەخرابی لەگەڵ جوڵانەوە be khrabi le gel jolanewe	modern (adj.) تازە taze
	modernity (n.) هاوچەرخانە haw cherkhane
mistress (n.) خانم khanm	

modernization (n.) مۆدێرنکردن nwe kirdin	**monocle** (n.) چاویلکەی یەك چاو chawilkey yek chaw
modernize (v.) پێشبەدخا pesh dekhat	**monocular** (adj.) یەك چاو tek chaw
modest (adj.) ناسك nask	**monody** (n.) هەڵبەستی گۆرانی helbesti gorani
modesty (n.) بێگەردی be gerdi	**monoestrous** (adj.) تاك tak
modicum (n.) برێکی کەم breki kem	**monogamy** (n.) تاك هاوسەری tak hawsare
modification (n.) گۆڕین gorin	**monogram** (n.) مۆنۆگرام monogram
modify (v.) دەگۆڕێت de goret	**monograph** (n.) نامیلکە namilke
modular (adj.) مۆدیۆلار modio lar	**monogynous** (adj.) یەك ژن yek jn
modulate (v.) دەگۆڕێت de goret	**monolatry** (n.) تاکیپەرستی take persti
module (n.) مۆد mod	**monolith** (n.) یەك پارچەیی yek parchey
moil (v.) ئارەق ڕشتن areq rishtin	**monologue** (n.) مۆنۆلۆج monoloj
moist (adj.) تەڕ ter	**monopolist** (n.) دەست بەسەرداگر dest be serda gr
moisten (v.) تەڕدەکات ter dekat	**monopolize** (v.) دەست بەسەردا دەگرێت dest be serda de gret
moisture (n.) شێ she	**monopoly** (n.) دەست بەسەرا گرتن dest be serda girtin
molar (adj.) ددانی خڕی ddani khre	
molar (n.) کاکیلە kakele	**monorail** (n.) تاك هێڵی ئاسن tak heli asin
molasses (n.) دۆشاوی شەکر doshawi shekr	**monosyllabic** (adj.) یەك برگانە yek brgane
mole (n.) خاڵ khal	**monosyllable** (n.) یەك برگە yek brge
molecular (adj.) گەردی garde	**monotheism** (n.) یەك تاپەرستی yek ta persti
molecule (n.) گەرد gard	**monotheist** (n.) یەك خوا پەرست yek khwa perst
molest (v.) بێزاری دەکات bezari deakt	**monotonous** (adj.) بێزارکەر be zar ker
molestation (n.) بێزارکردن bezar kirdin	**monotony** (n.) جارسی jarse
mollusc (n.) نەرمۆڵەکان nermolekan	**monsoon** (n.) مانسون manson
molluscous (adj.) نەرمەڵۆکە nermolke	**monster** (n.) دڕندە drnde
molten (adj.) تواوە twawa	**monstrous** (adj.) دڕندە drnde
moment (n.) سات sat	**month** (n.) مانگ mang
momentary (adj.) ساتەوەختی sate wekhti	**monthly** (n. & adj. & adv.) مانگانە mangana
momentous (adj.) گرنگە grnga	**monument** (n.) پەیکەر peyker
momentum (n.) تەوژم tew jim	**monumental** (adj.) مەزن mazn
monarch (n.) پاشا pasha	**moo** (v.) بۆڕەبۆڕ borabor
monarchy (n.) پاشایەتی pashayeti	**mood** (n.) هەوەس hewe
monastery (n.) خانەقا khaneqa	**moody** (adj.) هەڵچوو helchow
monasticism (n.) خانەقاگەرایی khaneqa geray	**moon** (n.) هەیڤ heyv
Monday (n.) دوو شەمە do sheme	**moonlight** (n.) ڕووناکی مانگ ronaki mang
monetary (adj.) دراوی drawe	**moor** (v.) مەراکیش merakish
money (n.) پارە pare	**moor** (n.) عەرەبی ئەندەلوس arebi andelos
money laundering (n.) سپیکردنەوەی پارە spi kirdinewey pare	**moorings** (n.) لەنگەرکردن lenger girtin
monger (n.) فرۆشیار froshyar	**moot** (n.) دەمەتەقی deme teqi
mongoose (n.) مانگۆز mangoz	**mop** (v.) دە سڕێت srinewe
mongrel (n.) دوو ڕەگ do reg	**mop** (n.) سڕینە وە srinewe
monitor (n.) مۆنیتەر monetar	**mope** (v.) دڵ تەنگ dl teng
monitor (v.) چاودێر chaw der	**moral** (n. & adj.) ڕەوشتی rewshti
monitory (adj.) چاودێریکردن chaw deri kirdin	**morale** (n.) وورە wore
monk (n.) دەروێش derwesh	**moralist** (n.) ڕەوشتخواز rewsht khwaz
monkey (n.) مەیموون meymoon	
monochromatic (adj.) تاکڕەنگ take reng	

morality (n.) رەوشتایەتی rewshtayeti
moralize (v.) رەوشتانە لێکی دەداتەوە rewshtane leki dedat
morbid (adj.) ناساز nasaz
morbidity (n.) نەخۆشی ne khoshi
more (adj. & adv.) زۆرتر zortr
moreover (adv.) سەرەرای ئەوەش sereray awesh
morganatic (adj.) تایبەت بە هێنانی ژنێکی پلەوپایە لە خۆ کەمتر taybet be henani jneki ple u paye le kho kemtr
morgue (n.) ئەرشیفی دەنگوباس arshifi deng u bas
moribund (adj.) گیانکێشەر gyan kesher
morning (n.) بەیانی be yani
moron (n.) گەمژە gemje
morose (adj.) دڵ تەنگ dl teng
morph (n.) دەرکەوت derkewt
morph (v.) دەگۆردرێ degor dre
morphia (n.) مۆرفیا morfya
morphine (n.) مۆرفین morfen
morphology (n.) مۆرفۆلۆژی morfoloji
morrow (n.) سبەینێ sbeyni
morse (n.) مۆرس mors
morsel (n.) پارو parw
mortal (n. & adj.) کوشندە koshinde
mortality (n.) مردن mrdn
mortar (v.) هاوەن hawen
mortgage (v.) بارمتەی دەکا barmety deka
mortgage (n.) بارمتەی خانووبەرە خان و بەر barmtey khan u ber
mortgagee (n.) بارمتەگر barmtegir
mortgagor (n.) بارمتە بەخش barmte bekhsh
mortify (v.) ڕیسوا دەکات reswa dekat
mortuary (n.) کۆگای لاشە مردووان لاشی مردوەکان koga lashey mrdwekan
mosaic (n.) مۆزاییک mozayyk
mosque (n.) مزگەوت mzgewt
mosquito (n.) مێشوولە meshole
moss (n.) قەوزەی سەر بەرد qewzey ser berd
most (n. & adv. & adj.) زۆرترین zor treen
mostly (adv.) بە زۆری be zori
mote (n.) گەردیلەی تەپ و تۆز gerdiley tep u toz
motel (n.) مۆتێل motel
moth (n.) پەپولە pepole
mother (v.) مندال دە بێت mndal debet
mother (n.) دایک dayk
motherhood (n.) دایکینی daykini

motherlike (adj.) وەک دایک wek dayk
motherly (adj.) دایکانە daykane
motif (n.) بیرۆکە beroke
motion (v.) ئاماژ دەکات amaje dekat
motion (n.) جوولە jole
motionless (adj.) وەستاو westaw
motivate (v.) هان دەدات han dedat
motivation (n.) هاندان handan
motive (n.) هاندەر han der
motley (adj.) هەمەجۆر heme jor
motor (v.) بزوێن bzwen
motor (n.) مۆتۆر motor
motorist (n.) پایسکل سوار payskl swar
mottle (n.) خاڵ خاڵ کردن khal khal kirdin
motto (n.) دروشمی drwshme
mould (n. & v.) قالب qalb
mouldy (adj.) قاڵباوی qalbawy
moult (v.) پەڕی دەوەرێت peri deweret
mound (n.) تەپۆڵکە tepolke
mount (v.) سوار دەبێت swar de bet
mount (n.) چیا chya
mountain (n.) شاخ shakh
mountaineer (n.) شاخەوان shakhewan
mountainous (adj.) شاخاوی shakhawy
mourn (v.) ڕەش دەپۆشێت resh de poshet
mourner (n.) گریاو gryaw
mournful (n.) خەمگین khemgin
mourning (n.) خەم kham
mouse (n.) مشك mshk
moustache (n.) سمێڵ smel
mouth (v.) گۆتنی شتێکی بێزاراوی gotini shteki be zarawy
mouth (n.) دەم dem
mouthful (n.) پڕ بە دەم pr be dem
movable (adj.) بزێو bzew
movables (n.) شتە جوڵاوەکان shte jolawekan
move (n.) جوولە jole
move (v.) جوولە دە کات jole dekat
movement (n.) جوولە jole
mover (n.) گەرۆک gerok
movies (n.) سینەما sinema
mow (v.) گیا دەکات gya dekat
much (adj. & adv.) زۆر zoor
mucilage (n.) جیوە jewe
muck (n.) پەینی ئاژەڵ peyni ajel
mucous (adj.) چڵمی chlme
mucus (n.) چڵم chlm
mud (n.) قوڕ qor
muddle (v.) تێک دەدات tek dedat

muddle (n.) تێکەڵ دەکات tekel dekat
muffle (v.) دەپێنچێت de pechet
muffler (n.) شاڵ shal
mug (n.) گلێنە gline
muggy (adj.) گەرم و شێدار germ u she dar
mulatto (n.) مولاتو molato
mulberry (n.) توو too
mule (n.) ئێستر ester
mulish (adj.) وەك هێستر wek hestr
mull (n.) بیر لێکردنەوە bir le kirdinewe
mull (v.) بیر لێ دەکات bir le dekat
mullah (n.) مەلا mela
mullion (n.) دینگەی ئەستوون نێوان بەشەکانی پەنجەرە dingey aston newan beshekani penjere
multifarious (adj.) هەمەجۆر heme jor
multiform (n.) فرە شێوە fre hsewe
multilateral (adj.) چەند لایی chend lay
multilingual (adj.) فرە زمانە fre zmane
multiparous (adj.) فرە مندالبوون fre mndal boon
multiped (n.) چەند هێندە chend hinde
multiple (n. & adj.) چەندە chende
multiplex (adj.) چەندە chende
multiplicand (n.) چەسپاندن chespandin
multiplication (n.) چەسپاندن chespandin
multiplicity (n.) فرەیی frey
multiply (v.) لێك دان lek dan
multitude (n.) زۆری zoori
mum (n. & adj.) دایك dayk
mumble (v.) دەمنگێنێت de mngenet
mummer (n.) ئەکتەر akter
mummy (n.) دایك dayk
mumps (n.) نەخۆشی ملەخرە ne khoshi mle khre
munch (v.) دەجوێت de jwet
mundane (adj.) دنیایی dnyay
municipal (adj.) شارەوانیانە sharewanyane
municipality (n.) شارەوانێتی sharewaneti
munificent (adj.) سوارچاك swar chak
munitions (n.) کەرەستەی جەنگ kerestey jeng
mural (n. & adj.) دیواری diwari
murder (n.) کوشتن koshtn
murder (v.) دەکوژێت de kojet
murderer (n.) بکوژ bkoj
murderous (adj.) کوشتار koshtar
murmur (v.) دەبۆڵێنێ de boline
murmur (n.) بۆڵە bole

muscle (n.) ماسولکە masolke
muscovite (n.) دانیشتووی شاری مۆسکۆ danishtoy shari mosko
muscular (adj.) ماسولکەیی masolkey
muse (v.) تێدەرواتێت te derwanet
muse (n.) تێ روانین te rwanin
museum (n.) مۆزەخانە moze khane
mush (n.) شۆربای گەنمە شامی shorbay genme shami
mushroom (n.) قارچك qarchk
music (n.) مۆزیك mozik
musical (adj.) مۆزیکی moziki
musician (n.) مۆزیك ژەن mozik jen
musk (n.) مێسك mesk
musket (n.) تفەنگ tfang
musketeer (n.) سەربازی مەسکەت لە شان serbazi mesket le shan
muslim (n.) موسولمان mosolman
muslin (n.) مۆزلین mozlen
must (v.) دەبێت de bet
must (n.) پێویستی pewisti
mustache (n.) سمێڵ smel
mustang (n.) ئەسپە کێوی رۆژناوای ئەمەریکا aspe kewe roj away amerika
mustard (n.) خەردەل kherdel
muster (n.) کۆبوونەوە و ڕیزبوونی کەسان ko bonewe u rez boni kesan
muster (v.) کۆ دە بوونەوە ko debnewe
musty (adj.) بۆگەن bogen
mutation (n.) گۆڕین gorin
mutative (adj.) گۆڕاو goraw
mute (adj.) لاڵ lal
mute (n.) کەڕ ker
mutidisciplinary (adj.) فرە پسپۆڕیی fre pspori
mutilate (v.) بڕین brin
mutilation (n.) خەتەنەکردن khetene kirdin
mutinous (adj.) یاخیبوو yakhi bo
mutiny (v.) یاخی دە بێت yakhi de bet
mutiny (n.) یاخیبوون yakhi boon
mutter (v.) گەمژەیی gemjey
mutton (n.) گۆشتی مەڕ goshti mer
mutual (adj.) هاوشێوە haw shewe
muzzle (v.) ماسك دە کاتی mask dekate
muzzle (n.) ماسك mask
my (adj.) هی من he min
myalgia (n.) ئازاری ماسولکە azari masolke
myopia (n.) کورتبینی kort bini
myopic (adj.) کورتبین kort bin

myosis *(n.)* ماسولکەیی masolkey
myriad *(n. & adj.)* بێشومار be shomar
myrrh *(n.)* گەڵەمک gelek
myrtle *(n.)* ریحانە rehane
myself *(pron.)* خۆم khom
mysterious *(adj.)* نادیار nadyar
mystery *(n.)* نادیاری nadyary
mystic *(n.)* نادیار nadyar
mystic *(adj.)* سۆفی sofe
mysticism *(n.)* سۆفیگەری sofegery
mystify *(v.)* دەیکاتە مەتەڵ dey kate metel
mystique *(n.)* مەتەڵ metel
myth *(n.)* ئەفسانە afsane
mythical *(adj.)* ئەفسانەیی afsaney
mythological *(adj.)* تایبەتە بە ئەفسانەزانی taybete be afsane zani
mythology *(n.)* ئەفسانەزانی afsane zani

N

nab *(v.)* دەمگری de gre
nabob *(n.)* دەوڵەمەند dewle mend
nacho *(n.)* ناچۆ nacho
nack *(v.)* قورە qorre
nacre *(n.)* ناکرێ na kre
nadger *(n.)* نادگەر nadger
nadir *(n.)* خوارووی ئاسمان khwaroy asman
nag *(n. & v.)* ئەسپ asp
nagging *(n. & adj.)* نارەحەتی na reheti
nail *(n. & v.)* نینۆک nenok
naive *(adj.)* ساویلکە sawelke
naivete *(n.)* باوەرپێکردن bawer pe kirdin
naivety *(n.)* بێهەڵوێستی be helwisti
naked *(adj.)* ڕووت root
name *(n.)* ناو naw
name *(v.)* ناو دەنێت naw de net
namely *(adv.)* هەرخۆی her khoy
nameplate *(n.)* تابڵۆی ناو tably naw
namesake *(n.)* هاوناوی haw nawi
nanism *(n.)* نانیزم nanizm
nanite *(n.)* نانیت nanet
nanny *(n.)* بەخێوکەر be khwe ker
nano *(n.)* نانۆ nano
nanobiology *(n.)* نانۆتەکنۆلۆژیا nano teknolojya
nanobot *(n.)* نانۆبۆت nano bot
nanochip *(n.)* نانۆچیپ nano chip

nanocircuitry *(n.)* نانۆ سوورمکان nano sorekan
nanocomponent *(n.)* نانۆ پێکهاتە nano pekhate
nanocomputer *(n.)* نانۆکۆمپیوتەر nano kompioter
nanoengineer *(n.)* ئەندازیاری نانۆ andaziary nano
nanohertz *(n.)* نانۆهێرتز nano hertz
nanomechanics *(n.)* نانۆمیکانیک nano mikanik
nanoparticle *(n.)* نانۆگەردیلە nano gerdile
nanoplasma *(n.)* نانۆپلازما nano plazma
nanotransistor *(n.)* نانۆترانسیستۆر nano trans sestor
nap *(v.)* خەوی کورت دەکا khewi kort
nap *(n.)* خەوی کورت khewi kort deka
nape *(n.)* پشت مل psht ml
naphthalene *(n.)* نەفتالین neftalin
napkin *(n.)* دەست کێش dest kesh
narcissism *(n.)* نێرگزیسم nirgzism
narcissus *(n.)* نێرگز nergiz
narcosis *(n.)* مادە هۆشبەرەکان madde hosh berekan
narcotic *(n.)* مادە هۆشبەرەکان madde hosh berekan
narrate *(v.)* دە گێرێتەوە de geretewe
narration *(n.)* گێرانەوە geranewe
narrative *(n. & adj.)* چیرۆک chirok
narrator *(n.)* چیرۆک بێژ chirok bej
narrow *(v.)* تەنگ دەبێت teng debet
narrow *(adj.)* تەسک task
nasal *(n. & adj.)* لووت lot
nascent *(adj.)* لەدایکبوو le dayk bo
nasty *(adj.)* قێزەون qizewn
natal *(adj.)* لەدایکبوون le dayk boon
natant *(adj.)* سەرناوکەوتوو ser aw kewto
nation *(n.)* نەتەوە netewe
national *(adj.)* نیشتیمانی netewey
nationalism *(n.)* هەستی نەتەوایەتی hesti netewayeti
nationalist *(n.)* نەتەوەپەرست netewe perst
nationality *(n.)* ڕەگەزنامە regez name
nationalization *(n.)* خۆماڵی کردن khomali kirdin
nationalize *(v.)* خۆماڵی دە کات khomali dekat
native *(n.)* خۆماڵی khomali

native *(adj.)* دانیشتوی هەرێم danishtoy herem
nativity *(n.)* لە دایکبوون le dayk boon
natural *(adj.)* سروشتی sroshti
naturalist *(n.)* نەتەوەپەرست netewe perst
naturalize *(v.)* خۆمالی دەکات khomali dekat
naturally *(adv.)* بە شێوەیەکی سروشتی be sheweyeki sroshti
nature *(n.)* سروشت srosht
naughty *(adj.)* ناشرین nashrin
nausea *(n.)* هێڵنج hilnj
nautic(al) *(adj.)* دەریایی daryay
naval *(adj.)* دەریایی daryay
nave *(n.)* بەشێکی سەرەکی لە کڵێسە besheki sereki le klese
navigable *(adj.)* دەتوانرێت بە کەشتیدا بگەڕێت de twanet le keshi da bgeret
navigate *(v.)* گەشتکردن gesht kirdin
navigation *(n.)* دەریاگەری daryagare
navigator *(n.)* دەریاگەر daryagery
navy *(n.)* هێزی دەریایی hezi deryay
nay *(adv.)* نەخێر ne kher
neap *(adj.)* نیپ neap
near *(adv. & prep.)* نزیک nizik
near *(v.)* نزیک دەبێت nizik debet
near *(adj.)* نزیک nzek
nearly *(adv.)* نزیکەی niziki
neat *(adj.)* ڕێک rek
nebula *(n.)* نیبولا nebula
necessary *(n. & adj.)* پێویست pewist
necessitate *(v.)* پێویست دەکات pewist dekat
necessity *(n.)* پێویستی pewisti
neck *(n.)* مل ml
necklace *(n.)* ملوانکە mlwanke
necklet *(n.)* گۆڕەوی gorewi
necromancer *(n.)* گیان نامادەکەر gyan amade ker
necropolis *(n.)* شاری مردووان shari mrdwan
nectar *(n.)* شیلەی گوڵ sheley gul
need *(v.)* پێویستی پێدەبێت pewisti pe de bet
need *(n.)* پێویستی pewisti
needful *(adj.)* نەدارا ne dara
needle *(n.)* دەرزی derze
needless *(adj.)* بێ پێویست be pewist
needs *(adv.)* پێویستیەکان pewistyekan
needy *(adj.)* پێویستیدار pewisti dar
nefarious *(adj.)* ناشرین na shrin
negate *(v.)* لەکارخستن le kar khistin
negation *(n.)* نەرێ ne re

negative *(n.)* نەرێ ne re
negative *(v.)* شێوەگی نەرێ shewgi ne re
negative *(adj.)* نەرێ ne re
neglect *(v.)* فەرامۆشی دەکات feramoshi dekat
neglect *(n.)* گوێ نادات gwe na dat
negligence *(n.)* کەمتەرخەمی kemtir khemi
negligent *(adj.)* کەمتەرخەم kemtir khem
negligible *(adj.)* کەم وێنەیە kem weneye
negotiable *(adj.)* دانوستان دەکرێت dan u stan dekret
negotiate *(v.)* دانوستان کردن danostan kirdn
negotiation *(n.)* دانوستان dan u stan
negotiator *(n.)* دان وستان کار dan u stan kar
negress *(n.)* ئافرەتی ڕەش پێست afreti resh pist
negro *(n.)* ڕەش پێست resh pist
neigh *(n.)* دەنگی ئەسپ dengi asp
neigh *(v.)* ئەسپ دەنگی دە کا asp dengi dekat
neighbour *(n.)* دراوسێ draw se
neighbourhood *(n.)* دراوسێیەتی draw seyeti
neighbourly *(adj.)* دراوسێیانە draw seyane
neither *(conj.)* نەخێر ne kher
nemesis *(n.)* تۆڵە کردن tole kirdin
neolithic *(adj.)* پەیوەندی هەیە بە چەرخی بەردینی نوێوە peywendi heye be cherkhi berdini nwewe
neon *(n.)* گازی نیۆن gaze newn
nephew *(n.)* برازا یان خۆشکەزا braza yan khoshke za
nepotism *(n.)* خۆشەویستی خزمایەتی khoshewisti khzmayeti
Neptune *(n.)* نەپتون napton
nerve *(n.)* دەمارەکان demarekan
nerveless *(adj.)* بێ دەمار be demar
nervous *(adj.)* نیگەران ni geran
nescience *(n.)* نەزانین ne zanin
nest *(n.)* هێلانە helane
nest *(v.)* هێلانە دەکات helane dekat
nestle *(v.)* دەیگرێتە خۆی dey grete kho
nestling *(n.)* باڵندە بچووک balnde bchok
net *(v.)* ڕاو دەکات raw sekat
net *(adj.)* پۆختە pokhta
net *(n.)* تۆڕی ڕاو tore raw
nether *(adj.)* نزم nzm
netizen *(n.)* نێتیزن netizn
nettle *(n.)* جۆرە ڕووەکێکە jore rwekeke
nettle *(v.)* بێزاری دە کات be zari dekat
network *(n.)* تۆڕ tor

neurologist *(n.)* پزیشکی دەمار pzishki demar
neurology *(n.)* دەمارزانیی demar zani
neurosis *(n.)* نەخۆشی دەمارەکان ne khoshi demarekan
neuter *(n. & adj.)* بێلایەن be layen
neutral *(adj.)* بێلایەن be layen
neutralize *(v.)* بێلایەنی دەکات be layeni dekat
neutron *(n.)* نیوترۆن newtron
never *(adv.)* هەرگیز hergeiz
never-ending *(adj.)* هەرگیز کۆتای نایەت hergiz kotay nayet
nevertheless *(conj.)* لەگەڵ نەوەش legel awesh
new *(adj.)* نوێ nwe
newborn *(adj.)* تازە لەدایکبوو taze le dayk bo
news *(n.)* هەواڵەکان hewalekan
newspaper *(n.)* ڕۆژنامە roj name
next *(adj. & adv.)* دواتر dwatr
nib *(n.)* نووکی پێنووس noki penos
nibble *(n.)* قرتاندن qrtandin
nibble *(v.)* دەقرتێنێ de qrtine
nice *(adj.)* جوانە jwane
nicely *(adv.)* بە جوانی be jwani
nicety *(n.)* جوانی jwani
niche *(n.)* نیچی niche
nick *(n.)* دەتاشی de tashe
nickel *(n.)* نیکڵ nikl
nickname *(v.)* ناوی لێ دە نێت nawi le denet
nickname *(n.)* نازناو naznaw
nicotine *(n.)* نیکۆتین nikotin
niece *(n.)* کچی برا یان کچی خوشک kchi bra yan kchi khoshk
niggard *(n.)* کەم kem
niggardly *(adj.)* ڕەزیل rezil
nigger *(n.)* ڕەش پێست resh pist
nigh *(adv.)* بەم زووانە bem zwane
nigh *(prep.)* نزیك nizik
night *(n.)* شەو shew
night shelter *(n.)* پەناگەی شەوانە penagey shewane
nightie *(n.)* جلی خەوتن jli khewtin
nightingale *(n.)* جۆرە چۆلەکەیەکی دەنگ خۆشە jore cholekeyeki deng khosh
nightly *(adv.)* شەوانە shewane
nightmare *(n.)* خەوی ناخۆش khewi na khosh

nihilism *(n.)* فەلسەفەی نە بوونی felsefey ne boni
nil *(n.)* سفر sfr
nimble *(adj.)* بزێو bziw
nimbus *(n.)* پەڵە pele
nine *(n.)* نۆ no
nineteen *(n.)* نۆزدە nozde
nineteenth *(adj.)* نۆزدەیەم nozdeyem
ninetieth *(adj.)* نەوەدەمین newezdemin
ninety *(n.)* نەوەت newet
ninth *(adj.)* نۆیەم noyem
nip *(v.)* نقورچ دەگرێت nqorch degret
nipple *(n.)* گۆی مەمك gwe memk
nitrogen *(n.)* نایترۆجین naetrojen
no *(n. & adv. & adj.)* نەخێر ne kher
nobility *(n.)* چینی دەسەڵاتدار chini destelat dar
noble *(adj.)* خانە دان khane dan
noble *(n.)* نە بیل nebil
nobleman *(n.)* خانەدان khane dan
nobly *(adv.)* بە شەریفانە be sherifane
nobody *(pron.)* هیچ کەسێك hich kesk
nocturnal *(adj.)* شەوانە shewane
nod *(v.)* سەری نزم دە کات seri nzm dekat
nod *(n.)* نیشان بە جولانی سە ر nishan be jolani ser
noddle *(v)* سەر zoor
node *(n.)* گری gre
noise *(n.)* ژاوە jawe
noiseless *(adj.)* بێدەنگ be deng
noisy *(adj.)* ژاوە زۆر jawe zoor
nomad *(n.)* ڕەوەند rewend
nomadic *(adj.)* کۆچەر kocher
nomenclature *(n.)* کۆمەڵە زاراوەیەك komele zawayek
nominal *(adj.)* ڕۆکەش ro kesh
nominate *(v.)* ناو دەبات naw debat
nomination *(n.)* ناوبردن naw birdin
nominee *(n.)* پاڵێوراو palew raw
non-alcoholic *(adj.)* بێ ماددەی کحولی be maddey kholi
non-alignment *(n.)* نارێکخستن na rek khistin
nonchalance *(n.)* بێپاکی be paki
nonchalant *(adj.)* بێپاکانە be pakane
non-disclosure *(n.)* ئاشکرا نەکردن ashkra ne kirdin
none *(pron. & adv.)* هیچ hich
nonentity *(n.)* نابوون na boon

nonetheless (adv.) سەرەڕای ئەوەش sereray awesh
nonpareil (n. & adj.) ئامادە نیە amade nye
nonplus (v.) سەرسەم دەکات serserm dekat
non-profit (adj.) قازانج نەویست qazanj ne wist
nonsense (n.) قسەی بێ مانا qsey be mana
nonsensical (adj.) بێمانا be mana
non-stick (adj.) نەچەسپاو ne chespaw
non-stop (adj.) بێ وەستان be westan
noodle (n.) کەسێکی ساویلکە keseki sawelke
nook (n.) شوێنی بێدەنگ shweni be deng
noon (n.) بەیانی beyani
noose (n.) حە بلی سێدارە دان hebli sedare dan
noose (v.) نۆس nos
nor (conj.) نا na
Nordic (adj.) نۆردیك nordek
norm (n.) نموونە nmone
normal (adj.) ئاسایی asay
normalcy (n.) مام ناوەندێتی mam nawenditi
normalization (n.) ئاساییکردنەوە asay kirdinewe
normalize (v.) ئاسایی کردن asay kirdin
north (n. & adv. & adj.) باکوور bakor
northerly (adv.) بۆ لای باکووری ڕۆژ هەڵات bo lay bakori roj helati
northerly (adj.) باکووری bakore
northern (adj.) شوێنێکی ژووروو shwinike zhwrw
nose (v.) بە بوون ئاشکرا دە کات be bon ashkra dekat
nose (n.) لوت lot
nosegay (n.) چەپکە گوڵ chepke gul
nosey (adj.) فزۆلی fzoli
nostalgia (n.) غە ریب بوون لە ڕابردوو gherib bon le rabirdo
nostril (n.) کونە لوت kone lot
nostrum (n.) دەرمانی ساختە dermani sakhte
nosy (adj.) فزۆلی fzoli
not (adv.) نەخێر ne kher
notability (n.) سەرنجڕاکێش sernj rakesh
notable (adj.) جێگەی سەرنجە jegey serinje
notary (n.) نۆتەری notery
notation (n.) نووسین nosin
notch (n.) دە قڵێشێنێت de qilishenet
note (v.) تێبینی دەکات tebini dekat
note (n.) تێبینی tebini
noteworthy (adj.) شایانی باس shayani bas
nothing (n. & adv.) هیچ hich

notice (v.) تێبینی دەکات tebini dekat
notice (n.) ئاگاداری agadari
notification (n.) وریاکردنەوە wrya kirdinewe
notify (v.) وریا دەکرێتەوە wrya dekretewe
notion (n.) بیر bir
notional (adj.) مەعریفی mearifi
notoriety (n.) ناوبانگ naw bang
notorious (adj.) بەدناو bed naw
notwithstanding (conj. & adv. & prep.) سەرەڕای ئەوە sereray awe
nought (n.) سفر sfr
noun (n.) ناو naw
nourish (v.) خواردنی دەداتێ khwardini dedate
nourishment (n.) خواردن khwardin
novel (adj.) ڕۆمان roman
novel (n.) گاڵتە galte
novelette (n.) کورتە چیرۆك korte chirok
novelist (n.) ڕۆمان نووس roman nos
novelty (n.) تازەیی tazey
November (n.) تشرینی دووەم tshrini dwem
novice (n.) تازە پێگەیشتوو taze pe geyshto
now (adv. & conj.) ئێستا esta
nowhere (adv.) لە کوێ نیە le kwe nye
noxious (adj.) زیان بەخشە zyan bekhshe
nozzle (n.) دەم dem
nuance (n.) جیاوازییەکی بچووك jyawazyeki bichok
nubile (adj.) شاوە بۆ هاوسەرێتی shawe bu hawseriti
nuclear (adj.) ناوکی nawoki
nuclear family (n.) بنەماڵەی سەرەکی bnemaley sereki
nucleus (n.) ناوەند nawend
nude (adj.) هیچی لەبەردا نیە hichi le berda nye
nude (n.) ڕووت root
nudge (v.) سەرنجی ڕادەکێشێت sernji ra dekeshet
nudity (n.) ڕووتی rooti
nugget (n.) پارچە زێڕ parche zer
nuisance (n.) نێزعاج izaaj
null (adj.) هیچ hich
nullification (n.) بەتاڵ کردنەوە be tala kirdinewe
nullify (v.) پووچ دەکاتەوە pochi dekatewe
numb (adj.) بێ هەست be hest
number (v.) ژمنووسی دەکات ranosi dekat

number *(n.)* ژماره jmare
numberless *(adj.)* له ژماره نههاتوو le jmare ne hato
numeral *(n.)* ژماره jmare
numerator *(n.)* سەرەی کەرت serey kert
numerical *(adj.)* ژمارەیی jmarey
numerous *(adj.)* ژمارە زۆر jmare zoor
nun *(n.)* راهیبە rahibe
nunnery *(n.)* دێر der
nuptial *(adj.)* هاوسەری haw seri
nuptials *(n.)* هاوسەرگیری haw ser giri
nurse *(v.)* پەرستاری دەکات perstari dekat
nurse *(n.)* پەرستار perstar
nursery *(n.)* نەمامگە ne mamge
nurture *(v.)* پەروەردە کردن perwerde kiridn
nurture *(n.)* پەروەردە perwerde
nut *(n.)* گوێز gwez
nut *(v.)* بوندوق bondoq
nutcase *(n.)* گوێز gwez
nuthouse *(n.)* گوێز gwez
nutmeg *(n.)* گوێزی خۆش gwezi khosh
nutrient *(n.)* بەخۆراک be khorak
nutrition *(n.)* خۆراک پێدان khorak pedan
nutritious *(adj.)* بەخۆراک be khorak
nutritive *(adj.)* دەتوانێ خۆراک ئامادە بکات detwane khorak amade bkat
nutty *(adj.)* گوێزاوی gwezawy
nuzzle *(v.)* پستان دەخاتە سەر pestan dekhate ser
nylon *(n.)* نایلۆن naylon
nymph *(n.)* پەری دەریا peri derya
nymphet *(n.)* حۆریە horye
nymphomaniac *(n. & adj.)* ژنێک زۆر حەزی لە سێکس هەبێت jnek zoor hezi le seks hebet

oaf *(n.)* کەسێکی ناتەواو یان شێت keseki na tewaw yan shet
oafish *(adj.)* ساوێلکە sawelke
oak *(n.)* دار بە ڕوو dar bero
oaktree *(n.)* دار بە ڕوو dar bero
oar *(n.)* سەوڵ seol
oarsman *(n.)* سەوڵ لێدەر seol leder
oasis *(n.)* مێرگ merg

oat *(n.)* هەست کردن بە ماندوو بوون hest kirdin be mando bon
oath *(n.)* سوێند swind
oathbreaker *(n.)* سوێند شکێن swend shken
oathbreaking *(adj.)* سوێند شکاندن swend shkandin
oatmeal *(n. & adj.)* شۆفان shofan
obduct *(v.)* نا رازی na razi
obduction *(n.)* رفاندن rfandin
obduracy *(n.)* ڕەقبوون req bon
obdurate *(adj.)* ڕەق بێت req bet
obedience *(n.)* گوێ ڕایەڵی gwe rayeli
obedient *(adj.)* گوێ ڕایەڵ gwe rayel
obeisance *(n.)* کڕنووش kronosh
obese *(adj.)* قەڵەو qelew
obesity *(n.)* قەڵەوی qelewi
obey *(v.)* گوێ ڕایەڵی دەکات gwe rayeli dekat
obituary *(adj.)* تۆماری مردووە کان tomari mrdwekan
object *(n.)* ئامانج amanj
object *(v.)* بەر هەڵستی دەکات ber helsti dekat
objection *(n.)* نارەزایەتی na rezayeti
objectionable *(adj.)* نارەزایی لەسەرە na rezay le sere
objective *(n. & adj.)* ئامانجی amanji
oblation *(n.)* پێشکەش کردن pesh kesh kirdin
obligation *(n.)* ناچارکردن nachar kirdin
obligatory *(adj.)* واجبە wajba
oblige *(v.)* ناچار nachar
oblique *(adj.)* لار lar
obliterate *(v.)* ناهێڵێت na helet
obliteration *(n.)* سڕینەوە srinewe
oblivion *(n.)* لەبیرکردن le bir kirdin
oblivious *(adj.)* بێ ئاگا لە be aga le
oblong *(n. & adj.)* لاکێشە la keshe
obnoxious *(adj.)* دزێو dziw
obscene *(adj.)* پیس pis
obscenity *(n.)* چەپەڵی chepeli
obscure *(v.)* نادیاری na dyari
obscure *(adj.)* بیرەوەمچۆ birewe cho
obscurity *(n.)* بیرچونەوە bir chonewe
observance *(n.)* ڕێز rez
observant *(adj.)* وردبین word bin
observation *(n.)* تێبینی tebini
observatory *(n.)* ڕوانگە rwange
observe *(v.)* تێبینی دەکات tebini dekat
obsess *(v.)* دوودڵ دەبێت do dil debet
obsession *(n.)* خولیا kholya
obsessive *(adj.)* خولیایی kholyay

obsolete *(adj.)* ڕەها reha
obstacle *(n.)* بەربەست berbest
obstetric *(adj.)* منداڵبوون mndal boon
obstetrician *(n.)* پزیشکی منداڵبوون pzishki mndal boon
obstinacy *(n.)* خۆڕاگری kho ragri
obstinate *(adj.)* سەرسەخت ser sekht
obstruct *(v.)* ڕێگریکردن re gri kirdin
obstruction *(n.)* ڕێگر regir
obstructive *(adj.)* ڕێگر regir
obtain *(v.)* بە دەستی دێنی be dest dene
obtainable *(adj.)* دەست دەکەوێ desti dekewe
obtuse *(adj.)* مشەخۆر mshe khor
obvious *(adj.)* ئاشکرا ashkra
obviously *(adv.)* ئاشکرایی ashkray
occasion *(v.)* بۆنە bone
occasion *(n.)* هەل hel
occasional *(adj.)* ناوبەناو naw be naw
occasionally *(adv.)* بە ڕێکەوت be re kewt
occident *(n.)* ناوچە ڕۆژناواکان nawche roj awakan
occidental *(adj.)* ڕۆژاوایی roj away
occipital *(n. & adj.)* هە ستی پشتەسەر hesti pshte ser
occlude *(v.)* جووت کردن jot kirdin
occlusive *(adj.)* گیرانی gerani
occult *(v.)* دەشارێتەوە de sharetewe
occult *(n. & adj.)* جادووگەری jado geri
occupancy *(n.)* داگیرکردن dagir kirdin
occupant *(n.)* پڕکردوو pr kirdo
occupation *(n.)* ئیش ish
occupied *(adj.)* سەرقاڵ serqal
occupier *(n.)* دانیشتوو danishtow
occupy *(v.)* داگیر دەکات dagir dekat
occur *(v.)* ڕوو دە دات ro dedat
occurrence *(n.)* ڕوودان rudan
ocean *(n.)* ئۆقیانووس oqyanos
oceanfront *(n. & adj.)* بەری دەریا beri derya
oceanic *(adj.)* فراوان frawan
oceanographer *(n.)* ئۆقیانووسناس oqyanos nas
oceanographic *(adj.)* ئۆقیانوگرافی oqyano grafi
oceanologist *(n.)* ئۆقیانووسناس aoqyanosnas
oceanology *(n.)* ئۆقیانووسناسی oqyanos nasi
octagon *(n.)* هەشتگۆشە hesht goshe
octane *(n.)* ئۆکتان oktan

octangular *(adj.)* هەشتگۆشەیی hesht goshey
octave *(n.)* هەشتەمین ڕۆژ پاش جەژن heshtemin roj pash jejn
October *(n.)* مانگی ئۆکتۆبەر mangi oktober
octogenarian *(n. & adj.)* مانگی ئۆکتۆبەری mangi oktoberi
octonionics *(n.)* ئۆکتۆنیۆنیەکان oktonionyekan
octopede *(n.)* هێلکەدان helke dan
octopus *(n.)* ئۆکتۆپوس oktopos
octopussy *(n.)* هێلکەدان helke dan
octuple *(v. & n. & adj.)* هەشتەمی heshtemi
octuplicate *(n.)* دووبارە do bare
octyne *(n.)* ئۆکتین oktin
ocular *(adj.)* چاو chaw
oculist *(n.)* پزیشکی چاو pzishki chaw
odd *(adj.)* نامۆ namo
oddity *(n.)* سەیر و سەمەرە seyr u semere
odds *(n.)* کەموکۆری kem u kori
ode *(n.)* هۆنراوەی گۆرانی honrawey gorani
odious *(adj.)* بێزراو bezraw
odium *(n.)* شۆرەیی shorey
odometer *(n.)* دووری ژمێر dori jmer
odontologist *(n.)* پزیشکی ددان pzishki ddan
odontology *(n.)* دانسازی dan sazi
odorous *(adj.)* بۆنخۆشە bon khoshe
odour *(n.)* بۆن bon
of *(prep.)* لە le
off *(prep.)* کۆژراوە kojrawe
off balance *(adj.)* لە دەرەوەی باڵانس le derewey balans
offbeat *(adj.)* جیاواز jyawaz
offence *(n.)* سۆکایەتی sokayeti
offend *(v.)* خراپە دەکات khrape dekat
offender *(n.)* گوناهبار gonah bar
offensive *(n.)* هێرش hersh
offensive *(adj.)* هێرشانە hershane
offer *(n.)* پێشکەشکردن pesh kesh kirdin
offer *(v.)* پێشکەش دە کات pesh kesh dekat
offering *(n.)* پێشکەشکردن pesh kesh kirdin
office *(n.)* نووسینگە nosinge
officer *(n.)* ئەفسەر afser
official *(n.)* ڕەسمی resmi
official *(adj.)* کارگێڕ kar ger
officially *(adv.)* بە فەرمی be fermi
officiate *(v.)* ناوبژیوان naw bjiwan
officious *(adj.)* فەرمی fermi
offing *(n.)* پاشەڕۆژی نزیک pashe roji nizik
offline *(adj.)* دەرهێڵ derhel

off-road *(adv.)* له‌ده‌رمه‌وه‌ی ڕێڕه‌وه‌که derewey rereweke	**omitter** *(n.)* سڕینه‌وه srinewe
offset *(n.)* ده‌بڕزێنێت dey bjeret	**omnibenevolence** *(n.)* هه‌موو باشی meho bashi
offset *(v.)* پارسه‌نگی ده‌کات parsengi dekat	**omnibenevolent** *(adj.)* هه‌موو باش meho bash
offshoot *(n.)* لق lq	**omnibus** *(n.)* پاسی گه‌وره pasi gewre
offspring *(n.)* نه‌وه newe	**omnicompetence** *(n.)* هه‌موو توانا hemo twana
oft *(adv.)* زۆرجار zoor jar	**omnicompetent** *(adj.)* هه‌موو شتێك لێهاتوو hemo shtek le hato
often *(adv.)* به‌ زۆری be zoori	**omnidirectional** *(adj.)* هه‌موو ئاراسته‌یه‌ك hemo araste yek
ogle *(v.)* چاوی ده‌نقێنێت chawi de nqenet	**omnidirectionality** *(n.)* هه‌موو ئاراسته‌یه‌كی hemo arasteyeki
ogle *(n.)* چاو نقاندن chaw nqandin	**omniform** *(adj.)* هه‌موو شێوه‌یه‌ك hemo sheweyek
oil *(n.)* ڕۆن ron	**omniformity** *(n.)* گشت گیربوون gsht gir boon
oil *(v.)* چۆری ده‌کات chaore dakat	**omnilingual** *(n. & adj.)* هه‌موو زمانه hemo zmane
oil paint *(n.)* بویاغی ڕوونی boyaghi roni	**omnipotence** *(n.)* توانای گشتی twanay gshti
oil rig *(n.)* بیره‌ نه‌وت bire newt	**omnipotent** *(adj.)* ده‌سه‌ڵات داری بێ سنور destelat dari be snor
oily *(adj.)* چه‌ور chewr	**omnipresence** *(n.)* له‌هه‌موو شوێنێك بوون le hemo shewenk bon le hemo kat da
oink *(n. & v.)* وێنك wink	**omnipresent** *(adj.)* ئه‌و که‌سه‌ی له‌هه‌موو شوێنێك له‌هه‌مان کاتدا aw kesey le hemo shewenk le hemo kat da
oinker *(n.)* ئوینکر uinker	**omniscience** *(n.)* ئه‌و که‌سه‌ی له‌هه‌موو شت ده‌ زانێ aw kesey hemo sht dezane
ointment *(n.)* مه‌لهه‌م melhem	**omniscient** *(adj.)* به‌هه‌موو شتێك ده‌زانێ be hemo sht dezane
okay *(n.)* باش bash	**omnivore** *(n.)* هه‌موو شت خۆر hemo sht khor
okay *(v.)* ڕازی ده‌ بێت razi debet	**omnivorous** *(adj.)* هه‌مه‌خۆره heme khor
okay *(adj.)* باشه bashe	**omophagia** *(n.)* ئومۆفاژیا umo fajya
okay *(int. & adv.)* باش bash	**on** *(adv. & adj. & prep.)* له le
okayish *(adj.)* باشه basha	**once** *(adv.)* جارێك jarek
okra *(n.)* بامیه bamye	**oncogene** *(n.)* وه‌رم werm
old *(n.)* کۆن kon	**oncogenic** *(adj.)* شێرپه‌نجه‌ که‌ وتۆ sherpenje kewto
old *(adj.)* به‌ ساڵا چۆ be sala cho	**oncologist** *(n.)* پزیشکی شێرپه‌نجه pzishki sherpenjey
old age *(n.)* پیری piri	**oncology** *(n.)* زانستی وه‌ رمین zansti wermin
oleaceous *(adj.)* چه‌ورییه chewrye	**one** *(adj. & pron.)* یه‌ك yek
oleaginous *(adj.)* چۆری تێدایه chewri tedaye	**oneness** *(n.)* یه‌کبوون yek boon
oleochemical *(n.)* ئۆلیۆکیمیای oliokimyay	**onerous** *(adj.)* بارگرانی bar grani
olfactic *(adj.)* بۆنکردن bon kirdin	**one-sided** *(adj.)* یه‌ك لایه‌نه yek layene
olfactics *(n.)* بۆنکردن bon kirdin	**one-way** *(adj.)* یه‌ك ڕێگا yek rega
olfactory *(adj.)* بۆنی boni	
olfaltive *(adj.)* بۆنکردن bon kirdin	
oligarch *(n.)* ده‌سه‌ڵاتی که‌مینی destelati kemini	
oligarchal *(adj.)* ئۆلیگارشی uligarshi	
oligarchy *(n.)* ئۆلیگاڕشی uligarishi	
olive *(n.)* زه‌یتوون zeytoon	
olympiad *(n.)* یاری ئۆلۆمپی نوێ yari ulompi nwe	
omega *(n.)* کۆتایی kotay	
omelette *(n.)* هێلکه‌ی شلقاو helke y shlqaw	
omen *(n.)* نیشانه nishane	
ominous *(adj.)* نه‌خوازراو ne khwaz raw	
omission *(n.)* جێ هێشتن je heshtin	
omit *(v.)* لای ده‌بات lay debat	
omittance *(n.)* جێ هێشتن je heshtin	

ongoing *(adj.)* بەردەوامە berdewame
onion *(n.)* پیاز pyaz
online *(adj.)* لەسەر هێڵ le ser hel
on-looker *(n.)* بینەر biner
only *(adj. & conj. & adv.)* تەنها tenha
onology *(n.)* زانستی وەرمین zansti wermin
onomancy *(n.)* ئاسمانی asmani
onomast *(n)* وێنۆماست uno mast
onomastic *(adj.)* زانستی گوێ بیستن zansti gwe bistn
onomatologist *(n.)* زانای ژەھرەکان zanay jehrekan
onomatology *(n.)* زانستی ژەھرەکان zansti jehrekan
onomatope *(n.)* ئۆنۆماتۆپی aonoma tope
onomatopoeia *(n.)* ھاوشێوەکردنی دەنگ haw shewe kirdini deng
on-road *(adj.)* لەسەر رێگا le ser rega
onrush *(n.)* ھێرش hersh
on-screen *(adj.)* لەسەر شاشە lasar shasha
onset *(n.)* دەست پێ کردن dest pe kirdin
onslaught *(n.)* ھێرشکردن hersh kirdin
ontogenic *(adj.)* ئۆنتۆجینیک ontojinitik
ontogeny *(n.)* ئۆنتۆجینی ontojini
ontologic *(adj.)* ئۆنتۆلۆژی ontolojy
ontological *(adj.)* ئۆنتۆلۆژی ontolojy
ontologism *(n.)* ئۆنتۆلۆژیزم ontolojizm
ontologist *(n.)* ئۆنتۆلۆژیست ontolojist
ontology *(n.)* زانستی بوون zanst boon
onus *(n.)* ئەرک ark
onward *(adj.)* لە مەودا le me u dwa
onwards *(adv.)* لە مەودا le me u dwa
ooze *(v.)* لێتە lete
ooze *(n.)* قۆڕ qor
opacity *(n.)* تاریکی tarıkı
opal *(n.)* بەردەشیری berde sherı
opaque *(adj.)* تاریک tarık
open *(v.)* دەکاتەوە de katewe
open *(adj.)* کراوە krawe
opening *(n.)* کۆن kon
openly *(adv.)* بە ئاشکراوی be rashkawı
opera *(n.)* ئۆپێرا opera
operability *(n.)* توانای کارکردن twanay kar kirdin
operable *(adj.)* کارا دەکریت kara dakrit
operate *(v.)* پارپێکردن par pe kırdın
operation *(n.)* ئۆپەراسیۆن operasıon
operative *(adj.)* کارا kara
operator *(n.)* بەڕێوەبەر be rewe ber

operetta *(n.)* کۆرتە korte
ophtalmic *(adj.)* ھی چاو he chaw
ophtalmologic *(adj.)* پزیشکی چاو pzishki chaw
ophtalmologist *(n.)* پزیشکی چاو pzishki chaw
ophtalmology *(n.)* پزیشکیتی چاو pzishkiti chaw
ophtalmoscope *(n.)* چاو chaw
opiate *(n. & adj.)* سەرکەر sr ker
opiate *(v.)* بێھۆشکەر be hosh ker
opinator *(n.)* ڕاھێنەر ra hener
opine *(v.)* ڕای خۆت بدە ray khot bde
opinion *(n.)* بۆچوون bo choon
opinionate *(v.)* بیروڕادار bir u ra dar
opinionated *(adj.)* بۆچوونیان ھەیە bochonian heye
opinionless *(adj.)* بێ بۆچوون be bo choon
opinionnaire *(n.)* بۆچووننامە bo choon name
opium *(n.)* ئەفیون afiyon
opponent *(n.)* ڕکابەر rka ber
opportune *(adj.)* گونجاو gonjaw
opportunism *(n.)* ھەلپەرستی hel peresti
opportunity *(n.)* ھەل hel
oppose *(v.)* دژایەتی دەکات djayeti dekat
opposite *(adj.)* دژ dij
opposition *(n.)* دژایەتی djayeti
oppress *(v.)* ھەرس دەکات her dekat
oppression *(n.)* زۆر داری zor dari
oppressive *(adj.)* زۆردارانە zor darane
oppressor *(n.)* زۆردار zor dar
opt *(v.)* ھەڵبژاردن hel bjartn
optic *(adj.)* چاو chaw
optician *(n.)* دروستکەر یان فرۆشیاری ناوەکی چاو ببینن drostkar yan froshyare amrazakane beben
optimism *(n.)* گەشبینی gesh bini
optimist *(n.)* گەشبین gesh bin
optimistic *(adj.)* گەشبین gesh bin
optimum *(adj.)* باشترین bashtreen
optimum *(n.)* نموونەترین nmone treen
option *(n.)* ئارەزوو are zoo
optional *(adj.)* ئارەزوومەندانە are zoo mendane
opulence *(n.)* خۆشی khoshi
opulent *(adj.)* دەوڵەمەند dewlemend
oracle *(n.)* فاڵچی fal chi
oracular *(adj.)* نادیار na dyar

oral *(n. & adj.)* زاری zari
orally *(adv.)* زارەکی zareki
orange *(adj.)* پرتاقاڵ prtaqal
orange *(n.)* پرتەقاڵ rengi prtaqal رەنگی
oration *(n.)* ووتار wtar
orator *(n.)* ووتاربێژ wtar bej
oratorical *(adj.)* ووتاری wtari
oratory *(n.)* هونەری وتاربێژی honeri wtar beji
orb *(n.)* خولگە kholge
orbit *(n.)* دەسورێتەوە de soretewe
orbital *(n. & adj.)* ئۆربیتاڵ orbetal
orbituary *(n.)* وتار لە سەر کە سی مردوو wtar le ser kesi mrdo
orca *(n.)* ئۆرکا orka
orchard *(n.)* باخچەی میوە bakhchey mewe
orchestra *(n.)* ئۆرکێسترا orkestra
orchestral *(adj.)* ئۆرکێستراڵی orkestraly
ordain *(v.)* قەرزکردن qerz kirdin
ordained *(adj.)* دەستنیشان کراوە dest nishan krawe
ordeal *(n.)* تاقیکردنەوە taqi kirdinewe
order *(v.)* فەرمان دە دات ferman dedat
order *(n.)* فەرمان ferman
orderly *(n.)* رێك و پێك rek u pek
orderly *(adj.)* رێك و پێك rek u pek
ordinance *(n.)* یاسا یان فرمانی ناوخۆیی yasa yan frmani nawkho
ordinarily *(adv.)* بە ئاسایی be asay
ordinary *(adj.)* ئاسایی asay
ordnance *(n.)* تەقەمەنی teqemeni
ore *(n.)* کانزای خاو kanzay khaw
organ *(n.)* ئەندام andam
organic *(adj.)* ئەندامی andami
organism *(n.)* زیندەوەری zindeweri
organization *(n.)* رێکخراو rek khraw
organize *(v.)* رێك دەخات rek dekhat
organography *(n.)* ئۆرگانۆگرافی organografi
organza *(n.)* ئۆرگانزا organza
orgasm *(n.)* لەرزینی جووت بوون lerzini joot boon
orgasmic *(adj.)* ئۆرگازمیك orgazmik
orgy *(n.)* ئۆرگی orgi
orient *(v.)* ئۆرینت orient
orient *(n.)* خۆرهەڵات khor helat
oriental *(n.)* خۆرهەڵاتی khor helati
oriental *(adj.)* رۆژهەڵات khor helati

orientate *(v.)* سوودی لێ وەردەگرێ sodi le werdegre
orientational *(adj.)* ئاراستەیی arastey
oriented *(adj.)* ئاراستەکراو araste kraw
orifice *(n.)* کۆن kon
orificial *(adj.)* دەمارگیری demar giri
origami *(n.)* ئۆریگامی origami
origin *(n.)* بنەڕەت bneret
original *(n. & adj.)* ڕەسەن resen
originality *(n.)* رەسەنی reseni
originate *(v.)* سەرچاوە دەگرێت serchawe degret
originator *(n.)* داهێنەر dahener
orl *(n.)* ورل orl
orn *(v.)* ورن orn
ornament *(n.)* رازاندنەوە razandinewe
ornament *(v.)* دەڕازێنێت de razenet
ornamental *(adj.)* رازاوە razawe
ornamentation *(n.)* جوانکردن jwan kirdin
ornithologist *(n.)* باڵندەناس balnde nas
ornithology *(n.)* باڵندەناسی balnde nasi
ornithoscopy *(n.)* پشکنینی باڵندە pshkinini balnde
orogen *(n.)* ئۆرۆجین orojin
orogenic *(adj.)* ئۆرۆجینیك orojinik
orologist *(n.)* پزیشکی دەم ددان pzishki dem u ddan
orphan *(v.)* بێ باوك دە بێ be bawk de be
orphan *(n.)* بێ باوك be bawk
orphanage *(n.)* هەتیوخانە hetiw khane
orthodox *(adj.)* لاسایییانە lasayyane
orthodoxy *(n.)* راست بیری rast biri
orthograph *(n.)* رێنووس re nos
orthographer *(n.)* رێنوس نووس renos nos
orthographic *(adj.)* ئۆرتۆگرافی ortografi
orthopaedia *(n.)* ئێسك و پروسکی isk u proski
orthopaedical *(adj.)* ئێسك و پروسکی isk u proski
orthopaedics *(n.)* ئێسکەپێپکەرمەکە iske peykereke
oscillate *(v.)* لەرزین lerzin
oscillation *(n.)* لەرینەوە lerinewe
oscillograph *(n.)* تۆمارکەری لەرینەوەی تەووژمی ئەلەکتریکی tomarkeri lerinewey tewjmi alktriki
oscillometric *(adj.)* لەرزین پێوان lerzin pewan

oscilloscope (n.) تۆمارکەری لەرینەوەی تەوژمی ئەلەکتریکی tomarkeri lerinewey tewjmi alktriki
osculant (adj.) لەرطمر lere ler
oscular (adj.) ئێسك و پروسکی isk u proski
osculate (v.) لەرزین lerzin
osmobiosis (n.) ئۆسمۆبایۆسیس osmobayosis
osmobiotic (adj.) ئۆسمۆتیك osmotik
osmose (v.) ئۆسمۆس osmos
osmosis (n.) لێرژان lerjan
ossify (v.) دەبێتە ئێسك de bete isk
ostensibility (n.) خۆنمایش کردن kho nmaysh kirdin
ostensible (adj.) به ڕواڵەت be rwalet
ostensibly (adv.) به ڕواڵەت be rwalet
ostension (n.) ئۆستینسیۆن ostinsion
ostentation (n.) خۆنمایش کردن kho nmaysh kirdin
ostentatious (adj.) خۆنمایش کردن kho nmaysh kirdin
ostracize (v.) دوورخستنەوە dor khistinewe
ostrich (n.) هێستر hestr
other (adj. & pron.) ئەوی تر awi tr
otherwise (adv. & conj.) به پێچەوانەوە be pechewanewe
otherworld (n.) دنیای تر dnyay tr
otherworldliness (n.) جیهانێکی تر jihaneki tr
otoscope (n.) ئۆتۆسکۆپ otoskop
otoscopis (adj.) گوێی لێدان gwe le dan
otoscopy (n.) پشکنینی گوێ pshkinini gwe
otter (n.) سەگی دەریا segi derya
ottoman (n.) ئۆسمانی osmani
ouch (n. & int.) ئاخ akh
ought (v.) پێویستە pewiste
ounce (n.) ئۆنس ons
our (pron.) هی ئێمە he eme
oust (v.) دەری دەهێنێ deri de hene
out (adv.) له دەرەوە le derewe
out (adj. & prep.) دەرەوە derewe
outage (n.) وەستان westan
outback (n.) ناوتباك awtbak
out-balance (v.) له دەرەوەی هاوسەنگی le derewey haw sengi
outbid (v.) زیادی دەکات zyadi dekat
outbound (adj.) بەرەو دەرەوە دەڕوا berew derewe derwa
outbreak (n.) بەرپابوون be pa boon
outburst (n.) تەقینەوە teqinewe

outcast (n. & adj.) دەرکراو der kraw
outcome (n.) بەرهەم berhem
outcry (adj.) هاوار hawar
outdated (adj.) کۆنەباو kone baw
outdo (v.) زاڵ دەبێ zal de be
outdoor (adj.) دەرەوە derewe
outer (adj.) دەرەکی dereki
outfit (n.) کەل و پەل kel u pel
outfit (v.) پێداویستییەکان pedawistyekan
outgrow (v.) جلەکانی پێ تەنگ دەبێت jlekani pe teng de bet
outhouse (n.) ئاودەستی دەرەوە aw desti derewe
outing (n.) سەیران seyran
outlandish (adj.) بیانی byani
outlaw (v.) یاخیبوو yakhi bo
outlaw (n.) چەتە chete
outlet (n.) دەرچە derche
outline (v.) پلان دانان plan danan
outline (n.) پۆختە pokhte
outlive (v.) له هیتر زۆرتر دەژی le hitr zortr de ji
outlook (n.) ڕوانگە rwange
outmoded (adj.) بەسەرچووە be ser cho
outnumber (v.) ژمارەیان زیاترە jmareyan zyatre
outpatient (n.) نەخۆشخانەی دەرەوە nekhosh khaney derewe
outpost (n.) پۆستی پێشەوە posti peshewe
output (n.) دەرچوون der choon
outrage (n.) تورەیی torey
outrage (v.) تورە دە بێت tore de bet
outright (adj. & adv.) به شێوەیەکی ڕاستەوخۆ be sheweyeki raste u kho
outrun (v.) دەربازبوون derbaz boon
outset (n.) سەرەتا sereta
outshine (v.) باشتربوون له bashtr boon
outside (adj. & prep. & adv. & n.) دەرەوە derewe
outsider (n.) دەرەکی dereki
outsize (adj.) قەبارەی گەورە qebarey gewre
outskirts (n.) له دەرەوەی شار le derewey shar
outspoken (adj.) ڕاشکاوانە rashkawane
outstanding (adj.) نایاب nayab
outward (adj. & adv.) بەرەو دەرەوە berew derewe
outwardly (adv.) له دەرەوە le derewe
outwards (adv.) بەرەو دەرەوە berew derewe

outweigh (v.) قورسترە لە هی تر qors tre le hi tr	**overlook** (v.) دیاری بو dyari bo
outwit (v.) فێڵی لێ دەکات feli le dekat	**overnight** (adj. & adv.) لە شەوێکدا le shewek da
outworld (n.) جیهانی دەرەوە jihani derewe	**overpower** (v.) زاڵبوون بەسەر zal boon be ser
ouzo (n.) ئۆزۆ ozo	**overrate** (v.) ڕێژەی زیادە rejey zyad
oval (n. & adj.) هێلکەیی helkey	**overrule** (v.) سەرپێچی کردن serpechi kirdin
ovary (n.) هێلکەدان helke dan	**overrun** (v.) دەشێڵێت de shelet
ovation (n.) دەست لێدان dest le dan	**oversee** (v.) چاودێری دەکات chaw deri dekat
oven (n.) فڕن frn	**overseer** (n.) چاودێر chaw der
over (adv.) بەسەر beser	**overshadow** (v.) سێبەری لێ دەکات sibery le dekat
over (prep. & n.) لەسەر le ser	**oversight** (n.) هەڵە hele
overact (v.) زێدەڕەوی دەکات لە نواندندا zede rewi dekat le nwandin da	**oversleep** (v.) لە ڕادەبەدەر دەنوێت le rade ber denwenet
overall (adj.) بە گشتی be gshti	**overt** (adj.) کراوە krawe
overall (n.) بە تێکڕایی be tekray	**overtake** (v.) لەپێر دەدا بەسەریدا le pr deda be seri da
overawe (v.) دەترسێ de trse	**overthrow** (n. & v.) دەبەزێنێت de bezenet
overboard (adv.) بۆ ناو دەریا bo naw derya	**overtime** (n. & adv.) کاتەکانی زیادە katekani zyade
overburden (v.) دانە واندن dane wandin	**overture** (n.) پێشەکی pesheki
overcast (adj.) هەوراوی hew rawi	**overweight** (adj.) قەڵەو qelew
overcharge (v.) زۆر زڵ کردن zor zil kirdin	**overwhelm** (v.) لە ناو دەبات le naw debat
overcharge (n.) نرخێکی گران nrkheki gran	**overwork** (v.) زۆر ئیش دەکات zor ish dekat
overcoat (n.) پاڵتۆ palto	**overwork** (n.) ڕەتاندن retandin
overcome (v.) زاڵ دەبی بەسەر zal debe le ser	**oviferous** (adj.) هێلکەدان helke dan
overcrowd (v.) زۆر قەرەباڵغ کردن zor qerebalgh kirdin	**ovular** (adj.) هێلکەیی helkey
overdo (v.) پێوەی دەنێ pewe dene	**ovulate** (v.) گەرا کردن gera kirdin
overdose (v.) زیاد دەخوا zyad dekhwa	**ovum** (n.) هێلکە helke
overdose (n.) زیاد خۆری zyad khori	**owe** (v.) قەرزاری دەبی qerzari debe
overdraft (n.) پارەی بێبارمتە دەرهێنراو parey be barmte der henraw	**owl** (n.) کوندە پەپو konde pepo
overdraw (v.) لە بارمتەی خۆی زۆرتر پارە دەردەهێنێت le barmtey khoy zyatr pare der dehenet	**owlery** (n.) کوندە پەپو konde pepo
overdue (adj.) لە پارەدان دواکەوتو le pare dan dwa kewto	**owly** (adj.) بۆبی bobe
overhaul (n.) تەواو چاک کردن tewaw chak kirdin	**own** (v.) هە یە تی heyeti
overhaul (v.) تەواو چاک دە کات tawaw chak dekat	**own** (adj.) خاوەن khawen
overhear (v.) گوێ شل دەکات بۆ gwe shl dekat bo	**owner** (n.) خاوەن khawen
overjoyed (adj.) زێدەخۆشی zede khoshi	**ownership** (n.) خاوەنداری khawendari
overlap (n.) پێک دا دەچێت pek da dechet	**ox** (n.) گا ga
overlap (v.) تێک هەڵدەکێشێنێت tek hel dekshenet	**oxbird** (n.) ئۆکس بێرد oksberd
overleaf (adv.) سەرەوەی گەڵاکە serewey gelake	**oxcart** (n.) ئۆکس کارت okskart
overload (n.) باری زۆر bari zoor	**oxidant** (n.) ئۆکسین بۆ oksin bo
overload (v.) زۆر باری دە کا zoor bari deka	**oxidate** (n. & v.) ئۆکسجین کردن oksjin kirdin
	oxidation (n.) ئۆکساندن oksandin
	oxide (n.) ئۆکسید oksid
	oxidization (n.) ئۆکساندن oksandin
	oxyacid (n.) تڕشی ئۆکسجین trshi oksin
	oxygen (n.) ئۆکسجین oksjen

oxygenate *(v.)* تێر کردن بە ئۆکسجین ter kirdin be oksjen
oxygenated *(adj.)* ئۆکسجینی تێدایە oksjeni tedaye
oxygenation *(n.)* ئۆکسجین دان oskjen dan
oyster *(n. & adj.)* گوێچکەماسی gwechke masi
oyster *(v.)* گوێچکەماسی کۆ دە کات gwechke masi ko dekat
oysterling *(n.)* مەحار mehar
oysterman *(n.)* مەحارگر mehar gir
ozonate *(n.)* ئۆزۆن ozon
ozonate *(v.)* زیاد کردنی ئۆزۆن بۆ zyad kirdini ozon bo
ozonation *(n.)* ئۆزۆنکردن ozon kirdin
ozone *(n.)* ئۆزۆن ozon
ozone layer *(n.)* چینی ئۆزۆن chini ozon

pace *(v.)* هەنگاو دەنێت hengaw denet
pace *(n.)* هەنگاو hengaw
pacemaker *(n.)* ئامێری رێکخەری لێ دانی دل ameri rek kheri ledani dl
pachidermatous *(adj.)* پێستی pisti
pachyderm *(n.)* هەست مردوو hest mrdo
pacific *(adj.)* هێمن hemn
pacifier *(n.)* مەممە meme
pacifism *(n.)* ئاشتی خواز ashti khwaz
pacifist *(n.)* هێمن خواز hemn khwaz
pacify *(v.)* ئارام بکەرەوە aram bkerewe
pack *(n.)* دەستە deste
pack *(v.)* گۆرز gorz
package *(n.)* پاکێج pakej
packet *(n.)* سندوق sndoq
packing *(n.)* پێچانەوە pechanewe
pact *(n.)* پەیمان peyman
pad *(v.)* پشتی دادەنێت pshti da denet
pad *(n.)* پشتی pshti
padding *(n.)* ناواخن nawakhn
paddle *(n.)* سەول sewl
paddle *(v.)* سەول لێدەدات sewl le de dat
paddy *(n.)* ڕەزی برنج rezi brnj
paediatric *(adj.)* پزیشکی مندالان pzishki mndalan
paedologist *(n.)* پزیشکی مندالان pzishki mndalan

paedology *(n.)* مندالناسی mndal nasi
paedophile *(n.)* مندالفرۆش mndal frosh
paedophilia *(n.)* مندالفرۆشی mndal froshi
paedophiliac *(n. & adj.)* مندالفرۆش mndal frosh
pagan *(n. & adj.)* بت پەرست pt perst
paganism *(n.)* بت پەرستی pt persti
paganistic *(adj.)* بت پەرستی pt persti
page *(v.)* ژمارە کردن jmare kirdin
page *(n.)* لاپەڕ la per
pageant *(n.)* ڕێ و ڕەسمی گەورە re u resmi gewre
pageantry *(n.)* گەورەیی gewrey
pagoda *(n.)* پەرستگەی بودیەکان perstgey bodyekan
pail *(n.)* سەبەتە sebete
pain *(v.)* ژان دە دات jan de dat
pain *(n.)* ژان jan
pain relief *(n.)* کەمکردنەوەی ئازار kem kirdinewey azar
painful *(adj.)* بە ئازارە be azare
painstaking *(adj.)* بە ئازار be azar
paint *(v.)* بۆیاغ کردن boyagh kirdin
paint *(n.)* بۆیاغ boyagh
paintbrush *(n.)* فڵچەی بۆیاغ flchey boyagh
painter *(n.)* نیگارکێش nigar kesh
painting *(n.)* وێنەکێشان wene keshan
pair *(n.)* جووت joot
pair *(v.)* جووت دە کات joot dekat
pal *(n.)* برادەر bra der
palace *(n.)* کۆشک koshk
palanquin *(n.)* کەژاوە kazawa
palatable *(adj.)* دەخۆرێت dakhorit
palatal *(adj.)* مەڵاشوانە malashwana
palate *(n.)* مەڵاشو malashw
palatial *(adj.)* کۆشکانە koshkana
pale *(v.)* ڕەنگی زەرد دە بێت rengo zerd debet
pale *(n. & adj.)* پەڕیو parew
paleness *(n.)* ڕەنگ زەردی reng zerdi
paleobiological *(adj.)* زانستی زیندەوەرانی کۆن zansti zindewerani kon
paleobiologist *(n.)* زانای زیندەومرزانی کۆن zanay zindewerani kon
paleobiology *(n.)* زانستی زیندەوەرانی کۆن zansti zindewerani kon
paleoecologist *(n.)* زانای زیندەومرزانی کۆن zanay zindewerani kon

paleoecology (n.) زانستی زیندەوەرانی کۆن zanay zindewerani kon
paleolithic (n. & adj.) بەردینە کۆنەکان berdine konekan
paleontologist (n.) زنای بواری شوێنەوار ناسی zanay bwari shwene war nasi
paleontology (n.) لێکۆڵینەوەی بوونەوەری زۆر کۆن le kolinewey bonewery zoor kon
palette (n.) پاڵێت palet
palm (n.) لەپی دەست lepi dest
palm (v.) دارخورما dar khorma
palmist (n.) لەپخوێن lep khwin
palmistry (n.) لەپخوێندن lep khwindin
palpable (adj.) بەرهەست ber hest
palpitate (v.) پەلە پەل دەکات pel pel dekat
palpitation (n.) دڵ لێدان بە خێرایی و بە هێز dl ledani be kheray u be hez
palsy (n.) ئیفلیجی ifliji
paltry (adj.) خراپ khrap
pamper (v.) نازی هەڵدەگرێ nazi hel degre
pamphlet (n.) نامیلکە namilke
pamphleteer (n.) دانەری پەڕتوکی گچکە daneri pertoki gchke
panacea (n.) دەرمانی گشتی darmani gshti
pandemonium (n.) دۆزەخ dozekh
pane (n.) پەنجەرە penjere
panegyric (n.) ستایش staysh
panel (v.) هەڵبژاردنی لیژنەی سوێند خواران hel bijardni lijney swend khwaran
panel (n.) تەختە tekhte
pang (n.) ئێشێکی لەناکاو esheki le nakaw
panic (n.) ترس trs
panic (v.) دەترسێ de trse
panorama (n.) دیمەنی گشتی dimeni gshti
pant (n.) هەناسەبڕکێ henase brke
pant (v.) هەناسە دە بڕێت henase de bret
pantaloon (n.) پانتۆڵ pantol
pantheism (n.) یەکیەتی yekyeti
pantheist (n.) گشت خواپەرست gsht khwaperst
panther (n.) رەشە پلنگ reshe plng
panting (adj.) هەناسەدان henase dan
pantomime (n.) نواندن بە ئیشارە و نیشان nwandin be ishare u nishan
pantry (n.) کۆگا koga
papacy (n.) پاپایەتی papayti
papal (adj.) پاپایی papay
paper (n.) کاغەز kaghez
paper bag (n.) کیسی کاغەزی kisi kaghezi

par (n.) بڕگەی یەکەم brgey yekem
parable (n.) مەتەڵ metel
parachute (n.) پەرەشوت pereshot
parachutist (n.) پەرەشوت لێدەر pereshot le der
parade (v.) نمایش دە کات nmaysh dekat
parade (n.) نمایش nmaysh
paradise (n.) بەهەشت behesht
paradox (n.) نەڕێکڕاو ne rekkraw
paradoxical (adj.) نەڕێکڕاوە ne rekkrawe
paraffin (n.) پارافین parafen
paragon (n.) نمونە nmone
paragraph (n.) بڕگە brge
parallel (v. & adj.) تەریب terib
parallelism (n.) شانبەشانی shan be shani
parallelogram (n.) لاتەریب le terib
paralyse (v.) ئیفلیج دەبێت ifliji de bet
paralysis (n.) ئیفلیجی ifliji
paralytic (adj.) ئیفلیج ifliji
paramount (adj.) بنەرە تی bnereti
paramour (n.) دۆست dost
paraphernalia (n. pl) نامێر amer
paraphrase (v.) دوبارە دادە ڕێژێت dobare da de rejet
paraphrase (n.) دای دە ڕێژێتەوە day de rejetewe
parasite (n.) مشەخۆر mshakhor
parcel (v.) جیا کردن jya kirdin
parcel (n.) پارچە parche
parch (v.) ووشك دەکاتەوە wshk dekatewe
pardon (n.) ببورە bbore
pardon (v.) لێبوردن le bordin
pardonable (adj.) لێدەبورێت le de boret
parent (n.) دایك یان باوك day yan bawk
parentage (n.) ڕەسەن resen
parental (adj.) باوکانە bawkane
parenthesis (n.) کەوانەکان kewanekan
parish (n.) بەڕیوەبەرینێک لە کلیسەدا berewe beryek le klise da
parity (n.) یەکسانی yeksani
park (n.) باخچەی گشتی pakhchey gshti
park (v.) دەوەستێنێت dewestenet
parking ticket (n.) تکتی ئوتومبیل وەستان tketi otombil westan
parlance (n.) گفتوگۆ gft u go
parley (v.) دان و ستاندن دە کات dan u standin dekat
parley (n.) دان و ستاندن dan u standin
parliament (n.) پەرلەمان perlemn

parliamentarian (n.) پەرلەمانتار perlemntar
parliamentary (adj.) نوێنەری nwenery
parlour (n.) هۆڵ hol
parody (v.) گاڵتەجاری galte jari
parody (n.) لاسایی lasay
parole (v.) ئازاد دەکات azad dekat
parole (n.) ئازادی مەرجی azadi marji
parricide (n.) کوشتنی دایک یان باوک koshtni dayk yan bawk
parrot (n.) تووتی toti
parry (n.) ڕێگە نەدان rege ne dan
parry (v.) ڕێگە نادات rege na dat
parsley (n.) کەڕەوز kerewz
parson (n.) قەشە qeshe
part (v.) بەجێ دەهێڵێت be je dehelet
part (n.) بەش besh
partake (v.) بەشداری دەکات beshdari dekat
partial (adj.) بەشی beshi
partiality (n.) لایەنگری layengri
participant (n.) بەشدار beshdar
participate (v.) بەشداری دەکات bashdare dakat
participation (n.) بەشداری کردن dashdare kirdn
particle (n.) تەنۆلکە tenolke
particular (n. & adj.) تایبەت taybet
particularly (adv.) بە تایبەت be taybet
partisan (n. & adj.) پارتیزان parti zan
partition (v.) دابەش کردن dabesh kirdin
partition (n.) دابڕین dabrin
partner (n.) بەشدار beshdar
partnership (n.) هاوبەشی haw beshi
party (n.) ئاهەنگ aheng
pass (n.) ڕێڕەو re rew
pass (v.) سەردەکەوێت ser dekewet
passage (n.) پارچە parche
passenger (n.) گەشتیار gashtyar
passion (n.) هەڵچوون hel chon
passionate (adj.) بەسۆز be soz
passive (adj.) شێوازی نادیار shewazi na dyar
passport (n.) پاسپۆرت pas port
past (adj. & prep. & n.) ڕابردوو rabirdow
paste (v.) دەلکێنێت de lkenet
paste (n.) دۆشاو doshaw
pastel (adj.) ڕەنگی کڕاوە rengi krawe
pastel (n.) وێنە کێشراوی ڕەنگاوڕەنگ wene keshrawi renga u reng
pastime (n.) ڕابواردن rabwardin

pastoral (adj.) شیعری شوانکارەیی shieri shwankari
pastry (n.) هەویرکاری hewir kari
pasture (v.) دەڵەمەڕێنێ dele werene
pasture (n.) لەمەڕگا le wrga
pat (n. & adv.) دەست پیادان dest pya dan
pat (v.) دەستی پیادەدات desti pya dedat
patch (n.) پینە pine
patch (v.) پینە دەکات pine dekat
patch test (n.) تاقیکردنەوەی پاچ taqi kirdnewey pach
patent (n.) ئاشکرا ashkra
patent (v.) داهێنان نامە da henan nama
patent (adj.) ئاشکرا ashkra
paternal (adj.) باوکانە bawkana
path (n.) ڕێڕەو re rew
pathetic (adj.) بەزەیی هێن bezey hen
pathology (n.) نەخۆشی ناسی ne khoshi zani
pathos (n.) دڵسۆز dl soz
patience (n.) ئارام aram
patient (n.) بە ئارام ba aram
patient (adj.) نەخۆش ne khosh
patricide (n.) باوک کوشتە bawk koshta
patrimony (n.) میرات merat
patriot (n.) نیشتمان پەروەر nishtiman perwer
patriotic (adj.) نیشتمانی nishtimani
patriotism (n.) نیشتمان پەروەری nishtiman perweri
patrol (n.) دەوریەی زێڕەڤانی dewryey zerevani
patrol (v.) خەفەر khefer
patron (n.) خاوەن کار khawen kar
patronage (n.) چاودێری chaw deri
patronize (v.) چاودێری دەکات chaw deri dekat
pattern (n.) پاترۆن patron
paucity (n.) دەگمەن degmen
pauper (n.) هەژار hejar
pause (v.) ڕادەوەستێنی ra dewestene
pause (n.) ڕاوەستاندن rawestandin
pave (v.) قیرتاوی دەکات qirtawi dekat
pavement (n.) شۆستە shosta
pavilion (n.) چادرگا chadrga
paw (v.) دەخۆرێنێ de khorene
paw (n.) پێی ئاژەڵ pey ajel
pay (n.) کڕێ kre
pay (v.) پارە دەدات pare dedat
payable (adj.) پێویستە بدری pewiste bdre
payee (n.) بدەر bder

payment *(n.)* کوژمی پارەی دراو kojmi parey draw
payout *(n.)* پارەدان pare dan
pea *(n.)* پۆلکە polka
peace *(n.)* ئاشتی ashti
peaceable *(adj.)* ئاشتی خواز ashti khwaz
peaceful *(adj.)* هێمن hemn
peach *(n.)* قۆخ qokh
peacock *(n.)* تاووس tawos
peahen *(n.)* مێ تاووس me tawos
peak *(n.)* لووتکە lotke
pear *(n.)* لووتکە lotke
pearl *(n.)* لولو lolo
peasant *(n.)* جوتیار jotyar
peasantry *(n.)* جوتیاری jotyari
pebble *(n.)* تەپۆتۆز tepe toz
peck *(v.)* دەنووکی لێ دەدات denoki le dedat
peck *(n.)* سووکە ماچ soke mach
peculiar *(adj.)* بیانی byani
peculiarity *(n.)* تایبەتی taybeti
pecuniary *(adj.)* دارایی daray
pedagogue *(n.)* مامۆستا mamosta
pedagogy *(n.)* فێرکردن fer kirdin
pedal *(n.)* پایدەر pay der
pedal *(v.)* پەیدان peydan
pedant *(n.)* فێرکار fer kar
pedantic *(adj.)* خۆ بە زانا داناو kho be zana danaw
pedantry *(n.)* فێرکار fer kar
pedestal *(n.)* بنیات bnyat
pedestrian *(n.)* پیادە pyade
pedigree *(n.)* ڕەسەن resen
peel *(n.)* توێکڵ twekl
peel *(v.)* پاکی دەکات paki dekat
peep *(n.)* بە دزیەوە سەیرکردن be dzyewe seyr kirdin
peep *(v.)* بە دزیەوە سەیردە کات be dzyewe seyr dekat
peer *(n.)* هاوتا hawta
peerless *(adj.)* بێ هاوتا be hawta
peg *(v.)* سنگ قوتان sing qotan
peg *(n.)* سنگ sing
pelf *(n.)* سامان saman
pell-mell *(adv.)* پێل مێل pel mel
pen *(v.)* دە نوسی de nose
pen *(n.)* پێنووس penos
penal *(adj.)* سزایی szay
penalize *(v.)* سزا دەدات sza dedat
penalty *(n.)* سزا sza

pencil *(v.)* وێنە دە کات wene dekat
pencil *(n.)* پێنووسی رەش penosi resh
pending *(adj. & prep.)* هەڵواسراو hel wasraw
pendulum *(n.)* میلی کات ژمێر mili kat jem
penetrate *(v.)* دەبڕێ de bre
penetration *(n.)* بڕین brin
penis *(n.)* کێر kir
penniless *(adj.)* بێ پارە be pare
penny *(n.)* یەك فلس yek fls
pension *(v.)* خانەنشینی دە بێت khane nshini de bet
pension *(n.)* خانەنشینی khane nshini
pensioner *(n.)* خانەنشین khane nshin
pensive *(adj.)* بیرکەرەوە berkarawa
pentagon *(n.)* پەنتاگۆن pentagon
pentatonic *(adj.)* پێنتاتۆنیك pentatonik
penthouse *(n.)* خان khan
peon *(n.)* کار کەر kar ker
people *(n. & v.)* خەڵك khelk
pepper *(n.)* بیبەر biber
pepper *(v.)* دەڕەشێنی de reshene
pepper-and-salt *(adj.)* بیبەر و خوێ biber u khwe
per *(prep.)* بۆ هەر bo her
per annum *(adv.)* هەر ساڵێك bo her salek
per cent *(adv.)* لە سەدا le dseda
perambulator *(n.)* پیڕامبولاتۆر pirambolator
perceive *(v.)* وەرگرتن wer girtn
percentage *(n.)* ڕێژەی سەدی rejey sedi
perceptible *(adj.)* هەست پێکرۆی هەیە hest pe kroy heye
perception *(n.)* زانین zanin
perceptive *(adj.)* هەستیار hestyar
perch *(v.)* نیشتگەی باڵندە nishtgey balinde
perch *(n.)* شوێنێکی بەرز shweneki berz
percussion *(n.)* پیاکەشان pya keshan
perennial *(n.)* هەمیشە hemishe
perennial *(adj.)* بە دریژایی ساڵ بەردەوامە be drejay sal
perfect *(adj.)* تەواو tewaw
perfect *(v.)* بێخەوش be khewsh
perfection *(n.)* تەواوی tewawi
perfidy *(n.)* ناپاکی na paki
perforate *(v.)* کونی دەکات koni dekat
perforce *(adv.)* هەڵی دەکۆڵێت heli de kolet
perform *(v.)* جێبەجێی دەکات je be je dekat

performance (n.) جێبەجێکردن je be je kirdin
performer (n.) ئەنجام دەر anjam der
perfume (n.) بۆن bon
perfume (v.) بۆن بڵاودەکاتەوە bon blaw dekatewe
perhaps (adv.) ڕەنگە range
peril (n. & v.) مەترسی metrsi
perilous (adj.) ترسناک trsnak
period (n.) ماوە mawe
periodical (adj.) خۆلانە kholane
periodical (n.) گۆڤار govar
periphery (n.) پەراوێز perawez
perish (v.) دەمری de mre
perishable (adj.) لەناو دەچێت le naw de chet
perjure (v.) بە درۆ سوێند دەخوا be dro swend dekhwa
perjury (n.) سوێندی درۆ swendi dro
perk (v.) دەگەشێتەوە de geshetewe
permanence (n.) مانەوە manewe
permanent (adj.) هەمیشە یی hemishey
permissible (adj.) ڕێدراو redraw
permission (n.) ڕێ پێ دان re pe dan
permit (v.) ڕێ پێ دەدات re pe dedat
permit (n.) ڕێ پێ دان re pe dan
permutation (n.) گۆڕانکاری goran kari
pernicious (adj.) زیانبەخش zyan bekhsh
perpendicular (n. & adj.) ڕاستەڕەوە rast rewe
perpetual (adj.) هەمیشەیی hemishey
perpetuate (v.) بەردەوام بێت berdewam de bet
perplex (v.) سەرلێشێواو ser le shewaw
perplexity (n.) سەرلێشێواوی ser le shewawi
persecute (v.) گوشەگیری دەکات goshe giri bken
persecution (n.) گوشەگیری goshe giri
perseverance (n.) پاراستن parastin
persevere (v.) خۆ ڕاگرە kho ra degre
persist (v.) بەردەوام بن berdewam de bet
persistence (n.) خۆڕاگری kho ragri
persistent (adj.) بەردەوام berdewam
person (n.) کەس kes
personage (n.) کەسایەتی kesayeti
personal (adj.) کەسی kesi
personality (n.) کەسایەتی kesayeti
personification (n.) کەسایەتیکردن kesayetikirdin

personify (v.) وەک کەسێک لە گەڵ شتێک ڕەفتار دەکات wek kesek le gel shtek reftar dekat
personnel (n.) دەستەی کارگەرانی دەزگایەک destey kargerani dezgayek
perspective (n.) بەرچاو ber chaw
perspiration (n.) ئارەق areq
perspire (v.) ئارەق دەرێژێ areq de reje
persuade (v.) ڕازی دەکات razi dekat
persuasion (n.) ڕازی بوون razi boon
pertain (v.) پەیوەندیدارە peywendi dar
pertinent (adj.) پەیوەندیدار peywendi dar
perturb (v.) تێکدان tek dan
perusal (n.) خوێندنەوە khwendinewe
peruse (v.) تە ماشە ی کرد temashey kird
pervade (v.) گشتگیر دە بێت gsht gir debet
perverse (adj.) چەوت chewt
perversion (n.) چەوتکردن chewt kirdin
perversity (n.) چەوتی chewti
pervert (v.) ڕەوشتی تێک دەچێت rewshti tek de chet
pessimism (n.) ڕەشبینی resh bini
pessimist (n.) ڕەشبین resh bin
pessimistic (adj.) ڕەشبینانە resh binane
pest (n.) ئافات afat
pesticide (n.) قرکەر qrkar
pestilence (n.) تاعوون taaon
pet (v.) ئاژەڵی ماڵی بەخێوی دەکات ajeli male be khew dekat
pet (n.) ئاژەڵی ماڵی ajeli male
petal (n.) گەڵا gelay gela
petite (adj.) بچووک bchok
petition (v.) داواکاری دە کات dawakari
petition (n.) داواکاری dawakari
petitioner (n.) داواکار dawakar
petrify (v.) دەترسێنی de trsene
petrol (n.) نەوت newt
petroleum (n.) پێترۆڵ petrol
petticoat (n.) نافرەتانە afretane
petty (adj.) خەیانە ayekh
petulance (n.) شەڕ فرۆشتن sher froshtin
petulant (adj.) نەگبەت negbet
phagic (adj.) قورگ qorg
phalange (n.) کەتیبەکان ketibekan
phalanx (n.) دەستە deste
phallic (adj.) کەری keri
phallocentric (adj.) فالۆسەنترەک falosantrek
phallus (n.) فالۆس falos
phantasmagoria (n.) فانتازیاگۆریا fantaziagorya

phantasmal *(adj.)* فانتازيا fantazya
phantom *(n.)* تارمايى tarmay
pharmaceutic *(adj.)* دەرمان derman
pharmaceutical *(n.)* دەرمانەوان dermanewan
pharmaceutical *(adj.)* دەرمانساز dermansaz
pharmaceutist *(n.)* دەرمانساز dermansaz
pharmacist *(n.)* دەرمانساز dermansaz
pharmacy *(n.)* دەرمانخانە darman khane
phase *(n.)* قۆناغ qonagh
phenomenal *(adj.)* ئاشكرا ashkra
phenomenon *(n.)* دياردە dyarde
phial *(n.)* بتلى شوشە btli shoshe
philalethist *(n.)* باشتركەر bashtr ker
philander *(n.)* ئەوەى زوور مەى دەخوا awey zoor mey de khwa
philander *(v.)* زوور حەزى لە ژنان دە كات zoor hezi le jnan dekat
philanderer *(n.)* ئەوەى زوور حەزى لە ژنان ھەيە awey zoor hezi le jnan heye
philandry *(n.)* خێرخوازى kher khwazi
philanthropy *(n.)* چاكە كردن chake kirdin
philological *(adj.)* تايبەت بە زمانەوانى taybeti be zmanewani
philologist *(n.)* زمانەوان zmane wan
philology *(n.)* زانستى زمان zansti zman
philosopher *(n.)* فەيلەسوف feylesof
philosophical *(adj.)* فەلسەفى felsefi
philosophy *(n.)* فەلسەفى felsefi
phone *(n.)* تەلەفون telefon
phonetic *(adj.)* دەنگ deng
phonetics *(n.)* زانستى دەنگ zansti deng
phosphate *(n.)* فۆسفات fosfat
phosphorus *(n.)* فۆسفۆرى fosfori
photo *(n.)* وێنە wene
photocopy *(n.)* فۆتۆكۆپى foto kopi
photogenic *(adj.)* ڕووناكى دەرەوە ronaki derewe
photograph *(n.)* وێنەى فۆتۆگرافى weney foto grafi
photograph *(v.)* فۆتۆگراف دە كات foto graf dekat
photographer *(n.)* وێنەگرى فۆتۆگرافى wene gri foto grafi
photographic *(adj.)* فۆتۆگرافى foto grafi
photography *(n.)* وێنەگرتنى فۆتۆگرافى wene grtini foto grafi
phrase *(v.)* دەردەبرى der debre
phrase *(n.)* دەستەواژە deste waje

phraseology *(n.)* دەستەواژەناسى deste waje nasi
physic *(v.)* مامەلە كردن لە گەل دەرمان mamele kirdin le gel derman
physic *(n.)* فيزياى fizyay
physical *(adj.)* فيزيايى fezyae
physician *(n.)* فيزياگەر fizya ger
physicist *(n.)* فيزياوان fizya ger
physics *(n.)* زانستى فيزيا zansti fizya
physiognomy *(n.)* ڕووخسار rokhsar
physique *(n.)* پێكهاتەى لەش pekhatey lesh
pianist *(n.)* پيانۆژەن piani jen
piano *(n.)* پيانۆ piano
pick *(n.)* ھەلبژاردن helbjardin
pick *(v.)* ھەلدەبژێرێ helde bjere
picket *(v.)* كودە بنە وە ko debnewe
picket *(n.)* كۆبوون ko boon
pickle *(v.)* مخەلەل دروست دەكات mkhelel drost dekat
pickle *(n.)* مخەلەل mkhelel
picnic *(v.)* گەشت gesht
picnic *(n.)* سەيران seyran
pictorial *(adj.)* گۆڤاريكى وێنەيى weneyy
picture *(v.)* وێنە دەگرێت wene degret
picture *(n.)* وێنە wene
picturesque *(adj.)* ناوازە nawaze
piece *(n.)* پارچە parche
piece *(v.)* پارچە دە كات parche dekat
pier *(n.)* شۆستەى لەنگەرگرتنى كەشتى shostae langargrtne kashte
pierce *(v.)* كونى دەكات koni dekat
piercing *(n.)* كون كردن kon kirdin
piercing *(adj.)* شتى نە بينراو دە بينرى shti ne binraw de binre
piety *(n.)* خواناسى khwa nasi
pig *(n.)* بەراز beraz
pigeon *(n.)* كۆتر kotr
piggy bank *(n.)* قاسەى لەسەر شێوەى بەراز qasey le ser shewey beraz
pigment *(n.)* ڕەنگاو ڕەنگ ranga u reng
pigmy *(n.)* بەرازى berazi
pile *(v.)* كۆمى دەكات komi dekat
pile *(n.)* كۆمەڵ kom
piles *(n.)* بواسير bewasir
pilfer *(v.)* دەدزێت de dzet
pilgrim *(n.)* حاجى haji
pilgrimage *(n.)* حەج كردن hej kirdin
pill *(n.)* دەنكە دەرمان denke derman
pillar *(n.)* ستوون ston

pillow *(v.)* پالی دەدا pali deda
pillow *(n.)* بالیف balif
pilot *(v.)* فروکه لێ دەخورینی froke le de khorine
pilot *(n.)* فروکەوان froke wan
pimple *(n.)* زیپکە zipke
pin *(v.)* بە دەمبوس قایمی دەکات be dembos qaimi dekat
pin *(n.)* دەمبوس dembos
pinch *(n.)* نۆقۆرچ گرتن noqorch grtin
pinch *(v.)* نۆقۆرچ دەگرێت noqorch degret
pine *(v.)* غە رییی دە کات gheribi dekat
pine *(n.)* سنەوبەر snober
pineapple *(n.)* ئەناناس ananas
pink *(adj.)* رەنگی پەمەیی rengi pemey
pink *(n.)* قەرەنفل qerenfl
pinkish *(adj.)* پەمەیی pemey
pinnacle *(n.)* لوتکە lotke
pioneer *(v.)* پێشەنگ pesheng
pioneer *(n.)* پێشرەو pesh rew
pious *(adj.)* ئایینخواز ayyin khwaz
pipe *(n.)* بۆری bori
pipe *(v.)* دەگوازرێ de gwazre
piquant *(adj.)* تاڵ و تیژ tal u tez
piracy *(n.)* دزمکردنی دەریایی dze krdini deryay
pirate *(v.)* دزمکردنی دەریایی دە کات dze krdini deryay
pirate *(n.)* دزمکە ری دەریایی chatae daryae
pistol *(n.)* دەمانچە demanche
piston *(n.)* پستن pstin
pit *(v.)* چاڵ دەکۆڵی chal de kole
pit *(n.)* چاڵ chal
pitch *(n.)* هاوێشتن haweshtin
pitch *(v.)* قیرتاوی دە کات qirtawi deakt
pitcher *(n.)* کۆزە koze
piteous *(adj.)* بەزەیی دار bezey dar
pitfall *(n.)* تەڵە tala
pitiable *(adj.)* بەزەییدارە bezey dare
pitiful *(adj.)* بەزەییدارە bezey dare
pitiless *(adj.)* بێبەزەیی be bezey
pitman *(n.)* پیتمان pitman
pittance *(n.)* زوور کە م zoor kem
pity *(v.)* شە فە قە shefeqe
pity *(n.)* بەزەیی bezey
pivot *(n.)* تەورە tewere
pivot *(v.)* لە سە ر تەورە دە روا tewere
pixel *(n.)* وێنەخاڵ wene khal
pixelate *(v.)* پێکسڵەکان pekslekan

pizza *(n.)* پیتزا petza
pizzeria *(n.)* پیتزەخانە pitza khane
placable *(adj.)* جێگەی جێگیرە jehey jigire
placard *(n.)* راگەیاندن ra geyandin
placate *(v.)* رازی دەکات razi deakt
placative *(adj.)* ئارامکەرەوە aram kerewe
placatory *(adj.)* ئارامکەرەوە aram kerewe
place *(v.)* دادە نی dadene
place *(n.)* شوێن shwen
placebic *(adj.)* پلاسیبیک plasibik
placebo *(n.)* هێمن کەرەوە hemn kerewe
placement *(n.)* دانان danan
placenta *(n.)* بزادان bzadan
placid *(adj.)* هێمن hemn
plague *(v.)* نێشی تاعون دەگرێت eshi taoon degret
plague *(adj.)* نە خۆشی تاعون nekhoshi taoon
plain *(n. & adj.)* نورمال normal
plaintiff *(n.)* داواکار dawakar
plan *(v.)* نەخشە داده نیت nekhshe dadenet
plan *(n.)* نەخشە nekhshe
plane *(v.)* دەفری de fre
plane *(n. & adj.)* فرۆکە froke
planet *(n.)* هەسارە hesare
planetary *(adj.)* هەسارە ی hesarey
plank *(v.)* پالی دەدا pali deda
plank *(n.)* تەختەداریکی درێژ tekhte dareki drej
plant *(n.)* درەخت drekht
plant *(v.)* دەچێنێت de chinet
plantain *(n.)* مۆزی بەهەشت mozi behesht
plantation *(n.)* کێڵگە kelge
plaster *(v.)* دادەپۆشی da deposhe
plaster *(n.)* پلاستەر plaster
plastic *(n. & adj.)* نەرم nerm
plate *(n.)* قاپ qap
plate *(v.)* دادەپۆشی da deposhe
plateau *(n.)* بان ban
platform *(n.)* شۆستە shoste
platinum *(n. & adj.)* پلاتین platin
platonic *(adj.)* نموونەیی nmoney
platoon *(n.)* پلاتون platon
play *(v.)* یاری دە کات yari dekat
play *(n.)* یاری yari
playback *(n.)* پەخشکردن pekhsh kirdin
playcard *(n.)* یاری کارت yari kart
playdate *(n.)* بەروواری یاریکردن barwari yari kirdn
player *(n.)* یاریزان yari zan

playfield (n.) گۆڕەپانی یاریکردن gorepani yari kirdin	**pluviometer** (n.) باران پێو baran pew
playful (adj.) یاریزانانە yari zanane	**ply** (n.) چیپسەکان chipsekan
playground (n.) گۆڕەپانی یاری gorepani yari kirdin	**ply** (v.) دێت و دەچێ dit o dachi
playhouse (n.) خانووی یاریکردن khanoy yari kiridn	**plyer** (n.) پەنجەی پەنجە panjae panja
plea (n.) تکایە tkaye	**plywood** (n.) پلەی وود pley wod
plead (v.) داوای لێبوردن بکە daway le bordin dekat	**pneudraulics** (n.) پنۆدرۆلیك pnodrolik
pleader (n.) داواکار dawakar	**pneuma** (n.) سییەکان se yekan
pleasant (adj.) ڕووخۆش ro khosh	**pneumatic** (n. & adj.) پەیوەندی هەیە بە هەوای پەستێوراوی peywendi heye be heway pestew rawi
pleasantry (n.) خۆشی khoshi	**pneumatological** (adj.) پنیوماتۆلۆژی penyomatoloji
please (v.) تکا دەکات tka dekat	**pneumatology** (n.) نەخۆشیەکانی سی خۆشیەکانی سێ ne khoshyekani se
please (adv.) تکایە tkaye	**pneumogastric** (adj.) سییەکان وگەدە se yekan u gede
pleasure (n.) خۆشی khoshi	**pneumology** (n.) نەخۆشیەکانی سی ne khoshyekani se
plebiscite (n.) ڕاپرسی ra prsi	**pneumonia** (n.) هەوکردنی سییەکان hew kirdini se yekan
pledge (v.) پەیمان دە دات peyman dan	**pneumoniac** (n.) سی هەوکردوو se hew kirdo
pledge (n.) پەیمان دان peyman dan	**pneumonic** (adj.) نەخۆشی سییەکان ne khoshy se yekan
plenty (n.) زۆری zoory	**pneumotherapy** (n.) چارەسەری سییەکان charasare seeakan
plight (n.) گێچەڵ ge chel	**poach** (v.) ڕاوکردن raw kirdn
plod (v.) بە هێواشی دەڕوات be hiway derwat	**poached** (adj.) ڕاو کراوە raw krawe
plot (v.) پیلان دەگێڕێ pilan de gire	**poacher** (n.) ڕاوچی rawchi
plot (n.) پیلان pilan	**pocket** (v.) بردنەوە brdnewe
plough (v.) دەکێڵێت de kelet	**pocket** (n.) گیرفان gervan
plough (n.) گاسن gasn	**pod** (v. & n.) پود pod
ploughman (n.) جوتیار jotyar	**podcast** (n.) ئەپلود کردنی دەنگ لەسەر ئەنتەرنێت ap lod kirdini deng le ser anternet
pluck (n.) لێدەدات le de dat	**podcast** (v.) دەنگ لەسەر ئەنتەرنێت ئەپلود دە کات deng le ser anternet ap lod dekat
pluck (v.) لێدکاتەوە lidakatawa	**podcaster** (n.) پۆدکاستەر podkastar
plug (v.) دەمەوانە deme wane	**podge** (n.) پۆدج podj
plug (n.) پلاك plak	**podgy** (adj.) پۆدگی podgi
plum (n.) هەڵووژە heloje	**podiatric** (adj.) پزیشکی پێ pzishki pe
plumber (n.) بۆریچی bori chi	**podiatrist** (n.) پزیشکی پێ pzishki pe
plunder (n.) تاڵانی talani	**podium** (n.) پێ pe
plunder (v.) تاڵان دەکات talan dekat	**podium** (v.) پودیوم podiom
plunge (n.) کەوتنە خوارەوە kewtne khwarewe	**poem** (n.) هۆنراوە honrawe
plunge (v.) خۆنقوم کردن kho nqom kirdn	**poesy** (n.) هۆنراوە honrawe
plural (adj.) کۆ ko	**poet** (n.) شاعیر shaaer
plurality (n.) فرەیی frey	**poetaster** (n.) هۆزانفۆن hozan avn
plus (adj.) موجەب mojeb	**poetess** (n.) هۆزانڤان hozan avn
plus (n.) نیشانەی کۆکردنەوە nishaney ko kirdinewe	**poetic** (adj.) هۆنراویی honrawey
plush (n. & adj.) تۆری ناوریشم tori awrishm	
plutocrat (n.) پلۆتۆکرات plotokrat	
plutonic (adj.) دۆزەخی dozekhi	
plutonium (n.) پلۆتۆنیوم plotoneom	
pluvial (adj.) باراناوی baranawi	
pluvial (n.) بارانی barani	

poetics (n.) هۆنراوەیی honrawey
poetry (n.) هۆزان hozan
poignacy (n.) بە هێزی ba hezi
poignant (adj.) توند tond
point (n.) خاڵ khal
point (v.) نیشان دەدات neshan dadat
point blank (adv.) خاڵەکی سپی khaleki spi
pointed (adj.) ئاماژە کردن amaje krdin
pointedly (adv.) بە وردی be wordi
pointedness (n) نیشان nishan
pointerless (adj.) بێ ئاماژە be amaje
pointful (adj.) ئاماژەدارە amaje dare
pointillism (n.) خاڵبەندی khal bendi
pointillist (n.) خاڵبەندی khal bendi
pointless (adj.) پێویست نییە pewist nye
pointwork (n.) خاڵ khal
poise (n.) بە هاوسەنگی be hawsengi
poise (v.) هاوسەنگ دەکات hawseng dekat
poison (v.) ژەهر خواردی دەبێت jehr khwardi debet
poison (n.) ژەهر jehr
poisonous (adj.) ژەهراوی jehrawi
poke (v. & n.) دەجوولێنێ de jolene
poker (n.) یاری پۆکەر yar poker
polar (adj.) جەمسەری jemseri
polarazing (adj.) جەمسەرگیری jemser giri
polarity (n.) جەمسەرگرتن jemser girtin
polarize (v.) جەمسەر دەگرێت jemser de gret
polaroid (n.) پۆلارۆید polarwed
polary (adj.) هەڵ خەڵەتێنرا hel kheletenra
pole (v.) جەمسەر jamsar
pole (n.) جەمسەر jemser
pole dancer (n.) سەماکاری جەمسەری semakari jemseri
polearm (n.) پۆلارم polarm
polecat (n.) پۆلیکات polikat
polemic (adj.) دەمباری demm bari
polemic (n.) دژواری dijwari
polenta (n.) پۆلێنتا polinta
police (n.) پۆلیس poles
police (v.) کۆنترۆڵی دە کات kontroli de kat
police beat (n.) پۆلیس لیدا poles lieda
policeboat (n.) بەڵەمی پۆلیس belemi poles
policeless (adj.) بێ پۆلیس be poles
policeman (n.) پۆلیس poles
policy (n.) ڕامیاری ramyari
polish (n.) پۆڵەندی polendi
polish (v.) زمانی پۆڵەندی zmani polendi
polite (adj.) بەڕێز ba rez

politeness (n.) بە ئەدەب be adeb
politic (adj.) سیاسی syasi
political (adj.) سیاسی syasi
politician (n.) کەسێتی سیاسی keseti siasi
politics (n.) زانستی سیاسەت zansti siaset
polity (n.) وڵات wlat
poll (v.) هەڵدەبژێرێ hel de bjere
poll (n.) دەنگدان deng dan
pollen (n.) هەڵاڵە helale
pollute (v.) پیس دەکات pis dekat
pollution (n.) پیس کردن pis kirdin
polo (n.) پۆڵۆ polo
polyacetylene (n.) پۆلی ئەستیلین poli astilin
polyander (n.) پۆلی ئەندەر poli ander
polyandrianism (n.) پۆلی ئەندەریانی poli anderyani
polyandry (n.) فرە ژنی fre jni
polybutene (n.) پۆلی بۆتین poli botin
polybutylene (n.) پۆلی بۆتیلین poli botilin
polycarbonate (n.) پۆلی کاربۆنات poli karbonat
polycentric (adj.) فرە مەڵبەندی fre melbendi
polycentrism (n.) فرە ناوەندگەرایی fre nawend geray
polychrome (adj.) فرە رەنگ fre reng
polycracy (n.) پۆلیکراسی poli krasi
polyene (n.) پۆلیین poleen
polyform (n.) پۆلیفۆڕم poli form
polygamous (adj.) فرە ژنی fre jni
polygamy (n.) فرە ژنی fre jni
polyglot (n. & adj.) فرە زمان fre zman
polyloquent (adj.) پۆلیلۆکوینت polelokwint
polymath (n.) پۆلیماتیک poli matik
polymer (n.) پۆلیمەر poli mer
polymerize (v.) پۆلیمەرکردن poli mer kirdin
polymetallic (adj.) پۆلی میتالیک poli metalik
polymethine (n.) پۆلیمیتین poli metin
polymethylene (n.) پۆلی میتیلین poli metlin
polymicrobial (adj.) فرە میکرۆبی fre mikrobi
polymiotic (adj.) پۆلیمیۆتیک poli miotik
polymolecular (adj.) فرە گەردیلەی fre gerdiley
polymorph (n.) پۆلی مۆرف poli morf
polymorphic (adj.) فرەجۆر fre jor
polymorphism (n.) فرەجۆری fre jori
polymorphosis (n.) پۆلی مۆرفۆزی poli morfozi
polynucleate (adj.) پۆلینۆکلیات poli noklyat

polypharmacal (adj.) پۆلیفارماکاڵ poli farmakal
polypropylene (n.) پۆلیپڕۆپیلین poli propilin
polyprotein (n.) پۆلیپڕۆتین poli protin
polysemia (n.) پۆلیسمیا poli sima
polytechnic (n. & adj.) پۆلیتەکنیک poli teknik
polytheism (n.) شیک گەرایی shik geray
polytheist (n.) پۆلیتیست poli tist
polytheistic (adj.) شیرک shirk
pomp (n.) خۆبەزڵزان kho be zl zan
pomposity (n.) فیزنی fizni
pompous (adj.) فیزن fizn
pond (n.) گۆم gom
ponder (v.) بیردەکاتەوە bir dekatewe
pony (n.) ئەسپی بچوک aspi bchok
poor (adj.) هەژار hejar
pop (v.) تەقینەوە teqinewe
pop (n.) قسەڵۆک qse lok
pope (n.) پاپا papa
poplar (n.) چنار chnar
poplin (n.) پۆپلین poplen
populace (n.) خەڵک khalk
popular (adj.) گەلی geli
popularity (n.) گەلێتی galiti
popularize (v.) لای خەڵک خۆشەویستی دەکا lay khel khoshewisti deka
populate (v.) قەرەبالغی qere balghi
population (n.) ژمارەی دانیشتوان jmarey danishtwan
populous (adj.) ئاوەدان awadan
porcelain (n.) پۆرسەلین porsalen
porch (n.) پەنجەرە panjara
pore (n.) کۆنیلە konela
pork (n.) گۆشتی بەراز goshti beraz
porridge (n.) کەشکەک kashkak
port (n.) بەندەر bender
portable (adj.) هەڵدەگیرێ hel degire
portage (n.) کرێی گواستنەوە krey gwastinewe
portal (n.) دەرگا darga
portend (v.) مژدەی خۆش mjdey khosh
porter (n.) دەرگاوان dargawan
portfolio (n.) وەزارەت wezaret
portico (n.) ڕارەو rarew
portion (n.) بەش besh
portion (v.) بەش بە کات دەکات besh besh dekat
portrait (n.) وێنە wene

portraiture (n.) وێنەگری wene gri
portray (v.) وێنە دە گریت wene de gret
portrayal (n.) وێنەگرتن wene girtin
pose (v.) دەوەستێ deweste
pose (n.) ڕاوەستان ra westan
position (v. & n.) شوێن shwen
positive (adj.) موجەب mojeb
possess (v.) هەیەتی heyeti
possession (n.) سامان saman
possibility (n.) شیان shyan
possible (adj.) دەشێ deshe
post (n.) پۆستە poste
post (v.) شوێن shwen
post (adv.) ستوون stoon
postage (n.) باجی پۆستە baje posta
postal (adj.) پۆستانە postana
post-date (v.) بەڕواری پۆست berwari post
poster (n.) پۆستەر poster
posterity (n.) نەوەی ئاینده newey aynde
postgraduate (adj.) دوای دەرچوون dway derchoon
posthumous (adj.) پاش مردنی باوکی لە دایک بووە pash mrdini le dyak bwe
postman (n.) پۆستەچی postache
postmaster (n.) بەڕێوەبەری پۆستە bereweberi poste
post-mortem (n. & adj.) پشکنینی دوای مردن pshknini dway mrdn
post-office (n.) پۆستەخانە poste khana
postpone (v.) دوادخات dwa dekhat
postponement (n.) دواخستن dwa khistin
postscript (n.) پاشکۆ pashkw
posture (n.) وەستان westan
pot (n.) مەنجەڵ menjel
pot (v.) برژاندن لە مەنجەڵ دا brjandin le mejel da
potash (n.) پۆتاش potash
potassium (n.) پۆتاسیۆم potasepm
potato (n.) پەتاتە petate
potency (n.) کاریگەری karegeri
potent (adj.) بەهێز ba hezi
potential (n. & adj.) شاڕەوە sharawe
potentiality (n.) پەیدابوون peyda boon
potter (n.) کات بەفیرۆ دەدات kat be fero dedat
pottery (n.) گڵکار glkar
pouch (n.) جزدان jzdan
poultry (n.) باڵندەی ماڵی balndey male
pounce (n.) هێرش کردن hersh kırdın

pounce *(v.)* هێرش دەکات hersh dekat
pound *(n.)* پاوەند pawand
pound *(v.)* پاوەندی ئێستەرلینی pawandi esterlini
pour *(v.)* دەرژێنێت derjenet
poverty *(n.)* هەژاری hejari
powder *(v.)* باروت baroot
powder *(n.)* توز toz
power *(n.)* هێز hez
powerful *(adj.)* بەهێز pr hez
practicability *(n.)* توانای پراکتیکی twanay praktiki
practicable *(adj.)* کرداری krdari
practical *(adj.)* کرداریانە krdaryane
practically *(adv.)* بەنزیکی be nziki
practice *(n.)* کار پێ کردن kar pe kirdin
practise *(v.)* کار پێ دەکات kar pe dekat
practitioner *(n.)* کارا kara
pragmatic *(adj.)* کرداری krdari
pragmatism *(n.)* فەلسەفەی قازانج felsefey qazanj
praise *(v. & n.)* پیاهەڵدەدات pya hel dedat
praiseworthy *(adj.)* شایەنی ستایشکردنە shayeni staysh kirdine
pram *(n.)* عەرەبانەی منداڵان arebaney mndalan
prank *(n.)* گلەیی کردن gley kirdin
prattle *(n. & v.)* قسەکردن qse kirdin
pray *(v.)* نوێژ دەکات nwej dekat
prayer *(n.)* نوێژ nwej
preach *(v.)* بانگەشەی بۆ دەکەن bangeshey bo dekat
preacher *(n.)* بانگخواز bang khwaz
preamble *(n.)* پێشەکی pesheki
precaution *(n.)* خۆپاریزی kho parezi
precautionary *(adj.)* وریاکردنەوانە wrya kirdnewane
precede *(v.)* پێش دەکەوێت pesh dekewet
precedence *(n.)* پێشکەوتە pesh kewte
precedent *(n.)* پێشین peshin
precept *(n.)* فەرمان ferman
preceptor *(n.)* مامۆستا mamosta
precious *(adj.)* بەهادار beha dar
precis *(n.)* وەرد word
precise *(adj.)* وەرد word
precision *(n.)* وەردی wordi
preclude *(v.)* نەمگرتنەوە ne grtinewe
precursor *(n.)* پێشەکی pesheki
predator *(n.)* نێچیر nechir

predecessor *(n.)* پێشین peshin
predestination *(n.)* خواخواست khwa khwast
predetermine *(v.)* پێشەکی بریار دەدات pishake bryar dadat
predicament *(n.)* جۆر jor
predicate *(n.)* نیهاد nehad
predict *(v.)* پێشبینی کردن pesh bini kirdin
prediction *(n.)* دووبارە دان پیانان dobare dan pya nan
predominance *(n.)* ساڵاری salari
predominant *(adj.)* باو baw
predominate *(v.)* زاڵ دەبێ zal debe
pre-eminence *(n.)* بااڵدەستی bala desti
pre-eminent *(adj.)* پێشەنگ pesheng
preemptive *(adj.)* پێشوەختە pesh wekhte
preen *(n.)* پۆزلێ دان poz le dan
preen *(v.)* پۆزلێ دەدات poz le dedat
preexistence *(n.)* پێش بوون pesh boon
preface *(n.)* پێشەکی pesheki
preface *(v.)* دەستی پێ کرد desti pe kird
prefect *(n.)* حاکمدار hakim dar
prefer *(v.)* پەسندی دەکات pesendi dekat
preference *(n.)* پەسند کردن pesend kirdin
preferential *(adj.)* نایاب nayab
prefix *(n.)* پێشگر pesh gir
prefix *(v.)* پێش گیری دە کات pesh giri dekat
pregnancy *(n.)* سک پر بوون sk pr boon
pregnant *(adj.)* سک پر بوون sk pr boon
prehistoric *(adj.)* پێش مێژوو pesh mejo
prejudice *(n.)* ڵادان ladan
prelate *(n.)* قەشە qasha
preliminary *(n. & adj.)* سەرەتایی seretay
prelude *(n.)* پێشەکی pesheki
prelude *(v.)* بە پێشەکی دە ستی پێ کرد be pesheki desti pe kird
premarital *(adj.)* پێش هاوسەرگیری pesh hawser giri
premature *(adj.)* پێ نەگەیشتو pe ne geyshto
premeditate *(v.)* پێش دیتن دە کات pesh ditin dekat
premeditation *(n.)* نەنقەست anqast
premier *(adj.)* سەرەکی sereki
premier *(n.)* سەرۆک وەزیران sarok waziran
premiere *(n.)* یەکەم نمایش yekem nmaysh
premium *(n.)* نایاب nayab
premonition *(n.)* پێشبینی پێشوەختە peshbini pesh wekhte
preoccupation *(n.)* سەرقاڵبوون ser qal boon

preoccupy (v.) سەرقاڵ کردن ser qal kirdin	**prevail** (v.) زاڵ بن zal bn
preparation (n.) ئامادەکاری amade kari	**prevalence** (n.) بڵاوبوونەوە blaw bonewe
preparatory (adj.) ئامادەیی amadey	**prevalent** (adj.) باو بووە baw boe
prepare (v.) ئامادە دەکات amade dekat	**prevent** (v.) ڕێگری کردن regri kirdin
preponderance (n.) زۆرینە zoorine	**prevention** (n.) خۆپاراستن kho parastin
preponderate (v.) زاڵبوون zal boon	**preventive** (adj.) خۆپارێزی kho parezi
preposition (n.) پیتی بزوێن piti bzwen	**preview** (n.) پێشبینی pesh bini
prerequisite (adj.) پێویستە pewiste	**previous** (adj.) پێشووتر peshotir
prerequisite (n.) بنچینەیی bnchiney	**prey** (v.) قوربانی qorbani
prerogative (n.) ماف maf	**prey** (n.) دەبێتە قوربانی debete qorbani
prescience (n.) پێشبینی pesh bini	**price** (n.) نرخ nrkh
prescribe (v.) وەسفی دەکات wesfi dekat	**price** (v.) نرخی بۆ دادەنێت nrkh bo dadenet
prescription (n.) ڕەچەتە reshete	**price list** (n.) لیستی نرخەکان listi nrkhekan
presence (n.) ئامادەبوون amade boon	**priceless** (adj.) بێ نرخ be nrkh
present (v.) پێشکەش دەکات pesh kesh dekat	**prick** (v.) کون دە کات kon dekat
present (adj.) ئامادە amade	**prick** (n.) چەقۆ cheqo
present (n.) ئێستا esta	**pride** (n.) شانازی shanazi
presentation (n.) پێشکەش کردن pesh kesh kirdin	**pride** (v.) شانازی پێ دەبات shanazi pe debat
presently (adv.) لەم کاتەدا lem kateda	**priest** (n.) قەشە qeshe
preservation (n.) پاراستن parastin	**priestess** (n.) قەشە ژن qeshe jn
preservative (n.) پارێز parez	**priesthood** (n.) قەشەیەتی qesheyti
preservative (adj.) دەپارێزێت de parezet	**prima facie** (adv.) لە یەکەم بینینەوە le yekem bininewe
preserve (n. & v.) دەپارێزێت de parezet	**primarily** (adv.) لە سەرەتاوە le seretawe
preside (v.) سەرۆکایەتی دەکات serokayeti dekat	**primary** (adj.) سەرەتایی seretay
president (n.) سەرۆک کۆمار serok komar	**prime** (n.) لوتکە lotke
presidential (adj.) سەرۆکایەتی serokayeti	**prime** (v. & adj.) سەرەکی sereki
press (v.) دەپەستێوێ de pestewe	**primer** (n.) پەرتووکی خوێندنەوە partoke khwindnawa
press (n.) چاپخانە chapkhana	**primeval** (adj.) سەرەتایی seretay
pressure (n.) پەستان pestan	**primitive** (adj.) سەرەتایی seretay
pressurize (v.) فشار دەخاتە سەر fshar dakhate ser	**prince** (n.) میر mir
prestige (n.) پایە paye	**princely** (adj.) شازادانە shazadane
prestigious (adj.) شکۆدار shkodar	**princess** (n.) خاتوون khaton
presume (v.) وادادەنێت wa dadenet	**principal** (n.) سەرەکی sereki
presumption (n.) مەزەندە کردن mezende kirdin	**principal** (adj.) بەڕێوەبەری قوتابخانە bereweberi qotab khane
presuppose (v.) پێشەکی وادادەنێت pesheki wa dadenet	**principle** (n.) ڕێسا resa
presupposition (n.) پێشەکی وادانان pesheki wa danan	**print** (n.) چاپگەری chap geri
pretence (n.) وا درخستن wa drekhstin	**print** (v.) چاپ دەکات chap dekat
pretend (v.) وا پیشان دەدات wa peshan dedat	**printer** (n.) چاپگەر chap ger
pretension (n.) وا پیشاندان wa peshan dan	**printout** (n.) چاپی بکە chapi bke
pretentious (adj.) لاخۆبایی lakhobay	**prior** (n. & adj.) پێشوو pshew
pretext (n.) بیانوویەک byanoyek	**prioress** (n.) سەرۆکی پەرستگای seroki perstga
prettiness (n.) جوانی jwani	**priority** (n.) لە پێشی le peshi
pretty (adj. & adv.) جوان jwan	**prison** (n.) بەندیخانە bendi khane
	prisoner (n.) بەند bend
	privacy (n.) تایبەتمەندێتی taybet menditi
	private (adj.) تایبەت taybet

privation *(n.)* تێرنەبوون ter nebon
privilege *(n.)* ئیمتیاز imtyaz
prize *(n.)* خەڵات khelat
prize *(v.)* خەڵات پێش کێش دەکات khalat pesh kesh dekat
prize money *(n.)* پارەی خەڵات parey khelat
pro forma *(adj.)* فۆرمی پڕۆ formi pro
probability *(n.)* ئەگەری ageri
probable *(adj.)* ئەگەری هەیە ageri heye
probably *(adv.)* ئەگەر ager
probation *(n.)* تاقیکردنەوە taqikirdinewe
probationer *(n.)* تاقیکار taqikar
probe *(v.)* هەستدار hest dar
probe *(n.)* تێدەڕوانی te derwani
problem *(n.)* کێشە keshe
problematic *(adj.)* کێشاوی keshawi
procedure *(n.)* ڕێکار rekar
proceed *(v.)* پێش دەکوێ pesh dekewe
proceeding *(n.)* کاررابەڕاندن kar raperandin
proceeds *(n.)* داهات dahat
process *(n.)* پڕۆسێس proses
procession *(n.)* کاروان karwan
processor *(n.)* پڕۆسێسەر proseser
proclaim *(v.)* ڕادەگەیەنێت ra degeyenet
proclamation *(n.)* ڕاگەیاندن ra geyandin
proclivity *(n.)* مەیلی mayli
procrastinate *(v.)* دوا خستن dwa khistin
procrastination *(n.)* کەمتەرخەمی kemter khemi
proctor *(n.)* چاودێری سیستە م chaw deri sistem
proctor *(v.)* چاودێری دەکات chaw deri dekat
procure *(v.)* دەستی دەکەوێت desti de kewet
procurement *(n.)* پەیداکردن peyda kirdin
prodigal *(adj.)* دەست بڵاو dast blaw
prodigality *(n.)* دەست بڵاوی dast blawi
prodigy *(n.)* دیارەمەکی سەیر dyardeyeki seyr
produce *(v.)* بەرهەم دەهێنێت berhem de henet
produce *(n.)* بەرهەم berhem
product *(n.)* بەرهەم berhem
production *(n.)* بەرهەم هێنان berhem henan
productive *(adj.)* بە بەرهەم be berhem
productivity *(n.)* بەرهەمداری berhem dari
profane *(v. & adj.)* پیس دەکات pis dekat
profess *(v.)* بڵاودەکاتەوە blaw dekatewe
profession *(n.)* پیشە peshe
professional *(adj.)* پیشەگەری peshe geri
professor *(n.)* پڕۆفیسۆر profesor

proficiency *(n.)* چوستی choste
proficient *(adj.)* لێهاتوو le hato
profile *(v. & n.)* پڕۆفایل profayl
profit *(n.)* قازانج qazanj
profit *(v.)* قازانج دەکات qazanj dekat
profitable *(adj.)* قازانج بەخش qazanj bakhsh
profiteer *(n.)* هەڵ قۆزنەر hel qozener
profiteer *(v.)* هەڵ دەقۆزێتەوە hel deqozetewe
profligacy *(n.)* بەفێرۆدان be fero dan
profligate *(adj.)* داوێن پیس dawen pis
profound *(adj.)* کاریگەر kariger
profundity *(n.)* قوولی qole
profuse *(adj.)* بێشمار beshmar
profusion *(n.)* بێشماری beshmari
progeny *(n.)* وەچە wacha
programme *(n.)* بەرنامە bername
programme *(v.)* بەرنامە دادەنرێت bername da denret
progress *(n.)* بەرەو پێش چوون berew u pesh choon
progress *(v.)* بەرەو پێش دە چێت berew u pesh de chet
progressive *(adj.)* پێشکەوتن خواز pesh kewtin khwaz
prohibit *(v.)* قەدەغەکردن qedeghe kirdin
prohibition *(n.)* نەهێشتن ne heshtin
prohibitive *(adj.)* بەربەست berbest
prohibitory *(adj.)* ڕێگر regir
project *(n.)* پڕۆژە proje
project *(v.)* پلان دادەنێت plan da denet
projectile *(n. & adj.)* موشەک moshek
projection *(n.)* پێش بینی کردن pesh bini kirdin
projector *(n.)* پڕۆجێکتەر projektor
proliferate *(v.)* پەرە پێ سەندن pere pe sendin
proliferation *(n.)* بڵاوبونەوە blaw bonewe
prolific *(adj.)* بە بەرهەم be berhem
prologue *(n.)* پێشەکی pesheki
prolong *(v.)* درێژی دەداتێ dreji dedate
prolongation *(n.)* درێژکردنەوە drej kirdinewe
prominence *(n.)* دیاربوون dyar boon
prominent *(adj.)* دیار dyar
promise *(v.)* بەڵێن belen
promise *(n.)* بەڵێن دەدات belen dedat
promising *(adj.)* ئومێد لێکراو omed le kraw
promissory *(adj.)* بەڵێنناوی belenawi
promote *(v.)* پلەی بەرز دەکاتەوە pley berz dekatewe

promotion (n.) بەرز کردنەوە berz kirdinewe
prompt (adj.) دەستبەجێ dest be je
prompt (v.) هان دەدات han dedat
prompter (n.) ئاموژگاریکەر amojgari ker
prone (adj.) لە سەر ڕوو کەوتوو le ser ro kewto
pronoun (n.) ڕاناو ranaw
pronounce (v.) دەدوێت dedwet
pronunciation (n.) لە فز کردن lefz kirdin
proof (n. & adj.) سەلماندن selmandin
prop (n.) پاڵپشت pal psht
prop (v.) پشتگیری دەکات pshtgiri dekat
propaganda (n.) پروپاگاندە propaganda
propagandist (n.) پروپاگەندەیی propagandey
propagate (v.) پروپاگەندە دە کات propaganda dekat
propagation (n.) بڵاوکردنەوە blaw kirdinewe
propel (v.) دەخووڵێنێ de kholine
proper (adj.) گونجاو gonjaw
properly (adv.) بە شێوەیەکی گونجاو be sheweyeki gonjaw
property (n.) سامان saman
prophecy (n.) پێغەمبەرایەتی peghemberayeti
prophesy (v.) پێشبینی دەکات pesh bini dekat
prophet (n.) پێغەمبەر peghember
prophetic (adj.) پێغەمبەرانە peghemberane
proportion (n.) ڕێژە reje
proportion (v.) گونجاندن gonjandin
proportional (adj.) هاوڕێژەبوون haw reje boon
proportionate (adj.) هاوڕێژەیی haw rejey
proposal (n.) پێشنیار peshnyar
propose (v.) پێشنیار دەکات peshnyar dekat
proposition (n.) دەربرین der brin
propound (v.) پێشنیار دەکات peshnyar dekat
proprietary (adj.) سامان دارانە saman darane
proprietor (n.) وەستان westan
propriety (n.) لێهاتوی le hatoy
prorogue (v.) پەکی دەخات peki dekhat
prosaic (adj.) نایەخ ayekh
prose (n.) پەخشان pekhshan
prosecute (v.) جێبەجێ دەکات je be je dekat
prosecution (n.) جێبەجێ کردن je be je kirdin
prosecutor (n.) داواکاری گشتی dawakari gshti

prosody (n.) زانستی شیعرڕدانان zansti honraw danan
prospect (n.) دیمەنی سروشتی dimeni sroshti
prospective (adj.) چاوەڕوان کراو chwe rwan kraw
prospectus (n.) بڵاوکراوە blaw krawe
prosper (v.) سەردەکەوێ ser dekewe
prosperity (n.) سەرکەوتن ser kewtin
prosperous (adj.) سەرکەوتوو ser kewto
prosthetic (adj.) دەستکرد dest kird
prostitute (n.) لەشفرۆش lesh frosh
prostitute (v.) لەشی دە فرۆشی leshi defroshe
prostitution (n.) لەشفرۆشی lesh froshi
prostrate (adj.) سوجدە بردو sojde brdo
prostrate (v.) سوجدە دە بات sojde debat
prostration (n.) سوجدە بردن sojde brdin
protagonist (n.) پاڵەوان palewan
protect (v.) دە پارێزێت de parezet
protection (n.) پاراستن parastin
protective (adj.) پارێزراو parezraw
protector (n.) پارێزەر parezer
protein (n.) پرۆتین protin
protest (n.) نارەزایەتی دەربرین na rezayeti derbrin
protest (v.) نارەزایەتی دەردەبرێت na rezayeti der debret
protestation (n.) دەربرینی نارەزایی derbrini na rezay
protocol (n.) پرۆتۆکۆل protokol
prototype (n.) نموونەیەکی بنچینەیی یان سەرەتایی nmoneyeki bnchiney yan seretay
proud (adj.) شاناز shanaz
prove (v.) دەیسەلمێنێت dey selmenet
proverb (n.) پەند pend
proverbial (adj.) پەند ئامێز pend amez
provide (v.) دەداتێ de date
providence (n.) چاودێری خوا chawderi khwa
provident (adj.) ژیر jeer
providential (adj.) چاودێری خوایانە chawderi khwayane
province (n.) هەرێم herem
provincial (adj.) هەرێمایەتی heremayeti
provincialism (n.) مێشک تەسکی meshk teski
provision (n.) پێدان pedan
provisional (adj.) کاتی kati
proviso (n.) مەرج marj
provocation (n.) هاندان handan
provocative (adj.) هاندەر hander

provoke *(v.)* توره دمکات tora dekat
prowess *(n.)* ليهاتويى le hatoy
proximate *(adj.)* نزيکەى nzikey
proximity *(n.)* نزيکى niziki
proxy *(n.)* بريکارى brekari
prude *(n.)* تەواو خۆ داپۆش tawaw khw daposh
prudence *(n.)* وريايى wryay
prudent *(adj.)* وريا wrya
prudential *(adj.)* بە وريايى‌يەوە be wryayewe
prune *(v.)* دە بريت de bret
pry *(v.)* دەستى دمخاتە ناو کاروبارى خەڵکى desti dekhate naw kar u bari khelk
psalm *(n.)* سروودى ئايينى sroddi ayni
pseudonym *(n.)* ناز ناو naz naw
psyche *(n.)* دەروون deroon
psychiatrist *(n.)* پزيشکى دەروونى pzishki deroni
psychiatry *(n.)* دەروونى derooni
psychic *(adj.)* دەروونى يان گيانى deroni yan gyani
psychological *(adj.)* دەروونى deroni
psychologist *(n.)* دەروونناس deroon nas
psychology *(n.)* دەروونزانى deroon zani
psychopath *(n.)* دەروونپيسى deroon pisi
psychosis *(n.)* دەروونى deroni
psychotherapy *(n.)* چارەسەرى دەروونى chareseri deroni
puberty *(n.)* تەمەنى بالغ بوون temeni balgh boon
public *(adj.)* گشتى gshti
public *(n.)* گەلى geli
public transport *(n.)* گواستنەوەى گشتى gwastinewey gshti
publication *(n.)* بڵاوکراوە blaw krawe
publicity *(n.)* بانگەشەکردن bangeshe kirdin
publicize *(v.)* بڵاو دمکاتەوە blaw dekatewe
publish *(v.)* بڵاو کردنەوە blaw kirdinewe
publisher *(n.)* بڵاوکەرەوە blaw kerewe
pudding *(n.)* جۆرە خواردنێکە jore khwardneke
puddle *(n.)* گۆمى گچکە gomi gchke
puddle *(v.)* دە سترى de stre
puerile *(adj.)* مندالانە mndalana
puff *(n.)* فوو fo
puff *(v.)* فووى پيا دەکات foe pya dekat
pull *(v.)* رادەکێشى ra de keshe
pull *(n.)* راکێشان ra keshan
pulley *(n.)* پولى pole

pullover *(n.)* پلۆڤەر plover
pulp *(n.)* ناووک nawook
pulp *(v.)* دە کاتە ناووک dekate nawook
pulpit *(adj.)* مينبەر minber
pulpy *(adj.)* خەست و خۆڵ khast o khol
pulsate *(v.)* لێ دەدات le dedat
pulsation *(n.)* دڵ لێدان dl le dan
pulse *(n.)* لێدان le dan
pulse *(v.)* لێدەدات le dedat
pump *(n.)* پەمپ pemp
pump *(v.)* پەمپ دە دا pemp deda
pumpkin *(n.)* کوولەکە koleke
pun *(n.)* يارى پيتەکان yari pitekan
pun *(v.)* يارى پيتەکان دە کات yari pitekan dekat
punch *(n.)* کۆنکەرە kon kere
punch *(v.)* کۆن دەکات kon dekat
punctual *(adj.)* بەڵێن راست belen rast
punctuality *(n.)* بەڵێن راستى belen rasti
punctuate *(v.)* خاڵ رێزى دەکات khal reji dekat
punctuation *(n.)* خاڵرێزى khal reji
puncture *(n.)* کۆن kon
puncture *(v.)* کۆن دەکات kon dekat
pungency *(n.)* توندى tondi
pungent *(adj.)* توند و تيژ tond u tiji
punish *(v.)* سزا دە دات sza dedat
punishment *(n.)* سزادان szadan
punitive *(adj.)* سزادان szadan
puny *(adj.)* بچووک bchok
pupil *(n.)* خوێندکار khwend kar
puppet *(n.)* بووکەشوشە boke shosha
puppy *(n.)* سەگى بچووک sage bchok
purblind *(adj.)* کوێر kwer
purchase *(v.)* دەکرێت de kret
purchase *(n.)* کرين kreen
pure *(adj.)* پاک pak
purgation *(n.)* پاککردنەوە pak krdnewe
purgative *(n. & adj.)* پاککەرەوە pak kerewe
purgatory *(n.)* پاککەرەوە pak kerewe
purge *(v.)* پاک دەکات pak dekat
purification *(n.)* پاک کردنەوە pak kirdinewe
purify *(v.)* پاک دەکاتەوە pak dekatewe
purist *(n.)* پاکخواز pak khwaz
puritan *(n.)* لە پشتگيرانى رێبازى پيورێتانى le pshtgirani rebazi pioritani
puritanical *(adj.)* بە تەنگەوەبوو be tengewe bo
purity *(n.)* پاکى paki
purple *(adj./n.)* ئەرخەوانى arkhewani

purport *(n.)* گەرەنتی کراو gerenti kraw
purport *(v.)* گەرەنتی دە کریت gerenti dekret
purpose *(n.)* مەبەست mebest
purpose *(v.)* وای نیازە way nyaze
purposely *(adv.)* بەئەنقەست be anqest
purr *(n.)* مرخەمرخ mrkhe mrkh
purr *(v.)* مرخەمرخی دە کا mrkhe mrkhi deka
purse *(v.)* دەکاتە لە ناوەوە dekate le nawewe
purse *(n.)* جزدان jzdan
pursuance *(n.)* بەدواداچوون be dwa da choon
pursue *(v.)* ئەنجامدان anjam dan
pursuit *(n.)* گەران بەدوای geran be dway
purview *(n.)* پلان plan
pus *(n.)* کێم kem
push *(v.)* پاڵی پێوە دەنێ pali pewe dene
push *(n.)* پاڵ پێونان pal pewe nan
put *(v.)* دادەنێ dadene
put *(n.)* دانان danan
puzzle *(n.)* معتل metel
puzzle *(v.)* سەری لێ دەشێوێنێت seri le de shewenet
pygmy *(n.)* کورتەباڵا korte bala
pyorrhoea *(n.)* ھەڵاوسانی پووك helawsani powk
pyramid *(n.)* ھەرەم herem
pyre *(n.)* ھۆلۆکۆست holokost
pyromantic *(n. & adj.)* پیرۆمانتیك peromantik
python *(n.)* جۆرە مارێکە jore mareke

Q

quack *(n.)* درۆزن drozn
quack *(v.)* مراوی mrawi
quackery *(n.)* پزیشکەوانی ساختە یا درۆ pzishkewani sakhte yan dro
quadrangle *(n.)* شێوەی چوارگۆشەیی shewey chwar goshey
quadrangular *(adj.)* شێوە چوارگۆشەیی shewe chwar goshey
quadrilateral *(n. & adj.)* شێوە چوارگۆشەیی shewe chwar goshey
quadruped *(n.)* چوار پێ chwar pe
quadruple *(v. & adj.)* چوار ئەوەندە chwar awende
quail *(n.)* سۆیسکە soiska

quaint *(adj.)* خۆش khosh
quake *(n.)* لەرزین lerzin
quake *(v.)* دەلەرزێ delerze
qualification *(n.)* لێهاتن le hatin
qualify *(v.)* ئامادەی دەکات amadey dekat
qualitative *(adj.)* جۆری jore
quality *(n.)* جۆری jore
quandary *(n.)* تەنگانە tangana
quantitative *(adj.)* چەندی chandi
quantity *(n.)* بڕ br
quantum *(n.)* بڕ br
quarrel *(v.)* دوژمنایەتی دەکات dojmnayetti dekat
quarrel *(n.)* کێشە keshe
quarrelsome *(adj.)* شەڕانی sherani
quarry *(v.)* لێی دەردەهێنرێت ley derdehenret
quarry *(n.)* کانگا kanga
quarter *(v.)* چوار جاری دەکا chwar jari deka
quarter *(n.)* چارەك charek
quarterly *(adj.)* چارەکێك charekek
queen *(n.)* شاژن shajin
queer *(adj.)* شازی shazi
queer *(v.)* خراب کردنی شتێك khrab kirdini shtek
queer *(n.)* شاز shaz
quell *(v.)* سەر کۆت دە کات ser kot dekat
quench *(v.)* دەکوژێت de kojet
query *(v.)* دەپرسێت de prset
query *(n.)* پرسێن prsen
quest *(n.)* پشکنین pshknin
quest *(v.)* بە دوای دەگەرێت be dway de geret
question *(v.)* دەپرسێت de prset
question *(n.)* پرسیار prsyar
questionable *(adj.)* جێی گومان jey goman
questionnaire *(n.)* راوەرگرتن ra wergrtin
queue *(n.)* ڕیزی چاوەڕوانی rezi chawe rwani
queue *(v.)* لە سرا چاوەڕی دەکات le sra chawe re dekat
quibble *(v.)* بەرەنگاری یان ڕەخنە دەگرێت berengari yan rekhne degret
quibble *(n.)* بەرەنگاری یان ڕەخنە berengari yan rekhne
quick *(n.)* خێرا khera
quick *(adj.)* بە خێرایی be kheray
quick fix *(n.)* چاککردنی خێرا chak kirdini khera
quickly *(adv.)* بەخێرایی be kheray
quicksand *(n.)* خۆڵی جوولاو kholi jolaw
quicksilver *(n.)* جیوە jewe

quiet *(n. & adj.)* هێمن hemn
quiet *(v.)* بێ دەنگ دەبێت be deng debet
quilt *(n.)* لێفە life
quinine *(n.)* مادەی کینین madey kenin
quintessence *(n.)* ناوەرۆک nawerok
quintessential *(adj.)* ناوەرۆکی naweroki
quirky *(adj.)* لاری lari
quit *(v.)* دەستی لە کار کێشایەوە desti le kar keshayewe
quite *(adv.)* بەتەواوی be tewawi
quiver *(v.)* دەلەرزێ de lerze
quiver *(n.)* لەرزین lerzin
quixotic *(adj.)* خەیاڵی kheyali
quiz *(v.)* کوێز koez
quiz *(n.)* تاقیدەکاتەوە taqi dekatewe
quorum *(n.)* زۆرینە هاتن zorine hatin
quota *(n.)* بەش besh
quotation *(n.)* وەرگرتن wergirtin
quote *(v.)* وەرگرتە wergrte
quotient *(n.)* کۆلکە kolke

R

rabbi *(n.)* پیاوی ئایینی جولەکە pyawi ayyni joleke
rabbit *(n.)* کەروێشک karwishk
rabble *(n.)* ئاژاوەچی ajawechi
rabies *(n.)* نەخۆشی سەگ nekhoshi seg
race *(v.)* پێشبرکێ دەکات peshbrke dekat
race *(n.)* پێشبرکێ peshbrke
racial *(adj.)* ڕەگەزی regezi
racialism *(n.)* ڕەگەزپەرستی regez persti
racism *(n.)* ڕەگەزپەرستی regez persti
racist *(adj.)* ڕەگەز پەرست regez pesrt
rack *(n.)* ڕەفە refe
rack *(v.)* ئازاری دە دا azari deda
racket *(n.)* ڕاکێت raket
radiance *(n.)* بریسکە breska
radiant *(adj.)* تیشکدەر tishk der
radiate *(v.)* تیشک دەدات tishk dedat
radiation *(n.)* تیشکدانەوە tishk danewe
radical *(adj.)* بنەڕەتی bnereti
radio *(n.)* ڕادیۆ radio
radio *(v.)* پەخش دەکات pekhsh dekat
radioactive *(adj.)* تیشکدەری ناوۆکی tishke deri nawoki

radiogram *(n.)* بروسکەی بێتەل broskey be tel
radiography *(n.)* تیشکە وێنەگرتن tishke wene girtin
radiolocation *(n.)* شوێنی تیشکی shweni tishki
radiology *(n.)* تیشکدانەوە tishk danewe
radiomercury *(n.)* ڕادیۆی جیوە radioy jewe
radiommunology *(n.)* بەرگری تیشکی bergri tishki
radion *(n.)* ڕادیۆن radion
radiophone *(n.)* تەلەفۆنی ڕادیۆیی telefoni radioy
radioscan *(n.)* ڕادیۆ radio
radiotelegraphy *(n.)* تەلەگرافی ڕادیۆیی telegrafy radioy
radious *(adj.)* درەوشاوە drewshawe
radish *(n.)* تڤر tvr
radium *(n.)* ڕادیۆم radeom
radius *(n.)* نیوەتیرە newe tire
rag *(v.)* گاڵتەی دەکات galtey dekat
rag *(n.)* پارچە پەڕۆک parche perok
rage *(v.)* تورە دەبێ tore debe
rage *(n.)* تووڕەیی torey
raid *(v.)* هێرش دەبات hersh debat
raid *(n.)* هێرش hersh
rail *(v.)* بەرباست berbest
rail *(n.)* هێڵی شەمەندەفەر heli shemendefr
railing *(n.)* درابزین drabzin
raillery *(n.)* گاڵتە galte
railway *(n.)* هێڵی ئاسن heli asin
rain *(n.)* باران baran
rain *(v.)* دەبارێت debaret
rainbow *(n.)* قەوس و قوزەح qews u qozeh
rainy *(adj.)* بارانەوی baranawi
raise *(v.)* بەرز دەکاتەوە berz dekatewe
raisin *(n.)* مەویژ mewij
rally *(n.)* کۆدەکاتەوە ko dekatewe
rally *(v.)* کۆدە کاتەوە ko dekatewe
ram *(v.)* پێک دەدات pek dedat
ram *(n.)* بەران beran
ramble *(n. & v.)* پیاسە دەکات pyase dekat
rampage *(v. & n.)* هەڵدەچی hel deche
rampant *(adj.)* بە زووری be zoori
rampart *(n.)* شورە shore
ranch *(n.)* کێڵگەی ئاژەڵ kelgey ajel
ranch *(v.)* ئاژەڵ بەخێو دەکات ajel be khew dekat
rancid *(adj.)* بۆ گەن bo gen

rancidify (v.) بۆگەن bo gen
rancour (n.) ھەستى قوڵ hesti qol
random (adj.) کوێرانە kwerane
randomise (v.) بە شێوەیەکى ھەرەمەکى be sheweyeki heremeki
range (n.) ماوەدا mewda
range (v.) درێژ دەبێتەوە drej debetewe
ranger (n.) پاسەوانى دارستان pasewaney darstan
rank (v.) رێز دەکات rez dekat
rank (n. & adj.) پلە ple
ransack (v.) تاڵان دە کات talan dekat
ransom (v.) بەند نازاد دەکات bend azad dekat
ransom (n.) قوربانى qorbani
rape (v.) دەست درێژى دەکاتە سەر dest dreji dekate ser
rape (n.) دەست درێژى کردنە سەر dest dreji krdne ser
rapid (adj.) خێرا khera
rapidity (n.) خێرایى kheray
rapier (n.) شیرى دوو لا تیژ shiri do la tij
rapport (n.) پەیوەندى peywendi
rapt (adj.) خەیاڵبردوو kheyal brdo
rapture (n.) خۆشى khoshi
rare (adj.) دەگمەن degmen
rarefy (v.) خەستى کەم دەکاتەوە khaste kam dakatawa
rarely (adv.) بە دەگمەن be degmen
rareness (n.) دەگمەنى degmeni
rarity (n.) دەگمەنى degmeni
rascal (n.) ڕێسوا reswa
rash (n. & adj.) ھەڵەشە heleshe
rasp (n.) بربن brben
rasp (v.) دەخشێنى de khshene
raspberry (n.) تووى درکانە twe drkana
raspberry (adj.) تووى درکانە toy drkane
raspy (adj.) دەنگ ناخۆش deng na khosh
rasta (n.) ڕاستە raste
rasure (n.) بێپاکى be paki
rat (v.) مشك دە گرێ mshk de gre
rat (n.) جورج jorj
rate (n.) ڕێژە reje
rate (v.) جیا دە کاتە وە rizha
rather (adv.) جیا jya
ratify (v.) پەسەند دە کات pesend dekat
ratio (n.) ڕێژە reje
ration (n.) بەشەخۆراك beshe khorak
rational (adj.) بیرمەندانە birmendane
rationale (n.) عەقڵانى aqlani

rationality (n.) عەقڵانییەت aqlanyet
rationalize (v.) عەقڵانى دە کات aqlani dekat
rattle (n.) تەق تەق teq teq
rattle (v.) تەقە تەق دەکات teq teq dekat
raucous (adj.) زڵ zl
ravage (v.) وێران دەکات weran dekat
ravage (n.) کاول بوون kawl boon
rave (v.) ورێنە wrine
raven (n.) قاژو qajo
ravine (n.) کەندال kandal
raw (adj.) کاڵ kal
ray (n.) تیشك دەدات tishk dedat
raze (v.) لەناو دەبات le naw debat
razor (n.) گوێزان gwezan
reabsorb (v.) دووبارە ھەڵدە مژێت dobare hel demjet
reabsorption (n.) دووبارە ھەڵمژینەوە dwbara halmzhnawa
reaccept (v.) دووبارە قبوڵ دەکات dobare qbol dekat
reach (n.) گەیشتن geyshtin
reach (v.) دە گییت de geyet
reachable (adj.) دەتوانرێت بگاتە دەست de twanret bgate dest
react (v.) کاردانەوە دە دات kardanewe dedat
reaction (n.) کاردانەوە kar danewe
reactionary (adj.) کۆنەپەرست kone perst
reactionist (n.) کاردانەوەخواز kardanewe khwaz
reactivate (v.) جارێکى تر چالاك دەکات jareki tr chalak dekat
reactivation (n.) خستنەوەکار khistinewe kar
reactive (adj.) کاردانە وە kar danewe
reactor (n.) کارتیاکەر kar tya ker
read (v.) دەخوێنێتەوە de khwenetewe
reader (n.) خوێنەر khwener
readily (adv.) یەکسەر yekser
readiness (n.) ئامادەبوون amade boon
readjust (v.) جارێکى تر ڕێك دەخات jareki tr rek dekhat
ready (adj.) ئامادە amade
ready-made (adj.) ئامادە کراوە amade kraw
reak (n.) درز drz
real (adj.) ڕاستەقینە rasteqine
realism (n.) ڕاستەقینەخوازى raste qine khwazi
realist (n.) ڕاستەقینەخوازى raste qine khwazi
realistic (adj.) ڕاستەقینەخوازانە raste qine khwazane

reality *(n.)* راستی rasti
realization *(n.)* راستاندن rastandin
realize *(v.)* پێدەزانێ pe dezane
reallocate *(v.)* دووبارە دابەش دەکات dobare dabesh dekat
reallocation *(n.)* دووبارە دابەش کردن dobare dabesh dabesh kirdin
really *(int. & adv.)* بەڕاستی be rasti
realm *(n.)* جیهان jehan
realtor *(n.)* دەڵال delal
realty *(n.)* عه‌قارات aqarat
ream *(n.)* ماعونی کاغه‌ز maoni kahgez
ream *(v.)* کۆن فراوان ده‌کات kon frawan dekat
reamer *(n.)* کۆنکەر kon ker
reamplify *(v.)* بلندکردنەوەی دەنگ blind kirdinewey deng
reamputation *(n.)* برین brin
reanimate *(v.)* هەولی زیندووکردنەوە دەکات hewli zindo kirdinewe dekat
reanimate *(adj.)* زیندووکردنەوە zindo kirdinewe
reanimation *(n.)* زیندووکردنەوە zindo kirdinewe
reannex *(v.)* ریانێکس ryaneks
reannexation *(n.)* دووبارە لکاندنەوە dobare likandinewe
reap *(n.)* درویندەکردن drwinakirdn
reap *(v.)* دە دورێت de doret
reaper *(n.)* درونەکار drwene kar
reappear *(v.)* دووبارە دەردە کەوێت dobare der dekewet
reappearance *(n.)* دووبارە دەرکەوتنەوە dobare der kewtinewe
reapplication *(n.)* دووبارە بەکارهێنانەوە dobare be kar henanewe
reapply *(v.)* دووبارە داواکاری پێشکەش دەکات dobare dawa kari pesh kesh dekat
reappoint *(v.)* دووبارە دەستنیشان کردنەوە dobare dest nishan kirdinewe
reappraisal *(n.)* دووبارە هەڵدە سەنگینێت dobare hel desengenet
reappraise *(v.)* دووبارە هەڵسەنگاندنەوە dobare hel sengandinewe
reapproach *(v.)* دووبارە نزیک دەبێت dobare nizik de bet
reappropriate *(v.)* دووبارە دەگونجێنێت dobare de gonjenet

reapproval *(n.)* دووبارە پەسەندکردنەوە dobare pesend kirdinewe
rear *(v.)* پەروەردە دەکات perwerde dekat
rear *(adv.)* پاشکۆ pashko
rear *(n.)* بەشی پاشەوە beshi pashewe
rear *(adj.)* لە پشتەوە le pshtewe
rearrange *(v.)* دووبارە ڕێک دەخات dobare rek dekhat
rearticulate *(v.)* دووبارە جۆمگەکردنەوە dobare jomge kirdinewe
rearview *(adj.)* بینینی پاشەوە binini pashewe
reason *(v.)* بیر دەکاتەوە bir dekatewe
reason *(n.)* هۆش hosh
reasonable *(adj.)* ماقوڵ maqol
reassign *(v.)* دووبارە دەست نیشان دەکات dobare dest nishan dekat
reassume *(v.)* دووبارە گریمان دەکات dobare griman dekat
reassure *(v.)* دڵنیا دەکات dlnia dekat
reattach *(v.)* دووبارە بەستنەوە dobare bestinewe
rebate *(n.)* داشکاندن da shkandin
rebel *(v.)* یاخی دەکات yakhi dekat
rebel *(n.)* یاخیبوون yakhi boon
rebellion *(n.)* یاخیگەری yakhi geri
rebellious *(adj.)* یاخیگەر yakhi ger
rebirth *(n.)* ژیانەوە jyanewe
rebound *(v.)* دەگەڕێتەوە degeretewe
rebound *(n.)* گەڕانەوە geranewe
rebuff *(v.)* سوکایەتیکردن sokayeti kirdin
rebuff *(n.)* ڕەت کردنەوە ret kirdinewe
rebuild *(v.)* دروستی دەکات drosti dekat
rebuke *(n.)* هەڕەشە hereshe
rebuke *(v.)* هەڕەشەی لێ دەکات hereshey le dekat
recall *(n.)* بیرکەوتنەوە bir kewtinewe
recall *(v.)* بیری دەکەوێتەوە bir dekewetewe
recede *(v.)* کەم دەبێت kem debet
receipt *(n.)* وەرگرنامە wergr name
receive *(v.)* وەری دەگرێ weri degre
receiver *(n.)* وەرگر wergr
recent *(adj.)* تازە taze
recently *(adv.)* لەم دواییەدا lem dwayyeda
reception *(n.)* پێشوازی کردن peshwazi kirdin
receptive *(adj.)* وەرگر wergr
recess *(n.)* پشوو psho
recession *(n.)* پاشەکشە pashe kshe
recipe *(n.)* ڕەچەتە rechete

recipient *(n.)* وەرگر wergr
reciprocal *(adj.)* ئاڵوگۆڕ کراو al u gor kraw
reciprocate *(v.)* ئاڵوگۆڕ دەکات al u gor dekat
recital *(n.)* خوێندنەوە khwendinewe
recitation *(n.)* خوێندنەوە khwendinewe
recite *(v.)* دەڵێ dele
reckless *(adj.)* کەمترخەم kemtr khem
reckon *(v.)* وادەزانێ wa dezane
reclaim *(v.)* دەگێڕێتەوە degeretewe
reclamation *(n.)* زەوی و زار چاک کردن zewi u zar chak dekat
recluse *(n.)* سۆفی sofe
recognition *(n.)* تێگەیشتن te geyshtin
recognize *(v.)* دەناسێتەوە de nasetewe
recoil *(v.)* دەگەڕێتە دواوە degerete dwawe
recoil *(n.)* گەڕانەوەی دواوە geranewey dwawe
recollect *(v.)* بیری دەکەوێتەوە biri dekewetewe
recollection *(n.)* بیرکەوتنەوە bir kewtinewe
recommend *(v.)* پەسەند دەکات pesend dekat
recommendation *(n.)* ڕاسپاردە ra sparde
recompense *(n.)* خەڵات کردن khelat kirdin
recompense *(v.)* خەڵاتی دەکات khelati dekat
reconcile *(v.)* پێکیان دەهێنێ pekyan de hene
reconciliation *(n.)* پێکهاتنەوە pek hatinewe
recondensation *(n.)* چڕبوونەوە chr bonewe
recondense *(v.)* دووبارە چڕدەکات dobare ch de kat
recondition *(v.)* دووبارە چاک دەکات dobare chak dekat
reconductor *(n.)* نوێ کراوە nwe krawe
reconfigurate *(v.)* دووبارە ڕێک دەخات dobare rek dekhat
reconfiguration *(n.)* دووبارە ڕێکخستنەوە dobare rek khistinewe
reconquer *(v.)* دووبارە داگیر کردنەوە dobare dagir kirdinewe
reconsider *(v.)* سەرلەنوێ بیری لێ دەکات ser le nwe bir le dekat
reconsolidate *(v.)* دووبارە دەچەسپێنێت dobare de chespenet
record *(v.)* تۆمار دەکات tomar dekat
record *(n.)* تۆمار دەکات tomar
recorder *(n.)* تۆمارکەر tomar ker
recount *(v.)* دەژمێرێت de jmeret
recoup *(v.)* بۆی دەبژێرێت boy debjeret
recourse *(n.)* پەناگا penaga
recover *(v.)* چاک دەکاتەوە chak dekatewe
recovery *(n.)* چاک بوونەوە chak bonewe

recreation *(n.)* ڕابواردن ra bwardin
recreational *(adj.)* هەی ڕابواردن he ra bwardin
recreative *(adj.)* کات بەسەربردن kat beser bridin
recriminate *(v.)* یەکتری تاوانبارکر دەکات yektri tawan bar dekat
recrimination *(n.)* تاوانبارکردنی یەکتری tawanbar kirdni yektri
recrudency *(n.)* دامەزراندنی damezrandni
recruit *(v.)* کردنی بە لەشکر kirdin be leshker
recruit *(n.)* دامەزرێنە damezrene
rectangle *(n.)* شێوەی لاکێشە shewey la keshe
rectangular *(adj.)* لاکێشە la keshe
rectification *(n.)* چارەسەر کردن chare ser kirdin
rectify *(v.)* چاک دەکاتەوە chak dekatewe
rectum *(n.)* ڕێخۆڵەڕاستە rekhole raste
recuperate *(v.)* چاک دەبێتەوە chak dekatewe
recur *(v.)* چەند بارە دەبێتەوە chend bare debetewe
recurrence *(n.)* دووبارەبوونەوەی dobare bonewe
recurrent *(adj.)* دووبارەبوونەوەی dobare bonewe
recycle *(v.)* دووبارە بەکارهێنان dobare bekar henan
red *(n. & adj.)* سوور sor
redden *(v.)* سوور دەکات sor dekat
reddish *(adj.)* سوورکار sorkar
redeem *(v.)* ڕزگاری دەکات rzgari dekat
redemption *(n.)* ڕزگارکردن rzgar kirdin
redouble *(v.)* چەند جارەی دەکات chend jarey dekat
redress *(n.)* چارەسەر کردن chare ser kirdin
redress *(v.)* ڕاست کردنەوە rast kirdinewe
reduce *(v.)* کەم دەکاتەوە kem de katewe
reduction *(n.)* کەم کردنەوە kem kirdinwe
redundance *(n.)* زیادەڕۆیی zyade roy
redundant *(adj.)* دووبارە do bare
reel *(n.)* بزوێنەر bzwener
reel *(v.)* لە دەوری بزوێنەر دەسورێنێتەوە le aweri bzwener de sorenetewe
refer *(v.)* ئاماژە amaje
referee *(n.)* ناوبژیوان nawbjiwan
reference *(n.)* نیشاندان nishan dan
referendum *(n.)* دەنگدانی گەلی deng dani geli

refine (v.) لووس دەکات los dekat
refinement (n.) پۆختە کردن pokhta kirdn
refinery (n.) پالاوتگا palawtga
reflect (v.) ڕەنگ دەدات reng dedat
reflection (n.) ڕەنگ دانەوە reng danewe
reflective (adj.) ڕەنگ دانەوەیە reng daneweye
reflector (n.) پەرچی وێنە perchi wene
reflex (adj.) وێنەیەکی پەرچاوە weneyeki perchawe
reflex (n.) پەرچاوە perchawe
reflexive (adj.) پەرچاوە perchawe
reform (n.) چاکی دەکاتەوە chaki dekatewe
reform (v.) چاک کردن chak kirdn
reformation (n.) چاکسازی chak sazi
reformatory (n. & adj.) شوێنی چاکسازی shweni chak sazi
reformer (n.) چاکساز chak saz
refrain (n.) خۆ بە دوور گرتن kho be door grtin
refrain (v.) خۆ بە دوور دە گریت kho be door degret
refresh (v.) دەبووژێنێتەوە de pojenetewe
refreshment (n.) ساردەمەنی sardemeni
refrigerate (v.) لە سەلاجە دابنێ le selaje dabne
refrigeration (n.) ساردکەرەوە sard kerewe
refrigerator (n.) سەلاجە selaje
refuel (v.) سووتەمەنی پڕ کردنەوە sotemeni pr kirdinewe
refuge (n.) پەناگە penage
refugee (n.) پەنابەر pena ber
refulgence (n.) پەنابردن pena birdin
refulgent (adj.) درەوشاوە drewshawe
refund (v.) قەرەبوو دەکات qerebo dekat
refund (n.) قەرەبوو کردنەوە qerebo kirdinewe
refurbish (v.) نۆژەنکردنەوە nojen kirdinewe
refusal (n.) ڕەتکردنەوە ret kirdinewe
refuse (v.) ڕەددەکاتەوە ret dekatewe
refuse (n.) ڕەتکردنەوە ret kirdinewe
refutation (n.) بەدرۆخستنەوە be dro derkhistinewe
refute (v.) بە درۆ دەکاتەوە be dro dekhatewe
regal (adj.) شاهانە shahana
regard (n.) ڕێزگرتن rez girtin
regard (v.) ڕێزی دەگرێت rezi degret
regenerate (v.) نوێ دەکاتەوە nwe dekatewe
regeneration (n.) نوێکردنەوە nwe kirdinewe

regicide (n.) شا کوژ sha koj
regime (n.) ڕژێم rjem
regiment (n.) فەوج fewj
regiment (v.) ڕێک دەخات rek dekhat
region (n.) ناوچە nawche
regional (adj.) هەرێمی hermi
register (n.) تۆمارکەر tomar ker
register (v.) تۆمار دەکات tomar dekat
registrar (n.) تۆمارکەر tomar ker
registration (n.) تۆمارکردن tomar kirdin
registry (n.) فەرمانگەی تۆمارکردن farmangae tomarkirdn
regret (n.) داخ dakh
regret (v.) داخی بۆ دەخوات dakhi bu dekhwat
regular (adj.) ڕێکوپێک rek u pek
regularity (n.) بەڕێک وپێکی be rek u peki
regulate (v.) ڕێک دەخات rek dekhat
regulation (n.) ڕێک وپێکی rek u peki
regulator (n.) ڕێکخەر rek kher
rehabilitate (v.) جێگای خۆی دەگرێتەوە jegay khoy de gretewe
rehabilitation (n.) بایەخ پێدانەوە bayekh pe danewe
rehearsal (n.) مەشق meshq
rehearse (v.) مەشق دەکات mesh dekat
reign (v.) حوکمڕانی دەکات hokimrani dekat
reign (n.) ماوەی حوکمڕانی mawey hokimrani
reimburse (v.) قەرەبوو دەکات qerebo dekat
reimbursement (n.) بژاردن bjardin
rein (n. & v.) ڕێن rein
reinforce (v.) دووپاتی دەکاتەوە dopati de katewe
reinforcement (n.) دووپات کردنەوە dopat kirdinewe
reinstate (v.) دایدەمەزرێنێتەوە day demezrenet
reinstatement (n.) بەهێزکردن ba hez kirdin
reiterate (v.) چەند بارەی دەکاتەوە chand barae dakatawa
reiteration (n.) چەند بارە کردنەوە chand bara kirdnawa
reject (v.) ڕەتدەکاتەوە ret dekatewe
rejection (n.) نەویستن ne wistn
rejoice (v.) شادمان دەبێت shadman debet
rejoin (v.) دووبارە دەبێنێتەوە dobawre deybinetewe
rejoinder (n.) وەڵامدانەوە welam danewe
rejuvenate (v.) گەنج کردنەوە genj kirdinewe
rejuvenation (n.) گەنجبوونەوە genj bonewe

relapse (n.) دەمشكێتەوه de shketewe
relapse (v.) زوور نەخوش دەكەوێت zoor ne khosh dekewet
relate (v.) دەبەستێ de beste
relation (n.) پەیوەندی peywendi
relative (n.) خزم khzm
relative (adj.) ڕێژەیی rejey
relax (v.) خاو دەبێتەوه khaw de betewe
relaxation (n.) خاو بوونەوه khaw bonewe
relay (n.) گواستنەوه gwastinewe
relay (v.) گۆڕین gorin
release (n.) بەرەڵای دەكات berelay dekat
release (v.) بەرەڵا كردن berelay kirdin
relent (v.) نەرم دەبێتەوه nerm de betewe
relentless (adj.) دڵڕەق dl req
relevance (n.) پەیوەندی peywendi
relevant (adj.) پەیوەندییەكی توندی بە باسەكە هەیە peywendyeki tondi be baseke heye
reliable (adj.) باوەڕی پێ كراو baweri pe kraw
reliance (n.) پشت پێ بەستن psht pe bestin
relic (n.) شوێنەوار مانەوه shwene war manewe
relief (n.) پشوو pshow
relieve (v.) هاواری دیت hawari det
religion (n.) ئایین ayin
religious (adj.) ئایینی ayini
relinquish (v.) وازی لێ دێنی wazi le dene
relish (n.) تام tam
relish (v.) خۆشی پێ دەبات khoshi pe debat
reluctance (n.) دوو دڵ do dl
reluctant (adj.) دوو دڵی do dli
rely (v.) پشت پێ دەبەستێت psh pe debestet
remain (v.) مانەوه manewe
remainder (n.) پاشماوه pashmawe
remains (n.) دەمێنێتەوه de minetewe
remand (v.) زیندانی كردن zindani kirdin
remand (v.) زیندانی دەكات zindani dekat
remark (v.) تێبینی پێش كێش كرد te bini pesh kesh kird
remark (n.) تێبینی te bini
remarkable (adj.) بەرچاو ber chaw
remedial (adj.) چاكسازی chak sazi
remedy (n.) چارەسەری chare seri
remedy (v.) چارەسەر كردن chare ser kirdin
remember (v.) دێتەوه یادی detewe vadi
remembrance (n.) بیرخەرەوه bir kherewe
remind (v.) بیری دەخاتەوه bir dekhatewe
reminder (n.) بیرخستنەوه bir khistinewe

reminiscence (n.) بیركەوتنەوه bir kewtinewe
reminiscent (adj.) یادەوەر yade wer
remission (n.) لێخۆش بوون le khosh boon
remit (v.) سووك دەكاتەوه sok dekatewe
remit (n.) پارە دەنێرێت pare de neret
remittance (n.) پارە نێردراو pare nerdraw
remorse (n.) پەشیمانی peshimani
remote (adj.) دوور door
remould (v.) دووبارە دروستكردنەوه dobare drost kirdinewe
removable (adj.) لادەبری la debre
removal (n.) لابردن la birdin
remove (v.) لادەبات la debat
remunerate (v.) كرێ دەدات kre dedat
remuneration (n.) خەڵات كردن khelat kirdin
remunerative (adj.) قازانج كردوو qazanj kirdo
renaissance (n.) ژیانەوه jyanewe
render (v.) دەیكات dey kat
rendezvous (n.) بەڵێن belen
renew (v.) نوێدەكاتەوه nwe de katewe
renewal (n.) نوێكردنەوه nwe kirdinewe
renounce (v.) دەست بەرداری دەبی dest berdari de be
renovate (v.) نوێدەكاتەوه nwe dekatewe
renovation (n.) نوێكردنەوه nwe kirdinewe
renown (n.) ناوبانگی naw bangi
renowned (adj.) ناوبانگ naw bang
rent (v.) بە كرێ دەدات be kre dedat
rent (n.) بە كرێدان be kre dan
renunciation (n.) وازلێ هێنان waz le henan
repair (n.) چاك كردنەوه chak kirdinewe
repair (v.) چاك دەكاتەوه chak dekatewe
repairable (adj.) دەتوانرێت چاك بكرێتەوه detwanret chak bkretewe
repartee (n.) وەڵامدانەوەی ژیرانە welam danewey jirane
repatriate (v.) دەیگێڕێنێتەوه بۆ نیشتمان dey gerenetewe bu nishtiman
repatriate (n.) گەڕایەوه بۆ نیشتمان gerayewe bu nishtiman
repatriation (n.) گێڕانەوه بۆ نیشتمان giranewe bu nishtiman
repay (v.) دەداتەوه de datewe
repayment (n.) پارەی دراوه parey drawe
repeal (n.) پوچ كردن poch kirdin
repeal (v.) پوچی دەكاتەوه pochi de katewe

repeat (v.) دووبارەی دەکاتەوە dobarey dekatewe
repel (v.) دەری دەکات deri dekat
repellent (n.) بێزراو bizraw
repellent (adj.) نەویستراو ne wistraw
repent (v.) پەشیمان دەبێت peshiman debet
repentance (n.) پەشیمانی peshimani
repentant (adj.) تۆبەکار tobekar
repercussion (n.) کاردانەوە kardanewe
repertoire (n.) گروپێک شانۆگەری gropek shanogeri
repetition (n.) دووبارە بوونەوە dobare bonewe
replace (v.) دەگۆڕێ de gore
replacement (n.) جێگۆرکێ je gorki
replay (v.) دوبارە کردنەوە dubare kirdinewe
replenish (v.) پڕێ دەکاتەوە pri dekatewe
replete (adj.) پڕکراو prkraw
replica (n.) دانەی دووەم daney dwem
reply (v.) وەڵام دەداتەوە welam dedatewe
reply (n.) وەڵام welam
report (n.) راپۆرت raport
report (v.) راپۆرتی دەکا raporti deka
reporter (n.) پەیامنێر peyamner
repose (v.) پاڵی دەدا pali deda
repose (n.) هێمن hemn
repository (n.) کۆگا koga
represent (v.) دەنوێنێت de nwenet
representation (n.) نواندن nwandin
representative (n. & adj.) نوێنەر nwener
repress (v.) کپ دەکات kp dekat
repression (n.) کپ کردن kp kirdin
reprimand (v.) گلەیی دەکات gley dekat
reprimand (n.) گلەیی gley
reprint (v.) لە چاپ دە دات le chap dedat
reprint (n.) لە چاپ دانەوە le chap danewe
reproach (n.) گازندە gazinde
reproach (v.) گازندە دە کات gazinde dekat
reproduce (v.) دوبارە بەرهەم دێنێت dobare berhem denet
reproduction (n.) زووربونەوە zor bonewe
reproductive (adj.) بەبەر be ber
reproof (n.) سەرزەنشت کردن ser zensht kirdin
reptile (n.) خزۆک khzok
republic (n.) کۆمار komar
republican (n. & adj.) ئەندامی پارتی کۆماری andami parti komari

repudiate (v.) دەست بەرداری دەبێت dest berdari debet
repudiation (n.) دەست بەردار بوون dest berdar bon
repugnance (n.) ڕق لێ بوونەوە rq le bonewe
repugnant (adj.) ڕق لێ بوو rq le boo
repulse (n.) دەگێڕێتەوە de geretewe
repulse (v.) ڕێ گری لێ دەکات re gri le dekat
repulsion (n.) دەر کردن der kirdin
repulsive (adj.) بێزراو bizraw
reputation (n.) ناوبانگ naw bang
repute (n.) ناوبانگ naw bang
repute (v.) دەگۆترێ de gotre
request (n.) داوا dawa
request (v.) داوا دەکات dawa dekat
requiem (n.) مۆسیقا بۆ مردوو ناشتن moziqa bo mrdo nashtin
require (v.) پێویست دەکات pewist dekat
requirement (n.) پێویستی pewisti
requisite (n. & adj.) پێویستە pewiste
requisition (n.) داواکاری dawa kari
requisition (v.) دەست بەسەردا گرتن dest beser da girtin
requite (v.) بۆ گەڕاندنەوە bu gerandinewe
reschedule (v.) دووبارە کردنی خشتەی کارکردن dobare kirdini khshtey kar kirdin
rescue (v.) ڕزگار دە کات rizgar dekat
rescue (n.) ڕزگارکردن rizgar kirdin
research (v.) توێژینەوە دە کات twejinewe dekat
research (n.) توێژینەوە twejinewe
resemblance (n.) لێکچوون lek choon
resemble (v.) لەو دەچێ lew deche
resent (v.) لێی بێزار دەبێت ley bezar debet
resentment (n.) وەڕس بوون wers boon
reservation (n.) پاراستن parastin
reserve (v.) دەپارێزێ de pareze
reservoir (n.) تانکی ئاو tanki aw
reside (v.) نیشتەجێی بوون nishte je boon
residence (n.) شوێنی نیشتەجیبوون shweni nishte je boon
resident (n. & adj.) دانیشتوو danishto
residual (adj.) پاشماوە pashmawe
residue (n.) پاشماوە pashmawe
resign (v.) واز دەهێنێ waz de hene
resignation (n.) واز هێنان waz henan
resist (v.) بەرگری دەکات bergri dekat
resistance (n.) بەرهەڵستی کارەبای berhelsti karebay

resistant (adj.) بەمرگری کارە bergri kare	**retaliate** (v.) تۆڵەسەنێت tole desenet
resolute (adj.) یەکلاکەرەوە yek la kerewe	**retaliation** (n.) تۆڵەسەندنەوە tole sendinewe
resolution (n.) بڕیار bryar	**retard** (v.) دواد ەکەوێت dwa dekewet
resolve (v.) توانەوە twanewe	**retardation** (n.) دواخستن dwa khistin
resonance (n.) دەنگدانەوە deng danewe	**retention** (n.) گیران geran
resonant (adj.) دەنگی زوڵال dengi zolal	**retentive** (adj.) بە توانایە بۆ هەڵگرتنی ba twanaea bw halgrtne
resort (v.) پەناگە penage	**reticence** (n.) خۆ دوورخستن kho dor khistin
resort (n.) هاوینە هەوار hawene hewar	**reticent** (adj.) کەم قسە kem qse
resound (v.) دەنگ دەداتەوە deng dedatewe	**retina** (n.) تۆری چاو tori chaw
resource (n.) کەرەستە kereste	**retinue** (n.) دەست و پێوەندی شا dest u pewendi sha
resourceful (adj.) بەتوانا be twana	**retire** (v.) خانەنشین دەبێ khane nshin debe
respect (v.) ڕێزی دەگرێت rezi degret	**retirement** (n.) خانەنشینی khane nshini
respect (n.) ڕێزگرتن rez girtin	**retort** (v.) وەڵامی خێرا دەداتەوە welami khera de datewe
respectful (adj.) ڕەفتاری بەڕێزە reftari bereze	**retort** (n.) وەڵامی خێرا welami khera
respective (adj.) بەڕێز be rez	**retouch** (v.) دوا دەستی پیادێنی daw desti pya dene
respiration (n.) هەناسەدان henase dan	**retrace** (v.) دەگەڕێتە دواوە de geret dwawe
respire (v.) هەناسە دەدات henase dedat	**retread** (v.) گۆرینی تایری سەیارە gorini tayri seyare
resplendent (adj.) بریقەدار breqe dar	**retread** (n.) تایری نوێ کراو tayri nwe kraw
respond (v.) وەڵام دەداتەوە welam dedatewe	**retreat** (v.) دەکشێتە دواوە de khshete dwawe
respondent (n.) وەڵامدەرەوە welam derewe	**retrench** (v.) خەرجی کەم دەکاتەوە kherji kem dekatewe
response (n.) وەڵام دانەوە welam danewe	**retrenchment** (n.) خەرجی کەم کردنەوە kherji kem krdinewe
responsibility (n.) بەرپرسی ber pirsi	**retrieve** (v.) دەگێڕێتەوە de giretewe
responsible (adj.) بەرپرس ber pirs	**retrospect** (n.) بیر لە ڕابردوو کردنەوە bir le rabirdo kirdnewe
rest (v.) ماوە mawe	**retrospection** (n.) کاریگەری کۆنخوازی karegeri kon khwazi
rest (n.) پشوو pshw	**retrospective** (adj.) کۆن خوازی kon khwazi
restaurant (n.) چێشتخانە chesht khane	**return** (n.) دەگەڕێتەوە de geretewe
restive (adj.) مانیگرتووە mani grto	**return** (v.) گەڕانەوە geranewe
restoration (n.) بژاردن bjardin	**reuse** (v.) دووبارە بەکاردە هێنێت dubare bekar dehenet
restore (v.) وەردەگێڕێتەوە wer degretewe	**revaluation** (n.) دووبارە نرخاندنەوە dobare nirkhandnewe
restrain (v.) دەیبەستێتەوە dey bestetewe	**revamp** (v.) نوێکردنەوە nwe kirdinewe
restrict (v.) دیاریدەکا dyari deka	**reveal** (v.) ئاشکرا کردن ashkra kirdn
restriction (n.) دیاریکردن dyari kirdin	**revel** (v.) گەمە دەکات geme dekat
restrictive (adj.) دیاری کراو dyari kraw	**revel** (n.) بۆمباران bomb baran
result (v.) دەبێتە نەگمەری debete ageri	**revelation** (n.) دەرکەوتن der kewtin
result (n.) ئەنجام anjam	**reveller** (n.) ئاهەنگگێڕ aheng gir
resume (v.) دەست دەکاتەوە dest pe dekatewe	**revelry** (n.) بەرەڵایی bere lay
resume (n.) دەست پێ کردن dest pe kirdin	**revenge** (v.) تۆڵەسەنینێت tole desenet
resumption (n.) دەست پێ کردنەوە dest pe kirdinewe	**revenge** (n.) تۆڵەسەندن tole sendin
resurgence (n.) سەرهەڵدانەوە ser hildanewe	
resurgent (adj.) سەرهەڵدەرەوە ser hilderewe	
retail (v.) بە تاک دەفرۆشێت be tak defroshet	
retail (n.) تاک tak	
retail (adv.) بە تاک فرۆشتن be tak froshtin	
retail (adj.) تاک tak	
retailer (n.) تاک فرۆش tak frosh	
retain (v.) دەپارێزی de pareze	

revengeful (adj.) قين له دڵ qin le dl
revenue (n.) داهات dahat
revere (v.) ڕێزیدەگرێت rez de gret
reverence (n.) ڕێزگرتن rez girtin
reverend (adj.) بەڕێز ba rez
reverent (adj.) ڕێزدار rez dar
reverential (adj.) ڕێزداری rez dari
reverie (n.) نقۆمبوون له بیرکردنەوه nqom bon le bir kirdinewe
reversal (n.) پێچەوانەکردنەوە pechewane kirdinewe
reverse (n. & adj.) پێچەوانە pechewane
reverse (v.) پێچەوانە دەکات pechewane dekat
reversible (adj.) ئاوەژوودەبێت awejo debet
revert (v.) دەگەڕێتەوە de geretewe
review (n.) پێشاندان peshan dan
review (v.) پێداچوونەوە دەکات peda chonewe dekat
revise (v.) بژار دەکات bjar dekat
revision (n.) پێداچوونەوە peda chonewe
revisit (v.) دووباره سەردان کردنەوە dobare serdan kirdinewe
revival (n.) زیندووبوونەوە zindo bonewe
revive (v.) زیندوو دەکاتەوە zindo dekatewe
revocable (adj.) شیاوی بەتاڵکردنەویە shyawi betal kirdineweye
revocation (n.) پووچ کردنەوە poch kirdinewe
revoke (v.) پووچی دەکاتەوە pochi dekatewe
revolt (v.) یاخیدەبێ yakhi debe
revolt (n.) یاخیبوون yakhi boon
revolution (n.) شۆڕش shorsh
revolutionary (n. & adj.) شۆڕشگێر shorsh ger
revolve (v.) دەخولێتەوە de kholetewe
revolver (n.) دەمانچە demanche
reward (n.) خەڵات کردن khelat kirdin
reward (v.) خەڵات دەکات khelat dekat
rewrite (v.) دووباره ده نووسیتەوه dobare denosetewe
rhetoric (n.) ڕێتۆریک retorek
rhetorical (adj.) ڕێتۆریکی retoreki
rheumatic (adj.) بادار badar
rheumatism (n.) باداری badari
rhinoceros (n.) کەرکەدان kerkedan
rhyme (n.) سەروا serwa
rhyme (v.) هەڵبەست helbest
rhymester (n.) گەنگە هونەر genge honer
rhythm (n.) کێش kesh

rhythmic (adj.) کێشدار keshdar
rib (n.) پەراسوو perasow
ribbon (n.) شریت shret
rice (n.) برنج brnj
rich (adj.) دەوڵەمەند dewlemend
riches (n.) سامان saman
richness (adj.) دەوڵەمەندی dewlemendi
rick (n.) تەپۆڵکە tepolke
rickets (n.) گێڕی geri
rickety (adj.) لەمجێ چۆڕ le je cho
rickshaw (n.) دەستگێڕ dest ger
rid (v.) ڕزگار دەبێ rzgar debe
riddle (n.) مەتەڵ metel
riddle (v.) سەرسام دەکات sersam dekat
ride (n.) سوار بوون swar bon
ride (v.) سوار دەبێ swar deber
rider (n.) سوار swar
ridge (n.) کۆسپ kosp
ridicule (v.) گاڵتەی پێ دەکات galtae pi dakat
ridicule (n.) گاڵتە galte
ridiculous (adj.) پێکەنیناوی pe keninawi
rifle (v.) لێی دەستێنێت ley destenet
rifle (n.) تفەنگ tfeng
rift (n.) درز drz
right (adj.) ڕاست rast
right (adv.) لای ڕاست lay rast
right (n.) ڕاستە raste
right (v.) وەستاو westaw
righteous (adj.) ڕاست rast
rigid (adj.) ڕەق req
rigorous (adj.) وەرد word
rigour (n.) وەردی wordi
rim (n.) پەراوێز perawez
ring (n.) بازنە bazne
ring (v.) لێی دەدات le dedat
ringlet (n.) قژ بەستنەکی بچووک qij bestneki bichok
ringworm (n.) نەخۆشی پێست ne khoshi pist
rinse (v.) شوشتن shoshtin
riot (n.) ئاژاوە ajawe
riot (v.) ئاژاوە دەنێتەوە ajawe denetewe
rip (v.) دەدری dedre
ripe (adj.) پێ گەیو pe geyo
ripen (v.) پێ دە گەیەت pe de geyet
ripple (n.) سووک sowk
ripple (v.) نەرم nerm
rise (v.) هەڵدەستێ hel deste
rise (n.) هەڵسان helsan
risk (v.) مەترسی دەکات metrsi dekat

risk (n.) مەترسی metrsi
risky (adj.) ترسناك trsnak
rite (n.) كارێكی ئایینی kareki ayyni
ritual (n. & adj.) نەریت neret
rival (n.) پێشبڕکێ کار peshbrke kar
rival (v.) پێشبڕکێ دە کات peshbrke ker
rivalry (n.) پێشبڕکێتی peshbrketi
river (n.) ڕووبار rubar
rivet (n.) بزمار bzmar
rivet (v.) بڕغوو brgow
rivulet (n.) جۆگە joge
roach (n.) سرسرک sr srk
road (n.) ڕێگا rega
road race (n.) پێشبڕکێی ڕێگاوبان peshbrke rega u ban
road rage (n.) تورەیی ڕێگا torey rega
roadblock (n.) کۆسپ kosp
roadblock (v.) ڕێ بەست re best
roadhouse (n.) خانوی سەر ڕێگا khanoy ser rega
roadkill (n.) ئاژەڵی کوژراو لە سەر ڕێگا ajeli kojraw le ser rega
roadrunner (n.) جۆرە باڵندێکە jore balndeke
roadshow (n.) نیشاندانی ڕێگا nishan dani rega
roadster (n.) پایسکڵ payskl
roam (v.) دەگەڕێ de gere
roar (n.) دەنگی شێر dengi sher
roar (v.) بڵند کردنی دەنگ blnd kirdini deng
roast (v.) دەبرژێنێ de brjene
roast (n. & adj.) برژاندن brjandin
rob (v.) دەسنێنێت de senet
robber (n.) دز dz
robbery (n.) دزی dzi
robe (n.) ڕۆب rob
robe (v.) جل jil
robot (n.) ڕۆبۆت robot
robust (adj.) بەهێز ba hez
rock (v.) دەڵەرزێنێت de lerzenet
rock (n.) بەرد berd
rock climber (n.) شاخەوانی بەرد shakhewani berd
rock-bottom (v.) بنی بەرد bni berd
rocker (n.) کورسی جۆڵاو korsi jolaw
rocket (n.) مووشەک moshek
rocket scientist (n.) زانای مووشەک zanay moshek
rocketeer (n.) مووشەکچی moshek chi
rocketman (n.) پیاوی مووشەک pyawi moshek

rockfall (n.) بەرد کەوتن berd kewtin
rockfish (n.) ماسی بەرد masi berd
rocking (adj.) لەرزین lerzin
rod (n.) گۆچان gochan
rodent (n.) مێشووڵە meshole
roe (n.) مێی ئاسک یان کەروێشك mey ask yan kerwishk
rogue (n.) ترۆ tro
roguery (n.) ترۆیی troy
roguish (adj.) فێڵباز fel baz
role (n.) گرنگی grngi
role model (n.) یاسای نموونە yasay nmone
roll (n.) لوول بوو lol bu
roll (v.) خل دەبێتەوە khl de betewe
roll-call (n.) ناو خوێندنەوە naw khwendinewe
roller (n.) باگردان bagrdan
rollicking (adj.) چاکە مرۆڤ chake mrov
romance (n.) ڕۆمانسی romansi
romantic (adj.) ڕۆمانسی romansi
romp (v.) یاری دەکات yari dekat
romp (n.) یاری کردن yari kirdin
rood (n.) خاچ khach
roof (n.) سەر فق seqif
roof (v.) دەپۆشێ de poshe
rooftop (n.) سەربانی ماڵ derbani mal
rook (n.) قەڵەرەشکە qele reshke
rook (v.) فێڵی لێ دەکات feli le de kat
room (n.) ژوور joor
room-mate (n.) هاوڕێی ژوور hawrey joor
roomy (adj.) ژووردار jodar
roost (n.) لقێک باڵندەی لەسەر بنیشێت lqek balndey le ser bnishet
roost (v.) باڵندە لەسەر لق دا دەنیشێت balinde le ser lq da denishet
root (n.) ڕەگ reg
root (v.) ڕەگی تووند دە کا regi tond deka
rope (n.) پەت pet
rope (v.) گۆڕیس goris
rosary (n.) تەزبیح tazbeh
rose (n.) هەڵستا helsta
roseate (adj.) گوڵی gole
rostrum (n.) دوانگە dwanga
rosy (adj.) پیازی pyazi
rot (n.) خراپ بوون khrap bon
rot (v.) خراپ دەکات khrap dekat
rotary (adj.) خولاوە بە تەوەری kholanewe be tewawi
rotate (v.) دەخولێتەوە de kholetewe

rotation *(n.)* خولانەوە kholanewe
rote *(n.)* ڕۆتێن roten
rotten *(adj.)* خراپ بوو khrap bu
rouble *(n.)* (ڕۆبڵ) (roble) دراوی ڕووسییە drawi rosi
rough *(adj.)* ڕەق req
round *(adj.)* خول khol
round *(n. & adv.)* خڕ khr
round *(v.)* دەخولێتەوە de kholetewe
rouse *(v.)* ھانی دەدات hani dedat
rout *(v.)* شکستن shkstin
rout *(n.)* دەری دەکات deri dekat
route *(n.)* ڕێگا rega
routine *(n. & adj.)* ڕۆتێن roten
rove *(v.)* دەگەڕێ de gere
rover *(n.)* چەتەی دەریا chetey derya
row *(n.)* ڕێز rez
row *(v.)* ڕێک دە خات rek dekhat
rowdy *(adj.)* ناڕاوەمچی ajawe chi
royal *(adj.)* شاهانە shahana
royalist *(n.)* شاهی shahi
royalty *(n.)* خزانی شاهی khzani shahi
rub *(v.)* دەسڕێت de sret
rubber *(n.)* لاستیک lastik
rubber bullet *(n.)* فیشەکی لاستیک fisheki lastik
rubber duck *(n.)* وە ردە کی لاستیک werdeki lastik
rubber tree *(n.)* دارێکی لاستیک dareki lastik
rubberneck *(n.)* بوینباغ boyn bagh
rubberneck *(v.)* تەماشە کردنی شتێک بە شێوەیەکی سەیر temashe kirdin shtek be sheweyeki seyr
rubbing *(n.)* ڕشتن rshtn
rubbish *(n.)* پاشڕۆ pashe row
rubble *(n.)* خە لوز وپاشماوە kheloz u pash mawe
rubblework *(n.)* کاری شکاندن kari shkandin
rubeola *(n.)* سووڕێژە soreje
rubian *(n.)* ڕۆبیان robyan
rubican *(adj.)* ڕۆبیکان robekan
rubicon *(n.)* ڕۆبیکان robekan
rubify *(v.)* ڕۆبیڤی robeve
rubric *(n.)* سەر دێڕ ser der
rubricate *(v.)* بە بەختی لێ کردن be bekhti le krdin
ruby *(n.)* یاقوت yaqot
ruck *(n.)* کۆمەڵ komel
ruck *(v.)* جەماوەری ھەرەمە jemaweri hereme

rucksack *(n.)* جانتای پشت chantay psht
ruckus *(n.)* شە ڕکردن sher kirdin
rudder *(n.)* سوکانی کەشتی sokani keshti
rudderpost *(n.)* دە فە defe
ruddy *(adj.)* پێستی سورە pisti sore
rude *(adj.)* تورە tore
rudiment *(n.)* بنچینە bnchine
rudimentary *(adj.)* سەرەتایی seretay
rue *(v.)* پەشیمان دەبێت peshiman debet
rue *(n.)* پەشیمان بوونەوە peshiman bonewe
rueful *(adj.)* پەشیمان peshiman
ruffian *(n.)* کەسێکی درندە keseki drnde
ruffle *(n.)* تێک دەدات tek dedat
ruffle *(v.)* جارس دەکات jars dekat
rug *(n.)* مافووری بچووک mafore bchok
rugged *(adj.)* سەخت sekht
ruin *(n.)* وێڕان weran
ruin *(v.)* وێڕان دەکات weran dekat
rule *(n.)* یاسا yasa
rule *(v.)* فەرمانڕەوایی دەکات ferman reway dekat
rulebook *(n.)* کتێبی یاساکان ktebi yasakan
rulebound *(adj.)* یاسابەستڕاو yasa bestraw
rulebraker *(n.)* ڕاستە raste
rulebreaking *(n.)* یاسا شکاندن yasa shkandn
ruler *(n.)* ڕاستە raste
ruling *(n.)* حوکمدان hokm dan
rum *(n. & adj.)* سەیر seyr
rumble *(v.)* بۆردومان دەکات bordoman dekat
rumble *(n.)* دەنگ دەداتەوە deng de datewe
ruminant *(adj.)* کاوێژکەر kawej ker
ruminant *(n.)* بیرکەرەوە bir kerewe
ruminate *(v.)* بیر دەکاتەوە bir dekatewe
rumination *(n.)* کاوێژکردن kwej kirdin
rummage *(v.)* هەڵدەگێڕێتەوە hel degretewe
rummage *(n.)* ھەڵکۆڵاندن hel kolandin
rummy *(n.)* سەیر seyr
rumour *(v.)* بڵاودەکاتەوە blaw dekatewe
rumour *(n.)* پڕوپاگەندە pro pagande
run *(v.)* ڕادەکات ra dekat
run *(n.)* ڕاکردن ra kirdin
runabout *(n.)* جۆڵەکەر jole ker
runaway *(n.)* هەڵهاتوو hel hato
runback *(n.)* گەڕانەوە geranewe
runcation *(n.)* ڕێزبەندی rez bendi
rundown *(n.)* پەککەوتن pek kewtin
rune *(n.)* ڕۆن ron
rung *(n.)* پلە پەیژە ple peyje
runner *(n.)* ڕاکەر ra ker

runs (n.) ڕادەکات ra dekat
rupee (n.) ڕوپیە (دراوی هندی) ropi (drawi hindi)
rupture (v.) تەقاندنەوە teqandinewe
rupture (n.) برین brin
rural (adj.) لادێیی ladie
ruse (n.) فێڵ fel
rush (n.) خێرا کردن khera kirdin
rush (v.) خێرا دەکات khera dekat
rust (n.) ژەنگ jeng
rust (v.) ژەنگ دەهێنێ jeng de hene
rustic (n. & adj.) ساوێلکە sawelke
rusticate (v.) چوونە لادێ chone lade
rustication (n.) لادێیی کردن ladey kirdin
rusticity (n.) سادەیی sadey
rustle (v.) خشەی گەڵا khshey gela
rusty (adj.) ژەنگاوی jengawi
rut (adj.) چاڵ chal
rut (n.) کەند kend
ruthless (adj.) دڵڕەق dl req
rye (n.) جاودار jaw dar

S

sabbath (n.) شەممە shemme
sabbatical (n.) شەممەیی shemmey
sabbatical (adj.) هی ماوەی حەوانەوە he mawae hawanawa
sabotage (n.) تێکدان tikdan
sabotage (v.) ویران کردن wiran kirdn
sabre (n.) شمشێر shm sher
sabre (v.) بریندار کردن بە شمشێر brindar kirdin be shmsher
saccharin (n.) ساکەرین sakaren
saccharine (adj.) شەکری shekri
sachet (n.) تورمکەی بۆندار torekey bondar
sack (n.) کیس kis
sack (v.) لە کار لادان le kar ladan
sacrament (n.) نهێنی پیرۆز nheni piroz
sacred (adj.) پیرۆز piroz
sacrifice (n.) قوربانی qorbani
sacrifice (v.) قوربانی دەدات qorbani dedat
sacrificial (adj.) قوربانی qorbani
sacrilege (n.) قوربانی دان qorbani dan
sacrilegious (adj.) دژ بە شتی پیرۆزو ئاینی dij be shti piroz u aiyni

sacrosanct (adj.) پیس ناکرێ لەبەر پیرۆزیان pis nakre le ber pirozyan
sad (adj.) خەمبار khem bar
sadden (v.) خەمهێن khem hen
saddle (v. & n.) زین zen
sadism (n.) سادیگەری sadi geri
sadist (n.) سادیگەر sadi ger
sadness (n.) خەم khem
safari (n.) ڕاوە گەشت rawe gesht
safe (adj.) بێترس be trs
safe (n.) قاسە qase
safe harbour (n.) بەندەری سەلامەت benderi selamet
safebox (n.) سندوقی سەلامەت sndoqi selamet
safebraker (n.) سێفبراکر sefebrakr
safe-conduct (n.) ڕەفتاری سەلامەت reftari selamet
safecracker (n.) شکێنەری قاسەی ئاسنین shkeneri qasey asin
safe-deposit (n.) پارەی پاراستو paresey parasto
safeguard (n.) پاراستن parastin
safeguard (v.) دە پاریزیت de parezet
safehouse (n.) ماڵی پاراستو mali parasto
safekeeping (n.) پاراستن parastin
safely (adv.) بە سەلامەتی ba selameti
safety (n.) پاراستن parastin
saffron (n. & adj.) زەعفەران zaaferan
sag (n.) شۆربوون shor boon
sag (v.) شۆردەبیتەوە shor debetewe
saga (n.) چیرۆکی کۆن cheroke kon
sagacious (adj.) دانایی danay
sagacity (n.) ژیری jeri
sage (n.) ژیر jer
sage (adj.) دووربین door bin
sagebush (n.) جۆرە ڕوە کێک jore rowekek
sage-green (n.) سەوزی تاریک sewzi tarik
sageness (n.) حەکیمایەتی hekimayeti
saggy (adj.) شل و شلۆق shl o shloq
sagittary (n.) کەوانە kewane
sahib (n.) ساحێب saheb
sail (v.) گەشت دەکات لە دەریادا gesht dekat le deryada
sail (n.) چارۆکە charoka
sailboard (n. & v.) تەختەی کەشتیوانی tekhtey keshti wani
sailboarder (n.) سەیلبۆردێر saelborder
sailboat (n.) بەلەمی کەشتیوانی belemi keshti wani

sailboater (n.) بەلەم‌هەوانی کەشتیوانی belem wani keshti wani
sailboating (n.) بەلەم‌هەوانی کەشتیوانی belem wani keshti wani
sailcraft (n.) کەشتیوانی keshti wani
sailing (n. & adj.) گەشتکردن بە کەشتی gesht kirdin be keshti
sailor (n.) دەریاوان derya wan
saint (n.) قەشە qeshe
saintly (adj.) پاک pak
sake (n.) لەبەر le ber
salable (adj.) فرۆشتەنی froshteni
salad (n.) زەڵاتە zelate
salamander (n.) مارمێلکەیەکی ئەفسانەیی marmilkeyeki afsaney
salamander (v.) سەلەمەندەر selemnder
salary (n.) مانگانە mangana
sale (n.) فرۆشتن froshtn
salebrosity (n.) لێک lek
salesforce (n.) هێزی فرۆشتن hezi froshtin
salesman (n.) فۆشیار foshyar
salient (adj.) دیار dyar
saline (adj.) سۆیر soir
salinity (n.) سۆیری soire
saliva (n.) لێک lek
sally (n.) هێرش hersh
sally (v.) نۆکتە nokta
Salon (n.) سالۆن salon
saloon (n.) بار bar
salt (n.) خوێ khoe
salt (v.) بە خوێ دەکات be khoe dekat
salty (adj.) سۆیر swyr
salutary (adj.) تەندروست tendrost
salutation (n.) سلاو slaw
salute (n.) سلاو بکەن slaw bken
salute (v.) سلاو دە کات slaw dekat
salvage (v.) رزگار دەکات rzgar dekat
salvage (n.) رزگارکردن rzgar kirdin
salvation (n.) رزگاربوون rzgar boon
samaritan (n.) سامری samri
samba (n.) سامبا samba
samba (v.) سە مای سامبا دە کات semay samba dekat
sambuca (n.) سامبوکا samboka
same (adj.) هەمان heman
samely (adv.) بە هەمان شێوە be heman shewe
samite (n.) سامیتە sameta
samovar (n.) سەماوەر semawer

sample (n.) نموونە mnone
sample (v.) نموونە وەردەگرێت nmone wer degret
sampler (n.) نموونە تاقی کەر nmone taqi ker
sampling (n.) نموونە کۆکردنەوە و تاقی کردنەوە nmone ko kirdinewe u taqi kirdinewe
samsonite (n.) سامسۆنیت samsonayt
samurai (n.) سامورایی samoray
sanability (n.) عەقڵانییەت aqlanyet
sanatorium (n.) ساناتۆریۆم sana toriom
sanctification (n.) پیرۆزکردن piroz kirdin
sanctify (v.) پیرۆزی دەکات pirozi dekat
sanction (n.) سزا sza
sanction (v.) سزا دە دات sza dedat
sanctity (n.) پیرۆزی pirozi
sanctuary (n.) جێگایەکی پارێزراو jegayeki parezraw
sand (n. & adj.) لم lm
sand (v.) داپۆشین بە لم daposhin be lm
sandal (n.) سەندەڵ sendel
sandalwood (n.) درەختی سەندەڵ drakhte sandal
sandbank (n.) ساندبانک sandbank
sandboard (n. & v.) ساندبۆرد sandbordn
sandbox (n.) ساندبۆکس sandboks
sandcastle (n.) ساندکاسڵ sandkasl
sandfish (n.) ماسی شنی mase shne
sandglass (n.) شووشەی خۆڵ shoshae khol
sandhill (n.) ساندهیڵ sandhil
sandpaper (n. & v.) کاغەزی رەش kaghaze rash
sandpit (n.) چاڵە خۆڵ chala khol
sandscape (n.) دیمەنی خۆڵ demane khol
sandstone (n.) بەردی شنی barde shne
sandstorm (n.) زریانی خۆڵ zryane khol
sandwich (v. & n.) ساندویچ sandwech
sandy (adj.) لمین lmen
sane (adj.) ژیر zher
sanely (adv.) بە عەقڵانییەوە ba aqlaneeawa
sanguine (adj.) خوێن ڕێژ khwin rizh
sanitary (adj.) دروستانە drwstana
sanity (n.) هەست hast
sap (v. & n.) ساوێلکە sawelka
sapidity (n.) قسەی ناشرین qsae nashren
sapience (n.) ژیری zhere
sapiens (n.) عەقڵانی aqlane
sapient (adj.) دانا dana
sapling (n.) نەمام namam
sapphire (n.) یاقوت yaqot

sarcasm (n.) گاڵتەکردن galtakirdn
sarcastic (adj.) گاڵتەجاڕی galtajare
sardonic (adj.) گاڵتەمجی galtache
satan (n.) شەیتان shaetan
satanic (adj.) شەیتانیانە shaetanyana
satanically (adv.) لەڕووی شەیتانییەوە larwe shaetaneeawa
satchel (n.) جانتا janta
satellite (n.) سەتەلایت satalaet
satiable (adj.) تێر بێت tir bit
satiate (v.) تێر دەبی tir dabi
satiety (n.) تێربوون tirbon
satin (n. & adj.) ساتان satan
satire (n.) گاڵتە galta
satirical (adj.) گاڵتەیی galtae
satirist (n.) گاڵتەجاڕ galtakjar
satirize (v.) جنێو دەدات jniw dadat
satisfaction (n.) ڕازی بوون razi boon
satisfactory (adj.) جێگەی ڕەزامەندی یە jegey reza mendye
satisfy (v.) ڕازی دەکات razi dekat
saturate (v.) تەڕ دەکات ter dekat
saturation (n.) تێربوون ter boon
Saturday (n.) شەممە shemme
sauce (n.) ساس sas
sauce (v.) بێ ڕێزی دەکات be rezi dekat
saucer (n.) ژێر پیاڵە jer pyale
saucy (adj.) بێئابڕوو be abrow
sauna (n. & v.) ساونا sawna
saunter (n. & v.) گەڕان geran
saunterer (n.) سانتر santr
sausage (n.) باسترمە bastrme
saute (v.) سورەومکراو sorewe kraw
savable (adj.) پاشەکەوت دەکرێت pash kewt dekret
savage (adj.) مڕۆی درندە mroy drnde
savage (n.) درندە drnde
savage (v.) بە توندی هێرشی دەکات be tondi hershi dekat
savagely (adv.) بە درندەیی be drndey
savagery (n.) درندەیی drndey
savant (n.) زانا zana
save (v.) ڕزگاری دەکات rzgari dekat
save (prep.) جگە لە jge le
saviour (n.) ڕزگارکەر rzgar ker
savour (v.) تامدار tam dar
savour (n.) چێژ chej
savoury (adj.) تامدار tam dar
saw (v. & n.) بینی bini

saw pit (n.) چاڵێکی بینی chaleki bini
sawbench (n.) ساوبێنچ sawbinch
sawbill (n.) مشار mshar
sawbones (n.) نێسکی مشار eski mshar
sawbuck (n.) ساوباك saw bak
sawdust (n.) کەپەک kepek
sawfish (n.) ماسی یە مشاری masye mshari
sawgrass (n.) ساوگراس saw gras
sawhorse (n.) مشار mshar
sawmill (n.) دارتاشی dar tshi
sawtooth (n.) ددانی دار ddani dar
sawyer (n.) داربڕ dar br
saxophone (n.) ئامێری ساکسۆفۆن ameri saksofon
saxophonist (n.) ساکسۆفۆنژەن saksonfon jen
say (adv. & n. & v.) دەڵێ dele
scab (n.) ناپاک na pak
scab (v.) تووژاڵی برین twejali brin
scabbard (n.) کیفکی خەنجەر kifki khenjer
scabies (n.) گەڕی gare
scaffold (n.) سێدارە se dare
scale (n.) پێوەر pewer
scale (v.) دە پێوەری de pewre
scalp (n.) پێستەسەر piste ser
scambling (n.) فێڵکردن fel kirdin
scamper (v.) دەڕوات derwat
scamper (n.) دەبەزێت debezet
scan (v.) دەپشکنێت depshknet
scan (n.) پشکنین pshkinin
scandal (n.) ئابڕووبەرە abro bere
scandalize (v.) ئابڕوو دەبات abro debat
scandalous (adj.) ئابڕووبەرە abro bere
scandalously (adv.) بە شێنەیمکی هەتک بەری be sheweyeki hetk beri
scanner (n.) وێنەخوێن wene khwen
scant (adj. & n. & v.) دەگمەن dagman
scanty (adj.) کەمەک kemek
scape (n. & v.) سکێب skeyb
scapegoat (v.) قۆچی قوربانی دە دا qochi qorbani deda
scapegoat (n.) قۆچی قوربانی qochi qorbani
scapeless (adj.) پیس pis
scapula (n.) دەفەی شان defey shan
scapular (n. & adj.) سارغی سەر شان sarghi ser shan
scar (n.) جێی برین jey brin
scar (v.) بڕیندار دەکات brindar dekat
scarab (n.) خاڵخاڵۆکەی ڕەش khal khaloki resh

scarce (adj.) دەگمەن degmen
scarcely (adv.) بە دەگمەن be degmen
scarcity (n.) دەگمەنی degmeni
scare (n.) ترس trs
scare (v.) دەترسێنێ de trsene
scarf (n.) مڵپێچ ml pech
scary (adj.) ترسێنەر trsener
scatter (v.) دەپژێنێ de pjene
scatterbrain (n.) مێشکی پەرش و بڵاو meshki persh u blaw
scatterbrained (adj.) مێشکی پەرش و بڵاو meshki persh u blaw
scattered (adj.) پەرش persh
scattergun (n.) سکاتەرگون skatergon
scatteringly (adv.) بە شێوەیەکی پەرش و بڵاو be sheweyeki persh u blaw
scattery (adj.) پەرشوبڵاوی persh u blawi
scatty (adj.) سکاتی skate
scavenge (v.) پاک دەکات pak dekat
scavenger (n.) خۆڵەکە kholeke
scenario (n.) سیناریۆ senario
scenarist (n.) سیناریۆنووس senario noos
scene (v.) دیمەن وێنە کرن dimen wene krn
scene (n.) دیمەن dimen
scenery (n.) پشتەی شانۆ pshtey shano
scenic (adj.) دیمەنی جوان dimeni jwan
scent (n.) بۆن bon
scent (v.) بۆن دەکات bon dekat
sceptic (n.) بە گومان be goman
sceptical (adj.) گومانەاوی gomanawi
scepticism (n.) گومان کردن goman kirdin
sceptre (n.) قامچی qamchi
schedule (n.) ڕوونکردنەوە ron kirdinewe
schedule (v.) خشتەی کات khshtey kat
schematic (n.) ڕەنگ ڕشتن reng rishtin
schematic (adj.) هێ نەخشێنی nekhshey
schematically (adv.) بە شێوەیەکی نەخشێنی be sheweyeki nekhshey
schematist (n.) شێماتیست shimatest
scheme (n.) پلان plan
scheme (v.) پلان دادە نێت plan da denet
schemer (n.) پیلانگێڕ pilan ger
schism (n.) کەرت بوون kert boon
schizophrenia (n.) کەسێکی جووت سروشت keseki joot srosht
schizophreniac (n. & adj.) شیزۆفرینیا shezofrenya
scholar (n.) زانا zana
scholarly (adj.) زانایانە zanayane

scholarship (n.) بەخششی خوێندن bakhshshi khwendin
scholastic (adj.) تایبەتە بە خوێندن teybete be khwendin
school (n.) قوتابخانە qotabkhane
school (v.) پەروەردە دەکات perwerde dekat
schoolfellow (n.) هاوڕێی قوتابخانە hawrey qotabkhane
schoolhouse (n.) خانووی قوتابخانە khanoy qotabkhane
schoolmaster (n.) مامۆستای قوتابخانە mamostay qotabkhane
schoolmate (n.) هاوڕێی قوتابخانە hawrey qotabkhane
schoolteacher (n.) مامۆستای قوتابخانە mamostay qotabkhane
schoolyard (n.) حەوشەی قوتابخانە hewshey qotabkhane
schooner (n.) کەشتی دوو ستوونی keshti do stoni
sciatic (adj.) دەست و لاق و هەستە دەمارەکانیان dest u laq u heste demarekanian
sciatica (n.) شا دەمارە ژان sha demare jan
science (n.) زانست zanst
scientific (adj.) زانستی zanisti
scientist (n.) زانا zana
scintillate (v.) دەبریسکێتەوە de brisketewe
scintillation (n.) بریقە breqa
scissors (n.) مەقەس meqes
scoff (n.) گاڵتە galte
scoff (v.) گاڵتەی پێ دەکات galtey pe dekat
scold (v.) سەرزەنشتی دەکات ser zenshti dekat
scooter (n.) پایسکیلی سکوتەر paiskli scooter
scope (n.) مەودا mawda
scorch (v.) دەسووتێنی de sotene
scorch (n.) سوتان sotan
score (n.) خاڵی تۆمارکراو khali tomar kraw
score (v.) تۆمار دەکات tomar dekat
scoreboard (n.) تەختەی گۆڵەکان tekhtey golekan
scorebook (n.) کتێبی نمرەکان ktebi nmrekan
scorebox (n.) بۆکسی نمرەکان boksi nmrekan
scorecard (n.) کارتی نمرەکان karti nmrekan
scorekeeper (n.) گۆڵپارێز gol parez
scorekeeping (n.) تۆمارکردنی نمرەکان tomarkirdin nmrekan
scorepad (n.) نمرەکان nmrekan
scorer (n.) گۆڵکار gol kar
scorn (n.) ڕیسوا کردن reswa kirdin

scorn (v.) ریسوا ده کات reswa dekat	screenshot (n.) وینه‌ی شاشه weney shashe
scorpion (n.) دووپشك do pshk	screenwork (n.) کاری شاشه kari shashe
scot (n.) سکوتلەندی skotlendi	screw (v.) جمر jer
scotch (n. & adj.) سکوتچ skotch	screw (n.) جمربەستی دەکات jerbesti dekat
scot-free (adj.) بێ ئازار be azar	scribble (v. & n.) تێکەڵ وپێکەڵ دەنووسی tekel u pekel denose
scoundrel (n.) چەپەڵ chepel	script (n.) دەقی نووسراو deqi nosraw
scourge (n.) قامچی qamchi	scripture (n.) کتێبی پیرۆز ktepi piroz
scourge (v.) کارەسات karesat	scroll (n.) سکرۆڵ بکە skrol bka
scout (n.) گەریدە geride	scrooge (n.) بە خیل bekhil
scout (v.) دیدەوان dide wan	scrotum (n.) کیسەی مندااڵن kisey mndalan
scowl (v.) گرژ دەکات grj dekat	scrub (n.) سرین sren
scowl (n.) مۆنی mone	scrub (v.) دەسرێ de sre
scragged (adj.) خوراندن khorandin	scrub (adj.) دەسرێ de sre
scraggy (adj.) الواز lawaz	scrubby (adj.) ئاخیەن ayekh
scramble (v.) تێکەڵ دەکات tekel dekat	scruff (n. & v.) پشتی مل pshte ml
scramble (n.) تێکەڵ tekel	scruffiness (n.) خراپەکاری khrapakare
scrambled (adj.) تێکەاڵو بوون tekelaw boon	scrumble (n.) زوورپیس zoor pis
scrap (v.) فڕێ دەدات fre dedat	scrump (v.) پیس دە کات pis dekat
scrap (n.) سرین sren	scrumptious (adj.) زۆر خۆش zoor khosh
scrapbook (n.) تۆمارگەی سەرهەواڵ tomargay ser hewal	scruple (n. & v.) گومان goman
scrape (n.) خۆرین khoren	scrupleless (adj.) بێ نیرادە be irade
scrape (v.) دەخۆرێنێ de khorine	scrupulous (adj.) وردبین wordbin
scraper (n.) ڕنە rna	scrupulously (adv.) بە ویژدانانەوە be wijdananewe
scratch (n.) ڕووشان roshan	scrutinize (v.) تێدەڕوانێت te derwanet
scratch (v.) دەڕۆشێنێت de roshenet	scrutiny (n.) لێکۆڵینەوە le kolinewe
scratch (adj.) ڕووشان roshan	scuffle (v.) شەڕ مچێوك shere chepok
scratchboard (n.) سکراچبۆرد skrachbord	scuffle (n.) دەست دانەیەك dest daneyek
scratchbush (n.) سکراچبۆش skrachbosh	sculpt (v.) پەیکەرسازی peyker sazi
scratched (adj.) خراپ کراوە khrap krawe	sculptor (n.) پەیکەرتاش peyker tash
scratchpad (n.) سکراچپاد skrachpad	sculptural (adj.) پەیکەرتاشی peyker tashi
scratchy (adj.) خراپەکاری khrape kari	sculpture (n.) پەیکەر pey ker
scrawl (n.) بە خێرا نووسین be khera de noset	sculpturist (n.) پەیکەرتاشی pyker tashi
scrawl (v.) بە خێرا دەنووسێت be khera de noset	scum (n.) کەف kef
scream (n.) هاوار hawar	scum (v.) کەف دە کات kef dekat
scream (v.) هاوار دەکات hawar dekat	scumbag (n.) سکامباگ skambag
screen (v.) لەسەر شاشە پێشان دەدات le ser shashe peshan dedat	scurry (v.) ڕا دەکات ra dekat
screen (n.) شاشه shashe	scutllebutt (n.) سکوتلێبوت skotlibot
screen name (n.) ناوی شاشه nawı shashe	scuttle (n.) ڕا کردنی خێرا ra kirdini khera
screenable (adj.) دەتوانرێ پشکنین بکات de twanet pshkinin bkat	scuttle (v.) بە خێرا ڕای دەکات be kheray ra dekat
screencast (n.) سکرینکاست skren kast	scythe (v.) پارچە دەکات parche dekat
screendoor (n.) دەرگای شاشه dergay shashe	scythe (n.) چە قۆ cheqo
screenprint (n.) وێنە گرتنی شاشه wene grtini shashe	sea (n.) دەریا derya
screensaver (n.) شاشه پارێزەر shashe parezer	sea bass (n.) ماسی یەکی ڕەشتاڵەی دەریایی یە masiyeki reshtaley deryaye
	sea boat (n.) بەلەمی دەریایی belemi derya
	sea dog (n.) سەگی دەریا segi derya

seabeach *(n.)* کەناری دەریا kenari derya	**secessionist** *(n.)* جیا بوونەوە خواز jyabonewe khwaz
seabird *(n.)* بالَندەی دەریایی balindi deryay	**seclude** *(v.)* دادەبڕێت da debret
seaborne *(adj.)* سیبۆرن seborn	**secluded** *(adj.)* دابڕاو da braw
seacliff *(n.)* سیکلیف seklef	**seclusion** *(n.)* دابڕان da bran
seafarer *(n.)* دەریاوان deya wan	**second** *(adj.)* دووەم dwem
seafloor *(n.)* بنی دەریا bni derya	**second** *(n.)* وەک wek
seafoam *(n.)* کەفی دەریا kefi derya	**second** *(v.)* یاریدەدەر yarideder
seafood *(n.)* خواردنە دەریاییەکان khwardinewey deryayekan	**secondary** *(adj.)* دووەمی dwemi
seagull *(n.)* نەورەس newres	**seconder** *(n.)* دووەم dwem
seahorse *(n.)* ئەسپی دەریایی aspi deryay	**second-hand** *(adj.)* دەستی دوو desti dow
seajack *(n. & v.)* سیجاک sejak	**secondly** *(adv.)* دووەم dwem
seajacker *(n.)* دەریاچوان deryache wan	**secrecy** *(n.)* نهێنیگەری nheni gery
seajacking *(n.)* بالَندی دەریایی balindi deryay	**secret** *(n. & adj.)* نهێنی nheni
seak *(n.)* قیژەقیژ qije qije	**secretariat** *(n.)* سکرتاریا skrtarya
seakeeping *(n.)* دەریاپارێزی derya parezi	**secretary** *(n.)* وەزیر wezir
seal *(v.)* مۆر دە کات mor dekat	**secrete** *(v.)* دەردەدات der dedat
seal *(n.)* گۆلکی دەریا golki derya	**secretion** *(n.)* دەردراو der drawe
sealab *(n.)* مۆر mor	**secretive** *(adj.)* نهێنی پارێز nheni parez
sealability *(n.)* توانای مۆرکردن twanay mor kirdin	**sect** *(n.)* ڕێباز rebaz
sealant *(n.)* سیلانت selant	**sectarian** *(adj.)* ڕێبازخواز rebaz khwaz
sealed *(adj.)* مۆر کراوە mor krawe	**section** *(n.)* بەش besh
sealion *(n.)* شێری دەریا sheri derya	**sector** *(n.)* بڕەر brer
sealskin *(n.)* پێستی مۆر piste mor	**secularism** *(n.)* عەلمانیەت almanyet
seam *(v.)* درز بردن drz brdn	**secure** *(adj.)* دەستەبەر کراو dest ber krawe
seam *(n.)* درز drz	**secure** *(v.)* دەستەبەر دەکات dest ber dekat
seamless *(adj.)* یەک پارچە yek parche	**security** *(n.)* ئاسایش asaysh
seamy *(adj.)* باری گوزەران bari gozeran	**sedan** *(n.)* سیدان (جۆرە ئۆتۆمۆبێل) sidan (jore utombele)
sear *(n.)* دەسووتێنی de sotene	**sedate** *(v.)* ئازاری ڕاوەستاند azari rawestand
sear *(v.)* پێوە دەدات pewe dedat	**sedate** *(adj.)* لە سەر خۆ le ser kho
search *(v.)* دەپشکنێ de pshkne	**sedative** *(n. & adj.)* هێمنکەر hemin ker
search *(n.)* پشکنین pshkinin	**sedentary** *(adj.)* بە دانیشتن ڕاهاتوو be danishtin rahato
search warrant *(n.)* فەرمانی پشکنین fermani pshkinin	**sediment** *(n.)* قورسی qorsi
searching *(n. & adj.)* پشکنەر pshkner	**sedition** *(n.)* فیتنە finte
searchlight *(n.)* ڕۆناکی پشکنەر ronaki pshkner	**seditious** *(adj.)* ئاژاوەچی ajawe chi
seared *(adj.)* سووتاوە sotawe	**seduce** *(v.)* فریوی دەدات frew dedat
seashore *(n.)* کەناری دەریا kenari derya	**seduction** *(n.)* فیتنە fitne
season *(v.)* ووشک دەکات woshk dekat	**seductive** *(adj.)* فریودەر frew der
season *(n.)* وەرز werz	**see** *(v.)* دەبینی debine
seasonable *(adj.)* گونجاو gonjaw	**seed** *(n.)* تۆو tow
seasonal *(adj.)* وەرزی warze	**seed** *(v.)* دەچینی de chine
seat *(v.)* دا دەنیشێنێت da denishet	**seek** *(v.)* دەگەڕێ de gere
seat *(n.)* نیشتگە neshtga	**seem** *(v.)* وا دیار دەبێت wa dyar debet
seaweed *(n.)* گیا gya	**seemly** *(adj.)* وا دیارە wa dyare
secede *(v.)* لێی جیا دەبێتەوە ley jya debetewe	**seep** *(v.)* دزە دەکات dze dekat
secession *(n.)* جیابوونەوە jyabonewe	**seer** *(n.)* بینەر biner
	seethe *(v.)* دەکوڵێ de kole

segment *(v.)* پارچە parche
segment *(n.)* بەش besh
segregate *(v.)* جیادەکاتەوە jya dekatewe
segregation *(n.)* جیاکردنەوە jya kerewe
seismic *(adj.)* بوومەلەرزەیی bome lerzey
seismicity *(n.)* بوومەلەرزەیی bome lerzey
seismogram *(n.)* بوومەلەرزەزانینی bome lerze zani
seismograph *(n.)* بوومەلەرزەپیو bome lerze pew
seismography *(n.)* زانستی بوومەلەرزە zansti bome lerze
seismologist *(n.)* بوومەلەرزەناس bome lerze nas
seismology *(n.)* بوومەلەرزەناسی bome lerze nasi
seismoscope *(n.)* بوومەلەرزەبینی bome lerze bini
seize *(v.)* دەگرێ de gre
seizure *(n.)* گرتن grtin
seldom *(adv.)* بە دەگمەن be degmen
select *(adj.)* هەڵبژاردە helbjarde
select *(v.)* هەڵدەبژێرێ helde bjere
selection *(n.)* هەڵبژاردن hel bjartin
selective *(adj.)* وردە لە هەڵبژاردن wrde le helbijardin
self *(n.)* خود khod
self-abuse *(n.)* سووکایەتی بە خۆ کردن sokayeti be kho kirdin
self-appointed *(adj.)* خۆ دەست نیشان کراو kho dest nishan kraw
self-awareness *(n.)* خۆئاگاداری kho agadari
self-centered *(adj.)* خۆ سەنتەری kho senteri
self-confident *(adj.)* متمانە بەخۆبوون mtmane be kho boon
self-conscious *(adj.)* خۆئاگادار kho agadar
self-control *(n.)* سەربەخۆ ser be kho
self-destruct *(v.)* خۆ لەناوبردن kho le naw birdin
self-doubt *(n.)* گومان لە خۆت goman le khot
self-employed *(adj.)* خۆبەخش kho bekhsh
self-esteem *(n.)* ریز گرتن لە خود rez girtin le khod
selfie *(n.)* سێڵفی selfi
self-imposed *(adj.)* لە سەر خۆ سەپێنراوە le ser kho sepenraw
selfish *(adj.)* خۆپەرست kho perst
selfless *(adj.)* نا خۆپەرست na kho perst

self-proclaimed *(adj.)* خۆ ڕاگەیەندراو kho rageynraw
self-service *(adj.)* خۆی خزمەتی دە کا khoy khzmeti kho deka
sell *(v.)* دە فرۆشێ de froshe
seller *(n.)* فرۆشیار froshyar
sell-out *(n.)* فرۆشتنی تەواو froshtini tewaw
semblance *(n.)* ڕوالەت rwalet
semen *(n.)* مەنی meni
semester *(n.)* وەرزی خوێندن werzi khwendin
semi-amusing *(adj.)* نیمچە پێکەنیناوی nimche pekeninawi
semi-finalist *(n.)* پێش کۆتایی pesh kotay
semi-formal *(adj.)* نیمچە فەرمی nimche fermi
seminal *(adj.)* تۆی پیاو toy pyaw
seminar *(n.)* سیمینار seminar
senate *(n.)* ئەنجومەنی پیران anjomeni piran
senator *(n.)* ئەندامی ئەنجومەنی پیران andami anjomeni piran
senatorial *(adj.)* تایبەت بە ئەندام و ئەنجومەنی پیران taybet be andam u anjomeni piran
send *(v.)* دەنێری de nere
senile *(adj.)* شێت بوون shet boon
senility *(n.)* شێت بوون shet boon
senior *(n.)* پیرتر pir tr
senior *(adj.)* پایەبەرز paye berz
seniority *(n.)* پیری piri
sensation *(n.)* هەست hest
sensational *(adj.)* هەژین hejin
sense *(v.)* هەست دەکات hest dekat
sense *(n.)* هەست hest
senseless *(adj.)* بێهەست be hest
sensibility *(n.)* هەست ناسکی hest naski
sensible *(adj.)* ژیر jer
sensitive *(adj.)* هەستیار hestyar
sensitivity *(n.)* هەستیاری hestyari
sensual *(adj.)* هەستی hesti
sensualist *(n.)* شە هوانی shehwani
sensuality *(n.)* ئارەزووباز arezo baz
sensuous *(adj.)* هەستەنی hesteni
sentence *(v.)* دادگایی دەکات dadgay dekat
sentence *(n.)* ڕستە rsta
sentience *(n.)* توانای هەست کردن twanay hest kirdin
sentient *(adj.)* بە هەست ba hest
sentiment *(n.)* سۆز soz
sentimental *(adj.)* بە سۆز ba soz

sentinel *(n.)* پاسەوان pasewan
sentry *(n.)* پاسەوان pasewan
separable *(adj.)* جیا دەبێتەوە jya debetewe
separate *(v.)* جیا دەکاتەوە jya dekatewe
separate *(adj.)* جیا کراو jya kraw
separation *(n.)* جیاکردن jya kirdin
sepsis *(n.)* بۆگەن بوونی خوێن bogen boni khwin
September *(n.)* ئەیلول aylol
septic *(adj.)* پیس pis
sepulchre *(n.)* گڵکۆ glko
sepulture *(n.)* ناشتن nashtn
sequel *(n.)* ئەنجامەکان anjamakan
sequence *(n.)* بوار bwar
sequester *(v.)* دادەبڕێ dade bre
serendipitous *(adj.)* بەڕێکەوت be rekewt
serendipity *(n.)* ڕێکەوت re kewt
serene *(adj.)* هێمن hemn
serenity *(n.)* هێمنی hemni
serf *(n.)* خزمەتکار khzmet kar
serge *(n.)* سەرج serj
sergeant *(n.)* چاوەش chawesh
serial *(n.)* بەردەوامی berdewami
serial *(adj.)* زنجیرە znjire
series *(n.)* زنجیرە znjire
serious *(adj.)* جدی jdi
sermon *(n.)* ووتار wtar
sermonize *(v.)* ئامۆژگاری کردن amojgari kirdin
serpent *(n.)* ئەژدیها ajdeha
serpentine *(n.)* لار lar
servant *(n.)* نۆکەر noker
serve *(n.)* خزمەت کردن khzmet kirdin
serve *(v.)* خزمەت دەکات khzmet dekat
service *(v.)* خزمەت دەکات khzmet dekat
service *(n.)* خزمەت khzmet
serviceable *(adj.)* پتەو ptaw
servile *(adj.)* نۆکەری nokeri
servility *(n.)* خۆ بە دەستەوە دان kho be destewe dan
servitude *(n.)* کۆیلایەتی kwelayeti
sesame *(n.)* کونجی konje
sesamin *(n.)* کونجی konje
session *(n.)* وانە wane
sessional *(n. & adj.)* دانیشتنی danishtni
sessionless *(adj.)* بێ دانیشتن be danishtin
set *(n. & adj.)* دادەنێ da dene
set *(v.)* دروستی دە کات drosti dekat
setback *(n.)* پاشەکشە pashe kshe

setlist *(n.)* دانانی لیست danane lest
settee *(n.)* سێتی seti
settle *(v.)* یەکلا کردنەوە yek la kirdinewe
settlement *(n.)* پارە دان pare dan
settler *(n.)* جێگیربوو jegir bo
seven *(n. & adj.)* حەوت hewt
seventeen *(n.)* حەڤدە hevde
seventeenth *(adj.)* حەڤدەیەم hevdeyem
seventh *(adj.)* حەوتەم hewtem
seventieth *(adj.)* حەفتایەمین heftayemin
seventy *(n.)* حەفتا hefta
sever *(v.)* دەبڕێ de bre
several *(adj.)* هەندێک hendek
severance *(n.)* جیاکردنەوە jya kirdinewe
severe *(adj.)* توند tond
severity *(n.)* توندی tondi
sew *(v.)* دەدروێ de drwe
sewage *(n.)* سیاناو syanaw
sewer *(n.)* زیراب zerab
sewerage *(n.)* دەرکردنی پیسایی بە زیراب دا derkirdini pisay be zerab da
sex *(v.)* سێکس دە کا seks deka
sex *(n.)* سێکس seks
sexily *(adv.)* بە شێوەیەکی سێکسی be sheweyeki seksi
sexual *(adj.)* سێکسی seksi
sexuality *(n.)* سێکسیەت seksyet
sexy *(adj.)* سێکسی seksi
shabby *(adj.)* شڕ shr
shack *(n.)* کۆختە khokhte
shack *(v.)* کۆلیت kolet
shackle *(v.)* کەلەپچە دەکات kelepche dekat
shackle *(n.)* کەلەپچە kelepche
shade *(v.)* سێبەری لێ دەکات seberi le dekat
shade *(n.)* سێبەر siber
shadow *(v.)* خەیاڵ khayal
shadow *(n.)* سێبەر siber
shadowy *(adj.)* نادیار na dyar
shaft *(n.)* شەفت sheft
shake *(n.)* لەرزین lerzin
shake *(v.)* دەلەرزێ de lerze
shaky *(adj.)* شڵۆق shloq
shallow *(adj.)* تەنک tank
sham *(adj.)* دروو drow
sham *(n.)* دە جاڵ dejal
sham *(v.)* دروو دە کا droy deka
shaman *(n.)* شامان shaman
shamble *(v.)* بە گرانی دەڕوات be grani derwat

shambles *(n.)* زەوی پاراو zewi paraw
shambolic *(adj.)* شامبۆلیچ shampolich
shame *(v.)* شەرمەزاری sherme zari
shame *(n.)* شورەیی shorey
shameful *(adj.)* ئابڕووبەر abro ber
shameless *(adj.)* بێئابڕوو be abro
shampoo *(v.)* شامپۆ دەکات shampo dekat
shampoo *(n.)* شامپۆ shampo
shanty *(adj.)* چەقۆ cheqo
shape *(v.)* پێنك دەهێنی pik dahini
shape *(n.)* شێوە shewe
shape up *(v.)* شێوەی سەرەوە shewey serewe
shapeless *(adj.)* بێ شێوە be shewe
shapely *(adj.)* شێوەدار shewe dar
shapeshift *(v.)* شێوەگۆڕین shewe gorin
shard *(n)* کیفی ڕەق kifi req
shard *(v.)* پارچەی شکاوی شوشە parchey shkawi shoshe
share *(n.)* بەش besh
share *(v.)* بەشداری دەکات لەگەڵ beshdari dekat le gel
share market *(n.)* بازاڕی پشکەکان bazari pshkekan
sharebeam *(n.)* شەیربیم sheyrbeem
sharecrop *(n.)* بەر هەمی هاوبەش berhemi haw besh
shareholder *(n.)* خاوەن پشک khawen pshk
shareholding *(n. & adj.)* خاوەنی پشکەکان khaweni pshkekan
shark *(n.)* نەهەنگ neheng
sharp *(adv.)* تیژ teij
sharp *(adj.)* بڕندە brnde
sharpen *(v.)* تیژ دەکات tij dekat
sharpener *(n.)* تیژ کەر tij ker
sharper *(n.)* تیژ تر tij tr
shatter *(v.)* تێک دەشکێنی tek deshkene
shave *(n.)* ڕیش تاشین rish tashin
shave *(v.)* ڕیش دەتاشی rish detashe
shaven *(adj.)* تاشراو tashraw
shaving *(n.)* تاشین tashin
shavings *(n.)* تەڵاشی دار telashi dar
shawarma *(n.)* شاوەرما shawrma
shawl *(n.)* شاڵ shal
she *(pron.)* ئەو (بو کچ) aw (bu kch)
sheading *(n.)* لەرزینی لە ش lerzini lesh
sheaf *(n.)* گورزە gorza
shear *(v.)* پرچ بڕین prch brin
shears *(n.)* مەقەس meqes
shearwall *(n.)* شیرواڵ sheerwal

sheat *(n.)* بەرگ berg
sheath *(n.)* بەرگ berg
sheath *(v.)* کردنی شیر لە بەرگی دا kirdini shir le bergi da
sheathe *(v.)* کردنی شیر لە بەرگی دا kirdini shir le bergi da
shed *(n.)* ڕشتن rshtin
shed *(v.)* دەرژێ de rje
sheep *(n.)* پەز pez
sheepish *(adj.)* شەرمن sharmn
sheer *(adj.)* تەنیا tanya
sheet *(v.)* دادەپۆشی da deposhe
sheet *(n.)* لاپەڕە la pere
shelf *(n.)* ڕەفە refe
shell *(v.)* بۆمبارانی دەکات bomb barani dekat
shell *(n.)* سەدەف sedef
shelter *(v.)* پەنای بۆ دەکات penay bu deka
shelter *(n.)* پەناگە panaga
shelve *(v.)* ڕەفەی بۆ دەکا refey bu deka
shepherd *(n.)* شوان shwan
shide *(n.)* گاڵتەکردن galte kirdin
shield *(v.)* پاراستن بە مەتاڵ parastin be metal
shield *(n.)* مەتاڵ qalghan
shift *(n.)* گۆڕین gorin
shift *(v.)* دەگۆڕی de gore
shifty *(adj.)* فێل باز fel baz
shilly-shally *(v.)* دوو دڵ دەبێت do dl debet
shilly-shally *(n.)* بە دوودڵیەوە be do dlyewe
shin *(n.)* لۆلاق lolaq
shine *(n.)* دەبریسکێتەوە de brisketewe
shine *(v.)* تیشک دەداتەوە tishk dedatewe
shiny *(adj.)* بریسکەدار briske dar
ship *(v.)* گواستنی شمەک بەکەشتی gwastini shmek be keshti
ship *(n.)* کەشتی keshti
shipboard *(adj.)* پاپۆر papor
shipboard *(n.)* کەشتی keshti
shipborne *(adj.)* بە کەشتی be keshti
shipbuilder *(n.)* کەشتی ساز keshti saz
shiplap *(n.)* شیپ لاپ ship lap
shipload *(n.)* باری کەشتی bari keshti
shipmaster *(n.)* بەڕێوەبەری کەشتی berewe beri keshti
shipmate *(n.)* هاوڕێی کەشتی hawrey keshti
shipment *(n.)* بارکردن bar kirdin
shipowner *(n.)* خاوەن کەشتی khawen keshti
shipped *(adj.)* ڕەوانە کراوە rewane krawe
shipping *(n.)* ناردن nardin

shipshape *(adj.)* شێوەی کەشتی shewey keshti
shipwreck *(n.)* کەشتی نوقم بوون keshti noqm bon
shipwreck *(v.)* کەشتی نوقم دە بێت keshti noqm debet
shipyard *(n.)* کارگەی کەشتیوانی kargey keshtiwani
shire *(n.)* هەرێم herem
shirk *(v.)* لە بەرپرسێتی خۆی دەدزێتەوە le berprseti khoy de dzetewe
shirker *(n.)* راکردوو rakirdo
shirt *(n.)* کراس kras
shive *(n.)* لەرزین lerzin
shiver *(v.)* دەلەرزێ de lerze
shoal *(n.)* ئاوی تەنك awi tenk
shock *(v.)* شۆك دە بێت shok debet
shock *(n.)* شۆك shok
shoe *(v.)* پێڵاو لە پێ دە کات pelaw le pe deka
shoe *(n.)* پێڵاو pelaw
shoot *(n.)* تەقاندن teqandin
shoot *(v.)* دە تە قێنێت de teqenet
shooting *(n.)* تەقە teqe
shop *(v.)* دەکڕێ de kre
shop *(n.)* دوکان dokan
shopaholic *(n.)* شوپاهۆلیك shopaholik
shopaholism *(n.)* شوپاهۆلیزم shopaholezm
shopbook *(n.)* دوکانی کتێب dokani kteb
shopfloor *(n.)* دوکان dokan
shopfront *(n.)* پێشەوەی دوکان peshewey dokan
shopkeep *(n.)* دوکاندار dokan dar
shopkeeper *(n.)* دوکاندار dokan dar
shoplift *(v.)* دزیی دوکان dzini dokan
shoplifter *(n.)* دزی دوکان dzi dokan
shopowner *(n.)* خاوەن دوکان khawen dokanekan
shopping *(n.)* بازار کردن bazar kirdin
shopping cart *(n.)* کارتی بازار کردن karti bazar kirdin
shopping centre *(n.)* سەنتەری بازرگانی senteri bazrgani
shopping list *(n.)* لیستی بازار کردن listi bazar kirdin
shore *(n.)* کەناری دەریا kenari derya
shore *(v.)* پاڵپشت دەکات pal psht dekat
shorefront *(n.)* پێشەکی کەنار pesheki kenar
shoreline *(n.)* هێڵی کەناری دەریا heli kenari derya

shoreward *(adj. & adv.)* کەنار kenar
shoreweed *(n.)* شۆرویدە shorwed
short *(n. & adj. & adv.)* کورت kort
shortbread *(n.)* بسکوێتێکی ناسکە pskwiteki nask
shortcake *(n.)* کەیکی بچوك keki bichok
shortcoming *(n.)* کەموکوری kem u kori
shortcut *(n.)* کورتە ڕێگا korte rega
shorten *(v.)* کورت دەکات kort dekat
shortening *(n.)* کورتکردنەوە kort kirdinewe
shortfall *(n.)* کورت هێنان لە بودجە kort henan le budje
shorthand *(n.)* کەم کردنەوە kem kirdinewe
shortish *(adj.)* نەختێك کورت nekhtek kort
shortlist *(v.)* دوا لیستە dwa liste
shortlisted *(adj.)* لە لیستی کورتدا هاتووە le listi kort da hatwe
shortly *(adv.)* بە کورتی be korti
shorts *(n. pl.)* شۆرت short
short-term *(adj.)* ماوە کورت mawe kort
shot *(n.)* تەقە teqe
shot *(adj.)* پوچەڵ بوو pochel bu
shot *(int.)* تەقە teqe
shotgun *(n.)* دەمانچەی تەقە demanjey teqe
shotproof *(adj.)* دژە تەقە dije teqe
shotti *(n.)* شۆتی shoti
should *(v.)* دەبێت debet
shoulder *(v.)* هاوکاری دە کات hawkari dekat
shoulder *(n.)* شان shan
shout *(v.)* هاوار دەکات hawar dakat
shout *(n.)* هاوار hawar
shove *(n.)* پاڵ دان pal dan
shove *(v.)* بە توندی پاڵی پێوە دەنێت be tondi pali pewe denet
shovel *(v.)* بە شەفڵ را دە مالێت ramal
shovel *(n.)* شەفڵ shefel
show *(n.)* پێشانگە peshange
show *(v.)* پێشان دەدات peshan dedat
showcase *(n.)* جامخانە jam khane
showdown *(n.)* ڕوو بە ڕوو بوون ro be ro boon
shower *(v.)* خۆ دە شۆرێ kho de shore
shower *(n.)* دۆش dosh
showerhead *(n.)* سەری دوش seri dosh
showerless *(adj.)* بێ شۆشتن be shoshtin
showerproof *(adj.)* دژە شۆشتن dije shoshtin
showery *(adj.)* خۆ شۆشتنی kho shoshtini
showpiece *(n.)* ئەنتیکە antike
showroom *(n.)* پێشانگە peshange

showstopper *(n.)* شۆستۆپەر shosto per
showup *(n.)* دەردەكەوێ der dekewe
shrapnel *(n.)* پرێشك preshk
shred *(n.)* پارچەی بچووك parchey bichok
shred *(v.)* دە درێنێ de drene
shredder *(n.)* پارچە پارچەكەر parche parche ker
shrew *(n.)* ئافرەتی زمان درێژ afreti zman drej
shrewd *(adj.)* زیرەك zirek
shriek *(v.)* قیری دە كات qiri dekat
shriek *(n.)* قیری qiri
shrill *(adj.)* تیژ tij
shrine *(n.)* مەزارگە mezarge
shrink *(v.)* كڕژ دەبێت krj debet
shrinkage *(n.)* كڕژ بوون krj boon
shroud *(v.)* كفن دە كات kfn dekat
shroud *(n.)* كفن kfn
shrub *(n.)* داری بچوك dari bichok
shrug *(n.)* شانی هەڵكێشان shane halkishan
shrug *(v.)* شانی هەڵدە كشێنێت shani hel dekhsenet
shudder *(n.)* لەرزین lerzin
shudder *(v.)* دە لەرزێ de lerze
shuffle *(n.)* تێكەڵ كردن tekel kirdin
shuffle *(v.)* تێكەڵ دەكات tekel dekat
shun *(v.)* خۆی دوور دە كات khoy door dekat
shunt *(v.)* گۆڕینی ڕێگا gorinin rega
shut *(v.)* دا دە خرێت da dekhret
shutter *(n.)* عەدەسەی كامیرا adesey kamira
shuttle *(v.)* خزمەتی گواستنەوە khzmeti gwastinewe
shuttle *(n.)* گەشتی كرد بە چوون و هاتن ggeshti kird be choon u hatin
shuttlecock *(n.)* پەڕ per
shy *(v.)* شەرم دە كا sherm deka
shy *(n.)* شەرمن shermin
siamese *(adj.)* لكێندراو lkendraw
sibilant *(adj.)* دەنگی فیشكەیی dengi fisheki
sibilate *(v.)* فیشكەكردن fishke kirdin
sibilating *(n.)* برا یان خوشك bra yan khoshk
sibling *(n.)* برا یان خوشك bra yan khoshk
sich *(n.)* سێتش setsh
sick *(adj.)* نەخۆش ne khosh
sickbag *(n.)* جانتای نەخۆش jantay ne khosh
sickbay *(n.)* خەستەخانەی كەشتی kheste khaney keshti
sickbed *(n.)* جێگەی نەخۆش jegey ne khsoh
sicken *(v.)* نەخۆش دەخات ne khosh dekat

sickened *(adj.)* نەخۆش كەوتووە ne khosh kewtwe
sickle *(n.)* داس das
sickly *(adj.)* لاواز lawaz
sickness *(n.)* نەخۆشی ne khoshhi
side *(v.)* پاڵپشتی دەكا pal pshti deka
side *(n.)* تەنیشت tenisht
sidearm *(n.)* هەڵگرتنی چەك لە تەنیشتی خوی helgrtini chek le tenshti khoy
sidearm *(v.)* تەپە فڕی دەدات tepe fre dedat
sidearm *(adj.)* چەك chek
sideband *(n.)* بۆفیە bofea
sidebar *(n.)* لایەنە لایەنە laeane laeane
sideboard *(n.)* بۆفیە bofea
sidebox *(n.)* سایدبۆكس sayd boks
sideburn *(n.)* قژی بەردەم گۆیچە qiji ber dem u chaw
sideburns *(n.)* قژی بەردەم گۆیچە qiji ber dem u chaw
sidecar *(n.)* عەرەبانەی بەستراو بە موتور سكل erebaney bestraw be tenshti motor skl
sideline *(n.)* هێلی تەنیشتی heli tenshti
sideline *(v.)* لەسەر هێل دادەنێ le ser hel da dene
sidereal *(adj.)* ئەستێرەیی asterey
side-saddle *(n.)* سەمەری یەك لای لەسەر پشتی ئەسپ semeri yek lay le ser pshti asp
side-saddle *(adv.)* دانیشتن لەسەر یەك لای ئەسپ danishtin le ser yek lay asp
sideshow *(n.)* نمایشی لایەنی nmaishi layeni
side-stream *(n.)* تەوژمی لایەنی tewjmi layeni
sidestroke *(n.)* لێدانی لایەنی ledani layeni
sidetrack *(n.)* لە ڕێگا دەرچوون le rega derchoon
sidetrack *(v.)* لە ڕێگا دەر دەچێت le rega der dechet
sidewalk *(n.)* ڕەسیف resif
sidewall *(n.)* دیواری diwar
sideway *(n. & adj.)* ڕێگای لایەنی regay layeni
sideway *(adv.)* لە تەنیشتی le tenshti
sidewind *(n.)* بای لایەنی bay layeni
siege *(n.)* ئابلۆقەدان abloqe dan
siege *(v.)* ئابلۆقە دە دات abloqe dedat
siesta *(n.)* نیوەڕۆ خەو newe ro khew
sieve *(v.)* بیژنگ دە كات bijeng dekat
sieve *(n.)* بیژنگ bijeng
sift *(v.)* دەبیژێتەوە de bejetewe

sigh (v.) هەناسە هەڵدەکێشێ henase hel dekshene	sin (n.) گوناه gona
sigh (n.) هەناسە هەڵکێشان henase hel keshan	since (conj.) لەو lew
sight (v.) دەبینی de bine	since (adv.) لەوکاتەوە lew katewe
sight (n.) دەبینێت de binet	since (prep.) لەبەرئەوەی le ber awey
sightly (adj.) جوان jwan	sincere (adj.) دڵسۆز dl soz
sign (v.) واژۆ دەکات wajoo dekat	sincerity (n.) ڕاست rast
sign (n.) نیشان nishan	sinful (adj.) گوناهبار gonah bar
signal (adj.) نیشانە nishane	sing (v.) گۆرانی دەڵێ gorani dele
signal (v.) نیشانە دەکات nishane dekat	singe (n.) دە سۆتەنە de sotene
signal (n.) نیشانە nishane	singe (v.) دەسووتێنێ de sotene
signatory (n.) واژە کردوو wazha krdw	singer (n.) گۆرانیبێژ gorani bej
signature (n.) واژوو wajoo	single (n.) تەنیا tenya
significance (n.) گرنگی grngi	single (v.) هەڵدەبژێرێ hel debjere
significant (adj.) گرنگ grng	single (adj.) تەنیا tenya
signification (n.) مانا mana	single-handedly (adv.) بە تاکە دەست be take dest
signify (v.) مانای دە دا manay deda	singular (adj.) تاک tak
signing (n.) واژۆکردن wajo kirdin	singularity (n.) تاکایەتی takayeti
silence (v.) بێدەنگ دەبێت be deng debet	singularly (adv.) تاکایەتی takayeti
silence (n.) بێدەنگی be dengi	sinister (adj.) نەھگرس nagres
silencer (n.) بێدەنگکەر be deng ker	sink (n.) نقوم بوون nqom bon
silent (adj.) بێدەنگ be deng	sink (v.) نقوم دەبێ nqom debe
silently (adv.) بە بێدەنگی be be dengi	sinner (n.) گوناهبار gonah bar
silhouette (n.) خەیاڵ kheyal	sinuous (adj.) پێچاوپێچ pecha u pech
silica (n.) دوو ئۆکسیدی کاربۆن dwan oksidi karboon	sip (n.) خواردنەوە khwardinewe
	sip (v.) دەخواتەوە dekhwatewe
silicene (n.) سیلیسین selesen	sir (n.) بەڕێز ba rez
silicon (n.) سیلیکۆن selekon	siren (n.) ئاگادارکەرەوە agadar kerewe
silk (n.) ئاوریشم awreshm	sister (n.) خوشک khoshk
silken (adj.) ئاوریشمی awreshmi	sisterhood (n.) خوشکایەتی khoshkayeti
silky (adj.) ئاوریشمی awreshmi	sisterly (adj.) خوشکانە khoshkane
silly (adj.) هەرزە herze	sit (v.) دادەنیشێ da denishe
silt (n. & v.) سیلت silt	site (n.) شوێن shwen
silver (n.) زیو zew	situation (n.) هەڵویست helwest
silver (adj.) زیوی zewi	six (n.) شەش shesh
silver (v.) زیو zew	sixteen (n., adj.) شازدە shazde
similar (adj.) چۆنیەک chon yek	sixteenth (adj.) شازدەهەم shazdehem
similarity (n.) چۆنیەکی chon yeki	sixth (adj.) شەشەم sheshem
simile (n.) لێکچوون lek choon	sixtieth (adj.) شەستەم shestem
similitude (n.) شێوە shewe	sixty (n., adj.) شەست shest
simmer (v.) هێواش دەبێتەوە hewash debetewe	sizable (adj.) گەورە gewre
	size (n.) قەبارە qebare
simple (adj.) سادە sade	size (v.) ڕێزکردن بەگەورەی قەبارە rez kirdin be gwerey qebare
simpleton (n.) کەسێکی حەپۆڵ keseki hepol	
simplicity (n.) سادەیی sadey	sizzle (n.) کزی دێت kzey det
simplification (n.) ئاسان کردن asan kirdin	sizzle (v.) کزی دە کات kzey dekat
simplify (v.) ئاسانی دەکات asani dekat	skate (n.) خلیسکێنە khleskine
simultaneous (adj.) ھاوکات hawkat	skate (v.) یاری خلیسکێنەی دە کات yari khleskiney dekat
sin (v.) گوناە دە کات gona dekat	

skater (n.) خلیسکەساز khliske saz
skein (n.) کەلافە دەزوو kelafe dezoo
skeleton (n.) ئێسکەپێکەر eske peyker
sketch (v.) نەخشە دەکێشێنێ nekhshe de keshet
sketch (n.) نەخشەکێشان nekhshe keshan
sketchy (adj.) گشتی gshti
skid (n.) خلیسك khlisk
skid (v.) دە خلیسکێت de khlisket
skilful (adj.) لێهاتوو le hato
skill (n.) لێزانی le zani
skin (v.) کەول دەکات kewl dekat
skin (n.) پێست pist
skip (n.) باز baz
skip (v.) بوراندن borandin
skipper (n.) پاپۆرگێر papor ger
skirmish (v.) شەڕی دە کات sheri dekat
skirmish (n.) شەڕ و پێکدادان sher u pek dadan
skirt (v.) بابەت پشت گوێ دەخات babet psht gwe dekhat
skirt (n.) تەنورە tenore
skit (n.) شانۆگەری کۆمیك shanogeri komik
skull (n.) جۆمگەی سەر jomgey ser
sky (v.) بە ئاسمان دا فڕیو دا be asman da frew da
sky (n.) ئاسمان asman
skyscraper (n.) دروستکراوی زۆر بەرز drost krawi zoor berz
slab (n.) خشت khsht
slack (adj.) خاو khaw
slacken (v.) خاو دەکاتەوە khaw dekatewe
slacks (n.) پانتۆڵ pantol
slake (v.) دادەمرکێنێ da demrkene
slam (n.) لێدانی توند ledani tond
slam (v.) بە توندی لێ دەدا be tondi le deda
slander (n.) فڕێ دان fre dan
slander (v.) فڕێ دەدات fre dedat
slanderous (adj.) ناهەموار na hemwar
slang (n.) زمانی خەڵکی ڕەمەکی zmani khelki remeki
slant (n.) لاری lari
slant (v.) لار دەبێتەوە lar debetewe
slap (v.) لێدەدات le dedat
slap (n.) لێدان ledan
slash (n.) نزم کردن nzm kirdin
slash (v.) نزم دە کات nzm dekat
slate (n.) لیستە liste
slather (v.) سلاثر slasr
slattern (n.) پیس pis

slatternly (adj.) چەپەڵ chepel
slaughter (v.) سەردەبڕی ser debre
slaughter (n.) سێربڕین ser brin
slave (v.) بە بەندە دەکات be bende dekat
slave (n.) بەندە bende
slavery (n.) کۆیلەیی bendey
slavish (adj.) بەندە bende
slay (v.) دەکوژی de koje
sleek (adj.) نەرم و لووس nerm u los
sleep (n.) نوستن nostn
sleep (v.) دە نوێ de nwe
sleeper (n.) فارگۆنی نوستن fargone nostn
sleepy (adj.) خەواڵوو khewalow
sleeve (n.) دەستی گوملە ك desti gumlek
sleight (n.) فێڵبازی fel bazi
slender (adj.) باریك barek
slice (v.) پارچە پارچە دە کات parche parche dekat
slice (n.) پارچە parche
slick (adj.) ساف saf
slide (n.) خزان khzan
slide (v.) دەخزێ dakhzi
slight (n.) کەم kem
slight (v.) پشت گوێ دەخات psht gwe dekhat
slight (adj.) کەم kem
slim (v.) لاواز دە بێت lawaz debet
slim (adj.) لاواز lawaz
slime (n.) قوڕ qor
slimy (adj.) قوڕاوی qorawi
sling (n.) بەردهاوێژ berd hawej
slip (n.) خلیسکان khliskan
slip (v.) دەخلیسکێ de khliske
slip road (n.) ڕێگای خلیسك regay khlisk
slipper (n.) سۆڵ sol
slippery (adj.) خز khz
slipshod (adj.) درشت drsht
slit (n. & v.) کون kon
slogan (n.) دروشم droshm
slope (v.) لێژای lejay
slope (n.) نشیو nshiw
slot (n.) کونی پارە koni pare
slot. (n.) دەکات لە ناودا dekat le naw da
sloth (n.) گەوجی gewchi
slothful (n.) تەمەڵ temel
slough (v.) فڕێ دەدات fre dedat
slough (n.) تویك twik
slovenly (adj.) کەمتەرخەم kemter khem
slow (v.) هێواش دەکات hewash dekat
slow (adj.) هێواش hewash

slow motion (n.) جولۀی خاو joley khaw	**snack** (n.) سووکه ژم soke jem
slowly (adv.) به هیواشی be hewashi	**snag** (n.) نووك nok
slowness (n.) خاوبوونهوه khaw bonewe	**snail** (n.) لولپنچ lol pech
sluggard (n.) تهمبڵ tembel	**snake** (v.) وه کو کار ده جولی weko mar de jole
sluggish (adj.) تهمبڵ tembel	
sluice (n.) بهندهر bender	**snake** (n.) مار mar
slum (n.) کۆختە kokhta	**snap** (v. & adj. & n.) دهگهزی de geze
slumber (n.) دهتوێت de twet	**snapshot** (n.) وێنۀی خێرا weney khera
slumber (v.) نوستن nostn	**snare** (v.) تهله دا ده نی tele da dene
slump (v.) لهپر دهکهوی le pr dekewe	**snare** (n.) ته له tele
slump (n.) سستی بازرگانی ssti bazrgani	**snarl** (v.) پێکدادان pek dadan
slur (n.) ووشه لێك دهدات woshe lek dedat	**snarl** (n.) به تورهیی لهمگڵ دووان be torey legel dwan
slush (n.) شله shle	
slushy (adj.) سلاشی slashe	**snatch** (n.) تاڵان talan
slut (n.) قهحبه qehbe	**snatch** (v.) تاڵان دهکات talan dekat
sly (adj.) فێڵباز fel baz	**sneak** (n.) دزه کردن dze kirdin
smack (v.) لێدهدات le dedat	**sneak** (v.) دزه دهکات dze dekat
smack (n.) لێدان le dan	**sneer** (n.) گاڵته galte
small (n. & adj.) بچووك bchok	**sneer** (v.) گاڵتەی پێ دهکات galtey pe dekat
smallness (adv.) بچووکی bchoki	
smallpox (n.) ناوله awla	**sneeze** (n.) پژمین pijmeen
smart (v.) جوانپۆش jwan posh	**sneeze** (v.) دهپژمی de pijme
smart (n. & adj.) زیرهك zirek	**sniff** (n.) بۆن کردن bon kirdin
smartly (adv.) بهزیری be jiri	**sniff** (v.) بۆن دهکات bon dekat
smash (n.) تێکشکاندن tek shkandin	**sniper** (n.) قه ناس ده ده ست qenas bedest
smash (v.) تێك دهشکێنی tek deshkene	**snob** (n.) لهخۆبایی le khobay
smear (n.) لهکه leke	**snobbery** (n.) لهخۆباییبوون le kho bay boon
smear (v.) لهکهدار دهکا leke dar deka	**snobbish** (v.) خۆبهزلزان kho be zlzan
smell (v.) بۆن دهکات bon dekat	**snoop** (v.) سیخوری ده کات sikhori dekat
smell (n.) بۆن bon	**snoot** (n.) لووت lot
smelt (v.) بۆنی کردن boni dekat	**snooze** (v.) دهنوێت de nwet
smile (v.) خهنده ده کات khende dekat	**snore** (n.) پرخه prkhe
smile (n.) خهنده khende	**snore** (v.) دهپرخێنی de prkhene
smith (n.) ئاسنگەر asinger	**snort** (n.) خره خره له کاتی نوستن khre khre le kati nostin
smock (n.) باڵاپۆش bala posh	
smog (n.) دوکهڵه مژ dokele mij	**snort** (v.) خره خره ده کات له کاتی نوستن khre khre dekat le kati nostin
smoke (v.) جگهره ده کێشێت jgere dekeshet	
smoke (n.) دووکهڵ dokel	**snout** (n.) پوك pok
smoking (n.) جگهره کێشان jgere keshan	**snow** (v.) بهفر debare befr debare
smoky (adj.) دووکهڵاوی dokelawi	**snow** (n.) بهفر دهبارێ befr barin
smooth (v.) ئاسان ده کا asan deka	**snow boot** (n.) پێڵاوی بهفر pelawi befr
smooth (adj.) نهرم nerm	**snowfall** (n.) بارینی بهفر barini befr
smoothie (n.) نهرم nerm	**snowy** (adj.) بهفرین befrin
smother (v.) ده خنکێت de khnket	**snub** (adj.) لووت نزم lie toradabi
smoulder (v.) لهسهرخۆ دهسووتی le ser kho desote	**snub** (n.) لێی تورهدهبی ley tore debe
	snub (v.) بهر سنگی دهگری ber singi degre
smug (adj.) فێڵباز fel baz	**snuff** (n.) هەڵدهمژێ hel demje
smuggle (v.) قاچاغی دهکات qachaghi dekat	**snug** (n.) خۆش khosh
smuggler (n.) قاچاغچی qachagh chi	**so** (adv.) ئاوا awa
	so (conj.) بۆیه boye

soak *(n.)* دیهاوێته ناو ئاو dey hawete naw aw
soak *(v.)* تەڕیدەکات teri dekat
soap *(v.)* مەلاقی دەکات melaqi dekat
soap *(n.)* سابوون sabon
soapy *(adj.)* سابوناوی sabonawi
soar *(v.)* دەفڕێ defre
sob *(n.)* هەنسك هەڵدان hensk heldan
sob *(v.)* هەنسك هەڵدەدات hensk hel dedat
sober *(adj.)* خۆگر kho gr
sobriety *(n.)* خۆگرتن kho grtn
sociability *(n.)* ڕووخۆشی ro khoshi
sociable *(adj.)* ڕووخۆش ro khosh
social *(n.)* کۆمەڵایەتی komelayeti
socialism *(n.)* سۆشیالیزم soshyalezm
socialist *(n.)* سۆسیالیست sosyalest
socialite *(n.)* کۆمەڵایەتی komelayeti
society *(n.)* کۆمەڵگە komelga
sociology *(n.)* کۆمەڵناسی komel nasi
sock *(n.)* جۆراب jorab
socket *(n.)* پلاکی کارەبا plaki kareba
sod *(n.)* هێز her
sodomite *(n.)* هاوڕەگەزبازی haw regez bazi
sodomy *(n.)* هاوڕەگەزبازی haw regez bazi
sofa *(n.)* قەنەفە qenefe
soft *(adj.)* نەرم nerm
soft copy *(n.)* کۆپییەکی ئەلکترۆنی kopi alktroni
soften *(v.)* نەرم دەکات nerm dekat
softener *(n.)* نەرمکەر nerm ker
soggy *(adj.)* تەڕ ter
soil *(v.)* پیس دەکات pis dekat
soil *(n.)* خاك khak
sojourn *(n.)* نیشتەجێبوونی کاتی neshtajibone kate
sojourn *(v.)* بە کاتی نیشتەجێ دە بی be kati nihste je debe
solace *(v.)* پرسە دەکا prse deka
solace *(n.)* پرسە prsa
solar *(adj.)* خۆری khori
solar panel *(n.)* پانێلی خۆر paneli khor
solder *(v.)* یەك دەگرێ yek degre
solder *(n.)* یەك گرتوو yek grto
soldier *(v.)* دەبی بە سەرباز debe be serbaz
soldier *(n.)* سەرباز serbaz
sole *(v.)* پێڵاو لە پێ دەکات pelaw le pe dekat
sole *(adj.)* ناوەوەی پێ nawewey pe
sole *(n.)* تەنیا tenya
solemn *(adj.)* سامناك samnak

solemnity *(n.)* ڕێ و ڕەسمی ڕێزلێنان re u resmi rez lenan
solemnize *(v.)* ئاهەنگ دەگیرێ aheng de gire
solicit *(v.)* داواکردن dawa kirdin
solicitation *(n.)* خواستن khwastn
solicitor *(n.)* پارێزەر parezer
solicitous *(adj.)* پەڕۆش perosh
solicitude *(n.)* چاودێری چڕ chawderi chr
solid *(n.)* ڕەق req
solid *(adj.)* تەنی ڕەق teni req
solidarity *(n.)* پشتگیری psht giri
solidify *(v.)* ڕەق دەکات req dekat
soliloquy *(n.)* لە گەڵ خۆ دوان le gel kho dwn
solitaire *(n.)* تاکەکەسی take kesi
solitary *(adj.)* تەنیا tenya
solitude *(n.)* تاکی taki
solo *(adj.)* تاکی taki
solo *(adv.)* بە تاکی be taki
solo *(n.)* تاکیە takye
soloist *(n.)* ئامێر ژەنی تەك amer jeno tek
solubility *(n.)* توانای توانەوە twanay twanewe
soluble *(adj.)* تواوە twawe
solution *(n.)* شیکردن shi kirdin
solve *(v.)* شیکار دەکات shikar dekat
solvency *(n.)* توانای قەرز دانەوە twanay qerz danewe
solvent *(n.)* توێنەر twener
solvent *(adj.)* توێنەر twenar
sombre *(adj.)* پەست pest
some *(pron.)* هەندێ hende
some *(adj.)* بەشێك beshek
somebody *(pron. & n.)* کەسێك kesek
somehow *(adv.)* بە ڕێگەیەك be regeyek
someone *(pron.)* کەسێك kesek
somersault *(v.)* تەقڵەلێدەدات teqle le dedat
somersault *(n.)* تەقڵەلێدان teqle ledan
something *(pron. & adv.)* شتێك shtek
sometime *(adv.)* هەندێ جار hende jar
sometimes *(adv.)* هەندێ جار hende jar
somewhat *(adv.)* هەندێك hendek
somewhere *(adv.)* لە شوێنێكدا le shwenek da
somnambulism *(n.)* شەوڕۆیی shew roy
somnambulist *(n.)* خەو گەر khew ger
somnolence *(n.)* خەوبردنەوە khew birdinewe
somnolent *(adj.)* خەوالوو khewalo
son *(n.)* کوڕ kor
song *(n.)* گۆرانی gorani

songster *(n.)* گۆرانی بێژ gorani bej
sonic *(adj.)* دەنگی dengi
sonnet *(n.)* سۆنێت sonit
sonography *(n.)* سۆنۆگرافی sonografi
sonority *(n.)* دەنگی dengi
soon *(adv.)* بە م نیزیکانە bem nizikane
soot *(v.)* پیس دەکات pis dekat
soot *(n.)* هیس hes
soothe *(v.)* هێواش دەکاتەوە hewash dekatewe
sophism *(n.)* سۆفیزم sofezm
sophist *(n.)* سۆفستی sofsti
sophisticate *(n.)* پێش کەوتو pesh kewtin
sophisticated *(adj.)* ئالۆز aloz
sophistication *(n.)* پایە بەرزی paye berzi
sorcerer *(n.)* جادووگەر jado ger
sorcery *(n.)* جادوو jado
sordid *(adj.)* چەپەڵ chepel
sore *(n. & adj.)* ئاوساو awsaw
sorrow *(v.)* خەم دە خوا khem de khwa
sorrow *(n.)* خەم khem
sorry *(adj.)* بە داخ be dakh
sort *(n.)* جۆر jor
sort *(v.)* دەپۆلێنێ de poline
soul *(n.)* گیان gyan
sound *(v.)* دەنگ دەدات deng dedat
sound *(n.)* دەنگ deng
sound *(adj.)* راست rast
sound system *(n.)* سیستەمی دەنگ sistemi deng
soundproof *(adj.)* دژە دەنگ dıje deng
soundtrack *(n.)* تراکی دەنگی traki deng
soup *(n.)* شۆربا shorba
sour *(v.)* خراب دە بێت khrab debet
sour *(adj.)* ترش trsh
source *(n.)* سەرچاوە sarchawa
south *(n.)* باشور bashor
south *(adj. & adv.)* باشوری bashori
southerly *(adj.)* باشورانە bashorane
southern *(adj.)* باشووری bashori
souvenir *(n.)* یادگاری yadgari
sovereign *(adj.)* خاوە ن سەروەری khawen serweri
sovereign *(n.)* سەروەری serweri
sovereignty *(n.)* سەروەری serweri
sow *(v.)* تۆو دەکات tow dekat
sow *(n.)* بە راز beraz
space *(v.)* دوور دەکات dor dekat
space *(n.)* بۆشایی boshay
spacecraft *(n.)* کەشتی ئاسمانی keshti asmani

spacious *(adj.)* فراوان frawan
spade *(v.)* مە ڕبێڵ merbel
spade *(n.)* گواستنی شتێک بە مە ڕبێڵ gwastini shtek be merbel
span *(v.)* کشانی پرد لەلایک بو لایێکی تر kshani prd le layek bu layeki tr
span *(n.)* درێژ دەبێتەوە drej debetewe
Spaniard *(n.)* ئیسپانی espani
spaniel *(n.)* سپانیڵ spanel
Spanish *(n.)* زمانی ئیسپانی zmani espani
Spanish *(adj.)* گەلی ئیسپانی geli espani
spanner *(n.)* سپانە spana
spare *(n. & adj.)* سپێر sper
spare *(v.)* پاشەکەوت دەکات pashkewt dekat
spark *(v.)* دەدرەوشێتەوە de drewshetwe
spark *(n.)* پرێشك preshk
sparkle *(n.)* درەوشان drewshan
sparkle *(v.)* دەدرەوشێتەوە de drewshetwe
sparrow *(n.)* چۆلەکە choleke
sparse *(adj.)* پەرش persh
spasm *(n.)* گرژ بوون grj boon
spasmodic *(adj.)* گرژی grji
spate *(n.)* لافاو lafaw
spatial *(adj.)* بۆشایی boshay
spawn *(v.)* هێلکە دەکات helke dekat
spawn *(n.)* هێلکەماسی helke masi
speak *(v.)* قسە دەکات qse dekat
speaker *(n.)* قسەکەر qse ker
spear *(v.)* بە رم لێ دەدا be rm le deda
spear *(n.)* رم rm
spearhead *(v.)* سەرە رم sere rm
spearhead *(n.)* پێشەنگ pesheng
special *(adj.)* تایبەتی taybeti
specialist *(n.)* تایبەتمەند taybet mend
speciality *(n.)* تایبەتمەندێتی taybet menditi
specialization *(n.)* تایبەتمەند بوون taybet mend boon
specialize *(v.)* تایبەتمەند دەبێت teybet mend debet
species *(n.)* جۆر jor
specific *(adj.)* دیاریکراو dyari kraw
specification *(n.)* دیاریکردن dyari kirdin
specify *(v.)* دیاری دەکات dyari dekat
specimen *(n.)* نموونە nmone
speck *(n.)* پەلە pele
speckle *(n.)* خاڵ khal
spectacle *(n.)* دیمەن dimen
spectacular *(adj.)* سەرنج راکێش sernj rakesh

spectator *(n.)* بینر biner	**spittle** *(n.)* تف tf
spectre *(n.)* جنوکه jnoke	**spittoon** *(n.)* تف دان tf dan
spectrum *(n.)* شهبهنگی رووناکی shebenhgi ronaki	**splash** *(n.)* پهله pele
speculate *(v.)* پێش بینی دهکات لهکرین وفروتن دا pesh bini dekat le krin u frotin da	**splash** *(v.)* تهر دهکات ter dekat
	spleen *(n.)* سپل spl
speculation *(n.)* تهخمین tekhmin	**splendid** *(adj.)* مهزن mezn
speech *(n.)* قسه qse	**splendour** *(n.)* مهزنی mezni
speed *(v.)* خێرا دهبێت kheray	**splinter** *(v.)* سیداره ده دری sedare dedre
speed *(n.)* خێرایی khirae	**splinter** *(n.)* تهلّزم telezm
speedily *(adv.)* بهخێرایی be kheray	**split** *(n.)* لهتکردن let kirdin
speedy *(adj.)* خێرا khera	**split** *(v.)* لهت ده کات latkrdn
spell *(v.)* سیحری لی ده کا sihri le deka	**spoil** *(v.)* خراپ دهبی khrap debe
spell *(n.)* گوتنی پیتی ووشه gotini piti woshe	**spoil** *(n.)* دهگهنی degene
spelling *(n.)* پیتی ووشه دهخوینی piti woshe de khoine	**spoke** *(n.)* دوا dwa
	spokesman *(n.)* قسهکهر qse ker
spend *(v.)* بهسهربردن be ser brdin	**sponge** *(v.)* دهمالی de male
spendthrift *(n.)* دهست بلاو dest blaw	**sponge** *(n.)* نیسفهنج esfenj
sperm *(n.)* سپێرم sperm	**sponsor** *(v.)* چاودێری دهکات chawderi dekat
sphere *(n.)* ته نی خر teni khr	**sponsor** *(n.)* چاودێری کردن chawderi kirdin
spherical *(adj.)* گۆیی gwe	**spontaneity** *(n.)* خۆبهخۆیی kho be khoy
spice *(v.)* بهھارات ده کات beharat dekat	**spontaneous** *(adj.)* له خۆرا le khora
spice *(n.)* بهھارات beharat	**spoon** *(n.)* کهوچک kewchik
spicy *(adj.)* تیژ tij	**spoon** *(v.)* بهکهوچک دادهگرێت be kewchik dadegret
spider *(n.)* جاڵجاڵۆکه jaljaloke	
spike *(v.)* کۆن کردن به بزمار kon kirdin be bzmar	**spoonful** *(n.)* پڕ کهوچکێک pr kewchikek
	sporadic *(adj.)* پچر پچر pchr pchr
spike *(n.)* بزمار bzamr	**sport** *(v.)* وهرزش دهکات werzish dekat
spill *(n.)* لفافی کاغهز lfafi kaghez	**sport** *(n.)* وهرزش werzish
spill *(v.)* دهرێژی de reje	**sportive** *(adj.)* گاڵته galte
spin *(n.)* ڕستن ristin	**sportsman** *(n.)* وهرزشکار werzish kar
spin *(v.)* دهرێسی de rese	**spot** *(v.)* چاودێری دهکات chaw deri dekat
spinach *(n.)* سپیناغ spenagh	**spot** *(n.)* پهله pele
spinal *(adj.)* درکی drke	**spotless** *(adj.)* پاک pak
spindle *(n.)* تهشی teshe	**spotlight** *(n.)* رووناکی شانۆ ronaki shano
spine *(n.)* بڕبڕهیی پشت brbrey psht	**spousal** *(adj.)* هاوسهر hawser
spinner *(n.)* ڕێسهر reser	**spouse** *(n.)* مێرد یان ژن merd yan jin
spinster *(n.)* قهیره کچ qeyre kch	**spout** *(v.)* دهردهپهرێت der deperet
spiral *(adj.)* ههلهزۆنی helezoni	**spout** *(n.)* دهرچه derche
spiral *(n.)* بادراو badraw	**sprain** *(n.)* بادان badan
spirit *(n.)* گیان gyan	**sprain** *(v.)* با دهدات ba dedat
spirited *(adj.)* ئازا azar	**spray** *(v.)* دهپرژێنی de prjene
spiritual *(adj.)* ڕۆحانی rohani	**spray** *(n.)* پرژێن prjen
spiritualism *(n.)* ڕۆحانیه ت rohanyet	**spread** *(n.)* بلاوبوونهوه blaw bonewe
spiritualist *(n.)* ڕۆحانی rohani	**spread** *(v.)* بلاودهکاتهوه blaw dekatewe
spirituality *(n.)* ڕۆحانیه ت rohanyet	**spree** *(n.)* زۆر خواردنهوه zoor khwardinewe
spit *(n.)* تف کردن tf kirdin	**sprig** *(n.)* چهقی دار cheqi dar
spit *(v.)* تف دهکات tf dekat	**sprightly** *(adj.)* چالاک chalak
spite *(n.)* کینه kena	**spring** *(n.)* کانی kani
	spring *(v.)* باز دهدات baz dedat

sprinkle *(v.)* دەپرژێنێ de prjene
sprint *(n.)* بەوپەری خێرایی راکردن bew peri kheray rakirdin
sprint *(v.)* بەوپەری خێرایی رادەکات bew peri kheray ra dekat
sprout *(n.)* گیا gya
sprout *(v.)* گەڵ دەدا gela deda
spur *(v.)* پاڵ دەدا pal deda
spur *(n.)* پاڵ دان pal dan
spurious *(adj.)* ساختە sakhte
spurn *(v.)* قێزی لێ دەکاتەوە qezi le dekatewe
spurt *(n.)* تەقان teqan
spurt *(v.)* دەتەقێتەوە de teqetewe
sputnik *(n.)* سپوتنیک spotnek
sputum *(n.)* لێک lek
spy *(v.)* سیخۆری دەکات sekhore dekat
spy *(n.)* سیخۆر sekhor
squad *(n.)* پەل pel
squadron *(n.)* پۆل pol
squalid *(adj.)* پیس pis
squalor *(n.)* پیسی pisi
squander *(v.)* بەفیرۆدان be fero dedat
square *(adj.)* چوارگۆشەیی chwar goshey
square *(v.)* چوارگۆشەیی دەکات chwar goshey dekat
square *(n.)* چوارگۆشە chwar goshe
squash *(n.)* یاریی سکواش yari skwash
squash *(v.)* دەهاری dehare
squat *(v.)* چوار چەنچک دانیشتن chawr chenchik danishtn
squeak *(v.)* دەمجیرێنی dajerini
squeak *(n.)* جیرە jera
squeeze *(v.)* دەگوشێ degoshe
squint *(n.)* خێل khel
squint *(v.)* چاوی خێل دەکات chawi khel dekat
squire *(n.)* چوارگۆشە chwar goshe
squirrel *(n.)* سمۆرە smore
stab *(n.)* لێدان ledan
stab *(v.)* لێدەدات ley dedat
stability *(n.)* جێگیری jegiri
stabilization *(n.)* چەسپاندن chespandin
stabilize *(v.)* دەچەسپێنێ de chespenet
stable *(n.)* جێگیر jegir
stable *(v.)* جێگیر دە کات jegir dekat
stable *(adj.)* جێگیر jegir
stadium *(n.)* ستادیوم stadeom
staff *(n.)* دەبێت ئەندام لە تیمی کارکردن debet andam le timi kar kidrin
staff *(n.)* تیمی کارکردن timi kar kidrin

stag *(n.)* نێرەهی ئاسک nerey ask
stage *(v.)* شانۆ shanw
stage *(n.)* قۆناغ qonagh
stagger *(n.)* بەملاولادا کەوتن bem la u lada kewtin
stagger *(v.)* بەملاولادا دەکەوێت bem la u lada dekewet
stagnant *(adj.)* وەستاو westaw
stagnate *(v.)* دەوەستێ de weste
stagnation *(n.)* وەستان westan
staid *(adj.)* سەنگین sengin
stain *(v.)* پیس دەبێ pis debet
stain *(n.)* رەنگی دەگۆری rengi de gore
stainless *(adj.)* بێ خەوش be khewsh
stair *(n.)* پلیکانە plekane
staircase *(n.)* پلیکانەکان plekanekan
stake *(v.)* ریسك دە کات risk dekat
stake *(n.)* پەت pet
stale *(v.)* کۆن kon
stale *(adj.)* پواو pwaw
stalemate *(n.)* کێشە keshe
stalk *(v.)* نەخۆشی بڵاو دەبێت nekhoshi blaw debet
stalk *(n.)* قەد qed
stall *(v.)* رادەوەستی ra deweste
stall *(n.)* کشک kshk
stallion *(n.)* ئەسپی پەرین aspi perin
stalwart *(n. & adj.)* کەسێکی بەهێز keseki be hez
stamina *(n.)* خۆگری kho gri
stammer *(v.)* لکە لکە lke lke
stammer *(n.)* تێکەڵ بوونی زمان tekel boni zamn
stamp *(v.)* مۆر دە کات mor dekat
stamp *(n.)* مۆر mor
stampede *(v.)* لە ترسا را دەکات le trsa ra deka
stampede *(n.)* کۆ رەو ko rew
stand *(n.)* وەستان westan
stand *(v.)* دەوەستێ deweste
standard *(adj.)* پێوانەیی pewaney
standard *(n.)* ستاندارد standard
standardization *(n.)* کردنە پێوانەیی krdne pewaney
standardize *(v.)* دەکاتە پێوانەیی dekate pewaney
standing *(n.)* پایە paye
standpoint *(n.)* بۆچوون bochon
standstill *(n.)* وەستان westan

stanza *(n.)* پارچە هۆنراوە parche honrawe	**steady** *(adj.)* بەردەوام bardawam
staple *(adj.)* دەرزی سەرخر derzi ser khr	**steal** *(v.)* دەدزێ dadzi
staple *(v.)* تێک دەئالێنێت tek de alenet	**stealthily** *(adv.)* بە دزیەوە ba dzeawa
staple *(n.)* دەرزی سەرخر derzi ser khr	**steam** *(n.)* هەڵم helm
star *(v.)* خەملاندن بەئەستێرە khemlandin be astere	**steam** *(v.)* دەهەڵمێ de helme
	steamer *(n.)* بەلەمی هەڵمی belemi helmi
star *(n.)* ئەستێرە astere	**steed** *(n.)* ئەسپ asp
starch *(v.)* نیشاستە دە کات nishaste dekat	**steel** *(n.)* پۆڵا pola
starch *(n.)* نیشاستە nishaste	**steep** *(v. & adj.)* زۆر لێژ zwr lizh
stardom *(n.)* بەناوبانگی be naw bangi	**steeple** *(n.)* نیزەی قوڵەی کڵێسە nizae qollae klisa
stare *(n.)* سەرنج sernj	
stare *(v.)* چاوی تێدەبڕێ chawi te debre	**steer** *(v.)* لێدەخۆرێ lidakhore
stark *(adj.)* ووشك woshk	**stellar** *(adj.)* ئەستێرەی astirae
stark *(adv.)* تەواو tewaw	**stem** *(v.)* دروست دەبێ drwst dabi
starry *(adj.)* قورس qors	**stem** *(n.)* هەڵدەقوڵێ haldaqoli
start *(n.)* سەرەتا sereta	**stench** *(n.)* بۆگەن bogan
start *(v.)* دەست پێدەکات dest pe dekat	**stencil** *(n. & v.)* ستێنسێل stensel
startle *(v.)* دەتۆقێ de toqe	**stenographer** *(n.)* نووسەری بە کورتی nosare ba korte
starvation *(n.)* لە برسا مردن le brsa mrdin	
starve *(v.)* لە برسا دەمرێت le brsa de mret	**stenography** *(n.)* نووسین بە کورتی nosen ba korte
state *(v.)* دەدوێ de dwe	**step** *(v.)* هەنگاو دەنێت hangaw danit
state *(n.)* دەوڵەت dewlet	**step** *(n.)* هەنگاو hangaw
stateliness *(n.)* دەوڵەتداری dewlet dari	**steppe** *(n.)* دەشتێکی فراوان dashtike frawan
stately *(adj.)* گەورە gawra	**stereotype** *(n. & v.)* کڵێشە klisha
statement *(n.)* وتن wtn	**stereotyped** *(adj.)* چەندبارە کراو chandbara kraw
statesman *(n.)* پیاوی میری pyawi miri	
statewide *(adj.)* لە سەرانسەری دەوڵەتە کەدا le seransery dewlet da	**sterile** *(adj.)* خاوین کەر khawin kar
	sterility *(n.)* خاوین کردن khawin kirdn
static *(n.)* جێگیر jegir	**sterilization** *(n.)* خاوین کردن لە فایرۆس khawin kirdn la vaeros
static *(adj.)* نەگۆڕ ne gor	
statics *(n.)* زانستی ئامار zansti amar	**sterilize** *(v.)* خاوین دەکات لە فایرۆس khawin dakat la vaeros
station *(v. & n.)* ویستگە westge	
stationary *(adj.)* پەڕاوگە perawgeh	**sterling** *(n. & adj.)* ئیستەرلێنی aestarlene
stationer *(n.)* پەڕاوگە perawgeh	**stern** *(n.)* مۆن mon
stationery *(n.)* پەڕاوگە perawgeh	**stern** *(adj.)* توندوتیژ tondwtezh
statistical *(adj.)* ئەژماری ajmari	**steroid** *(n.)* ستێرۆید stiroed
statistician *(n.)* ئامار زان amar zan	**stethoscope** *(n.)* بیستەرەی پزیشك bestarae pzeshk
statistics *(n.)* ئامار زانی amar zani	
statue *(n.)* پەیکەر peyker	**stew** *(n. & v.)* بە کۆڵان لێدەنێ ba kolan lidani
stature *(n.)* باڵا bala	**steward** *(n.)* نۆکەر nokar
status *(n.)* دۆخ dokh	**stick** *(v.)* دەڵکێنێت dalkinit
statute *(n.)* یاسا yasa	**stick** *(n.)* دار dar
statutory *(adj.)* دەستووری destori	**sticker** *(n.)* لکێنەر lkinar
staunch *(adj.)* بەهێز ba hez	**stickler** *(n.)* پابەند بە سیستەم paband ba sestam
stay *(n.)* دەبەستێ danasti	
stay *(v.)* دەمێنێتەوە daminitawa	**sticky** *(n.)* لکێنەر lkener
steadfast *(adj.)* نەبزیو nabziw	**stiff** *(n.)* ڕەق بوو req bow
steadiness *(n.)* جێگیری jigere	**stiffen** *(v.)* ڕەقی کرد reqi krd
steady *(v.)* هاوسەنگ hawsang	

stifle (v.) دەخنکێنی de khnkene
stigma (n.) لەکە leke
still (adv.) هێمن hemn
still (v.) وەستاو westaw
still (n.) هەتا نیستا heta esta
still (adj.) نەجوولاو najolaw
stillness (n.) بێدەنگی bidange
stilt (n.) لار lar
stimulant (n.) هاندەر handar
stimulate (v.) هان دەدات han dadat
stimulus (n.) هاندەر handar
sting (n.) دەرزی darze
sting (v.) پێوەدان piwadan
stingy (adj.) چاوچنۆک chawchnok
stink (n. & v.) بۆگەنی لێ دێ bogane li di
stipend (n.) مووچە mocha
stipulate (v.) مەرج دادنی marj dadani
stipulation (n.) مەرج دانان marj danan
stir (v.) دەجوولێنی dajolini
stirrup (n.) ئاوزەنگی awzange
stitch (n. & v.) دەدروی dadrwi
stock (v.) بنچە bncha
stock (n. & adj.) سەرمایە sarmaea
stocking (n.) گۆرەوی درێژ gorawe drizh
stoic (n.) خۆگر بۆ ئازار khogr bw azar
stoke (v.) ئاگر خۆش کردن agr khosh kirdn
stoker (n.) چەخماخچی کەشتی chakhmakhche kashte
stomach (v.) گەدە gede
stomach (n.) وورگ worg
stone (v.) تاشە بەرد tashe berd
stone (n.) بەرد berd
stony (adj.) بەردی berdi
stool (n.) ستوولْ stol
stoop (n.) چەمینەوە cheminewe
stoop (v.) دەچەمێتەوە de chemetewe
stop (n.) وەستان westan
stop (v.) دەوەستێ deweste
stoppage (n.) بەرگرتن bergrtin
storage (n.) کۆکردنەوە ko kirdinewe
store (v.) کۆ دەکاتەوە ko dekatewe
store (n.) کۆگا koga
storey (n.) نهۆم nhom
stork (n.) لەقلەق laqlaq
storm (v.) رەشەبا دێ reshe ba de
storm (n.) رەشەبا reshe ba
stormy (adj.) رەشەباوی reshe bawi
story (n.) چیرۆک cherok
stout (adj.) بەهێز ba hez

stove (n.) سۆبا sopa
stow (v.) دایدەگرێت day degret
straggle (v.) وون بوو won bow
straggler (n.) لە کاروان بەجێماو je mawe le karwan be
straight (adv.) راست rast
straight (adj.) راستەوخۆ raste u kho
straighten (v.) راستی کردەوە rasti kirdewe
straightforward (adj.) دادپەروەر dad perwer
straightway (adv.) یەکسەر yekser
strain (n.) بنەمالە bnamala
strain (v.) رەسەن resen
strait (n.) ئاواز awaz
straiten (v.) تەسک کردنەوە tesk kirdinewe
strand (n.) کەناری لماوی kenari lmawi
strand (v.) بەجێ دەهێنێت be je dehelet
strange (adj.) نامۆ namo
stranger (n.) کەسێکی نامۆ keseki namo
strangle (v.) دەخنکێنی de khnkene
strangulation (n.) خنکان khnkan
strap (v.) پشتێن دەبەستی pshten de beste
strap (n.) پشتێن pshten
stratagem (n.) فێلکی جەنگی felki jengi
strategic (adj.) ستراتیجی stratiji
strategist (n.) ستراتیج ناس stratij nas
strategy (n.) ستراتیجی straniji
stratum (n.) تویژ twej
straw (n.) پووش posh
strawberry (n.) چیلەک chelak
stray (n. & adj.) وونبوو won bo
stray (v.) وون دەبی won debe
stream (v.) دەپۆلێنی depoline
stream (n.) پۆلْ pol
streamer (n.) ئالای درێژو باریک alay drej u barik
streamlet (n.) جۆگەلەی بچووک jolekey bchok
street (n.) شەقام sheqam
strength (n.) هێز hez
strengthen (v.) بە هێز دەکات ba hez dekat
strenuous (adj.) سەخت sakht
stress (v.) توندی tonde
stress (n.) پەستان pestan
stretch (n.) درێژ دەبێتەوە drej debetewe
stretch (v.) فراوان دەبێت frawan debet
stretcher (n.) هەلْگری فریاکەوتن helgrey frya kewtin
strew (v.) دایدەپۆشێنێت بە daydeposhet be

strict *(adj.)* تۆندو تیژ tond u tij
stricture *(n.)* ڕەخنەیەکی توند rekhneyeki tond
stride *(n.)* هەنگاوی فراوان hengawi frawan
stride *(v.)* هەنگاوی فراوان دە نێت hengawi frawan denet
strident *(adj.)* تیژ tij
strife *(n.)* ناکۆکی nakoki
strike *(v.)* لێدەدات le dedat
strike *(n.)* لێدان le dan
striker *(n.)* مانگرتوو mang grto
string *(v.)* هەڵدەواسێت hel dewaset
string *(n.)* زنجیرە znjire
stringency *(n.)* توندی tondi
stringent *(adj.)* تۆند و تیژ tond u tij
strip *(v.)* ڕووت دەکات root dekat
strip *(n.)* ڕووتی کرد rooti kird
stripe *(v.)* بە ڕووتی دەردەکەوێت be rooti der dekewet
stripe *(n.)* هێڵ hel
strive *(v.)* خەبات دەکات khebat dekat
stroke *(v.)* لێی دە دات le dedat
stroke *(n.)* لێدان le dan
stroll *(n.)* دەمەڕێ de gere
stroll *(v.)* گەڕان geran
strong *(adj.)* بەهێز ba hez
stronghold *(n.)* قەڵا qela
structural *(adj.)* پێکهاتنە pek hatane
structure *(n.)* پێکهات pek hat
struggle *(n.)* زۆرانبازی zoran bazi
struggle *(v.)* تێدەکۆشێ te de koshe
strumpet *(n.)* داوێنپیس dawen pis
strut *(n.)* لەنجەولار lenje u lar
strut *(v.)* لەنجە دەکات lenje dekat
stub *(n.)* قنگە جگەرە qnge jgere
stubble *(n.)* تەنکەرش tenke rish
stubborn *(adj.)* لاسار lasar
stud *(n. & v.)* مێخ mekh
student *(n.)* خوێندکار khwend kar
studio *(n.)* ستۆدیۆ stodio
studious *(adj.)* کۆششکەر koshsh ker
study *(n.)* خوێندن khwendin
study *(v.)* دەخوێنی de khwene
stuff *(v.)* دەئاخنێت de akhenet
stuff *(n.)* شت sht
stuffy *(adj.)* سەری گرت seri grt
stumble *(n.)* کەوتن خوارەوە kewtin khwarewe
stumble *(v.)* دەکەوێتە خوارەوە dekewete khwarewe

stump *(v.)* کۆتەرە kotara
stump *(n.)* بنکی جگەرە bnki jgere
stun *(v.)* سەرنجی ڕادەکێشێ sernj ra dekeshe
stunt *(n. & v.)* نایەڵێ گەشە بکات nayele geshe bkat
stupefy *(v.)* سەر دەکات sr dekat
stupendous *(adj.)* سەرسوورهێن ser sor hen
stupid *(adj.)* گەمژە gemje
stupidity *(n.)* گەمژەیی gemjey
sturdy *(adj.)* بەهێز bahez
sty *(n.)* ستون ston
stye *(n.)* قنچکەسلاو qnche slaw
style *(n.)* شێواز shewaz
stylish *(adj.)* شێوازی نوێ shewazi nwe
subculture *(n.)* گچکەکەلتوور gchke keltor
subdivide *(v.)* دەکات بە بەشی بچووکتر ەوە dekat be beshi bchok tr
subdue *(v.)* بە سەریدا سەردەکەوێت be serida ser dekewet
subject *(n. & adj.)* بابەت babet
subject *(v.)* ڕوو بەڕووی دەکات ro be roy dekat
subjection *(n.)* ملکەچ کردن mlkech kirdin
subjective *(adj.)* بکەری bkeri
subjudice *(adj.)* ژێردەستەیی jer destey
subjugate *(v.)* ملکەچ دەکات mlkech dekat
subjugation *(n.)* ملکەچ کردن mlkech kirdin
sublet *(v.)* لەژێرەوە بەکرێ دەدات le jerewe be kre dedat
sublimate *(v.)* پلەی بەرز دەبێت pley berz debet
sublime *(n.)* مەزن mezn
sublime *(adj.)* بەرز berz
sublimity *(n.)* مەزنی mezni
submarine *(n. & adj.)* ژێرناوگەر jer aw ger
submerge *(v.)* نقوم دەکات nqom dekat
submission *(n.)* ملکەچ بوون mlkech boon
submissive *(adj.)* خۆ بەدەستەوەدەر kho be destewe der
submit *(v.)* خۆبەدەستەوە دەدات kho be destewe dedat
subordinate *(n. & adj.)* پاشکۆ pashkw
subordinate *(v.)* ملکەچ دەبێت mlkech debet
subordination *(n.)* پاشکۆکردن pashko kirdin
subscribe *(v.)* بەشدار دەبێت beshdar debet
subscription *(n.)* واژە waje
subsequent *(adj.)* پاشکۆ pashkw
subservience *(n.)* سوود sod

subservient *(adj.)* ڕیسوا reswa
subside *(v.)* هێوری کردەوە hiori kirdewe
subsidiary *(adj.)* ناسەرەکی na sereki
subsidize *(v.)* بە پارە یارمەتی دەدات be pare yarmeti dedat
subsidy *(n.)* یارمەتی دارایی yarmeti daray
subsist *(v.)* بەردەوام دەبێت لە ژیان berdewam debet le jyan
subsistence *(n.)* مانەوە manewe
substance *(n.)* مادە madde
substantial *(adj.)* هەست پێکراو hest pe kraw
substantially *(adv.)* بەتوند be tond
substantiate *(v.)* پشتگیری دەکات psht giri dekat
substantiation *(n.)* سەلماندن selmandin
substitute *(v.)* دەگۆڕێت de goret
substitute *(n.)* یەدەك yedek
substitution *(n.)* گۆڕین gorin
subterranean *(adj.)* لە ژێر ڕووی زەوی le jer roy zewi
subtle *(adj.)* ورد word
subtlety *(n.)* وردی wordi
subtract *(v.)* لێدەردەکا le der deka
subtraction *(n.)* کەم کردن kem kirdin
suburb *(n.)* قەراغ qeragh
suburban *(adj.)* قەراغ شار qeragh shar
subversion *(n.)* ڕووخان rooghan
subversive *(adj.)* لاداو ladaw
subvert *(v.)* لادەدات la dedat
succeed *(v.)* سەردەکەوێ ser dekewe
success *(n.)* سەرکەوتن ser kewtin
successful *(adj.)* سەرکەوتوو ser kewto
succession *(n.)* باجی میرات baji mirat
successive *(adj.)* بە دوای یەکدا هاتوو be dway yekda hato
successor *(n.)* جێگر jegir
succour *(n. & v.)* یارمەتیدان yarmeti dan
succumb *(v.)* مرد mrd
such *(pron.)* وەك ئەوە wek awe
such *(adj.)* بەپێیە be peye
suck *(n.)* مژین mjin
suck *(v.)* دەمژێ de mje
suckle *(v.)* شیری دەداتێ shiri dedate
suckling *(n.)* شیرمخۆرە shire khore
sudden *(adj.)* کتوپڕ kto pr
suddenly *(adv.)* لەناکاو le nakaw
sue *(v.)* شکاتی لێ دەکات shkati le dekat
suffer *(v.)* دەچێژێت de chejet
suffice *(v.)* بەش دەکات besh dekat

sufficiency *(n.)* بەشکردن besh kirdin
sufficient *(adj.)* بەشکردوو besh kirdo
suffix *(v.)* پاشبەند pash bend
suffix *(n.)* پاشگر pash gir
suffocate *(v.)* دەخنکێنی de khnkene
suffocation *(n.)* خنکان khnkan
suffrage *(n.)* مافی دەنگدان mafi deng dan
sugar *(v.)* شەکر دە کات shekr dekat
sugar *(n.)* شەکر shekr
suggest *(v.)* پێشنیار دەکات pshnyar dekat
suggestion *(n.)* پێشنیار کردن pshnyar kirdin
suggestive *(adj.)* پێشنیارانە peshinyarane
suicidal *(adj.)* خۆکوشتنی kho koshteni
suicide *(n.)* خۆکوشتن kho koshtin
suit *(v.)* دەگونجێ de gonje
suit *(n.)* جل jl
suitability *(n.)* گونجان gonjan
suitable *(adj.)* گونجاو gomjaw
suite *(n.)* سویت swet
suitor *(n.)* خوازبێنی کار khwazbini kar
sullen *(adj.)* تووڕە tore
sulphur *(n.)* ڕەنگی زەردی گۆگردی rengi zerdi gogrdi
sulphuric *(adj.)* سۆلفۆریك solforik
sultry *(adj.)* هەوا پۆنگ خواردوو hewa pong khwardo
sum *(v.)* بڕ br
sum *(n.)* کۆ ko
summarily *(adv.)* بە پەلە be pele
summarize *(v.)* کورتی دەکاتەوە korti dekatewe
summary *(adj.)* کورتە korte
summary *(n.)* پۆختە pokhte
summer *(n.)* هاوین hawen
summit *(n.)* لوتکە lotke
summon *(v.)* بانگی دەکات bangi dedat
summons *(n.)* داوانامە dawa name
sumptuous *(adj.)* گرانبەها gran beha
sun *(v.)* خۆر khor
sun *(n.)* ڕۆژ roj
sunburn *(n.)* سوتانەوە بە هۆی خۆر sotanewe be hoy khor
sundae *(n.)* سۆندای sonday
Sunday *(n.)* یەکشەممە yek shemme
sunder *(v.)* لێکردنەوە le kirdinewe
sundry *(adj.)* هەمەجۆر heme jor
sunlight *(n.)* تیشکی ڕۆژ tishki khor
sunny *(adj.)* خۆرین khorin
sunrise *(n.)* خۆر هەڵاتن khor helatin

sunset (n.) خۆر ئاوابوون khor awa boon	supreme (adj.) بەرز berz
sup (n. & v.) قوم لێدان qom le dan	surcharge (n. & v.) سەرباج ser baj
superabundance (n.) زیادە zyade	sure (adj.) دڵنیا dlnya
superabundant (adj.) بێ شومار be shomar	surely (adv.) بە دڵنیایی be dlnyay
superb (adj.) گەورە gewre	surety (n.) دەستەبەری deste beri
superficial (adj.) ڕووکەشانە ro keshane	surf (v. & n.) تەسفوح tesefoh
superficiality (n.) ڕووکەشێتی roke sheti	surface (n. & v.) ڕوو row
superfine (adj.) زۆر وورد zoor word	surfeit (n.) زۆر خواردن zoor khwardin
superfluity (n.) زیاد لە پێویست zyad le pewist	surge (v.) دەردەپەڕێ derde pere
superfluous (adj.) زیاد لە پێویست zyad le pewist	surge (n.) دەرپەڕین der perin
superhuman (adj.) سەرو ئاستی مرۆڤ sero asti mrov	surgeon (n.) برینکار brinkar
superintend (v.) دەگیرێ de gire	surgery (n.) برینکاری brin kari
superintendence (n.) سەرپەرشتیاری serpershyari	surmise (v.) بۆی دەردەکەوێ boy der dekewe
superintendent (n.) تێبینەر te biner	surmise (n.) تێدەگا te dega
superior (adj.) بەرز berz	surmount (v.) زاڵ دەبێ بەسەر zal debe be ser
superiority (n.) بەرزی berzi	surname (n.) ناوی خێزان nawi khezan
superlative (n. & adj.) باشترین bashtreen	surpass (v.) سەردەکەوێ ser dekewe
superman (n.) سوپەرمان super man	surplus (n.) زیادە zyade
supernatural (adj.) نادیار na dyar	surprise (v.) سوورپرایز دەکا sorpraiz deka
supersede (v.) شوێنی دەگرێتەوە shweni de gretewe	surprise (n.) سوورپرایز sorpraiz
supersonic (adj.) لە دەنگ خێراتر le deng khera tir	surrender (n.) خۆ بەدەستەوەدان kho be destewe dan
superstition (n.) پڕوپوچ pro poch	surrender (v.) خۆ بەدەستەوە دەدات kho be destewe dedat
superstitious (adj.) پڕوپووچانە pro pochane	surround (v.) دەوری دەدات dewrey dedat
supertax (n.) سەرباج ser baj	surroundings (n.) دەوروبەر dewr u ber
supervise (v.) سەرپەرشتی دەکات ser pershti dekat	surtax (n.) سەرباج ser baj
supervision (n.) سەرپەرشتی ser pershti	surveillance (n.) چاودێری خستنەسەر chawderi khstine ser
supervisor (n.) سەرپەرشت ser persht	survey (n.) پێوان pewan
supper (n.) شێو shew	survey (v.) دەیپێوێ de pewe
supple (adj.) نەرم nerm	survival (n.) بەردەوامی ژیان berdewami jyan
supplement (n.) سەربار ser bar	survive (v.) پاش کۆستەکە دەژی pahs kosteke deji
supplement (v.) پاشکۆ pashko	suspect (adj. & v. & n.) گومان دەکات goman dekat
supplementary (adj.) سەرباری ser bari	suspend (v.) هەڵدەواسی hel dewase
supplier (n.) بۆ هێنەر bu hener	suspense (n.) دوودڵی do dli
supply (n.) پاشکەوت pash kewt	suspension (n.) پەردی هەڵواسراو prdi hel wasraw
supply (v.) ئامادە کردن amade kirdin	suspicion (n.) گومان goman
support (n.) پشتگیری psht giri	suspicious (adj.) گومانەوی gomanawi
support (v.) پشتگیری دەکات psht giri dekat	sustain (v.) بەهێز دەکات bahez dekat
suppose (v.) وادادەنی wa dadene	sustenance (n.) خواردن khwardin
supposition (n.) وادانان wa danan	swab (n.) زەویسڕ zewisr
suppress (v.) کپی دەکات kpi dekat	swagger (n. & v.) لەنجە دەکا lenje dekat
suppression (n.) دامرکاندن damr kandin	swallow (n.) قووت دەدات qot dedat
supremacy (n.) زاڵبوون zal boon	swallow (v.) پەڕەسێلکە pere selke

swamp (v.) زولکاو zolkaw
swamp (n.) گۆماو gomaw
swan (n.) قازی عیراقی qazi eraqi
swarm (v.) زوور دە بێت zoor debet
swarm (n.) کۆمەڵە کەسێك komele kesek
swarthy (adj.) پێست تێر pest ter
sway (n.) لاربوونەوە lar bonewe
sway (v.) لاردەبێتەوە lar debetewe
swear (v.) سوێند دەخوا swend dekhwa
sweat (v.) ئارەقە دەکات areqe dekat
sweat (n.) ئارەقە areqe
sweater (n.) بلوزی خۆری blozi khori
sweep (n.) گسکدەر gsk der
sweep (v.) گسك دەکات gsk dekat
sweeper (n.) گسك gsk
sweet (n. & adj.) شیرین shirin
sweeten (v.) شیرین دەکات shirin dekat
sweetmeat (n.) مورەبا moreba
sweetness (n.) شیرینی shirini
swell (n. & v.) دەماوسێ de awse
swift (adj.) خێرا khera
swim (n.) مەلە mele
swim (v.) مەلەدەکات mele dekat
swimmer (n.) مەلەوان melewan
swindle (v. & n.) فێڵ دەکات fel dekat
swindler (n.) فێڵباز fel baz
swine (n.) بەراز beraz
swing (n.) دێت و دەچێ det u deche
swing (v.) جۆلانە jolane
swipe (v.) بەتوندت لێدەدات be tond le deda
swirl (v.) دەخولێتەوە de kholetewe
Swiss (n. & adj.) سویسری suisri
switch (v.) دەگۆڕێ de gore
switch (n.) سویچ swich
swoon (v.) دەبوورێتەوە de boretewe
swoon (n.) بوورانەوە boranewe
swoop (n.) هێرش hersh
swoop (v.) هێرش دەبات hersh debat
sword (n.) شیر sher
sycamore (n.) چنار chnar
sycophancy (n.) کاسەلێسی kase lesi
sycophant (n.) کەسێکی مەڕاییکەر keseki mery ker
syllabic (adj.) برگەیەك دەنگ brgeyek deng
syllable (n.) برگە brge
syllabus (n.) بەرنامە خوێندن bername khwendin
sylph (n.) کچ یا ژنێکی شۆخ kch yan jneke shokh

sylviculturist (n.) کشتوکاڵی دارستان khst u kali darstan
symbiosis (n.) هاوژینیەتی hawjinyeti
symbiote (n.) سیمبیۆت simbyot
symbol (n.) هێما hema
symbolic (adj.) هێمایی hemay
symbolism (n.) هێماگەری hema geri
symbolize (v.) هێما دەکات hema dekat
symmetrical (adj.) گونجاو gonjaw
symmetry (n.) ڕێك وپێکی rek u peki
sympathetic (adj.) دڵسۆز dl soz
sympathize (v.) دڵسۆزی دەبێ dl sozi debe
sympathy (n.) دڵسۆزی dl sozi
symphony (n.) سیمفۆنی simfoni
symposium (n.) کۆر kor
symptom (n.) نیشانە nishane
symptomatic (adj.) نیشانەیی nishaney
synergy (n.) هاوکاری haw kari
synonym (n.) هاوواتا haw wata
synonymous (adj.) هاوواتا haw wata
synopsis (n.) کورتە korte
syntax (n.) ڕێزمان rezman
synthesis (n.) دروست کردن drost kirdin
synthetic (n.) دەستکرد dest kird
synthetic (adj.) پێکهێنراو pek henraw
syringe (v.) سرنج sernj
syringe (n.) دەرزی derzi
syrup (n.) خۆشاو khoshaw
system (n.) رژێم rjem
systematic (adj.) ڕێکخراو rek khraw
systematize (v.) ڕێك دەخات rek dekhat

T

table (n. & v.) مێز mez
tableau (n.) وێنە wene
tablet (n.) پارچە parche
tablet (v.) دەنکە دەرمان denke derman
tabloid (n.) ڕۆژنامەی پروێنە rojnamey prwene
taboo (adj.) کاری نارەوا kari na rewa
taboo (v.) قەدەغەکراو qedeghe kraw
taboo (n.) نارەوا na rewa
tabular (adj.) خشتە بۆ کراو khshte bu kraw
tabulate (v.) دەخشتێنێت de khshtenet
tabulation (n.) خشتەی دانان khshtey danan
tabulator (n.) ژمێریار jmer yar

tacit (adj.) ناخی nakhi
taciturn (adj.) کەم قسە kem qse
tack (n. & v.) بزماری کورت bzmari kort
tackle (v.) چارەسەری دەکات chare seri dekat
tackle (n.) بەرزکەرە berz kere
tact (n.) قسەرەوانی qse rewani
tactful (adj.) قسەزان qse zan
tactician (n.) پسپۆر لە پلانسازی pspor le plan sazi
tactics (n.) تەکتیک tektik
tactile (adj.) هەستپێکراو hest pe kraw
tag (n.) کارت kart
tag (v.) لەسەر دانان le ser danan
tail (v. & n.) کلک klk
tailor (v.) بەرگ دە دووریت berg de doret
tailor (n.) بەرگدروو berg drow
taint (n. & v.) پەڵەی دەکات peley dekat
take (v.) وەردەگرێ wer degre
takeable (adj.) وەرگیراو wer giraw
takeaway (n. & adj.) ڕێگە بدە rege bde
taken (adj.) برادراو br draw
take-off (n.) فرین frin
takeout (n & adj.) دەری بێنە deri bene
takeover (n.) دەستبەسەرداگرتن dest be serda grtin
taker (n.) وەرگر wer gr
tala (n.) تالا tala
talbot (n.) تالبۆت talbot
talc (n.) تەلک talk
tale (n.) چیرۆک cherok
talebear (v.) تێلبیر tilbir
talebearer (n.) چیرۆک هەڵگر cherok halgr
talebearing (n.) چیرۆک هێنان cherok henan
talebook (n.) کتێبی چیرۆک ktibe cherok
talent (n.) بەهرە behre
talisman (n.) تەلیسم teslim
talk (n.) قسە qse
talk (v.) قسەدەکات qse dekat
talkative (adj.) زۆر ڕەو zoor rew
talkatively (adv.) بە قسە کردن be qse kirdin
talkativeness (n.) قسەکردن qse kirdin
talkback (n.) قسەکەت وەربگەرەوە qseket wer bgre
talkboard (n.) بۆردی قسەکردن bordi qse kirdin
tall (adj.) بەرز berz
tallow (n.) بەز bez
tally (n. & adj. & v.) چۆنیەک دەبێت chonyek debet

talon (n.) نینۆک nenok
taloned (adj.) بەهرەمەند behre mend
tamarind (n.) تەماتە temate
tame (v. & adj.) ڕامکردن ram kirdin
tamper (n. & v.) یاری پێدەکات yari pe dekat
tamperproof (adj.) دژە دەستکاریکردن dje destkari kirdin
tampon (n. & v.) تامپۆن tampon
tan (n. & v. & adj.) پێستە خۆش کردن piste khosh kirdin
tanbark (n.) تانبارک tanbark
tandem (adj. & adv. & n.) تاندێم tandem
tandoor (n.) تەندور tendor
tang (v.) تانگ teng
tang (n.) تانگ tang
tanged (adj.) تانگێدکۆ tanged ko
tangent (n.) تەسکی teski
tangible (adj.) دیار dyar
tangle (v.) بەمگژا دە چێت be gja de chet
tangle (n.) بەمگژا چوون be gja choon
tango (n.) تانگۆ tango
tango (v.) تانگۆ دە کا tango deka
tank (n.) تانک tank
tankard (n.) پەرداخی گەورەی بیرە perdaghi gewrey bira
tanker (n.) تانکەر tanker
tanner (n.) پێستەخۆشکەر piste khoshker
tannery (n.) پێستەخۆشگا piste khoshga
tantalize (v.) ئازاردان azar dan
tantamount (v. & adj.) هاوشان hawshan
tantra (n.) تانترا tantra
tantric (adj.) تانتریک tantrek
tap (n.) بەلوعە beloaa
tap (v.) سووک لێدان sok ledan
tape (v.) گرێ دان بە شریت gre dan be shret
tape (n.) شریت shret
tape player (n.) پەنجە بنێ بە پلەیەر penje bne be pleyer
tapeless (adj.) بێ شریت be shret
tapeline (n.) هێڵی شریت heli shret
taper (n. & v.) مۆم mom
tapestry (n.) قوماشی چنراو qomashi chnraw
tar (v.) قەتران qetran
tar (n.) تار tar
taramite (n.) تارامیت taramet
tarantism (n.) تارانتیزم tarantezm
tardiness (n.) دواکەوتن dwa kewtin
tardy (adj.) لەسەر خۆ le ser kho
target (n.) ئامانج amanj

tariff *(n.)* گومرگانە gomrgane
tarnish *(v.)* لێڵ دەبێت lel debt
task *(v.)* نیش esh
task *(n.)* فرمان frman
taste *(v.)* تامی دەکات tami dekat
taste *(n.)* تام tam
taste bud *(n.)* گۆی تام کردن gwe tam kirdn
tasteful *(adj.)* تام خۆش tam khosh
tasty *(adj.)* تام خۆش tam khosh
tatter *(v.)* شرۆر کردن shror kirdin
tatter *(n.)* شرە shre
tattoo *(v.)* تاتۆ دەکات tato dekat
tattoo *(n.)* تاتۆ tato
taunt *(v.)* گاڵتەکردن galte kirdin
taunt *(v.)* گاڵتە دەکات galte dekat
taunter *(n.)* گاڵتەکردن galte kirdin
taunting *(adj.)* گاڵتەکردن galte kirdin
tauntingly *(adv.)* بە گاڵتەجاڕیەوە be galte jaryewe
tauromachy *(n.)* تاوڕۆماکی tawro maki
taut *(adj.)* پەشێو peshew
tautly *(adv.)* بە توندی be tondi
tavern *(n.)* تاڤێرن tavirn
taverner *(n.)* تاڤێرنەر taverner
tavernkeeper *(n.)* خاوەن تاڤێر khawen taver
taw *(v.)* فەڵاقە دەدات felaqe dedat
taw *(n.)* تیلێن telin
tawer *(n.)* تاوەر tawer
tax *(v.)* باجی لێ وەردەگرێ baji le werdegre
tax *(n.)* باج baj
tax return *(n.)* فۆرمی باج forme baj
taxable *(adj.)* باج دەخرێتە سەر baj dekhrete ser
taxation *(n.)* باجدان bajdan
tax-free *(adj.)* بە خۆڕایی be khoray
taxi *(v.)* تەکسی سوار دە بێت teksi swar debet
taxi *(n.)* تەکسی teksi
taxibus *(n.)* تەکسی پاس taksi bas
taxicab *(n.)* تەکسی teksi
taxidermal *(adj.)* تاکسیدەرماڵ taksi dermal
taxidermic *(adj.)* تاکسیدەرمیک taksi dermeik
taxidermist *(n.)* مۆمیاکەر momia ker
taxidermy *(n.)* مۆمیاکردنی گیانەوەر momia kirdini gyanewer
taxpayer *(n.)* باجدەری bajderi
T-bone *(n. & v.)* نێسکی تی eski te
tchick *(n. & v.)* تچیک tchek
tea *(n. & v.)* چا cha
tea maker *(n.)* چایی چی chay chi

teabag *(n.)* کیسە چا kise cha
teabox *(n.)* سندوقی چا sndoqi cha
teacake *(n.)* کێکی چا keki cha
teach *(v.)* فێرکردن fer kirdin
teacheable *(adj.)* فێرکاری دەکرێت fer kari dekret
teacher *(n.)* مامۆستا mamosta
teacher centric *(adj.)* مامۆستا سەنتەری mamostay senteri
teaching *(n.)* فێرکردن fer kirdin
teacup *(n.)* کوپیکی چا kopiki cha
teagle *(n.)* تێگڵ tegl
teahouse *(n.)* چایخانە chay khane
teak *(n.)* تیک tek
team *(n. & v.)* تیم tem
team building *(n.)* بنیاتنانی تیم bnyat nani tem
teamed *(adj.)* تیم کراوە tem krawe
teammate *(n.)* هاوڕێی تیم hawrey tem
teamwise *(adv.)* لە ڕووی تیمیەوە le roy timyewe
teamwork *(n.)* کاری تیمی keri temi
teapot *(n.)* چایدان chay dan
tear *(n.)* فرمێسک frmesk
tear *(v.)* فرمێسک دەڕیژێ frmesk dereji
tear *(n.)* فرمێسک frmesk
tear gas *(n.)* گازی فرمێسک ڕێژ gazi frmesk rej
teardrop *(n.)* دڵۆپە فرمێسک dlope frmesk
tearful *(adj.)* فرمێسکاوی frmeskawi
tease *(n. & v.)* یاری لەگەڵ دەکات yari le gel dekat
teaser *(n.)* کێشە keshe
teasing *(n.)* گاڵتەکردن galte kirdin
teasingly *(adv.)* بە گاڵتەجاڕیەوە be galte jaryewe
teat *(n.)* گۆی مەمک gwe memk
technical *(adj.)* هونەری honeri
technicality *(n.)* تەکنیکێتی taknekite
technician *(n.)* تەکنیکار taknekar
technique *(n.)* شێوازی تەکنیکی shewazi tekniki
technological *(adj.)* هونەری honeri
technologist *(n.)* تەکنەلۆژیست teknolojist
technology *(n.)* تەکنەلۆجیا teknolojya
technomad *(n.)* تەکنۆ ماد tekno mad
technomania *(n.)* تەکنۆمانیا teknomania
technomusic *(n.)* تەکنۆمیوزیک teknomiozik
technophile *(n.)* تەکنۆفیل teknofel

technophobe (n.) تەکنۆفۆب teknofeb
techy (n.) تەکنیکی tekniki
tect (n. & adj.) نیشانکردن nishan kirdin
tectonic (adj.) تەکتۆنیکی tektoniki
tedious (adj.) ماندووکردن mando kirdin
tedium (n.) بێزارکەر bezar ker
teem (v.) جەنجاڵ دەبێت بە jenjal debet be
teenager (n.) هەرزەکار herze kar
teens (n. pl.) هەرزەکاران herze karan
teethe (v.) ددان لێدان ddan le dan
teetotal (adj.) واز هێنانی مەی خواردنەوە waz henani mey khwardinewe
teetotaller (n.) مەی نەخۆرەوە mey ne khorewe
telebanking (n.) بانکی لە دوورەوە banki le dorewe
telecast (n.) پەخشی تەلەفزیۆن pekhshi televzion
telecast (v.) پەخشی تەلەفزیۆن دەکات pekhshi televzion dekat
telecommunications (n.) پەیوەندییەکان peywendyekan
telecomputing (n.) کۆمپیوتەر لە دوورەوە kompioter le dorewe
teleconference (n.) کۆنفرانسی دوور konfransi dor
telecopier (n.) تەلەکۆپیکەر tele kopiker
telecourse (n.) کۆرسی تەلەفزیۆن korsi televzion
telefax (n.) تەلەفاکس telefaks
telegram (n.) بروسکە broske
telegraph (v.) بروسکەبەر broske ber
telegraph (n.) تەلیگراف telegraf
telegraphic (adj.) بروسکانە broskane
telegraphist (n.) بروسکەنێر broske ner
telegraphy (n.) بروسکەیی broskey
teleguide (n.) تەلەگایت tele gayt
telejournalism (n.) رۆژنامەگەری لە دوورەوە rojname geri le dorewe
telekinesis (n.) تەلەکنیسس teleknises
telekinetic (adj.) تەلەکنەتیک teleknetik
telemark (v.) تەلەمارك telemark
telemarket (v.) تەلەماركێت telemarket
telemarketing (n.) ماركێتینگ لە دوورەوە marketing le dorewe
telematic (adj.) تەلەماتیك telematik
telemetry (n.) تەلەمێتری telemetri
teleologic (adj.) تەلەلۆجیك telelojik
teleologist (n.) تەلەلۆجیست telelojist
teleology (n.) تەلەلۆژی telewloji
teleoperator (n.) نۆپەراتۆری دوور operatori dor
telepathic (adj.) تەلەپاتیك telepatik
telepathist (n.) تەلەپاتیست telepatist
telepathy (n.) بیر خوێندنەوە bir khewndinewe
telephone (n.) تەلەفۆن telefon
telephone (v.) تەلەفۆن دە کات telefon dekat
teleport (n. & v.) تەلەپۆرت teleport
teleportation (n.) گواستنەوە لە دوورەوە gwastinewe le dorewe
teleprint (v.) چاپی لە دوورەوە دە کات chapi le dorewe dekat
teleprinter (n.) چاپی بروسکەیی chapi broskey
teleprompter (n.) تەلەپرۆمپتەر teleprompter
telescope (n.) تەلەسکۆپ teleskop
telescopic (adj.) تەلەسکۆپی teleskopi
telescopy (n.) تەلەسکۆپی teleskopi
teleshopper (n.) تەلەشۆپەر teleshoper
teleshopping (n.) تەلەشۆپینگ teleshoping
teletext (n.) تەلەتێکست teletekst
televise (v.) بە تەلەفۆن بڵاوکردنەوە be telefon blaw kirdinewe
television (n.) تەلەفزیۆن televizion
tell (v.) پێی دەڵێ pey dele
teller (n.) هەواڵنێر hwalner
telling (adj.) بەهێز bahez
telling (n.) کاریگەر kareger
telling-off (n.) سەرزەنشتکردن ser zenisht kirdin
telltale (n. & adj.) بۆختانکەر bokhtanker
tellural (adj.) تێلیوراڵ telioral
telluric (adj.) تێلوریك teliorek
temeritous (adj.) بێباك bebak
temerity (n.) قسە ناڕەواکردن qse na rewa kirdin
temper (v.) نەرم دە کات nerm dekat
temper (n.) فڕیودەر frewder
temperament (n.) هەوەس hewes
temperamental (adj.) زوو تووڕە بوو zo tore bwe
temperance (n.) مام ناوەندیتی mam nawenditi
temperate (v. & adj.) مام ناوەندی mam nawendi
temperature (n.) پلەی گەرمی pley germi
tempest (n.) گەردەلوول gerde lol

tempestuous (adj.) رشبا reshe ba
templar (n.) تمپلار templar
template (n. & v.) داريژه dareje
temple (n.) پرستگا perstga
temporal (adj.) كاتى kati
temporary (adj.) كاتى kati
tempt (v.) فريو دهدات frew dedat
temptation (n.) فريودان frew dan
tempter (n.) شيتان sheytan
ten (n.) ده de
tenable (adj.) سخت sekht
tenacious (adj.) خوازمۆك khwaze lok
tenacity (n.) خوازمۆكى khwaze loki
tenancy (n.) بەكريگرتن be kre girtin
tenant (n.) كريگرتە kre grte
tend (v.) لار دهبێت lar debet
tendency (n.) لارى lari
tender (n. & adj. & v.) تێندەر ten der
tenderfoot (n.) تازەكار taze kar
tender-hearted (adj.) دڵ ناسك dl nask
tenderize (v.) ناسككردنەوە nask kirdinewe
tenderizer (n.) ناسككەرەوە nasik kerewe
tenderly (adv.) بە ناسكى be naski
tenderness (n.) ناسكى naski
tendinitis (n.) هەوكردنى ريشاڵ hewkirdini reshal
tendon (n.) ريشاڵەكان reshalekan
tendril (n.) تەرزە terze
tenebrose (adj.) تێنبرو ten bro
tenebrosity (n.) چر chr
tenebrous (adj.) تاريك tarek
tenent (n.) تێنينت tenent
tenet (n.) بنەما bnema
tenfold (adj. & adv.) دە ئەوەندە de awende
tennis (n.) يارى تێنس yari tens
tenor (n. & adj.) تێنۆر tinor
tense (v.) پەشێو دە بێت peshew debet
tense (n. & adj.) پەشێو peshew
tensely (adv.) بە گرژيەوە be grjyewe
tensible (adj.) گرژ بوون grj boon
tensile (adj.) گرژ كەرەوە grj kerewe
tensility (adj.) گرژى grji
tension (n.) پەشۆكان peshokan
tension (v.) گرژ دە بێت grj debet
tensioned (adj.) گرژ بووە grj bwe
tensor (n. & adj.) ماسولكەى گرژكەر masolkey grj ker
tensor (v.) ماسولكە گرژ دە بێت masolke grj debet

tent (n.) رشماڵ resh mal
tentative (adj.) ئەزمونى azmoni
tentative (n.) كاتى kati
tentativeness (n.) تاقيكارى taqi kari
tenth (adj.) دەيەم deyem
tentmaker (n.) رشماڵ دروستكەر resh mal drost ker
tentpole (n.) جەمسەرى چادر jemseri chadr
tenue (n.) تينو tino
tenuous (adj.) لاواز lawaz
tenuously (adv.) بە شێوەيەكى لاواز be sheweyeki lawaz
tenure (v.) پوستى كاتى دەدات post kati dedat
tenure (n.) دامەزرين damezren
tepid (adj.) شلەتين shletin
tepidity (n.) گەرمى germi
tepidly (adv.) بە شێوەيەكى گەرم be sheweyeki germ
tequila (n.) تەكيلا tekila
terabase (n.) تێرابەيس terabeys
terabit (n.) تێرابيت terabet
terabyte (n.) تێرابايت terabayt
terajoule (n.) تێراجول terajol
term (n.) چەمك chamk
term (v.) وە سف دە كات wesf dekat
terminable (adj.) كۆتايى پێدێت kotay pe det
terminal (n. & adj.) خاڵى كۆتايى khali kotay
terminate (v.) كۆتايى پێدێنى kotay pe dene
termination (n.) كۆتايى kotay
terminological (adj.) زاراوەيى zarawey
terminology (n.) ويژەى هونەرى wejey honeri
terminus (n.) كۆتايى رێ kotay re
termite (n.) مێرولەى سپى meroley spi
termiticide (n.) مێرولەكوژ merole koj
terp (n. & v.) تورپ torp
terrace (v. & n.) هەيوان heywan
terracotta (n. & adj.) تێراكۆتا tirakota
terraforming (n.) تێرافۆرمكردن tiraform kirdin
terrain (n.) زەوى zewi
terrestrial (n. & adj.) زەمينى zemini
terrible (adj.) خراپ khrap
terrier (n.) سەگى بچووك بۆ راو segi bchok bu rew
terrific (adj.) بەسام besam
terrify (v.) ترساندن trsandin
territorial (adj.) هەريمى heremi
territory (n.) هەرێم herme

terror (n.) ترس trs
terrorism (n.) تۆقاندن toqandin
terrorist (n.) تۆقێنەر toqener
terrorize (v.) دەتۆقێنێت de toqenet
terse (adj.) پوخت pokht
tersely (adv.) بە کورتی be korti
tertian (n. & adj.) سێیەم se yem
tertiary (n. & adj.) پلەی سێیەم pley se yem
tesseract (n.) تیسیراکت tisirakt
test (n.) تاقیکردنەوە taqi kirdinewe
test (v.) تاقی دە کات taqi dekat
testament (n.) وەسیەتنامە wesyet name
testicle (n.) کۆنەندامی زاوزی ko andami zaw ze
testify (v.) شایەت ت حالی دە دات shayet hali dedat
testimonial (n.) بڕوانامە brwaname
testimony (n.) گەواهی gewahi
testosterone (n.) تیستۆسترۆن tistostron
tete-a-tete (n.) تێتێ نە تێتێ tete aa tete
tether (n. & v.) گۆریسی ئاژەڵ بەستنەوە gorisi ajel bestinewe
tetra (n.) پێشگرێکە بەمانای pesh greke be manay
text (n.) دەق deq
textbook (n. & adj.) کتێبی خوێندن ktebi khwendin
textbookish (adj.) کتێبی دەرسی ktebi derse
textile (n. & adj.) قوماش qomash
textual (adj.) دەقی deqe
texture (n.) پێکهاتن pek hatin
thank (v.) سوپاس دەکات supas dekat
thankful (adj.) سوپاسدار supas dar
thankless (adj.) سوپاسی بۆ ناکرێ supasi bu nakre
thanks (n.) سوپاس supas
that (conj. & adv. & rel. pron. & dem. pron.) ئەوان awan
thatch (v.) سەقفی دەگرێ seqfi degre
thatch (n.) کەپر kepr
thaw (v.) شل دە بێت shl debet
thaw (n.) شلبوونەوە shl bonewe
theatre (n.) شانۆ shano
theatrical (adj.) شانۆیی shanoy
theft (n.) دزین dzin
their (adj.) بۆیان boyan
theirs (pron.) هی ئەوان he awan
theism (n.) هی ئەوان he awan
theist (n.) تێست test

them (pron.) ئەوان awan
thematic (adj.) هی باس he bes
theme (n.) بابەت babet
then (adv.) لەمەودوا le mew dwa
then (adv.) لەوکاتەدا lew kateda
thence (adv.) لەوکاتەوە lew kateda
theocracy (n.) سیۆکراسی seo krasi
theologian (n.) ئایینەوان ayne wan
theological (adj.) ئایینی ayni
theology (n.) ئایینزانی ayin zani
theorem (n.) تیۆرم teorm
theoretical (adj.) بیردۆزی ber dozi
theorist (n.) بیردۆزەوان ber dozewan
theorize (v.) بیردۆز دادەنێت ber doz dadenet
theory (n.) بیردۆز ber doz
therapist (n.) دەرمانکار derman kar
therapy (n.) تیمار کردن timar kirdin
there (adv.) لەوێ le we
thereabouts (adv.) لەوێوە نزیک le wewe nizik
thereafter (adv.) لە پاش ئەوە le pash awe
thereby (adv.) بەو جۆرە bew jore
therefore (adv.) لەباتی ئەمە le bati ame
thermal (adj.) گەرمیانە germyane
thermometer (n.) گەرمیپێو germi pew
thermos (flask) (n.) (گەرمکەرەوە(flask germ kerewe
thesis (n.) تێز tiz
thick (adv. & n. & adj.) ئەستوور astor
thicken (v.) ئەستووری دەکات astori dekat
thicket (n.) دارستان darstan
thief (n.) دز dz
thigh (n.) ڕان ran
thimble (n.) ئێسکێف eskef
thin (v.) باریک دەبێت barek debet
thin (adj.) باریک barek
thing (n.) شت sht
think (v.) بیردەکاتەوە bir dekatewe
thinker (n.) بیرمەند bir mend
third (n. & adj.) سێیەم se yem
thirdly (adv.) سێیەمانە se yemane
thirst (v.) تێنووی دەبێت tinwe debet
thirst (n.) تێنووی tinwe
thirsty (adj.) تێنوو tinw
thirteen (n.) سێزدە sezde
thirteenth (n. & adj.) سێزدەمین sezdemin
thirtieth (n. & adj.) سیەمین si hemin
thirty (n.) سی se

thistle *(n.)* درختێکی درکاوییە drekhteki drkawye
thither *(adv.)* بۆ ئەوێ bu awe
thorax *(n.)* سینگ sing
thorn *(n.)* درك drk
thorny *(adj.)* درکاوی drkawi
thorough *(adj.)* پوخت pokht
thoroughfare *(n.)* شەقام sheqam
though *(conj. & adv.)* ھەرچەندە her chende
thought *(n.)* بیرۆکە biroke
thoughtful *(adj.)* زیرەك zirek
thousand *(n.)* هەزار hezar
thousandth *(adj.)* هەزارەمین hezaremin
thrall *(n.)* بەندە bende
thralldom *(n.)* بەندێتی bendeti
thrash *(v.)* بە قامچی لێ دەدات be qamchi le dedat
thread *(n. & v.)* داو daw
threadbare *(adj.)* کۆن kon
threat *(n.)* ترساندن trsandin
threaten *(v.)* دەترسێنێ de trsene
three *(n.)* سێ se
thresh *(v.)* دەدرویتەوە de drwetewe
thresher *(n.)* گێرەمکەر gere ker
threshold *(n.)* لێوار lewar
thrice *(adv.)* سێجار se jar
thrift *(n.)* ئابوری abori
thrifty *(adj.)* دەست گرتوو dest grto
thrill *(v.)* هەست دەبزوێنێت hest de bzwenet
thrill *(n.)* تام tam
thriller *(n.)* چیرۆکێکی هەست بزوێن chirokeki hest bzwen
thrive *(v.)* دەردەچێت der dechet
throat *(n.)* گەروو gerow
throaty *(adj.)* کرکراگەی krkragey
throb *(v. & n.)* لێدەدات le dedat
throe *(n.)* نازارێکی لەناکاو azareki le nakaw
throne *(v.)* لەسەر عەرش دادەنیشێ le ser arsh dadenishe
throne *(n.)* عەرش tekht
throng *(n.)* جەماوەر jemawer
throng *(v.)* جەماوەر کۆم دە بێت jemawer ko debet
throttle *(n. & v.)* دەخنکێنێ de khnkene
through *(adv.)* لە ناو le naw
through *(adj. & prep.)* بەھۆی be hoy
throughout *(adv. & prep.)* بە دریژایی be drejay
throw *(n.)* فڕێ دان fre dan

throw *(v.)* فڕێدەدات fre dedat
thrust *(n.)* پاڵ دان pal dan
thrust *(v.)* پاڵ دەدات pal dedat
thud *(n. & v.)* دەنگی پێک کەوتن dengi pek kewtin
thug *(n.)* رێگر regr
thumb *(v.)* لاپە ر دە بورێنی laper de borene
thumb *(n.)* پەنجەی نێبھام penjey ebham
thumbprint *(n.)* مۆری پەنجە mori penje
thump *(v.)* بەھێز لێدەدات be hez le dedat
thump *(n.)* لێدان le dan
thunder *(v.)* بروسك دەدات brosk dedat
thunder *(n.)* بروسك brosk
thunderous *(adj.)* بروسکاوی broskawe
thunderstorm *(n.)* رەشەبای بروسکاوی reshe bay broskawi
Thursday *(n.)* پێنج شەممە penj shemme
thus *(adv.)* بەم شێوەیە bem shewye
thwart *(v.)* پەچی دەکاتەوە pechi dekatewe
tiara *(n.)* سەرو پێچ رازاوە ser u pech razawe
tick *(v.)* تکەتك دەکات tke tk dekat
tick *(n.)* تکەتك tke tk
ticket *(n.)* پلێت plet
tickle *(v.)* ختوکە khtoka
ticklish *(adj.)* تەنگەتاو tenge taw
tidal *(adj.)* ھەڵکشان و داکشان hel kshan u dakshan
tide *(n.)* لافاو lafaw
tidiness *(n.)* رێك خستن rek khistin
tidings *(n. pl.)* هەواڵ hewal
tidy *(v.)* رێك و پێك rek u pek
tidy *(adj.)* ریزکراو rez kraw
tie *(v.)* دەبەستێت de bestet
tie *(n.)* مله وان mle wan
tier *(n.)* چین chen
tiger *(n.)* پلنگ plng
tight *(adj.)* بەتوندی بەستراو be tondi bestraw
tighten *(v.)* بەتوندی دەبەستێت be tondi debestet
tigress *(n.)* مێی پلنگ mey plng
tile *(v.)* تایل tayl
tile *(n.)* خشت khsht
till *(prep. & n. & v. & conj.)* ھەتا heta
tilt *(n. & v.)* لاردەبێت lar debet
timber *(n.)* دار dar
time *(n. & v.)* کات kat
time limit *(n.)* کاتی دیاریکراو kati dyari kraw
timeline *(n.)* کاتھێنی kati

timely *(adj.)* له کاتی خۆیدا le kati khoyda	**toleration** *(n.)* لێبوردن le bordin
timid *(adj.)* شەرمن shermn	**toll** *(v.)* زەنگی لێ دەدا zengi le deda
timidity *(n.)* شەرم sherm	**toll** *(n.)* وێنەی بەدەست کێشراو weney be dest keshraw
timorous *(adj.)* ترسنۆک trsnok	
tin *(v.)* دەکا معلەبات dekat maalebat	**tomato** *(n.)* تەماتە temate
tin *(n.)* تەنەکە teneke	**tomb** *(n.)* گۆڕ gor
tincture *(v.)* ڕەنگ دەکا reng deka	**tomboy** *(n.)* کچی کوڕانی kchi korani
tincture *(n.)* ڕەنگ reng	**tomcat** *(n.)* پشیلە pshile
tinge *(v.)* تامداری دەکات tam dari dedat	**tome** *(n.)* بۆ من bu mn
tinge *(n.)* تامدار کردن tam dar kirdin	**tomorrow** *(n. & adv.)* بەیانی beyani
tinker *(n.)* تەنەکەچی teneke chi	**ton** *(n.)* تەن ten
tinsel *(n.)* نوکتەی هیچ و پووچ noktey hich u poch	**tone** *(n.)* ئاواز awaz
	tone *(v.)* گۆنجان gonjan
tint *(v.)* بۆیە دەکات boye dekat	**toned** *(adj.)* هێمن hemn
tint *(n.)* بۆیە boye	**tongs** *(n. pl.)* مقاش mqash
tiny *(adj.)* زۆر بچووک zoor bchok	**tongue** *(n.)* زمان zman
tip *(v.)* لار دە بێت lar debet	**tonic** *(n. & adj.)* ڕۆنی بەهێزکەر roni bahez ker
tip *(n.)* لوتکە lotke	
tip-off *(v.)* ئاگادار کردنەوە agadar kirdinewe	**tonight** *(n. & adv.)* ئەمشەو am shew
tipsy *(adj.)* سەرخۆشی ser khoshi	**tonne** *(n.)* تۆن ton
tirade *(n.)* شاڵاوێک لە جنێو shalawek le jnew	**tonsil** *(n.)* ئالو alo
tire *(n. & v.)* ماندوو دەکات mando dekat	**tonsure** *(n.)* سەرتاشران بەم جۆرە ser tashran bem jore
tired *(adj.)* ماندوو mando	**too** *(adv.)* هەروەها herweha
tiresome *(adj.)* ماندووکەر mando ker	**tool** *(n.)* ئامراز amraz
tissue *(n.)* کۆتاڵ kotal	**toolkit** *(n.)* ئامرازەکان amrazekan
titanic *(adj.)* زۆر بەهێز zor bahez	**tooth** *(n.)* ددان ddan
tithe *(n.)* زەکات zekat	**toothache** *(n.)* ددان ئێشە ddan eshe
title *(n.)* ناو و نیشان naw u nishan	**toothsome** *(adj.)* خۆش khosh
title *(v.)* ناس ناوی دە کات nas nawi dekat	**top** *(v.)* بەدەستەوە دێنی be destewe dene
titular *(adj.)* ناودار nawdar	**top** *(n.)* سەروو serow
toad *(n.)* بۆق boq	**topaz** *(n.)* تۆپاز topaz
toast *(v.)* دەبرژێنێت de brjenet	**topic** *(n.)* بابەت babet
toast *(n.)* نانی برژاو nani brjaw	**topical** *(adj.)* بابەتی babeti
tobacco *(n.)* توتن totn	**topographer** *(n.)* ڕووخساری زەوی زانی rokhsari zewi zani
today *(n. & adv.)* ئەمڕۆ amro	
toe *(v.)* چوون لەسەر تلی پێ choon le ser tli pe	**topographical** *(adj.)* تۆپۆگرافی topografi
toe *(n.)* پەنجەی پێ pence pe	**topography** *(n.)* تۆپۆگرافی topografi
toffee *(n.)* تۆفی tofe	**topper** *(n.)* شتێکی نایاب shteki nayab
toga *(n.)* تۆگە toge	**topple** *(v.)* هەڵدەگیرێتەوە hel degretewe
together *(adv.)* پێکەوە pekewe	**topsy turvy** *(adj. & adv.)* تۆپسی تۆڕۆی topsi toroy
toil *(v.)* ڕەنج دەدات renj dedat	
toil *(n.)* کارێکی گران kareki gran	**torch** *(n.)* مەشخەڵی meshkheli
toilet *(n.)* جوانکردن jwan kirdin	**torment** *(n.)* ئەشکەنجەدان ashkenje dan
toils *(n. pl.)* زەحمەتی دەکات zehmeti dekat	**torment** *(v.)* ئەشکەنجە دە دات ashkenje dedat
token *(n.)* نیشانە nishane	**tornado** *(n.)* گێژەڵووکە geje loke
tolerable *(adj.)* پەسندکراو pesnd kraw	**torpedo** *(v.)* دەتۆقێنێت de toqenet
tolerance *(n.)* دڵفراوانی dl frawani	**torpedo** *(n.)* تۆپی دژە کەشتی topi dje keshti
tolerant *(adj.)* سنگ فراوان sng frawan	**torrent** *(n.)* لێشاو leshaw
tolerate *(v.)* ئارام دەگرێت aram degret	

torrential *(adj.)* بەرێز berez
torrid *(adj.)* زۆر بەتین zor be teen
tortoise *(n.)* کیسەڵ kisel
tortuous *(adj.)* چەوتی chewti
torture *(v.)* ئازار دەدات azar dedat
torture *(n.)* ئازار azar
toss *(n.)* دەهاوی dehawi
toss *(v.)* دەهاوی دەکا dehawi deka
total *(n.)* سەرجەم serjem
total *(v.)* کۆدەکاتەوە ko dekatewe
total *(adj.)* کۆ ko
totalitarian *(adj.)* دیکتاتۆرانە diktatorane
totality *(n.)* سەرجەمی serjemi
touch *(n.)* دەست لێدان dest le dan
touch *(v.)* دەست لێ دەدات dest le dedat
touchy *(adj.)* تورە tore
tough *(adj.)* بەهێز behez
toughen *(v.)* بەهێز دەکات bahez dekat
tour *(v.)* دەگەرێت degeret
tour *(n.)* گەشت gesht
tourism *(n.)* گەران geran
tourist *(n.)* گەریدە geride
tournament *(n.)* خول khol
tout *(v.)* سمساری دەکات smsari dekat
tow *(n.)* راکێشان ra keshan
tow *(v.)* رادەکێشێت ra dekeshet
towards *(prep.)* بەرەو berew
towboat *(n.)* بەلەمی راکێشان belemi ra keshan
towel *(v.)* ووشک دەکات woshk dekat
towel *(n.)* خاولی khaweli
tower *(v.)* بەرز دەبێت berz debet
tower *(n.)* برج burj
town n *(n.)* شارێکی بچووک shareki bchok
township *(n.)* دیکتاتۆری dektatori
toxaemia *(n.)* ژەهراو بوونی خوێن jehraw boni khwin
toxic *(adj.)* ژەهراوی jehrawi
toxicity *(n.)* ژەهراوی بوون jehrawi bon
toxicologist *(n.)* پزیشکی ژەهراویبوون pzishki jehrawi bon
toxicology *(n.)* ژەهرزانیی jehr zani
toxification *(n.)* ژەهراوی بوون jehrawi bon
toxin *(n.)* ژەهر jehr
toy *(v.)* یاری دەکا yari deka
toy *(n.)* یاری yari
toyhouse *(n.)* خانووی یاری khanoy yari
toymaker *(n.)* یاری سازکەر yari saz ker
toyseller *(n.)* یاری فرۆش yari frosh

toystore *(n.)* کۆگای یاری مناڵان kogay yari mnalan
trace *(v.)* وێنەی دەکات weney dekat
trace *(n.)* شوێنی shwen pe
traceable *(adj.)* شوێنی هەڵگرتن shwen pe helgrtin
trachea *(n.)* بۆری هەوا bori hewa
tracheal *(adj.)* بۆری هەوا bori hewa
tracheole *(n.)* لوولەی هەناسە loley henase
tracheoscopy *(n.)* پشکینینی بۆری هەناسە pshkinini bori henase
tracing *(n.)* وێنەی کاغەزی تەنک weney kaghezi tenk
track *(v.)* لە جێ شوێن پێ دەروا le jey shwen pe derwa
track *(n.)* شوێن پێ shwen pe
trackable *(adj.)* شوێنی هەڵگرتن shwen pe helgrtin
trackback *(n.)* تراکباک trakbak
trackball *(n.)* تۆپی تراکی topi traki
tracker *(n.)* ناگاداری agadari
tracklist *(n.)* لیستی تراکەکان listi trakekan
tracksuit *(n.)* عەزی تراکی azi traki
tract *(n.)* تراکت trakt
traction *(n.)* راکێشان ra keshan
tractor *(n.)* تراکتۆر traktor
trade *(v.)* بازرگانی دەکات bazrgani dekat
trade *(n.)* بازرگانی bazrgani
trademark *(n.)* نیشانەی بازرگانی nishaney bazrgani
trader *(n.)* بازرگان bazrgan
tradesman *(n.)* بازرگان bazrgan
tradition *(n.)* لاسایی lasay
traditional *(adj.)* لاساییانە lasayyane
traffic *(n. & v.)* هاتوچۆ hat u cho
traffic sign *(n.)* هێمای هاتوچۆ hemay hat u cho
tragedian *(n.)* کارەساتبار karesat bar
tragedy *(n.)* کارەسات karesat
tragic *(adj.)* کارەساتبار karesat bar
trail *(v.)* شوێنەوار shwene war
trail *(n.)* شوێن پێ shwen pe
trailer *(n.)* ترێلە trele
train *(v.)* مەشقی پێ دەکات meshqi pe dekat
train *(n.)* شەمەندەفەر shemende fr
trainee *(n.)* مەشق کردوو meshq kirdo
training *(n.)* مەشق کردن meshq kirdin
trait *(n.)* رۆخسار rokhsar
traitor *(n.)* خۆفرۆش kho frosh

tram (n.) ترام tram
trample (v.) پێشێڵی دەکات pesheli dekat
trance (n.) لەهۆشخۆچوون le hosh kho chon
tranquil (adj.) هێمن hemn
tranquility (n.) هێمنی hemni
tranquillize (v.) ئارام پێدان aram pedan
tranquillizer (n.) هێمنکەرەوە hemn kerewe
transact (v.) مامەڵەی لەگەڵ دەکات mameley le gel dekat
transaction (n.) مامەڵەکردن mamele kirdin
transborder (adj.) سنوور بەزاندن snor bezandin
transboundary (adj.) سنوور بەزاندن snor bezandin
transceive (v.) وەردە گیرێت wer degiret
transceiver (n.) وەرگیر و وەرگر werger u wergr
transcend (v.) تێی دەپەڕێنێت te deperenet
transcendent (adj.) بەرز berz
transcendental (adj.) بڵند blnd
transcendentalize (v.) زاڵبوون zalbon
transcendentally (adv.) بە شێوەیەکی زاڵ be sheweyeki zal
transcendingly (adv.) بە شێوەیەکی تێپەڕاندن be sheweyeki teperandin
transcribe (v.) نوکتەی هیچ و پووچ noktey hich u poch
transcriber (n.) نوسینەوە nosinewe
transcription (n.) لەبەرگرتن le ber girtin
transfer (n. & v.) دەگوازێتەوە de gwazetewe
transferable (adj.) دەگوێزرێتەوە de gwezretewe
transfiguration (n.) شێوەگۆڕین shewe gorin
transfigure (v.) شێوە دەگۆڕێت shewe de goret
transform (v.) روخساری دەگۆڕێ rokhsari de gore
transformation (n.) روخسار گۆڕان rokhsar goran
transgress (v.) تێدەپەڕێت te deperet
transgression (n.) تێپەڕین teperin
transit (v. & n.) تێپەڕینی کاتی te perini kati
transition (n.) تێپەڕین te perin
transitive (adj.) فرمانی تێپەڕ frmani te per
transitory (adj.) لەناوچوون le naw chon
translate (v.) وەردەگێڕێت wer degret
translation (n.) وەرگێڕان wer geran
transmigration (n.) کۆچ koch
transmission (n.) بڵاوکردنەوە blaw kirdinewe
transmit (v.) بڵاودەکاتەوە blaw dekatewe
transmitter (n.) هۆیەکی بڵاوکردنەوە hoyeki blaw kirdinewe
transparent (adj.) رۆشن roshn
transplant (n. & v.) دەگوێزێتەوە de gwezetewe
transplantation (n.) ئارەقە کردن areqe kirdin
transplantee (n.) چێنراو chenraw
transport (n.) گواستنەوە gwastinewe
transport (v.) دەگوازێت de gwazet
transportation (n.) گواستنەوە gwastinewe
trap (v.) داو دەنێت daw denet
trap (n.) داو daw
trapdoor (n.) دەرگای تەڵە dergay tele
trapeze (n. & v.) ترابێز trapez
trapezist (n.) ترابێزیست trapezist
trapezoid (n.) شەفتوڵ sheftol
trapline (n.) هێڵی تەڵە heli tele
trash (n.) خاشاک khashak
trashed (adj.) زبڵ کراوە zbl krawe
trauma (n.) کۆستی دەروونی kosti deroni
traumatic (adj.) خورپەیی khorpey
traumatism (n.) برین bren
traumatology (n.) زەبر و زەنگ zebr u zeng
traunch (n.) تەڵە tele
traunch (v.) تەڵە دادەنێت tele dadenet
traunch (adj.) تەڵە tele
travel (v.) گەشت دەکات gesht dekat
travel (n.) گەشت gesht
traveller (n.) گەشتیار geshtyar
travelogue (n.) گەشت نامە gesht name
traveltime (n.) کاتی گەشت kat gesht
traversable (adj.) دەتوانرێت تێپەڕێت de twanret te peret
traverse (n. & v.) تێدەپەڕی te depere
trawl (n. & v.) ڕا دەکێشی ra de keshe
trawlboat (n.) بەڵەمی ترۆڵ belemi trol
tray (n. & v.) سینی sene
treacherous (adj.) خراپ khrap
treachery (n.) ناپاکی napake
tread (n. & v.) پێی پیادەنێ pie pyadani
treader (n.) باس bas
treadmill (n.) ئاشتی پی پیانان ashte pi pyanan
treadplate (n.) پلێتی ڕوێشتن plite rweshtn
treadwheel (n.) تریدوێل trid wel

treason (n.) خیانەت khyanat
treasure (n. & v.) گەنجینە ganjena
treasurer (n.) گەنجینەوان ganjenawan
treasury (n.) وەزارەتی دارایی wazarate darae
treat (n. & v.) مامەڵەی لەگەڵ دەکات mamalae lagal dakat
treatise (n.) پەرتوک pertok
treatment (n.) مامەڵەکردن mamele kirdin
treaty (n.) پەیمان peyman
tree (n.) درەخت drekht
trek (v. & n.) گەشتی دوور geshti dor
tremble (v.) دەلەرزێ de lerze
tremendous (adj.) مەزن mezn
tremor (n.) لەرزە lerze
trench (v.) چاڵ دەکۆڵێ chal de kole
trench (n.) چاڵ chal
trend (n.) ئارەزو arezo
trespass (n.) دەست درێژی dest dreji
trespass (v.) دەست درێژی دەکاتە سەر dest dreji dekate ser
trial (n.) دادگاییکردن dadgay kirdin
triangle (n.) سێگۆشە se goshe
triangular (adj.) سێگۆشەیی se goshey
tribal (adj.) هۆزی hozi
tribe (n.) هۆز hoz
tribulation (n.) کۆست kost
tribunal (n.) دوانگە dwange
tributary (n. & adj.) چەم chem
tribute (n.) ستایش staysh
trick (v.) فێڵ دەکات fel dekat
trick (n.) فێڵ fel
trickery (n.) فێڵبازی fel bazi
trickle (v.) دڵۆپە دەکات dlope dekat
trickle (n.) دڵۆپە کردن dlope kirdin
trickster (n.) فێڵباز fel bazi
tricky (adj.) ئاڵۆز aloz
tricolour (n. & adj.) سێ رەنگ se reng
tricycle (n.) سێ پایسکیل se payskl
trifle (v.) گاڵتە دەکات shte bchokekan
trifle (n.) شتە بچووکەکان shte bchokekan
trigger (n.) دەستی تفەنگ desti tfeng
trigger (v.) دەورژێنێت de worjenet
trim (n.) برین bren
trim (v.) دە بریت de bret
trim (adj.) برین bren
trimester (n.) سێ مانگ se mang
trinity (n.) ترینیتی se kesi
trio (n.) سێ کەسی se kesi
trip (n.) گەشت gesht

trip (v.) گەشت دەکات gesht dekat
tripartite (adj.) سیانی syani
triple (v. & adj.) سیانە syane
triplicate (n.) یەکێک لە سێ وێنە yekek le se wene
triplicate (v.) سێ جاری دە کات se jari dekat
triplicate (adj.) یەکێک لە سێ وێنە yekek le se wene
triplication (n.) سێ جار کردنەوە ser jar kirdinewe
tripod (n.) سێ پایە se paye
triumph (v.) سەردە کەویت ser dekewet
triumph (n.) سەرکەوتن ser kewtin
triumphal (adj.) سەرکەوتویی ser kewtoy
triumphant (adj.) سەرکەوتوو ser kewto
trivial (adj.) ئایەخ ayekh
troop (v.) تیپی سەربازی کۆ دە بێت tipi serbazi ko debetewe
troop (n.) تیپی سەربازی tipi serbazi
trooper (n.) سەربازی سوارە serbazi sware
trophy (n.) یادگار yadgar
tropic (n.) خۆلگە kholga
tropical (adj.) خۆلگەیی kholgey
trot (n.) ڕاکردن ra kirdin
trot (v.) ڕادەکات ra dekat
trouble (v.) بێزار دەکات bezar dekat
trouble (n.) کێشە keshe
troublesome (adj.) ئاژاوەگەر ajawe ger
troupe (n.) تیپی نواندن tipi nwandin
trousers (n. pl.) پانتۆڵ pantol
trowel (n.) ماڵنج malnj
truce (n.) ئاگربەست agir best
truck (n.) بار هەڵگر bar helgir
true (adj.) ڕاست rast
trump (v.) هەڵ دەبەستێ hel debeste
trump (n.) هەڵ بەستن hel bestin
trumpet (v.) زۆرنا لێ دە دات zorna le dedat
trumpet (n.) زۆرنا zorna
trunk (n.) قەد qed
trust (v.) متمانە پێ دەکات mtmane pe dekat
trust (n.) متمانە mtmane
trustee (n.) بریکار brekar
trustful (adj.) متمانەی بە خەڵکە mtmaney be khelke
trustworthy (adj.) بڕوا پێکراو brwa pe kraw
trusty (adj.) جێگای بڕوا jrgay brwa
truth (n.) ڕاستی rasti
truthful (adj.) ڕاستگۆیانە rast goyane
try (v.) هەوڵ دان hewl dan

try *(v.)* هەوڵدان دەدات hewl dedat
trying *(adj.)* ماندوو mando
tryst *(n.)* ژووان jwan
tub *(n.)* تانکی tanke
tube *(n.)* تیوب teob
tuberculosis *(n.)* نەخۆشی سیل nekhoshi sl
tubular *(adj.)* بۆری شێوە bori shewe
tug *(v.)* ڕادەکێشێت ra dekeshet
tuition *(n.)* خوێندن khwendin
tumble *(n.)* کەوتن kewtin
tumble *(v.)* دەکەوێت dekewet
tumbler *(n.)* پەرداخۆکە perdakhoke
tumour *(n.)* شێرپەنجە sher penje
tumult *(n.)* ژاوە jawe
tumultuous *(adj.)* سەرشێواو ser shewaw
tune *(v.)* ئاواز دادەنێت awaz dadenet
tune *(n.)* ئاواز awaz
tunnel *(v.)* تونێل دەکا tonel deka
tunnel *(n.)* تونێل tonel
turban *(n.)* سەرپێچ ser pech
turbine *(n.)* توربین torben
turbulence *(n.)* شڵەژان shle jan
turbulent *(adj.)* شڵەژاو shle jaw
turf *(n.)* چیمەن chimen
turkey *(n.)* تورکیا torkya
turmeric *(n.)* زەردەچەوە zer dechewe
turmoil *(n.)* ناژاوە ajawe
turn *(n.)* خولانەوە kholanewe
turn *(v.)* دەخولێنەوە de kholetewe
turner *(n.)* تۆرنەچی tornechi
turnip *(n.)* شێلم shelm
turn-off *(n.)* بکوژێنەوە bkojenewe
turnout *(n.)* بەشداریکردن beshdari kirdin
turpentine *(n.)* تەرپینتن tarpintn
turtle *(n.)* کیسەڵ kisel
tusk *(n.)* کەڵبە kelpe
tussle *(v.)* مڵمڵانی دەکات ml mlane dekat
tussle *(n.)* مڵمڵانی ml mlane
tutor *(n.)* مامۆستای تایبەتی mamostay taybeti
tutorial *(n. & adj.)* تۆتۆریال totoryal
twelfth *(n. & adj.)* دوانزەیەم dwanzeyem
twelve *(n.)* دوانزە dwanze
twentieth *(n. & adj.)* بیستەم bistem
twenty *(n.)* بیست bist
twice *(adv.)* دووجار du jar
twig *(n.)* لق lq
twilight *(n.)* کازیوە kaziwe
twin *(n. & adj.)* دووانە dwane
twinkle *(n.)* بریسکە briske

twinkle *(v.)* دەبریسکێتەوە debrisketewe
twist *(n.)* بادان badan
twist *(v.)* بادەدات ba dedat
twitter *(n. & v.)* جریوەی چۆڵەکە jrewey choleke
two *(n.)* دوو du
twofold *(adj.)* دوونەوەندە du awende
type *(v.)* چاپ دەکات chap dekat
type *(n.)* جۆر jor
typhoid *(n.)* گرانەتا graneta
typhoon *(n.)* تایفۆن tayfon
typhus *(n.)* گرانەتا graneta
typical *(adj.)* ئاسایی asay
typify *(v.)* دەنوێنێت denwenet
typist *(n.)* چاپکەر chapker
tyranny *(n.)* ستەمکاری stem kari
tyrant *(n.)* ستەمکار stem kar
tyre *(n.)* تایە taye

U

uber *(adj. & adv.)* نوبەر oper
ubergeek *(n.)* نوبەرگیک opergek
uberous *(adj.)* نوبێرۆس opiros
ubersexual *(n. & adj.)* نوبەرسێکسوواڵ oper sekswal
ubicity *(n.)* یوبیسیتی yubisiti
ubiquitous *(adj.)* لە هەموو شوێنێکدا هەیە le hemo shwenek da heye
ubiquity *(n.)* لە هەموو شوێنێک le hemo shwenek
udder *(n.)* مەمک memk
ufo *(n.)* یوئێف یو yu ef u
ufologist *(n.)* پزیشکی pzishki
ufology *(n.)* یوفۆلۆجی yufoloji
uglify *(v.)* ناشرینکردن na shirin kirdin
ugliness *(n.)* ناشیرینی na shirini
ugly *(adj.)* ناشرین na shirin
ukelele *(n.)* هارپ harp
ukeleleist *(n.)* گیتارژەن geta jen
ulcer *(n.)* برینی جەستە brini jeste
ulcerous *(adj.)* برینی هەیە brini heye
ulterior *(adj.)* دوورتر dor tr
ultimate *(adj.)* کۆتایی kotay
ultimately *(adv.)* لە کۆتاییدا le kotay da
ultimatum *(n.)* دوا ناگاداری dwa agadari
ultra *(n.)* توندڕەو tond rew

ultracasual *(adj.)* زۆر ئاسایی zor asay
ultracompact *(adj.)* زۆر بچووك zor bichok
ultraconservative *(n. & adj.)* زۆر کۆنەپەرستانە zor kone perstane
ultrasecure *(adj.)* زۆر پارێزراو zor parezraw
ultrasonic *(adj.)* سۆنەر soner
ultrasonics *(n.)* سۆنەر sonar
ultrasound *(n.)* سۆنەر sonar
ultraviolet *(n. & adj.)* سەروو بنەوشەیی sero bnewshey
ululate *(v.)* لوورەمکردن lore kirdin
ululation *(n.)* ئۆلۆلەیشن olo leyshin
umbrella *(n.)* سەیوان seywan
umpire *(n.)* ناوبژیوان naw bjiwan
umpire *(v.)* ناوبژیوانی دەکات naw bjiwani dekat
unabashed *(adj.)* بێ شەرم be sherm
unabashedly *(adv.)* بێ شەرم be sherm
unable *(adj.)* ناتوانێت na twanet
unabridged *(adj.)* کورت نەکراوە kort ne krawe
unacceptable *(adj.)* قبوڵ نەکراوە qbol ne krawe
unaccessible *(adj.)* دەستڕاگەیشتن پێی نییە dest ra geyshtin pey nye
unaccommodating *(adj.)* جێگیر نەکراو jegir ne krawe
unaccountable *(adj.)* بێ لێپرسینەوە be le prsinewe
unaccurate *(adj.)* نادروستە na droste
unachievable *(adj.)* بەدەستنەهاتووە be dest ne hatwe
unacquainted *(adj.)* بێ ئاشنا be ashna
unadapted *(adj.)* نەگونجاو ne gonjaw
unadjusted *(adj.)* ڕێکنەخراوە rek ne khrawe
unaffected *(adj.)* بێ کاریگەری be karegeri
unaffectionate *(adj.)* بێ سۆز be soz
unaided *(adj.)* بێ یارمەتی be yarmeti
unambiguous *(adj.)* بێ دوو دڵی be do dli
unambivalence *(n.)* دووفاقی do faqi
unamused *(adj.)* بێ سەرقاڵ be ser qal
unanimity *(n.)* کۆدەنگی ko dengi
unanimous *(adj.)* بە کۆی دەنگ be koy deng
unannounced *(adj.)* ڕانەگەیەندراوە ra ne geyndrawe
unappealing *(adj.)* سەرنجڕاکێش نییە ernj rakesh nye

unapproved *(adj.)* پەسەند نەکراوە pesend ne krawe
unarmed *(adj.)* بێچەك be chek
unauthorized *(adj.)* ڕێ پێ نەدراو re pe ne drawe
unavoidable *(adj.)* خۆپارێزی لێناکرێت kho parezi le na kre
unaware *(adj.)* بێ ئاگا be aga
unawares *(adv.)* لەپڕ le pr
unbearable *(adj.)* بەرگەی ناگیرێ bergey na gire
unbeaten *(adj.)* نەبەزیو ne beziw
unbelievable *(adj.)* ستەم stem
unburden *(v.)* نەهێنی خۆی دەدرکێنی nheni khoy dedrkene
uncanny *(adj.)* سەیر seyr
uncertain *(adj.)* گومانـدار goman dar
uncivilized *(adj.)* کێوی kewi
uncle *(n.)* مام mam
unclear *(adj.)* نادیار nadyar
uncomfortable *(adj.)* ناخۆش nakhosh
uncouth *(adj.)* کەمتر kartr
undecided *(adj.)* بەرەڵا berela
undefeated *(adj.)* بێ دۆڕان be doran
under *(adj. & adv. & prep.)* ژێر jeer
undercurrent *(n.)* تەوژمی شاراوە tewjmi sharawe
underdog *(n.)* ژێردەستە jer deste
undergo *(v.)* بەسەردا بێن be serda bben
undergraduate *(n.)* بەکالۆریۆس bekalorios
underhand *(adj.)* تێگەیشتن te geyshtin
underline *(v.)* هێڵکاری بکە helkari bke
undermine *(v.)* تێک دەدا tek deda
underneath *(adv. & adj. & prep.)* لەژێر le jer
underpriviledged *(adj.)* کەم ئیمتیازات kem emtyazat
understand *(v.)* تێگەیشتن te geyshtin
undertake *(v.)* ئەنجام دەدات anjam dedat
undertone *(n.)* ژێر ڕەنگ jer deng
underwear *(n.)* جلی ژێرەوە jli jerewe
underworld *(n.)* جیهانی ژێرزەوی jihani jer zewi
undo *(v.)* پاشەکشەکردن pashe kshe kirdin
undue *(adj.)* نارەوا na rewa
undulate *(v.)* شەپۆڵدار بێت shepoldar bet
undulation *(n.)* شەپۆڵدان shepol dan
unearth *(v.)* دەردەکەوێت der dekewet
uneasy *(adj.)* شلۆق shloq

uneducated (adj.) نەخوێندەوار ne khwendewar	**unsold** (adj.) نەفرۆشراوە ne froshrawe
uneven (adj.) تاك tak	**until** (conj. & prep.) هەتا heta
unfair (adj.) ستەمكار stem kar	**untoward** (adj.) ناخۆش na khosh
unfold (v.) دەردەخات der dekhat	**unwanted** (adj.) نەخوازراو ne khwazraw
unfortunate (adj.) بێبەخت be bekht	**unwell** (adj.) نەخۆش ne khosh
ungainly (adj.) قسەرەق qse req	**unwittingly** (adv.) بەبێ ئاگاداری be be agadari
unhappy (adj.) دڵ تەنگ dl teng	**up** (prep. & adv.) ژوور joor
unhealthy (adj.) نا تەندروست na tendrost	**upbraid** (v.) شكاندن shakndin
unification (n.) تەكگرتن tek girtin	**upgrade** (v.) بەرزكردنەوە berz kirdinewe
uninspired (adj.) بێ ئیلهام be elham	**upheaval** (n.) هەڵچوون hel chon
uninstall (adj.) هەڵوەشاندنەوە hel weshandinewe	**uphold** (v.) بەرزی دەكاتەوە berz dekatewe
uninterrupted (adj.) بێ پچران be pchran	**upkeep** (n.) پاراستن parastin
union (n.) یەكێتی yeketi	**uplift** (v.) بەرزدەكاتەوە berz dekatewe
unionist (n.) سەندیكایی sendikay	**uplift** (n.) بەرزكردن berz kirdin
unique (adj.) بێهاوتا be hawta	**upload** (v.) باركردن bar kirdin
unison (n.) یەك دەنگ yek deng	**upon** (prep.) لەسەر le ser
unit (n.) بەش besh	**upper** (adj.) ژوورەوە joro
unite (v.) یەكبگرن yek bgrn	**upright** (adj.) راست rast
unity (n.) یەكڕیزی yek rezi	**uprising** (n.) یاخیبوون yakhi bon
universal (adj.) جیهانی jihani	**uproar** (n.) ژاوە jawe
universality (n.) گشتێتی gshteti	**uproarious** (adj.) ژاوەژاو jawe jaw
universe (n.) جیهان jihan	**uproot** (v.) لەرەگەوە لێی دەكاتەوە laragawa lie dakatawa
university (n.) زانكۆ zanko	**upset** (v.) وەرسی دەكات wersi dekat
unjust (adj.) ناڕەوا na rewa	**upshot** (n.) كۆتایی kotay
unknown (adj.) نەزەندراو ne zandraw	**upstart** (n.) لەناكاو رەپ بوو le nakaw rep bu
unless (conj.) مەگەر meger	**up-to-date** (adj.) نوێ nwe
unlike (adj.) جیا jya	**upward** (adj.) بەرزبوونەوەیی berz bonewey
unlike (prep.) جیاواز jyawaz	**upwards** (adv.) بۆ سەرەوە bu serewe
unlikely (adj.) چارەگران chare gran	**urban** (adj.) شارستانی sharstani
unmanned (adj.) بێ سەرنشین be sernshin	**urbane** (adj.) ڕەوشت بەرز rewsht berz
unmannerly (adj.) بە شێوەیەكی ناڕەوشت be sheweyeki na rewsht	**urbanity** (n.) ژیاری jyari
unnecessary (adj.) ناپێویست na pewist	**urchin** (n.) ژۆشك joshik
unofficial (adj.) نافەرمی na fermi	**urge** (v.) هاندەدات han dedat
unplanned (adj.) بێ پلان be plan	**urge** (n.) ویست wist
unprincipled (adj.) بێ بنەما be bnema	**urgency** (n.) بەپەلەیی be peley
unquote (adj.) بێ وەرگێڕان be wergeran	**urgent** (adj.) لەناكاو le nakaw
unread (adj.) نەخوێندراوەتەوە ne khwendrawetewe	**urinal** (n.) میزگا mezga
unreliable (adj.) جێی متمانە نییە jey mtmane nye	**urinary** (adj.) میزی meze
unrest (n.) ناناڕامی na arami	**urinate** (v.) میز دەكات miz dekat
unruly (adj.) سەركێش ser kesh	**urination** (n.) میز كردن miz kirdin
unsalted (adj.) بێ خوێ be khoy	**urine** (n.) میز miz
unsettle (v.) ناڕام بكە na aram ke	**urn** (n.) سەماوەر semawer
unsheathe (v.) پۆشاكەكە دەردە هێنێت poshakeke der dehenet	**usable** (adj.) بەكارهێنەندرێت be kar de hendret
	usage (n.) بەكارهێنان be kar henan
	use (n.) بەكار هێنان be kar henan
	use (v.) بەكاردەهێنێت be kar dehenet

used (adj.) بەکارهاتوو be kar hatow
useful (adj.) سوودمەند sod mend
usher (v. & n.) ئەو کەسەی خەڵک دەگەیەنێت aw kesey khelk degeyenet
usual (adj.) ئاسایی asay
usually (adv.) ئاساییانە asayyane
usurer (n.) مارەدەخۆر marde khor
usurp (v.) داگیردەکات dagir dekat
usurpation (n.) داگیرکردن dagir kirdin
usury (n.) پارەدان بەرامبەر سوود paredan beramber sood
utensil (n.) ئامێر amir
uterus (n.) منداڵدان mndal dan
utilitarian (adj.) سوودومەرگر sod wergir
utility (n.) سوود sod
utilization (n.) بەکارهێنان be kar henan
utilize (v.) بەکاردێنێت be kar denet
utmost (n. & adj.) ئەوپەڕ aw per
utopia (n.) شارێک خراپەی تیا نەکرێت sharek khrapey tya ne kret
utopian (adj.) نموونەیی nmoney
utter (v.) دەڵێت delet
utter (adj.) تەواو tewaw
utterance (n.) بێژان bejan
utterly (adv.) بەتەواوی be tewawi

V

vacancy (n.) بۆشایی boshay
vacant (adj.) بۆش bosh
vacate (v.) وازی لێ دێنێت wazi le denet
vacation (n.) پشوو pshow
vaccinate (v.) دەکوتێ de kote
vaccination (n.) کوتان kotan
vaccinator (n.) کوتانکەرەوە kotan kerewe
vaccine (n.) ڤاکسین vaksin
vacillate (v.) لەرزین lerzin
vacuum (v. & n.) بۆشایی boshay
vagabond (n. & adj.) دەربەدەر der be der
vagary (n.) ئارەزووی کاتی arezoy kati
vagina (n.) قوز qoz
vague (adj.) نادیار na dyar
vagueness (n.) نادیاری na dyari
vain (adj.) لەخۆبایی le kho bay
vainglorious (adj.) بە فیز be fez
vainglory (n.) قشە qshe
vainly (adv.) بەبێ سوود be be sod

vale (n.) دەشت desht
valet (n.) پیشمەکار pishe kar
valiant (adj.) ئازا aza
valid (adj.) یاسایی yasay
validate (v.) پشتگیری دەکات psht giri dekat
validity (n.) ڕەوایەتی rewayeti
valley (n.) دۆڵ dol
valour (n.) ئازایەتی azayeti
valuable (adj.) بەهادار beha dar
valuation (n.) بەهاکردن beha kirdin
value (v.) بەها beha
value (n.) بەها دەداتی beha dedate
valve (n.) ڤاڵڤ valv
van (n.) ڤان van
vandalize (v.) تێکدان tek dan
vanish (v.) وون دەبێت won debet
vanity (n.) لەخۆبایی le kho bay
vanquish (v.) دەبەزێنێت de bezenet
vaporize (v.) هەڵم دەبێت helm debet
vaporous (adj.) هەڵماوی helmawe
vapour (n.) هەڵم helm
variable (adj.) گۆڕاو goraw
variance (n.) جیاوازی jyawazi
variation (n.) جیاوازی jyawazi
varied (adj.) هەمەجۆر heme jor
variety (n.) هەمەجۆری heme jori
various (adj.) جیاواز jyawaz
varnish (n. & v.) وارنیش warnesh
vary (v.) دەگۆڕێ dw gore
vase (n.) گوڵدان golan
vasectomy (n.) ڤازیکتۆمی vaziktome
vaseline (n.) ڤازلین vazlen
vast (adj.) گەورە gewre
vault (v.) گرێ بەست گرێ دەدا gre best gre deda
vault (n.) ژێرزەمین jer zemin
vector (n.) ئاراستەکراو araste kraw
vector (v.) ئاراستە دە دات araste dekat
vectorial (adj.) ڤێکتەری viktare
vegan (n. & adj.) ڤیگن vegn
vegetable (n. & adj.) میوە miwe
vegetarian (n. & adj.) گیاخۆر gya khor
vegetation (n.) ڕووەک rowek
vehemence (n.) توند و تیژی tond u tiji
vehement (adj.) توند و تیژ tond u tiji
vehicle (n.) ئۆتۆمبێل otomobil
vehicular (adj.) پەیوەندی بە گواستنەوە هەیە peywendi be gwastinewe heye
veil (v.) ڕوو دە پۆشێت ro deposhet

veil *(n.)* پەچە peche
vein *(v. & n.)* خوێن هێن khwin hen
velocity *(n.)* دەرپەڕین der perin
velvet *(n.)* مەخمەڵ mekhmel
velvety *(adj.)* مەخمەڵی mekhmeli
venal *(adj.)* ڤینال venal
venality *(n.)* گەندەڵی gendeli
vendor *(n.)* فرۆشیار froshyar
venerable *(adj.)* بەڕێز berez
venerate *(v.)* ڕێزی دەگرێت rezi degret
veneration *(n.)* ڕێزگرتن rez girtin
vengeance *(n.)* تۆڵەسەندن tole sendin
venial *(adj.)* هەڵەی بچووك heley bchok
venom *(n.)* ژەهر jehr
venomous *(adj.)* ژەهراوی jehrawi
vent *(n.)* گوزەر gozer
ventilate *(v.)* هەوا دەگۆڕێ hewa degore
ventilation *(n.)* هەواگۆڕین hewa gorin
ventilator *(n.)* هەواگۆڕ hewa gor
ventriloquism *(n.)* لەناخەوە دووان le nakhewe dwan
ventriloquist *(n.)* لەناخەوە قسە کردن le nakhewe qse kirdin
ventriloquistic *(adj.)* لەناخەوە قسە کردن le nakhewe qse kirdin
ventriloquize *(v.)* گەدە gede
venture *(v.)* سەرمەزرێیدەکات serweri dekat
venture *(n.)* سەرمەزرێیی ser weri
venturesome *(adj.)* سەرمەز ser wer
venturous *(adj.)* چاو نەترس chaw ne trs
venue *(n.)* شوێنی ڕوودانی تاوان shweni rudani tawan
veracity *(n.)* وردی wordi
veranda *(n.)* تارمە tarme
verb *(n.)* فرمان frman
verbal *(adj.)* زاری zari
verbally *(adv.)* زاریانە zaryane
verbatim *(adj.)* تێپانە tipane
verbose *(adj.)* چەنەباز chene bazi
verbosity *(n.)* چەنەبازی chene bazi
verdant *(adj.)* سەوزو sezo
verdict *(n.)* فەرمان ferman
verge *(n.)* کەنار kenar
verification *(n.)* سەلماندن selmandin
verify *(v.)* پاڵپشتی دەکات palpshti dekat
verisimilitude *(n.)* ڕووخساری ڕاستی rokhsari rasti
veritable *(adj.)* بەڕاستی be rasti
vermillion *(n. & adj.)* ژەنگبر jeng br

vernacular *(n. & adj.)* دایك زمان dayk zman
vernal *(adj.)* بەهاری be hari
versatile *(adj.)* لێزان lezan
versatility *(n.)* نەرمی nermi
verse *(n.)* هۆنراوە honrawe
versed *(adj.)* پسۆر psor
versification *(n.)* هۆنراوەکاری honrawe kari
versify *(v.)* هۆنراوە دانان یا دارشتن honrawe danan ya darishtin
version *(n.)* دانە dane
versus *(prep.)* دژ dij
vertical *(adj.)* ستوونی stoni
verve *(n.)* چالاکی chalaki
very *(adj.)* زۆر zoor
vessel *(n.)* دەفر defr
vest *(n. & v.)* بەڕوانکە be rwanke
vested *(adj.)* جل و بەر jl u berg
vestige *(n.)* شوێن پێ shwen pe
vestment *(n.)* جبە jbe
veteran *(n. & adj.)* جەنگاوەری کۆن jengaweri kon
veterinary *(adj.)* ڤێتەرنی vitarne
veto *(v.)* چۆچ کردنەوە choch kirdinewe
veto *(n.)* پۆچ دەکات poch dekat
vex *(v.)* جارس دەکات jar dekat
vexation *(n.)* جارس کردن jars kirdin
via *(prep.)* بەهۆی be hoy
viable *(adj.)* درێژ خایەن drej khayen
vial *(n.)* شوشە shoshe
vibrate *(v.)* دەلەرێتەوە de leretewe
vibration *(n.)* لەرزین lerzin
vicar *(n.)* پیاوێکی ئایینی لەپسراوی هەرێمێك pyaweki ayini le prsrawi heremek
vicarious *(adj.)* ساختە sakhte
vice *(n.)* بەدکاری bed kari
viceroy *(n.)* جێگری پاشا jegri pasha
vice-versa *(adv.)* بەپێچەوانەوە be pechewane
vicinity *(n.)* تەنیشت tenisht
vicious *(adj.)* نەفرین ne frin
vicissitude *(n.)* گۆڕان goran
victim *(n.)* قوربانی qorbani
victimize *(v.)* قوربانی دەدات qorbani dedat
victor *(n.)* سەرکەوتوو ser kewto
victorious *(adj.)* سەرکەوتوو ser kewto
victory *(n.)* سەرکەوتن ser kewtin
victuals *(n. pl)* ڤیکۆتاڵەکان vikotalekan
video *(n.)* ڤیدیۆ video
video *(v.)* ڤیدیۆ دەکات video dekat

videoblogger *(n.)* ڤیدیۆبلۆگەر video bloger
videobook *(n.)* کتێبی ڤیدیۆیی ktebi videoy
videocassette *(n.)* ڤیدیۆکاسێت video kaset
videogaming *(n.)* یاری ڤیدیۆیی yari videoy
videotape *(n. & v.)* شریتی ڤیدیۆیی shriti videoy
videotelephone *(n.)* ڤیدیۆتەلەفۆن video telefon
vie *(v.)* مڵمڵانێ دەکات mlmlane dekat
view *(n.)* بیر bir
view *(v.)* بیری دەکات biri dekat
vigil *(n.)* شەونخونی shew nkhoni
vigilance *(n.)* ئاگاداری agadari
vigilant *(adj.)* بەئاگا be aga
vigorous *(adj.)* بەھێز ba hez
vile *(adj.)* بێنرخ be nrkh
vilify *(v.)* بوختان دەکات bokhtan dekat
villa *(n.)* خانوو khano
village *(n.)* دێ de
villager *(n.)* لادێیی ladey
villain *(n.)* چەپەڵ chepel
vindicate *(v.)* بێتاوانی دەکات be tawani dekat
vindication *(n.)* بەرگری bergri
vine *(n.)* دار ترێ dar tre
vinegar *(n.)* سرکە srke
vintage *(n.)* وەرزی ترێ لێکردنەوە werzi tre le kirdinewe
violate *(v.)* سەرپێچی دەکات serpechi dekat
violation *(n.)* سەرپێچی serpechi
violence *(n.)* توندوتیژی tond u tiji
violent *(adj.)* توندوتیژ tond u tiji
violet *(n.)* وەنەوشە wenewshe
violin *(n.)* کەمان keman
violinist *(n.)* کەمانژەن keman jen
viral *(adj.)* ڤایرۆسی vayrosi
virgin *(n. & adj.)* کچی شون نە کردوو kchi show ne kirdo
virginity *(n.)* کچێنی kcheni
virile *(adj.)* پیاوانە pyawana
virility *(n.)* پیاوەتی pyaweti
virtual *(adj.)* ڕاستی rasti
virtue *(n.)* چاکەکاری chake kari
virtuous *(adj.)* چاکەکار chake kar
virulence *(n.)* دژواری dijwari
virulent *(adj.)* جەرگبڕ jerg br
virus *(n.)* ڤایرۆس vayros
visage *(n.)* دەم و چاو dem u chaw
visibility *(n.)* دەرکەوتن derkewtin
visible *(adj.)* دەرکەوتوو derkewto

vision *(n.)* بینایی binay
visionary *(n. & adj.)* بیناییبانە binayyane
visit *(n.)* سەردان ser dan
visit *(v.)* سەردانی دەکات ser dani dekat
visitor *(n.)* دیدەنیار didenyar
vista *(n.)* ئاسۆ aso
visual *(adj.)* بینەیی biney
visualize *(v.)* دێنێتە بەر چاو denete ber chaw
vital *(adj.)* گرنگ grng
vitality *(n.)* چالاکی chalaki
vitalize *(v.)* دەبوژێنێتەوە de bojenetewe
vitamin *(n.)* ڤیتامین vetamen
vitiate *(v.)* لاوازی دەکات lawazi dekat
viva voce *(adv. & n. & adj.)* دەنگی ڤیڤا dengi viva
vivacious *(adj.)* زیندوو zindo
vivacity *(n.)* زیندوویی zindoy
vivid *(adj.)* ڕوون roon
vixen *(n.)* کۆترە kotre
vocabulary *(n.)* وشە woshe
vocal *(adj.)* دەنگی dengi
vocalist *(n.)* گۆرانی بێژ gorani bej
vocation *(n.)* پیشە pishe
vogue *(n.)* جلوبەرگی تازە jl u bergi taze
voice *(v.)* دەنگی مرۆڤ dange mrov
voice *(n.)* دەنگی مرۆڤ dengi mrov
void *(v.)* بەتاڵ دە کات betal dekat
void *(n. & adj.)* بەتاڵ betal
volcanic *(adj.)* بوڕکانی borkani
volcano *(n.)* ئاگرپژێن agir pijin
volition *(n.)* خواست khwast
volley *(v.)* تۆپ دە فرینێت top defrenet
volley *(n.)* فرینی تۆپ frini top
volt *(n.)* ڤۆڵت volt
voltage *(n.)* ڤۆڵتێج voltej
volume *(n.)* قەبارە qebare
voluminous *(adj.)* قەبارە گەورە qebare gewre
voluntarily *(adv.)* بەخۆبەخشی be kho bekhshi
voluntary *(adj.)* ھەوەسی hewesi
volunteer *(n. & v.)* خۆبەخشیو kho bekhshiw
voluptuary *(n.)* ئارەزوخواز arezo khwaz
voluptuous *(adj.)* ئارەزوخوازی arezo khwazi
vomit *(n. & v.)* دەرشێنێتەوە dershetewe
voracious *(adj.)* بخۆر bkhor
vortex *(n.)* گێژەڵۆکە gejeloke
votary *(n.)* پەرستار perstar

vote *(v.)* دەنگ دەدات deng dedat
vote *(n.)* دەنگ deng
voter *(n.)* دەنگدەر dengder
vouch *(v.)* دوپات دەکات dopat dekat
voucher *(n.)* قەوالە qewale
vouchsafe *(v.)* دڵسۆزی لەگەڵ دەکات dlsozi le gel dekat
vow *(v.)* سوێند دەخوات swend de khwat
vow *(n.)* سوێند swend
vowel *(n.)* پیتی بزوێن piti bzwen
voyage *(v.)* بە دەریا گەشت دەکات be derya gesht dekat
voyage *(n.)* گەشتی دەریایی gehsti deryay
voyager *(n.)* گەشتکەر gesht ker
voyeur *(n.)* بینەر biner
voyeurism *(n.)* سەرەتاتکی کردن seretatki kirdin
vulgar *(adj.)* بازاری bazari
vulgarity *(n.)* قسەی ناشرین qsey na shirin
vulnerable *(adj.)* لاواز lawaz
vulture *(n.)* هەڵۆ helo

W

wabble *(v.)* وەبل webl
wabbly *(adj.)* وابلی wabli
wack *(n. & adj.)* واک wak
wacko *(n. & adj.)* واکۆ wakw
waddle *(v.)* بەهەلم دەبێت be helm debet
wade *(v.)* دەچەقی de cheqe
waft *(n.)* شەماڵ هەڵگرتن shemal hel de girtin
waft *(v.)* شەماڵ هەڵیدەگرێت shemal hel de giret
wag *(n.)* جولان jolan
wag *(v.)* دە جولێنی de jolene
wage *(n.)* کرێ kre
wage *(v.)* ئاشکرا دەکات ashkra dekat
wager *(v.)* مەرج دادەنێت merj dadenet
wager *(n.)* مەرج دانان merj danan
wagon *(n.)* گالیسکەی بار galiskey bar
wail *(n.)* لورە lore
wail *(v.)* دەلوورێنی de lorene
wain *(n.)* ورچی گەورە worchi gewre
waist *(n.)* ناوقەد naw qed
waistband *(n.)* کەمەر بەند kemer bend
waistcoat *(n.)* بەروانکە be rwanke
wait *(n.)* چاوەڕوان کردن chawe rwan kirdin

wait *(v.)* چاوەڕوان دەکات chawe rwan dekat
waiter *(n.)* ئاوگێر awgir
waitress *(n.)* کارمکەر kare ker
waive *(v.)* وازدەهێنێت waz dehenet
waiver *(n.)* واز هێنان waz henan
wake *(n.)* هەڵسە ندن hel sendin
wake *(v.)* هەڵدەستێت hel destenet
wakeful *(adj.)* بەئاگا be aga
walk *(n.)* ڕۆیشتن royshtin
walk *(v.)* دەڕوات de rwat
wall *(v.)* دیوار دروست دە کات diwar drost dekat
wall *(n.)* دیوار diwar
wallet *(n.)* جزدان jzdan
wallop *(v.)* لێدانێکی توند ledaneki tond
wallow *(v.)* دەگەوزێ de gewze
walnut *(n.)* گوێز gwez
walrus *(n.)* فیلی دەریا fili derya
wan *(adj.)* سپ هەڵگەراو sp helgraw
wand *(n.)* گۆچانی جادوگەر gochani jadoger
wander *(v.)* دەگەڕێ de gere
wane *(n.)* کەم دەبێت kem debet
wane *(v.)* کەم دەکات kem dekat
want *(n. & v.)* دەیەوێ deyewe
wanton *(adj.)* داوێن پیس dawen pis
war *(v.)* دەجەنگێ de jenge
war *(n.)* جەنگ jeng
warble *(n. & v.)* دەخوێنێت de khwenet
warbler *(n.)* فیرنەگولە firne gole
ward *(n. & v.)* وارد ward
warden *(n.)* سەرپەرشتیاری پۆلیس ser pershti polis
warder *(n.)* بەندەوان bendewan
wardrobe *(n.)* کەنتۆر kentor
wardship *(n.)* پێ سپاردنی مندال pe spardni mndal
ware *(n.)* شەر sher
warehouse *(n.)* بارخانە bar khane
warfare *(n.)* شەڕوشۆڕ sher u shor
warlike *(adj.)* جەنگاوەر jengawer
warm *(adj.)* گەرم germ
warm *(v.)* گەرم دەکات germ dekat
warmth *(n.)* گەرمی germi
warn *(v.)* وریادەکاتەوە wrya dekatewe
warning *(n.)* وریاکردنەوە wrya kirdinewe
warrant *(v.)* بیانو دەهێنێتەوە biano dehenetewe
warrant *(n.)* بیانو byano
warrantee *(n.)* دابین کردوە byano krdwe

warrantor *(n.)* دابينکەر dabin ker
warranty *(n.)* دەسەلاتنامە deselat name
warren *(n.)* نێچیرگە nechir ge
warrior *(n.)* جەنگاوەر jengawer
wart *(n.)* بالوکە baloke
wary *(adj.)* وریا wrya
wash *(n.)* شتن shtn
wash *(v.)* دەشوا deshwa
washable *(adj.)* دەشوریت de shoret
washer *(n.)* واشەر washer
wasp *(n.)* زەردەواڵە zerde wale
waspish *(adj.)* ڕقاوی rqawe
wassail *(n.)* نۆش nosh
wastage *(n.)* فیڕۆ ferw
waste *(n.)* پاشماوە pash mawe
waste *(v. & adj.)* بەفیڕۆ دەدات be fero dedat
wasteful *(adj.)* ویرانکار weran kar
watch *(n.)* چاودێری chaw deri
watch *(v.)* چاودێری دەکات chaw deri dekat
watchful *(adj.)* بە ئاگا be aga
watchword *(n.)* دروشم droshm
water *(v.)* ئاو دەدات aw dedat
water *(n.)* ئاو aw
waterfall *(n.)* تاڤگە tavga
water-melon *(n.)* شووتی shote
waterproof *(adj. & v. & n.)* بەرگەی ئاو دەگرێت bergey aw degret
watertight *(adj.)* ئاو ناگرێت aw nagret
watery *(adj.)* ئاوی awi
watt *(n.)* وات wat
wave *(v.)* شەپۆل دەدات shepol dedat
wave *(n.)* شەپۆل shepol
waver *(v.)* دەشلێژێ deshle je
wavy *(adj.)* شەپۆلاوی shepolawi
wax *(v.)* مۆم دەکات mom dekat
wax *(n.)* مۆم mom
way *(n.)* رێگا rega
wayfarer *(n.)* ڕێبواری پیادە rebwari pyade
waylay *(v.)* خۆی بۆ ناوەتەوە khoy bu nawetewe
wayward *(adj.)* سەرکێش ser kesh
weak *(adj.)* لاواز lawaz
weaken *(v.)* لاواز دەبێ lawaz debe
weakling *(n.)* کەسێکی لاواز keseki lawaz
weakness *(n.)* لاوازی دەکات lawaz dekat
weal *(n.)* ماکەبرین make brin
wealth *(n.)* سامان saman
wealthy *(adj.)* ساماندار samandar
wean *(v.)* دەبڕێتەوە de bretewe

weapon *(n.)* چەک chak
wear *(v.)* لەبەر دەکات le ber dekat
weary *(adj.)* ماندوو mando
weary *(v.)* ماندوو دەبێ mando debe
weather *(v.)* لە ڕەشەبا قورتال بوو le rsheba qortal bu
weather *(n.)* کەش kesh
weave *(v.)* دەچنی de chne
weaver *(n.)* جۆلا jola
web *(n.)* تۆڕ tor
web page *(n.)* ویب پەڕ web per
web store *(n.)* ویب فرۆشگا web froshga
webby *(adj.)* وێبی wibe
webcam *(n.)* کامیرای کۆمپیوتەر kamiray kompyoter
webcasting *(n.)* ویبکاستینگ web kasting
webinar *(n.)* ویبینار webinar
webisode *(n.)* ویبیسۆد webisod
webmaster *(n.)* ویبماستەر webmaster
wed *(v.)* شوو دەکات sho dekat
wedding *(n.)* هاوسەرگرتن hawser girtin
wedge *(v.)* قوتانی سنگ qotani sng
wedge *(n.)* سنگ sng
wedlock *(n.)* هاوسەرێتی haw seriti
Wednesday *(n.)* چوارشەممە chwar shemme
weed *(v.)* بژار دەکات bjar dekat
weed *(n.)* گژوگیا gij u gya
week *(n.)* هەفتە hefte
weekly *(n. & adj. & adv.)* هەفتانە heftane
weep *(v.)* بگری bgre
weevil *(n.)* سووس sos
weigh *(v.)* دەکێشی desh kene
weight *(n.)* کێش kesh
weightage *(n.)* کێشی keshi
weighty *(adj.)* قورس qors
weir *(n.)* بەست best
weird *(adj.)* نامۆ namw
welcome *(n.)* بەخێربێن be kher ben
welcome *(v.)* بەخێرهاتن دە کات be kher hatin dekat
welcome *(adj.)* بەخێربێن be kher ben
weld *(n.)* شل کردنەوە shl kirdinewe
weld *(v.)* شل دەکات shl dekat
welfare *(n.)* چاودێری chaw deri
well *(n. & adv.)* باش bash
well *(v.)* دەتەقێ de teqe
well *(adj.)* تەندروست باش tendrost bash
well off *(adj.)* باشە bashe
wellington *(n.)* وێلینگتۆن welengton

well-known *(adj.)* به باشی ناسراوه be bashi nasrawe
wellness *(n.)* تەندروستی باش tendrosti bash
well-read *(adj.)* باش بخوێنەرەوە bash bkhwenerewe
well-timed *(adj.)* کاتێکی باشی بۆ دانراوه kateki bash bu danrawe
well-to-do *(adj.)* باشە بۆ ئەوەی بیکەیت bashe bu aewey bikeyt
welt *(n.)* پەراوێز perawez
welter *(n.)* دەگۆڕێ de gore
wen *(n.)* کیسەی چەوری kisey chewri
wench *(n.)* کچ kch
west *(n. & adv. & adj.)* رۆژناوا roj awa
westerly *(adj. & adv.)* رۆژ ناوایی roj away
western *(adj.)* رۆژ ناوایی roj away
wet *(v.)* تەر دەکات ter dekat
wet *(adj.)* تەر ter
wetness *(n.)* تەری teri
whack *(v.)* دەبزێنێ de bezene
whale *(n.)* نەهەنگ neheng
wharfage *(n.)* شۆستەی بەندەر بەگشتی shostey bender be gshti
what *(interj. & pron. & adj.)* چی che
whatever *(pron.)* هەرچۆنێك بێت her chonek bet
wheat *(n.)* گەنم genm
wheedle *(v.)* مەلاقی دەکات melaqi dekat
wheel *(v.)* پال دەدا pal deda
wheel *(n.)* چەرخ cherkh
whelm *(v.)* بە ناو داپۆشین be aw daposhin
whelp *(n.)* تووتکە سەگ totke seg
when *(adv. & conj.)* کەی key
whence *(adv.)* لە کوێ le kwe
whenever *(adv. & conj.)* هەرکاتێك her katek
where *(adv. & conj.)* لە کوێ le kwe
whereabout *(n. & adv.)* شوێنی shweni
whereas *(conj.)* لەکاتێکدا le katek da
whereat *(conj.)* لە چی le chi
wherein *(adv.)* لە چی le chi
whereupon *(conj.)* لەوێدا le weda
wherever *(adv.)* لە هەر کوێیەکدا le ehr kweyek da
whet *(v.)* تیژ دەکات tij dekat
whether *(conj.)* نەگەر بێتو ager beto
which *(adj. & pron.)* کام kam
whichever *(pron.)* هەرکامێك her kamek
whiff *(n.)* سروە srwe

while *(conj.)* ماوه mawe
while *(v.)* کات دە بریت kat debret
while *(n.)* ماوە mawe
whim *(n.)* هەوەس hewes
whimper *(v.)* نووزە نووز دە کات noze noz deakt
whimsical *(adj.)* هەوەسباز hewes baz
whine *(n. & v.)* گریان gryan
whip *(n.)* قامچی qamchi
whip *(v.)* بە قامچی لێی دەدات be qamchi le dedat
whipcord *(n.)* قایشی قەمچی qayshi qamchi
whir *(n.)* وێر weran kar
whirl *(n.)* دەخولێتەوە de soretewe
whirl *(v.)* دەسوڕێتەوە de soretewe
whirligig *(n.)* فر فرۆکە fr froke
whirlpool *(n.)* گێژاو gejaw
whirlwind *(n.)* گێژەلۆکە geje loke
whisk *(n.)* راوەشان raweshan
whisk *(v.)* دەست لێ هەڵتەکان dest le heltekan
whisker *(n.)* لاجانگ lajang
whisky *(n.)* وێسکی wiske
whisper *(n.)* چرپە chrpe
whisper *(v.)* چرپە دەکات chrpe dekat
whistle *(n.)* فیکە fike
whistle *(v.)* فیکە لێدەدات fike le dedat
white *(n. & adj.)* سپی spi
whiten *(v.)* سپی دەکات spi dekat
whitewash *(v.)* سپی دەکات spi dekat
whitewash *(n.)* سپێتی spiti
whither *(adv.)* بۆ کوێ bu kwe
whitish *(adj.)* سپیکار spi kar
whittle *(v.)* دارتاشین dar tashin
whiz *(v.)* زووم کردن zoom kirdin
who *(pron.)* کێ ke
whoever *(pron.)* هەرکەس her kes
whole *(n. & adj.)* تەواو tewaw
whole-hearted *(adj.)* بە تەواوی دڵ be tewawi dl
wholesale *(n. & adv. & adj.)* بە تاك و کۆ be tak u ko
wholesaler *(n.)* فرۆشیاری کۆ foshyari ku
wholesome *(adj.)* تەندروستە tendroste
wholly *(adv.)* بەتەواوی br tewawi
whom *(pron.)* کێ ke
whore *(n.)* قحبە qehbe
whose *(pron.)* هی کێ hi ke
why *(adv.)* بۆچی bochi
wick *(n.)* فتیل ftel

wicked *(adj.)* شەرانگێز sheran gez
wicker *(n.)* شوول shol
wicket *(n.)* دەرگایەکی بچووك dergayeki bchok
wide *(adj. & adv.)* پان pan
widen *(v.)* پانیدەکات pani dekat
widespread *(adj.)* پانکراو pankraw
widow *(v.)* دەبێتە بێوەژن de bete biwe jn
widow *(n.)* بێوەژن biwe jn
widower *(n.)* بێوەپیاو biwe pyaw
width *(n.)* پانی pani
wield *(v.)* بە کارامەیی بەکاردەهێنێت be karamey be kar dehent
wife *(n.)* ژن jin
wig *(n.)* بارۆکە baroke
wigwam *(n.)* کۆختەیەکی قۆچکەیی هیندی یە ئەمەریکی یەکانە kokhteyeki qochkey hindi amriki
wild *(adj.)* درندە drnde
wilderness *(n.)* چۆڵ chol
wildfire *(n.)* ئاگرێکی گەورە agreki gewre
wile *(n.)* فێڵ fil
will *(v.)* دەبێ debe
will *(n.)* ویست west
willing *(adj.)* ئامادە amade
willingness *(n.)* ئامادەیی amadey
willow *(n.)* وێلۆ welw
wily *(adj.)* وێلی wele
wimble *(n.)* وێمبڵ wembl
win *(v.)* بردنەوە brdinewe
win *(v.)* دەبات de bat
wince *(v.)* ڕادەمچنێ ra de chne
winch *(n.)* ئامێری بەرزکردنەوە ameri berz kirdinewe
wind *(v.)* دەخولێنێتەوە de kholetewe
wind *(n.)* با ba
windbag *(n.)* زۆر بڵێ zor ble
winder *(n.)* پێچەر pichar
windlass *(n.)* ئامێری بەرزکردنەی شتی قورس ameri berz kirdinewey shti qors
windmill *(n.)* ئاشێبا asheba
window *(n.)* پەنجەرە penjere
windscreen *(n.)* شووشەی پێشەوەی ئۆتۆمۆبیل shoshey peshewey utombil
windy *(adj.)* فەربا fre ba
wine *(n.)* مەی mey
wing *(n.)* باڵ bal
wink *(v.)* چاودادەگرێ chaw da degre
wink *(n.)* چاوداگرتن chaw da girtin

winner *(n.)* سەرکەوتوو ser kewto
winnow *(v.)* شەن کردن shen kirdin
winsome *(adj.)* دڵ ڕاکێش dl ra kesh
winter *(v.)* دە بێ زستان debe zstan
winter *(n.)* زستان zstan
wintry *(adj.)* زستانی zstani
wipe *(v. & n.)* دەسڕی de sre
wire *(v.)* بە وایەر گرێ دەدا be wayer gre deda
wire *(n.)* وایەر wayer
wireless *(n. & adj.)* بێ وایەر be wayer
wiring *(n.)* وایەرکاری wayer kari
wisdom *(n.)* ژیری jiri
wisdom-tooth *(n.)* کاکیلەی عاقڵی kakeley aqli
wise *(adj.)* دانا dana
wish *(v.)* دە خوازێت de khwazet
wish *(n.)* خواست khwast
wishful *(adj.)* ئاواتخوازانە awat khwazane
wisp *(n.)* کاکۆڵ kakol
wistful *(adj.)* مات mat
wit *(n.)* زیرەکی zireki
witch *(n.)* جادووگەر jado ger
witchcraft *(n.)* دڵڕفاندن dl rfandin
witchery *(n.)* جادووگەری jado geri
with *(prep.)* لەگەڵ le gel
withal *(adv.)* وێتاڵ wetal
withdraw *(v.)* دەکێشێت de keshet
withdrawal *(n.)* کێشانەوە keshanewe
withe *(n.)* وێت wet
wither *(v.)* کزبوون kz boon
withhold *(v.)* ناهێڵێ nahili
within *(prep. & adv.)* لەناو le naw
without *(prep. & adv.)* بەبێ be be
withstand *(v.)* بەرگەی بگرن bergey bgrn
witless *(adj.)* گەمژە gemje
witness *(v.)* گەواهی بۆ دەکات gewhi bu dekat
witness *(n.)* گەواه gewah
witticism *(n.)* پێکەنین pe kenin
witty *(adj.)* هەڵکەوتوو hel kewto
wizard *(n.)* جادووگەر jado ger
wobble *(v.)* دەلەنگێ de lenge
woe *(n.)* ماتی mati
woebegone *(adj.)* ماتەمین matemin
woeful *(adj.)* خەفەتاوی khefetawi
wolf *(n.)* گورگ gorg
woman *(n.)* ئافرەت afret
womanhood *(n.)* مێینەتی me yeti
womanise *(v.)* دە کاتە ژن dekate jn
womaniser *(n.)* ژنخواز jn khwaz

womanish *(adj.)* ژنانه‌يه jnane	**would-be** *(adj.)* ده‌بيته de bete
womb *(n.)* منډالدان mndal dan	**wound** *(n. & v.)* برين bren
wonder *(v.)* ده‌پرسېت de prset	**wrack** *(n.)* وېرانى werani
wonder *(n.)* سه‌رسام ده‌بېت ser sam debet	**wraith** *(n.)* تارماى tarmay
wonderful *(adj.)* سېر seyr	**wrangle** *(n.)* دوژمنايه‌تى خه‌لك dojmnayeti khelk
wondrous *(adj.)* سه‌رسور هېنه‌ره ser sor hener	**wrangle** *(v.)* دوژمنايه‌تى خه‌لك ده‌كات dojmnayeti khelk dekat
wont *(n. & adj.)* راهاتو ra hato	**wrap** *(n.)* پېچ pich
wonted *(adj.)* باو baw	**wrap** *(v.)* ده‌پېچى de peche
woo *(v.)* دڵدارى له‌گه‌ڵ كردن dldari le gel kirdin	**wrapper** *(n.)* به‌رگ berg
wood *(n.)* دار dar	**wrath** *(n.)* توورېمى torey
wooden *(adj.)* دارين daren	**wreath** *(n.)* ده‌سته‌گوڵ deste gol
woodland *(n.)* دارستان darstan	**wreathe** *(v.)* به گوڵ ده‌رازېنېته‌وه be gol dey razenetewe
woods *(n.)* وودز wdz	**wreck** *(v.)* ده‌شكېنى de shkene
woof *(n.)* وه‌ره‌ى گر werey gr	**wreck** *(n.)* پارچه‌ى شكېندراو parchey shkendraw
wool *(n.)* خورى khori	**wreckage** *(n.)* شكېنراو shkenraw
woollen *(n.)* خورى khori	**wrecker** *(n.)* خانووبه‌ره روخېنه‌ر khano bere rokhener
woollen *(adj.)* خوريېن khoreen	**wren** *(n.)* فېرنه‌گوله ferne gole
word *(v.)* دادمرېژى da de reje	**wrench** *(v.)* ده‌كېشېت de keshet
word *(n.)* ووشه woshe	**wrench** *(n.)* كېشان keshan
wordy *(adj.)* زۆر ئاخېنراو zor akhenraw	**wrest** *(v.)* ده‌رفېنېت de frenet
work *(v.)* كار ده‌كات kar dekat	**wrestle** *(v.)* زۆرانى ده‌كات zorani dekat
work *(n.)* كار kar	**wrestler** *(n.)* زۆرانباز zoran baz
workable *(adj.)* كردارى krdari	**wretch** *(n.)* داماو damaw
workaday *(adj.)* ئاسايى asay	**wretched** *(adj.)* كه‌ساس kasas
worker *(n.)* كرێكار krekar	**wrick** *(n.)* وريك wrek
workman *(n.)* پېشه‌گه‌ر pishe ger	**wriggle** *(n.)* لارېگرتو lari grto
workmanship *(n.)* كاراميى karamey	**wriggle** *(v.)* لارى ده گرېت lari degret
workshop *(n.)* كارخانه kar khane	**wring** *(v.)* باده‌دات ba dedat
world *(n.)* جېهان jehan	**wrinkle** *(v.)* لوول ده‌بى lol debe
worldling *(n.)* وۆلدلينگ wold ling	**wrinkle** *(n.)* لوولى lole
worldly *(adj.)* دونياى donyay	**wrist** *(n.)* مه‌چه‌ك mechek
worm *(n.)* كرم krm	**writ** *(n.)* په‌رتوك pertok
wormwood *(n.)* نه‌فسه‌نتېن afsentin	**write** *(v.)* ده‌نوسى de nose
worn *(adj.)* كۆنه kone	**writer** *(n.)* نووسه‌ر noser
worry *(v.)* دڵه‌راوكى ده‌بېت dle rawki de bet	**writhe** *(v.)* له ئېشدا گينگڵ ده‌دات le ishda gingl dedat
worry *(n.)* دڵه‌راوكى dle rawki	**wrong** *(adv.)* هه‌ڵه hele
worsen *(v.)* خراپتر ده‌كات khrabtr dekat	**wrong** *(v. & adj.)* چه‌وت chewt
worship *(v.)* ده‌پرستى de perste	**wrongful** *(adj.)* هه‌ڵه hele
worship *(n.)* په‌رستن perstin	**wry** *(adj.)* گێر ger
worshipper *(n.)* په‌رستيار perstyar	
worst *(n. & adj.)* خراپترين khrab treen	
worst *(v.)* سه‌رى ده‌كه‌وى seri de kewe	
worsted *(n.)* رېسى خورى rise khore	
worth *(adj.)* نرخ nrkh	
worth *(n.)* به‌ها beha	
worthless *(adj.)* هيچ ناهێنێت hich nahenet	
worthy *(adj.)* لێهاتوو le hato	

xenobiology (n.) زینۆبایۆلۆجی zino bayoloji
xenogenesis (n.) زینۆجینێسیس zino genesis
xenomania (n.) زینۆمانیا zino mania
xenomorph (n.) زینۆمۆرف zino morv
xenophile (n.) زینۆفیل zino fil
xenophobe (n.) بێگانەپەرست begane perst
xenophobia (n.) بێگانەپەرستی begane persti
xerox (v. & n.) زیرۆکس ziroks
Xmas (n.) کریسمس kresms
x-ray (n. & v.) تیشکی ئێکس tishki eks
xylophilous (adj.) زایلۆفیلۆس zayolos
xylophone (n.) زایلۆفۆن zaylofon

yodel (n. & v.) گۆرانی ووتن بەدەنگی بەرزو بەرمبەرە نزم کردنەوە gorani be dengi berz u bere bere nzm kirdinewe
yoga (n.) یۆگا yoga
yoghurt (n.) ماست mast
yogi (n.) یۆگی yogi
yoke (n.) نیر ner
yoke (v.) بەندێتی bendeti
yolk (n.) زەردینەی هێلکە zerdiney helke
yonder (adj. & adv.) ئەوێ awe
yonder (n.) ئەو aw
You Tube (v.) یوتیوب yotyob
young (n. & adj.) گەنج genj
youngster (n.) گەنجێک genjek
yourself (pr.) خۆت khot
youth (n.) گەنجی genji
youthful (adj.) گەنجانە genjane

yacht (n.) یەخت yekht
yacht (v.) بەلەم belem
yak (v. & n.) یاك yak
yap (n.) وەرین waren
yap (v.) دەمۆڕێ dewere
yard (n.) گۆڕەپان gore pan
yarn (n.) ڕیس res
yawn (v.) باوێشك دەدات baweshk dedat
yawn (n.) باوێشك baweshk
year (n.) سال sal
yearly (adj. & adv.) سالانە salana
yearn (v.) بیری دە کات biri dekat
yearning (n.) پەڕۆشی peroshi
yeast (n.) ترشێنە trshene
yell (v.) هاوار hawar
yell (n.) هاوار دەکات hawar dekat
yellow (adj.) زەرد zerd
yellow (n. & v.) زەرد zard
yellowish (adj.) زەردباو zerd baw
yen (v. & n.) یەن yen
yes (adv.) بەلێ bele
yesterday (n. & adv.) دوێنێ dweni
yet (adv. & conj.) هێشتا heshta
yield (v.) بەرهەم دێنێت berhem denet
yield (n.) بەرووبوومی زەوی bero bomi zewi

zany (n.) سەیر seyr
zany (adj.) نابەجێ na be je
zeal (n.) پەڕۆشی peroshi
zealot (n.) لایەنگری توندوتیژو کوێرانە layengri tond u tij u kwerane
zealous (adj.) پەڕۆش perosh
zeb (v.) زیپ zep
zebra (n.) کەرەکێوی kere kewi
zebra crossing (n.) پەرگە perge
zenith (n.) پۆپە pope
zephyr (n.) شەمال shemal
zero (n.) سفر sfr
zest (n.) چەشتن chashten
zest (v.) چەشتن cheshtin
zesty (adj) پەڕۆش perosh
zig (n. & v.) زیگ zeg
zigzag (v. & adv. & adj. & n.) زیگزاگ zigzak
zinc (n.) زینك zenk
zip (n.) دەنگ deng
zip (v.) چالاکی chalaki
ziplock (adj.) قفلی زنجیر qfli znjeer
zipper (n.) زنجیر znjeer
zodiac (n.) کەلۆگە keloge
zonal (adj.) ناوچەیی nawchey
zone (n.) هەرێم herem

zoo *(n.)* باخچەی گیانەومران bakhchey gyaneweran
zoological *(adj.)* گیانەوەری gyaneweri
zoologist *(n.)* گیانەوەرزان gyanewer zani
zoology *(n.)* گیانەوەرزانی gyanewer zani
zoom *(n.)* زووم کردن zoom kirdin
zoom *(v.)* زووم دەکات zoom dekat
Zorb *(n.)* زورب zorb

Kurdish-English

ناب ab (n.) August
نابڕوچوون abro choon (n.) disgrace
نابڕوو دەبات abro debat (v.) scandalize
نابڕووبەر abro ber (adj.) shameful
نابڕووبەرە abro bere (n.) scandal
نابڕووبەرە abro bere (adj.) scandalous
نابلۆقە abloqa (n.) cordon
نابلۆقە دە دات abloqe dedat (v.) siege
نابلۆقە دان abloqe dan (n.) siege
نابوری abori (n.) thrift
نابوریزانی aborezane (n.) economics
نابووری abore (adj.) economical
ناتریۆم atreom (n.) atrium
ناخ akh (n.) ouch
ناخنین akhnin (n.) insertion
ناڕاستە دە دات araste dekat (v.) vector
ناڕاستەکراو araste kraw (adj.) oriented
ناڕاستەکراو araste kraw (n.) vector
ناڕاستەی دەکات arastae dakat (v.) level
ناڕاستەیدەکا Arastey deka (v.) aim
نارام aram (adj.) comfy
نارام بکەرەوە aram bkerewe (v.) pacify
نارام بێت aram bet (adj.) laid-back
نارام پێدان aram pedan (v.) tranquillize
نارام دەگرێت aram degret (v.) endure
نارامکەرەوە aram kerewe (adj.) placative
نارتیزیان artizyan (adj.) artesian
نارد ard (n.) flour
نارداوی ardawy (adj.) mealy
ناریەل areal (n.) antenna
نارەزو arazo (n.) affection
نارەزوخواز arezo khwaz (n.) voluptuary
نارەزوخوازی arezo khwazi (adj.) voluptuous
نارەزوومەندانە are zoo mendane (adj.) optional
نارەزووباز arezo baz (n.) sensuality
نارەزوومەند arezoo mend (adj.) interested
نارەزووی خواردن arazwe khwardin (n.) appetite
نارەزووی کاتی arezoy kati (n.) vagary
نارەق areq (n.) perspiration
نارەق دەرێژێ areq de reje (v.) perspire
نارەق ڕشتن areq rishtin (v.) moil
نارەقە areqe (n.) sweat

نارەقە دەکات areqe dekat (v.) sweat
نارەقە کردن areqe kirdin (n.) transplantation
ناڕاستە arasta (n.) direction
ناڕاستەیی arastey (adj.) orientational
نازا aza (adj.) brave
نازا aza (adj.) courageous
نازاد دە کات azad dekat (v.) parole
نازاد دەبێت azad debet (v.) enfranchise
نازاد دەکات azad dekat (v.) free
نازادبیر azad bir (adj.) liberal
نازادکردن azadkirdn (n.) emancipation
نازادی azadi (n.) freedom
نازادی مەرجی azadi marji (n.) parole
نازادیخواز azadi khwaz (n.) libertine
نازادیخوازی azadi xwazi (n.) liberalism
نازادەدەکات azadedakat (v.) emancipate
نازار azar (n.) agony
نازار azar (n.) anguish
نازار دە دا azar deda (v.) harm
نازار دەدات azar dedat (v.) hurt
نازار شکێن azar shkin (n.) analgestic
نازاردان azardan (v.) aggrieve
نازاری دە دا azari deda (v.) rack
نازاری ڕاوەستاند azari rawestand (v.) sedate
نازارێکی لەناکاو azareki le nakaw (n.) throe
نازاری پێ azari pe (adj.) footsore
نازاری دەدات azari dedat (v.) injure
نازاری ماسولکە azari masolke (n.) myalgia
نازارە دەدا Azare deda (v.) agonize
نازایەتی azaeati (n.) bravery
نازۆت azot (n.) azote
نازیز azez (adj.) dear
نازیزترین azeztren (adj.) dearest
ناژاوە Ajawe (n.) anarchy
ناژاوە دەنێتەوە ajawe denetewe (v.) disorganize
ناژاوەچی ajawe chi (n.) hooligan
ناژاوەخواز Ajawe khwaz (n.) anarchist
ناژاوەگەر ajawe ger (adj.) troublesome
ناژەڵ بەخێو دەکات ajel be khew dekat (v.) ranch
ناژەڵی کوژراو لە سەر ڕێگا ajeli kojraw le ser rega (n.) roadkill
ناژەڵ ajel (n.) cattle
ناژەڵداری Ajel dari (adj.) bestial
ناژەڵێکی شیردەر ajeleki shir der (n.) mink
ناژەڵی ماڵی ajeli male (n.) pet
ناژەڵی ماڵی بەخێودەکات ajeli male be khew dekat (v.) pet

ناسافۆیتیدا asafoeteda (n.) asafoetida
ناسان asan (adj.) easy
ناسان ده کا asan deka (v.) smooth
ناسان ده کات asan dekat (v.) ease
ناسان کردن asan kirdin (n.) ease
ناسانکاری asan kari (n.) facilitation
ناسانکردن asan kirdin (v.) facilitate
ناسانی دەکات asani dekat (v.) simplify
ناسانە بۆ بەکار ھێنان asana bo be kar henan (adj.) easy-to-use
ناسایی Asay (adv.) avidly
ناسایش asaysh (n.) security
ناسایی asay (adj.) conventional
ناسایی کردن asay kirdin (v.) normalize
ناساییکردنەوە asay kirdinewe (n.) normalization
ناساییانە asayyane (adv.) usually
ناست ast (n.) level
ناستی سەرەتایی aste saratae (adj.) entry-level
ناستەنگ asteng (n.) handicap
ناستەنگی astang (n.) challenge
ناسقی پانتۆڵ asqe pantol (adj.) bracing
ناسك asik (n.) antelope
ناسمان asman (n.) firmament
ناسمانی asmani (adj.) heavenly
ناسمانەوان asmanawan (n.) astronaut
ناسن asn (n.) iron
ناسنگەر asngar (n.) blacksmith
ناسنگەر asinger (n.) smith
ناسودەی دەکات asodey dekat (v.) entertain
ناسودەیی asodey (n.) comfort
ناسودەیە asodeye (adj.) comfortable
ناسوودە asode (adj.) content
ناسوودە asode (n.) joyous
ناسوودەیی asodey (n.) convenience
ناسۆیی asoy (adj.) level
ناسۆ asw (n.) horizon
ناسۆیی asoy (n.) landscape
ناش ash (n.) mill
ناشت دەکاتەوە asht dakatawa (v.) conciliate
ناشت نابنەوە asht nabnewe (adj.) irreconcilable
ناشتی ashti (n.) peace
ناشتی پی پیانان ashte pi pyanan (n.) treadmill
ناشتی خواز ashti khwaz (n.) pacifism
ناشتی خواز ashti khwaz (adj.) peaceable
ناشکرا ashkra (n.) candour
ناشکرا کردن ashkra kirdin (v.) reveal

ناشکرا نەکردن ashkra ne kirdin (n.) non-disclosure
ناشکراکردن ashkrakirdn (n.) decryption
ناشکرا دەکات ashkra dekat (v.) wage
ناشکرایی ashkray (adv.) obviously
ناشە وان ashe wan (n.) miller
ناشۆب ashop (n.) instability
ناشیبا asheba (n.) windmill
نافات afat (n.) pest
نافرەتانە afretane (n.) petticoat
نافرەتی رەش پێست afreti resh pist (n.) negress
نافرەتی زمان درێژ afreti zman drej (n.) shrew
ناکاری رەفتار akari reftar (n.) etiquette
ناکراتیك akratek (adj.) acratic
ناکرۆمات akromat (n.) achromat
ناکۆلایت akolaet (n.) acolyte
ناکینیسیا akenisya (n.) akinesia
ناگادار agadar (adj.) aware
ناگادار agadar (adj.) conversant
ناگادار کردنەوە لە دژی زین agadar kirdnawa la dzhe zen (n.) burglar alarm
ناگاداربوون agadar boon (n.) cognizance
ناگاداربە agadar be (v.) beware
ناگادارکردن agadarkirdn (n.) alarm
ناگادارکردن agadarkirdn (n.) caution
ناگادار کردنەوە agadar kirdinewe (n.) caveat
ناگادار کەرەوە agadar kerewe (n.) siren
ناگاداری agadare (n.) attention
ناگاداریبوون agadari bon (n.) care
ناگادارە agadara (adj.) alert
ناگار Agar (n.) agar
ناگازی agaze (adj.) agaze
ناگر agir (n.) fire
ناگر بە رەبوون agir berboon (v.) flicker
ناگر خۆش کردن agr khosh kirdn (v.) stoke
ناگراو agraw (n.) lava
ناگر بەردانەمال Agir berdanemal (n.) arson
ناگربەست agirbast (n.) armistice
ناگر پژین agir pijin (n.) volcano
ناگردان agrdan (n.) hearth
ناگر کۆژینەوە agir kojinewe (n.) firefight
ناگرگە agrga (n.) catapult
ناگریکی گەورە agreki gewre (n.) wildfire
ناگری ھەوارگە agre hawarga (n.) campfire
ناگرین agrin (adj.) fiery
ناگرا خۆشە agra khosha (n.) bonfire
ناگریارە agrayare (n.) cracker
ناگادار دەبێت agadar debet (v.) care

نالایەکی بچووک alaeake bchok (n.) bannister
ئەسپ دەنگی دە کا asp dengi dekat (v.) neigh
ئەلف و بنیانی Alf u beyani (adj.) alphabetical
ئالاندنی کانزا alandini kanza (n.) foundry
نالپ alp (n.) alp
نالوز aloz (adj.) sophisticated
ئالوگور al u gor (n.) exchange
ئالوودەبوون Alode boon (n.) addict
ئالوودەبوی مادە هۆشبەرەکان alwdaboe made hoshbarakan (n.) drug addict
نالۆی aloe (n.) aloe
ئالیفیرویوس aliferoews (adj.) aliferous
ئالیک دە کات alik dekat (v.) forage
ئالیکی ماڵات aliki malat (n.) forage
ئاڵا ala (n.) banner
ئاڵای دریژ و باریك alay drej u barik (n.) streamer
ئالتونچی alton chi (n.) goldsmith
ئالۆدە Alode (adj.) addicted
ئالۆز aloz (adj.) complex
ئالۆگۆر al u gor (n.) interchange
ئالۆگۆر دەکات al u gor dekat (v.) reciprocate
ئالۆگۆر کراو al u gor kraw (adj.) reciprocal
ئالۆگۆزدەکات al u gor dekat (v.) exchange
ئالۆگۆرکردن alogwrkirdn (v.)
ئالۆ alo (n.) tonsil
ئالۆز aloz (adj.) intricate
ئالۆزبون alozbon (n.) complication
ئالۆزدەکات alozdakat (v.) complicate
ئالەتی توون و تیژ alate twn o tezh (n.) chilli
نام am (abbr.) am
ئاماتۆری amatore (adj.) amatory
ئامادە amade (adj.) present
ئامادە بۆ هاوسەرگیری amade bu hawser giri (adj.) marriageable
ئامادە دەکات amade dekat (v.) prepare
ئامادە کراو amade kraw (adj.) ready-made
ئامادە کردن amade kirdin (v.) supply
ئامادە نیە amade nye (n.) nonpareil
ئامادەبوون amade boon (n.) presence
ئامادەکاری amadekare (n.) arrangement
ئامادەکاری amade kari (n.) preparation
ئامادەنەبوو Amade nebo (n.) absentee
ئامادەی دەکات amadey dekat (v.) qualify
ئامادەیی amadey (adj.) preparatory
ئامادەیە بۆ یارمەتی amadeye bo yarmeti (adj.) helpful
ئامار زان amar zan (n.) statistician

ئامار زانی amar zani (n.) statistics
ئاماژ amaje (n.) cue
ئاماژ دەکات amaje dekat (v.) motion
ئاماژە Amaje (adj.) allusive
ئاماژە بە amaje be (v.) cite
ئاماژە بە amaje be (v.) denote
ئاماژە دە دا amaje deda (v.) hint
ئاماژە دەکات amaje dekat (v.) mark
ئاماژەدارە amaje dare (adj.) pointful
ئاماژەی کردن amaje krdin (adj.) pointed
ئامانج amanj (n.) cause
ئامانجی amanji (n.) objective
ئامراز amraz (n.) instrument
ئامراز amraz (n.) tool
ئامرازێك amrazek (n.) gizmo
ئامرازی سەرسورمان amrazi ser sorman (n.) interjection
ئامرازی نەناسیارە amraze nanasyara (art.) an
ئامرازی نەناسیارە amraze nanasyara (adj.) An
ئامرازەکان amrazekan (n.) toolkit
ئامۆژگاریکەر amojgari ker (n.) prompter
ئامۆزا یان خاڵۆزا amoza yan khaloza (n.) cousin
ئامۆژگاری amojgari (n.) mentor
ئامۆژگاری amozhgare (n.) advice
ئامۆژگاری بکەن amizhgare bikan (v.) admonish
ئامۆژگاری دەکریت amozhgare dakrit (adj.) advisable
ئامۆژگاری کردن amojgari kirdin (v.) sermonize
ئامۆژگاریکردن amizhgarekirdn (n.) admonition
ئامیر amir (n.) apparatus
ئامیر ژەنی تە ك amer jeno tek (n.) soloist
ئامیرژەن amer jen (n.) instrumentalist
ئامیری ameri (adj.) instrumental
ئامیری برێس amiri bris (n.) braces
ئامیری بەرزکردنەوە ameri berz kirdinewe (n.) winch
ئامیری بەرزکردنەی شتی قورس ameri berz kirdiney shti qors (n.) windlass
ئامیری بەرزکەرەوە amire barzkarawa (n.) derrick
ئامیری چێشت لێ نان amiri chesht le nan (n.) cooker
ئامیری دروستکردن ameri drost kirdin (v.) machinate

نامێری ڕێکخەری لێ دانی دڵ ameri rek kheri ledani dl *(n.)* pacemaker
نامێری ساکسۆفۆن ameri saksofon *(n.)* saxophone
نامێری گرامۆفۆن amiri gramofon *(n.)* gramophone
نامێری گواستنەوە amire gwastnawa *(n.)* conveyor
نامێری نەخشەکێشاتی دڵ amire nakhsha kishane dl *(n.)* cardiograph
نامێری وەڵام دانەوە amire walam danawa *(n.)* answering machine
نامێری ئاگرکوژێنەوە amiri agir kojinewe *(n.)* fire extinguisher
نامێرە amire *(n.)* gadget
نامێرەکان amerekan *(n.)* machinery
نامێن amen *(interj.)* amen
ئانامۆرفۆسیس anamorfoses *(adj.)* anamorphosis
ئانۆراك anorak *(n.)* anorak
ئاهەنگی دەرچون ahengi derchoon *(n.)* graduation ceremony
ئاهەنگ ahang *(n.)* ceremony
ئاهەنگ خواز ahang khwaz *(adj.)* ceremonious
ئاهەنگ دەگێڕێت ahang dagirit *(v.)* celebrate
ئاهەنگ دە گیرە aheng de gire *(v.)* solemnize
ئاهەنگ گێڕان ahang giran *(n.)* celebration
ئاهەنگانە ahangana *(adj.)* ceremonial
ئاهەنگگێڕ aheng gir *(n.)* reveller
ئاهەنگی بەکالۆرێوس ahange ba kaloreos *(n.)* bachelor party
ئاهەنگی پاشاگەردانی ahangi pashagardani *(n.)* coronation
ئاهەنگی خۆ دەمامك لە بە ر كردن ahengi demamk le ber kirdin *(n.)* masquerade
ئاهەنگی رۆژانە ahengi rojane *(n.)* matinee
ئاهەنگە مۆسیقا ahange moseqa *(n.)* concert
ئاو aw *(n.)* water
ئاو خواردنەوە aw khwardnawa *(n.)* drinking water
ئاو دەدات aw dedat *(v.)* water
ئاو ناگرێت aw nagret *(adj.)* watertight
ئاوا awa *(adv.)* so
ئاوات awat *(n.)* ambition
ئاوات خواز awat khwaz *(adj.)* ambitious
ئاوات دەخوازێ awat dakhwazi *(v.)* aspire
ئاواتخوازانە awat khwazane *(adj.)* wishful
ئاواتخوازی awatkhwaze *(n.)* aspirant

ئاوارەکردن awarakirdn *(v.)* alienate
ئاواز awaz *(n.)* cadence
ئاواز awaz *(n.)* melody
ئاواز دادەنێت awaz dadenet *(v.)* tune
ئاواز سازی awaz saze *(n.)* antiphony
ئاوبۆرن aoborn *(adj.)* auburn
ئاوتباك awtbak *(n.)* outback
ئاوچنیاتی لەش awchnyane lash *(n.)* dehydration
ئاوچۆ Awcho *(n.)* ale
ئاودان awdan *(n.)* irrigation
ئاودز awdz *(n.)* edema
ئاودێری بکەن awderi bken *(v.)* irrigate
ئاودیشن aodeshn *(n.)* audition
ئاودەست aw dest *(n.)* latrine
ئاودەستی دەرەوە aw desti derewe *(n.)* outhouse
ئاوریشم awreshm *(n.)* silk
ئاوریشمی awreshmi *(adj.)* silken
ئاوریشمی awreshmi *(adj.)* silky
ئاوریفۆرم aoreform *(adj.)* auriform
ئاورێلاڤ aorelav *(n.)* aurilave
ئاوزەنگە awzange *(v.)* clasp
ئاوزەنگە awzange *(n.)* stirrup
ئاوساو awsaw *(v.)* bloat
ئاوگیر awgir *(n.)* waiter
ئاولە awla *(n.)* smallpox
ئاوهاتنەوە awhatnawa *(n.)* ejaculation
ئاو و هەوا aw u hewa *(n.)* climate
ئاوێتەکردن awete kirdin *(v.)* combine
ئاوێکی سیر aweki sir *(n.)* brine
ئاوێنە awene *(n.)* mirror
ئاوی awe *(adj.)* aquatic
ئاوی بۆری awe bore *(n.)* aqueduct
ئاوی تەنك awi tenk *(n.)* shoal
ئاوی زەنجەفیل awe zanjafel *(adj.)* ginger
ئاوی زەنجەفیل awe zanjafel *(adj.)* ginger
ئاودان awadan *(adj.)* populous
ئاورۆ awarw *(v.)* drain
ئاوەژوودەبێت awejo debet *(adj.)* reversible
ئاوەڵ زاوا awal zawa *(n.)* bridesmaid
ئاوەڵفرمان awalfrman *(n.)* adverb
ئاوەڵفرمانی awalfrmane *(adj.)* adverbial
ئاوەڵناو awalnaw *(n.)* adjective
ئایدیالیزم aydializm *(n.)* idealism
ئایدیالیکردن aydiali kirdin *(v.)* idealize
Air bas *(n.)* airbus
ئایرباند aerband *(n.)* airband
ئایرۆبیک aerobek *(n.)* aerobics

ناىرۆستاتیك aerostatek (n.) aerostatics
ناىرۆفۆىل aerofoel (n) aerofoil
ناىزۆبار ayzo bar (n.) isobar
ناىكۆن aykon (n.) icon
ناىكۆنۆكلاستىك aykon klastik (adj.) iconoclastic
ناىكۆنى aykoni (adj.) iconic
ناىلاىنەر aylayner (n.) eyeliner
ناىندەناسی aynde nasi (n.) futurology
ناىندەیی ayndey (adj.) futuristic
ناىورڤیدا aeorvida (n.) Ayurveda
ناىىن aeen (n.) denomination
ناىىن ayin (n.) religion
ناىىنخواز ayyin khwaz (adj.) pious
ناىىنزانى ayin zani (n.) theology
ناىىنى ayini (adj.) religious
ناىىنەوان ayne wan (n.) theologian
ناىەخ ayekh (adj.) inferior
ناىەخى ayekhy (n.) inferiority
ناىەخى ayekhi (n.) insignificance
ئستنبط astnbt (v.) elicitate
ئالاروروت alarorot (n.) arrowroot
ئالربوبی alrbobe (n.) deist
ئیڤرت evert (v.) evert
ئیمیت aemet (n.) emmet
Akasia (n.) acacia
ئۆرۆجینیك orojinik (adj.) orogenic
ئۆزۆ ozo (n.) ouzo
ئەسەر aser (n.) acer
ئە بێ قۆری abi qori (adj.) epicurean
ئە بێ قۆری abi qori (n.) epicurean
ئە كادیمی Akademi (adj.) academic
ئە نجام دە ر anjam der (n.) performer
ئە و كە سە ی لەھەموو شت دە زانێ aw kesey hemo sht dezane (n.) omniscience
ئە و كە سە ی لەھەموو شوێنێك لەھەمان كاتدا aw kesey le hemo shewenk le hemo kat da (adj.) omnipresent
ئۆپیرۆس opiros (adj.) uberous
ئۆپەرسێكسواڵ oper sekswal (adj.) ubersexual
ئۆپەرگیك opergek (n.) ubergeek
ئۆپەراسیۆن operasıon (n.) operation
ئۆتۆ دەكات auto dekat (v.) iron
ئۆتۆمبیلی فریاكەوتن Autombili Fryakewtin (adj.) ambulant
ئۆتێل otel (n.) hotel
ئۆرییەنت orient (v.) orient
ئۆستینسیۆن ostinsion (n.) ostension

ئۆسمانی osmani (n.) ottoman
ئۆكسبێرد oksberd (n.) oxbird
ئۆكس كارت okskart (n.) oxcart
ئۆكساندنی ئۆكسجین aoksandne aoksjen (n.) deoxidation
ئۆلولەیشن olo leyshin (n.) ululation
ئۆمێد لێكراو omed le kraw (adj.) promising
ئۆبەر oper (adv.) uber
ئۆپیرا opera (n.) opera
ئۆپەراتۆری دوور operatori dor (n.) teleoperator
ئۆتۆپاڵۆت aotopalplot (n.) autopilot
ئۆتۆسكۆپ otoskop (n.) otoscope
ئۆتۆماتیك كاری aotomatek kare (n.) automation
ئۆتۆماتیكی aotomateke (adj.) automatic
ئۆتۆماتیكی كردن aotomateke kirdn (v.) automate
ئۆتۆماتیكی كردن aotomateke kirdn (adv.) automatically
ئۆتۆمبیل aotombil (n.) car
ئۆتۆمبیلی ھاوبەش aotombile hawbash (n.) carpool
ئۆتۆمبیلی فریاكەوتن Autombili Fryakewtin (n.) ambulance
ئۆتۆمۆبیل aotomobel (n.) automobile
ئۆتۆمۆبیلی ئاگركوژێنەوە automobili agir kojinewe (n.) fire engine
ئۆتۆمۆبیلی ئاگركوژێنەوە automobili agir kojinewe (n.) firetruck
ئۆتۆمبیلە دەوەستێنێ aotomobela dawastini (v.) brake
ئۆربیتاڵ orbetal (adj.) orbital
ئۆرتۆگرافی ortografi (adj.) orthographic
ئۆركا orka (n.) orca
ئۆركێسترا orkestra (n.) orchestra
ئۆركیسترالی orkestraly (adj.) orchestral
ئۆرگازمیك orgazmik (adj.) orgasmic
ئۆرگانزا organza (n.) organza
ئۆرگانۆگرافی organografi (n.) organography
ئۆرگی orgi (n.) orgy
ئۆرۆجین orojin (n.) orogen
ئۆریگامی origami (n.) origami
ئۆزۆن ozon (n.) ozonate
ئۆزۆن كردن ozon kirdin (n.) ozonation
ئۆسمۆبایۆسیس osmobayosis (n.) osmobiosis
ئۆسمۆتیك osmotik (adj.) osmobiotic
ئۆسمۆس osmos (v.) osmose

نۆقیانوسناس oqyanos nas (n.) oceanographer
نۆقیانوگرافی oqyano grafi (adj.) oceanographic
نۆقیانووس oqyanos (n.) ocean
نۆكتان oktan (n.) octane
نۆكتۆپوس oktopos (n.) octopus
نۆكتۆنیۆنیەكان oktonionyekan (n.) octonionics
نۆكتین oktin (n.) octyne
نۆكساندن oksandin (n.) oxidation
نۆكسجین oksjen (n.) oxygen
نۆكسجین دان oskjen dan (n.) oxygenation
نۆكسجین كردن oksjin kirdin (n.) oxidate
نۆكسجین كردن oksjin kirdin (v.) oxidate
نۆكسجینی تێدایە oksjeni tedaye (adj.) oxygenated
نۆكسین بۆ oksin bo (n.) oxidant
نۆكسید oksid (n.) oxide
نۆلیگارشی uligarshi (adj.) oligarchal
نۆلیگاریشی uligarishi (n.) oligarchy
نۆلیۆكیمیایی oliokimyay (n.) oleochemical
نۆمۆفاژیا umo fajya (n.) omophagia
نۆنتۆجینی ontojini (n.) ontogeny
نۆنتۆجینیتیك ontojinitik (adj.) ontogenic
نۆنتۆلۆژی ontolojy (adj.) ontologic
نۆنتۆلۆژی ontolojy (adj.) ontological
نۆنتۆلۆژیزم ontolojizm (n.) ontologism
نۆنتۆلۆژیست ontolojist (n.) ontologist
نۆنس ons (n.) ounce
نۆنۆماتۆپی aonoma tope (n.) onomatope
نیزعاج izaaj (n.) nuisance
نیزعاجی دە كا balame bchok (v.) gig
نیش Esh (n.) ache
نیلهام ilham (n.) inspiration
نیمتیاز imtyaz (n.) privilege
نیمزا كردن emza kirdin (v.) initial
نینسكلۆپیدیا ensklopedia (n.) encyclopedia
نیپیدوراڵ aipedwral (n.) epidural
نیتیك aitek (n.) ethics
نیرلەندی erlendi (adj.) Irish
نێرە ere (adv.) here
نێستا esta (conj.) now
نێستر ester (n.) mule
نیسقانەی زۆر باریكی كاژیری سەرەوەی نەهەنگی aisqane bareke kazhire sarawae nahang (n.) baleen
نیسقانەی مەچەل aisqane machal (n.) carpel
نێسك isk (n.) bone

نێسك و پرۆسكی isk u proski (n.) orthopaedia
نێسكی تی eski te (n.) T-bone
نێسكی تی eski te (v.) T-bone
نێسكی مشار eski mshar (n.) sawbones
نێسكەپەیكەر eske peyker (n.) skeleton
نێسكەپەیكەرەكە iske peykereke (n.) orthopaedics
نێش و ئازار Esh u azar (n.) affliction
نێشان eishan (v.) ache
نێشێكی لەناكاو esheki le nakaw (n.) pang
نێشی تاعون دەگریت eshi taoon degret (v.) plague
نێڤەرگلەید evergeyld (n.) everglade
نێكتۆپلازما aiktoplazma (n.) ectoplasm
نێكسترا نێت ekstranet (n.) extranet
نێوارە eware (n.) evening
نیامبیچ ayambech (adj.) iambic
نیپۆكسی epoksi (n.) epoxy
نیپیكی epeki (adj.) epical
نیپیلات aepelat (v.) epilate
نیتاڵی itali (adj.) Italian
نیتەر eter (n.) ether
نیختیار ekhtyar (n.) mandate
نیختیاری aekhtyare (n.) discretion
نیدانەكردن edane kirdin (v.) decry
نیدانەكردن idane kirdin (v.) denounce
نیرۆتیك كردن aerotekkirdn (v.) eroticize
نیزۆتیریزم ezoterizm (n.) esoterism
نیسپانی espani (n.) Spaniard
نیستراگۆن aestragon (n.) estragon
نیسترۆجین estrojen (n.) estrogen
نیستغلال كردن estikhlal kirdin (n.) exploration
نیستەرلینی aestarlene (n.) sterling
نیستەرلینی aestarlene (adj.) sterling
نیسراحەكردن aesrahatkirdn (adj.) ejaculatory
نیسرافی esrafi (n.) extravagance
نیسفەنج esfenj (n.) sponge
نیسقانەكان esqanekan (n.) cartilage
نیسكەف eskef (n.) thimble
نیش esh (n.) function
نیشارەت بكە aesharat bka (v.) beckon
نیشی قورس ishi qors (adj.) hard-working
نیفلاس بوون aeflas bon (n.) bankruptcy
نیفلیج iflij (adj.) paralytic
نیفلیج دەبێت iflij de bet (v.) paralyse
نیفلیجی ifliji (n.) palsy
نیفلیجی ifliji (n.) paralysis

نيكسير aekser *(n.)* elixir
ek lampsya *(n.)* eclampsia نيكلەمپسيا
aekotorezm *(n.)* ecoterrorism نيكۆتۆريزم
aekosestam *(n.)* ecosystem نيكۆسيستەم
eko kardew gram *(n.)* نيكۆكارديۆگرام echocardiogram
aekolozhest *(n.)* ecologist نيكۆلۆژيست
aekolozhest *(n.)* ecology نيكۆلۆژيست
aekominek *(adj.)* ecumenic نيكۆمێنيك
aelemenar *(n.)* eliminator ئيليمينەر
aemprator *(n.)* empress ئيمپراتۆر
aempratoreat *(n.)* empire ئيمپراتۆرىەت
emperyalizm *(n.)* imperialism ئيمپرياليزم
aemoje *(n.)* emoji ئيمۆجى
aemojen *(n.)* emoticon ئيمۆجين
aemolefae bka *(v.)* emulsify ئيمۆليفاى بكە
aemolefaear *(n.)* emulsifier ئيمۆليفايەر
aemael *(n.)* email ئيمەيڵ
en boks *(n.)* inbox ئينبۆكس
aenprator *(n.)* emperor ئينپراتۆر
enter net *(n.)* internet ئينتەرنێت
aenjel *(n.)* bible ئينجيل
injel *(n.)* evangel ئينجيل
enjil *(n.)* gospel ئينجيل
injili *(adj.)* evangelic ئينجيلى
aengleze *(n.)* English ئينگليزى
aenglob *(v.)* englobe ئينگلۆب
abjor *(n.)* abjurer ئەبجور
ablaq bon *(v.)* gawk ئەبڵەق بوون
abnos *(n.)* ebony ئەبنۆس
abedyet *(n.)* eternity ئەبەديەت
ap lod ئەپلۆد كردنى دەنگ لەسەر ئەنتەرنێت kirdini deng le ser anternet *(n.)* podcast
apik *(n.)* app ئەپيك
atk *(v.)* defame ئەتك
atlas *(n.)* atlas ئەتڵەس
atopek *(adj.)* atopic ئەتۆپيك
atiket *(n.)* formality ئەتيكێت
adaptare *(n.)* adaptor ئەدابتارى
adrnal *(adj.)* adrenal ئەدرنال
arkhewani *(adj./n.)* purple ئەرخەوانى
aostoqrat *(n.)* aristocrat ئەرستۆكرات
arstokrase *(n.)* aristocracy ئەرستۆكراتى
arshifi deng u bas *(n.)* ئەرشيفى دەنگوباس morgue
arshev *(n.)* archive ئەرشيڤ
ark *(n.)* duty ئەرك
ark nama *(n.)* errand ئەرك نامە
azmon *(n.)* examination ئەزمون

azmone *(adj.)* empirical ئەزمونى
azmoni *(adj.)* tentative ئەزمونى
azmoni le zanko ئەزمونى لە زانكۆ وەرگيران wergeran *(n.)* matriculation
azmoon *(n.)* experience ئەزموون
azmongar *(n.)* empiricist ئەزموونگەر
ajdeha *(n.)* dragon ئەژديها
ajmari *(adj.)* statistical ئەژمارى
ajno *(n.)* knee ئەژنۆ
asbst *(n.)* asbestos ئەسبست
asp *(n.)* horse ئەسپ
asp tejki debe *(v.)* foal ئەسپ تێژكى دە بى
aspi *(n.)* louse ئەسپى
aspi bchok *(n.)* pony ئەسپى بچوك
aspi perin *(n.)* stallion ئەسپى پەرين
aspi deryay *(n.)* seahorse ئەسپى دەريايى
aspe kewe roj ئەسپە كێوى رۆژئاواى ئەمەريكا away amerika *(n.)* mustang
astor *(adj.)* thick ئەستوور
astori dekat *(v.)* thicken ئەستوورى دەكات
astera *(n.)* luminary ئەستێرە
astere *(n.)* star ئەستێرە
astira la chapgareda *(n.)* ئەستێرە لە چاپگەرىدا asterisk
astiranas *(n.)* astrolabe ئەستێرەناس
astiranase *(n.)* astrology ئەستێرەناسى
astirae *(adj.)* stellar ئەستێرەى
astirae klkdar *(n.)* comet ئەستێرەى كلكدار
astirae *(v.)* asteroid ئەستێرەيى
askoy *(n.)* ladle ئەسكوێ
askort *(n.)* escort ئەسكۆرت
askort dekat *(v.)* escort ئەسكۆرت دە كات
askana *(n.)* chisel ئەسكەنە
ashkenje dedat *(v.)* torment ئەشكەنجە دە دات
ashkenje dan *(n.)* torment ئەشكەنجەدان
ashkawt *(n.)* cave ئەشكەوت
ashkawte gawra *(n.)* cavern ئەشكەوتى گەورە
afsana *(n.)* fable ئەفسانە
afsane *(n.)* myth ئەفسانە
afsane zani *(n.)* mythology ئەفسانەزانى
afsanai *(n.)* epic ئەفسانەيى
afsaney *(adj.)* legendary ئەفسانەيى
afsaney *(adj.)* mythical ئەفسانەيى
afser *(n.)* officer ئەفسەر
afsentin *(n.)* wormwood ئەفسەنتين
afiyon *(n.)* opium ئەفيون
avokado *(n.)* avocado ئەڤۆكادۆ
Avini *(adj.)* affectionate ئەڤينى
aql *(n.)* mind ئەقڵ

نەقڵ aql (v.) mind
نەکادیمیا akademea (n.) academia
نەکتەر aktar (n.) actor
نەکتەر akter (n.) mummer
نەکتەر(بۆ مێ) aktar(bo mi) (n.) actress
نەکریلات akrelat (n.) acrylate
نەکریلیك akrelek (adj.) acrylic
نەکسل aksl (n.) axle
نەگزیما agzema (n.) eczema
نەگەر ager (conj.) if
نەگەر بێتو ager beto (conj.) whether
نەگەری ageri (n.) probability
نەگەری هەیە ageri heye (adj.) probable
نەلباتروس albatros (n.) albatross
نەلبوم albom (n.) album
نەلفا alfa (n.) alfa
نەلفا alfa (n.) alpha
نەلفۆبێ alfobye (n.) alphabet
نەلقە alqa (n.) link
نەلکترۆلیت alktrolet (n.) electrolyte
نەلکهول alkhol (n.) liquor
نەلگۆریزم algwrezm (n.) algorithm
نەلمیرە almera (n.) almirah
نەلۆمنیۆم alomneom (n.) aluminium
نەلەکترۆن alektron (n.) electron
نەلیکترۆنی alektroni (adj.) cyber
نەلیگار alegar (n.) alegar
نەلەمناێت alamnaet (v.) aluminate
نەلقەی alqey (n.) episode
نەلماس almas (n.) diamond
نەمپیر amper (n.) ampere
نەمر amr (adj.) imperative
نەمرۆ amro (n.) today
نەم شەو am shew (adv.) tonight
نەم شەو am shew (n.) tonight
نەمۆنیا amonya (n.) ammonia
نەمەلگەم amalgam (n.) amalgam
نەنابۆلیك anabolek (n.) anabolic
نەنالیست analest (n.) annalist
نەناناس ananas (n.) pineapple
نەنترۆپی antrwpi (n.) entropy
نەنترۆپیك antropek (adj.) entropic
نەنتمۆن antmon (n.) antinomy
نەنتیکە antike (n.) showpiece
نەنجام anjam (n.) backwash
نەنجام دان anjam dan (v.) commit
نەنجام دەدات anjam dedat (v.) undertake
نەنجام دان anjam dan (v.) pursue
نەنجامەکان anjamakan (n.) sequel

نەنجومەن anjoman (n.) assembly
نەنجومەنی پیران anjomeni piran (n.) senate
نەنجومەنی دادوەران anjomane dadwaran (n.) chancery
نەنجومەنی وەزیران anjomeni weziran (n.) cabinet
نەنجومەنی یاسادانان anjomeny yasa danan (n.) legislature
نەنجیۆگرام anjeogram (n.) angiogram
نەندازیار andazyar (n.) engineer
نەندازیاری andazyari (n.) engineering
نەندازیاری بایۆلۆجی andazyare baewloji (n.) bioengineering
نەندازیاری نانۆ andaziary nano (n.) nanoengineer
نەندازەزانی andaze zani (n.) geometry
نەندازەی کشتوکاڵ Andeazey Kisht u kal (n.) agronomy
نەندازەیی andazey (adj.) geometrical
نەندام andam (n.) limb
نەندام لە نەنجومەنی نوێنەران andam la anjomane noinaran (n.) commoner
نەندامی andami (adj.) organic
نەندامی پارتی کۆماری andami parti komari (n.) republican
نەندامی پارتی کۆماری andami parti komari (adj.) republican
نەندامی دەستەی سوێندخۆران andami destey swend khoran (n.) juror
نەندامی زاوزێ andami zawze (adj.) genital
نەندامی سوێندخۆران andami swend khoran (n.) juryman
نەندامی کۆمەڵەکی(زانیاری نووسەری نەکادیمی هونەری) andame komalake(zanyare nwsare akademe honare (n.) academician
نەندامی نەنجومەن andame anjoman (n.) councillor
نەندامی نەنجومەنی پیران andami anjomeni piran (n.) senator
نەندامەتی andameti (n.) membership
نەندرۆید android (n.) android
نەندۆسکۆپی andoskopi (adj.) endoscopic
نەندۆسکۆپی andoskopi (n.) endoscopy
نەنزیم anzem (n.) enzyme
نەنزیمی anzeme (adj.) enzymic
نەنفلەونزا anflawanza (n.) influenza
نەنقەست anqast (n.) premeditation
نەنگۆرج angorj (v.) engorge

ئەنیشك aneshk (n.) elbow
ئەو aw (pron.) he
ئەو (بو كچ) aw (bu kch) (pron.) she
ئەو كەسەی كاتی بە فیزو دەدات aw kesey kati be fero dedat (n.) dawdler
ئەو كەسەی خەلك دەگەیەنێت aw kesey khelk degeyenet (n.) usher
ئەو كەسەی خەلك دەگەیەنێت aw kesey khelk degeyenet (v.) usher
ئەو كەسەی دوو ژنی هەبێ لە هەمان كات aw kasae dw zhne habi la haman kat (n.) bigamist
ئەوان awan (dem. pron.) that
ئەوپەڕ aw per (adj.) utmost
ئەوپەڕ aw per (n.) utmost
ئەوپەڕی aw peri (n.) maximum
ئەوێ awe (adj.) yonder
ئەوێ awe (adv.) yonder
ئەوی تر awi tr (pron.) other
ئەوینكر uinker (n.) oinker
ئەوەی زوور حەزی لە ژنان هەیە awey zoor hezi le jnan heye (n.) philanderer
ئەوەی زوور مەی دەخوا awey zoor mey de khwa (n.) philander
ئەوەی كە ڕەشەمۆڵاخ دەدزێت awey ka rashewalakh dadzet (n.) abacus
ئەیلول aylol (n.) September

با Ba (n.) air
با دەدات ba dedat (v.) sprain
با دەربچێت ba der bchet (n.) let-out
بابۆن:جۆرێكە لە مەیمون babon:jorika la maemon (n.) baboon
بابەت babet (adj.) subject
بابەت پشت گوێ دەخات babet psht gwe dekhat (v.) skirt
بابەتی babate (n.) chapter
بابەتی خوێندن babeti khwendin (n.) material
بابەتیانە babetyane (adj.) impartial
باپتیست baptest (n.) babtist
باپیر baper (n.) ancestor
باج baj (n.) badge
باج baj (n.) tax
باج دەخرێتە سەر baj dekhrete ser (adj.) taxable

باج دەسێنێت baj desenet (v.) levy
باجدان bajdan (n.) taxation
باجدەری bajderi (n.) taxpayer
باجگر bajgr (n.) collector
باجی پۆستە baje posta (n.) postage
باجی لێ وەردەگرێ baji le werdegre (v.) tax
باجی میرات baji mirat (n.) succession
باخچە bakhche (n.) garden
باخچەی گشتی pakhchey gshti (n.) park
باخچەی گیانەوەران bakhchey gyaneweran (n.) zoo
باخچەی میوە bakhchey mewe (n.) orchard
باخەوان bakhewan (n.) gardener
بادار badar (adj.) rheumatic
باداری badari (n.) rheumatism
بادان badan (n.) sprain
بادراو badraw (n.) spiral
بادەدات ba dedat (v.) twist
بار bar (n.) burden
بار لێ باركردن bar le barkirdin (v.) lade
باران baran (n.) rain
باران پێو baran pew (n.) pluviometer
بارانەوی baranawi (adj.) pluvial
بارانێكی بەخور baraneki bakhor (n.) downpour
بارانی barani (n.) pluvial
باربۆی دەكات barboe dakat (v.) cater
بارتەندەر bartandar (n.) bartender
بارخانە bar khane (n.) warehouse
باردەكات bardakat (v.) decamp
بارستایی barstae (n.) bulk
باركردن bar kirdin (n.) loadstar
باركۆد barkod (n.) barcode
باركێش bar kesh (n.) lorry
بارگاوی bargawe (v.) charge
بارگاویكەرەوە bargawe karawa (n.) charger
بارگرانی bar grani (adj.) onerous
بارگە barga (n.) baggage
بارمتە barmta (n.) hostage
بارمتە بەخش barmte bekhsh (n.) mortgagor
بارمتەگر barmtegir (n.) mortgagee
بارمتەی خانووبەرە barmtey khan u ber (n.) mortgage
بارمتەی دەكا barmety deka (v.) mortgage
بارنیكی بەتەن و لە ناكاو barnike baten o la nakaw (n.) cloudburst
بار هەڵگر bar helgir (n.) truck
باروت baroot (v.) powder
بارودخانە barodkhana (n.) arsenal

باروکه baroke *(n.)* wig
بارۆن baron *(n.)* baron
باری پانوراما panorama *(n.)* jigsaw
باری زۆر bari zoor *(n.)* overload
باری کەشتی bari keshti *(n.)* shipload
باری گوزەران bari gozeran *(adj.)* seamy
باری ووشەزانین bare wshazanen *(n.)* charade
باریتۆن bareton *(n.)* baritone
باریك barek *(adj.)* thin
باریك دەبێت barek debet *(v.)* thin
باریك و درێژ barek u drej *(adj.)* lank
بارینی بەفر barini befr *(n.)* snowfall
بارەوم bareom *(n.)* barium
بارۆمەتر Barometir *(n.)* barometer
باز baz *(n.)* falcon
باز دەدات baz dedat *(v.)* hop
بازار bazar *(n.)* bazaar
بازار کردن bazar kirdin *(v.)* market
بازاری bazari *(adj.)* vulgar
بازاری پشکەکان bazari pshkekan *(n.)* share market
بازاری خۆڵەمێشی bazari kholemeshi *(n.)* grey market
بازدان bazdan *(n.)* jump
بازدانی بانجی bazdane banje *(n.)* bungee jumping
باز دەدات baz dedat *(v.)* bounce
باز دەدات baz dedat *(v.)* leap
بازرگان bazrgan *(n.)* businessman
بازرگانی bazrgani *(n.)* business
بازرگانی دادپەروەرانە bazrgani dad perwerane *(n.)* fair trade
بازرگانی دەکات bazrgani dekat *(v.)* trade
بازرگانی ئەلیکترۆنی bazrgane alektrone *(n.)* e-commerce
بازن bazin *(adj.)* armlet
بازنە bazna *(n.)* bangle
بازنەیی bazney *(adj.)* circular
بازنەیی bazney *(adj.)* guttural
بازی دە دات bazi dedat *(v.)* jump
باس bas *(n.)* treader
باس دەکات bas dakat *(v.)* describe
باسترمە bastrme *(n.)* sausage
باستورمە bastorma *(n.)* delicatessen
باسك basik *(n.)* arm
باسکردن baskirdn *(n.)* description
باسکردنی کورت bas kirdini kort *(n.)* inkling
باسانەیی basane *(adj.)* descriptive
باش bash *(n.)* fine

باش بخوێنەرەوە bash bkhwenerewe *(adj.)* well-read
باش تێگەیشتو bash tegeyshto *(v.)* fathom
باش دەکات bash dakat *(v.)* civilize
باشتر bashtr *(adj.)* better
باشتر دە کات bashtir dekat *(v.)* improve
باشتربوون bashtrbon *(n.)* betterment
باشتربوون لە bashtr boon *(v.)* outshine
باشترکردن bashtir kirdin *(n.)* improvement
باشترکردن bashtir kirdin *(v.)* meliorate
باشترکەر bashtr ker *(n.)* philalethist
باشترین bashtren *(adj.)* best
باشترین فرۆشیار bashtren froshyar *(n.)* bestseller
باشور bashor *(n.)* south
باشورانە bashorane *(adj.)* southerly
باشوری bashori *(adj.)* south
باشە bashe *(adj.)* okay
باشە بۆ ئەوەی بیکەیت bashe bu aewey bikeyt *(adj.)* well-to-do
باعەباع baba *(v.)* bleat
باغچەی ساوایان bakhchey sawayan *(n.)* kindergarten
باکبێنچەر bakbinchar *(n.)* backbencher
باکوور bakor *(adj.)* north
باگردان bagrdan *(n.)* roller
باگێت bagit *(n.)* baguette
بالا bala *(n.)* stature
بالافۆن balafon *(n.)* balafon
بالاکلاڤا balaklava *(n.)* balaclava
باڵندە لەسەر لق دادە نیشێت balinde le ser lq da denishet *(v.)* roost
باڵندی دەریایی balndi deryay *(n.)* seajacking
بالۆکە baloke *(n.)* wart
بالیف balif *(n.)* pillow
باڵێ bali *(n.)* ballet
بالەرینە balerena *(n.)* ballerina
بالێف balef *(n.)* cushion
باڵ bal *(n.)* cubit
باڵ bal *(n.)* wing
باڵاپۆش bala posh *(n.)* mantle
باڵاپۆش bala posh *(n.)* smock
باڵا دەستی bala desti *(n.)* pre-eminence
باڵانسی دارایی Balansi daray *(n.)* balance sheet
باڵکۆن balkon *(n.)* belvedere
باڵکۆنە balkone *(n.)* balcony
باڵندە balnda *(n.)* bird
باڵندە بچووك balnde bchok *(n.)* nestling

بالندچی balindechi (n.) fowler
بالندناس balnde nas (n.) ornithologist
بالندناسی balnde nasi (n.) ornithology
بالندی دەریایی balindi deryay (n.) seabird
بالندەی رەش balindey resh (n.) blackbird
بالندەی مالّی balndey male (n.) poultry
بالویزخانە balwizkhana (n.) embassy
بالیوز baleoz (n.) ambassador
بالەخانە balakhana (n.) building
بامییە bamye (n.) okra
بان ban (n.) plateau
بانجۆ banjw (n.) banjo
باندبەرینی bandbarene (n.) bandwidth
بانکی داتا banki data (n.) databank
بانکی لە دوورەوە banki le dorewe (n.) telebanking
بانکەوان bankawan (n.) banker
بانگ بۆ هەلدان bang bo haldan (v.) blazon
بانگ دەکات bang dakat (v.) call
بانگ کردن bang kirdn (n.) call
بانگ هێشت کردن bang hesht kirdin (n.) convocation
بانگ هێشت کەر bang hesht ker (n.) convener
بانگخواز bang khwaz (n.) preacher
بانگهێشت کردن bang hesht kirdin (n.) invitation
بانگهێشتن banghishtin (n.) banquet
بانگی دەکات bange dakat (v.) dub
بانگی دەدات bangi dedat (v.) summon
بانگەشەکردن bangeshe kirdin (n.) publicity
بانگەشەی بۆ بکەن bangeshey bo dekat (v.) preach
بانگەواز دەکات bangewaz dekat (v.) hail
بانیژە baneje (n.) forecourt
باو baw (adj.) colloquial
باو بووە baw boe (adj.) prevalent
با و بۆرانی تەرزە ba u borani terze (n.) hailstorm
باوباپیران baobaperan (adj.) ancestral
باوبۆران bawboran (n.) gust
باوک bawk (n.) dad (or daddy)
باوک کوشتە bawk koshta (n.) patricide
باوکانە bawkane (adj.) parental
باوکانە bawkana (adj.) paternal
باونشک baweshk (n.) yawn
باونشک دەدات baweshk dedat (v.) yawn
باوەڕپێکراو bawarepikraw (adj.) accredited
باوەڕ bawar (n.) belief
باوەڕ پێکراو bawer pekraw (n.) confidant

باوەڕ پێ کردن bawer pe kirdin (n.) naivete
باوەڕداری bawardari (adj.) dogmatic
باوەڕدەکات bawardakat (v.) believe
باوەڕنەمان bawarnaman (n.) distrust
باوەڕی پێ کراو baweri pe kraw (adj.) reliable
باوەش گرتن bawash girtn (v.) cuddle
باوەشک هاتنەوە baweshk hatinewe (v.) gape
بای پاس bae pas (n.) bypass
بای لاینی bay layeni (n.) sidewind
بایت baet (n.) byte
بایساید baesaed (adj.) bayside
بایسوون bayson (n.) bison
بایکەر baekar (n.) biker
بایۆسکۆپ baeoskop (n.) bioscope
بایۆسکۆپی baeoskope (n.) bioscopy
بایۆکیمیایی baeokemyae (adj.) biochemical
بایۆماس baeomas (n.) biomass
بایۆنیک baeonek (adj.) bionic
بایەخ bayekh (n.) importance
بایەخ پێدان baeakh pidan (n.) attendance
بایەخ پێ دانەوە bayekh pe danewe (n.) rehabilitation
بایەخدار bayekh dar (adj.) important
ببورە bbore (n.) pardon
بت bt (n.) idol
بت پەرست pt perst (n.) fetish
بت پەرستی pt persti (n.) paganism
بتلی شوشە btli shoshe (n.) phial
بچۆک bchok (adj.) little
بچۆک دەکاتەوە bichok dekatewe (n.) contract
بچۆک کراوە bchok krawa (adj.) diminutive
بچۆک کردنەوە bichok kirdnewe (n.) contraction
بچۆکتر bichok tr (adj.) lesser
بچۆوک bchok (adj.) junior
بچۆوککردنەوە bchokkirdnawa (v.) belittle
بچۆوک کراوە bchok krawe (n.) miniature
بچۆوکی bchoki (adv.) smallness
بخور bkhor (v.) incense
بدەر bder (n.) payee
برا bra (n.) brother
برا یان خوشک bra yan khoshk (n.) sibilating
برا یان خوشک bra yan khoshk (n.) sibling
بڕ دراو br draw (adj.) taken
برادەر bra der (n.) pal
برازا یان خوشکەزا braza yan khoshke za (n.) nephew
براسیری brasire (n.) brasserie

براندی brande (n.) brandy
برانگڵ brangl (v.) brangle
برایانە barayane (adj.) fraternal
برایەتی brayeti (n.) brotherhood
برج burj (n.) tower
بردنەوە brdnewe (v.) pocket
بردنەوە brdinewe (n.) win
بڕژاندن Birjandn (v.) bake
بڕژاندن لە مەنجەڵ دا brjandin le mejel da (v.) pot
بڕژانگ brjang (n.) eyelash
برستی bresti (n.) hunger
برسی brsi (adj.) hungry
برسێتی brseite (n.) dearth
برسیەتی brsyeti (n.) famine
بڕگە brge (n.) paragraph
برنج brnj (n.) rice
پڕ هێز pr hez (adj.) powerful
بڕوانامەی زانکۆ brwanamey zanko (v.) matriculate
بڕوایی بە قەزا و قەدەر brway be qeza u qeder (n.) fatalism
بروج broj (n.) brouge
بروسک brosk (n.) thunder
بروسک دەدات brosk dedat (v.) thunder
بروسکانە broskane (adj.) telegraphic
بروسکاوی broskawe (adj.) thunderous
بروسکە broske (n.) lightening
بروسکەبەر broske ber (v.) telegraph
بروسکەنێر broske ner (n.) telegraphist
بروسکەی بێتەل broskey be tel (n.) radiogram
بروسکیی broskey (n.) telegraphy
برۆ bro (n.) eyebrow
بڕۆکلی brokle (n.) broccoli
برۆنزی bronzi (n.) bronze
برین brin (n.) reamputation
بریندار کردن بە شمشێر brindar kirdin be shmsher (v.) sabre
برینی خواری بەڕخ brini khori berkh (v.) fleece
برینی دەکا brini deka (v.) maul
برسکە breska (n.) radiance
برسکەدار breskadar (adj.) dazzling
بریقە breqa (n.) scintillation
بریقە دەداتەوە briqe dedatewe (n.) flamboyance
بریقەدار briqe dar (adj.) fizzy
بریکار brekar (n.) agent

بریکارکردن brekarkirdn (n.) dealership
بریکاری brekari (n.) proxy
بریکارەکان brekarakan (n.) deponent
بریکێت brekit (n.) briquet
برین brin (v.) cut
برنجاڵ brenjal (n.) brinjal
بریندارى دەکات brindar dekat (v.) scar
بریندارى سەخت brendare sakht (n.) gash
برینکار brinkar (n.) surgeon
برینکاری brin kari (n.) surgery
برینی جەستە brini jeste (n.) ulcer
برینی نەخۆشینکی کەفتەکار بەهۆی کەوتنی لەناو جێگەدا بۆ ماوەیەکی زۆر brene nakhoshike kaftakar bahwe kawtne lanaw jigada bo mawaeake zwr (n.) bedsore
برینی هەیە brini heye (adj.) ulcerous
بڕ bir (n.) amount
بڕ br (v.) sum
بڕانەوە branewe (n.) expiry
بڕاوە brawa (adj.) definitive
بڕبڕەی پشت brbrae pisht (n.) amputee
بڕبەن brben (n.) rasp
بڕبەنگ brbeng (v.) file
بردنەوەی سیانی brdinewey siani (n.) hat-trick
بڕگۆو brgow (v.) rivet
بڕگە brge (n.) syllable
بڕگەی یەکەم brgey yekem (n.) par
بڕگەیەک دەنگ brgeyek deng (adj.) syllabic
بڕندە brnde (adj.) sharp
بڕوا پێ کراو brwa pe kraw (adj.) trustworthy
بڕوانامە brwanama (n.) certificate
بڕوانامە بدە brwanama bda (v.) certify
بڕوانامە بدەن brwanama bdan (v.) attest
بڕۆش brosh (n.) brooch
بڕێکی کەم breki kem (n.) modicum
بڕی bre (v.) chop
بڕیار bryar (n.) decision
بڕیار دەردەکات bryar dadakat (v.) decree
بڕیاردەدات bryari dedat (v.) decide
بڕیاری تۆمەتبارکردن bryari tomet bar kirdin (n.) indictment
بڕین Brin (adj.) abrasive
برین یا شکاندن و دەربازبوون bren ya shkandn o darbazbon (n.) breakout
برینی جەستە brene jasta (n.) amputation
برینەوەی پەلی مرۆڤ بە نەشتەرگەری brenawae pale mirov ba nashtargare (v.) amputate
برڕ brar (n.) cutter

بزادان bzadan (n.) placenta
بزمار bzmar (n.) rivet
بزماری کورت bzmari kort (n.) tack
بزن bzn (n.) goat
بزواندن bzwandn (n.) animation
بزوین bzwen (v.) motor
بزوینر bzoinar (n.) animus
بزوینەری bzwinare (adj.) enginous
بزێو bzew (adj.) movable
بزیو bziw (adj.) nimble
بژار دەکات bjar dekat (v.) revise
بژاردن bijardin (v.) compensate
بژاردن bjardin (n.) reimbursement
بژێو bzhio (n.) aliment
بژیوی ژیان bijewi jiyan (n.) breadwinner
بسپێرن bspern (v.) entrust
بسکەویت biskewit (n.) biscuit
بسکەویتێکی ناسکە pskwiteki nask (n.) shortbread
بسۆری bsore (v.) convolve
بکر bikir (n.) client
بکوژ Bikoj (n.) assassin
بکوژینەوە bkojenewe (n.) turn-off
بکوژی برا یان خوشک bkoji bra yan khoshk (n.) fratricide
بکەر bkar (n.) doer
بکەری bkeri (adj.) subjective
بگری bgre (v.) weep
بگرین bgren (v.) bewail
بلانچ blanch (v.) blanch
بڵاو دەکاتەوە blaw dekatewe (v.) publicize
بڵاوبونە وە blaw bonewe (n.) proliferation
بڵاودەکاتەوە blawdakatawa (v.) broadcast
بڵاوی دە کا blawi deka (v.) issue
بلند kirdin بلند کردن (v.) lever
بلند کردنی دەنگ blnd kirdin deng (v.) roar
بلیند کردنەوەی دە نگ blind kirdinewey deng (v.) reamplify
بلوتوز blotoz (n.) bluetooth
بلوز bloz (n.) blouse
بلوزی خوری blozi khori (n.) sweater
بلومەر blwmar (n.) bloomer
بڵۆق bloq (n.) bleb
بڵۆک blok (n.) bloc
بلۆگکردن blogkirdn (v.) blogging
بلۆگەر blogar (n.) blogger
بلۆگەکە blogaka (n.) blog
بلیمەت blemet (n.) genius
بڵادەکاتەوە blaw dekatewe (v.) circulate

بڵاوبوونەوە blaw bonewe (n.) circulation
بڵاودبێتەوە blaw debetewe (v.) deploy
بڵاودەبێنەوە blaw debetewe (v.) diffuse
بڵاودەکاتەوە blaw dekatewe (v.) profess
بڵاوکراوە blaw krawe (n.) prospectus
بڵاوکردنەوە blaw kirdinewe (n.) propagation
بڵاوکەرەوە blaw kerewe (n.) publisher
بڵاوکەرەوەیەکی کورتی ستایشی blawkarawaeaki korti staeshi (n.) blurb
بلق blq (n.) bubble
بلقەبلق کردن blqablq kirdn (v.) burble
بلند blnd (adj.) transcendental
بلندکەر blndkar (n.) escalator
بلندی blnde (n.) elevation
بلێسەی ئاگر blisae agir (adv.) aflame
بن بەست bn bast (n.) deadlock
بناغە bnagha (n.) base
بنبڕکردن bnbrkirdn (v.) eliminate
بنبڕکەر bn bir ker (n.) eradicator
بنجی کردن bn je kirdin (v.) localize
بنچینە bnchena (n.) basis
بنچینەیی Binchiney (adj.) basic
بنچە bncha (v.) stock
بنکی جگەرە bnki jgere (n.) stump
بنکەدراوە bnkadrawa (n.) database
بنکەر bnkar (n.) bunker
بنکەی ئاسمانی bnkae asmane (n.) airbase
بنمێچ bnmech (n.) ceiling
بنێشتی بلقدار bnishte blqdar (n.) bubblegum
بنی بەرد bni berd (v.) rock-bottom
بنی دەریا bni derya (n.) seafloor
بنیات bnyat (n.) pedestal
بنیاتنانە bnyatnane (n.) edification
بنیاتنانی تیم bnyat nani tem (n.) team building
بنیاتنەر bnyatnar (adj.) edificant
بنەرە تی bnereti (adj.) paramount
بنەرەت bneret (n.) origin
بنەرەتی Bnereti (adj.) basal
بنەما bnema (n.) tenet
بنەماڵە bnamala (n.) strain
بە سەختی برینداری کردن be sekhti brindar kirdin (v.) gash
بێ جەستە be jeste (v.) disembody
بێ هاوتا be hawta (adj.) peerless
بینەر biner (n.) on-looker
بە شێوەیەکی ڕاستەوخۆ be sheweyeki raste u kho (adj.) outright
بەهشداری دەکات beshdari dekat (v.) involve

بەشێنویەیەکی سەسوڕهێنەر bashiwaeake sersorhener (adv.) dazzlingly

بەکەوچک دادەگرێت be kewchik dadegret (v.) spoon

بەناوبانگی be naw bangi (n.) stardom

بنەماڵەی سەرەکی bnemaley sereki (n.) nuclear family

بە بوون ئاشکرا دەکات be bon ashkra dekat (v.) nose

بە پانی Be pani (prep.) athwart

بە پێشەکی دەستی پێ کرد be pesheki desti pe kird (v.) prelude

بە تاکی be taki (adv.) solo

بە تۆندی لێ دەدا be tondi le deda (v.) slam

بە تۆندی هێرشی دەکات be tondi hershi dekat (v.) savage

بە خێرا دەنۆسێ be khera denose (v.) jot

بەخیل bekhil (n.) scrooge

بە خێرا ڕای دەکات be kheray ra dekat (v.) scuttle

بە خێرایی be kheray (adj.) quick

بە دەستی دێنێ be dest dene (v.) obtain

بەراز beraz (n.) sow

بە ڕەبەست berbest (n.) gimp

بە شەفەل را دە مالێت ramal (v.) shovel

بە فیلوی be feloy (adj.) feline

بە کارکردنی مێشک be karkirdini meshk (n.) brainstorm

بە کە می Be kemi (n.) barley

بە کاتی نیشتەجێ دە بێ be kati nihste je debe (v.) sojourn

بە کرێ وەرگرتن be kre wer girtin (v.) lease

بە م نێزیکانە bem nizikane (adv.) soon

بە هەڵبژاردن be helbijartn (n.) by-election

بۆ لای باکووری ڕۆژ هەڵات bo lay bakori roj helati (adv.) northerly

بۆ ماوەیەك bo mawaeak (adv.) awhile

بوار bwar (n.) context

بواری پانبوون bwari pan boon (n.) latitude

بواسیر bewasir (n.) piles

بۆتڵ botl (n.) bottle

بوختان bokhtan (n.) calumny

بوختان دەکات bokhtan dekat (v.) vilify

بوختانکەر bokhtanker (adj.) telltale

بۆخچە bokhcha (n.) folder

بۆڕاندن borandin (v.) skip

بۆرجی سەتڵ borje satl (n.) aquarius

بۆڕسار borsar (n.) bursur

بۆرغی borghe (n.) bolt

بۆرك bork (v.) burke

بۆرکانی borkani (adj.) volcanic

بۆشایی boshay (n.) gap

بۆلدۆزەر boldwzar (n.) bulldozer

بۆلدۆگ boldog (n.) bulldog

بۆلیمیا bolemya (n.) bulimia

بوومەلەرزە ناس bome lerze nas (n.) seismologist

بوومەلەرزەبینی bome lerze bini (n.) seismoscope

بوومەلەرزەزانی bome lerze zani (n.) seismogram

بوومەلەرزەناسی bome lerze nasi (n.) seismology

بوومەلەرزەیی bome lerzey (n.) seismicity

بۆندوق bondoq (v.) nut

بووڕانەوە boranawa (n.) coma

بووڕانەوە boranewe (n.) swoon

بووك bok (n.) bride

بووکێنی bokite (adj.) bridal

بووکە شووشە لەسەر شانۆ boke shoshe le ser shano (n.) marionette

بووکەشوشە boke shosha (n.) puppet

بووکەڵە bokala (n.) doll

بوومەلەرزە bomalarza (n.) earthquake

بوومەلەرزەپێو bome lerze pew (n.) seismograph

بوومەلەرزەیی bome lerzey (adj.) seismic

بوون bon (v.) become

بوونە هۆ bone ho (n.) causation

بۆیاغی ڕوونی boyaghi roni (n.) oil paint

بۆینباغ boyn bagh (n.) rubberneck

بۆیرانە boirana (adj.) audacious

بۆیری boire (n.) audacity

بۆیری بکەن bwire bkan (v.) embolden

بۆ bo (prep.) for

بۆ دوو ماوەی دووری کراوە bo do mawey dori krawe (adj.) bifocal

بۆ سەرەوە bu serewe (adv.) upwards

بۆ کوێ bu kwe (adv.) whither

بۆ گەڕاندنەوە bu gerandinewe (v.) requite

بۆ من bu mn (n.) tome

بۆ ناو bu naw (prep.) into

بۆ ناو دەریا bo naw derya (adv.) overboard

بۆ ناوەوە bu nawewe (adv.) inwards

بۆ هێنەر bu hener (n.) supplier

بۆ هەر bo her (prep.) per

بۆ هەمیشە bo hemishe (adv.) eternally

بۆ یەکەمین جار bo eakamen jar (n.) debutante
بۆ ئەوێ bu awe (adv.) thither
بۆبی bobe (adj.) owly
بۆتیك botek (n.) boutique
بۆچوون bochon (n.) attitude
بۆچوونامە bo choon name (n.) opinionnaire
بۆچوونیان هەیە bochonian heye (adj.) opinionated
بۆچی bochi (adv.) why
بۆخوارەوە bo khwarawa (v.) down
بۆدجە bodja (n.) budget
بۆدەركەوتن bo derkewtin (n.) inference
بۆردومان دەكات bordoman dekat (v.) rumble
بۆردی ساترەنج borde satranj (n.) checker
بۆردی قسەكردن bordi qse kirdin (n.) talkboard
بۆرژوا borjaw (adj.) bourgeois
بۆرژوازی borjawze (n.) bourgeoise
بۆری bori (n.) fistula
بۆری ئاو bori aw (n.) hose
بۆرییەكانی هەناسە boreakane hanasa (adj.) bronchial
بۆراندن borandn (v.) bellow
بۆری شێوە bori shewe (adj.) tubular
بۆری هەوا bori hewa (n.) trachea
بۆری ئاوەڕۆ bore awarw (n.) drainpipe
بۆریچی bori chi (n.) plumber
بۆرەبۆر borabor (v.) moo
بۆستە دەنێرێت poste deneret (v.) mail
بۆسەدان bosadan (v.) embush
بۆش bosh (n.) hollow
بۆشایی boshay (n.) cavity
بۆشكەی تەختەی boshakae takhtae (n.) cask
بۆفیە bofea (n.) sideband
بۆق boq (n.) frog
بۆكسی نمرەكان boksi nmrekan (n.) scorebox
بۆگلێت boglit (n.) boglet
بۆگەن bogan (n.) cadaver
بۆگەن بوون bogan bon (v.) decay
بۆگەن بوونی خوێن bogen boni khwin (n.) sepsis
بۆگەنی لێ دێ bogane li di (n.) stink
بۆلارد bolard (n.) bollard
بۆلۆكس boloks (n.) bollocks
بۆڵە bole (n.) murmur
بۆڵەدەكات bole dekat (v.) grumble
بۆ ماوە bo mawe (adj.) inherent
بۆماوەزانی bomawe zani (n.) genealogy

بۆماوەیی bo mawey (adj.) genetic
بۆمب ئاوێژ bomb hawej (n.) bombardier
بۆمبا bomba (n.) bomb
بۆمبا باران كردن bomba baran kirdn (n.) bombardment
بۆمبا بارانی دەكات bomba barani dekat (v.) bombard
بۆمب باران bomb baran (n.) revel
بۆمبا بارانی دەكات bomb barani dekat (v.) shell
بۆمباهاوێژ bomb hawej (n.) bomber
بۆن bon (n.) odour
بۆن بڵاودەكاتەوە bon blaw dekatewe (v.) perfume
بۆن خۆش bon khosh (adj.) luscious
بۆن خۆشكەر bon khoshker (n.) deodorant
بۆن دەكات bon dekat (v.) scent
بۆن كردن bon kirdin (n.) sniff
بۆنخۆش bonkhosh (adj.) fragrant
بۆنخۆشە bon khoshe (adj.) odorous
بۆندەكان bondakan (n.pl.) bonds
بۆنزا bonza (n.) bonanza
بۆن نەكردن bon kirdin (adj.) olfactic
بۆنی boni (adj.) olfactory
بۆنیكی خۆش bonike khosh (n.) aroma
بۆنی خۆش boni khosh (n.) fragrance
بۆنی شوێنێك یا كەسێك خۆش كردن bone shwinik ya kasik khwsh kirdn (v.) cense
بۆنی دەكات boni dekat (v.) smelt
بۆنە bone (n.) instance
بۆهێمی bohaeme (adj.) bohemian
بۆی دەبژێرێت boy debjeret (v.) recoup
بۆی دەردەكەوێ boy der dekewe (v.) surmise
بۆی دەردەكەوێت boy derdekewet (v.) infer
بۆی دەمینێتەوە boy deminetewe (v.) inherit
بۆیاغ boyagh (n.) paint
بۆیاغ كردن boyagh kirdin (v.) paint
بۆیان boyan (adj.) their
بۆی دەردەكەوێت boy derdekewet (v.) deduce
بۆیە boye (conj.) so
بۆیە دەكات boye dekat (v.) tint
بێ بەختی لێ كردن be bekhti le krdin (v.) rubricate
بێ ماددەی كحولی be maddey kholi (adj.) non-alcoholic
بێ وایەر be wayer (n.) wireless
بیری دەكات biri dekat (v.) yearn
بێ زاری دەكات be zari dekat (v.) nettle
بێ باك bi bak (adj.) carefree
بێ باوك be bawk (n.) orphan

بێ باوک ده بێ be bawk de be (v.) orphan
بێ بایەخ be bauekh (adj.) frivolous
بێ بن کردن bi bn kirdn (v.) deflower
بێ بنەما bi bnama (adj.) baseless
بێ بۆچوون be bo choon (adj.) opinionless
بێ بەخت be bekht (adj.) luckless
بێ بەش be besh (adj.) bereft
بێ بەشدەکات be besh dekat (v.) deprive
بێ بەشکردن be besh kirdin (n.) depravation
بێ بەهاکردن be beha kirdin (v.) devalue
بێ پارە be pare (adj.) penniless
بێ پچران be pchran (adj.) uninterrupted
بێ پلان be plan (adj.) unplanned
بێ پۆلیس be poles (adj.) policeless
بێ پێوانە be pewane (adj.) immeasurable
بێ پێویست be pewist (adj.) needless
بێ پیت be pit (adj.) infertile
بێ تاقەتی be taqeti (n.) impatience
بێ تام و چێژ be tam u chej (n.) insipidity
بێ تامی be tami (adj.) insipid
بێ تاوان be tawan (adj.) guilt-free
بێ ترس bi trs (adj.) dauntless
بێ توانا be twana (adj.) incapable
بێ توانایی be twanay (n.) incapacity
بێ تەل be tel (adj.) cordless
بێ تەمەن Be temen (adj.) ageless
بێ جیاوازی be jiawazi (adj.) indiscriminate
بێ خانەیی Be khaney (adj.) acellular
بێ خوێ be khoy (adj.) unsalted
بێ خەوش be khewsh (adj.) impeccable
بێ خەوش be khewsh (adj.) stainless
بێ دادی be dadi (n.) injustice
بێ دانیشتن be danishtin (adj.) sessionless
بێ درەوشاوە be drewshawe (adj.) lacklustre
بێ دوو دڵی be do dli (adj.) unambiguous
بێ دۆڕان be doran (adj.) undefeated
بێ دیسپلین be displen (n.) indiscipline
بێ دەستەڵات be destelat (v.) depauperate
بێ دەمار be demar (adj.) nerveless
بێ دەنگ دەبێت be deng debet (v.) quiet
بێ ڕێز be rez (adj.) impolite
بێ ڕێزی دەکات be rezi dekat (v.) sauce
بێ ڕەچاوکردن be rechaw kirdin (adj.) inconsiderate
بێ ڕێزیکردن be rez kirdin (v.) disdain
بێ ڕەنگ Be reng (adj.) achromatic
بێ ڕەنگ Be reng (n.) albino
بێ ڕەنگ be reng (adj.) bland
بێ ڕەوشت be rewsht (adj.) immodest

بێ زاوزێ bi zaozi (adj.) asexual
بێ زیان be zyan (adj.) harmless
بێ سنوور be snor (adj.) limitless
بێ سۆز be soz (adj.) unaffectionate
بێ سەرقاڵ be ser qal (adj.) unamused
بێ سەرنشین be sernshin (adj.) unmanned
بێ شریت be shret (adj.) tapeless
بێ شوشتن be shoshtin (adj.) showerless
بێ شومار be shomar (adj.) innumerable
بێ شوو be show (adj.) celibate
بێ شووکردن be shokirdin (n.) celibacy
بێ شێوە be shewe (adj.) shapeless
بێ شەرم be sherm (adj.) unabashed
بێ شەرم و شکۆیی be sherm u shkoy (n.) indecency
بێ عەقڵ be aql (adj.) mindless
بێ قەرز be qerz (adj.) debt-free
بێ کاربوون be kar bon (adj.) inoperative
بێ کاریگەری be karegeri (adj.) unaffected
بێ کۆتایی be kotay (adj.) endless
بێ کۆمەڵایەتی کردن be komelayeti kirdin (n.) desocialization
بێ گلوتین be gloten (adj.) gluten-free
بێ گیان be gyan (adj.) inanimate
بێ لێپرسینەوە be le prsinewe (adj.) unaccountable
بێ مادده be made (n.) dematerialisation
بێ مادده be made (v.) dematerialize
بێ متمانەیی bi mtmaney (v.) distrust
بێ ملکەچبوون be mlkech boon (n.) insubordination
بێ مێشک bi mishk (adj.) asinine
بێ ناوبانگ کردن be naw bang kırdın (v.) discredit
بێ ناو و نیشان Be naw u nishan (n.) anonymosity
بێ نرخ be nirkh (adj.) invaluable
بێ نیشانە be nishane (adj.) clueless
بێ هۆشکردن be hosh kirdin (v.) demoralize
بێ هونەر Be honer (adj.) artless
بێ هۆش be hosh (adj.) insensitive
بێ هۆشکەر be hoshker (n.) deliriant
بێ هیوا be hiwa (adj.) desperate
بێ هیوا بوون be hıwa boon (v.) disenchant
بێ هیوایی be hiway (n.) despair
بێ هەست be hest (adj.) numb
بێ هەستی be hesti (n.) insensibility
بێ هەڵە be hele (adj.) infallible
بێ وریا be wrya (adj.) imprudent

بێ وریایی be wryay (n.) imprudence
بێ ووریی دەکات be wrey dekat (v.) discourage
بێ وێنه be wene (adj.) incomparable
بێ وەرگێران be wergeran (adj.) unquote
بێ وەستان be westan (adj.) non-stop
بێ یارمەتی be yarmeti (adj.) unaided
بێ ئابرۆ be abro (adj.) licentious
بێ ئابڕوو be abro (adj.) impertinent
بێ ئابڕووی be abroy (n.) impertinence
بێ ئازار be azar (adj.) scot-free
بێ ئاشنا be ashna (adj.) unacquainted
بێ ئاگا be aga (adj.) inattentive
بێ ئاماژه be amaje (adj.) pointerless
بێ ئامانج Be amanj (adj.) aimless
بێ ئێسک be isk (adj.) boneless
بێ ئیراده be irade (n.) immodesty
بێ ئیش be ish (adj.) jobless
بێ ئیلهام be elham (adj.) uninspired
بێ ئەخلاق bi akhlaq (adj.) amoral
بێ ئەمەکی be ameki (n.) ingratitude
بێ ئەندازه be andaze (adj.) measureless
بەیباک bey bak (adj.) beserk
بێپاکانە be pakane (adj.) nonchalant
بێباکی bibake (n.) apathy
بێباوەڕی Be baweri (n.) atheism
بێبەخت be bekht (adj.) unfortunate
بێبەر be ber (n.) impotence
بێبەرگری be bergri (adj.) defenceless
بێبەزەیی be bezey (adj.) pitiless
بیتا bita (adj.) beta
بێتاوان be tawan (adj.) innocent
بێتاوان بوون Betawan boon (n.) acquittal
بێتاوان بێت Betawan bet (v.) acquit
بێتاوانی دەکات be tawani dekat (v.) vindicate
بێترس be trs (adj.) safe
بێتوانا be twana (adj.) incompetent
بێجگە bejge (v.) except
بەچووە پشیله bechwe pshile (n.) kitten
بچوو ئاسک bichwa ask (n.) buck
بێچەک be chek (adj.) unarmed
بێخەوش be khewsh (v.) perfect
بیداری bidare (n.) alertness
بێ دین Be din (n.) atheist
بێ دەرامەت be daramat (adj.) down and out
بێدەنگ be deng (adj.) noiseless
بێدەنگ دەبێت be deng debet (v.) hush
بێدەنگکەر be deng ker (n.) silencer
بێدەنگی be dengi (n.) hush

بێرێزی be rezi (n.) flippancy
بێرێزی کردن be rez kirdin (v.) demean
بێرەوشتی be rewshti (n.) immorality
بێزار be zar (adj.) miffed
بێزار دەبێت bezar debet (v.) bore
بێزار دەکات bezar dekat (v.) trouble
بێزارکردن bizarkirdn (n.) annoyance
بێزارکەر be zar ker (adj.) deplorable
بێزاری be zari (v.) begrudge
بێزاری bezarı (n.) discontent
بێزاری be zarı (n.) displeasure
بێزاری دەکات be zari dekat (n.) disquiet
بێزاری دەکا bizarzaredaka (v.) annoy
بێزراو bezraw (adj.) odious
بێژان bejan (n.) utterance
بێژنگ bijeng (n.) sieve
بێژنگ ده کات bijeng dekat (v.) sieve
بێژەر Bejer (n.) announcer
بێسنوور boisnor (adj.) infinite
بێسوود be sood (adj.) futile
بێشمار beshmar (adj.) profuse
بێشماری beshmari (n.) profusion
بێشومار bishomar (adj.) countless
بێشەی دەوەن و بنچک beshey dewen u binchik (n.) coppice
بێک bik (n.) beck
بێکاریگەره be karigere (adj.) ineffective
بێگانەپەرست begane perst (n.) xenophobe
بێگانەپەرستی begane persti (n.) xenophobia
بێگومان Be goman (adv.) absolutely
بێگەردی be gerdi (n.) modesty
بیلاپور bilapor (v.) belabour
بێلایەن be layen (adj.) neuter
بێلایەنی be layeni (n.) impartiality
بێلایەنی دەکات be layeni dekat (v.) neutralize
بێل bel (n.) mattock
بێمانا Be mana (v.) abominate
بیناوی binaoe (n.) anonymity
بێنرخ be nrkh (adj.) vile
بێنەتەوەیی کردن be netewey kirdin (v.) denationalize
بێهاوتا be hawta (adj.) matchless
بێهووده Be hode (adj.) absurd
بێهۆش be hosh (adj.) forlorn
بێهۆشکردن bihoshkirdn (n.) anaesthesia
بێهۆشکەر bihoshkar (n.) anaesthetic
بێهێز behez (adj.) inert
بێهێزی Be hezi (n.) abomination
بێهەست be hest (adj.) senseless

بنهەڵوێستی be helwisti *(n.)* naivety
بێواتا be wata *(adj.)* meaningless
بێووره دەبێ biwra dabe *(v.)* daunt
بێوەپیاو biwe pyaw *(n.)* widower
بێوەژن biwe jn *(n.)* widow
بێنابرو be abrow *(adj.)* saucy
بێنابروو be abro *(adj.)* shameless
بێناگا لە be aga le *(adj.)* oblivious
بێناگایی لە خواردن biagae la khwardn *(n.)* anorexia
بێنامانج Be amanj *(adj.)* adrift
بێنیش be esh *(adj.)* idle
بێنیشی be eshi *(n.)* idleness
بێنئاندازەیی be andazey *(n.)* immensity
بیابان byaban *(n.)* desert
بیانو byano *(n.)* warrant
بیانو دەهێنێتەوە biano dchenetewe *(v.)* warrant
بیانوو هێنانەوە beano hinanawa *(n.)* alibi
بیانوویەك byanoyek *(n.)* pretext
بیانی byani *(adj.)* foreign
بیبراوە bebrawa *(n.)* cut-off
بیبەر beber *(n.)* capsicum
بیبەر و خوێ biber u khwe *(adj.)* pepper-and-salt
بیپ bep *(n.)* beep
بیتکۆین betkoen *(n.)* bitcoin
بیدە beda *(n.)* bidet
بیر bir *(adj.)* intellectual
بیر خوێندنەوە bir khewndinewe *(n.)* telepathy
بیر دەکاتەوە bir dekatewe *(v.)* reason
بیر لێ دەکات bir le dekat *(v.)* mull
بیر لە کردنەوە bir le kirdinewe *(n.)* mull
بیر لە رابردوو کردنەوە bir le rabirdo kirdnewe *(n.)* retrospect
بیرچوونەوە bir chonewe *(n.)* obscurity
بیرخستنەوە bir khistinewe *(n.)* reminder
بیرخەرەوە bir kherewe *(n.)* memorandum
بیردۆز ber doz *(n.)* theory
بیردۆز دادەنێت ber doz dadenet *(v.)* theorize
بیردۆزی ber dozi *(adj.)* theoretical
بیردۆزەوان ber dozewan *(n.)* theorist
بیردەکاتەوە bir dekatewe *(v.)* contemplate
بیرسایی birsay *(adj.)* logical
بیرکارانە bir karane *(adj.)* mathematical
بیرکاری birkari *(n.)* mathematics
بیرکاریزان bir kari zan *(n.)* mathematician
بیرکردن bir kirdin *(v.)* miss

بیرکردنەوە bir kirdinewe *(v.)* imagine
بیرکردنەوەی دوایی berkirdnawaye dwae *(n.)* afterthought
بیرکردنەوەیی bir kirdinewey *(adj.)* meditative
بیرکەرەوە berkarawa *(adj.)* pensive
بیرکەوتنەوە bir kewtinewe *(n.)* memorial
بیرمەند bir mend *(n.)* thinker
بیرمەندانە birmendane *(adj.)* rational
بیر هاتنەوە bir hatinewe *(n.)* mention
بیروباوەڕی ئیماندارێ berobawari imandari *(n.)* dogma
بیروڕادار bir u ra dar *(v.)* opinionate
بیرۆکرات biro krat *(n.)* bureaucrat
بیرۆکراسی berokrase *(n.)* bureaucracy
بیرۆکە beroka *(n.)* idea
بیرۆکەی پێشەکی birokey pesheki *(n.)* forethought
بیرێکی نامۆ berike namw *(n.)* crotchet
بیری دەخاتەوە bir dekhatewe *(v.)* remind
بیری دەکات biri dekat *(v.)* view
بیری دەکەویتەوە bir dekewetewe *(v.)* recall
بیری ماڵەوە briri malewe *(adj.)* homesick
بیری هیز دەکات biri hez dekat *(v.)* long
بیرە bire *(n.)* beer
بیرە نەوت bire newt *(n.)* oil rig
بیرەوەچۆ birewe cho *(adj.)* obscure
بیست bist *(n.)* twenty
بیستراو bestraw *(adj.)* audible
بیسترۆ bestrw *(n.)* bistro
بیستەرەی پزیشک bestarae pzeshk *(n.)* stethoscope
بیستەم bistem *(n.)* twentieth
بیستەم bistem *(adj.)* twentieth
بیسلاڤەر beslavar *(v.)* beslaver
بیضاوی bedawe *(adj.)* elliptic
بیڤەر bevar *(n.)* beaver
بیکینی bekene *(n.)* bikini
بیلبیلەی چاو bilbiley chaw *(n.)* cornea
بیلیارد belyard *(n.)* billiards
بیمە beme *(n.)* indemnity
بیمە beme *(n.)* insurance
بیمە بکە beme bke *(v.)* insure
بینا bena *(n.)* edifice
بینایی binay *(n.)* vision
بینایبیانە binayyane *(n.)* visionary
بینایبیانە binayyane *(adj.)* visionary
بینتاید bentaid *(v.)* betide

بینراو و بێستراو benrao o nestrao *(adj.)* audiovisual
بینی bini *(n.)* saw
بینی bini *(v.)* saw
بینینی پاشەوە binini pashewe *(adj.)* rearview
بینەر biner *(n.)* seer
بینەیی biney *(adj.)* visual
بە باشی ناسراوە be bashi nasrawe *(adj.)* well-known
بە باوەر ba bawar *(adj.)* confident
بە بوێرێوە ba boireawa *(adv.)* boldly
بە بێدەنگی be be dengi *(adv.)* silently
بە بەخت ba bekht *(adj.)* lucky
بە بەرهەم be berhem *(adj.)* productive
بە بەندە دەکات be bende dekat *(v.)* slave
بە پارە یارمەتی دەدات be pare yarmeti dedat *(v.)* subsidize
بە پێ be pe *(adv.)* afoot
بە پێچەوانەوە be pechewanewe *(conj.)* otherwise
بە پیاو دەچێت be pyaw de chet *(adj.)* manlike
بە پیت be pit *(adj.)* fertile
بە پەرۆش ba parosh *(adj.)* agog
بە پەرۆش دەبێت ba parosh dabit *(v.)* crave
بە پەلە be pele *(adv.)* summarily
بە تاک دەفرۆشێت be tak defroshet *(v.)* retail
بە تاک فرۆشتن be tak froshtin *(adv.)* retail
بە تاک و کۆ be tak u ko *(adj.)* wholesale
بە تاکە دەست be take dest *(adv.)* single-handedly
بە تاکە فرمانڕەوایی ba taka frmanrawae *(adj.)* autocratic
بە تام و چێژ be tam o chej *(adj.)* delectable
بە تایبەت be taybet *(adv.)* particularly
بە تایبەتی be taebati *(adj.)* especial
بە تایبەتی be taebati *(adv.)* especially
بە توانایە بۆ هەڵگرتنی ba twanaea bw halgrtne *(adj.)* retentive
بە تورەیی لەگەڵ دووان be torey legel dwan *(n.)* snarl
بە توندی be tondi *(adv.)* tautly
بە توندی پاڵی پێوە دەنێت be tondi pali pewe denet *(v.)* shove
بە توندی لێدەدا ba tonde lidada *(v.)* bash
بە تێکڕایی be tekray *(n.)* overall
بە تەلەفۆن بڵاوکردنەوە be telefon blaw kirdinewe *(v.)* televise
بە تەمەنتر ba tamantr *(adj.)* elder

بە تەنگەوەبوو be tengewe bo *(adj.)* puritanical
بە تەواوی ba tawawe *(adv.)* entirely
بە تەواوی دڵ be tewawi dl *(adj.)* wholehearted
بە جددی ba jde *(adj.)* earnest
بە جوانی be jwani *(adv.)* nicely
بە خواستی خۆت ba khwaste khwt *(adj.)* bespoke
بە خۆی دەکات be khoe dekat *(v.)* salt
بە خۆڕایی be khoray *(adj.)* tax-free
بە خۆشحاڵییەوە be khosh halyewe *(adv.)* delightedly
بە خۆشحاڵییەوە be khosh halyewe *(adv.)* gladly
بە خێرا دەنووسێت be khera de noset *(v.)* scrawl
بە خێرا نووسین be khera de noset *(n.)* scrawl
بە داخ be dakh *(adj.)* sorry
بە دادپەروەرانە be dadperwerane *(adv.)* justly
بە دانیشتن ڕاهاتوو be danishtin rahato *(adj.)* sedentary
بە درۆ سوێند دەخوا be dro swend dekhwa *(v.)* perjure
بە درۆ ناخرێتەوە be drow nakhretewe *(adj.)* irrefutable
بە درودخاتەوە ba drwdakhatawa *(v.)* disprove
بە درێژایی ساڵ بەردەوامە be drejay sal *(adj.)* perennial
بە درێژیی ژیان be dreji jyan *(adj.)* lifelong
بە درندەیی be drndey *(adv.)* savagely
بە دزیەوە ba dzeawa *(adv.)* stealthily
بە دزیەوە سەیردە کات be dzyewe seyr dekat *(v.)* peep
بە دزیەوە سەیرکردن be dzyewe seyr kirdin *(n.)* peep
بە دڵنیایی be dlnyay *(adv.)* surely
بە دوادا چوون be dwada choon *(v.)* ferret
بە دوای دەگەڕێت be dway de geret *(v.)* quest
بە دوای یەکدا هاتوو be dway yekda hato *(adj.)* successive
بە دوودڵییەوە be do dlyewe *(n.)* shilly-shally
بە دەریا گەشت دەکات be derya gesht dekat *(v.)* voyage
بە دەست هەڵدەگری be dest hel de gre *(v.)* manhandle
بە دەسەڵات ba dasalat *(adj.)* authoritative

به دگمەن be degmen (adv.) rarely
به دەمبوس قایمی دەکات be dembos qaimi dekat (v.) pin
به دەنگی بلند پێ پێدەکەنێت be dengi bilind pe dekenet (v.) giggle
به دەنگی بەرز ba dange bariz (adv.) aloud
به ڕم لێ دەدا be rm le deda (v.) spear
به ڕێکەوت be re kewt (adv.) occasionally
به ڕێکەوت گونجان be rekewt gonjan (n.) coincidence
به ڕێگەیەک be regeyek (adv.) somehow
به ڕێک و پێکی، بەدڵەوە ba rek o peke, badlawa (adj.) bonafide
به ڕاشکاوی ba rashkawe (adv.) bluntly
به ڕواڵەت be rwalet (adj.) ostensible
به ڕوونی ئاشکرای دەکات be roni ashkra dekat (v.) enunciate
به ڕەزامەندی ba razamande (adj.) consensual
به زووری be zoori (adj.) rampant
به زۆری be zori (adv.) mostly
به زەقکردنەوە ba zaqkirdnawa (n.) bellowing
به ژاوەژاو ba jawe jaw (adj.) deafening
به ساڵا چۆ be sala cho (adj.) old
به سووکییی be sowki (adv.) lightly
به سۆز ba soz (adj.) sentimental
به سەختی be sekhti (adv.) hardly
به سەریدا سەردەکەوێت be serida ser dekewet (v.) subdue
به سەلامەتی ba selameti (adv.) safely
به شپرزەیی دەستگرتن be shprzey dest girtin (v.) fumble
به شێوەیەکی ba shiwaeake (adv.) effably
به شێوەیەکی بێمانا Be sheweyeki be mana (adv.) absurdly
به شێوەیەکی پەرش و بڵاو be sheweyeki persh u blaw (adv.) scatteringly
به شێوەیەکی ترسناک be sheweyeki trsnak (adv.) dreadfully
به شێوەیەکی تێپەڕاندن be sheweyeki teperandin (adv.) transcendingly
به شێوەیەکی خوێنەرەوە be sheweyeki khwenerewe (adv.) legibly
به شێوەیەکی دەرەکی be sheweyeki dereki (adv.) extrinsically
به شێوەیەکی ڕاستەوخۆ be sheweyeki raste u kho (adv.) outright

به شێوەیەکی زاڵ be sheweyeki zal (adv.) transcendentally
به شێوەیەکی زۆر Be sheweyeki zoor (adv.) abundantly
به شێوەیەکی سروشتی be sheweyeki sroshti (adv.) naturally
به شێوەیەکی سووکایەتی پێکردن Be shewey sokayeti pe kirin (adv.) abusively
به شێوەیەکی سێکسی be sheweyeki seksi (adv.) sexily
به شێوەیەکی کەمبوونەوە ba shiwaeake kombonawa (adv.) decreasingly
به شێوەیەکی گونجاو ba shiwayake gonjao (adv.) adequately
به شێوەیەکی گەرم be sheweyeki germ (adv.) tepidly
به شێوەیەکی لاواز be sheweyeki lawaz (adv.) tenuously
به شێوەیەکی مەتەڵ ba shiwaeake matal (adv.) enigmatically
به شێوەیەکی نارەوەشت be sheweyeki na rewsht (adj.) unmannerly
به شێوەیەکی نەخشەیی be sheweyeki nekhshey (adv.) schematically
به شێوەیەکی هەڕەمەکی be sheweyeki heremeki (v.) randomise
به شێوەیەکی وێرانکەر be sheweyeki weran ker (adv.) deconstructively
به شەریفانە be sherifane (adv.) nobly
به عەقڵانییەوە ba aqlaneeawa (adv.) sanely
به عەقڵەوە be aqlewe (adj.) mindful
به فیز be fez (adj.) vainglorious
به فەرمی be fermi (adv.) officially
به قازانج ba qazanj (adj.) gainly
به قامچی لێ دەدات be qamchi le dedat (v.) thrash
به قسەکردن be qse kirdin (adv.) talkatively
به قسەی دەکات ba qsae dakat (v.) comply
به قورسی be qorsi (adv.) heavily
به قووڵی ba qole (adv.) deeply
به کارامەیی بەکاردەهێنێت be karamey be kar dehent (v.) wield
به کارەبا لەسێدارەیدەدات ba karaba lasidaraedadat (v.) electrocute
به کرێ دەدات be kre dedat (v.) rent
به کرێ دان be kre dan (n.) rent
به کورتی be korti (adj.) curt
به کۆڵان لێدەنی ba kolan lidani (v.) stew
به کۆمەڵ ba komal (adj.) collective

به کۆمەڵا be komela (n.) lump sum
به کۆی دەنگ be koy deng (adj.) unanimous
به کەشتی be keshti (adj.) shipborne
به گاڵتەجاڕیەوە be galte jaryewe (adv.) tauntingly
به گرانی دەروات be grani derwat (v.) shamble
به گڕێیەوە be grjyewe (adv.) tensely
به گشتی be gshti (adj.) overall
به گوڵ دەیڕازێنێتەوە be gol dey razenetewe (v.) wreathe
به گومان be goman (n.) sceptic
به گەرمی be germi (adj.) fervent
به مەرج ba marj (adj.) conditional
به ناسکی be naski (adv.) tenderly
به نرخێکی گونجاو ba nrkhike gonjao (n.) affordability
به نەقدی ba naqde (n.) cashback
به هاوبەشی be hawbeshi (adv.) jointly
به هاوسەنگی be hawsengi (n.) poise
به هێزی ba hezi (n.) poignancy
به هێواشی be hewashi (adv.) slowly
به هیواشی دەروات be hiway derwat (v.) plod
به هەر شێوەیەک بێت ba har shiwaek bit (adv.) anyhow
به هەردوو چاو بەکاردەهێنرێت ba hardw chaw badahinritkar (adj.) binocular
به هەست ba hest (adj.) sentient
به هەڵە Behele (adv.) accidentally
به هەڵە تێگەیشتن be hele te geyshtin (v.) misapprehend
به هەڵە خستنە بەرچاو be hele khistine ber chaw (v.) misrepresent
به هەڵە دەستنیشانکردن be hele dest nishan kirdin (v.) misdiagnose
به هەڵە ناو هێنان be hele naw henan (v.) miscall
به هەڵە ئاراستەکردن be hele araste kirdin (v.) misdirect
به هەڵەدا بردن be hele da birdin (v.) misguide
به هەمان شێوە be heman shewe (adv.) samely
به وایەر گرێ دەدا be wayer gre deda (v.) wire
به وردی be wordi (adv.) pointedly
به وریاییەوە ba wryaeeawa (adj.) discreet
به وێژدانانەوە be wijdananewe (adv.) scrupulously
به یاسایی کردن ba yasae kirdn (v.) delegalize
به یاوەری ba yaweri (adj.) escorted

به یەکاکەوتن be yeka kewtin (n.) collision
به ئاراستەی دژه کاتژمێر Be arastey dije kat jmer (adv.) anticlockwise
به ئارام ba aram (n.) patient
به ئازار ba azar (adj.) dire
به ئازارە be azare (adj.) painful
به ئاسایی be asay (adv.) ordinarily
به ئاسمان دا فڕیو دا be asman da frew da (v.) sky
به ئاشکرا ba ashkra (adv.) clearly
به ئاگا ba aga (adj.) careful
به ئاگا دێت be aga det (v.) forewarn
به ئاو داپۆشین be aw daposhin (v.) whelm
به ئەدەب be adeb (n.) politeness
به ئەنقەست ba anqast (adj.) deliberate
بەبازارکردن be bazar kirdin (adj.) marketable
بەباشترین شێوە Be bashtreen shewe (adj.) admirable
بەبێ be be (adv.) without
بەبێ ڕەچاوکردنی be be rechaw kirdini (adj.) irrespective
بەبێ سوود be be sod (adv.) vainly
بەبێ ئاگاداری be be agadari (adv.) unwittingly
بەبیردەخاتەوە be bir dekhatewe (n.) mention
بەبەر be ber (adj.) reproductive
بەبەرهەم be berhem (adj.) fecund
بابازایی babazae (adj.) clement
بەبەشداری کردن be beshdari kirdin (n.) departmentalization
بەپانە bapana (n.) amphitheatre
بەپێچەوانەوە be pechewane (adv.) vice-versa
بەپێی Be pey (n.) accordance
بەپێی کاتی ڕوودان bapie kate rwdan (adj.) chronological
بەپێیە be peye (adj.) such
بەپەلە be pele (adj.) cursory
بەپەلە دەخوات be pele dekhwat (n.) gobble
بەپەلەکردن be pele kirdin (n.) impetuosity
بەپەلەیی be peley (n.) urgency
بەتاڵ batal (adj.) blank
بەتاڵ batal (v.) empty
بەتاڵ دەکات betal dekat (v.) void
بەتاڵ کردنەوە be tala kirdinewe (n.) nullification
بەتاڵکردنەوە batalkirdnwa (n.) annulment
بەتام batam (adj.) delicious
بەتانی batane (n.) blanket

بەتوانا batwana (adj.) able
بەتوند be tond (adv.) substantially
بەتوندت لێدەدات be tond le deda (v.) swipe
بەتوندی be tondi (adv.) hard
بەتوندی بەستراو be tondi bestraw (adj.) tight
بەتوندی دەبەستێت be tondi debestet (v.) tighten
بەتەلاوە کردن batalawa kirdn (v.) entrap
بەتەواوی batawawe (adv.) aright
بەتەواوی be tewawi (adv.) fully
بەتەواوەتی be tewaweti (adv.) exactly
بەجێ دەهێڵێت be je dehelet (v.) strand
بەجێ هێڵانی کەسێک لە گزیرتەیەک be je helani kesek le gzirteyek (v.) maroon
بەجێ دە هێڵێت be je de helet (v.) leave
Be chalaki (adv.) ably بەچالاکی
بەچکەی باڵندە bachkae balnda (n.) brood
بەخت bekht (n.) luck
بەختدار bekht dar (n.) mascot
بەختیاری bakhtyari (n.) euphoria
بەختەور Bekhtewer (adj.) auspicious
بەختەورکردن bakhtawarkirdn (n.) beatification
بەختەوەری bakhtaware (n.) beatitude
بەخرابی بەکارهێنان be khrabi be kar henan (n.) misapplication
بەخراپی پێناکردن bakhrape penakirdn (v.) botch
بەخرابی لەگەڵ جوڵانەوە be khrabi le gel jolanewe (v.) mistreat
بەخشراو bakhshraw (adj.) endowed
بەخششی خوێندن bakhshshi khwendin (n.) scholarship
بەخشندە bakhshinda (adj.) abominable
بەخشندەیی pekhshndey (n.) generosity
بەخشیش bakhshish (n.) bounty
بەخشێن bakhshen (v.) bestow
بەخشین bekhsheen (n.) donation
بەخشین کردن bakhshin kirdn (v.) doating
بەخشینی خودا bekhshini khuoda (n.) godsend
بەخشەر bekhshar (n.) donor
بەخۆبەخشی be kho bekhshi (adv.) voluntarily
بەخۆراک be khorak (n.) nutrient
بەخۆرایی be khoray (adv.) gratis
بەخێرا تەماشە دەکات be khera temashe dekat (v.) glance
بەخێرایی be kheray (adv.) quickly

بەخێربێن be kher ben (n.) welcome
بەخێرهاتن دە کات be kher hatin dekat (v.) welcome
بەخێودەکات bakhiwdakat (v.) cultivate
بەخێوکردن Be khew kirdin (adj.) adoptive
بەخێوکردن Be khewkirdin (v.) auspicate
بەخێوکردنی ئاژەڵ bakhiokirdne azhal (n.) animal husbandry
بەخێوکەر be khew ker (n.) godfather
بەخەبەر bakhabar (n.) awakening
بەخەگرتن bakha girtn (v.) accost
بەد بەختی bed bekhti (n.) mischance
بەداخەوە badakhawa (interj.) alas
بەدبەخت bed bekhti (n.) miser
بەدبەختی bed bekhti (n.) misfortune
بەدختانە bed khane (adj.) malicious
بەدخو badkhw (adj.) crooked
بەدرخستنەوە be dor khistnewe (v.) confute
بەدرێژایی badrizhae (prep. &adv.) along
بەدرەفتار bed reftar (n.) malpractice
بەدزییەوە گوێ کردن badzeeawa goy kirdin (n.) eavesdrop
بەدزییەوە گوێدەگرێت badzeeawa goy degret (v.) eavesdrop
بەدکاری bed kari (n.) vice
بەدڵ نەبوون be dil ne boon (adj.) disgruntled
بەدڵەراوکێیەوە badlarawkeawa (adv.) anxiously
بەدناو bed naw (adj.) notorious
بەدواداچوون be dwada choon (n.) detective
بەدوایدا دێت be dwaida det (v.) ensue
بەدورگرتن badorgirtn (v.) avoid
بەدیل گرتن badel girtn (v.) captivate
بەدیهێنان badehinan (n.) accomplishment
بەدەرکردن badarkirdn (prep.) barring
بەدەست دەهێنێت Be dest dehenet (v.) attain
بەدەست هێنان Bedest henan (v.) acquire
بەدەستنەهاتوە be dest ne hatwe (adj.) unachievable
بەدەستهێنان Be desthenan (v.) achieve
بەدەستهێنانی Bedest henani (adj.) acquisitive
بەدەستهێنەر badasthinar (n.) achiever
بەدەستەوە دێنی be destewe dene (v.) top
بەدەستەوەیە be desteweye (adj.) handy
بەر خۆر دەدا bar khwr dada (v.) bask
بەر سنگی دەگرێ ber singi degre (v.) snub
بەراز beraz (n.) pig

بەرازی berazi *(n.)* pigmy
بەراست be rast *(adv.)* indeed
بەراستی ba raste *(adj.)* actual
بەران beran *(n.)* ram
بەراورد beraword *(v.)* compare
بەراورد کردن beraword kirdin *(n.)* comparison
بەراوردکاری beraword kari *(adj.)* comparative
بەربەست Berbest *(n.)* barrier
بەربەست لە نێوان دوو شت berbest le newan do shit *(n.)* buffer
بەرپابوون be pa boon *(n.)* outbreak
بەرپرس ber pirs *(n.)* incharge
بەرپرسی ber pirsi *(n.)* responsibility
بەرپەرچی دەداتەوە berperchi dedatewe *(v.)* contradict
بەرتیل bartel *(v.)* bribe
بەرجەستەکردن barjastakirdn *(n.)* embodiment
بەرجەستەکردنی barjastakirdn *(v.)* embody
بەرچاو ber chaw *(adj.)* impressive
بەرخ barkh *(n.)* lamb
بەرد bard *(n.)* boulder
بەرد berd *(n.)* rock
بەرد کەوتن berd kewtin *(n.)* rockfall
بەردانی نۆردوو bardane aordw *(v.)* deactivate
بەردهاویژ berd hawej *(n.)* sling
بەردێکی بەهادار bardike bahadar *(n.)* cameo
بەردێکی سەخت bardike sakht *(adj.)* adamant
بەردی berdi *(adj.)* stony
بەردی بناغە berdi bnakhe *(n.)* loadstone
بەردی تواوە berdi twawe *(n.)* magma
بەردی شنی barde shne *(n.)* sandstone
بەردی کلیل berdi klil *(n.)* keystone
بەردینە کۆنەکان berdine konekan *(adj.)* paleolithic
بەردینە کۆنەکان berdine konekan *(n.)* paleolithic
بەردەست bardast *(n.)* attendant
بەردەستی دڵسۆز ber desti dlsoz *(n.)* henchman
بەردەستی میوانخان bardaste mewankhan *(n.)* bellhop
بەردەستە bardasta *(adj.)* effable
بەردەشیری berde sheri *(n.)* opal
بەردەنێزە berde neyze *(n.)* meteor
بەردەوام bardawam *(adj.)* ceaseless

بەردەوام بن berdewam de bet *(v.)* persist
بەردەوام بوون berdewam boon *(n.)* continuation
بەردەوام بێت berdewam de bet *(v.)* perpetuate
بەردەوام دەبێت berdewam debet *(v.)* last
بەردەوام دەبێت لە ژیان berdewam debet le jyan *(v.)* subsist
بەردەوامبوون Berdewamboon *(v.)* abide
بەردەوامی bardawame *(n.)* continuum
بەردەوامی berdewami *(n.)* serial
بەردەوامی ژیان berdewami jyan *(n.)* survival
بەردەوامە berdewame *(adj.)* ongoing
بەرز barz *(adv.)* aloft
بەرز بوونەوە barz bonawa *(v.)* arise
بەرز دەبێت berz debet *(v.)* tower
بەرز دەبێتەوە berz debetewe *(v.)* heighten
بەرز دەکات berz dekat *(v.)* lift
بەرز دەکاتەوە berz dekatewe *(v.)* raise
بەرز کردنەوە berz kirdinewe *(n.)* promotion
بەرزایی berzay *(n.)* Highness
بەرزبوون barzbon *(n.)* ascent
بەرزبوونەوە barzbonawa *(n.)* accession
بەرزبوونەوەیی berz bonewey *(adj.)* upward
بەرزدکات barzdakat *(v.)* elevate
بەرزدەکاتەوە berz dekatewe *(n.)* boost
بەرزکردن berz kirdin *(v.)* uplift
بەرزکردنەوە berz kirdinewe *(n.)* enhancement
بەرزکارە barzkara *(n.)* elevator
بەرزکەرەوە berz kerewe *(n.)* lift
بەرزی barze *(n.)* altitude
بەرزی پێوەر barze piwar *(n.)* altimeter
بەرزی دەکاتەوە berz dekatewe *(v.)* uphold
بەرگ barg *(n.)* casing
بەرگ دە دووریت berg de doret *(v.)* tailor
بەرگدروو berg drow *(n.)* tailor
بەرگدرووی ژنان bargdrwe jinan *(n.)* dressmaker
بەرگر bargr *(n.)* burger
بەرگرتن bergrtin *(n.)* stoppage
بەرگری bergri *(n.)* defence
بەرگری تیشکی bergri tishki *(n.)* radiommunology
بەرگری دەداتنی bergri dedate *(v.)* immunize
بەرگری دەکات bergri dekat *(v.)* resist
بەرگری کارە bergri kare *(adj.)* resistant
بەرگری لێ ناکرێت bergri le nakret *(adj.)* indefensible

بەرگری لێناکرێ bergri le nakre *(adj.)* irresistible
بەرگریدەکات bergri dekat *(v.)* defend
بەرگی تێدەگرێ bergi te dekre *(v.)* envelop
بەرگە تێدەگرێ barge tedagri *(v.)* encase
بەرگە ناگرێت berge nagret *(adj.)* insupportable
بەرگە ناگیرێت berge nagret *(adj.)* intolerable
بەرگە نەگرتن berge ne girtin *(n.)* intolerance
بەرگەهەوایی bargahawae *(adj.)* atmospheric
بەرگەی بگرن bergri bigrin *(v.)* forbear
بەرگەی گەرمی bargey germi *(adj.)* heat-resistant
بەرگەی ناگیرێ bergey na gire *(adj.)* unbearable
بەرگەی ئاو دەگرێت bergey aw degret *(n.)* waterproof
بەرگەی ئاو دەگرێت bergey aw degret *(v.)* waterproof
بەرمیل barmel *(n.)* barrel
بەرنامە barnama *(n.)* curriculum
بەرنامە خوێندن bername khwendin *(n.)* syllabus
بەرنامە دادەنرێت bername da denret *(v.)* programme
بەرنامەی گفتوگۆ barnamae gftogw *(n.)* chat show
بەرهەست ber hest *(adj.)* palpable
بەرهەڵستی دەکات ber helsti dekat *(v.)* object
بەرهەڵستی کاربای berhelsti karebay *(n.)* resistance
بەرهەم berhem *(n.)* outcome
بەرهەم دێنێت berhem denet *(v.)* yield
بەرهەم دەهێنێت berhem de henet *(v.)* produce
بەرهەم هێنان berhem henan *(v.)* generate
بەرهەم هێنەر berhem hener *(n.)* grower
بەرهەمداری berhem dari *(n.)* productivity
بەرهەمی شیری barhame shiri *(n.)* dairy product
بەرهەمی کشتوکاڵی Berhemi kisht u kali *(n.)* agriproduct
بەرهەمی لاوەکی barhame lawake *(n.)* by-product
بەرهەمی هاوبەش berhemi haw besh *(n.)* sharecrop
بەروار barwar *(n.)* date
بەرواری barwari *(adj.)* dated
بەرواری پۆست berwari post *(v.)* post-date

بەرواری یاریکردن barwari yari kirdn *(n.)* playdate
بەڕوانکە be rwanke *(v.)* vest
بەرواری پاشەکشە barwae pashaksha *(v.)* backdate
بەرووبوومی زەوی bero bomi zewi *(n.)* yield
بەرووتی دەردەکەوێت be rooti der dekewet *(v.)* stripe
بەریز berez *(adj.)* torrential
بەریک و پەکی be rek u peki *(n.)* regularity
بەڕێوەڕایەتی Berewererayeti *(adj.)* administrative
بەڕێوەبەر bariwabar *(n.)* administrator
بەڕێوەبەڕایەتی be rewe berayeti *(adj.)* managerial
بەڕێوەبەری پۆستە bereweberi poste *(n.)* postmaster
بەڕێوەبەرێک لە کلیسەدا berewe beryek le klise da *(n.)* parish
بەری دەریا beri derya *(n.)* oceanfront
بەری دەریاچە bery deyache *(n.)* lakefront
بەریتانی beritani *(adj.)* british
بەڕێوەبردنی کاروباری ناومال berewe birdini kar u bari naw mal *(n.)* husbandry
بەرەبڕۆزەنگ barabrozang *(adj.)* bossy
بەرەبەیانی رۆژ barabayane roj *(n.)* daybreak
بەرەکەتکراو bereket kiraw *(adj.)* blessed
بەرەڵا berela *(adj.)* indecent
بەرەڵا کردن berelay kirdin *(v.)* release
بەرەڵای دەکات berelay dekat *(n.)* release
بەرەنگاری دەبێت barangare dabit *(v.)* confront
بەرەنگاری دەکات barangari dakat *(v.)* dare
بەرەنگاری یان رەخنە berengari yan rekhne *(n.)* quibble
بەرەنگاری یان رەخنە دەگرێ berengari yan rekhne degret *(v.)* quibble
بەرەو berew *(prep.)* towards
بەرەو پێش چوون barao pish chon *(v.)* advance
بەرەو پێش دە چێت berew u pesh de chet *(v.)* progress
بەرەو خوارەوە braw khwarawa *(adv.)* downward
بەرەو دەرەوە berew derewe *(adv.)* outward
بەرەو دەرەوە دەروا berew derewe derwa *(adj.)* outbound
بەرەو ناوەوە berew nawewe *(adj.)* inward
بەرەوخوار baraw khwar *(prep.)* down

بەرەورۆ berew ro *(n.)* encounter
بەرەی جەنگ berey jeng *(v.)* front
بەرەی شەڕ berey sher *(n.)* battlefront
بەڕاستی barasty *(adv.)* downright
بە ڕاشکاوی be rashkawı *(adv.)* openly
بەڕوو baro *(n.)* acorn
بەڕێز berez *(n.)* dignitary
بەڕێکەوت Beri kewt *(adj.)* accidental
بەڕێوەبردن Berewebirdin *(v.)* administrate
بە ڕەوە بردن be rewe birdin *(n.)* management
بەڕێوەبەر be rewe ber *(n.)* manager
بەڕێوەبەرایەتی دەکرێت berwe berayeti dekat *(adj.)* manageable
بەڕێوەبەری قوتابخانە bereweberi qotab khane *(adj.)* principal
بەڕێوەبەری کەشتی berewe beri keshti *(n.)* shipmaster
بەڕێوەی دەبات be rewey debat *(v.)* manage
بەڕێز be rez *(adj.)* respective
بەرەڵا berela *(adj.)* undecided
بەرەڵایی bere lay *(n.)* revelry
بەز bez *(n.)* tallow
بە زۆر be zoor *(adj.)* forceful
بەزۆرلێکردنەوە bazor likirdnawa *(n.)* avulsion
بەزۆرو ەرگرتن be zoro wergirtin *(n.)* extortion
بە زۆری Be zoori *(adv.)* basically
بە زەحمەت سەردەکەوێ bazahmat sardakawe *(v.)* clamber
بەزەیی bazae *(n.)* compassion
بەزەیی دار bezey dar *(adj.)* piteous
بەزەیی هێن bezey hen *(adj.)* pathetic
بەزەییدارە bezey dare *(adj.)* pitiable
بەزەییدارە bezey dare *(adj.)* pitiful
بەژن bejn *(n.)* fathom
بە ژیری be jiri *(adv.)* smartly
بەس bas *(n.)* adequacy
بەس نییە bes nye *(adj.)* insufficient
بەساڵاچو ba sala cho *(adj.)* aged
بەسام besam *(adj.)* terrific
بەست best *(n.)* weir
بەستراوە بە بار و دۆخ bestraw be baro dokh *(adj.)* circumstantial
بەستن bastin *(v.)* fillet
بەستنەوە bastnawa *(n.)* ablation
بەستنەوەی دووشت بەیەکەوە bastnawae do sht be yekewe *(v.)* correlate
بەستوو bestow *(adj.)* frozen

بەستەر bester *(n.)* ligament
بەستەڵەک bestelek *(n.)* frost
بەسکردن baskirdn *(n.)* embalming
بە سوپاسەوە be supasewe *(adj.)* creditable
بە سوود Be sood *(adj.)* advantageous
بەسووک سەیرکردن basok saerkirdn *(n.)* affront
بە سۆز ba soz *(adj.)* melodious
بە سۆزو گرینوک be soz grinok *(adj.)* maudlin
بەسیەتی Besyeti *(adj.)* adequate
بەسەر beser *(adv.)* over
بەسەربردن be ser brdin *(v.)* spend
بە سەرپەرشتی Be serpershti *(n.)* auspice
بەسەرچوو beser cho *(adj.)* ephemeral
بەسەرچوون beser choon *(v.)* expire
بە سەرچووە be ser cho *(adj.)* outmoded
بەسەردا بێن be serda bben *(v.)* undergo
بەش bash *(n.)* department
بەش بەش bash bash *(n.)* dividend
بەش بەش دە کات besh besh dekat *(v.)* portion
بەش دەکات besh dekat *(v.)* suffice
بەشدار beshdar *(n.)* participant
بەشدار دەبێت beshdar debet *(v.)* subscribe
بەشداری bashdare *(v.)* attribute
بەشداری دەکات beshdari dekat *(v.)* partake
بەشداری دەکات لەگەڵ beshdari dekat le gel *(v.)* share
بەشداری کردن beshdarı kırdın *(v.)* disengage
بەشداری کردن Beshdari kirdin *(v.)* accede
بەشکران bash kran *(n.)* division
بەشکردن besh kirdin *(n.)* sufficiency
بەشکردوو besh kirdo *(adj.)* sufficient
بەشێک bashik *(adv.)* apart
بەشێک لە پێکهێنەکانی شتێک beshek le pehatekani shtek *(n.)* ingredient
بەشێکی سەرەکی لە کڵێسە besheki sereki le klese *(n.)* nave
بەشێوەیەکی خراپ bashiwaeake khrap *(adv.)* badly
بەشێوەیەکی سەرەکی bashiwaeake sarake *(adv.)* chiefly
بەشێوەیەکی گونجاو be sheweyeki gonjaw *(adv.)* properly
بەشێوەیەکی نائاسایی Be sheweyeki na asay *(adv.)* abnormally
بەشێوەیەکی هەتک بەری be sheweyeki hetk beri *(adv.)* scandalously
بەشی beshi *(adj.)* partial

بەشی پاشەوە beshi pashewe (n.) rear
بەشی شوشەی گڵۆپی کامێرا beshi shoshey glopi kamera (n.) flashbulb
بەشی ناوخۆیی خوێندکاران beshi nawkhoy khwendkaran (n.) hostel
بەشە beshe (n.) fraction
بەشەخۆراك beshe khorak (n.) ration
بەشە ناوخۆیی beshe nawkhoy (n.) dormitory
بەشوق be shewq (adj.) lucent
بەفر befr (n.) ice
بەفر دەباریَ befr barin (n.) snow
بەفرین befrin (adj.) snowy
بەفرەخەرەی کارەبا befre khrey kareba (n.) fridge
بەفیڕۆدان be fero dan (n.) profligacy
بەفیڕۆ دەدات be fero dedat (v.) waste
بەفیڕۆدان be fero dan (n.) forfeiture
بەقاڵ baqal (n.) grocer
بەکار دە خات be kar dekhat (v.) launch
بەکار خستن be kar khistin (n.) launch
بەکاردێنێت be kar denet (v.) utilize
بەکاردەهێندرێت be kar de hendret (adj.) usable
بەکاردەهێنێت be kar dehenet (v.) use
بەکارهاتوو be kar hatow (adj.) used
بەکارهێنان be kar henan (n.) usage
بەکاری دەهێنێت be kari de henet (v.) manipulate
بەکاریدەنێ bekar dene (v.) deplete
بەکالۆریا bakalorya (n.) baccalaureate
بەکالۆریۆس ba kaloreos (n.) bachelorette
بەکتریا baktrya (n.) bacteria
بەکری دە گری bakri de gre (v.) hire
بەکری گرتن bakri grtn (n.) hire
بەکری گیراو be kre giraw (adj.) chartered
بەکرێگرتن be kre girtin (n.) tenancy
بەکرێگیراو be kre geraw (adj.) mercenary
بەکەشمان be keshman (v.) limber
بەگزادەیی ba gzadae (n.) arithmetic
بەگژا دە چیت be gja de chet (v.) tangle
بەگژاچوون be gja choon (n.) tangle
بەگشتی be gshti (adv.) generally
بەگوێرەی Be gwerey (adv.) according
بەلاری دابردن be lari da birdin (n.) misdirection
بەلاریدابردن be lari da birdin (v.) mislead
بەلاوە نان balawa nan (v.) dismiss
بەلسم balsam (n.) balsam
بەلوعە beloaa (n.) tap

بەلیلیَ balile (adv.) dimly
بەلەم balam (n.) boat
بەلەموان balamwan (n.) boatman
بەلەموانی کەشتیوانی belem wani keshti wani (n.) sailboater
بەلەمی پۆلیس belemi poles (n.) policeboat
بەلەمی تڕۆڵ belemi trol (n.) trawlboat
بەلەمی دەریایی belemi derya (n.) sea boat
بەلەمی راکێشان belemi ra keshan (n.) towboat
بەلەمی کەشتیوانی belemi keshti wani (n.) sailboat
بەلەمی گچکە belemi gchke (n.) gig
بەلەمی هەلمی belemi helmi (n.) steamer
بەڵا bala (n.) adversity
بەڵام balam (conj.) but
بەڵسیم balsem (v.) embalm
بەڵگە balga (n.) clue
بەڵگەنامە balganama (n.) doc
بەڵگەنامەی سوێندخواردن balganamae soindkhwardin (n.) affidavit
بەڵگەنامەی شایەتی belgenamey shayeti (n.) deposition
بەڵگەنامەیی balganamay (adj.) documentary
بەڵگە هێنانەوە Belge henanewe (v.) adduce
بەڵگەی منداڵ balgae mndal (adj.) babyproof
بەڵگەیەکی بەهێز belgeyeki behez (adj.) cogent
بەڵێ bele (adv.) yes
بەڵێن belen (v.) promise
بەڵێن دەدات belen dedat (n.) promise
بەڵێن راست belen rast (adj.) punctual
بەڵێن راستی belen rasti (n.) punctuality
بەڵێناوی belenawi (adj.) promissory
بەڵێندەر belender (n.) contractor
بەڵێننامەی قەرز balenamae qarz (n.) debenture
بەم زووانە bem zwane (adv.) nigh
بەم شێوەیە bem shewye (adv.) thus
بەملاولادا دەکەوێت bem la u lada dekewet (v.) stagger
بەملاولادا کەوتن bem la u lada kewtin (n.) stagger
بەناکاو Be nakaw (adv.) abruptly
بەناوبانگ banawbang (n.) eminence
بەناوبانگ کردن be naw bang kirdin (v.) libel
بەناوبانگە be naw bange (adj.) infamous
بەند band (n.) band
بەند ئازاد دەکات bend azad dekat (v.) ransom

بەنداو bandaw (n.) dam
بەندکردن bandkirdn (n.) bandage
بەندێتی bendeti (n.) thralldom
بەندیخانە bendi khane (n.) jail
بەندیخانەچی bendi khane chi (n.) jailer
بەنده bende (n.) slave
بەنده ئازادکردن bende azad kirdin (n.) manumission
بەندەر bandar (n.) embankment
بەندەری سەلامەت benderi selamet (n.) safe harbour
بەندەوان bendewan (n.) warder
بەنرخی دەکات benirkhi dekat (v.) enhance
بەنزیکی be nziki (adv.) practically
بەنزین banzen (n.) benzene
بەننا banna (n.) builder
بەها beha (v.) value
بەها دە داتی beha dedate (n.) value
بەهادار beha dar (adj.) precious
بەهارات beharat (n.) spice
بەهارات دە کات beharat dekat (v.) spice
بەهاری be hari (adj.) vernal
بەهاکردن beha kirdin (n.) valuation
بەهانە bahana (v.) excuse
بەهانەچی behane chi (adj.) evasive
بەهرە bahra (n.) boon
بەهرەمەند behremend (adj.) gifted
بەهۆش be hosh (adj.) conscious
بەهۆی bahwe (conj.) because
بەهیز bahiz (n.) cataclysm
بەهیز دەکات ba hez dekat (v.) strengthen
بەهیز لێدەدات be hez le dedat (v.) thump
بەهیزکردن bahizkirdn (v.) empower
بەهیزکردن be hez kirdin (v.) fortify
بەهەشت behesht (n.) heaven
بەهەلم دەبێت be helm debet (v.) waddle
بەهەڵم کردن be helm kirdin (v.) evaporate
بەهەڵمەت Be helmet (n.) agility
بەهەڵەداچوون be hele da choon (n.) fallacy
بەهەمان شێوە be heman shewe (adv.) likewise
بەهەموو شتێك دەزانی be hemo sht dezane (adj.) omniscient
بەو پێیە Bew peye (adv.) accordingly
بەو جۆرە bew jore (adv.) thereby
بەوپەڕی خێرایی رادەکات bew peri kheray ra dekat (v.) sprint
بەوپەڕی خێرایی راکردن bew peri kheray rakirdin (n.) sprint

باور bawr (n.) cheetah
بەوردی Bewrdi (adv.) accurately
بەیاننامە beyan name (n.) declaration
بەیاننامەیەکی درۆ beyan nameyeki drow (n.) misrepsentation
بەیانی bayane (n.) aurora
بەیبوون baebon (n.) daisy
بەیعەت baeaat (n.) allegiance
بەیەك دەگەن be yek degen (v.) intersect
بەیەك دەگات beyek degat (v.) converge
بەیەك گەیشتوو beyek geyshto (adj.) confluent
بەئازار be azar (adj.) injurious
بەئاگا be aga (adj.) vigilant
بەئاگادێنت baagadit (v.) awake
بە ئاگا هاتن be aga hatın (v.) disillusion
بەئەنقەست baanqast (adj.) intentional

پابەند Paben (n.) adherent
پابەند بن Pabend bin (v.) adhere
پابەند بوون paband bon (n.) commitment
پابەند بە سیستەم paband ba sestam (n.) stickler
پابەندبوون Pabendboon (adj.) abiding
پاپا papa (n.) pope
پاپایەتی papayti (n.) papacy
پاپایی papay (adj.) papal
پاپۆر papor (adj.) shipboard
پاپۆر گیر papor ger (n.) skipper
پاترۆن patron (n.) pattern
پاتری patre (n.) battery
پاداشت padasht (n.) emolument
پاراستن parastn (n.) conservation
پاراستن بە مەتاڵ parastin be metal (v.) shield
پارافین parafen (n.) paraffin
پارانەوە paranewe (n.) invocation
پارتیزان partezan (n.) guerilla
پارچە parcha (n.) block
پارچە پارچە دە کات parche parche dekat (v.) slice
پارچە پارچەبوون parcha parchabon (v.) defragment
پارچە پارچەکەر parche parche ker (n.) shredder
پارچە پەرۆك parche perok (n.) rag

پارچه ده کات parche dekat *(v.)* piece
پارچه زیر parche zer *(n.)* nugget
پارچا زیر یا زیو parcha zir ya zew *(n.)* bullion
پارچا نان parcha nan *(n.)* crumb
پارچه هۆنراوه parche honrawe *(n.)* stanza
پارچه هۆنراوهی فۆلکلۆری parcha honrawae folklore *(n.)* ballad
پارچهپارچه دهکات parche parche dekat *(v.)* lacerate
پارچهپارچهکردن parchaparchakirdn *(n.)* defragmentation
پارچهپارچهی بکه parche parchey bke *(n.)* breakdown
پارچهپارچهی دهکات parchaparchae dakat *(v.)* disrupt
پارچهکردن parche kirdin *(v.)* dissect
پارچهگۆشتیکی ماسی parcha goshtike mase *(n.)* cutlet
پارچهی بچووک parchey bichok *(n.)* shred
پارچهی شکاوی شوشه parchey shkawi shoshe *(v.)* shard
پارچهی شکێندراو parchey shkendraw *(n.)* wreck
پارچهی گهوره parchae gawra *(n.)* chunk
پارچهیهکی زیاد Parcheyeki ziad *(n.)* accessory
پارسهنگی دهکات parsengi dekat *(v.)* offset
پارو parw *(n.)* lump
پارێز parez *(v.)* diet
پارێزراو parezraw *(adj.)* protective
پارێزگا parizga *(n.)* county
پارێزەر Parezer *(n.)* attorney
پارێزەری parizari *(adj.)* defensive
پارێزەی ئۆتۆمۆبیل parizae aotomobel *(n.)* bumper
پاره para *(n.)* currency
پاره دان pare dan *(n.)* settlement
پاره دهدات pare dedat *(v.)* pay
پاره دهنێرێت pare de neret *(n.)* remit
پاره لێدان pare le dan *(n.)* coinage
پاره نێردراو pare nerdraw *(n.)* remittance
پاره یا دهستکهوتێکی براوهی ساڵانه para ya dastkaotike brawae salana *(n.)* annuity
پاره دان pare dan *(n.)* payout
پارهدان بهرامبهر سوود paredan beramber sood *(n.)* usury
پارهی بینبارمته دهرهێنراو parey be barmte der henraw *(n.)* overdraft
پارهی پاراستو paresey parasto *(n.)* safe-deposit
پارهی خهڵات parey khelat *(n.)* prize money
پارهی دراوه parey drawe *(n.)* repayment
پارهی دهدات parey dedat *(v.)* finance
پارهی کاغهز parae kaghaz *(n.)* banknote
پارهی کانزا parae kanza *(n.)* coin
پارهی نهختی parae nakhte *(n.)* cash
پارهیهکی کهم pareyeki kem *(n.)* mite
پارانهوه paranawa *(n.)* entreaty
پازده pazde *(n.)* fifteen
پاژن pazhin *(n.)* ankle
پاژنهی پێ pazhnae pi *(n.)* anklet
پاس pas *(n.)* bus
پاساو pasaw *(n.)* justification
پاس پۆرت pas port *(n.)* passport
پاسکیل سوار paskel swar *(n.)* cyclist
پایسکل سوار payskl swar *(n.)* motorist
پاسی گهوره pasi gewre *(n.)* omnibus
پاسهوان pasawan *(n.)* caretaker
پاسهوانی ده کا pasewani deka *(v.)* guard
پاسهوانی pasawani *(n.)* custody
پاسهوانه تایبهت pasawane taebat *(n.)* bodyguard
پاسهوانی دارستان pasewaney darstan *(n.)* ranger
پاسهوانی کهنارهوهکان pasewani kenarawekan *(n.)* coasguard
پاش pash *(prep.)* after
پاش فرۆشتن pash firoshtn *(adj.)* aftersales
پاش کۆستهکه دهژی pahs kosteke deji *(v.)* survive
پاش مردنی باوکی له دایک بووه pash mrdini le dyak bwe *(adj.)* posthumous
پاشا pasha *(n.)* monarch
پاشایهتی pashayeti *(n.)* monarchy
پاشبهند pash bend *(v.)* suffix
پاشکۆ pashko *(n.)* appendix
پاشکۆکردن pashko kirdin *(n.)* subordination
پاشگر pash gir *(n.)* suffix
پاشماوه pashmawa *(n.)* debris
پاشهڕۆ pashe row *(n.)* rubbish
پاشهڕۆژی نزیک pashe roji nizik *(n.)* offing
پاشهکشه pashe kshe *(n.)* recession
پاشهکشهکرد pasha kshakirdn *(v.)* backfire
پاشهکهوت pash kewt *(n.)* supply
پاشهکهوت دهکات pashkewt dekat *(v.)* spare
پاش کهوت دهکرێت pash kewt dekret *(adj.)* savable

پاشەکەوتکردن pashakaotkirdn (n.) backlog
پاشەکەوتەکان Pashekewtekan (n.pl.) arrears
پاشەڵ pashal (adj.) caudal
باقڵە paqla (n.) aubergine
پاك pak (adj.) devout
پاك دەکات pak dekat (v.) scavenge
پاك دەکاتەوە pak dekatewe (v.) purify
پاك کردنەوە pak kirdinewe (n.) purification
پاک دەکات pak dekat (v.) purge
پاکخواز pak khwaz (n.) purist
پاکردنەوە pak krdnewe (n.) purgation
پاکردنەوەی ڕیخۆڵە و ناوسک pakirdnawae rekhola o nawsk (n.) catharsis
پاکردنەوەی ووشك pakrdnawae wshk (v.) dry-clean
پاکژدەکات pakij dekat (v.) cleanse
پاکك کراوە pak krawa (adj.) aseptic
پاککەرەوە pak kerewe (n.) detergent
پاکێج pakej (n.) package
پاکی paki (n.) fidelity
پاکی دەکات paki dekat (v.) peel
پاکیزە pakeza (adj.) chaste
پاکیزەیی pakezae (n.) chastity
پاکەرەوەی با pakarawae ba (n.) air freshner
پاڵ دان pal dan (n.) shove
پێ دەکەنێ pe dekene (v.) laugh
پیتی ووشە دەخوێنێ piti woshe de khoine (n.) spelling
پیرۆز بکە peroz bka (v.) enshrine
پەڕ per (n.) shuttlecock
پەمپ دە دا pemp deda (v.) pump
پەمەیی pemey (adj.) pinkish
پاڵ دان pal dan (n.) spur
پاڵ دەدا pal deda (v.) spur
پاڵپشت دەکات pal psht dekat (v.) shore
پاڵپشتی دەکا pal pshti deka (v.) side
پاڵدان paldan (v.) catalyse
پاڵ دەر pal der (n.) catalyzer
پاڵی دەدا pali deda (v.) pillow
پاڵ پێوەنان pal pewe nan (n.) push
پاڵ دان pal dan (n.) thrust
پاڵ دەدات pal dedat (v.) thrust
پاڵاوتگا palawtga (n.) refinery
پاڵاوتن palawtn (v.) leach
پاڵپشت pal psht (n.) prop
پاڵپشتی دەکات palspshti dekat (v.) verify
پاڵتۆ palto (n.) overcoat
پاڵ دەداتەوە pal dedatewe (v.) lie
پاڵێت palet (n.) palette

پاڵنوراو palew raw (n.) nominee
پاڵی پێوە دەنێ pali pewe dene (v.) push
پاڵەوان palawan (n.) acrobat
پان pan (adv.) wide
پان pan (adj.) wide
پانایی panae (n.) breadth
پانایی دەریا panay derya (n.) main
پانتۆڵ pantol (n.) pantaloon
پانکراو pankraw (adj.) widespread
پانێلی خۆر paneli khor (n.) solar panel
پانی pani (n.) width
پانی دەکات pani dekat (v.) widen
پاوان pawan (n.) lawn
پاوەند pawand (n.) pound
پاوەندی ئیستەرلینی pawandi esterlini (n.) pound
پایسکل payskl (n.) roadster
پایتەخت paytekht (n.) capital
پایتەختی paytekhti (adj.) metropolitan
پای دەر pay der (n.) pedal
پایز paez (n.) autumn
پایسکل paeskl (n.) bicycle
پایسکیلی سکوتە ر paiskli scooter (n.) scooter
پایە paye (n.) prestige
پایە بەرزی paye berzi (n.) sophistication
پایەبەرز paye berz (adj.) executive
پتەو ptew (adj.) lusty
پتاو کراو ptaw kraw (adj.) immune
پتەوکردن ptawkirdn (n.) entrenchment
پچران pchran (n.) irruption
پچڕ پچڕ pchr pchr (adj.) sporadic
پڕ چەك کردن pr chak kirdn (n.) armament
پڕ زانین pr zanin (adj.) knowledgeable
پڕ لە پڕ pr le pr (adj.) fraught
پڕ لە ووزە و چالاکی pr la wza o chalake (adj.) energetic
پرتاقاڵ prtaqal (adj.) orange
پڕچ بڕین prch brin (v.) shear
پرخە prkhe (n.) snore
پرد pird (n.) barrage
پردی کێشراو pirdi keshraw (n.) drawbridge
پردی هەڵواسراو prdi hel wasraw (n.) suspension
پرژێن prjen (n.) spray
پرس prs (n.) enquiry
پرسیار prsyar (n.) inquiry
پرسیار prsyar (n.) question
پرسیارکردن pirsyar kirdin (v.) enamour
پرسیاری prsyari (adj.) interrogative

پرسین prsen (n.) query
پرسینه‌وه prsinewe (n.) inquisition
پرسه prsa (n.) solace
پرسه ده‌کا prse deka (v.) solace
پرسه و سه‌رخۆشی prsa o sarakhoshe (n.) condolence
پرسه‌نامه prsanama (v.) condole
پر کردوو pr kirdo (n.) occupant
پرۆپاگنده pro pagande (n.) rumour
پرۆتین protin (n.) protein
پرۆژه pirroje (n.) enterprise
پرۆژه proje (n.) project
پرۆسس proses (n.) process
پرۆسێسه‌ر proseser (n.) processor
پرۆفایل profayl (n.) profile
پرۆفیسۆر profesor (n.) professor
پری ده‌کاته‌وه pri dekatewe (v.) replenish
پرێشک preshk (n.) shrapnel
پر pr (adj.) full
پر به ده‌م pr be dem (n.) mouthful
پر خۆشاو pr khoshaw (adj.) juicy
پر زانیاری pr zanyari (adj.) informative
پر که‌وچکێک pr kewchikek (n.) spoonful
پر گه‌ڵا pr gela (adj.) leafy
پر له‌گاز pr le gaz (adj.) gassy
پر ده‌کات pr dekat (v.) glut
پر کردن pr kirdin (n.) glut
پرکراو prkraw (adj.) replete
پرمانا prmana (adj.) meaningful
پرۆپاگنده propaganda (n.) propaganda
پرۆپاگنده ده کات propaganda dekat (v.) propagate
پرۆپاگنده‌یی propagandey (n.) propagandist
پرۆپوچ pro poch (n.) superstition
پرۆپووچانه pro pochane (adj.) superstitious
پرۆشکراو prosh kraw (n.) mash
پرۆتۆکۆل protokol (n.) protocol
پری pre (n.) fullness
پرناسوودیی pir asodey (n.) contentment
پره له هه‌ڵه pra la hala (adj.) erroneous
پزیشک pzeshk (n.) doctor
پزیشکیتی چاو pzishkiti chaw (n.) ophtalmology
پزیشکی pizishki (adj.) clinical
پزیشکی پێ pzishki pe (adj.) podiatric
پزیشکی پێ pzishki pe (n.) podiatrist
پزیشکه پیست pzeshke pist (n.) dermatology
پزیشکی چاو pzishki chaw (n.) oculist
پزیشکی ددان pzeshke ddan (n.) dentist

پزیشکی ده‌رزی لێدان Pizishke derzi le dan (n.) acupuncturist
پزیشکی ده‌روونی pzishki deroni (n.) psychiatrist
پزیشکی ده‌م ددان pzishki dem u ddan (n.) orologist
پزیشکی ده‌مار pzishki demar (n.) neurologist
پزیشکی ژه‌هراویبوون pzishki jehrawi bon (n.) toxicologist
پزیشکی شێرپه‌نجه pzishki sherpenjey (n.) oncologist
پزیشکی منداڵان pzishki mndalan (adj.) paediatric
پزیشکی منداڵبوون pzishki mndal boon (n.) obstetrician
پزیشکه‌وانی ساخته یا درۆ pzishkewani sakhte yan dro (n.) quackery
پژمین pijmeen (n.) sneeze
پس pis (n.) lisp
پساندن psandn (n.) buckle
پسپۆر له شوێنه‌وارناسی pspor la shoinawarnase (n.) archaeologist
پسپۆری دارایی bsporı daray (n.) financier
پسپۆر pspor (adj.) expert
پسپۆر له پلانسازی pspor le plan sazi (n.) tactician
پستن pstin (n.) piston
پسۆر psor (adj.) versed
پشت psht (n.) mainstay
پشت به‌ستن psht bastn (v.) depend
پشت پێ به‌ستن psht pe bestin (n.) reliance
پشت پێ ده‌به‌ستێت psh pe debestet (v.) rely
پشت راست که‌ره‌وه pisht rast kerewe (adj.) corroborative
پشت گوێ ده‌خات psht gwe dekhat (v.) slight
پشت گوێ ده‌خا psht goy dekha (v.) lapse
پشت مل psht ml (n.) nape
پشتراست کردنه‌وه pisht rast kirdnewe (n.) confirmation
پشتگیر pishtgir (n.) booster
پشتگیری pshtgere (n.) backing
پشتگیری بکه pisht giri bke (v.) endorse
پشتگیری ده‌کات pishtgiri dekat (v.) boost
پشتگیری ژیان psht giri jyan (n.) life support
پشتگیری کردن pisht giri kirdin (n.) endorsement
پشتگیری که‌ر pisht giri ker (n.) endorser
پشتێن pshten (n.) strap
پشتێن ده‌به‌ستێ pshten de beste (v.) strap

پشتێنە pshtene (n.) girdle
پشتێنەوان pshtinawan (n.) backpacker
پشتی pshti (n.) pad
پشتی دادەنێت pshti da denet (v.) pad
پشتی کەشتی pshti kashti (n.) deck
پشتە مل pshte ml (n.) scruff
پشتیری ئاژەڵ Pishtiri ajel (n.) barn
پشتەدەست pshtadast (n.) backhand
پشتەوە Pshtewe (adv.) aback
پشتەوەی pshtawey (adj.) dorsal
پشتەی شانۆ pshtey shano (n.) scenery
پشکنین pishkinin (n.) check
پشکنینی باڵندە pshkinini balnde (n.) ornithoscopy
پشکنینی بۆری هەناسە pshkinini bori henase (n.) tracheoscopy
پشکنینی دوای مردن pshknini dway mrdn (adj.) post-mortem
پشکنینی دوای مردن pshknini dway mrdn (n.) post-mortem
پشکنینی گوێ pshkinini gwe (n.) otoscopy
پشکنەر pshkiner (n.) inspector
پشکنەر pshkner (adj.) searching
پشکی بازاڕ pshki bazar (n.) market share
پشو pshw (n.) interlude
پشووی بانق pshoe banq (n.) bank holiday
پشووی قاوە خواردنەوە pshwe qawa khwardnawa (n.) coffee break
پشیوی pshiwe (n.) disarray
پشیلە pshela (n.) cat
پلاتۆن platon (n.) platoon
پلاتین platin (n.) platinum
پلاستەر plaster (n.) plaster
پلاسیبیک plasibik (adj.) placebic
پلاک plak (n.) plug
پلاکی کارەبا plaki kareba (n.) socket
پلان plan (n.) chartbuster
پلان دادە نێت plan da denet (v.) scheme
پلان دادەنێت plan da denet (v.) project
پلان دانان plan danan (v.) outline
پلانی بازرگانی plani pazrgani (n.) business plan
پلنگ plng (n.) tiger
پلوورە هەنگ خانە plora hang khana (n.) apiary
پلۆتۆکرات plotokrat (adj.) plutocrat
پلۆتۆنیوم plotoneom (n.) plutonium
پلۆڤەر plover (n.) pullover
پلیکانە plekane (n.) stair

پلیکانەکان plekanekan (n.) staircase
پلێتی ڕۆیشتن plite rweshtn (n.) treadplate
پلێت plet (n.) ticket
پلە pla (n.) degree
پلە بەرز بوونەوە ple berz bonewe (n.) hierarchy
پلە پەیژە ple peyje (n.) rung
پلە دە دات pla dedat (v.) grade
پلەی بەرز دەبێت pley berz debet (v.) sublimate
پلەی بەرز دەکاتەوە pley berz dekatewe (v.) promote
پلەی سێیەم pley se yem (n.) tertiary
پلەی عەقید plae aqed (n.) colonel
پلەی کاپتن plae kaptn (n.) captaincy
پلەی گەرمی pley germi (n.) temperature
پلەی وود pley wod (n.) plywood
پلنگ plng (n.) leopard
پنۆدرۆلیك pnodrolik (n.) pneudraulics
پنیوماتۆلۆژی penyomatoloji (adj.) pneumatological
بە ڕاسووی perasoy (adj.) costal
پە ڕستگە ی بودیە کان perstgey bodyekan (n.) pagoda
پە ست pest (adj.) sombre
پواو pwaw (adj.) stale
پوچ کردن poch kirdin (n.) repeal
پوچی دەکاتەوە pochi dekatewe (v.) nullify
پوچەل بوو pochel bu (adj.) shot
پوچەل دەکاتەوە pochal dakatawa (v.) counteract
پوخت pokht (adj.) terse
پوختە pokhta (adj.) abstract
پوختە کردن pokhta kirdn (n.) refinement
پوختەدەکات pokhte dekat (v.) extract
پوختەی دەکات pokhtay dakat (v.) disinfect
پود pod (n.) pod
پودیوم podiom (v.) podium
پۆستی کاتی دەدات post kati dedat (v.) tenure
پۆستەنێر postanir (n.) addresser
پۆشکە بە قنگ poshka ba qng (n.) dragonfly
پۆک pok (n.) snout
پۆلی pole (n.) pulley
پووچ دەکات poch dekat (n.) veto
پووچ کراوە poch krawa (adv.) abortive
پووچ کردنەوە poch kirdinewe (n.) revocation
پووچی دەکاتەوە pochi dekatewe (v.) revoke
پوورە هەنگ pore heng (n.) hive

پووش posh *(n.)* straw
پووکاوه pokawa *(adj.)* decadent
پۆپلین poplen *(n.)* poplin
پۆپه pope *(n.)* zenith
پۆتاسیۆم potasepm *(n.)* potassium
پۆتاش potash *(n.)* potash
پۆتین poten *(n.)* boot
پۆجنکتەر projektor *(n.)* projector
پۆدج podj *(n.)* podge
پۆدکاستەر podkastar *(n.)* podcaster
پۆدگی podgi *(adj.)* podgy
پۆرسەلین porsalen *(n.)* porcelain
پۆزلی دان poz le dan *(n.)* preen
پۆزلی دەدات poz le dedat *(v.)* preen
پۆست post *(n.)* mail
پۆستانە postana *(adj.)* postal
پۆستی پێشەوە posti peshewe *(n.)* outpost
پۆستە poste *(n.)* post
پۆستەچی postache *(n.)* postman
پۆستەخانە poste khana *(n.)* post-office
پۆستەر poster *(n.)* poster
پۆش posh *(adj.)* empty
پۆشاك poshak *(n.)* cloak
پۆشاك لە بە رکردن poshak *(v.)* garb
پۆشاکێکی پان و بۆری نافرەتانە poshakike pan o bore afratana *(n.)* cape
پۆشاکەکە دەرە دەهێنت poshakeke der dehenet *(v.)* unsheathe
پۆشین poshen *(n.)* clothing
پۆشینی جل و بەرگ poshini jil u berg *(n.)* dressing
پۆل pol *(n.)* classroom
پۆلارم polarm *(n.)* polearm
پۆلارۆید polarwed *(n.)* polaroid
پۆلۆ polo *(n.)* polo
پۆلیکات polikat *(n.)* polecat
پۆلین polin *(n.)* classification
پۆلین بەندی polin bendi *(adj.)* categorical
پۆلین کراوە polin krawa *(adj.)* classified
پۆلینتا polinta *(n.)* polenta
پۆلینراو Polenraw *(adj.)* assorted
پۆلینکردن polinkirdn *(v.)* catagorize
پۆلینکردن لابردن polinkirdn labrdn *(v.)* declassify
پۆلی بازرگانی poli bazrgani *(n.)* business class
پۆلی کاربۆنات poli karbonat *(n.)* polycarbonate
پۆلی مامۆستا poli mamosta *(n.)* master class

پۆلی مۆرف poli morf *(n.)* polymorph
پۆلی مۆرفۆزی poli morfozi *(n.)* polymorphosis
پۆلی میتالیك poli metalik *(adj.)* polymetallic
پۆلی میتلین poli metlin *(n.)* polymethylene
پۆلی ئەسیتیلین poli astilin *(n.)* polyacetylene
پۆلی ئەندەر poli ander *(n.)* polyander
پۆلی ئەندەریانی poli anderyani *(n.)* polyandrianism
پۆلیبوتیلین poli botilin *(n.)* polybutylene
پۆلیبوتین poli botin *(n.)* polybutene
پۆلیپرۆپیلین poli propilin *(n.)* polypropylene
پۆلیپرۆتین poli protin *(n.)* polyprotein
پۆلیتیست poli tist *(n.)* polytheist
پۆلیتەکنیك poli teknik *(adj.)* polytechnic
پۆلیس poles *(n.)* constable
پۆلیس لێیدا poles lieda *(n.)* police beat
پۆلی سیما poli sima *(n.)* polysemia
پۆلیسی نهێنی polese nhine *(n.)* emissary
پۆلیفارماکاڵ poli farmakal *(adj.)* polypharmacal
پۆلیفۆرم poli form *(n.)* polyform
پۆلی کراسی poli krasi *(n.)* polycracy
پۆلەلۆکوینت polelokwint *(adj.)* polyloquent
پۆلیماتیك poli matik *(n.)* polymath
پۆلی مەر کردن poli mer kirdin *(v.)* polymerize
پۆلیمیتین poli metin *(n.)* polymethine
پۆلیمیۆتیك poli miotik *(adj.)* polymiotic
پۆلیمەر poli mer *(n.)* polymer
پۆلینۆکلیات poli noklyat *(adj.)* polynucleate
پۆلیین poleen *(n.)* polyene
پۆلەندی polendi *(n.)* polish
پۆل pol *(n.)* stream
پۆڵا pola *(n.)* steel
پۆڵکە polka *(n.)* pea
پیرۆزی pirozi *(n.)* sanctity
پیس pis *(adj.)* scapeless
پیس دە کات pis dekat *(v.)* scrump
پیویستی pewisti *(v.)* lack
پێ pe *(n.)* foot
پێ بژاردن pe bıjardın *(v.)* fine
پێ دە گەیت pe de geyet *(v.)* ripen
پێ دەبژیرێت pe de dijeret *(v.)* forfeit
پێ سپاردن pe spardin *(v.)* commend
پێ سپاردنی مندال pe spardni mndal *(n.)* wardship
پێ نووسینەوە pe nosinewe *(n.)* dictation
پێ نەگەیشتو pe ne geyshto *(adj.)* premature
پێنج pich *(n.)* wrap

پەچان pechan (n.) fold
پێچانەی بلق pichane blq (n.) bubble wrap
پێچانی دیاری pechani diyari (v.) giftwrap
پێچانەوە pechanewe (n.) packing
پێچاوپێچ pecha u pech (adj.) sinuous
پێچەر pichar (n.) winder
پێچەوانە pichawana (adj.) adverse
پێچەوانە دەکات pechewane dekat (v.) reverse
پێچەوانەکردنەوە pechewne kirdinewe (v.) invert
پێداچوونەوە peda chonewe (n.) revision
پێداچوونەوە دەکات peda chonewe dekat (v.) review
پێداکەوتن peda kewtin (v.) crash
پێداگر pidagir (adj.) assertive
پێداگری peda gri (v.) insist
پێدان pedan (n.) provision
پێداویستیەکان pedawistyekan (v.) outfit
پێ دەزانی pe dezane (v.) realize
پێ دەگات pe degat (v.) mature
پیرامبولاتور pirambolator (n.) perambulator
پێرست perst (n.) index
پێست pist (n.) skin
پێست برین pist bren (n.) dermabrasion
پێست تێر pest ter (adj.) swarthy
پێست نەرمکەر pist nerm ker (n.) lotion
پێستی pisti (adj.) pachidermatous
پێستە بیڤەر piste bivar (n.) beaverskin
پێستی سورە pisti sore (adj.) ruddy
پێستی گامێش pisti gamesh (n.) buff
پێستە مۆر piste mor (n.) sealskin
پێستەسەر piste ser (n.) scalp
پێستەی مێی ئاسک pistae mey asik (n.) doeskin
پێش pish (adv.) ago
پێش برکێ pesh brke (n.) competition
پێش برکێیی pesh brkey (adj.) competitive
پێش بوون pesh boon (n.) preexistence
پێش بینی لەکرین وفرۆتن دا دەکات pesh bini dekat le krin u frotin da (v.) speculate
پێش دل Pesh dil (n.) antecardium
پێش دیتن دەکات pesh ditin dekat (v.) premeditate
پێش دەکەوە pesh dekewe (v.) exalt
پێش دەکەوێت pesh dekewet (v.) precede
پێش کۆتایی pesh kotay (n.) semi-finalist
پێش کەوتوو pesh kewtin (n.) sophisticate
پێش گیری دەکات pesh giri dekat (v.) prefix

پێش لەدایکبوون pish ladaekbon (adj.) antenatal
پێش مێژوو pesh mejo (adj.) prehistoric
پێش نیوەڕۆ pesh niwerow (n.) forenoon
پێش هاوسەرگیری pesh hawser giri (adj.) premarital
پێشان دەدات peshan dedat (v.) exhibit
پێشان دان peshan dan (n.) review
پێشانگای ژیندەوەرانی ناو زەندەوەرانە ئاو pishangae zendawarane aw (n.) aqua
پێشانگای شکاندن pishangae shkandn breakfront
پێشانگە peshange (n.) show
پێشبڕکێ دەکات peshbrke ker (v.) rival
پێشبڕکێ کار peshbrke kar (n.) rival
پێشبڕکێتی peshbrketi (n.) rivalry
پێشبڕکێ pishbrki (n.) apron
پێشبڕکێ دەکات peshbrke dekat (v.) race
پێشبڕکێ کەر peshbirke ker (n.) contestant
پێشبڕکێ ڕێگاوبان peshbrke rega u ban (n.) road race
پێشبینی pesh bini (v.) preview
پێشبینی بکە peshbini bke (v.) envisage
پێشبینی پێشوەختە peshbini pesh wekhte (n.) premonition
پێشبینی دەکات pesh bini dekat (v.) forecast
پێشبینیکردن pishbenekirdn (n.) anticipation
پێشتر Peshtr (prep.) afore
پێشتر باسمان کرد Peshtr basman kird (adj.) aforementioned
پێشڕەو pesh rew (n.) pioneer
پێشکەش دەکات pesh kesh dekat (v.) offer
پێشکەش کردن pishkash kirdn (n.) dedication
پێشکەشکار pishkashkar (n.) appetizer
پێشکەشکردن pesh kesh kirdin (n.) oblation
پێشکەوتن خواز pesh kewtin khwaz (adj.) progressive
پێشکەوتوون pishkaoton (adj.) advanced
پێشکەوتە pesh kewte (n.) precedence
پێشگر pesh gir (n.) prefix
پێشگرێکە بەماناای pesh greke be manay (n.) tetra
پێشگرە بە واتای دژ pishgra ba watay dij (pref.) contra
پێشنیار peshnyar (n.) proposal
پێشنیار دەکات peshnyar dekat (v.) propose
پێشنیار کردن pshnyar kirdin (n.) suggestion
پێشنیارانە peshinyarane (adj.) suggestive
پێشوازی کردن peshwazi kirdin (n.) reception

پێشوازی گەرم peshwazi germ *(interj.)* hurrah
پێشوو pshew *(adj.)* prior
پێشووتر peshow tir *(adj.)* former
پێشوەختە pesh wekhte *(adj.)* preemptive
پێشێل نەکراوە peshel ne krawe *(adj.)* inviolable
پێشێلی دەکات pesheli dekat *(v.)* trample
پێشیدەخا pesh dekhat *(v.)* modernize
پێشین peshin *(n.)* precedent
پێشینان peshinan *(n.)* forefather
پێشینە pishena *(n.)* antecedent
پێشەکی pesheki *(adv.)* beforehand
پێشەکی بریار دەدات pishake bryar dadat *(v.)* predetermine
پێشەکی خۆی پرچەک دەکات pesheki khoy pir chek dekat *(v.)* forearm
پێشەکی داوکردن pishake dawkirdn *(v.)* bespeak
پێشەکی زانین pesheki zanin *(n.)* foreknowledge
پێشەکی کەنار pesheki kenar *(n.)* shorefront
پێشەکی وادادەنێت pesheki wa dadenet *(v.)* presuppose
پێشەکی وادانان pesheki wa danan *(n.)* presupposition
پێشەنگ pesheng *(n.)* forerunner
پێشەوەی دوکان peshewey dokan *(n.)* shopfront
پێغەمبەر peghember *(n.)* prophet
پێغەمبەرانە peghemberane *(adj.)* prophetic
پێغەمبەرایەتی peghemberayeti *(n.)* prophecy
پێک دێت pek det *(v.)* consist
پێک دێنێت pek denet *(v.)* construct
پێک دەهێنی pik dahini *(v.)* shape
پێک دەهێنێت pek dehenet *(v.)* constitute
پێک دا دەچێت pek da dechet *(n.)* overlap
پێک دەدات pek dedat *(v.)* ram
پێک دەهێنێت pek dehenet *(v.)* compose
پێک هێنان pek henan *(n.)* composition
پێک دادان pek dadan *(n.)* conflict
پێکسڵەکان pekslekan *(v.)* pixelate
پێکهات pek hat *(n.)* structure
پێکهاتانە pek hatane *(adj.)* structural
پێکهاتن pek hatin *(n.)* constitution
پێکهاتنەوە pek hatinewe *(n.)* reconciliation
پێکهاتەی لەش pekhatey lesh *(n.)* physique
پێکهێنراو pek henraw *(adj.)* synthetic

پێکهێنەری سەرەکی pek heneri sereki *(adj.)* constituent
پێکیان دەهێنێ pekyan de hene *(v.)* reconcile
پێ کەنین pe kenin *(v.)* chuckle
پێکەنیناوی pekeninawi *(n.)* hilarity
پێکەوە pekewe *(adv.)* together
پێکەوە ژیان pekewe jyan *(v.)* coexist
پێکەوە بەستن pekewe bestin *(v.)* conjoin
پێکەوە نان pekewe nan *(v.)* feign
پێکەوەنووسان pekewe noosan *(n.)* cohesion
پنگەی پێ pegey pe *(n.)* foothold
پێ گەیوو pe geyo *(adj.)* ripe
پێڵاو لەپێ دەکات pelaw le pe dekat *(v.)* sole
پێڵاو pelaw *(n.)* shoe
پێڵاو چاک دەکات pelaw chak dekat *(n.)* cobble
پێڵاو لە پێ دەکات pelaw le pe deka *(v.)* shoe
پێڵاوی بەفر pelawi befr *(n.)* snow boot
پێڵاوی پێ pelawi pe *(n.)* footwear
پێڵۆی چاو piloy chaw *(n.)* eyelid
پێ ناسە pe nase *(n.)* definition
پێناسەی دەکات penasey dekat *(v.)* define
پێنتاتۆنیک pentatonik *(adj.)* pentatonic
پێنج penj *(n.)* five
پێنج شەممە penj shemme *(n.)* Thursday
پێنووس penos *(n.)* pen
پێنووسی رەش penosi resh *(n.)* pencil
پێوان pewan *(n.)* measurement
پێوانە pewane *(n.)* gauge
پێوانەیی pewaney *(adj.)* standard
پێو دان pew dan *(n.)* fertilizer
پێویست pewist *(adj.)* indisputable
پێویست دەکات pewist dekat *(v.)* necessitate
پێویست نییە pewist nye *(adj.)* pointless
پێویستی pewisti *(n.)* must
پێویستی پێ دەبێت pewisti pe de bet *(v.)* need
پێویستیدار pewisti dar *(adj.)* needy
پێویستیەکان pewistyekan *(adv.)* needs
پێویستە pewiste *(v.)* ought
پێویستە بدرێ pewiste bdre *(adj.)* payable
پێویستە لەسەری pewiste le seri *(n.)* incumbent
پێوە دەدات pewe dedat *(v.)* sear
پێوە دەنێت pewe denet *(v.)* exaggerate
پیوادان piwadan *(v.)* sting
پێوە دەنۆسێ Pewe denose *(n.)* adhesive
پیوەر piwar *(n.)* criterion
پێوە نان pewe nan *(n.)* exaggeration
پێوەنۆسان Pewenosan *(n.)* adhesion
پێوە نووساو pewe nosaw *(adj.)* clingy

پێوەی دەنێ pewe dene (v.) overdo
پێی پیادەنێ pie pyadani (v.) tread
پێی پەست و دڵگیردەبێت pey best u dil gir debet (v.) deplore
پێی تەخت pey tekht (n.) flatfoot
پێی دەڵێ pey dele (v.) tell
پێی دەڵێت pey delet (v.) intimate
پێی رووت pey root (adj.) barefoot
پێی ئاژەڵ pey ajel (n.) paw
پیادە pyade (n.) infantry
پیادەدات pyadedat (v.) inflict
پیاز pyaz (n.) onion
پیازی pyazi (adj.) rosy
پیاسە دەکات pyase dekat (n.) ramble
پیاکیشان pyakishan (v.) douse
پیانۆ piano (n.) piano
پیانۆژەن piani jen (n.) pianist
پیاهەڵدەدات pya hel dedat (n.) praise
پیاهەڵدەگەرێنێ pia hel degerine (v.) escalate
پیاو pyaw (n.) dude
پیاو کوژ pyae kozh (adv.) amuck
پیاوانە pyawane (adj.) manful
پیاوچاک pyawchak (adj.) honourable
پیاوچاک pyawchak (adj.) benevolent
پیاوکوژ pyaw koj (n.) executioner
پیاوکوشتن pyaokoshtin (n.) assassination
پیاوێکی ئاینی pyaike aene (n.) druid
پیاوێکی ئاینی لێبسراوی هەرزمێک pyaweki ayini le prsrawi heremek (n.) vicar
پیاوی بۆ دەنێرێ pyawi bo denere (v.) man
پیاوی موشەک pyawi moshek (n.) rocketman
پیاوی میری pyawi miri (n.) statesman
پیاوی ئاینی جولەکە pyawi ayyni joleke (n.) rabbi
پیاوە ئایین pyawa ayn (n.) clergy
پیاوەتی pyaweti (n.) magnanimity
پیترۆڵ petrol (n.) petroleum
پیتزا petza (n.) pizza
پیتزا خانە pitza khane (n.) pizzeria
پیتمان pitman (n.) pitman
پیتی بزوێن piti bzwen (n.) preposition
پیر per (n.) elder
پیربوون Pirboon (n.) ageing
پیر تر pir tr (n.) senior
پیرۆز peroz (adj.) divine
پیرۆز بکەن piroz biken (v.) consecrate
پیرۆز دەکات peroz dekat (v.) hallow
پیرۆزبای لێ دەکات piroz bay le dekat (v.) congratulate
پیرۆزبایی pirozbay (int.) felicitations
پیرۆزبایی لێکردن pirozbay le kirdin (v.) felicitate
پیرۆزکردن perozkirdn (n.) benediction
پیرۆزکردن piroz kirdin (n.) sanctification
پیرۆزی دەکات pirozi dekat (v.) sanctify
پیرۆزی کەسێک دەردەخا pirozi kesek derdekha (v.) canonize
پیرۆمانتیک peromantik (adj.) pyromantic
پیری piri (n.) old age
پیس Pis (adj.) abject
پیس بوون pis boon (n.) infection
پیس دەبێ pis debet (v.) stain
پیس دەکات pes dakat (v.) contaminate
پیس کردن pes kirdn (v.) besmirch
پیس ناکری لەبەر پیرۆزیان pis nakre le ber pirozyan (adj.) sacrosanct
پیسایی pisay (adj.) fecal
پیسایی کردن pisay kirdin (v.) defecate
پیستە pesta (n.) hide
پیستە خۆش کردن piste khosh kirdin (adj.) tan
پیستەخۆشکەر piste khoshker (n.) tanner
پیستەخۆشگا piste khoshga (n.) tannery
پیسی pısı (n.) dirt
پیشان دەدات peshan dedat (n.) display
پیشاندان peshan dan (n.) depiction
پیشانگە peshanga (n.) exhibition
پیشە pesha (n.) career
پیشەسازی کشتوکاڵی Pehsesazi kisht u kali (n.) agro-industry
پیشەکار pishe kar (n.) valet
پیشەگەر pishe ger (n.) magnate
پیشەگەری peshe geri (adj.) professional
پیشەی خەواندنی مۆگناتیسی pishey khewandini mognatisi (n.) hypnotism
پێل مێل pel mel (adv.) pell-mell
پیلان pilan (n.) conspiracy
پیلان دەگیرێ pilan de gire (v.) plot
پیلان دەگەرێ pilan degere (v.) conspire
پیلان گیران pilan geran (v.) collude
پیلانباز pilan baz (n.) conspirator
پیلانگێر pilan ger (n.) schemer
پیلانگیری pilan geri (adj.) conniving
پیلانی شاراوە pilani sharawe (n.) collusion
پینە pine (n.) patch
پینە دەکات pine dekat (v.) patch
پینەدۆز penadoz (n.) cobbler
پە رستن parstin (v.) adore

پەپولە papola (n.) butterfly
پەت pet (n.) rope
پەتاتە petate (n.) potato
پەتایی patae (n.) epidemic
پەتی لە pate la (adj.) devoid
پەچی دەکاتەوە pechi dekatewe (v.) thwart
پەچە peche (n.) veil
پەخش دەکات pekhsh dekat (v.) radio
پەخشان pekhshan (n.) prose
پەخشکردن pekhshkirdin (n.) enunciation
پەخشنامە pakhshnama (n.) bulletin
پەخشندە pakhshinda (v.) accoutre
پەخشی تەلەفزیۆن pekhshi televzion (n.) telecast
پەخشی تەلەفزیۆن دەکات pekhshi televzion dekat (v.) telecast
پەراسوو perasow (n.) rib
پەراویز perawez (n.) footnote
پەراویز دە کا perawez deka (v.) footnote
پەراویزی perawezi (adj.) marginal
پەرتوک partok (n.) book
پەرتوکی ڕێنما pertoki renma (n.) manual
پەرتوک فرۆش partok frosh (n.) bookseller
پەرتووک نیشانەکەر partok neshanakar (n.) bookmark
پەرتووکی خوێندنەوە partoke khwindnawa (n.) primer
پەرچ دانی perch dani (v.) flip
پەرچاوە perchawe (n.) reflex
پەرچی وێنە perchi wene (n.) reflector
پەرداخۆکە perdakhoke (n.) tumbler
پەرداخی گەورەی بیرە perdaghi gewrey bira (n.) tankard
پەردە parda (n.) curtain
پەردە هەلگری بەلەم perde helgri belem (n.) mast
پەردەی پشت شانۆ pardae psht shano (v.) backdrop
پەرژین دەکات perjin dekat (v.) fence
پەرژین کردن perjin kirdin (n.) enclosure
پەرژینی دەوەن perjini dewen (n.) hedge
پەرستار perstar (n.) nurse
پەرستاری دە کات perstari dekat (v.) nurse
پەرستراو parstraw (n.) devotee
پەرستگا parstga (n.) convent
پەرستن parstin (n.) adoration
پەرستیار parstyar (n.) ecclesiast
پەرش persh (adj.) scattered
پەرش وبلاوی persh u bilawi (v.) dissipate

پەرشبینی Persh bini (n.) astigmatism
پەرشوبلاوی persh u blawi (adj.) scattery
پەرکەماوی parkamawae (adj.) epileptic
پەرگی بەرتووک barge partok (n.) binding
پەرلەمان perlemn (n.) parliament
پەرلەمانتار perlemntar (n.) parliamentarian
پەروەردگار per werd gar (adj.) lordly
پەروەردگار بوون per werd gar boon (n.) lordship
پەروەردە perwerde (n.) nurture
پەروەردە بکەن parwarda bka (v.) educate
پەروەردە دەکات perwerde dekat (v.) rear
پەروەردە کریدن perwerde kiridn (v.) nurture
پەروەردەدەکات perwerde dekat (v.) foster
پەروەردەی هاوبەش parwardae hawbash (n.) co-education
پەرۆش parosh (adj.) eager
پەرۆشی peroshi (n.) fervour
پەری pare (n.) angel
پەری دەریا peri derya (n.) nymph
پەریو parew (adj.) pale
پەرە پی سەندن pere pe sendin (v.) proliferate
پەرەپێدان pere pedan (v.) develop
پەرەشوت pereshot (n.) parachute
پەرەشوت لێدەر pereshot le der (n.) parachutist
پەڕ per (n.) feather
پەڕاوگە perawgeh (adj.) stationary
پەڕۆ parw (n.) duvet
پەڕۆی جێگا Peroy jega (n.) bed sheet
پەڕۆی دەرگا parwe darga (n.) doormat
پەڕی دەوەرێت peri deweret (n.) moult
پەڕینە perine (v.) ferry
پەڕینەوە parenawa (n.) crossing
پەڕەسێلکە pere selke (v.) swallow
پەڕەکە pereke (n.) fin
پەز pez (n.) sheep
پەست past (adj.) despondent
پەستان pestan (n.) pressure
پەستان دەخاتە سەر pestan dekhate ser (v.) nuzzle
پەستان لابردن pastan labrdn (v.) decompress
پەستانی دەرزی لێدان Pestani derzi le dan (n.) acupressure
پەستینەر pestiner (n.) compressor
پەسند کردن pesend kirdin (n.) preference
پەسندکراو pesnd kraw (adj.) tolerable
پەسندی دەکات pesendi dekat (v.) prefer
پەسندیدەکات Pesend dekat (v.) admire

پەسەند pesend *(adj.)* favourite
پەسەند دەکات pesend dekat *(v.)* ratify
پەسەند نەکراوە pesend ne krawe *(adj.)* unapproved
پەسەند نەکردن pasand nakirdn *(v.)* disapprove
پەسەندکردن pasandkirdn *(n.)* approbation
پەسەندی pasande *(n.)* admiration
پەسەندی دەکات pesendi dekat *(v.)* extol
پەشۆکان peshokan *(n.)* tension
پەشێو peshew *(adj.)* taut
پەشێو دەبێت peshew debet *(v.)* tense
پەشیمان peshiman *(adj.)* rueful
پەشیمان بوونەوە peshiman bonewe *(n.)* rue
پەشیمان دەبێت peshiman debet *(v.)* rue
پەشیمانی peshimani *(n.)* remorse
پەك کەوتوە pek kewtewe *(adj.)* impotent
پەککەوتن pek kewtin *(n.)* rundown
پەککەوتە pakkawta *(n.)* cripple
پەکی دەخات peki dekhat *(v.)* prorogue
پەل pel *(n.)* squad
پەلامار pela mar *(v.)* lunge
پەلک pelk *(n.)* fir
پەلە pele *(n.)* haste
پەل پەل دەکات pel pel dekat *(v.)* palpitate
پەلەدەکات pele dekat *(v.)* hurry
پەلەدەکات pele dekat *(v.)* hustle
پەلەکردن pele kirdin *(n.)* hurry
پەلەوەری palaware *(n.)* hay
پەلە pele *(n.)* nimbus
پەلەی چاو peley chaw *(n.)* eyespot
پەلەی دەکات peley dekat *(n.)* taint
پەلەی مەرکەب palae marakab *(n.)* blot
پەمپ pemp *(n.)* pump
پەنا بردن pena birdin *(n.)* refulgence
پەنابەر pena ber *(n.)* refugee
پەنا دەبات pena debat *(v.)* harbour
پەناگا penaga *(n.)* recourse
پەناگە penage *(v.)* resort
پەناگەی شەوانە penagey shewane *(n.)* night shelter
پەنای بۆ دەکات penay bu deka *(v.)* shelter
پەنتاگۆن pentagon *(n.)* pentagon
پەنجا penca *(n.)* fifty
پەنجە panja *(n.)* claw
پەنجە بنی بە پلەیەر penje bne be pleyer *(n.)* tape player
پەنجە تەقاندن panja taqandn *(v.)* crackle
پەنجە چەقۆ penje cheqo *(n.)* fingerstick

پەنجە لێدان penje ledan *(adj.)* flapping
پەنجە لێدە دات penje le dedat *(v.)* flapping
پەنجەپێ pence pe *(n.)* toe
پەنجەی پەنجە panjae panja *(n.)* plyer
پەنجەی سەبابە penjey sebabe *(n.)* forefinger
پەنجەی نێبهام penjey ebham *(n.)* thumb
پەند pend *(n.)* proverb
پەند ئامێز pend amez *(adj.)* proverbial
پەندی پێشینان pande pishenan *(n.)* adage
پەنیر paner *(n.)* cheese
پەیوەندی peywendi *(n.)* connection
پەیامبەر payambar *(n.)* beadle
پەیامنێر peyamner *(n.)* correspondent
پەیامی payame *(adj.)* clerical
پەیدا بوون peyda boon *(n.)* potentiality
پەیداکردن peyda kirdin *(n.)* procurement
پەیدان peydan *(v.)* pedal
پەیڕەوی لە peyrewi le *(adj.)* considerate
پەیڕەوی ناوخۆ paerawe nawkhw *(n.)* bylaw, bye-law
پەیژەی گەڕۆك peyjey gerok *(n.)* ladder
پەیکەر peyker *(n.)* monument
پەیکەرتاش peyker tash *(n.)* sculptor
پەیکەرتاشی peyker tashi *(adj.)* sculptural
پەیکەرسازی peyker sazi *(v.)* sculpt
پەیمان peyman *(n.)* charter
پەیمان دان peyman dan *(v.)* pledge
پەیمان دە دات peyman dedat *(v.)* escrow
پەیمانگا peymanga *(n.)* institute
پەیمانگایی مۆسیقا paemangae moseqa *(n.)* conservatory
پەیمانێك یا سەنەدێکی نێوان دوو کەس paemanik ya sanadike niwan dw kas *(n.)* escrow
پەیمانی لەگەڵ دەبەستنی peymani legel debeste *(n.)* consort
پەیینی بە گیژ و گیا peyini be gij u gya *(n.)* compost
پەینی ئاژەڵ peyni ajel *(n.)* dung
پەیوەست Peywest *(v.)* associate
پەیوەستی peywesti *(n.)* integrity
پەیوەستە بە زیندەوەرزانی peyweste be zindewer zani *(adj.)* biological
پەیوەندی peywendi *(n.)* bearing
پەیوەندی بکە paewande bka *(v.)* dial
پەیوەندی بە باخەوە هەیە peywendi be bakhewe heye *(n.)* horticulture
پەیوەندی بە چیاکانی ئەلب هەیە paeande ba cheakane alb haya *(adj.)* alpine
پەیوەندی بە گواستنەوە هەیە peywendi be gwastinewe heye *(adj.)* vehicular

پەیوەندی هەیە بە چەرخی بەردینی نوێوە peywendi heye be cherkhi berdini nwewe *(adj.)* neolithic

پەیوەندی هەیە بە هەوای پەستێوراوی peywendi heye be heway pestew rawi *(n.)* pneumatic

پەیوەندیدار paewandedar *(v.)* affiliate

پەیوەندیدارە peywendi dar *(v.)* pertain

پەیوەندیکردن paewandekirdn *(n.)* affiliation

پەیوەندیکەر peywendi ker *(n.)* caller

پەیوەندییەکان peywendyekan *(n.)* telecommunications

پەیوەندییەکی توندی بە باسەکە هەیە peywendyeki tondi be baseke heye *(adj.)* relevant

پەینی ئەجەلی peyni ajeli *(v.)* manure

تا ta *(adj.)* febrile

تا ئێستا ta esta *(adv.)* ever

تابلۆی بازرگانی tablwe bazrgane *(n.)* billboard

تابلۆی ناو tably naw *(n.)* nameplate

تابووت taboot *(n.)* bier

تاتۆ tato *(n.)* tattoo

تاتۆ دەکات tato dekat *(v.)* tattoo

تاج taj *(n.)* crown

تاج دەخاتەسەری taj dakhate sare *(v.)* enthrone

تاجی گوڵینە لە سەر دادە نێت taji goline le ser dadenet *(v.)* garland

تاجی سەری دانراوە taje sare danrawa *(adj.)* crowned

تاجە گوڵێنە taja golena *(n.)* garland

تادار tadar *(adj.)* feverish

تار tar *(n.)* tar

تارا tara *(n.)* canopy

تارامیت taramet *(n.)* taramite

تارانتیزم tarantezm *(n.)* tarantism

تارمای tarmay *(n.)* wraith

تارمایی tarmay *(n.)* phantom

تارمە tarme *(n.)* veranda

تاریک tarek *(n.)* dark

تاریکی tareke *(n.)* darkness

تاریکی دەکات tareke dakat *(v.)* darken

تازیە tazye *(n.)* funeral

تازە taze *(adj.)* fresh

تازە taze *(adj.)* recent

تازە لە دایک بوو taze le dayk bo *(adj.)* newborn

تازە پێ گەیشتوو taze pe geyshto *(n.)* novice

تازە کار taze kar *(n.)* tenderfoot

تازەیی tazey *(n.)* novelty

تاشراو tashraw *(adj.)* shaven

تاشین tashin *(n.)* shaving

تاشە بەرد tashe berd *(v.)* stone

تاعون taaon *(n.)* pestilence

تافگە tafga *(n.)* fall

تافگەی بچوک tavgae bchok *(n.)* cascade

تاڤێرن tavirn *(n.)* tavern

تاڤەرنەر taverner *(n.)* taverner

تاق taq *(n.)* arch

تاقی گەه taqi geh *(n.)* laboratory

تاقی دە کات taqi dekat *(v.)* test

تاقیدەکات taqi dekat *(v.)* examine

تاقیدەکاتەوە taqi dekatewe *(n.)* quiz

تاقیکار taqikar *(n.)* probationer

تاقی کاری taqi kari *(n.)* tentativeness

تاقی کردنەوە taqi kirdinewe *(n.)* ordeal

تاقی کردنەوەی پاچ taqi kirdnewey pach *(n.)* patch test

تاقەکردنەوەی ترش taqekirdnawae tirsh *(n.)* acid test

تاقیکردنەوەی لێهاتوویی taqekirdnawae lihatwee *(n.)* aptitude test

تاقیکردنەوەی لەشجوانی taqikrdinewey lesh jwani *(n.)* fitness test

تاقیکردنەوەیەکی زانستی teqi kirdneweyeki zansti *(n.)* experiment

تاقی کەرەوە taqi kerewe *(n.)* examinee

تاک tak *(adj.)* individual

تاک چاو tek chaw *(adj.)* monocular

تاک فرۆش tak frosh *(n.)* retailer

تاک هاوسەری tak hawsare *(n.)* monogamy

تاک هێڵی ئاسن tak heli asin *(n.)* monorail

تاکیە takye *(n.)* solo

تاکایەتی takayeti *(n.)* singularity

تاکپەرستی take persti *(n.)* monolatry

تاکڕەنگ take reng *(adj.)* monochromatic

تاکسیدەرمال taksi dermal *(adj.)* taxidermal

تاکسیدەرمیک taksi dermeik *(adj.)* taxidermic

تاکگەرای tak geray *(n.)* individualism

تاکی taki *(n.)* solitude

تاکە فرمانڕەوایی taka frmanrawae *(n.)* autocracy

تاکەکەسی take kesi (n.) solitaire
تالبۆت talbot (n.) talbot
تاڵ tal (adj.) acrid
تاڵ وتیژ tal u tez (adj.) piquant
تاڵا tala (n.) tala
تاڵان talan (n.) snatch
تاڵان دە کات talan dekat (v.) ransack
تاڵانکردن talankirdn (v.) depredate
تاڵانکردن talan kirdin (n.) loot
تاڵانکەر talan ker (n.) marauder
تاڵانی talani (n.) plunder
تاڵانی جەنگ talane jang (n.) booty
تاڵتر taltr (v.) embitter
تاڵیی tale (n.) bitterness
تاڵە موەکان tala mwakan (n.) blister
تام tam (n.) flavour
تام خۆش tam khosh (adj.) tasteful
تامپۆن tampon (n.) tampon
تامپۆن tampon (v.) tampon
تامدار tam dar (v.) savour
تامدار کردن tam dar kirdin (n.) tinge
تامداریدەکات tam dari dedat (v.) tinge
تامکردن tamkirdn (n.) degustation
تامی دەکات tami dekat (v.) taste
تانبارک tanbark (n.) tanbark
تانترا tantra (n.) tantra
تانتریک tantrek (adj.) tantric
تاندیم tandem (n.) tandem
تانک tank (n.) tank
تانکی tanke (n.) tub
تانکی ئاو tanki aw (n.) reservoir
تانکەر tanker (n.) tanker
تانگ teng (v.) tang
تانگۆ tango (n.) tango
تانگۆ دە کا tango deka (v.) tango
تانگێدکۆ tanged ko (adj.) tanged
تانیا tanya (adj.) lone
تاھەتایە ta hetaye (adv.) forever
تاوان tawan (n.) accusation
تاوان بارکردن tawan barkirdn (n.) condemnation
تاوان باریدەکات tawan baredakat (v.) condemn
تاوان نەکردن tawan nakirdin (n.) decriminalization
تاوانبار tawanbar (n.) accusative
تاوانبار دەکات tawan bar dekat (v.) indict
تاوانبارکراو tawanbarkraw (n.) defendant
تاوانبارکردن tawanbarkirdn (n.) acrimony
تاوانبارکردنی یەکتری tawanbar kirdni yektri (n.) recrimination
تاوانباری دەکات tawanbare dakat (n.) charge
تاوانباری کرد tawanbare krd (n.) accused
تاوانکاری tawan kari (n.) delinquency
تاوانکەر tawankar (n.) culprit
تاوانیکی گەورە tawaneki gewre (n.) felony
تاوانی دەخاتە پاڵ tawani dekhate pal (v.) impute
تاوانی نادروست tawani na drost (n.) misdemeanour
تاوانی ئەلیکترۆنی tawane alektroni (n.) cybercrime
تاودان tawdan (adj.) folding
تاودەر Taw der (n.) accelerator
تاورۆماکی tawro maki (n.) tauromachy
تاووس tawos (n.) peacock
تاوەر tawer (n.) tawer
تایری نوی کراو tayri nwe kraw (n.) retread
تایل tayl (v.) tile
تایبەت taybet (adj.) exclusive
تایبەتی بە زمانەوانی taybeti be zmanewani (adj.) philological
تایبەت بە ھێنانی ژنێکی پلەوپایە لە خۆ کەمتر taybet be henani jneki ple u paye le kho kemtr (adj.) morganatic
تایبەت بە یاد taybet be yad (n.) mnemonic
تایبەت بە نە ئەندام و ئەنجوومەنی پیران taybet be andam u anjomeni piran (adj.) senatorial
تایبەت بەبوون taybet be boon (adj.) existential
تایبەت بەناوچەیەک taybet be nawcheyek (adj.) endemic
تایبەتمەند taybet mend (n.) specialist
تایبەتمەند بوون taybet mend boon (n.) specialization
تایبەتمەند دەبێت teybet mend debet (v.) specialize
تایبەتمەندینی taybet menditi (n.) privacy
تایبەتمەندینی taybet menditi (n.) speciality
تایبەتمەندییەکی زیادە teybet mendyeki zyade (adj.) extraspecial
تایبەتی taybeti (n.) peculiarity
تایبەتی بە بن باڵ یا بن قۆڵ taebate ba bn bal ya bn qol (adj.) axillary
تایبەتی بە مل و زێ taybeti be mil u ze (adj.) cervical

تایبەتە بە پەیوەندی نێوان ژن و مێرد taebata ba paewande niwan zhn o mird *(adj.)* conjugal

تایبەتە بە خوێندن teybete be khwendin *(adj.)* scholastic

تایبەتە بە ئەفسانەزانی taybete be afsane zani *(adj.)* mythological

تایفۆن tayfon *(n.)* typhoon

تایە taye *(n.)* tyre

تچیك tchek *(n.)* tchick

تر tr *(adv.)* else

تراپیز trapez *(n.)* trapeze

تراپیزیست trapezist *(n.)* trapezist

تراكباك trakbak *(n.)* trackback

تراكت trakt *(n.)* tract

تراكتۆر traktor *(n.)* tractor

تراكی دەنگی traki deng *(n.)* soundtrack

ترام tram *(n.)* tram

ترپاندن trpandn *(v.)* blink

ترپەترپ trpe trp *(n.)* flutter

ترپەترپ دەكات trpe trp dekat *(v.)* flutter

ترس trs *(adj.)* afraid

ترسان لە بەرزایی trasan la barzay *(n.)* acrophobia

ترساندن trsandn *(v.)* bluster

ترسناك rtsnak *(adj.)* fearful

ترسناكی trsnaki *(n.)* intrepidity

ترسناكە trsnaka *(n.)* dreadful

ترسنۆك trsnok *(n.)* coward

ترسنۆكی trsnoke *(n.)* cowardice

ترسێنەر trsener *(adj.)* scary

ترش tirsh *(n.)* acid

ترشان trshan *(v.)* curdle

ترشاندن tirshandin *(n.)* fermentation

ترشێنە trshene *(n.)* yeast

ترشی ئۆكسجین trshi oksin *(n.)* oxyacid

ترشە باران tirsha baran *(n.)* acid rain

ترشەمەنی trshamane *(n.)* citrus

تروسكەدار troskadar *(adj.)* glossy

ترێ trE *(n.)* grape

ترید ویل trid wel *(n.)* treadwheel

ترێلە trele *(n.)* trailer

ترینیتی se kesi *(n.)* trinity

تركەن trken *(adj.)* flatulent

ترۆ tro *(n.)* rogue

ترۆیی troy *(n.)* meanness

تشرینی دووەم tshrini dwem *(n.)* November

تف tf *(n.)* spittle

تف دان tf dan *(n.)* spittoon

تف دەكات tf dekat *(v.)* spit

تف كردن tf kirdin *(n.)* spit

تفاقی ئەسپ tfaqe asp *(v.)* harness

تفت tift *(adj.)* alkaline

تڤر tvr *(n.)* radish

تفكیك tfkek *(v.)* deconstruct

تفەنگ tfang *(n.)* musket

تفەنگ tfeng *(n.)* rifle

تكا دەكات tka dekat *(v.)* please

تكایە tkaye *(n.)* plea

تكەتی ئۆتۆمبیل وەستان tketi otombil westan *(n.)* parking ticket

تكەتك tke tk *(n.)* tick

تكەتك دەكات tke tk dekat *(v.)* tick

تلیاكە كێشاوە tlyake kishawa *(adj.)* dopey

تەندور tendor *(n.)* tandoor

تەخمین tekhmin *(n. & v.)* conjecture

تەركیز terkiz *(n.)* focus

تەركیز كردن terkiz kirdin *(v.)* focus

تەغلیف كردن tekhlif kirdin *(v.)* encapsulate

تەقینەوە teqinewe *(n.)* blast

تەلە tele *(n.)* snare

تەماشەی كرد temashey kird *(v.)* peruse

تەمویلی بە كۆمەڵ temwili be komel *(n.)* crowfunding

تەن ten *(n.)* mass

تەنۆرە tenore *(n.)* kilt

تەنۆرە بۆی دێنی tenore boy dene *(v.)* kilt

تەنۆلكە tenolke *(n.)* particle

تەنی خر teni khr *(n.)* sphere

تەنی سەهۆڵ teni sahol *(n.)* iceblock

توان twan *(n.)* exponent

توانا twana *(n.)* ability

تواناتر twanadar *(adj.)* capacious

توانای پراكتیكی twanay praktiki *(n.)* practicability

توانای توانەوە twanay twanewe *(n.)* solubility

توانای چێژوەرگرتن twanay chej wergirtin *(n.)* enjoyability

توانای قەرز دانەوە twanay qerz danewe *(n.)* solvency

توانای كار كردن twanay kar kirdin *(n.)* operability

توانای گشتی twanay gshti *(n.)* omnipotence

توانای گۆڕینی هەیە twanay gorini heye *(adj.)* convertible

توانای مۆركردن twanay mor kirdin *(n.)* sealability

توانای مێشکی twanay meshki (adj.) cognitive
توانای هەست کردن twanay hest kirdin (n.) sentience
توانای هەیە Twanay heye (adj.) abled
توانایی twanay (n.) faculty
توانج دان twanj dan (n.) gibe
توانین twanen (v.) afford
توانەوە Twanewe (v.) absolve
تواوە twawa (adj.) molten
تواوەتەوە twawatawa (v.) dissolve
توپ دە فرێنێت top defrenet (v.) volley
توپ دانان top danan (n.) ball bearing
توپی دژە کەشتی topi dje keshti (n.) torpedo
توتۆریاڵ totoryal (n.) tutorial
توتۆریاڵ totoryal (adj.) tutorial
تۆخم tokhm (n.) element
تۆرپ torp (v.) terp
تۆرکیا torkya (n.) turkey
تۆرەکەی بۆندار torekey bondar (n.) sachet
تۆرە tore (n.) malcontent
تۆرە بوون tore boon (n.) fret
تۆرە دە بێت tore de bet (v.) outrage
تۆرەدەکات toradakat (v.) displease
تۆرەکردن tore kirdin (v.) enrage
تۆرەیی torae (n.) angst
تۆرەیی ڕێگا torey rega (n.) road rage
توشی ڕەوان بوو toshi rewan boon (adj.) lax
توشی گێژی بووە toshi geji bowe (adj.) giddy
تۆڵە کردن tole kirdin (n.) nemesis
تۆڵی کانزا tole kanza (n.) bar
تۆمار tomar (n.) log
تۆمار دە کات tomar dekat (v.) log
تۆماری مردووە کان tomari mrdwekan (adj.) obituary
تۆماتباکردن tomatbakirdn (v.) arraign
تۆند tond (adj.) acerbic
تۆند دایدەخات tond day dekhat (v.) clench
تۆند دەست و هەشاندن tond dast washandn (n.) bang
تۆند و تیژ tond u tiji (adj.) pungent
تۆندبوونەوە tondbonawa (n.) aggradation
تۆندراو tondraw (n.) bigot
تۆند ڕەوی tond rewi (n.) extremity
تۆندگرتن tond girtin (v.) clinch
تۆندوتیژ Tun u teej (adj.) austere
تۆندوتیژی tond u tiji (v.) brutify
تۆندی Tundi (n.) acceleration
تۆنێل tonel (n.) tunnel

تۆنێل دە کا tonel deka (v.) tunnel
تۆۆ too (n.) mulberry
تۆۆتکە سەگ totke seg (n.) whelp
تۆۆتن totn (n.) tobacco
تۆۆتی toti (n.) parrot
تۆۆڕە tora (adj.) angry
تۆۆڕە دەبێ tore debe (v.) rage
تۆۆڕە دەکات tora dekat (v.) provoke
تۆۆڕەیی torae (n.) anger
تۆۆڕەیی دەکات tore dekat (v.) infuriate
تۆۆڕەیی torey (n.) rage
تۆۆشبوون tosh boon (n.) implication
تۆۆلەڕێ tolari (n.) byway
تۆۆند tond (adj.) acute
تۆۆی درکانە twe drkana (n.) raspberry
تۆێژ twej (n.) stratum
تۆێژاڵ twejal (n.) film
تۆێژاڵی برین twejali brin (v.) scab
تۆێژکراو tewj kraw (adj.) encrusted
تۆێژینەوە twejinewe (n.) research
تۆێژینەوە دە کات twejinewe dekat (v.) research
تۆێژینەوە لەبارەی بازار twejinewe le barey bazar (n.) market research
تۆێک twik (n.) slough
تۆێک وپۆشی گوێزی هیندی twik wposhe gwizi (n.) coir
تۆیکارە toikare (n.) autopsy
تۆیکڵ toikl (n.) crest
تۆیکڵ دانەوە twekl danewe (v.) exfoliate
تۆینەر twener (n.) solvent
تۆبەکار tobekar (adj.) repentant
تۆبەکردن tobakirdn (v.) abjure
تۆپ top (n.) artillery
تۆپ بازی دەکات top bazi dekat (v.) juggle
تۆپ لێدەر لە یاری کریکێتدا top lidar la yare krekitda (n.) batsman
تۆپاز topaz (n.) topaz
تۆپباران topbaran (v.) cannonade
تۆپسی تۆرۆی topsi toroy (adj.) topsy turvy
تۆپهاوێژی کریکێت top haweji krekit (n.) bowler
تۆپۆگرافی topografi (adj.) topographical
تۆپۆگرافی topografi (n.) topography
تۆپی پێ topi pe (n.) football
تۆپی تراکی topi traki (n.) trackball
تۆپی دژەتانک Topi dije tank (n.) bazooka
تۆپی سەبەتە tope sabata (n.) basketball

توپی کەنار دەریا tope kanar darya *(n.)* beach ball
توپی ناگرین topi agrin *(n.)* fireball
توپاڵ topal *(n.)* dump
توپاڵ کردن twpalkirdn *(v.)* agglomerate
توپاڵەقژ topala qizh *(v.)* bob
توخ tokh *(adj.)* bold
تۆر tor *(n.)* dust
تۆربین torben *(n.)* turbine
تۆری ڕاو tore raw *(n.)* net
تۆر tor *(n.)* mesh
تۆرنەچی tornechi *(n.)* turner
تۆری جاڵجاڵۆکە tore jaljaloka *(n.)* cobweb
تۆری چاو tori chaw *(n.)* retina
تۆری ئاوریشم tori awrishm *(adj.)* plush
تۆز toz *(n.)* powder
تۆز دەتەکێنێت toz detekenet *(v.)* dust
تۆزێک بە خوێ tozik ba khwe *(adj.)* brackish
تۆزی گچکە toze gchka *(n.)* chalkdust
تۆژینەوە twejinewe *(n.)* inquest
تۆژینەوەی وشەداتاشین tojinawey wshadatashen *(n.)* etymology
تۆفی tofe *(n.)* toffee
تۆقاندن toqandin *(n.)* intimidation
تۆقێنەر toqiner *(adj.)* dreadful
تۆقێن toqen *(adj.)* dread
تۆگە toge *(n.)* toga
تۆڵەدەسێنێت tole desenet *(v.)* revenge
تۆڵەسەندن tole sendin *(n.)* revenge
تۆڵەسەندنەوە tole sendinewe *(n.)* retaliation
تۆڵەکردنەوە tolakirdnawa *(v.)* avenge
تۆمار دەکات tomar dekat *(v.)* record
تۆمار کردن tomar kirdin *(n.)* registration
تۆمارکردنی نمرەکان tomarkirdin nmrekan *(n.)* scorekeeping
تۆمارکەر tomar ker *(n.)* recorder
تۆمارکەری لەرینەوەی تەووژمی ئەلەکتریکی tomarkeri lerinewey tewjmi alktriki *(n.)* oscillograph
تۆمارکەری لەرینەوەی تەووژمی ئەلەکتریکی tomarkeri lerinewey tewjmi alktriki *(n.)* oscilloscope
تۆمارگەی چەکی پارە tomargae chake para *(n.)* counterfoil
تۆمارگەی سەرهەواڵ tomargay ser hewal *(n.)* scrapbook
تۆمەتبار tomatbar *(n.)* accuser
تۆمەتبارکردن tomatibarkirdn *(n.)* accusal
تۆن ton *(n.)* tonne

تۆو tow *(n.)* seed
تۆو دەکات tow dekat *(v.)* sow
تۆو کەتان tow ketan *(n.)* linseed
تۆوی ڕازیانە toe razyana *(n.)* aniseed
تۆی پیاو toy pyaw *(adj.)* seminal
تیژ tij *(adj.)* spicy
تیکە ل دە کات tekel deka *(v.)* jumble
تیکە لکردن tekel kirdin *(n.)* jumble
تیمی کارکردن timi kar kidrin *(n.)* staff
تێ دە پەرینێت te deperenet *(v.)* transcend
تێ ڕوانین te rwanin *(n.)* muse
تێبینی tebini *(n.)* comment
تێبینی tebini *(n.)* observation
تێبینی بکە tibene bika *(v.)* annotate
تێبینی پێش کێش کرد te bini pesh kesh kird *(v.)* remark
تێبینی دەکات tebini dekat *(v.)* note
تێبینی کردن tebini kirdin *(v.)* detect
تێبینەر te biner *(n.)* superintendent
تێپەرینی بەر تەنگ te perini ber teng *(n.)* gorge
تێپەرین teperin *(n.)* transgression
تێپەرینی کاتی te perini kati *(n.)* transit
تێپەریوە tiparewa *(adj.)* bygone
تێ چون te chon *(v.)* cost
تێدایە tedaye *(v.)* contain
تێدەپەرێت te deperet *(v.)* exceed
تێدەپەڕێ te depere *(v.)* traverse
تێدەپەرێت te deperet *(v.)* transgress
تێدەروانی te derwani *(n.)* probe
تێدەروانێت te derwanet *(v.)* muse
تێدەکۆشێن te de koshe *(v.)* struggle
تێدەگا te dega *(n.)* surmise
تێدەگات te degat *(v.)* comprehend
تیر بێت tir bit *(adj.)* satiable
تیر دەبێ tir dabi *(v.)* satiate
تێر کردن بە نۆکسجێن ter kirdin be oksjen *(v.)* oxygenate
تێرابایت terabayt *(n.)* terabyte
تێرابەیس terabeys *(n.)* terabase
تێراجول terajol *(n.)* terajoule
تێرافۆرمکردن tiraform kirdin *(n.)* terraforming
تێراکۆتا tirakota *(n.)* terracotta
تێربوون tirbon *(n.)* satiety
تێرنەبوون ter nebon *(n.)* privation
تیروانینی ریشالی لەشێکی زیندوو بە گەردبین بۆ ئەوەی بزانریت یا نا (بزیشکەوانی) tirwanene reshale lashike zendw ba gardben bo

awae bzanrit ya na(bzeshkawane) *(n.)* biopsy
تيز tiz *(n.)* thesis
تيزابى tizabe *(adj.)* acidic
تێژكى ئەسپ tejki asp *(n.)* foal
تيستۆسترون tistostron *(n.)* testosterone
تێشكدانەوە tishk danewe *(n.)* radiation
تێك دەدات tek dedat *(v.)* muddle
تێك دەشكێنى tek deshkene *(v.)* shatter
تێك چوو tek cho *(v.)* misfire
تێك چوون tek choon *(n.)* deturpation
تێك دە دا tek deda *(v.)* undermine
تێك دەئالێنێت tek de alenet *(v.)* staple
تێك ھەڵدەكێشنێت tek hel dekshenet *(v.)* overlap
تێك چوون tek chon *(v.)* degenerate
تێكچوونى زيندەيى tikchwne zendae *(n.)* biodegradation
تێكدان tek dan *(n.)* blemish
تێكرا tikra *(n.)* average
تێكشكاندن tek shkandin *(n.)* smash
تێكى دەدات teki dedat *(v.)* dilute
تێكەل دەكات tekel dekat *(v.)* blend
تێكەل كردن tekel kirdin *(n.)* shuffle
تێكەڵاو كردن tekelaw kirdin *(v.)* intermingle
تێكاڵێدەكا tikaledaka *(v.)* allude
تێكەڵ tikal *(n.)* conglomerate
تێكەڵ بكە tikal bka *(v.)* agitate
تێكەڵ بوونى زمان tekel boni zamn *(n.)* stammer
تێكەڵ دەكات tekel dekat *(v.)* scramble
تێكەڵ كردن tekel kirdin *(n.)* fusion
تێكەڵ وپێكەڵ دەنووسى tekel u pekel denose *(n.)* scribble
تێكەڵاو بوون tekelaw boon *(adj.)* scrambled
تێكەڵاوكەر tekelaw ker *(n.)* blender
تيكالكردن tikalkirdn *(n.)* concoction
تيكاڵى دەكات tikale dakat *(v.)* concoct
تەكەلە tekele *(n.)* hotchpotch
تێگەشتن بە ھەڵە te geyshtin be hele *(n.)* misapprehension
تێگەيشتن tigaeshtn *(v.)* assibilate
تێگەيشتنێكى ھەڵە te geyshtneki hele *(n.)* misperception
تێگەيشتن tegeyshtn *(n.)* comprehension
تيلبير tilbir *(v.)* talebear
تيلوريك teliorek *(adj.)* telluric
تێليورال telioral *(adj.)* tellural
تێندەر ten der *(v.)* tender

تينوو tinw *(adj.)* thirsty
تينووى tinwe *(n.)* thirst
تينووى دەبێت tinwe debet *(v.)* thirst
تينۆر tinor *(n.)* tenor
تيھەڵچوونەوە tihalchonawa *(v.)* appeal
تەوەر دەدات tewer dedat *(v.)* insinuate
تيپانە tipane *(adj.)* verbatim
تيپى سەربازى tipi serbazi *(n.)* troop
تيپى سەربازى كو دە بيت tipi serbazi ko debetewe *(v.)* troop
تيپى نواندن tipi nwandin *(n.)* troupe
تێتى نە تێتى tete aa tete *(n.)* tete-a-tete
تير ter *(n.)* arrow
تير و كەوان ter o kawan *(n.)* archery
تيرھەڵگر terhalgr *(n.)* archer
تيرۆركردن terorkirdn *(v.)* assassinate
تيرە tera *(n.)* diameter
تيژ teij *(adv.)* sharp
تيژ تر tij tr *(n.)* sharper
تيژ دەكات tij dekat *(v.)* sharpen
تيژ كە ر tij ker *(n.)* sharpener
تيست test *(n.)* theist
تيسيراكت tisirakt *(n.)* tesseract
تيشك teshk *(n.)* beam
تيشك دەدات tishk dedat *(v.)* radiate
تيشك دەداتەوە tishk dedatewe *(v.)* shine
تيشكاوى tishkawi *(adj.)* fluorescent
تيشكدانەوە tishk danewe *(n.)* radiology
تيشكدەر tishk der *(adj.)* radiant
تيشكدەرى ناووكى tishk deri nawoki *(adj.)* radioactive
تيشكى رۆژ teshke roj *(n.)* daylight
تيشكى نيكس tishki eks *(n.)* x-ray
تيشكە وێنەگرتن tishke wene girtin *(n.)* radiography
تيك tek *(n.)* teak
تيگڵ tegl *(n.)* teagle
تيلين telin *(n.)* taw
تيم tem *(v.)* team
تيم كراوە tem krawe *(adj.)* teamed
تيمار كردن timar kirdin *(n.)* therapy
تيماردەكات temar dekat *(n.)* foment
تيمساح temsalh *(n.)* crocodile
تيمساحى ئەمريكيە temsahe amriki *(n.)* alligator
تەنبرو ten bro *(adj.)* tenebrose
تينو tino *(n.)* tenue
تينوويەتى tenoeate *(adj.)* athirst
تينينت tenent *(n.)* tenent

تیوب teob (n.) tube
تیۆرم teorm (n.) theorem
تەباشیر tabasher (n.) chalk
تەباشیری ڕەنگاوڕەنگ tabashere rangaorang (n.) crayon
تەپڵ tapl (n.) drum
تەپڵ لێدان tapl ketin (v.) drum
تەپۆتۆز tepe toz (n.) pebble
تەپۆلکە tepolke (n.) rick
تەپە فڕی دەدات tepe fre dedat (v.) sidearm
تەخت takht (adj.) even
تەختە takhta (n.) board
تەختە ڕەش takhta rash (n.) blackboard
تەختەدارێکی درێژ tekhte dareki drej (n.) plank
تەختەسر takhtasr (n.) duster
تەختەی شەترەنج takhtae shatranj (n.) chessboard
تەختەی کەشتیوانی tekhtey keshti wani (n.) sailboard
تەختەی گۆڵەکان tekhtey golekan (n.) scoreboard
تەختەی یاری takhtey yari (n.) gamepad
تەخمین tekhmin (n.) speculation
تەڕاش terash (n.) fern
تەرپێنتین tarpintn (n.) turpentine
تەرخان بکە tarkhan bika (v.) allot
تەرخان دەکا tarkhan daka (v.) allocate
تەرخان دەکات tarkhan dakat (v.) assign
تەرخان کردن tarkhan kirdn (n.) appropriation
تەرخانکراو tarkhankraw (adj.) ad hoc
تەرخانکردن tarkhankirdn (n.) allotment
تەرزە tarza (n.) hail
تەرکیز کراوە terkiz krawe (adj.) focused
تەرم tarm (n.) caracass
تەریب terib (v.) parallel
تەڕ tar (adj.) clammy
تەڕ دەکات ter dekat (v.) saturate
تەڕکردن tarkirdn (v.) drench
تەڕی teri (n.) wetness
تەڕیدەکات taredakat (v.) dampen
تەزبیح tazbeh (n.) rosary
تەسك task (adj.) narrow
تەسك کردنەوە tesk kirdinewe (v.) straiten
تەسکی teski (n.) tangent
تەسلیم بوون tamlem bon (v.) capitulate
تەسەفوح tesefoh (n.) surf
تەشت tasht (n.) basin
تەشی teshe (n.) spindle
تەشەر tesher (n.) gesture
تەشەنوج tashanoj (v.) convulse
تەشەنەکردن teshene kirdin (n.) leakage
تەق تەق teq teq (n.) rattle
تەقان taqan (v.) blow
تەقاندن teqandin (n.) shoot
تەقاندنەوە teqandinewe (v.) rupture
تەقڵەلێدان teqle ledan (n.) somersault
تەقڵە لە دەدات teqle le dedat (v.) somersault
تەقین taqen (v.) burst
تەقینەوە teqinewe (n.) outburst
تەقە teqe (n.) shooting
تەقە تەق دەکات teq teq dekat (v.) rattle
تەقەتەق teqe teq (n.) clatter
تەقەتەق دەکات taqataq dakat (v.) clatter
تەقەتەق کردن taqataq kirdn (v.) clack
تەقەمەنی taqamane (n.) axe
تەکتۆنیکی tektoniki (adj.) tectonic
تەکتیك tektik (n.) tactics
تەکسی takse (n.) cab
تەکسی باس taksi bas (n.) taxibus
تەکسی سوار دە بێت teksi swar debet (v.) taxi
تەکگرتن tek girtin (n.) unification
تەکنۆفۆب teknofeb (n.) technophobe
تەکنۆفیل teknofel (n.) technophile
تەکنۆماد tekno mad (n.) technomad
تەکنۆمانیا teknomania (n.) technomania
تەکنۆمیوزیك teknomiozik (n.) technomusic
تەکنەکار taknekar (n.) technician
تەکنیکێتی taknekite (n.) technicality
تەکنیکی tekniki (n.) techy
تەکنەلۆجیا teknolojya (n.) technology
تەکنەلۆجیای فڕین لەم ناوچەدا Teknolojiay frin lem nawcheda (n.) aerospace
تەکنەلۆژیست teknolojist (n.) technologist
تەکیلا tekila (n.) tequila
تەل tal (n.) cable
تەلارساز talarsaz (n.) architect
تەلارسازی talarsaze (n.) architecture
تەلاق talaq (n.) divorce
تەلك talk (n.) talc
تەلی درکاوی tale drkawe (n.) barbed wire
تەلیسم teslim (n.) talisman
تەلیگراف telegraf (n.) telegraph
تەلەپاتیست telepatist (n.) telepathist
تەلەپاتیك telepatik (adj.) telepathic
تەلەپڕۆمپتەر teleprompter (n.) teleprompter
تەلەپۆرت teleport (v.) teleport

تەلەتێکست teletekst (n.) teletext
تەلەسکۆپ teleskop (n.) telescope
تەلەسکۆپی teleskopi (adj.) telescopic
تەلەشۆپینگ teleshoping (n.) teleshopping
تەلەشۆپەر teleshoper (n.) teleshopper
تەلەفاکس telefaks (n.) telefax
تەلەفزیۆن televizion (n.) television
تەلەفزیۆنی کەیبڵ talafzewne kabel (n.) cable television
تەلەفۆن telefon (n.) telephone
تەلەفۆن دە کات telefon dekat (v.) telephone
تەلەفۆنی دەستی talafone daste (n.) cell phone
تەلەفۆنی رادیۆیی telefoni radioy (n.) radiophone
تەلەکنیسس teleknises (n.) telekinesis
تەلەکنەتیك teleknetik (adj.) telekinetic
تەلەکۆپیکەر tele kopiker (n.) telecopier
تەلەگایت tele gayt (n.) teleguide
تەلەگرافی رادیۆیی telegrafy radioy (n.) radiotelegraphy
تەلەلۆجیست telelojist (n.) teleologist
تەلەلۆجیك telelojik (adj.) teleologic
تەلەماتیك telematik (adj.) telematic
تەلەمارك telemark (v.) telemark
تەلەمارکێت telemarket (v.) telemarket
تەلەمێتری telemetri (n.) telemetry
تەلەوڵۆژی telewloji (n.) teleology
تەلاشی دار telashi dar (n.) shavings
تەڵە tala (n.) birdlime
تەڵە دا دە نی tele da dene (v.) snare
تەڵە دادە نێت tele dadenet (v.) traunch
تەلەزم telezm (n.) fragment
تەڵەکەکردن talakirdn (n.) entrapment
تەم tam (n.) fog
تەم و مژاوی tam u mjawi (adj.) hazy
تەماتە temate (n.) tamarind
تەماشە کردنی شتێك بە شێوەیەکی سەیر temashe kirdin shtek be sheweyeki seyr (v.) rubberneck
تەماشە دەکات temashe dekat (n.) glance
تەماعکار tamakar (n.) cupidity
تەماوی temawi (adj.) foggy
تەمبەڵ tembel (n.) sluggard
تەمپلار templar (n.) templar
تەمەڵ tamal (adj.) comatose
تەمەڵی دەکات temelı dekat (v.) laze
تەمەن Temen (n.) age
تەمەن درێژی temen dreji (n.) longevity
تەمەنگەرایی tamangarae (n.) ageism

تەمەنی بالغ بوون temeni balgh boon (n.) puberty
تەمن ten (n.) frame
تەنافبازی tanafbaze (n.) acrobatics
تەندروست tendrost (adj.) salutary
تەندروست باش tendrost bash (adj.) well
تەندروستی tandrosti (n.) air conditioning
تەندروستی باش tendrosti bash (n.) wellness
تەندروستە tendroste (adj.) wholesome
تەنك tank (adj.) dainty
تەنکۆڵە tankola (adj.) flimsy
تەنکە تەم tanka tam (n.) haze
تەنکە ریش tenke rish (n.) stubble
تەنگ دەبێت teng debet (v.) narrow
تەنگانە tangana (n.) distress
تەنگی بێ هەڵدەچنێت tengi pe heldechinet (v.) constrict
تەنگە تاو tenge taw (adj.) ticklish
تەنگەنەفەسی tanganafase (n.) asthma
تەنها tanha (adj.) alone
تەنها لە tenha le (n.) lurch
تەنهایی tenhay (n.) loneliness
تەنۆرە tenore (n.) skirt
تەنی tane (adv.) bodily
تەنی رەق teni req (adj.) solid
تەنیا tanya (adj.) sheer
تەنیشت tanesht (n.) aspect
تەنەکە teneke (n.) tin
تەنەکەچی teneke chi (n.) tinker
تەوالێت tewalet (n.) lavatory
تەواو tawao (adj.) arrant
تەواو tewaw (adj.) utter
تەواو چاك دە کات taww chak dekat (v.) overhaul
تەواو چاك کردن tewaw chak kirdin (n.) overhaul
تەواو خۆ داپۆش tawaw khw daposh (n.) prude
تەواو دەکات tewaw dekat (adj.) complete
تەواوکاری tewaw kari (adj.) complementary
تەواوکرا tawawkra (adj.) accomplished
تەواوکردن tawawkirdin (v.) accomplish
تەواوکەر tewaw ker (n.) complement
تەواوی tewawi (n.) perfection
تەواوی ئاژەڵان tewawi ajelan (n.) fauna
تەور tewr (n.) hatchet
تەوژم tew jim (n.) current
تەوژمی لایەنی tewjmi layeni (n.) side-stream

تەوژمی شاراوە tewjmi sharawe (n.) undercurrent
تەور tawar (n.) axis
تەورە tewere (n.) hub
تەورەیی tawarae (adj.) axial

جادوگەر jado ger (n.) mage
جادوو jado (n.) sorcery
جادووکردن jadokirdn (v.) bewitch
جادووکەر jadoker (n.) juggler
جادووگەر jado ger (n.) sorcerer
جادووگەری jado geri (n.) witchery
جادویی jadoy (adj.) magical
جادە jada (n.) causeway
جارس دەکات jars dekat (v.) ruffle
جارس کردن jars kirdin (n.) vexation
جارسکەر jarskar (adj.) humdrum
جارێك jarek (adv.) once
جارێکی تر چالاك دەکات jareki tr chalak dekat (v.) reactivate
جارێکی تر ڕێك دەخات jareki tr rek dekhat (v.) readjust
جارس jars (v.) dull
جار دەکات jar dekat (v.) vex
جارسی jarse (n.) monotony
جاڵجاڵۆکە jaljaloke (n.) spider
جام jam (n.) chalice
جامخانە jam khane (n.) showcase
جانتا janta (v.) bag
جانتای پشت chantay psht (n.) rucksack
جانتای پشتاوە jantae pshtawa (n.) backpack
جانتای دافڵ jantae dafl (n.) duffel bag
جانتای دەستی jantay desti (n.) hand baggage
جانتای زانیاری jantai zanyari (n.) briefcase
جانتای زیادە jantay ziade (n.) excess baggage
جانتای نەخۆش jantay ne khosh (n.) sickbag
جانفاس janfas (n.) canvas
جاو بەستراو jaw bastraw (n.) blindfold
جاودار jaw dar (n.) rye
جبە jbe (n.) vestment
جبەخانە jbakhana (n.) ammunition
جدی jdi (adj.) serious
جریوەی چۆلەکە jrewey choleke (v.) twitter
جریوەی چۆلەکە jrewey choleke (n.) twitter

جزدان jzdan (n.) bag
جگەرە jgara (n.) cigarette
جگەرە دە کێشیت jgere dekeshet (v.) smoke
جگەرەکێشان jgere keshan (n.) smoking
جل jl (n.) cloth
جل شۆردن jl shordn (v.) launder
جل لەبەر jl u berg (adj.) vested
جل و بەرگ jil o barg (n.) apparel
جل و بەرگ jil o barig (n.) attire
جل و بەرگی حەمام jl o barge hamam (n.) bathrobe
جل و بەرگی گیک jl u bargi gik (n.) geekwear
جل و بەرگی ناگرکوژێنەوە jl u bergi agir kojinewe (n.) firesuit
جلشۆر jl shor (n.) laundress
جلشۆرگە jl shorge (n.) laundry
جلڤانۆسکۆپ jilvano skop (n.) galvanoscope
جلڤانۆمەتر jilvano metir (n.) galvanometer
جلوبەرگی تازە jl u bergi taze (n.) vogue
جلوبەرگی ئامادەکراو jl u bargi amadakraw (adj.) drapery
جلی خەوتن jli khewtin (n.) nightie
جلی ژێرەوە jli jerewe (n.) underwear
جلی(مندالْ ژنان) jli mndal u jinan (n.) frock
جلەکانی پێ تەنگ دەبێت jlekani pe teng de bet (v.) outgrow
جمك jmk (n.) Gemini
جمناستیک jimnastik (adj.) gymnastic
جن jn (n.) gin
جنۆکە jnoke (n.) spectre
جنۆکە jinoke (n.) ghost
جنیوودان jniwdan (n.) blaspheme
جوامێر jwamir (adj.) chivalrous
جوامێری jwameri (n.) feat
جوان jwan (adj.) beautiful
جوانا jwana (n.) goanna
جوانپۆش jwanposh (adj.) chic
جوانکارە jiwankare (n.) aesthete
جوانکردن jwan kirdin (n.) ornamentation
جوانە jwane (adj.) aesthetic
جوانە jwane (adj.) nice
جۆپیتەر jopetr (n.) jupiter
جۆت jot (n.) jute
جۆتخشتەکی joot khshtey (n.) couplet
جۆتیار jotyar (n.) peasant
جۆتیاری jotyari (n.) peasantry
جۆتەخاڵ jotakhal (n.) colon
جۆجك jojk (n.) chick
جۆرج jorj (n.) rat

جوره بالنده یه ك jore balindeyek (n.) magpie
جوره بالندیکه jore balndeke (n.) roadrunner
جوره روه کیك jore rowekek (n.) sagebush
جوره روه کیکه jore rwekeke (n.) nettle
جوره کرمیکه jore krmeke (n.) millipede
جوزهڵەو شمشاڵی نیرڵاندە و نۆسکۆتڵاندە jozalao shmshale airlanda o aoskotlanda (n.) bagpiper
جوکهجوکی جوڵه jokajoke jola (v.) cheep
جوگرافیا jografya (n.) geography
جوگرافیازان jografya zan (n.) geographer
جوگرافیایی jografyay (adj.) geographical
جولان شێت گیرانه jolani shet girane (n.) fidget
جوڵان jolan (n.) wag
جوڵه jola (n.) action
جوڵەکه joleke (n.) jew
جوڵا jola (n.) weaver
جوڵه jola (adj.) dynamic
جوڵهزانی jolazani (n.) dynamics
جوڵهکهر jole ker (n.) runabout
جوڵهی خاو joley khaw (n.) slow motion
جوڵهیی joley (adj.) kinetic
جومگه jomge (n.) joint
جومگه ناوسان jomga aosan (n.) arthritis
جووت joot (adj.) geminate
جووت بون joot boon (v.) couple
جووت ده کات joot dekat (v.) pair
جووتبوون jot boon (n.) intercourse
جووتیار jotyar (n.) farmer
جووته لێچدان به هەوادا یاری کردن jota lechdan ba hawada yare kirdn (v.) cavort
جووڵه jole (n.) mobility
جووڵه ده کات jole dekat (v.) move
جووڵهی خێرا jolay khera (v.) dash
جوێنیپی دەدات joinepi dadat (n.) lampoon
جۆ jo (adv.) barely
جۆر jor (n.) category
جۆراب jorab (n.) sock
جۆریکه له قومار jorika la qomar (n.) bingo
جۆری jore (adj.) qualitative
جۆره چۆلهکهیهکی دەنگ خۆشه jore cholekeyeki deng khosh (n.) nightingale
جۆره خواردنێکه jore khwardneke (n.) pudding
جۆره رووهکێکه jora rwakeke (n.) bracken
جۆره شەرابێکی شیرینی بۆن خۆشه jore sherabeki boon khoshe (n.) malmsey

جۆره قازێکی کنوییه jwra qazike kiwea (n.) barnacle
جۆره کۆترێکه jora kotrika (n.) barb
جۆره مارێکی گەورەی بێژ دەرە jora marike gawrey be jehr (n.) boa
جۆره مارێکه jore mareke (n.) python
جۆره ماسییەکه jore masyeke (n.) cod
جۆراپێت jorapet (n.) font
جۆشدان joshdan (v.) energize
جۆگه joga (n.) brook
جۆڵەكەی بچووك jolekey bchok (n.) streamlet
جۆڵ کردن jol kirdn (n.) clearance
جۆلانه jolane (v.) swing
جۆمگەی سەر jomgey ser (n.) skull
جیا ده کاته وه rizha (v.) rate
جیا کردن jya kirdin (v.) parcel
جیابونه وه jia bonewe (v.) gap
جێ به جێ دەکات je be je dekat (v.) implement
جێ بهجێ کراو je be je kraw (n.) fulfilment
جێ بهجێکردن je bejekirdin (v.) enforce
جێ پەنجه je penje (n.) fingerpaint
جێ هێشتن je hishtin (n.) departure
جێبهجێ دەکات je be je dekat (v.) prosecute
جێبهجێ کردن je be je kirdin (n.) prosecution
جێبهجێدەکا jibajidaka (v.) apply
جێبهجێدەکری jibajidakri (adj.) applicable
جێ بهجێ کاری je be je kari (n.) executive
جێبهجێکراو jibajikraw (adj.) applied
جێبهجێکردن jibajikirdn (n.) application
جێبهجێی دەکات je be je dekat (v.) perform
جێت jet (n.) jet
جیرانیۆم jiraneom (n.) geranium
جێرسی jersi (n.) jersey
جێرکی jerki (adj.) jerky
جێرکین jerkin (n.) jerkin
جێگا jega (n.) lee
جێگا چاك دەکات jega chak dekat (n.) make
جێگا چاك کردن jega chak kirdin (v.) make
جێگایەکی پارێزراو jegayeki parezraw (n.) sanctuary
جێگای بڕوا jrgay brwa (adj.) trusty
جێگای خۆی دەگرێتەوه jegay khoy de gretewe (v.) rehabilitate
جێگر jigr (n.) assignee
جێگری پاشا jegri pasha (n.) viceroy
جێگۆرکێ je gorki (n.) replacement
جێگۆڕین jigoren (v.) alternate
جێگیر jiger (adv.) fast
جێگیر ده کات jegir dekat (v.) incorporate

جێگیربوو jegir bo (n.) settler
جێگیرکردن jiger kirdin (adj.) accommodating
جێگیرکەرسەرەوە jegirker-serewe (n.) fixer-upper
جێگیرنەکراو jegir ne krawe (adj.) unaccommodating
جێگیری jegiri (n.) stability
جێگەی ڕەزامەندی یە jegey reza mendye (adj.) satisfactory
جێگەی بگرێتەوە Jegay bgretewe (v.) accommodate
جێگەی جێگیرە jehey jigire (adj.) placable
جێگەی داخە jegey dakhe (adj.) lamentable
جێگەی ڕەزامەندی jigae razamande (adj.) amenable
جێگەی سەرنجە jegey serinje (adj.) notable
جێگەی مشتومڕ jigae mshtomr (adj.) arguable
جێگەی نوستن jegay nostin (n.) bedding
جێگەی نوستن لە هەوا jigae nostn le hawa (n.) airbed
جێگەی نوستنێکی دووقات jigae nostnike do qat (n.) bunk bed
جێگەی نیشتەجێبوون jegey nishtejeboon (adj.) habitable
جێگەی نەخۆش jegey ne khsoh (n.) sickbed
جێلاتین jelatin (n.) gelatin
جێلاتین کردن jelatin kirdin (v.) gelatinize
جێلاتینی jelatini (adj.) gelatinous
جێمەبەست jeme best (n.) destination
جێی برین jey brin (n.) scar
جێی ستایشە jie staesha (adj.) commendable
جێی گومان jey goman (adj.) questionable
جێی متمانە نییە jey mtmane nye (adj.) unreliable
جێی نیشاندەر jey nishan der (n.) cursor
جیا jya (adj.) disparate
جیابوونەوە خواز jyabonewe khwaz (n.) secessionist
جیا دەبێتەوە jya debetewe (adj.) separable
جیا دەکاتەوە jya dekatewe (v.) separate
جیا کراو jya kraw (adj.) separate
جیابونەوە jyabonawa (n.) breakup
جیادەکاتەوە jya dekatewe (v.) insulate
جیاکار jyakar (n.) insulator
جیاکاری jyakarı (n.) discrimination
جیاکاری بکەن jyakarı bkan (v.) discriminate
جیاکردن jya kirdin (n.) separation

جیاکردنەوە jyakirdnawa (v.) detach
جیاکەر jyakar (n.) asset
جیاکەرەوە jyakerewe (v.) feature
جیاکەرەوەی سەرو jeakarawae sarw (n.) apostrophe
جیانابێتەوە jya na betewe (adj.) inseparable
جیاواز jyawaz (adj.) descrete
جیاوازی jiawazi (n.) contrast
جیاوازی دەبێت jyawazi debet (v.) differ
جیاوازییەکی چووک jyawazyeki bichok (n.) nuance
جێر jer (adj.) elastic
جێری jere (n.) elasticity
جێر jer (adj.) flexible
جیرە jera (v.) creak
جین jen (n.) gene
جیناتناس jinat nas (n.) geneticist
جینۆساید jinosayd (n.) genocide
جینۆم jenom (n.) genome
جیهان jehan (n.) realm
جیهانێکی تر jihaneki tr (n.) otherworldliness
جیهانی jihane (adj.) ecumenical
جیهانی خەون jehani khawn (n.) dreamworld
جیهانی دەرەوە jihani derewe (n.) outworld
جیهانی ژێرەوەی jihani jer zewi (n.) underworld
جیهانی گەور jihani gawr (n.) Christendom
جیوە jewe (n.) mercury
جیوجیو دەکات jewajew dakat (v.) chirp
جیوەیی jewey (adj.) mercurial
جیۆپۆلاتیکی jeo polateki (adj.) geopolitical
جیۆلۆجی jeoloji (adj.) geological
جیەر jeyer (v.) jeer
جەبر jabir (n.) algebra
جەختکردن jekht kirdin (v.) concentrate
جەختکردنەوە jakhtkirdnawa (v.) assert
جەرگ سووتان jarg swtan (n.) bereavement
جەرگبڕ jargbr (adj.) catastrophic
جەڕ jer (v.) screw
جەڕبەستی دەکات jerbesti dekat (n.) screw
جەرەس jaras (n.) chime
جەژن jejn (n.) festivity
جەژنی کریستیانەکان jejni kristyanekan (n.) easter
جەژنی کریسمس jenji kresmes (n.) Christmas
جەستەبوون jeste boon (n.) incarnation
جەستەدار jeste dar (adj.) incarnate
جەل jal (n.) gel
جەلی jely (n.) jelly

جەماوەر jamawar (n.) audience
جەماوەر کووم دە بێت jemawer ko debet (v.) throng
جەماوەری ھەرھەمە jemaweri hereme (v.) ruck
جەمسەر jamsar (v.) pole
جەمسەردەگرێت jemser de gret (v.) polarize
جەمسەرگرتن jemser girtin (n.) polarity
جەمسەرگیری jamsargeri (v.) depolarize
جەمسەری jemseri (adj.) polar
جەمسەری باشور jamsare bashor (adj.) antarctic
جەمسەری باکوور jamsare bakor (adj.) Arctic
جەمسەری چادر jemseri chadr (n.) tentpole
جانجاڵ janjal (adj.) congested
جانجاڵ دەبێت بە jenjal debet be (v.) teem
جانجاڵی janjale (v.) bustle
جەنگ jang (n.) battle
جەنگاوەر jangawar (n.) combatant
جەنگاوەری کۆن jengaweri kon (adj.) veteran
جەنگاوەری کۆن jengaweri kon (n.) veteran
جەنگی jengi (adj.) marital
جەنگی خاچ پەرست jange khach parst (n.) crusade
جاوکبۆکس jawkboks (n.) jukebox
جەی jey (n.) jay

چا cha (v.) tea
چاپ chap (n.) edition
چاپ دە کات chap dekat (v.) imprint
چاپ کردن بە تیپی لار chap kirdin be tipi lar (n.) italics
چاپخانە chapkhana (n.) press
چاپکردن chap kirdin (n.) imprint
چاپکەر chapker (n.) typist
چاپگەر chap ger (n.) printer
چاپی بروسکەیی chapi broskey (n.) teleprinter
چاپی بکە chapi bke (n.) printout
چاپی لە دوورەوە دە کات chapi le dorewe dekat (v.) teleprint
چاپەست chapest (n.) kettle
چات chat (v.) chat
چاتی ئەلیکترۆنی chate alektroni (n.) cyberchat
چادرگا chadrga (n.) pavilion

چارۆکە charoka (n.) sail
چارە دەکا chare deka (v.) handle
چارە کردنی ھەندێك نەخۆشی بە دەرمانی کەم chare kirdini hendek ne khoshi be dermani kem (n.) homeopathy
چارەسەر دەکرێت charasar dakirit (adj.) curable
چارەسەر کردن chare ser kirdin (n.) rectification
چارەسەر ناکرێت chare ser dekret (adj.) incurable
چارەسەری chare seri (n.) remedy
چارەسەری بۆنخۆش charasare bonkhosh (n.) aromatherapy
چارەسەری خراب chareseri khrab (n.) mal-treatment
چارەسەری دەروونی chareseri deroni (n.) psychotherapy
چارە سەری دەکات chare seri dekat (v.) tackle
چارەسەری سییەکان charasare seeakan (n.) pneumotherapy
چارەسەری کیمیایی chareseri kimyay (n.) chemotherapy
چارەسەریدەبێت Charesri debet (v.) attend
چارەسەریدەکات charasaredakat (n.) compromise
چارەك charek (n.) quarter
چارەکێك charekek (adj.) quarterly
چارە گران chare gran (adj.) unlikely
چارنووس charanos (n.) destiny
چارنووس charanos (n.) fate
چارەیدەکات charey dekat (v.) cope
چاك بوونەوە chak bonewe (n.) recovery
چاك کردن chak kirdn (v.) ameliorate
چاك کردن chak kirdin (v.) fix
چاك کردنەوە chak kirdinewe (n.) repair
چاك نەکراوە chak nakrawa (adj.) incorrigible
چاك بۆنەوە chak bonawa (adj.) convalescent
چاكبوونەوەی دوای نەخۆشی chakbonawae dway nakhoshi (v.) convalesce
چاکساز chak saz (n.) reformer
چاکسازی chak sazi (n.) maintenance
چاککردنی خێرا chak kirdini khera (n.) quick fix
چاکی دەکات chaki dekat (v.) mend
چاکی دەکاتەوە chaki dekatewe (n.) reform
چاکە chaka (v.) benefit
چاکە کردن chake kirdin (n.) philanthropy

چاکە مروڤ chake mrov *(adj.)* rollicking
چاکەت chakat *(n.)* coat
چاکەتی خۆری تەنك chakate khore tank *(n.)* cardigan
چاکەتی ڕزگارکردن chaketi rizgar kirdin *(n.)* life jacket
چاکەکار chake kar *(adj.)* virtuous
چاکەکاری chake kari *(n.)* virtue
چاکەی فیزدەکات chakae firdakat *(v.)* edify
چاڵ chal *(n.)* trench
چاڵ دەکۆڵێ chal de kole *(v.)* pit
چالاك chalak *(adj.)* active
چالاك بکە chalak bika *(v.)* activate
چالاك کردن chalak kirdn *(v.)* enable
چالاکانە chalakana *(adv.)* actively
چالاککردن chalakkirdn *(n.)* activation
چالاکی chalaki *(n.)* verve
چالاکی زیندەیی chalake zendae *(n.)* bioactivity
چاڵی ئاوی chali awi *(n.)* moat
چاڵ chal *(adj.)* concave
چالاک chalak *(adj.)* sprightly
چاڵێکی بینی chaleki bini *(n.)* saw pit
چاڵە خۆڵ chala khol *(n.)* sandpit
چاڵە ئاگرین chale agrin *(n.)* firepit
چاندن chandin *(n.)* infusion
چاو chaw *(n.)* eye
چاو شۆردن chaw shordn *(n.)* eyewash
چاو نقاندن chaw nqandin *(n.)* ogle
چاو نەترس chaw ne trs *(adj.)* venturous
چاوبرسێتی chaobrsite *(n.)* avarice
چاوبرسی chaw brsi *(adj.)* greedy
چاوپۆشی chaw poshi *(n.)* indulgence
چاوپۆشی لێدەکات chaw poshi le dekat *(v.)* connive
چاوپێکەوتن chaw pe kewtin *(n.)* interview
چاوتیژی Chaw tiji *(n.)* acumen
چاوچنۆك chaw chnok *(n.)* greed
چاوچنۆک chaochnok *(adj.)* avid
چاودادەگرێ chaw da degre *(v.)* wink
چاوداگرتن chaw da girtin *(v.)* wink
چاودێر chaw der *(n.)* carer
چاودێری دەکا chawderi deka *(v.)* groom
چاودێری chawdire *(n.)* censorship
چاودێری بکەن chawderi bken *(v.)* invigilate
چاودێری بەخێوکردن chaw deri be khew kirdin *(n.)* foster care
چاودێری چڕ chawderi chr *(n.)* solicitude

چاودێری خستنەسەر chawderi khstine ser *(n.)* surveillance
چاودێری خوا chawderi khwa *(n.)* providence
چاودێری خوایانە chawderi khwayane *(adj.)* providential
چاودێری دەکات chaw deri dekat *(v.)* proctor
چاودێری دوایی Chawderi dway *(n.)* aftercare
چاودێری دەکات chawdire dakat *(v.)* check
چاودێری سیستەم chaw deri sistem *(n.)* proctor
چاودێری کردن chawderi kirdin *(n.)* sponsor
چاودێری منداڵان chaodire mndal *(v.)* babysit
چاودێری منداڵان chawdire mndalan *(n.)* childcare
چاودێریکردن chawderi kirdin *(n.)* invigilation
چاودێریکردنی منداڵ chaodirekirdne mndal *(n.)* babysitting
چاوڕۆشن chaw roshn *(adj.)* gleeful
چاوڕۆشنی chaw roshni *(n.)* glee
چاوکراوە chaw krawe *(n.)* eye-opener
چاوکێش chaw kesh *(n.)* eyecatcher
چاووگ chawog *(n.)* gerund
چاووگنامە chawgnama *(n.)* bibliography
چاوێڵکەی پێوەنووس chawelkey pewenos *(n.)* contact lens
چاوێڵکەی یەك چاو chawilkey yek chaw *(n.)* monocle
چاوی تێدەبڕێ chawi te debre *(v.)* stare
چاوی تێدەبڕێت chawi te debret *(v.)* gloat
چاوی خێڵ دەکات chawi khel dekat *(v.)* squint
چاوی دەنقێنێت chawi de nqenet *(v.)* ogle
چاوی گا chawe ga *(n.)* bull's eye
چاوی لێدەتڕ chawi le dedatr *(v.)* emulate
چاوی لێدەکرێت chawi le dekret *(adj.)* eye-catching
چاوی لەسەربێت chawi le ser bet *(adj.)* enviable
چاوپێی دەکەوێت chaw pe dekewet *(v.)* interview
چاوێڵکە chawelka *(n.)* eyeglass
چاوێڵکدار chawelkadar *(adj.)* bespectacled
چاوەڕوان دەکات chawe rwan dekat *(v.)* wait
چاوەڕوان کردن chawe rwan kirdin *(n.)* wait
چاوەڕوان کراو chwe rwan kraw *(adj.)* prospective
چاوەڕوانی chawe rwani *(n.)* expectation
چاوەڕوانیدەکات chawarwane dakat *(v.)* await
چاومزار chawazar *(n.)* amulet

چاوەش chawesh *(n.)* sergeant
چایی چی chay chi *(n.)* tea maker
چایخانە chay khane *(n.)* teahouse
چایدان chay dan *(n.)* teapot
چایز chayz *(n.)* chaise
چڕ chr *(adj.)* dense
چرا بەهێز دە کات chra behez dekat *(v.)* floodlight
چرای بەهێز chray behez *(n.)* floodlight
چرای دەستی chray desti *(n.)* flashlight
چرای ڕێنیشاندەر chrae rinshandar *(n.)* beacon
چرپە chrpe *(n.)* whisper
چرپە دەکات chrpe dekat *(v.)* whisper
چرچ chrch *(v.)* infest
چرچ و لۆچی chrch o loche *(adj.)* chirpy
چروت: جورە جگەرەیەکە chrwt: jwra jgaraeaka *(n.)* cheroot
چرۆ chrw *(n.)* bud
چرۆکردن chrwkirdn *(v.)* burgeon
چڕ chr *(n.)* tenebrosity
چڕبوونەوە chrbonao *(n.)* concentration
چڕ بوونەوە chr bonewe *(n.)* recondensation
چڕ و پڕ chr u pr *(adj.)* lush
چڕی chri *(n.)* density
چل chl *(n.)* forty
چلم chlm *(n.)* mucus
چلمی chlme *(adj.)* mucous
چڵێسی chlesi *(adj.)* insatiable
چنار chnar *(n.)* poplar
چنین chnen *(n.)* crochet
چە قۆ cheqo *(n.)* scythe
چوار chwar *(n.)* four
چوار پێ chwar pe *(n.)* quadruped
چوار جاری دەکا chwar jari deka *(v.)* quarter
چوار ئەوەندە chwar awende *(v.)* quadruple
چوارچەنچک دانیشتن chawr chenchik danishtin *(v.)* squat
چواردە chwarde *(n.)* fourteen
چوارشەممە chwar shemme *(n.)* Wednesday
چوارگۆشە chwar goshe *(n.)* square
چوارگۆشەیی chwar goshey *(adj.)* square
چوارگۆشەیی دەکات chwar goshey dekat *(v.)* square
چوارەم chwaram *(adv.)* forth
چۆست chost *(adj.)* competent
چۆستی choste *(n.)* efficiency
چۆن choon *(adv.)* how
چۆنیەک chon yek *(adj.)* similar
چۆنیەک دەبێت chonyek debet *(v.)* tally

چۆنیەک دەبێت chonyek debet *(adj.)* tally
چۆنیەک دەبێت chonyek debet *(n.)* tally
چۆنیەکی chon yeki *(n.)* similarity
چۆنەژوورەوە Chone jorewe *(n.)* admittance
چووچ کردنەوە choch kirdinewe *(v.)* veto
چوون لە سەر تلی پێ choon le ser tli pe *(v.)* toe
چۆنەدەرەوە chone derewe *(n.)* logout
چوونە لادێ chone lade *(v.)* rusticate
چۆرەک chorak *(n.)* doughnut
چۆگە choga *(n.)* canal
چۆڵ chol *(adj.)* bleak
چۆڵەکە choleke *(n.)* sparrow
چۆڵ chol *(n.)* wilderness
چۆڵ دە کات chol dekat *(v.)* evacuate
چۆڵکردن cholkirdn *(n.)* evacuation
چۆڵی دەکات choli dekat *(v.)* forswear
چۆنیەتی chonyeti *(n.)* modality
چیدار chidar *(n.)* cheddar
چێژ chej *(n.)* savour
چێژ وەرگرتن chej wergirtin *(v.)* enjoy
چێشت لێنەر chesht lener *(n.)* cook
چێشتخانە chishtkhana *(n.)* cuisine
چێشتخانەی ناو دامەزراوێک chishtkhanae naw damazrawik *(n.)* canteen
چێشتخانەیی chishtkhanay *(adj.)* culinary
چێنراو chenraw *(n.)* transplantee
چێوەی بازنە chewy bazne *(n.)* circumference
چی che *(adj.)* what
چیا chya *(n.)* mount
چیپ chip *(n.)* chip
چیپسەکان chipsekan *(n.)* ply
چێپکردن chepkirdn *(n.)* chipping
چیرۆک cherok *(n.)* anecdote
چیرۆک بێژ chirok bej *(n.)* narrator
چیرۆک لە خەیاڵدا cherok le kheyalda *(n.)* fiction
چیرۆک هێنان cherok henan *(n.)* talebearing
چیرۆک هەڵگر cherok halgr *(n.)* talebearer
چیرۆکێکی نیشانەیی cherokike neshanaye *(n.)* allegory
چیرۆکێکی هەست بزوێن chirokeki hest bzwen *(n.)* thriller
چیرۆکی کۆمیدی cheroke komede *(n.)* comedy
چیرۆکی کۆن cheroke kon *(n.)* saga
چیرۆکی هەڵبەستراو chiroki helbest raw *(n.)* figment
چیلە chele *(n.)* lobe

چیلەك chelak (n.) strawberry
چیمەن chimen (n.) turf
چیمەنتۆ chemantw (n.) cement
چین chen (n.) caste
چینی دەسەڵاتدار chini destelat dar (n.) nobility
چینی ڕۆشنبیران chini rewshenbiran (n.) intelligentsia
چینی ئۆزۆن chini ozon (n.) ozone layer
چەپ chep (n.) left
چەپکە گوڵ chapka gwl (n.) bouquet
چەپڵە لێ دەری بەکرێ گرتوو cheple lederi be kre grtoo (n.) claque
چەپڵە chapla (n.) applause
چەپڵە لێدان chapla lidan (v.) applaud
چەپڵەلێدەر cheple le der (n.) clapper
چەپەکان chepekan (n.) leftist
چەپەڵ chepel (adj.) foul
چەتە chata (n.) brigand
چەتەی دەریا chetey derya (n.) rover
چەخماخچی کەشتی chakhmakhche kashte (n.) stoker
چەخماخە chakh makhe (n.) flash
چەرخ charkha (n.) epoch
چەرم cherm (n.) leather
چەژن chejn (n.) feast
چەسپاندن chespandn (n.) consolidation
چەسپیو chespiw (adj.) ingrained
چەشتن chashten (n.) zest
چەقۆ chaqw (n.) crutch
چەقۆکێش chaqokish (adj.) astringent
چەقۆی منداڵ chaqoe mndal (n.) baby bump
چەقی دار cheqi dar (n.) sprig
چەقی کۆری cheqi kori (adj.) focal
چەقی گچکەی دار dari gchkey dar (n.) lop
چەقەڵ cheqel (n.) jackal
چەك chak (n.) weapon
چەك داماڵین chak damalen (v.) disarm
چەك chek (adj.) sidearm
چەكدار chakidar (adj.) armed
چەكمەجە chakmaja (n.) drawer
چەكۆش chakosh (n.) hammer
چەلۆ chalw (n.) cello
چەم cham (n.) creek
چەمانەوە chamanawa (n.) bow
چەمك chamk (n.) concept
چەمینەوە cheminewe (n.) stoop
چەناگە chanaga (n.) armpit

چەند بارە دەبێتەوە chend bare debetewe (v.) recur
چەند بارە کردنەوە chand bara kirdnawa (n.) reiteration
چەند بارەی دەکاتەوە chand barae dakatawa (v.) reiterate
چەند جارەی دەکات chend jarey dekat (v.) redouble
چەند لایی chend lay (adj.) multilateral
چەند هیندە chend hinde (n.) multiped
چەندبارە کراو chandbara kraw (adj.) stereotyped
چەندی chandi (adj.) quantitative
چەندە chende (n.) multiple
چەندەوەر chandawar (n.) beetroot
چەنەچۆن دەکات chanochon dekat (v.) haggle
چەنەباز chene bazi (adj.) verbose
چەنەبازی chene bazi (v.) gabble
چەنەچەن دەکات chene chen dekat (v.) jabber
چەنەدەکات chana dakat (n.) babble
چەناگە chanaga (n.) chin
چاوئاشاکاری chawashakare (v.) calumniate
چەوت chewt (adj.) perverse
چەوتی chewti (n.) perversity
چەور chewr (n.) cellulite
چاوردەکا بە مەلحەم chaordaka ba malham (v.) anoint
چاور دەکات chawr dekat (v.) grease
چاورکراو chawr kraw (adj.) greasy
چەور کردن chewr kirdin (n.) ferment
چەوری Chewri (n.) abscess
چەوری تێدایە chewri tedaye (adj.) oleaginous
چەوری دەکات chewri dekat (v.) lubricate
چاوری قورس chawri qors (v.) dope
چەوری کەم chewri kem (adj.) low-fat
چەورییە chewrye (adj.) oleaceous
چەوساندنەوە chew sanewe (n.) exploit
چاونددر chawanndar (n.) beet

حاجی haji (n.) pilgrim
حاکم hakm (n.) governess
حاکمدار hakim dar (n.) prefect
حکومەت hkomat (n.) government
حە فازە hefaze (n.) diaper

حە لە زوون helezoon (n.) escargot
حوریە horye (n.) nymphet
حوکمدان hokm dan (n.) ruling
حوکمدانی هەڵە hokim dani hele (v.) misjudge
حوکمرانی بکە hokmrani deka (v.) govern
حوکمرانی دەکات hokimrani dekat (v.) reign
حوکمرانی hokmrani (n.) dominion
حیزبوون hiz boon (n.) crone
حە بلی سێدارە دان hebli sedare dan (n.) noose
حەبەکان habakan (adj.) cerated
حەج کردن hej kirdin (n.) pilgrimage
حەزکردن hez kirdin (n.) liking
حەزلێکردو hez le kirdo (adj.) loving
حەزی لێ دەکات hezi le dekat (v.) fancy
حەزی لێدەکات haze lidakat (v.) covet
حەسوود hesood (adj.) jealous
حەسوودی hesoody (n.) jealousy
حەسیر hesir (n.) mat
حەشارگە hasharga (n.) cache
حەشامەت hashamat (n.) horde
حەشیش hashesh ( ) cannabis
حەشەری hashari (adj.) erotic
حەفتا hefta (n.) seventy
حەفتایەمین heftayemin (adj.) seventieth
حەڤدە hevde (n.) seventeen
حەڤدەیەم hevdeyem (adj.) seventeenth
حەکیمایەتی hekimayeti (n.) sageness
حەلوا halwa (n.) confection
حەلەزونی helezoni (adj.) spiral
حەنەفی henefi (n.) faucet
حەوت hewt (adj.) seven
حەوتەم hewtem (adj.) seventh
حەوشە hawsha (n.) courtyard
حەوشەی قوتابخانە hewshey qotabkhane (n.) schoolyard
حەوشەی کڵێسە hawshae klisa (n.) churchyard

خاپاندن khapandn (n.) delusion
خاتون khaton (n.) princess
خاتوو khatw (n.) miss
خاتوو میس khato, mis (n.) missis, missus
خاچ khach (n.) cross
خاچ پەرست khach parst (n.) crusader

خاشاک khashak (n.) trash
خاک khak (n.) soil
خاڵ khal (n.) birthmark
خاڵ خاڵ کردن khal khal kirdin (n.) mottle
خاڵ یارییەکە khal yaryeke (n.) game point
خاڵبەندی khal bendi (n.) pointillism
خاڵخاڵۆکەی رەش khal khaloki resh (n.) scarab
خاڵدار khaldar (v.) dapple
خاڵڕێژی khal reji (n.) punctuation
خاڵڕێژی دەکات khal reji dekat (v.) punctuate
خاڵێکی سپی khaleki spi (adv.) point blank
خاڵی بنچینەیی باسەکە khali bnchiney baseke (n.) highlight
خاڵی پشکنین khali pishkinin (n.) checkpoint
خاڵی تۆمارکراو khali tomar kraw (n.) score
خاڵە دەیی khale dae (n.) decimal point
خاڵی شکاندن khali shkandn (n.) break point
خاڵی کۆتایی khali kotay (n.) terminal
خامۆشی khamoshe (n.) abeyance
خان khan (n.) penthouse
خانم khanim (n.) lady
خانە دان khane dan (adj.) noble
خانوبەرە khanobara (n.) estate
خانوو khanw (v.) house
خانووبەرە ڕۆخێنەر khano bere rokhener (n.) wrecker
خانووی بەڵەم khanwe balam (n.) boathouse
خانووی قوتابخانە khanoy qotabkhane (n.) schoolhouse
خانووی کێڵگەیی khanoy kelgey (n.) farmhouse
خانووی یاری khanoy yari (n.) toyhouse
خانووی یاریکردن khanoy yari kiridn (n.) playhouse
خانووی سە ڕێگا khanoy ser rega (n.) roadhouse
خانووی دووبنەماڵەی khanoy do bnamalae (n.) duplex
خانووی یەک نهۆم khanoe eak nhom (n.) bungalow
خانە khana (n.) cell
خانەخوێی khane khoy (n.) host
خانەخوێنی ئاسمان khanakhoi asman (n.) air hostess
خانەدان khane dan (n.) nobleman
خانەدانی khanedani (n.) gentry
خانەقا khaneqa (n.) monastery

خانەقاگەرایی khaneqa geray (n.) monasticism
خانەنشین khane nshin (n.) pensioner
خانەنشین دەبێ khane nshin debe (v.) retire
خانەنشینی khane nshini (n.) pension
خانەنشینی دە بێت khane nshini de bet (v.) pension
خاو khaw (adj.) slack
خاو بوونەوە khaw bonewe (n.) relaxation
خاو دەبێتەوە khaw de betewe (v.) relax
خاو دەکاتەوە khaw dekatewe (v.) slacken
خاوبوونەوە khawbonawa (n.) deceleration
خاوکردنەوە khawkirdnawa (v.) decelerate
خاوەلی khaweli (n.) towel
خاوە ن خە لات khawen khelat (n.) laureate
خاوە ن سەروەری khawen serweri (adj.) sovereign
خاوێن khawen (adj.) clean
خاوێن دەکات khawen dekat (v.) clean
خاوێن دەکات لە فایرۆس khawin dakat la vaeros (v.) sterilize
خاوێن کردن khawin kirdn (n.) sterility
خاوێن کردن لە فایرۆس khawin kirdn la vaeros (n.) sterilization
خاوێن کەر khawin kar (adj.) sterile
خاوێنی khawine (n.) cleanliness
خاوخاو khawakhaw (v.) dawdle
خاوەن khawen (adj.) own
خاوەن پایە khawen paye (n.) excellency
خاوەن پشک khawen pshk (n.) shareholder
خاوەن تاڤەر khawen taver (n.) tavernkeeper
خاوەن خانوو khawen khano (n.) landlord
خاوەن دوکان khawen dokanekan (n.) shopowner
خاوەن کار khawen kar (n.) patron
خاوەن کارت khawan kart (n.) cardholder
خاوەن کەشتی khawen keshti (n.) shipowner
خاوەن مۆڵەت khawen molet (n.) licensee
خاوەنداری khawendari (n.) ownership
خاوەنکار khawankar (n.) employer
خاوەنی پشکەکان khaweni pshkekan (adj.) shareholding
خاوەنی پشکەکان khaweni pshkekan (n.) shareholding
ختوکە khtoka (v.) tickle
خر khr (adv.) round
خراب دەبێت khrab debet (v.) sour
خراب کردنی شتێک khrab kirdini shtek (n.) queer

خراپ khrap (adj.) bad
خراپ بوون khrap bon (n.) rot
خراپ بەڕێوەبردن khrab be rewe birdin (n.) mismanagement
خراپ بەکار دەهێنان khrab be kar de henet (n.) misuse
خراپ بەکار دەهێنێت khrab be kar de henet (v.) misuse
خراپ بەکارهێنان khrab be kar henan (n.) misappropriation
خراپ تێدەگا khrab te dega (v.) misconceive
خراپ تێگەیشتن khrab te geyshtin (n.) misconception
خراپ خۆری khrap khori (n.) malnutrition
خراو خۆگونجاندن khrao kho gonjandin (n.) maladjustment
خراپ دەبێ khrap debe (v.) spoil
خراپ دەکات khrap dekat (v.) rot
خراپ ڕێکخستن khrap rek khistin (n.) maladministration
خراب ڕەفتار بکەن khrab reftar bken (v.) misbehave
خراپ کارکردن khrap kar kirdin (v.) malfunction
خراپ کراوە khrap krawe (adj.) scratched
خراپ کردن khrap kirdn (n.) adulteration
خراب مامەڵەکردن khrap mamele kirdin (v.) ill-treat
خراپتر دەکات khrabtr dekat (v.) worsen
خراپترکردن khraptkirdn (v.) aggravate
خراپترین khrab treen (n.) worst
خراپە دەکات khrape dekat (v.) offend
خراپەکار khrape kar (adj.) maleficent
خراپەکاری khrapakari (v.) deprave
خرە خرە دە کات لە کاتی نوستن khre khre dekat le kati nostin (v.) snort
خرە خرە لە کاتی نوستن khre khre le kati nostin (n.) snort
خرە بەردێکە کۆڵان و شەقامی پێ بەردەڕێژ دەکرێ khra bardika kolan o shaqame pi bardarizh dakri (n.) cobblestone
خز khz (adj.) slippery
خزان khzan (n.) slide
خزانی شاهی khzani shahi (n.) royalty
خزم khzm (n.) relative
خزمایەتی khizmayeti (n.) cognition
خزمە تی کرد askoy (v.) ladle
خزمەت khzmet (n.) service
خزمەت دەکات khzmet dekat (v.) serve

خزمەت کردن khzmet kirdin (n.) serve
خزمەتکار khzmet kar (n.) serf
خزمەتگوزاری khzmatgozare (n.) amenity
خزمەتی گواستنەوە khzmeti gwastinewe (v.) shuttle
خزۆك khzok (n.) reptile
خستنەڕووی هیچ و پووچی khstnawe hech poche (v.) debunk
خستنەوەکار khistinewe kar (n.) reactivation
خسیس khses (adj.) debile
خش خش khish khish (n.) clink
خشت khsht (n.) adobe
خشتە بۆ کراو khshte bu kraw (adj.) tabular
خشتەی دانان khshtey danan (n.) tabulation
خشتەی کات khshtey kat (v.) schedule
خشۆك khshok (n.) creeper
خشەی گەڵا khshey gela (v.) rustle
خل دەبێتەوە khl de betewe (v.) roll
خلسکان khlskan (n.) glide
خلۆکە khloka (n.) bobbin
خلیسك khlisk (n.) skid
خلیسکان khliskan (n.) slip
خلیسکینە khleskine (n.) skate
خلیسکەساز khliske saz (n.) skater
خنکان khnkan (n.) asphyxia
خە فە ر khefer (v.) patrol
خە لوز وپاشماوە kheloz u pash mawe (n.) rubble
خە ملاندن بە گەوهەر khemlandin be gewher (v.) jewel
خە موکی khemoki (adj.) cheerless
خە یاڵ kheyal (n.) silhouette
خۆ بە دوور دە گریت kho be door degret (v.) refrain
خۆ بە دوور گرتن kho be door grtin (n.) refrain
خۆ دزینەوە kho dzinewe (v.) evade
خۆ دە شۆری kho de shore (v.) shower
خۆ شۆشتنی kho shoshtini (adj.) showery
خوا khwa (n.) divinity
خوا خواست khwa khwast (n.) predestination
خوات لەگەڵ khwat le gel (interj.) good-bye
خواحافێز khwahafaez (interj.) bye
خواحافیزی khwa hafizi (n.) farewell
خواحافیزی khwa hafizi (interj.) farewell
خواردن khwardn (v.) eat
خواردن بە یە کجاری khwardin be yek jari (v.) gorge
خواردن ناس khwardin nas (n.) dietician

خواردنی khwardne (n.) eatable
خواردنی خێرا khwardni khera (n.) fast food
خواردنی دەداتی khwardini dedate (v.) nourish
خواردنە دەریاییەکان khwardinewey deryayekan (n.) seafood
خواردنەوە khwardnawa (n.) beverage
خواردنەوە و زەماوەند گێران khwardnawa o zamawand giran (v.) carouse
خواردنەوەی شۆکۆلاتە khwardnawae shokolata (n.) drinking chocolate
خواردنەوەیەکی کحولی یە khwardineweyeki kholiye (n.) mead
خواردنەوەیەکی گازاوی سەرخۆش نەکەرە khwardineweyeki gazawi serkhosh nekere (n.) ginger ale
خوارڕووی ئاسمان khwaroy asman (n.) nadir
خوارو khwarw (n.) bottom
خوارەوە khwarawa (adv.) down
خوازبێنی khwaz beni (n.) engagement
خوازبێنی کار khwazbini kar (n.) suitor
خوازراو khwazraw (adj.) desirable
خوازراوی khwazrawi (adj.) metaphysical
خوازەلۆك khwaze lok (adj.) tenacious
خوازەلۆکێ khwaze loki (n.) tenacity
خواست khwast (n.) volition
خواستن khwastn (v.) desire
خوا لە خۆش بوو khwa le khosh bo (adv.) late
خواناسی khwa nasi (n.) piety
خوای خۆشەویستی لەلایەن ڕۆمانەکان khwae koshaweste lalaean romanakan (n.) cupid
خۆبەخۆیی kho be khoy (n.) spontaneity
خۆد khod (n.) self
خۆداپەرست khoda parst (adj.) godly
خۆداپەرستی khodaparaste (n.) deism
خۆداوەند khoda wand (n.) godhead
خۆدای khoday (n.) deity
خۆران khoran (n.) irritation
خۆراندن khorandin (adj.) scragged
خۆرپەیی khorpey (adj.) traumatic
خۆروو khorw (n.) itch
خۆری khori (n.) wool
خۆری بەرخ khori berkh (n.) fleece
خۆرین khoren (n.) scrape
خۆرێین khoreen (adj.) woollen
خۆشك khoshk (n.) sister
خۆشکانە khoshkane (adj.) sisterly
خۆشکایەتی khoshkayeti (n.) sisterhood
خۆل khol (n.) bout

خولانە kholane (adj.) periodical
خولانەوە kholanewe (n.) rotation
خولگە kholge (n.) orb
خولگەیی kholgey (adj.) cyclic
خولیا kholya (n.) hobby
خولیایی kholyay (adj.) obsessive
خولەك kholek (adj.) minute
خولەكی kholeki (adv.) minutely
خولاوە بە تەوەری kholanewe be tewawi (adj.) rotary
خولی جوولاو kholi jolaw (n.) quicksand
خونچە khoncha (v.) bloom
خوو khw (n.) habit
خوو خرابی kho khrabi (n.) misconduct
خووگرتن khogirtn (v.) accustom
خووگری khogre (n.) addiction
خوی دوور دە کات khoy door dekat (v.) shun
خویی نە سید Khoe asid (n.) acetate
خوێ khoe (n.) salt
خوێدان khwidan (n.) castor
خوێرى khoire (adj.) humble
خوێن khoin (n.) blood
خوێن بەربوون khoin berbon (n.) dengue
خوێن پێوەر Khoin pewer (n.) anemometer
خوێن تیزان khwin tizan (n.) contusion
خوێن دیتن khoin ditin (n.) menses
خوێن ڕێژ khwin rizh (adj.) sanguine
خوێن هێن khwin hen (n.) vein
خوێناوی khoinawi (adj.) bloody
خوێنبەر khoinbar (n.) artery
خوێندكار khwend kar (n.) learner
خوێندن khwindn (n.) education
خوێندنی بالا khwndni bala (n.) higher education
خوێندنەوە khwendinewe (n.) perusal
خوێندنەوەی سروودی ئاینی khwendinewey srodi ayni (n.) hymn
خوێندەواری khwende wari (n.) literacy
خوێنڕشتن khoin rishtin (n.) bloodshed
خوێنكار khoinkar (n.) apprentice
خوێنی بێنوێژی khoini be nweji (n.) menstruation
خوێنی ماوو khwine maew (n.) gore
خوێنییبەردەبێت khoini ber debet (v.) bleed
خوێنەر khwener (n.) reader
خوێنەری كارت khwinare kart (n.) card reader
خوێنەرەوەیە khwenereweye (adj.) legible
خوێی لێ بكەرەوە khoe le bkerewe (v.) desalt
خوی دەشارێتەوە khoy de sharetewe (v.) lurk

خۆ بە دەستەوە دان kho be destewe dan (n.) servility
خۆ بە زانا داناو kho be zana danaw (n.) pedantic
خۆ تێ هەڵقوتاندن kho te hel qotandin (n.) intrusion
خۆ دوورخستن kho dor khistin (n.) reticence
خۆ دەپارێزێت kho deparezet (v.) fend
خۆ دەس تنیشان كراو kho dest nishan kraw (adj.) self-appointed
خۆ دەشارێتەوە kho desharetewe (v.) hide
خۆ ڕاگەیەنراو kho rageynraw (adj.) self-proclaimed
خۆ سەنتەر ی kho senteri (adj.) self-centered
خۆ لێ گۆڕین kho le gorin (n.) imposture
خۆ لەناوبردن kho le naw birdin (v.) self-destruct
خۆبەخش khwbakhsh (n.) altruist
خۆبەخشانە khwbakhshana (adj.) altruistic
خۆبەخشی khwbakhshe (n.) altruism
خۆ بەخشیو kho bekhshiw (v.) volunteer
خۆبەدوورگرتن kho ba dorgirtn (n.) abstinence
خۆبەدەستەوە دەدات kho be destewe dedat (v.) submit
خۆبەدەستەوەدەر kho be destewe der (adj.) submissive
خۆبەزلزان kho be zl zan (adj.) haughty
خۆبەزلزانین kho be zil zanin (n.) conceit
خۆپاراستن kho parastin (n.) prevention
خۆپارێزی kho parezi (n.) precaution
خۆپارێزی لێناكرێت kho parezi le na kre (adj.) unavoidable
خۆپیادان Kho piadan (n.) bump
خۆپیشاندان kho peshandan (n.) demonstration
خۆپەرست kho perst (adj.) selfish
خۆپەرستی khoparste (n.) bigotry
خۆپەسەند khopasand (adj.) complacent
خۆت khot (pr.) yourself
خۆت بەدوور بكرە khot bador bikra (v.) abstain
خۆجنیی khoje (adj.) local
خۆدادەبرێت kho dadebret (v.) boycott
خۆدزینەوە kho dzinewe (n.) eschewment
خۆدەرخستن kho derkhistin (n.) flaunter
خۆدەگرت kho degret (v.) bear
خۆر khor (v.) sun
خۆر هەڵاتن khor helatin (n.) sunrise

خۆر ئاوابوون khor awa boon (n.) sunset
خۆراك khorak (n.) food
خۆراك پێدان khorak pedan (n.) nutrition
خۆراك دۆزینەر khorak doziner (n.) foraging
خۆراك دۆزینەوە khorak dozinewe (n.) forager
خۆراك پێدان khorak pe dan (v.) feed
خۆراك خۆر khwrak khor (n.) glutton
خۆراكخۆری khorak khori (n.) gluttony
خۆراکی مندالی ساو khorake mndale sao (n.) baby food
خۆرگیران khorgeran (n.) eclipse
خۆرهەڵات khorhalat (adv.) east
خۆرهەڵاتی khorhalate (adj.) eastern
خۆری khori (adj.) solar
خۆرین khorin (adj.) sunny
خۆرادە گری kho ra degre (v.) persevere
خۆراستکردنەوە khorastkirdnawa (n.) autocorrect
خۆراگری kho ragiri (n.) fortitude
خۆراگری kho ragri (n.) persistence
خۆساپێن khosapin (n.) autocrat
خۆش khosh (adj.) cheerful
خۆش باوەر khosh bawar (adj.) credulous
خۆش دوان khosh dwan (n.) courtesy
خۆش رۆ khosh ro (adj.) cordial
خۆشاو khoshaw (n.) syrup
خۆشحاڵ khoshhal (adj.) glad
خۆشحاڵ khosh hal (adj.) mirthful
خۆشحاڵ بێت hkosh hal bet (adj.) merry
خۆشحاڵی khoshhale (n.) elation
خۆشنووسی khwshnwse (n.) calligraphy
خۆشۆردن khoshwrdn (v.) bathe
خۆشی khoshi (n.) bliss
خۆشی پێ دەبات khoshi pe debat (v.) relish
خۆشی دەوێت khoshi de wet (v.) love
خۆشی ناوێت khoshi nawet (v.) hate
خۆشە kosha (adj.) delightful
خۆشەویست Khoshe wist (adj.) adorable
خۆشەویستی khoshawesti (n.) endearment
خۆشەویستی khoshewisti (n.) love
خۆشەویستی خزمایەتی khoshewisti khzmayeti (n.) nepotism
خۆ فرۆش kho frosh (n.) traitor
خۆ کوشتن kho koshtin (n.) suicide
خۆ کوشتەنی kho koshteni (adj.) suicidal
خۆگر khogr (n.) durability
خۆگر بۆ ئازار khogr bw azar (n.) stoic
خۆگرتن kho grtn (n.) sobriety

خۆگری kho gri (n.) stamina
خۆگونجاندن kho gonjandn (v.) acclimatise
خۆڵەمێش kholamish (n.) ash
خۆڵ khol (n.) clod
خۆڵەکە kholeke (n.) scavenger
خۆم khom (pron.) myself
خۆماڵی khomali (n.) native
خۆماڵی دە کات khomali dekat (v.) nationalize
خۆماڵی کردن khomali kirdin (n.) nationalization
خۆماڵیکردن khomalekirdn (v.) domesticate
خۆنمایش کردن kho nmaysh kirdin (n.) ostensibility
خۆنەویستن Kho ne wistn (v.) abnegate
خۆویستی khoweste (adj.) egocentric
خۆی خزمەتی خۆ دەکا khoy khzmeti kho deka (adj.) self-service
خۆی بۆ ناوەتەوە khoy bu nawetewe (v.) waylay
خۆی تێ هەڵدەقوتێنێت khoy te hel deqotenet (v.) intrude
خۆی دەکات بە یەکێکی تر khoy dekat be yekeki tr (v.) impersonate
خۆی سوک دەکات khwe sok dakat (v.) demean
خۆی قەرزار دەکات khoy qerzar dekat (v.) incur
خۆی لێ گێڵ دەکات khwe le gel dakat (v.) disregard
خۆی لێ گێڵ دەکات khoy le gel dakat (v.) ignore
خۆی لێ دەگۆڕێت khoy le degoret (v.) disguise
خۆیلێندەدزێتەوە khoelidadzitawa (v.) elude
خۆناگادار kho agadar (adj.) self-conscious
خۆناگاداری kho agadari (n.) self-awareness
خێرا دە کات khera dekat (v.) rush
خێرا کردن khera kirdin (n.) rush
خێر kher (n.) benefaction
خێرا khira (adv.) apace
خێرا دەبێت kheray (v.) speed
خێرا دەکات khera dekat (v.) hasten
خێرا کردن Khera kirdin (v.) accelerate
خێرایی khiraye (n.) alacrity
خێرایی khirae (n.) celerity
خێرخوازی khirkhwaze (n.) benevolence
خێرخوازی khirkhwaz (adj.) charitable
خێر دەمەند kheromen (n.) benefactor
خێزان khezan (n.) family
خێزانی دەسەڵاتدار khezani dasalatdar (n.) dynasty

خێل khel *(n.)* squint
خیانەت khyanat *(n.)* treason
خیانەت دەکات khyanat dakat *(v.)* betray
خەبات دەکات khebat dekat *(v.)* strive
خەتەنەدەکات khetene dekat *(v.)* circumcise
خەتەنەکردن khetene kirdin *(n.)* mutilation
خەراپە kharapa *(v.)* debauch
خەرجکردن kharjkirdn *(v.)* disburse
خەرجی kherji *(n.)* expense
خەرجی کەم دەکاتەوە kherji kem dekatewe *(v.)* retrench
خەرجی کەم کردنەوە kherji kem krdinewe *(n.)* retrenchment
خەرجییەکان kherjyekan *(n.)* expenditure
خەردەل kherdel *(n.)* mustard
خەریکە لە کەوتن دایە kherek le kewtin daye *(adj.)* flaking
خەزان khazan *(n.)* craw
خەزنەی زانکۆ یا پەرستگا khaznae zanko ya parstga *(n.)* bursary
خەسارکردن khesar kirdin *(n.)* bungle
خەسان khasan *(v.)* geld
خەساو khasaw *(n.)* gelding
خەست khest *(adj.)* intense
خەست دەکاتەوە khast dakatawa *(v.)* condense
خەست کردن khest kirdin *(n.)* intensity
خەست کردنەوە khast kirdnawa *(n.)* condensate
خەست و خۆڵ khast o khol *(adj.)* pulpy
خەستی کەم دەکاتەوە khaste kam dakatawa *(v.)* rarefy
خەستەخانە khastakhana *(n.)* crib
خەستەخانەی کەشتی kheste khaney keshti *(n.)* sickbay
خەفەت khafat *(v.)* depress
خەفەتاوی khefetawi *(n.)* woeful
خەڵە khale *(adj.)* acetic
خەڵات khalat *(n.)* award
خەڵات پێش کێش دەکات khalat pesh kesh dekat *(v.)* prize
خەڵەت دەکات khelat dekat *(v.)* reward
خەڵات کردن khelat kirdin *(n.)* recompense
خەڵاتی دەکات khelati dekat *(v.)* recompense
خەڵک khelk *(v.)* people
خەڵوز khaloz *(n.)* coal
خەڵوزی دار khaloze dar *(n.)* charcoal
خەڵوزی کۆک khaloze kok *(n.)* coke
خەڵەفاو khalafaw *(v.)* dot

خەم kham *(v.)* distress
خەم khem *(n.)* grief
خەم دە خوا khem dekhwa *(v.)* grieve
خەم و خەفەت پێدان Khem u khefet pedan *(v.)* afflict
خەمبار khem bar *(n.)* dejection
خەمبار بووە khambar bwa *(adj.)* bereaved
خەمباری khem bari *(n.)* misery
خەمگین khemgin *(n.)* mournful
خەملاندن khmlandin *(v.)* extrapolate
خەملاندن بە ئەستێرە khemlandin be astere *(v.)* star
خەملاندن khamlandn *(adj.)* estimative
خەمهێن khem hen *(v.)* sadden
خەمۆکی khemoki *(n.)* melancholia
خەنجەر khanjar *(n.)* bayonet
خەندە khende *(n.)* smile
خەندە دە کات khende dekat *(v.)* smile
خەو گەر khew ger *(n.)* somnambulist
خەواڵوو khewalow *(adj.)* sleepy
خەوبردنەوە khew birdinewe *(n.)* somnolence
خەوتوو khawtw *(adj.)* dormant
خۆش khosh *(n.)* drawback
خەوشدار khewsh dar *(adj.)* faulty
خەوشن khawshn *(adj.)* defective
خەون khawn *(n.)* dream
خەون دەبینێت khewn debinet *(v.)* dream
خەون گیر khawn ger *(n.)* dreamcatcher
خەوناوی khawnawi *(adj.)* dreamy
خەوناویانە khawnawyana *(adv.)* dreamily
خەونبین khawn bin *(n.)* dreamer
خەوی دێت khawi det *(v.)* doze
خەوی کورت khewi kort deka *(n.)* nap
خەوی کورت دە کا khewi kort *(v.)* nap
خەوی ناخۆش khewi na khosh *(n.)* nightmare
خەیار khayar *(n.)* cucumber
خەیاڵ khayal *(n.)* fancy
خەیاڵ پەرست khayal parst *(adj.)* autistic
خەیاڵ پەرستی khayal parste *(n.)* autism
خەیاڵبردوو kheyal brdo *(adj.)* rapt
خەیاڵی khayale *(adj.)* fanciful

دا دە دا دە خریت da dekhret *(v.)* shut
دابران dabran *(n.)* detachment

دابراو dabraw *(n.)* cubicle
دابرین dabrin *(n.)* partition
دابین کردوه byano krdwe *(n.)* warrantee
دابینکەر dabin ker *(n.)* warrantor
دابازاندن dabazandn *(v.)* degrade
دابازاندنی پستان dabazandne pastan *(n.)* decompression
دابەزینە dabaina *(v.)* alight
دابەزین dabazen *(n.)* declivity
دابەزین dabazen *(v.)* descend
دابەزینی نرخ nabezini nirkh *(adj.)* depreciating
دابزینی هەوا Dabezini ba *(n.)* airdrop
دابەش دەکات dabash dakat *(v.)* dispense
دابەش کردن dabesh kirdin *(v.)* partition
دابەش نەکراو dabesh ne kraw *(adj.)* indivisible
دابەشکردن dabashkirdn *(v.)* apportion
داپ dap *(v.)* dap
داپوشران بە چینیکی سەخت daposhran be chineki req *(v.)* encrust
داپوشران بە زێر daposhran be zer *(v.)* gild
داپوشراو بە زێر daposhraw be zer *(adj.)* gilt
داپۆشی da poshi *(v.)* glaze
داپوشین بە لم daposhin be lm *(v.)* sand
داپۆشینەر da poshener *(n.)* livery
داپۆشراو daposhraw *(adj.)* clad
داپۆشین daposhin *(n.)* coverage
داتا data *(n.)* data
داچوون dwa choon *(n.)* ebb
داچوون کردن dwa choon kirdin *(v.)* ebb
داخ dakh *(n.)* regret
داخران dakhran *(n.)* blockage
داخستنی dakhistini *(n.)* closure
داخکردن dakhkirdn *(n.)* branding
داخوازی dakhwaze *(n.)* betrothal
داخۆران da khoran *(n.)* erosion
داخی بۆ دەخوات dakhi bu dekhwat *(v.)* regret
دادپەروەر dadparwar *(adj.)* equitable
دادپەروەرانە dad perwerane *(adv.)* fairly
دادپەروەری dadperweri *(n.)* justice
دادگا dadga *(n.)* court
دادگایی dadgay *(adj.)* forensic
دادگایی دەکا dagay deka *(v.)* litigate
دادگایی دەکات dadgay dekat *(v.)* sentence
دادگاییکردن dagay kirdin *(n.)* litigation
دادگەری dadgari *(n.)* forensic
دادگارە کردن dadgare kirdn *(v.)* adjudge
دادگەریی dadgeri *(n.)* judiciary

دادە نی dadene *(v.)* place
دادە هێنێت dadehenet *(v.)* invent
دادوەر dadwar *(n.)* fair
دادوەری دە کات dadwar *(v.)* judge
دادوەری dadweri *(adj.)* judicial
دادوەری بکەن dadware bikan *(v.)* adjudicate
دادوەری رەها dadware raha *(n.)* despot
دادەبرێ dade bre *(v.)* sequester
دادەبڕێت da debret *(v.)* seclude
دادەپۆشی da deposhe *(v.)* sheet
دادەپۆشی da deposhe *(v.)* plaster
دادەپۆشێت dade poshet *(v.)* cover
دادەچۆڕێ dade chore *(v.)* exude
دادەخۆرێت dadakhoret *(v.)* erode
دادە ڕێژێ da de reje *(v.)* word
دادەڕێژێت dade rejet *(v.)* formulate
دادەکەنی dadakani *(v.)* cast
دادەگیرسێنێت dadegirsenet *(v.)* kindle
دادەمرکێنی da demrkene *(v.)* slake
دادەمەزرێنی dademezrene *(v.)* establish
دادەمەزرێنێت dade mezrenet *(v.)* found
دادەنی dadene *(v.)* put
دادەنێت dadenet *(v.)* install
دادەنیشی da denishe *(v.)* sit
دادەنیشێت da denishet *(v.)* seat
دادەهێنێت dadehenet *(v.)* devise
دار dar *(n.)* stick
دار بە ڕو dar bero *(n.)* oak
دار تڕی dar tre *(n.)* vine
دار ئەروز dar arwz *(n.)* cedar
دارایی daray *(n.)* finance
داربڕ dar br *(n.)* sawyer
داربەند darband *(n.)* girder
دارت dart *(n.)* dart
دارتاش dartash *(n.)* carpenter
دارتاشین dar tashin *(v.)* whittle
دارتبورد dartbord *(n.)* dartboard
دارتینگ darteng *(n.)* darting
دارخورما dar khorma *(v.)* palm
دارستان dairstan *(n.)* afforest
دارستان برین darstan bren *(v.)* deforest
دارشتگەی پارە darshtgey pare *(v.)* mint
دارشتە darshta *(n.)* alley
دارهەنجیرێکی هیندی darhanjerike hendi *(n.)* banyan
داری بچوک dari bichok *(n.)* shrub
دارێکی چەماوە dareki chemawe *(n.)* glue stick
دارێکی لاستیک dareki lastik *(n.)* rubber tree

داری سەرو dare sarw (n.) cypress
داری کاشوو dare kashw (n.) cashew
داری ماهۆگەنی dari mahogeni (n.) mahogany
دارین daren (adj.) wooden
دارەسپی daraspe (n.) birch
دارەمەیت daramaet (n.) coffin
دارزێنەر darzener (adj.) erosive
دارشتن darshtn (n.) casting
دارشتن بەیارمەتی کۆمپیوتەر darshtn bayarmate kompewtar (n.) cad
دارشتە darshta (n.) alloy
داریژان darizhan (n.) amalgamation
دارێژە dareje (v.) template
داس das (n.) sickle
داشبۆرد dashbord (n.) dashboard
داشکاندن dashkandn (n.) discount
داشکانی نرخ dashkane nrkh (n.) deflation
داکۆیت dakoet (n.) dacoit
داکۆیتی dakoete (n.) dacoity
داکەوتوو dwa kewto (adj.) droopy
داگرتن dagrtn (v.) download
داگیر دەکات dagir dekat (v.) occupy
داگیرساندن dagirsan (n.) ignition
داگیرکاری dagerkare (adj.) colonial
داگیرکردن dagir kirdin (v.) conquer
داگیرکە dagerka (n.) colony
داگیرکەر dagir ker (n.) conqueror
دالّ dal (n.) hawk
دالّدە dalda (n.) asylum
دام dam (n.) dame
دامالێنی پیاوسالاری damalene pyawsalare (n.) demasculinization
دامالێنی چەك damalenı chak (n.) disarmament
دامالێنی دراو damalini draw (v.) demonetize
دامالێنی موگناتیسی damaleni moqnatesi (v.) demagnetize
داماو damaw (n.) wretch
داماو بوو damaw bo (adj.) dumbfounded
دامبۆ dam bo (n.) dumbo
دامرکاندن damrkandn (v.) curb
دامەزراندن damazrandn (v.) employ
دامەزراندنی damezrandni (n.) recrudency
دامەزراو damazraw (n.) corporation
دامەزراوە damazrawa (n.) association
دامەزرێن damezren (n.) tenure
دامەزرێنە damezrene (n.) recruit
دامەزرێنەر damezrener (n.) founder
دامەسك damask (n.) damask

دان بەوەدا بنێن Dan beweda bnen (adv.) admittedly
دان پێ دانان dan pe dan (v.) concede
دان پێدانان dan pidanan (v.) acknowledge
دان پیانان dan pyanan (v.) avow
دان و ستاندن dan u standin (n.) parley
دان و ستاندن دەکات dan u standin dekat (v.) parley
دان و ستان کار dan u stan kar (n.) negotiator
دانا dana (adj.) astute
دانان danan (n.) allocation
دانانە لیست danane lest (n.) setlist
دانایی danay (adj.) sagacious
دان سازی dan sazi (n.) odontology
دان و ستان dan u stan (n.) negotiation
دانوستان دەکرێت dan u stan dekret (adj.) negotiable
دانووستان کردن danostan kirdn (v.) negotiate
دانی پیانانێت danı pya nanet (v.) disclaim
دان پەیاندەنێت dan peyandenet (v.) confess
دانیشتن لەسەر یەك لای ئەسپ danishtin le ser yek lay asp (adv.) side-saddle
دانیشتنی danishtni (n.) sessional
دانیشتوو danishtow (n.) occupier
دانیشتووی شاری مۆسکۆ danishtoy shari mosko (n.) muscovite
دانیشتووە لە danishtwe le (v.) inhabit
دانیشتوی هەرێم danishtoy herem (adj.) native
دانە dane (n.) version
دانە پاڵ کەسێك dana pal kasik (v.) ascribe
دانەری پەڕتوكی گچكە daneri pertoki gchke (n.) pamphleteer
دانە واندن dane wandin (v.) overburden
دانەوێڵە danawila (n.) cereal
دانەوێڵەی قاوە danawilae qawa (n.) coffee bean
دانەی داونەناوە danae dawnanawa (n.) decoy
دانەی دووەم daney dwem (n.) replica
دانایەکی تر danayake tir (adj.) another
داهات dahat (n.) income
داهێنان dahenan (n.) invention
داهێنان بکەن dahenan bke (v.) innovate
داهێنان نامە da henan nama (v.) patent
داهێنانی نوێ خوازی dahenani nwe khawzi (n.) innovation
داهێنەر dahener (n.) innovator
داهێنەر dahener (n.) inventor
داهێنەرانە dahenerane (adj.) inventive

داو daw *(v.)* thread
داو ده نێت daw denet *(v.)* trap
داوا dawa *(n.)* disposal
داوا دەکات dawa dekat *(v.)* request
داواکار dawakar *(n.)* claimant
داواکاری dawakare *(n.)* allegation
داواکاری پێداچوونەوە dawakare pidachonawa *(n.)* appellant
داواکاری دە کات dawakari *(v.)* petition
داواکاری گشتی dawakari gshti *(n.)* prosecutor
داواکردن dawakirdn *(v.)* claim
داواکەری ئێش dawakare aesh *(n.)* applicant
داوانامە dawa name *(n.)* summons
داوای کۆبوونەوە دەکات daway kobonewe dekat *(v.)* convoke
داوای لێبوردن dawae libordn *(n.)* beseeching
داوای لێبوردن بکە daway le bordin dekat *(v.)* plead
داوای لێبووردن کردن dawae libordn kirdn *(v.)* apologize
داوین پیس dawin pıs *(n.)* drab
داوینپیس dawin pisi *(v.)* drab
داوەکان پێکەوە دەبەستی dawekan pekewe debeste *(v.)* interlock
دایت dayt *(n.)* diet
دای دەپۆشێت day deposhet *(v.)* clothe
دای دەڕێژێتەوە day de rejetewe *(n.)* paraphrase
دای دەهێنێت day dehenet *(v.)* contrive
دایدەپۆشێت بە daydeposhet be *(v.)* strew
دایدەخات day dakhat *(n.)* drape
دایدەگرێت day degret *(v.)* stow
دایدەگیرسێنێت day degirsenet *(v.)* ignite
دایدەمەزرێنێتەوە day demezrenet *(v.)* reinstate
دایدەنێ day dene *(v.)* clutter
دایک dayk *(n.)* mother
دایک زمان dayk zman *(adj.)* vernacular
دایک سالاری dayk salari *(n.)* matriarch
دایک کوشتن dayk koshtin *(n.)* matricide
دای یان باوک day yan bawk *(n.)* parent
دایکان daykan *(adj.)* matricidal
دایکانە daykane *(adj.)* maternal
دایکێنی daykini *(n.)* motherhood
دایە daye *(n.)* mamma
دبلۆمات dblomat *(n.)* diplomat
دبلۆماسیتی dblomasiti *(n.)* diplomacy
دبلۆماسی dblomasi *(adj.)* diplomatic

دبلۆمنامە dblomnama *(n.)* diploma
ددان ddan *(n.)* tooth
ددان لێدان ddan le dan *(v.)* teethe
ددان ئێشە ddan eshe *(n.)* toothache
ددانی تایە ddani taye *(n.)* cog
ددانی خڕێ ddani khre *(adj.)* molar
ددانی دار ddani dar *(n.)* sawtooth
درابزین drabzin *(n.)* railing
دراکۆنیک drakonek *(adj.)* draconic
دراوسێ draw se *(n.)* neighbour
دراوسێیانە draw seyane *(adj.)* neighbourly
دراوسێیەتی draw seyeti *(n.)* neighbourhood
دراوی drawe *(adj.)* monetary
درز drz *(n.)* cleavage
درز بردن drz brdn *(v.)* seam
درستکراو drstkraw *(adj.)* generable
درشت drsht *(adj.)* slipshod
درکاندن drkandn *(v.)* divulge
درم drm *(adj.)* catching
درندەیی drndey *(n.)* savagery
دروست drost *(adj.)* healthy
دروست دەبێ drwst dabi *(v.)* stem
دروست دەکات drwst dakat *(v.)* build
دروست دەکرێت drost dekret *(n.)* cheesecake
دروست کردن drost kirdn *(n.)* construction
دروستانە drwstana *(adj.)* sanitary
دروستبوون drost boon *(n.)* formation
دروستکار drostkar *(n.)* creator
دروستکراو Drostkraw *(adj.)* artificial
دروستکراوی زۆر بەرز drost krawi zoor berz *(n.)* skyscraper
دروستکراوی ماڵەوە drost krawey malewe *(adj.)* home-made
دروستکراوی نامێر drost krawi amer *(adj.)* machine-made
دروستکراوە لە ڕیشاڵ drostkrawa la reshal *(adj.)* fibrous
دروستکەر drostkar *(n.)* adscititious
دروستکەر یان فرۆشیاری نامڕازەکانی بیبین drostkar yan froshyare amrazakane beben *(n.)* optician
دروستکەری قاوە drostkare qawa *(n.)* coffee maker
دروست کەری ئازاد drost keri azad *(n.)* mason
دروستی دە کات drosti dekat *(v.)* set
دروستی دەکاتەوە drosti dekat *(v.)* rebuild
دروشم droshm *(n.)* slogan
دروو drow *(adj.)* sham
درووی دە کا droy deka *(v.)* sham

درووێنە drwine (n.) harvest
درووێنەدەکات drwine dekat (v.) harvest
درووێنەکار drwinakar (n.) harvester
درووێنەکار drwene kar (n.) reaper
درووێنەکردن drwinakirdn (n.) reap
درۆ drow (n.) falsehood
درۆ بکە drw bka (v.) belie
درۆپبۆکس dropboks (n.) drop box
درۆزن drozin (n.) liar
درۆکردن drow kirdin (n.) falsification
درێدلۆك dridlok (n.) dreadlock
درێژ drej (adv.) long
درێژ دەبێتەوە drej debetewe (v.) range
درێژایی drejay (n.) longitude
درێژخایەن drej khayen (adj.) chronic
درێژکردن drizhkirdn (n.) amplification
درێژکردنەوە drej kirdinewe (v.) extend
درێژی dreji (adj.) lengthy
درێژە بکێشە dreje bkeshe (v.) linger
درێژەی دەداتی dreji dedate (v.) prolong
درێب dreb (n.) drib
درێبڵکردن dreblkirdn (n.) elusion
درەخت drekht (n.) plant
درەختێکی درکاوییە drekhteki drkawye (n.) thistle
درەختی سەندەڵ drakhte sandal (n.) sandalwood
درەختی سەوز drakhte sawz (n.) greenery
درەختی غار drakhte ghar (n.) laurel
درەم dram (n.) dram
درەوشان drewshan (n.) sparkle
درەوشانەوە direwshanewe (n.) brilliance
درەوشاوە drawshawe (adj.) gleaming
درەوشە draosha (n.) auger
در dr (adj.) coarse
درك drk (n.) thorn
درکاوی drkawe (adj.) barbed
درکی drke (adj.) spinal
درندانە drndana (adj.) atrocious
درندانەکردن drndane kirdin (v.) brutalize
درندە drnda (n.) barbarian
درندەیی drndae (n.) atrocity
دز diz (n.) bandit
دزیو dziw (adj.) obnoxious
دزی dzi (n.) robbery
دزی دوکان dzi dokan (n.) shoplifter
دزیکردن dzekirdn (n.) burglary
دزین dzin (v.) misappropriate
دزینی دوکان dzini dokan (v.) shoplift

دزینی رەشمۆڵاخ dizeeny rashwalakh (n.) abactor
دزە دە کا dazkirdn (v.) leak
دزە دەکات dze dekat (v.) seep
دزە دەکات dze dekat (v.) sneak
دزە کردن dze kirdin (n.) sneak
دزەکردنی دەریایی dze krdini deryay (n.) piracy
دزەکردنی دەریایی دە کات dze krdini deryay (v.) pirate
دزمکە ری دەریایی chatae daryae (n.) pirate
دژ Dij (pref.) anti
دژ بە شتی پیرۆز و ئاینی dij be shti piroz u aiyni (adj.) sacrilegious
دژایەتی Dijayeti (n.) antagonism
دژایەتی دەکات djayeti dekat (v.) oppose
دژایەتی کردن Dijayeti kirdin (v.) antagonize
دژوار dijwar (adj.) formidable
دژواری dijwari (n.) polemic
دژێتی dijeti (n.) contradiction
دژی Diji (prep.) against
دژی دەوەستێت dji dewestet (v.) militate
دژە Dije (n.) antagonist
دژە بەستن Dije bestn (n.) antifreeze
دژە بەکتریا Dije bekteria (adj.) antibacterial
دژە پۆدەکان dzha podakan (n.) antipodes
دژە پیربوون Dije perboon (adj.) anti-ageing
دژە ترش Dije tirs (adj.) antacid
دژە تیزی Dije tizi (n.) antithesis
دژە تەقە dije teqe (adj.) shotproof
دژە جەستە Dije geste (n.) antigen
دژە دەستکاریکردن dje destkari kirdin (adj.) tamperproof
دژە دەنگ dıje deng (adj.) soundproof
دژە ژەهر Dije jehr (n.) antidote
دژە شوشتن dije shoshtin (adj.) showerproof
دژە فڕۆکە Dije firoke (adj.) anti-aircraft
دژە کۆمەڵایەتی Dije komelayeti (adj.) antisocial
دژە لوتکە Dije lotke (n.) anticlimax
دژە ناو Dije naw (n.) antonym
دژە هێرش dije hersh (n.) counter-attack
دژە ئاگر dije agir (adj.) fireproof
دژە ئاگر dije agir (adj.) fire-resistant
دژە ئۆکسینەر Dije uksener (n.) antioxidant
دژەتەن Dije ten (n.) antibody
دکتۆرا dktora (n.) doctorate
دکتۆرایە dktoraea (adj.) doctored
دڵ تەنگ dl teng (adj.) unhappy

دل ره ق dl req (adj.) merciless
دل شکاندن dil shakndin (n.) heartbreak
دلرەقى dlraqe (n.) barbarity
دل dl (adj.) cardiac
دل بەند دەکات dl band dakat (v.) enthral
دل تەنگ dl teng (v.) mope
دل تەنگ dl teng (adj.) morose
دل راکێش dl ra kesh (adj.) winsome
دل رەق dl raq (adj.) callous
دل گەرم dl garim (n.) ardour
دل لێدان dl le dan (n.) pulsation
دل لێدان بە خێرایی و بە هێز dl ledani be kheray u be hez (n.) palpitation
دل ناسک dl nask (adj.) tender-hearted
دل و دەروونى باش dil u deroni bash (adj.) benign
دلبەر dlbar (n.) belle
دلتەنگى dltange (n.) gloom
دلخۆش بوو dlkhosh bw (adj.) elated
دلخۆش بوون dlkhosh bon (v.) gladden
دلخۆشبوون dlkhosh boon (n.) jubilation
دلخۆشکەر dlkhoshkar (adj.) jubilant
دلدار dldar (adj.) amorous
دلدارى dldare (n.) amour
دلدارى لەگەل کردن dldari le gel kirdin (v.) woo
دلدانەوە dldanawa (n.) amusement
دلرەق dlraq (adj.) discourteous
دل رفاندن dl rfandin (n.) witchcraft
دل رەق dil req (adj.) brutish
دلرەق dlraq (adj.) churlish
دلسۆز dlsoz (adj.) loyal
دلسۆزى DIL SOZI (n.) fealty
دلسۆزى دەبێ dl sozi debe (v.) sympathize
دلسۆزى لەگەل دەکات dlsozi le gel dekat (v.) vouchsafe
دلسۆزى نەمان dlsozi ne man (n.) insincerity
دلشاددەکات dlshaddakat (v.) delight
دلفراوانى dl frawani (n.) tolerance
دلفراندن dlfrandn (v.) allure
دلفرێن dlfren (adj.) charming
دلناسى dlnase (n.) cardiology
دلنیا dlnya (adj.) certain
دلنیا دەکات dlnia dekat (v.) reassure
دلنیاکردن dlnyakirdn (n.) emphasis
دلنیاکردنەوە dlnyakirdnawa (v.) ascertain
دل نەرمى dil nermi (n.) kindness
دلنەوایى dil neway (v.) console
دلنەواییکردن dlnawaekirdn (v.) assuage

دلۆپ dlop (n.) blob
دلۆپ dlop (n.) drop
دلۆپاندن dlopandn (n.) drip
دلۆپە دەکات dlopa dakat (n.) dribble
دلۆپە دەکات dlope dekat (v.) trickle
دلۆپە فرمێسک dlope frmesk (n.) teardrop
دلۆپە کردن dlope kirdin (n.) trickle
دلى تێکەلدنێت dlı tekel det (adj.) loath
دلێدەداتەوە dledasatawa (v.) amuse
دلە راوکى dla raoki (n.) anxiety
دلەراوکى دەبێت dle rawki de bet (v.) worry
دماو damaw (v.) dumbfound
دنیاى تر dnyay tr (n.) otherworld
دنیایی dnyae (adj.) earthly
دە برێت de bret (v.) prune
دە بى زستان debe zstan (v.) winter
دە بێتە قوربانى debete qorbani (n.) prey
دە بەخشى de bekhshe (v.) grant
دە پارێزێت de parezet (v.) protect
دە پێوەرى de pewre (v.) scale
دە تە قێنێت de teqenet (v.) shoot
دەجال dejal (n.) sham
دە جولێنى de jolene (v.) wag
دە خلیسکێت de khlisket (v.) skid
دە خنکێت de khnket (v.) smother
دە خوازێت de khwazet (v.) wish
دە درێنى de drene (v.) shred
دە دورێت de doret (v.) reap
دە رازێنێت razandnewe (v.) garnish
دە رمان derman (n.) medicine
دە زانى de zane (v.) know
دە ست پى دە کات dest pe dekat (v.) initiate
دە ست کێش dest kesh (n.) handkerchief
دە سترى de stre (v.) puddle
دە سرێت srinewe (v.) mop
دە عوا لى دە کات deawa le dekat (v.) impeach
دە فرۆشى de froshe (v.) sell
دە فە defe (n.) rudderpost
دە کاتە ژن dekate jn (v.) womanise
دە کاتە ناووك dekate nawook (v.) pulp
دە کۆتى de kote (v.) inoculate
دە گرێت de gret (v.) grip
دە گێرێتەوە de geretewe (v.) narrate
دە گەیێت de geyet (v.) reach
دە لەرزى de lerze (v.) shudder
دە نوسى de nose (v.) pen
دوا dwa (n.) spoke
دوا دواده dwa dwada (n.) deadline

دوا دەستی پیادێنی daw desti pya dene (v.) retouch

دوا لیسته dwa liste (v.) shortlist

دوا ناگاداری dwa agadari (n.) ultimatum

دواتر dwatir (adv.) afterwards

دواترین dwatreen (adj.) latter

دواخستن Dwakhistin (v.) adjourn

دوادەخات dwa dekhat (n.) delay

دوادەکەوێت dwa dekewet (v.) lag

دوارۆژ dwa roj (adj.) future

دوارۆژ dwa roj (n.) future

دوارۆژ dwa roj (adv.) hereafter

دواکراو dwakiraw (adj.) demanding

دواکەوتن dwakatin (adj.) belated

دواکەوتو dwa kewtow (adj.) late

دواکەوتوو dwa kewto (prep.& adv.) behind

دواکەوتووانە Dwa ketwane (adv.) backward

دوانێژ dwan bej (n.) commentator

دواندن dwandin (n.) interrogation

دوانزە dwanze (n.) twelve

دوانزە دەستە dwanze deste (n.) gross

دوانزەیەم dwanzeyem (n.) twelfth

دوانگە dwanga (n.) rostrum

دوانۆکسیدی کاربون dwan oksidi karboon (n.) silica

دوانە dwane (adj.) geminal

دوای dwae (prep.& adj.) beyond

دوای دەخات dwae dakhat (v.) defer

دوای دەرچوون dway derchoon (adj.) postgraduate

دوای ڕیش تاشین dwae resh tashen (n.) aftershave

دوای کاریگەری Dway karegeri (n.) after-effect

دوای لێبوردن dwae libordn (n.) apology

دوای لێبوردن دەکات dwae libordn dakat (adj.) aplogetic

دوای لەدایکبوون dwae ladaykbon (n.) afterbirth

دوای نیوەڕۆ dwae newaro (n.) afternoon

دوای ئاهەنگەکە dwae ahangaka (n.) after-party

دوای ئەوە dwae awa (n.) aftermath

دواین dwayn (adj.) last

دوب dob (v.) dob

دوبارە چاک دەکات dobare chak dekat (v.) recondition

دوبارە چڕدەکات dobare ch de kat (v.) recondense

دوبارە دادە ڕێژێت dobare da de rejet (v.) paraphrase

دوبارە dobara (adj.) bi

دوبارە بەرهەم دێنێت dobare berhem denet (v.) reproduce

دوپ dop (v.) dup

دوپات دەکات dopat dekat (v.) vouch

دور پێچان dor pechan (v.) hedge

دوری دەپێچی dori depeche (v.) girdle

دوژمن dojmin (n.) enemy

دوژمنایەتی dozhmnaeate (n.) animosity

دوژمنایەتی خەڵک dojmnayeti khelk (n.) wrangle

دوژمنایەتی خەڵک دەکات dojmnayeti khelk dekat (v.) wrangle

دوژمنایەتی دەکات dojmnayetti dekat (v.) quarrel

دوکان dokan (n.) shop

دوکاندار dokan dar (n.) shopkeep

دوکانی کتێب dokani kteb (n.) shopbook

دوکانی بەقاڵی dokani beqali (n.) grocery

دوکەڵ dokal (n.) aerosol

دوکەڵە مژ dokele mij (n.) smog

دوگمە dwgma (n.) button

دوم بێل dom bel (n.) dum-bell

دونیای donyay (adj.) worldly

دوو du (n.) two

دوو بەش do besh (v.) bisect

دوو پەل کردن dw pal kirdn (v.) bifurcate

دوو جەمسەری do jemseri (adj.) bipolar

دوو خەت do khet (adj.) corporal

دوو دڵی do dli (n.) flicker

دوو دڵ dw dl (adj.) hesitant

دوو دڵ دەبێت do dl debet (v.) shilly-shally

دوو دڵ دەبێت dw dl debet (v.) hesitate

دوو دڵی do dli (n.) indecision

دوو ڕوو do roo (adj.) bifacial

دوو ڕەگ do reg (n.) mongrel

دوو ڕەگەز do regez (adj.) biracial

دوو ڕەهەندی dw rahande (adj.) bidimensional

دوو ژنی do jni (n.) bigamy

دوو ساڵانە dw salana (adj.) biannual

دوو سروشت do srosht (adj.) amphibious

دوو سییەکان do seyekan (n.) bellows

دوو شێوەی do shewey (n.) biformity

دوو شەمە do sheme (n.) Monday

دوو کەرتی دەکات do kerti dekat (v.) cleave

دوو لقی do lqi (n.) bifurcation

دوو مێرددار dw mirddar (adj.) bigamous
دوو میحوەریی dw mehware (adj.) biaxial
دوو مەبەست dw mabast (adj.) dual-purpose
دوو هێنده dw hinda (v.) double
دوو هێنده ده کات dw hinda (n.) double
دوو هێندەیی dw hinda (adj.) double
دوو هەفتانە do heftane (adj.) bi-weekly
دوو هەفتە do hefte (n.) fortnight
دوو ئانتێنە dw antina (adj.) biantennary
دووانی dwane (adj.) bilateral
دووانە dwana (n.) couple
دووانەزمان dwanazman (adj.) bilingual
دووانەیی dwanay (n.) duality
دووبارە dobara (adv.) again
دووبارە بوونەوە dobare bonewe (n.) repetition
دووبارە بەستنەوە dobare bestinewe (v.) reattach
دووبارە بەکارده‌هێنێت dubare bekar dehenet (v.) reuse
دووبارە بەکارهێنان dobare bekar henan (v.) recycle
دووبارە بەکارهێنانەوە dobare be kar henanewe (n.) reapplication
دووبارە پەسەندکردنەوە dobare pesend kirdinewe (n.) reapproval
دووبارە جومگەکردنەوە dobare jomge kirdinewe (v.) rearticulate
دووبارە دابەش دەکات dobare dabesh dekat (v.) reallocate
دووبارە دابەش دابەش کردن dobare dabesh dabesh kirdin (n.) reallocation
دووبارە داگیرکردنەوە dobare dagir kirdinewe (v.) reconquer
دووبارە دان پیاناان dobare dan pya nan (n.) prediction
دووبارە داواکاری پێشکەش دەکات dobare dawa kari pesh kesh dekat (v.) reapply
دووبارە دروستکردنەوە dobare drost kirdinewe (v.) remould
دووبارە دە نووسیتەوە dobare denosetewe (v.) rewrite
دووبارە دەچەسپێنێت dobare de chespenet (v.) reconsolidate
دووبارە دەردەکەوێت dobare der dekewet (v.) reappear
دووبارە دەرکەوتنەوە dobare der kewtinewe (n.) reappearance

دووبارە دەست نیشان دەکات dobare dest nishan dekat (v.) reassign
دووبارە دەستنیشان کردنەوە dobare dest nishan kirdinewe (v.) reappoint
دووبارە دەگونجێنێت dobare de gonjenet (v.) reappropriate
دووبارە دەیبینێتەوە dobawre deybinetewe (v.) rejoin
دووبارە ڕێک دەخات dobare rek dekhat (v.) rearrange
دووبارە ڕێک دەخات dobare rek dekhat (v.) reconfigurate
دووبارە ڕێکخستنەوە dobare rek khistinewe (n.) reconfiguration
دووبارە سەردان کردنەوە dobare serdan kirdinewe (v.) revisit
دووبارە قبوڵ دەکات dobare qbol dekat (v.) reaccept
دووبارە کردنی خشتەی کارکردن dobare kirdini khshtey kar kirdin (v.) reschedule
دووبارە کردنەوە dubare kirdinewe (v.) replay
دووبارە گریمان دەکات dobare griman dekat (v.) reassume
دووبارە لکاندنەوە dobare likandinewe (n.) reannexation
دووبارە نرخاندنەوە dobare nirkhandnewe (n.) revaluation
دووبارە نزیک دەبێت dobare nizik de bet (v.) reapproach
دووبارە هەڵدە سەنگێنێت dobare hel desengenet (n.) reappraisal
دووبارە هەڵدە مژێت dobare hel demjet (v.) reabsorb
دووبارە هەڵسەنگاندنەوە dobare hel sengandinewe (v.) reappraise
دووبارە هەڵمژینەوە dwbara halmzhnawa (n.) reabsorption
دووبارەبوونەوەی dobare bonewe (n.) recurrence
دووبارەبوونەوەی dobare bonewe (adj.) recurrent
دووبارکردن dobare kirdin (n.) duplicate
دووبارکردنەوە dobare kirdinewe (v.) duplicate
دووبارەی دەکاتەوە dobarey dekatewe (v.) repeat
دووبەرەکی do bereki (adj.) factious
دووبەش do besh (adj.) binary
دووپات دەکاتەوە dopat dakatawa (v.) assure

دووپات کردنەوە dopat kirdn (n.) assurance
دووپات کردنەوە dopat kirdinewe (n.) reinforcement
دووپاتی dwpate (adj.) emphatic
دووپاتی بکەنەوە dopate bikanawa (v.) affirm
دووپاتیدەکاتەوە dwpatedakatawa (v.) emphasize
دووپشك do pshk (n.) scorpion
دووجار du jar (adv.) twice
دووچیلکەیە بۆخواردن بەکاردێت لە چین و ژاپۆن dwchelkaea bokhwardn bakardit la chen o zhapon (n.) chopstick
دوودڵ dodl (adj.) backward
دوودڵ بەرامبەر بە مرۆڤ dodl barambar ba mirov (adj.) ambivalent
دوودڵ دەبێت do dil debet (v.) obsess
دوودڵبوون dw dl bon (n.) hesitation
دوودڵی do dli (n.) suspense
دوور dor (adv.) afar
دوور dor (adv.) away
دوور خستن dor khistin (n.) exile
دوور دەکات dor dekat (v.) space
دوور کردن dor kirdin (v.) deport
دوور کەوتوتەوە dwr kawtotawa (adj.) estranged
دوور لە کەناری دەریا door le kenari derya (adj.) inland
دوور لە ناوەند dwr la nawand (adj.) centrifugal
دوور لە نەریتی ناوچەگەری dor le nereti nawchegeri (adj.) cosmopolitan
دووربین dorbin (n.) binoculars
دوربینی doo bini (n.) foresight
دوورپێخان بەچاڵ dor pexhan be chal (v.) moat
دوورتر dwrtr (adj.) further
دوورخستنەوە dor khistinewe (v.) ostracize
دوورخستنەوە بەھۆی نەبوونی چوستی dwrkhstnawa behoy naboni chosti (n.) disqualification
دوورکەوتنەوە dwrkaotnawa (adv.) aloof
دوورگە dwrga (n.) island
دوورگەیی dorgey (adj.) insular
دوورگەیەکی شیلانی خرە بەدەوری کەمێک ناودا dorgaeake shelane khra badaore kamik awda (n.) atoll
دووری dori (n.) distance
دووری دەخاتەوە dorı dekhatewe (v.) exile
دووری ژمێر dori jmer (n.) odometer

دووریدەخاتەوە doredakhatawa (v.) banish
دوورووێی do rowoy (n.) hypocrisy
دووریان do ryan (n.) dilemma
دوورەگ do reg (n.) hybrid
دوورەگی do regi (adj.) hybrid
دووژمنکارانە dozhmnkarana (adj.) aggressive
دووفاقی Dofaqi (n.) ambivalence
دووکەڵ dokel (n.) smoke
دووکەڵاوی dokelawi (adj.) smoky
دووکەڵکێش do kel kesh (n.) chimney
دووگۆشەیی dwgoshae (adj.) biangular
دووگیان بێت do gian bet (v.) conceive
دووگیانی do gyani (n.) conception
دوولایەنە do layene (n.) bile
دوومانگی do mangi (adj.) bimonthly
دوونەوەندە du awende (adj.) twofold
دووەم dwem (adj.) second
دووەم یادی سەدساڵە dwam yade sadsala (adj.) bicentenary
دووەم ئۆکسید dwam aoksed (n.) dioxide
دووەمی dwemi (adj.) secondary
دوێنێ dweni (n.) yesterday
دوێنێ dweni (adv.) yesterday
دۆخ dokh (n.) circumstance
دۆرکی dwrke (adj.) dorky
دۆراندن dorandin (n.) loss
دۆزینەوە dozınewe (n.) discovery
دۆزەخ Dozekh (n.) abyss
دۆزەخی dozekhi (adj.) plutonic
دۆست dwst (n.) chum
دۆست dost (n.) paramour
دۆستانە dostana (adj.) affable
دۆستایەتی dostayate (n.) amiability
دۆش dosh (n.) shower
دۆشاو doshaw (n.) paste
دۆشاوی شەکر doshawi shekr (n.) molasses
دۆشاوی میوە doshawi mewe (v.) jam
دۆشەك doshek (n.) mattress
دۆق doq (n.) duke
دۆقە doqa (n.) duchess
دۆلار dwlar (n.) dollar
دۆلکە dolke (n.) jar
دۆڵ dol (n.) valley
دۆڵابێکی ڕازێنراوی نزم dolabeki rezenrawi nizm (n.) commode
دۆڵێکی بچوك dwlikae bchok (n.) dale
دۆندرمە dondirme (n.) ice cream
دۆنم donm (n.) acre

دۆنم زەوی donm zaoe (n.) acreage
دیار دە بێت dyar debet (v.) loom
دیاربوون dyar boon (n.) loom
دیاری بۆ dyari bo (v.) overlook
دیاری کراوە dyari krawa (adj.) designated
دیبل dibl (n.) dibble
دێر der (n.) nunnery
دیزل dizl (n.) diesel
دێ de (n.) village
دێت و دەچێ dit o dachi (v.) ply
دێتەدی dete de (v.) materialize
دێتەوە یادی detewe yadi (v.) remember
دێرین Derin (adj.) ancient
دێرینخانە direnkhana (n.) antiquary
دێرینناس direnas (adj.) antiquarian
دێلتۆید diltoed (n.) deltoid
دێنێتە بەر چاو denete ber chaw (v.) visualize
دی de (adj.) else
دیار dyar (adj.) distinctive
دیار dyar (adj.) salient
دیاربوون dyar boon (n.) prominence
دیاردە dyarde (n.) phenomenon
دیارنەمان dyarnaman (n.) disappearance
دیاری دەکات dyari dekat (v.) designate
دیاری دەکات dyari dekat (v.) specify
دیاری کراو ddiari kraw (adj.) definite
دیاری نەکراو dyari ne kraw (adj.) indefinite
دیاریدەکا dyari deka (v.) restrict
دیاریدەکات dyari dekat (v.) identify
دیاریکراو dyari kraw (adj.) limited
دیاریکراوی dyarekrawe (adj.) decided
دیاریکردن dyarekirdn (v.) appoint
دیاریکردن و دۆزینەوە dyari kirdin u dozinewe (n.) impersonation
دیارە dyara (adj.) evident
دیاردیەکی سەیر dyardeyeki seyr (n.) prodigy
دیاکۆن dyakon (adj.) diagonal
دیاگرام dyagram (n.) diagram
دیالۆگ dyalog (n.) dialogue
دیبۆنێر deboner (adj.) debonaire
دیبیوف debeof (n.) debuff
دیجیتاڵ dejetal (adj.) digital
دیجیتاڵکردن dejetalkirdn (v.) digitalize
دیدەنی دەکات dideni dekat (n.) meet
دیدەنیار didenyar (n.) visitor
دیدەوان dide wan (v.) scout
دیزاینکردن dezaen kirdn (adj.) designing
دیزاینەر dezaener (n.) designer
دیستۆپیا destopya (n.) dystopia

دیکتاتۆر dektator (n.) dictator
دیکتاتۆرانە diktatorane (adj.) totalitarian
دیکتاتۆری dektatori (n.) township
دیکۆدەر dekodar (n.) decoder
دیکۆر dekor (n.) decor
دیکۆن dekon (n.) deacon
دیل del (adj.) captive
دیلۆکس deloks (adj.) deluxe
دیلی dele (n.) captivity
دیلی بەدات delebedat (adj.) delipidate
دیلی بەدات delebedat (v.) delipidate
دیلەدکات deledakat (n.) capture
دیماگۆژی demagoji (n.) demagogy
دیماگۆگ demagog (n.) demagogue
دیمۆکرات demokrat (n.) democrat
دیمۆکراتی demokrate (n.) democracy
دیمۆکراسی demokrase (adj.) democratic
دیمۆگرافی demografe (adj.) demographic
دیمەن dimen (n.) scene
دیمەن وێنە کرن dimen wene krn (v.) scene
دیمەنی جوان dimeni jwan (adj.) scenic
دیمەنی خۆڵ demane khol (n.) sandscape
دیمەنی سروشتی dimeni sroshti (n.) prospect
دیمەنی گشتی dimeni gshti (n.) panorama
دینامیت denamet (n.) dynamite
دینگەی ئەستوون نێوان بەشەکانی پەنجەرە dingey aston newan beshekani penjere (n.) mullion
دینەمۆ denamo (n.) dynamo
دیهۆرت dehort (v.) dehort
دیوار diwar (n.) coping
دیوار دروست دە کات diwar drost dekat (v.) wall
دیواری diwari (n.) mural
دیواری دەرەوەی قەڵا یا کۆشک deware darawae qala ya koshk (n.) bailey
دیوانی هێزی دەریا dewany hize darya (n.) admiralty
دیودرێزی deodreze (v.) deodrize
دە de (n.) ten
دە ساڵ da sal (n.) decade
دە ساڵە da sala (n.) decennary
دە قلیشنێنت de qilishenet (n.) notch
دە ئەوەندە de awende (adj.) tenfold
دە بات de bat (v.) win
دەبارێت debaret (v.) rain
دەبرژێنی de brjene (v.) roast
دەبرژێنێت de brjenet (v.) toast
دەبرسکێتەوە debrisketewe (v.) twinkle

دەبریت de bret (v.) lop
دەبریسکێتەوە de brisketewe (v.) scintillate
دەبریقێت de briqet (v.) glitter
دەبریقێتەوە debriqetewe (v.) brighten
دەبرێ de bre (v.) penetrate
دەبرێت debret (v.) hew
دەبرێتەوە dabritawa (v.) conclude
دەبلۆرێنێت deblorenet (v.) crystalize
دەبۆژێنێتەوە de bojenetewe (v.) vitalize
دەبوورێتەوە de boretewe (v.) faint
دەبووژێنێتەوە de pojenetewe (v.) refresh
دەبۆلێنی de boline (v.) murmur
دەبی بە سەرباز debe be serbaz (v.) soldier
دەبینی de bine (v.) sight
دەبی debe (v.) will
دەبێت de bet (v.) must
دەبێت ئەندام لە تیمی کارکردن debet andam le timi kar kidrin (v.) staff
دەبێتە نەگەری debete ageri (v.) result
دەبێتە de bete (adj.) would-be
دەبێتە بێوەژن de bete biwe jn (v.) widow
دەبێتە سەرباز debete derbaz (v.) enlist
دەبێتە کۆسپ de bete kosp (v.) intercept
دەبێتە هۆی خەمباری debete hoy khem bari (v.) deject
دەبێتە نێسک de bete isk (v.) ossify
دەبێتەهۆی debete hoy (v.) cause
دەبێژێتەوە de bejetewe (v.) sift
دە بێتە ناستەمەنگ de bete asteng (v.) handicap
دەستی گوملە ك desti gumlek (n.) sleeve
دەبیستی de biste (v.) hear
دەبینی debine (v.) see
دەبینێت de binet (n.) sight
دەبەخشێنت dabakhshit (v.) award
دەبەزێت debezet (n.) scamper
دەبەزێنی de bezene (v.) whack
دەبەزێنێت debezenet (v.) confound
دەبەستی dabasti (v.) bind
دەبەستێت de bestet (v.) connect
دەپارێتەوە de paretewe (v.) conjure
دەپارێتەوە لە de paretewe le (v.) implore
دەپارێزی de pareze (v.) reserve
دەپارێزێت de parezet (n.) haven
دەپارێتەوە de paretewe (v.) beseech
دەپرخێنی de prkhene (v.) snore
دەپرژێنی de prjene (v.) spray
دەپرسێت daprsit (v.) ask
دەپژمی de pijme (v.) sneeze
دەپژێنی de pjene (v.) scatter

دەپشکنی dapshkni (v.) canvass
دەپشکنێت de pshkinet (v.) inspect
دەپۆشی de poshe (v.) roof
دەپۆلێنی de polıne (v.) sort
دەپۆلێنێت Depolenet (v.) assort
دەپۆلێنی depoline (v.) stream
دەپیچرێتەوە de pichretewe (v.) furl
دەپێچی de peche (v.) wrap
دەپێچێت dapichit (n.) coil
دەپێچێتەوە de pechetewe (v.) fold
دەپێوری de pewre (adj.) measurable
دەپێوی dapiwi (n.) calibration
دەپێوێت de pewet (v.) measure
دەپەرستی de perste (v.) worship
دەپەرێتەوە daparitawa (v.) cross
دەپەستێت depestet (v.) compress
دەپەستێوی de pestewe (v.) press
دەتاشی de tashe (n.) nick
دەترسی DE TRSE (v.) fear
دەترسینی datrsini (v.) appal
دەترسێنێت detrset (v.) frighten
دەترشێت detrshet (v.) ferment
دەتواندرێ Detwandre (adj.) accessible
دەتوانرێ پشکنین بکات de twanet pshkinin bkat (adj.) screenable
دەتوانرێت بسردرێتەوە datwanrit bsrdritawa (adj.) deletable
دەتوانرێت بگاتە دەست de twanret bgate dest (adj.) reachable
دەتوانرێت بە کەشتیدا بگەرێت de twanet le keshi da bgeret (adj.) navigable
دەتوانرێت تێپەرێت de twanret te peret (adj.) traversable
دەتوانرێت چاك بکرێتەوە detwanret chak bkretewe (adj.) repairable
دەتوانرێت فەسڵ بکرێت detwanret fesil bkret (adj.) billable
دەتوانرێت کردار بکرێت datwanrit krdar bkrit (adj.) actionable
دەتوانی datwane (v.) can
دەتوانی خۆراك ئامادە بکات detwane khorak amade bkat (adj.) nutritive
دەتۆقێنێت de toqenet (v.) torpedo
دەتوێت de twet (n.) slumber
دەتوێتەوە de twetewe (v.) melt
دەتۆقی de toqe (v.) startle
دەتۆقێنێت de qotet (v.) horrify
دەتەپێنی datapine (n.) bash
دەتەفی de teqe (v.) well

دەتەقێت de teqet (v.) explode
دەتەقێتەوە de teqetewe (v.) spurt
دەجوولێنێ de jolene (n.) poke
دەجوێت dechwet (v.) chew
دەجوێت de jwet (v.) munch
دەجیرێنی dajerini (v.) squeak
دەجەنگێ de jenge (v.) war
دەجەنگێت de jenget (v.) fight
دەچنێ de chne (v.) weave
دەچنێت de chinet (v.) knit
دەچێتە دەرەوە dacheta derewe (v.) exit
دەچێتەناوەوە dechete nawewe (v.) enter
دەچێژێت de chejet (v.) suffer
دەچنێت de chinet (v.) infuse
دەچێنی de chine (v.) seed
دەچەسپێنێت de chespenet (v.) stabilize
دەچەقێ de cheqe (v.) wade
دەچەمێتەوە dechemetewe (v.) bend
دەچەمێنێتەوە de chemenetewe (v.) curve
دەخاتە ڕوو dekhate row (v.) expose
دەخاتە مەترسییەوە dekhate metrsyewe (v.) endanger
دەخزێ dakhzi (v.) slide
دەخشتێنێت de khshtenet (v.) tabulate
دەخشێت dekhshet (v.) creep
دەخشێنێ de khshene (v.) rasp
دەخلیسکێ de khliske (v.) slip
دەخلیسکێت dakhlisket (v.) glide
دەخنکێنێ de khnkene (v.) stifle
دەخنکێنێ de khnkene (v.) strangle
دەخوات dakhwat (v.) devour
دەخواتەوە dakhwatawe (v.) drink
دەخوازێت de khwazet (adj.) desirous
دەخۆرێنێ de khorene (v.) paw
دەخۆرێنێت de khorenet (v.) itch
دەخولێتەوە de kholetewe (v.) revolve
دەخولێنێوە de kholetewe (v.) turn
دەخولێنێ de kholine (v.) propel
دەخوێنێ de khwene (v.) study
دەخوێنێت de khwenet (n.) warble
دەخوێنێت de khwenet (v.) warble
دەخوێنێتەوە de khwenetewe (v.) read
دەخێل dakhel (adj.) alien
دەدات dedat (v.) give
دەداتی de date (v.) provide
دەداتەوە de datewe (v.) mirror
دەدروێ de drwe (v.) sew
دەدرووێتەوە de drwetewe (v.) thresh
دەدرەوشێت ded rewshet (v.) glow

دەدرەوشێتەوە de drewshetwe (v.) spark
دەدڕێ dedre (v.) rip
دەدزێ dadzi (v.) steal
دەدزێت de dzet (v.) pilfer
دەدڵۆپێنێت de dilopenet (v.) distil
دەدۆشێ de doshe (v.) milk
دەدوێ de dwe (v.) state
دەدوێت dedwet (v.) hobnob
دەدوێنێت dedwenet (v.) interrogate
دەدۆزێتەوە dedozetewe (v.) discover
دەدرەوشێتەوە dedrewshetewe (n.) glare
دەر کردن der kirdin (n.) repulsion
دەڕازێنێت de razenet (v.) ornament
دەرباز بوون derbaz boon (v.) outrun
دەربڕ darbr (adj.) expressive
دەربڕین der brin (n.) locution
دەربڕینی نارەزای derbrini na rezay (n.) denunciation
دەربڕینی تازەیی darbreni tazey (adj.) euphemistic
دەربڕینی نارەزایی derbrini na rezay (n.) protestation
دەربەدەر der be der (n.) fugitive
دەربەست darbast (n.) conformist
دەرپەڕین der perin (n.) surge
دەرچوون darchon (n.) emittance
دەرچوونی ئاگر derchoni agir (n.) fire exit
دەرچە darcha (n.) exit
دەرختیکە لەچنار دەچێت darkhtika lachnar dachit (n.) alder
دەرخستن derkhistin (n.) indication
دەرخەر derkher (adj.) indicative
دەرد dard (n.) ailment
دەردانی گازی ژەهراوی dardane gaze zhahrawe (n.) emission
دەردراو der drawe (n.) secretion
دەدرەوشێت dedrewshet (v.) gleam
دەردی ڕووەک derdi rwek (n.) blight
دەردەبڕێ der debre (v.) phrase
دەردەپەڕێ derde pere (v.) surge
دەردەپەڕێت der deperet (v.) spout
دەردەچێت der dechet (v.) thrive
دەردەخات der dekhat (v.) unfold
دەردەدات der dedat (v.) secrete
دەردەکات dardakat (v.) dislodge
دەردەکەوێ der dekewe (n.) showup
دەردەکەوێت der dekewet (v.) unearth
دەرزی derze (n.) needle
دەرزی سەرخڕ derzi ser khr (adj.) staple

دەرزی لێدان derzi le dan (n.) injection
دەرزی لێدەدات derzi le dedat (v.) inject
دەرزی لەجێنگایەکی تایبەتی لەشدا هەندێ نەخوشی چارەسەردەکات darze lajiga ya ke taybate lashda handi nakhoshe charasardakat (n.) acupuncture
دەرژێ de rje (v.) shed
دەرژێنێت derjenet (v.) pour
دەرکر دە کات der dekat (v.) evict
دەرکراو der kraw (adj.) outcast
دەرکردن darkirdn (n.) banishment
دەرکردن لە پەرستگا der kirdin le perstga (v.) excommunicate
دەرکردنی بانگهێشت نامە derkirdini banghesht name (n.) habeas corpus
دەرکردنی پیسایی بە زیراب دا derkirdini pisay be zerab da (n.) sewerage
دەرکەر der ker (n.) evictor
دەرکەوت derkewt (n.) morph
دەرکەوتن darkaotin (v.) appear
دەرکەوتنی خودایەک derkewtni khodayek (n.) epiphany
دەرکەوتوو derkewto (adj.) visible
دەرگا darga (n.) door
دەرگاوان dergawan (n.) janitor
دەرگای تەڵە dergay tele (n.) trapdoor
دەرگای شاشە dergay shashe (n.) screendoor
دەرگایەکی بچووک dergayeki bchok (n.) wicket
دەرماڵە darmala (n.) allowance
دەرمان darman (n.) drug
دەرمان دەگرێتەوە darman dagretewe (v.) disperse
دەرمانخانە darman khana (n.) dispensary
دەرمانساز darman saz (n.) druggist
دەرمانکار derman kar (n.) therapist
دەرمانی ڕەوانی dermani rewani (n.) laxative
دەرمانی ساختە dermani sakhte (n.) nostrum
دەرمانی گشتی darmani gshti (n.) panacea
دەرمانی نێش شکاندن darmane aish shkandn (n.) bromide
دەرمانەوان dermanewan (n.) pharmaceutical
دەرهاتن darhatn (n.) emanation
دەرهێڵ derhel (adj.) offline
دەرهێنان derhenan (n.) expulsion
دەرهێنانی ڕێخۆڵە derhenani rekhole (n.) evisceration
دەرهێنانی هونەری darhinane honare (n.) art direction

دەروازپارێز derwaz parez (n.) gatekeeper
دەروازە derwaze (n.) gate
دەروازخانە derwaze khana (n.) gatehouse
دەروازەی لافاو derwazey lafaw (n.) flood gate
دەروون deroon (n.) psyche
دەروون پشکنین deron pshkinin (n.) introspection
دەروونپیسی deroon pisi (n.) psychopath
دەروونزانی deroon zani (n.) psychology
دەروونناس deroon nas (n.) psychologist
دەروونی derooni (n.) psychiatry
دەروونی یان گیانی deroni yan gyani (adj.) psychic
دەروێش derwesh (n.) hermit
دەروێش derwesh (n.) monk
دەروێش خانە derwesh khane (n.) hermitage
دەرۆزە دەکات deroze dekat (v.) loiter
دەرۆزەکەر derozeker (n.) loafer
دەری دەکات deri dekat (v.) rout
دەرێژێ de reje (v.) spill
دەری بێنە deri bene (adj.) takeout
دەری دەخات deri dekhat (v.) disclose
دەری دەکات deri dekat (v.) repel
دەری دە هێنێ deri de hene (v.) oust
دەریا derya (n.) mare
دەریاپارێزی derya parezi (n.) seakeeping
دەریاچە deryache (n.) lake
دەریاچەوان deryache wan (n.) seajacker
دەریاچەی دەریا daryachey darya (n.) estuary
دەریاگەر daryagery (n.) navigator
دەریاگەری daryagare (n.) navigation
دەریاوان daryawan (n.) admiral
دەریایی deryay (adj.) marine
دەرەنجام daranjam (n.) consequence
دەرەبەگ derebeg (adj.) feudal
دەرەبەگی derebegi (n.) feudalism
دە ڕەشێنێ de reshene (v.) pepper
دەرەکی dereki (adj.) external
دەرەوشێ derewshe (v.) glare
دەرەوشێتەوە de drewshetwe (v.) sparkle
دەرەوە derewe (adj.) out
دەرەوەگەرا derewegera (n.) extrovert
دەرەوەی جەستە darawae jasta (n.) ectopia
دەرەوەی دادگا derewey dadga (adj.) extrajudicial
دەرەوەی زەوی derewey zewi (n.) extraterrestrial

دەرەوەی زەوی derewey zewi (adj.) extraterrestrial
دەرەوەی هاوسەرگیری derewey hawser giri (adj.) extramarital
دەرشێتەوە dershetewe (n.) vomit
دەرشێتەوە dershetewe (v.) vomit
دەرفێنێت de frenet (v.) wrest
دەروات derwat (v.) flow
دەرووشێنێت de roshenet (v.) scratch
دەرۆێنێت derowenet (n.) drain
دەرێسێ de rese (v.) spin
دەزانێ dazani (v.) acquaint
دەزانێت dezanet (v.) inform
دەزرەنگێتەوە dezrengetewe (v.) jingle
دەزگا Dezga (n.) agency
دەزگای ئاسنگەر dazgae asngar (n.) anvil
دەزگای ئاسنگەری dezgay asin geri (n.) forge
دەزگێران dazgeran (v.) betroth
دەزگێران کراوە dazgeran krawa (adj.) betrothed
دەزەڕێت dazarit (n.) bray
دەژمێرێت dejmeret (v.) calculate
دەژی deji (v.) dwell
دەژی deji (v.) live
دەست dest (n.) hand
دەست بڵاو dest blaw (adj.) lavish
دەست بڵاوی dast blawi (n.) prodigality
دەست بەتاڵ dast batal (adj.) empty-handed
دەست بەردار بوون dest berdar bon (n.) repudiation
دەست بەرداری دەبێ dest berdari de be (v.) renounce
دەست بەرداری دەبێت dest berdari debet (v.) repudiate
دەست بەسەردا گرتن dest be serda girtin (n.) monopoly
دەست بەسەردا دەگرێت dest be serda de gret (v.) monopolize
دەست بەسەردا گرتن dest beser da girtin (v.) requisition
دەست بەسەرداگر dest be serda gr (n.) monopolist
دەست بەسەر کردن dest beser kirdin (v.) detain
دەست پێ دەکاتەوە dest pe dekatewe (v.) resume
دەست پێ کردن dest pe kirdin (n.) resume
دەست پێ کردن لە یاری شەترەنج dest pe kirdin le yari shtrenj (n.) gambit

دەست پێ کردن dest pe kirdin (n.) onset
دەست پێ کردنەوە dest pe kirdinewe (n.) resumption
دەست پێ دەکات dest pe dekat (v.) commence
دەست پێشخەری dest pesh kheri (n.) initiative
دەست پیادان dest pya dan (n.) pat
دەست تێ وەردان dest te werdan (n.) intervention
دەست تێخستن dest te khistin (n.) interference
دەست تێکەڵی dest tekeli (n.) complicity
دەست خستنەکاری خەڵک dest khstne kari khelk (v.) meddle
دەست دانەیەک dest daneyek (n.) scuffle
دەست درێژی دەکاتە سەر dest dreji dekate ser (v.) rape
دەست درێژی کردنە سەر dest dreji krdne ser (n.) rape
دەست درێژی dest dreji dekat (n.) infringement
دەست درێژی دەکات dest dreji dekat (v.) infringe
دەست درێژی دەکاتە سەر dest dreji dekate ser (v.) trespass
دەستی دەکەوێ desti dekewe (adj.) obtainable
دەست زۆر dast zwr (n.) hand lotion
دەست کێش dest kesh (n.) kerchief
دەست کەوتن dast kaotn (n.) attainment
دەست گرتوو dest grto (adj.) thrifty
دەست لێ دەدات dest le dedat (v.) touch
دەست لێ نەدراو dest le ne drawe (adj.) intangible
دەست لێ هەڵتەکان dest le heltekan (v.) whisk
دەست لێدان dest le dan (n.) ovation
دەست مایە Dest maye (v.) balance
دەست ناکەوێت dest nakewet (adj.) irrecoverable
دەست نووس dest nos (n.) handbill
دەست نیشان کردن dest nishan kirdin (v.) diagnose
دەست و پێوەندی شا dast piwande sha (n.) cortege
دەست و لاق و هەستە دەمارەکانیان dest u laq u heste demarekanian (adj.) sciatic
دەست و پێوەندی شا dest u pewendi sha (n.) retinue
دەستبر dest br (n.) impostor
دەستبەجێ dest beje (adj.) immediate
دەستبەرداربوون dest berdar boon (v.) forgo

دەستبەسەرداگرتن Dest beserda girtin (n.) acquest
دەستبەکاربوون dest be kar boon (adj.) inaugural
دەستبەند dest bend (n.) handcuff
دەستبەندی deka dest bendi deka (v.) handcuff
دەستپێکردن dastpikirdn (v.) begin
دەستخۆشی dast khoshi (n.) accolade
دەستڕاگەیشتن dastragayshtin (n.) accessibility
دەستڕاگەیشتن پێی نییه dest ra geyshtin pey nye (adj.) unaccessible
دەستکرد dest kird (adj.) industrial
دەستکێش dest kesh (n.) glove
دەستکێشی کانزایی dast keshi kanzay (n.) gauntlet
دەستکەوت dastkaot (n.) achievement
دەستگێڕ dest ger (n.) rickshaw
دەستگیرکردن dastgerkirdn (v.) arrest
دەستگیری دەکات destgiri dekat (v.) grapple
دەستگیری کردن destgiri kirdin (n.) grapple
دەستنووس dest nos (n.) manuscript
دەستنوێژ Dest nwej (n.) ablution
دەستنیشان کراوە dest nishan krawe (adj.) ordained
دەستنیشان کردن dastneshan kirdn (n.) appointment
دەستنیشان کردنی نەخۆشی dest nishan kirdini nekhoshi (n.) diagnosis
دەستهێنەری مەدالیا destheneri medali (n.) medallist
دەستووری destori (adj.) statutory
دەستی لە کار کێشایەوە desti le kar keshayewe (v.) quit
دەستی بەسەردا دەگرێت desti beserda degret (n.) control
دەستی پێ کرد desti pe kird (v.) preface
دەستی پیادەدات desti pya dedat (v.) pat
دەستی تفەنگ desti tfeng (n.) trigger
دەستی تێ دەخات desti te dekhat (v.) interfere
دەستی دوو desti dow (adj.) second-hand
دەستی دەخاتە ناو کاروباری خەڵکی desti dekhate naw kar u bari khelk (v.) pry
دەستی دەکەوێت desti dekewet (v.) get
دەستی لێ هەڵدەگرێت desti le heldegret (v.) cede
دەستی لێ نەهەڵدەگرێ desti le heldegre (v.) deign
دەستە dasta (n.) bevy
دەستە پەر deste per (v.) masturbate

دەستە و ئەژنۆ dasta u ajno (v.) cower
دەستبەر دەکات dest ber dekat (v.) secure
دەستبەر کراو dest ber krawe (adj.) secure
دەستەبەری deste beri (n.) surety
دەستەگوڵ destc gol (n.) wreath
دەسەڵات داری بێ سنور destelat dari be snor (adj.) omnipotent
دەسەڵاتی کەمینی destelati kemini (n.) oligarch
دەسەڵاتی دەداتی Destelati dedate (v.) authorize
دەستەواژە destewaje (n.) clause
دەستەواژە deste waje (n.) phrase
دەستەواژەناسی deste waje nasi (n.) phraseology
دەستەواژەی دووپات کراو destewajey dopat kraw (n.) cliché
دەستەی سوێندخۆران dastey swend khoran (n.) jury
دەستەی کارگەرانی دەزگایەک destey kargerani dezgayek (n.) personnel
دەستەی ئاسمان Destey asman (n.) aircrew
دەستەیەکی جیاخواز desteyeki jya khwaz (n.) faction
دەسڕی de sre (adj.) scrub
دەسڕێت de sret (v.) rub
دەسک dask (n.) handle
دەسکی دەرگا daske darga (n.) doorknob
دەسکی سوکان لە کەشتیدا deski sokan le keshtida (n.) helm
دەستگەیشتن dastgaishtn (n.) access
دەسۆرێتەوە de soretewe (n.) orbit
دەسووتێنی de sotene (v.) scorch
دەسەنێت de senet (v.) rob
دەسەپێنێت desepenet (v.) dictate
دەسەڵات پێدراو dasalat pidraw (n.) commissioner
دەسەڵات زۆربوون dasalat zorbon (n.) ascendancy
دەسەڵاتنامە deselat name (n.) warranty
دەسەڵاتی دادوەری destelati dadweri (n.) jurisdiction
دەسوتێنێت desotenet (v.) burn
دەشارێتەوە de sharetewe (v.) conceal
دەشت desht (n.) vale
دەشتیکی فراوان dashtike frawan (n.) steppe
دەشکێت deshket (adj.) fragile
دە شکێتەوە de shketewe (n.) relapse
دەشکێنێت deshkenet (v.) fracture

دەشکێنی de shkene *(v.)* wreck
دەشڵەژێ deshle je *(v.)* waver
دەشڵەژێنێ deshle jine *(v.)* bewilder
دەشوا deshwa *(v.)* wash
دەشۆرێت de shoret *(adj.)* washable
دەشێ deshe *(adj.)* possible
دەشێلێت deshelet *(v.)* knead
دەشێوێنی dashioini *(v.)* baffle
دەشێوێنێت de shewenet *(v.)* deface
دەشەکێتەوە desheketewe *(v.)* flap
دەفر defr *(n.)* beaker
دەفرێ de fre *(v.)* plane
دەفرێ defre *(v.)* soar
دەفرێکی لە قوڕ دروستکراو dafrike la qor drostkraw *(n.)* earthenware
دەفری قوڵ dafri qol *(n.)* bowl
دەفرە گلێنە dafre glena *(n.)* crockery
دەفری نان یان خەڵۆز dafre nan yan khaloz *(n.)* bin
دەفرێت de fret *(v.)* fly
دەفرێنێت defrenet *(v.)* grab
دەفیشکێنێت de fishkenet *(v.)* hiss
دەفەی شان defey shan *(n.)* scapula
دەق daq *(adj.)* adscript
دەقرتێنێ de qrtine *(v.)* nibble
دەقی deqe *(adj.)* textual
دەقی نووسراو deqi nosraw *(n.)* script
دەکیشێت de keshet *(v.)* withdraw
دەکا بە لیست deka be list *(v.)* list
دەکا معلەبات dekat maalebat *(v.)* tin
دەکات dakat *(v.)* do
دەکات بە بەشی بچووکترەوە dekat be beshi bchok tr *(v.)* subdivide
دەکات لە ناودا dekat le naw da *(v.)* slot
دەکاتە پێوانەیی dekate pewaney *(v.)* standardize
دەکاتە گاز dekate gaz *(v.)* gasify
دەکاتە لە ناوەوە dekate le nawewe *(v.)* purse
دەکاتاوە dakatawa *(v.)* dismantle
دەکڕێ de kre *(v.)* shop
دەکڕێت de kret *(v.)* purchase
دەکشێتە دواوە de kshete dwawe *(v.)* retreat
دەکوتێ de kote *(v.)* vaccinate
دەکوژێ de koje *(v.)* slay
دەکوژێت de kojet *(v.)* kill
دەکوڵێ de kole *(v.)* seethe
دەکولێت dakolit *(v.)* boil
دەکێشێ desh kene *(v.)* weigh
دەکێشێت de keshet *(v.)* wrench

دەکێڵێت de kelet *(v.)* plough
دەکات dakat *(n.)* ducat
دەکەوێت dekewet *(v.)* collapse
دەکەوتەوە de kewetewe *(v.)* locate
دەکەوێتە بەر شیکاری کۆمپیوتەر dakawita bar shekare kompeotar *(v.)* computerize
دەکەوێتە خوارەوە dekewete khwarewe *(v.)* fall
دەگا daga *(v.)* arrive
دەگرێ de gre *(v.)* nab
دەگرێتە باوەش dagrita bawash *(v.)* embrace
دەگرێتەخۆ dagritakho *(v.)* assimilate
دەگرێتەوە degretewe *(v.)* comprise
دەگمەن degmen *(n.)* paucity
دەگمەنی degmeni *(n.)* rareness
دەگوازرێ de gwazre *(v.)* pipe
دەگوازێت de gwazet *(v.)* transport
دەگوازێتەوە de gwazetewe *(v.)* transfer
دەگۆترێ de gotre *(v.)* repute
دەگۆردرێ degor dre *(v.)* morph
دەگۆشێ degoshe *(v.)* squeeze
دەگونجێ de gonje *(v.)* match
دەگونجێت degonjet *(v.)* fit
دەگونجێنی dagonjini *(v.)* adapt
دەگوێزرێتەوە de gwezretewe *(adj.)* transferable
دەگوێزرێتەوە deguezretewe *(v.)* communicate
دەگۆڕێ de gore *(v.)* replace
دەگۆڕێت degoret *(v.)* convert
دەگیرێ de gire *(v.)* superintend
دەگیرێتەوە degeretewe *(v.)* reclaim
دەگیران dageran *(n.)* fiancé
دەگەڕێ degere *(v.)* dodge
دەگەڕێت degeret *(v.)* tour
دەگەڕێتە دواوە degerete dwawe *(v.)* recoil
دەگەڕێتەوە degeretewe *(v.)* rebound
دەگەزێ de geze *(n.)* snap
دەگەشێتەوە degeshetewe *(v.)* flare
دەگەنی degene *(n.)* spoil
دەگەوزێ de gewze *(v.)* wallow
دەلاک dalak *(n.)* coiffure
دەلالی delali *(n.)* clarity
دەلتای daltae *(n.)* delta
دەلکێنێت de lkenet *(v.)* paste
دەلۆرێنی de lorene *(v.)* wail
دەلۆرێنێت delorenet *(v.)* howl
دەلیسێتەوە de lisetewe *(v.)* lick
دەلەرزێ delerze *(v.)* quake
دەلەرزێت delerzet *(n.)* jolt

دەلەرزێنی delerzene (v.) jolt
دەلەرزێنێت de lerzenet (v.) rock
دەلەرێتەوە deleretewe (v.) fluctuate
دەلەرێتەوە de leretewe (v.) vibrate
دەلاسەگ dalasag (n.) bitch
دەلەنگێ de lenge (v.) wobble
دەلەوەرێنە dele werene (v.) pasture
دەلەوەرێت deleweret (v.) browse
دەلال dalal (n.) broker
دەلالی گرەو dalale graw (n.) bookie
دەلێ dele (v.) recite
دەلێت delet (v.) allege
دەلێت delet (v.) utter
دەولەتداری dewlet dari (n.) stateliness
دەلەشێر dele sher (n.) lioness
دەلەك delek (n.) marten
دەم dam (n.) era
دەم و چاو dem u chaw (n.) visage
دەمارزانی demar zani (n.) neurology
دەمارگیر demar ger (n.) fanatic
دەمارگیری damargiri (adj.) enervated
دەمارگەر damargar (adj. & n.) chauvinist
دەمارەكان demarekan (n.) nerve
دەمالێ de male (v.) sponge
دەمامك demamk (n.) mask
دەمامك دەكاتی demamk dekate (v.) mask
دەمامكی گاز demamki gaz (n.) gasmask
دەمانچە demanche (n.) gun
دەمانچەی تەقە demanjey teqe (n.) shotgun
دەمانچەی هەوایی damanchay hawa (n.) airgun
دەمباری demm bari (adj.) polemic
دەمبوس dembos (n.) pin
دەمرێ de mre (v.) perish
دەمرێت demret (v.) decease
دەمژێ de mje (v.) suck
دەمنگێنێت demn genet (v.) hum
دەموچاو dem u chaw (n.) face
دەموچاو قەڵەو dem u chaw qelew (adj.) chubby
دەمێنێتەوە de minetewe (n.) remains
دەمی demi (n.) interim
دەمی ئاگرپژێن demi agirjin (n.) crater
دەمەتەقێ deme teqi (n.) moot
دەمەوانە deme wane (v.) plug
دەناسێتەوە de nasetewe (v.) recognize
دەنرخێندرێ Denrkhendre (adj.) appreciable
دەنرخێنی danrkhini (v.) appreciate
دەنرخێنێت denirkhenet (v.) evaluate

دەنكە دەرمان denke derman (n.) pill
دەنگ dang (n.) audio
دەنگ دەدات deng dedat (v.) sound
دەنگ دەداتەوە dang ddedatewe (v.) echo
دەنگ زل dang zl (n.) bass
دەنگ قایم یا بەرز dang qaem ya barz (adj.) blatant
دەنگ گەورەكەر dang gaorakar (n.) amplifier
دەنگ لەسەر ئەنتەرنێت ئەپلود دە كات deng le ser anternet ap lod dekat (v.) podcast
دەنگ ناخۆش deng na khosh (adj.) raspy
دەنگدان dangdan (n.) ballot
دەنگدانی گەلی deng dani geli (n.) referendum
دەنگدانەوە dang danewe (n.) echo
دەنگدەر dengder (n.) voter
دەنگدەرانی ناوچەی هەڵبژاردن dangdarani nawchey halbijardn (n.) constituency
دەنگناسی dangnase (adj.) acoustic
دەنگوباس وەرگرتن dangobas wargirtn (v.) debrief
دەنگوباسی درۆ یا هەڵبەستراو deng u basi dro ya helbestraw (n.) canard
دەنگی dengi (adj.) sonic
دەنگی بلند dengi bilind (n.) falsetto
دەنگی پێك كەوتن dengi pek kewtin (v.) thud
دەنگی دەدا dengi deda (adj.) manual
دەنگی زوڵال dengi zolal (adj.) resonant
دەنگی شێر dengi sher (n.) roar
دەنگی فیشكەیی dengi fisheki (adj.) sibilant
دەنگی ڤیڤا dengi viva (adj.) viva voce
دەنگی مرۆڤ dange mrov (v.) voice
دەنگی ئەسپ dengi asp (n.) neigh
دەنوسێ de nose (v.) write
دەنووك danwk (n.) bill
دەنووكی لێ دەدات denoki le dedat (v.) peck
دەنووگ danog (n.) beak
دەنوێ de nwe (v.) sleep
دەنوێت de nwet (v.) snooze
دەنوێنێت de nwenet (v.) represent
دەنوێنێت denwenet (v.) typify
دەنێرێ de nere (v.) send
دەنێرێت deneret (v.) dispatch
دەنێرێتە دەرەوە deneretewe derewe (v.) export
دەنێژێت denejet (v.) bury
دەنیشێت de nishet (n.) deposit
دەنیشێتەوە denishetewe (v.) land
دەنەخشێنی de nekhshine (v.) carve
دەهاری de hare (v.) squash

دەھارێت deharet (v.) grind
دەھاوێ dehawi (n.) toss
دەھاوی دەکا dehawi deka (v.) toss
دەھێرێ de here (v.) mill
دەھێنێت de henet (v.) bring
دەھێنێت لە دەرەوە dehenet le derewe (v.) import
دەھێنێتە دی dehenete de (v.) fulfil
دەھەڵمێ de helme (v.) steam
دەھەمی dahame (adj.) decimal
دەوردەدات dewr dedat (v.) encircle
دەورژێنێت de worjenet (v.) trigger
دەورگرتن dewr girtin (v.) encompass
دەوروبەر dewr u ber (n.) milieu
دەوروبەر daorobar (n.) ambience
دەوریەی زێرەڤانی dewryey zerevani (n.) patrol
دەورەی دەدات dewrey dedat (v.) surround
دەوڵەمەند dewle mend (n.) nabob
دەوڵەت dewlet (n.) state
دەوڵەمەند daolamand (adj.) affluent
دەوڵەمەندبوون dewlemend boon (n.) enrichment
دەوڵەمەندکردن dewlemend kirdin (v.) enrich
دەوڵەمەندی Dewlemendi (n.) affluence
دەوڵەمەندی dewlemendi (adj.) richness
دەووروژێنێت dewro jenet (v.) evoke
دەوەرێ dewere (v.) yap
دەوەستێ dawasti (v.) desist
دەوەستێت dawastint (v.) cease
دەوەستێنێ dewestene (n.) halt
دەوەستێنێت dewestenet (v.) halt
دەوەستێنێتەوە dewestenetewe (v.) discontinue
دەی تەقێنێتەوە dey teqenetewe (v.) detonate
دەی ھێڵێتەوە dey heletewe (v.) conserve
دەیبژێرێت dey bjeret (n.) offset
دەیبەستێتەوە dey bestetewe (v.) restrain
دەیپارێزێت dey parezet (v.) maintain
دەیجوڵێنێت dey jolenet (v.) jog
دەیخاتە تەڵەوە dey khate telewe (v.) entangle
دەیداتی daedate (n.) dole
دەیدەنگەی پزیشکی deydengey pizishki (n.) clinic
دەیسەلمێنێت dey selmenet (v.) prove
دەیکا بە پاشکۆ daeka ba pashko (v.) append
دەیکات dey kat (v.) render
دەیکاتە مەتەڵ dey kate metel (v.) mystify
دەیکوتێ deykote (v.) hammer

دەیگرێت daegrit (v.) catch
دەیگرێتە خۆی dey grete kho (v.) nestle
دەیگۆشێ dey goshe (v.) mangle
دەیگێڕێنێتەوە بۆ نیشتمان dey gerenetewe bu nishtiman (v.) repatriate
دەیناسێتەوە dey nasetewe (n.) identity
دەیھاوێت dey hawet (v.) hurl
دەیھاوێتە ناو ئاو dey hawete naw aw (n.) soak
دەیەک daeak (v.) decimate
دەیەم deyem (adj.) tenth
دەیەوێ deyewe (v.) mean
دەناخێنێت de akhenet (v.) insert
دەناخێنێت de akhenet (v.) stuff
دەناوسێ de awse (n.) swell

را دە را دە ماڵیت ra demalet (v.) flood
رابواردن rabwardn (n.) enjoyment
رابوردوو rabirdow (n.) past
رابەر rabar (n.) directory
رابەری rabare (n.) guidance
رابەری دەکات raberi dekat (v.) guide
رابەریدەکات raberı dekat (v.) lead
راپۆرتی دەکا raporti deka (v.) report
راپۆرت raport (n.) report
راکردن ra kirdin (n.) trot
رادیۆ radio (n.) radio
رادەبۆرێت radaborit (v.) elapse
را دە چنە ra de chne (v.) wince
رادەکات ra dekat (v.) escape
رادەکەشێت ra dekeshet (n.) lie
رەدەکێشرێت rede keshret (v.) gravitate
رادەکێشێ ra de keshe (v.) pull
رادەکێشێنێت ra dekeshenet (v.) drag
رادەگرێ radagri (v.) apprehend
رادەماڵێت ra demalet (v.) drift
رادەوەستێ ra deweste (v.) stall
رادەوەستێنێ ra dewestene (v.) pause
رارەو rarew (n.) cloister
رازاندنەوە razandnawa (v.) adorn
رازاندنەوەی razandnawae (v.) embellish
رازانەوە razanawa (n.) decoration
رازاوە razawa (adj.) decorative
رازی بوون razi boon (n.) persuasion
رازی دە بێت razi debet (v.) okay

رازی ده کات razi dekat (v.) persuade
رازی کردن razi kirdin (v.) coax
رازیبوون razebon (n.) approval
رازیدەبێ لە razedabi la (v.) approve
راسپاردن raspardn (n.) delegation
راسپاردە ra sparde (n.) recommendation
راست rast (adj.) correct
راست بیری rast biri (n.) orthodoxy
راست دەکاتەوە rast dakatawa (v.) correct
راست کردنەوە rast kirdnawa (n.) correction
راستاندن rastandin (n.) realization
راستی rasti (n.) reality
راستی دەکاتەوە rasty dakatawa (v.) adjust
راستی کردەوە rasti kirdewe (v.) straighten
راستە raste (n.) right
راستەقینە rastaqena (adj.) genuine
راستەقینەخوازانە raste qine khwazane (adj.) realistic
راستەقینەخوازی raste qine khwazi (n.) realism
راستەوخۆ rastawkho (adj.) direct
راڤەدەکات rave dekat (v.) construe
را کردنی خێرا ra kirdini khera (n.) scuttle
راکێت raket (n.) racket
را کردن ra kirdin (n.) escape
را کردوو ra kirdow (adj.) fugitive
راکێشان Rakeshan (n.) attraction
را کەر ra ker (n.) runner
راگیردەبێت ragir debet (v.) lean
راگەیاندن ragayandin (n.) advertisement
رامالین ramalen (n.) drift
رام کردن ram kirdin (v.) tame
رامیاری ramyari (n.) policy
ران ran (n.) thigh
راناو ranaw (n.) pronoun
راهێنان و یارییە وەرزشییەکان rahenan u yarye werzishyekan (n.) gymnastics
راهیبە rahibe (n.) nun
راو raw (n.) hunt
راو دەکات raw sekat (v.) net
راو کەر raw ker (n.) hunter
راونەر rawnar (n.) cruiser
راوێژ rawej (n.) counsel
راوێژدەکات rawej dekat (v.) consult
راوێژکار rawej kar (n.) consultant
راوێژکردن rawej kirdin (n.) consultation
راوە گەشت rawe gesht (n.) safari
راوە ماسی دەکات rawe masi (v.) fish
راوەرگرتن ra wergrtin (n.) questionnaire

راوەستان ra westan (n.) pose
راوەستاندن rawestandin (n.) pause
رای دەکێشێنێت ray dekeshenet (n.) hitch
ربوت rbot (n.) droid
رزگار دەبێ rzgar debe (v.) rid
رزگارکەر rzgar ker (n.) saviour
رزگاری دەکات rzgari dekat (v.) redeem
رژێم rjem (n.) regime
رستن ristin (n.) spin
رستە rsta (n.) sentence
رشتن rshtin (n.) shed
رفێنراو Rfenraw (n.) abductee
رفێنەر Rfener (n.) abductor
رق لێ بوون Riq le boon (v.) ablactate
رق لێ بونەوە rq le bonewe (n.) repugnance
رق لێ بوو rq le boo (adj.) repugnant
رقی لێ دەبێت rqi le denet (n.) hate
رکابەر rka ber (n.) opponent
رم rm (n.) lance
رنە rna (n.) scraper
رەت کردوو ret kirdo (n.) denial
رەسیف resif (n.) sidewalk
رەنگی زەرد دە بێت rengo zerd debet (v.) pale
رەنگی زەردی reng zerdi (n.) paleness
رواندن rewandin (n.) germination
روانگە rwange (n.) observatory
روحانی rohani (adj.) spiritual
روحانی rohani (n.) spiritualist
روحانیەت rohanyet (n.) spiritualism
روخسار rokhsar (n.) complexion
روخسار گۆران rokhsar goran (n.) transformation
روخساری دەگۆڕێ rokhsari de gore (v.) transform
روخسارە منداڵ rokhsare mndal (n.) babyface
روداو rudaw (n.) event
روشنبیر roshen bir (adj.) literate
روکەش ro kesh (adj.) nominal
رون کردنی بابە تێک ron kirdin babetek (v.) demystify
روناکی پێشمەوەی ئۆتۆمۆبیل ronaki peshewey utombil (n.) headlight
روو row (n.) surface
روو بە روو بوون ro be ro boon (n.) showdown
روو دە پۆشێت ro deposhet (v.) veil
روو دە دات ro dedat (v.) occur

رووبار rubar (n.) river
روبەرەکی بچوك robereki bichok (v.) facet
رووبەرو دەبێت ro be ro debet (v.) face
رووبەروو دەبێ ro be roy debe (v.) meet
رووبەروو دەکات ro be roy dekat (v.) subject
روت دەکات root dekat (v.) strip
رووتی کرد rooti kird (n.) strip
رووخان rwkhan (n.) debacle
رووخۆش rokhosh (n.) gentility
رووخۆشی ro khoshi (n.) sociability
روداو rudaw (n.) happening
رووداو نووسینزانی rwdaw nosenzane (n.) chronology
رووددات ru dedat (v.) happen
رووشان roshan (n.) scratch
رووشاندن roshandin (v.) contuse
رووکار rokar (n.) front
رووکەشانە ro keshane (adj.) superficial
رووگرژ دەکات row girj dekat (v.) frown
روون ron (adj.) clear
روون دەکاتەوە roon dekatewe (v.) clarify
رووناك ronak (adj.) bright
رووناك دەکاتەوە ronak dekatewe (v.) lighten
رووناکی مانگ ronaki mang (n.) moonlight
روون کردنەوە roon kirdnewe (n.) explanation
روونیدەکاتەوە rwnedakatawa (v.) elucidate
رووی نەرم roy nerm (n.) glaze
رووەکناسی rwaknasi (n.) botany
رویشتن بۆ خوارەوە roishtin bu xwarewe (n.) godown
رۆب rob (n.) robe
رۆبۆت robot (n.) robot
رۆتین roten (n.) routine
رۆخیروبار rwkherobar (v.) bank
زۆر وورد zoor word (adj.) superfine
رۆژ roj (n.) sun
رۆژ ئاوایی roj away (adv.) westerly
رۆژانە rojane (adj. & adv.) daily
رۆژگیران roj geran (n.) eclipse
رۆژنامە roj name (n.) chronicle
رۆژنامەگەر rozhnamagar (n.) journalist
رۆژنامەگەری rojname geri (n.) journalism
رۆژ ھەڵات khor helati (adj.) oriental
رۆژۆ rojo (n.) fast
رۆژۆ دەگرێت rojo degret (v.) fast
رۆژی پشو roji pisho (n.) holiday
رۆژی لە دایکبوون roji le dayk boon (n.) birthdate
رۆژ ئاوا roj awa (adj.) west

رۆشن roshn (adj.) transparent
رۆشنبیر rowshin bir (adj.) learned
رۆشنی roshni (n.) lucidity
رەوشەنبیری rewshenbiri (adj.) cultural
رۆمان roman (adj.) novel
رۆمان نووس roman nos (n.) novelist
رۆن ron (n.) cream
رۆناکی پشکنەر ronaki pshkner (n.) searchlight
رۆنی بەھێزکەر roni bahez ker (n.) tonic
رۆنی گەرچەک roni gerchek (n.) castor oil
رۆیشتن royshtin (n.) walk
رۆیشتوو roeshtw (adj.) current
رێ و رەسمی گەورە re u resmi gewre (n.) pageant
رێز rez (n.) row
ریسک دە کات risk dekat (v.) stake
رێك دە خات rek dekhat (v.) row
رێکخستن rek khistin (v.) declutter
رێن rein (v.) rein
رێ گرتن re girtin (n.) inhibition
رێ گری لێ دەکات re gri le dekat (v.) repulse
رێ و رەسمی re u resmi (adj.) liturgical
رێ و رەسمی رێز لێنان re u resmi rez lenan (n.) solemnity
رێ باز re baz (n.) creed
رێبازخواز rebaz khwaz (adj.) sectarian
رێبازی کاسۆلیک ribaze kasolek (n.) catholicism
رێبازی یەکسانی ژن و پیاو لە مافدا rebazi yeksani jn u mer le mafda (n.) feminism
رێ پێدراو Re pedraw (adj.) admissible
رێپێگرتن و بەرھەنگاربوون repe girtin u berengar boon (n.) interception
رێحان rihan (n.) basil
رێدراو redraw (adj.) permissible
رێ رەو re rew (v.) pass
رێز rez (n.) observance
رێز دەکات rez dekat (v.) rank
رێزپەڕ rizpar (adj.) anomalous
رێزپەڕی rez beri (n.) irregularity
رێزکردن بەگوێرەی قەبارە rez kirdin be gwerey qebare (v.) size
رێز گرتن rez girtin (n.) regard
رێزگرتووانە rez girtwane (adj.) complimentary
رێزلێ گرتن rez le girtin (v.) cherish
رێزلێ گرتن rez le girtin (v.) encumber
رێزمان rezman (n.) grammar

ریزمانناس rezman nas (n.) grammarian
ریزی دەگرێت rezi degret (v.) regard
ریزی لێ دەگرێ rezi le degre (v.) honour
ریزیدەگرێت rez de gret (v.) revere
رێژە reje (n.) proportion
ڕێژەکە rejke (n.) coefficient
ڕێژەیی rejey (adj.) relative
ڕێسا resa (n.) formula
ڕێسی خۆری rise khore (n.) worsted
ڕێک rek (n.) discipline
ڕێک خستن rek khistin (n.) tidiness
ڕێک دەخات rek dekhat (v.) organize
ڕێک و پێک rek u pek (adv.) even
ڕێک و پێک rek u pek (adj.) orderly
ڕێک وپێکی rek u peki (n.) regulation
ڕێکار rekar (n.) procedure
ڕێک خستنەوە rek khistinewe (v.) deregulate
ڕێک دەخات rek dekhat (v.) regiment
ڕێک کەوتن rek kewtin (n.) concordance
ڕێکاری یاسایی rekari yasay (n.) legal action
ڕێکخراو rek khraw (n.) organization
ڕێکخستن Rek khstin (n.) adjustment
ڕێکخەر rek kher (n.) compositor
ڕێککەوتن Rek kewtin (v.) accord
ڕێککەوتنی داگیرکەرانە rikkawtne dagerkarana (n.) cartel
ڕێک کەوتۆ rek kewto (v.) coincide
ڕێکوپێک rek u pek (adj.) regular
ڕێکی rike (n.) array
ڕێکەوت re kewt (adj.) casual
ڕێگا rega (n.) manner
ڕێگای فراوان Regay frawan (n.) broadway
ڕێگای لایەنی regay layeni (n.) sideway
ڕێگای بە دار چێندراو rigae ba dar chindaro (n.) avenue
ڕێگای گشتی regay gshti (n.) highway
ڕێگر regr (n.) hurdle
ڕێگربازی دەکات regr bazi dekat (v.) hurdle
ڕێگری کردن regri kirdin (v.) hinder
ڕێگری کردن لە regiri kirdin le (v.) dissuade
ڕێگری لێ دەکات regri le dekat (v.) impede
ڕێگری لێ نەهێشتی کردن regri le (n.) impeachment
ڕێگە نادات rege na dat (v.) parry
ڕێگە نە دان rege ne dan (v.) parry
ڕێگە نەدات rege nedat (v.) disallow
ڕێگەی برایەتە بە نابینان rigae brael ka taebata ba nabenan (n.) braille

ڕێگەیەکی داخراو regeyeki dakhraw (n.) impasse
ڕێوەبەری بەندەر reweberi bender (n.) dockmaster
ڕێی دەگرێت rey degret (v.) inhibit
ڕیاکار do row (n.) hypocrite
ڕیاکارانە do row yane (adj.) hypocritical
ڕیاکاری Ria kari (n.) adulation
ڕیانێکس ryaneks (v.) reannex
ڕێخ rekh (n.) manure
ڕێخۆڵەیی rekholey (adj.) intestinal
ڕێخۆڵە rekhole (n.) intestine
ڕێزکراو rez kraw (adj.) tidy
ڕیزی چاوەڕوانی rezi chawe rwani (n.) queue
ڕیس res (n.) yarn
ڕیسوا reswa (n.) rascal
ڕیسوا دەکات reswa dekat (v.) insult
ڕیسواکردن reswa kirdin (n.) contempt
ڕیش resh (n.) beard
ڕیش تاشین rish tashin (n.) shave
ڕیش دەتاشێن rish detashe (v.) shave
ڕیشاڵی بینایی rishali binay (adj.) fibre-optic
ڕیشاڵی شووشە rishali shoshe (n.) fibreglass
ڕیکلامکردن reklamkirdn (v.) advertise
ڕەزی برنج rezi brnj (n.) paddy
ڕوداو Rudaw (n.) accidence
ڕێی پێ وون دەکات rey pe wn dakat (v.) err
ڕەت کردنەوە ret kirdinewe (n.) rebuff
ڕەت دەکاتەوە ret dekatewe (v.) reject
ڕەت کردنەوە ret kirdinewe (n.) refusal
ڕەچاوکراو rechaw kraw (adj.) considerable
ڕەشەتە reshete (n.) prescription
ڕەخنەیەکی توند rekhneyeki tond (n.) stricture
ڕەدد دەکاتەوە ret dekatewe (v.) refuse
ڕەسمی resmi (n.) official
ڕەسەن resen (n.) parentage
ڕەسەنی reseni (n.) originality
ڕەش rash (adj.) black
ڕەش پێست resh pist (n.) negro
ڕەش دەپۆشێنت resh de poshet (n.) mourn
ڕەش نووس resh nos (v.) draft
ڕەشکە rashke (n.) fennel
ڕەشماڵ resh mal (n.) tent
ڕەشماڵ دروستکەر resh mal drost ker (n.) tentmaker
ڕەشنووس resh nos (n.) draft
ڕەشی دەکات rashe dakat (v.) blacken
ڕەشە پلنگ reshe plng (n.) panther
ڕەشەبا rashaba (n.) gale

ڕەشەبا دێ reshe ba de (v.) storm
ڕەشەباوی reshe bawi (adj.) stormy
ڕەشەبای بروسکاوی reshe bay broskawi (n.) thunderstorm
ڕەشەکوژی reshe koji (n.) massacre
ڕەفتار reftar (n.) conduct
ڕەفتارێکی دروستکراوانە reftareki drost krawane (n.) mannerism
ڕەفە refe (n.) rack
ڕەفەی بۆ دەکا refey bu deka (v.) shelve
ڕەق raq (adj.) harsh
ڕەق بوو req bow (n.) stiff
ڕەق دەکات req dekat (v.) solidify
ڕەقاوی Reqawi (adj.) abhorrent
ڕەقی کرد reqi krd (v.) stiffen
ڕەقە raqa (adj.) hardy
ڕەگ reg (n.) root
ڕەگی توند دە کا regi tond deka (v.) root
ڕەگەز regez (n.) gender
ڕەگەزنامە regez name (n.) nationality
ڕەگەزی regezi (adj.) racial
ڕەنج ranj (n.) effort
ڕەنج دەدات renj dedat (v.) toil
ڕەنگ rang (n.) colour
ڕەنگ دانەوە reng danewe (n.) reflection
ڕەنگ دانەوەیە reng daneweye (adj.) reflective
ڕەنگ دەدات reng dedat (v.) reflect
ڕەنگ دەکات rang dakat (v.) dye
ڕەنگ دەگۆڕێت reng degoret (v.) discolour
ڕەنگ ڕشتن reng rishtin (n.) schematic
ڕەنگ کوێر rang kwir (adj.) colour-blind
ڕەنگاو ڕەنگ ranga u reng (n.) pigment
ڕەنگی پرتەقاڵ rengi prtaqal (n.) orange
ڕەنگی پەمەیی rengi pemey (adj.) pink
ڕەنگی زەردی گۆگردی rengi zerdi gogrdi (n.) sulphur
ڕەنگی سەوز range sawz (adj.) green
ڕەنگی لیمۆیی renge limoni (n.) lemon
ڕەنگی ئاسمانی range asmane (adj.) azure
ڕەنگە range (adv.) perhaps
ڕەنوسی دەکات ranosi dekat (v.) number
ڕەها raha (adj.) absolute
ڕەها گەڕایی Reha geray (n.) absolutism
ڕەهاکردن rahakirdn (v.) divorce
ڕەوا rewa (adj.) legitimate
ڕەوا پێدراو rawa pidraw (n.) concession
ڕەوان rewan (adj.) explicit
ڕەوانبێژ rawanbizh (adj.) eloquent

ڕەواندن rawandn (n.) drainage
ڕەوایەتی rewayeti (n.) validity
ڕەوشت rawsht (n.) behaviour
ڕەوشت بەرز rawsht berz (adj.) urbane
ڕەوشتانە لێکی دەداتەوە rewshtane leki dedat (v.) moralize
ڕەوشتایەتی rewshtayeti (n.) morality
ڕەوشتخواز rewsht khwaz (n.) moralist
ڕەوشتی تێک دەچێت rewshti tek de chet (v.) pervert
ڕەوشتی rewshti (n.) moral
ڕەوە rewe (v.) flock
ڕەوەند rewend (n.) nomad

ڕابەر rabar (n.) docent
ڕاپرسی ra prsi (n.) plebiscite
ڕاچەنین ra chenin (n.) metabolism
ڕادە گەیێنێت ra degeyenet (v.) proclaim
ڕادیۆ radio (n.) radioscan
ڕادیۆم radeom (n.) radium
ڕادیۆن radion (n.) radion
ڕادیۆی جیوە radioy jewe (n.) radiomercury
ڕادەکات ra dekat (n.) runs
ڕادەمێنێ ra demine (v.) droop
ڕاڕەو rarew (n.) gait
ڕازاندنەوە razandnawa (v.) decorate
ڕازی razi (adj.) esoteric
ڕازی بوون Razi boon (v.) agree
ڕازی دەکات razi dekat (v.) cajole
ڕازیکردن razekirdn (v.) convince
ڕاسپاردن raspardn (v.) consign
ڕاسپاردە rasparda (n.) commandment
ڕاست rast (n.) sincerity
ڕاست بوونەوە rast bonewe (n.) erection
ڕاست بێت rast bet (v.) erect
ڕاست ڕەوە rast rewe (adj.) perpendicular
ڕاست ڕەوە rast rewe (n.) perpendicular
ڕاستکردنەوە rastkirdnawa (v.) debug
ڕاستگۆ rastgw (adj.) honest
ڕاستگۆیانە rast goyane (adj.) truthful
ڕاستگۆیی rastgoy (n.) honesty
ڕاستی rasti (n.) concrete
ڕاستییەکی گشتی rastyeki gshti (n.) maxim
ڕاستە raste (n.) rasta
ڕاستەقینە rasteqine (adj.) real

راشکاوانه rashkawana *(adj.)* candid
راکردوو rakirdo *(n.)* shirker
راکێشان ra keshan *(n.)* drag
راگر ragir *(n.)* dean
راگەیاندن ragayandn *(n.)* announcement
رامیاری ramyari *(n.)* ethos
ران ran *(n.)* femur
رانەگەیەندراوە ra ne geyndrawe *(adj.)* unannounced
راهاتوو ra hato *(n.)* wont
راهێنانی لەشجوانی rahinane lashjwane *(n.)* fitness training
راهێنەر rahener *(n.)* instructor
راو کراوە raw krawe *(adj.)* poached
راوچی rawche *(n.)* chaser
راوکردن rawkirdn *(v.)* chase
راوکەر raw ker *(n.)* huntsman
راوێژ Rawej *(v.)* advise
راوێژکاری Rawej kari *(adj.)* advisory
راوەشان raweshan *(n.)* whisk
راوەشاندن بە هەرەشەوە rawashandn ba harashawa *(v.)* brandish
رای بگەیەنن ray bgeyenn *(v.)* declare
رای خۆت بدە ray khot bde *(v.)* opine
رای کرد ray kird *(v.)* flee
رایبگەیەنێت raebgaenanit *(v.)* announce
رایەخ raeakh *(n.)* carpet
رزگار دەکات rizgar dekat *(v.)* rescue
رزگار دەکات rzgar dekat *(v.)* salvage
رزگاربوون rzgarbon *(n.)* deliverance
رزگار کردن Rizgar kirdin *(n.)* bailout
رزگارکەر rizgar ker *(n.)* liberator
رزگاری rizgari *(n.)* liberation
رژانی زاوزی rzhane zawzi *(v.)* ejaculate
رژین rjin *(n.)* gland
رشانەوە reshanewe *(n.)* gag
رشتن rshtn *(n.)* rubbing
رشتنی rshtne *(adj.)* besotted
رشتەی rshtey *(n.)* lattice
رفاندن rfandn *(v.)* kidnap
رق لێ هەڵگرتن riq le helgirtin *(n.)* grudge
رق لێبوون Riq Le boon *(v.)* abhor
رق لە دڵ rq le dil *(n.)* misanthrope
رق و کینە rq o kena *(n.)* aspersion
رقاوی rqawe *(adj.)* waspish
رقی لێ هەڵدەگری rqi le heldegre *(v.)* grudge
رقی لێهەڵدەگرێت rq le hel degret *(v.)* malign
رقە لێیەتی rqe lieate *(v.)* detest
رکابەر rkabar *(n.)* competitor

رواڵەت rwalet *(n.)* semblance
ڕواندنەوە rewandinewe *(v.)* germinate
ڕوانگە rwange *(n.)* outlook
روبیان robyan *(n.)* rubian
روبیفی robeve *(v.)* rubify
روبیکان robekan *(adj.)* rubican
روپۆشکردن roposhkirdn *(n.)* cladding
روپیە (دراوی هندی) ropi (drawi hindi) *(n.)* rupee
رۆخاندنی rokhandne *(v.)* demolish
رۆخسار rokhsar *(adj.)* facile
رۆخسار گۆرێت rokhsar de goret *(v.)* facelift
رۆخسار گۆرینەوە rokhsar gorinewe *(n.)* facelift
رۆ مێز ro mez *(n.)* desktop
رۆن ron *(n.)* rune
رۆناکی بەیانی ronaki bayani *(n.)* dawnlight
رۆناکی شانۆ ronaki shano *(n.)* spotlight
ڕوو row *(n.)* countenance
ڕووبەر rober *(n.)* facade
ڕووت root *(adj.)* bare
ڕووت دەکرێت root dekret *(n.)* defoliant
ڕۆتاندن rotandn *(n.)* abstraction
ڕووتی rooti *(n.)* nudity
ڕووخان rooghan *(n.)* subversion
ڕووخاندن rokhandn *(n.)* demolition
ڕوخسار rokhsar *(adj.)* apparent
ڕووخساری ڕاستی rokhsari rasti *(n.)* verisimilitude
ڕووخساری زەوی زانی rokhsari zewi zani *(n.)* topographer
ڕووخۆش rokhosh *(adj.)* amicable
ڕوودان rudan *(v.)* befall
ڕووداو Rudaw *(n.)* accident
ڕووداوی ناخۆش rudawi na khosh *(n.)* mishap
ڕووکێکی درکاوی وەک کنگر rokike drkaoe wak kngir *(n.)* artichoke
ڕوو کەشێتی roke sheti *(n.)* superficiality
ڕوومەت romet *(n.)* cheek
ڕوومەتی ئاسمانی rometi asmani *(n.)* constellation
ڕوون ron *(adj.)* manifest
ڕووناک بکەرەوە ronak bkerewe *(v.)* illuminate
ڕووناککردنەوە ronak kirdinewe *(n.)* illumination
ڕووناکی ronaki *(n.)* brightness

رووناکی پشتەوە ronake pshtawa *(n.)* backlight
روناکی دەرەوە ronaki derewe *(adj.)* photogenic
روناکی مۆم ronaki mom *(n.)* candlelight
روونکردنەوە roon kirdinewe *(n.)* clarification
روونکردنەوە ron kirdinewe *(n.)* schedule
روونی دەکاتەوە rone dakatawa *(v.)* denude
روەک rowek *(n.)* vegetation
روەکێکی بۆن خۆشە rwekeki bon khosh *(n.)* mistletoe
روەکی rwaki *(adj.)* botanical
رۆتین roten *(n.)* rote
رۆژ roj *(n.)* day
رۆژاوایی roj away *(adj.)* occidental
رۆژنامە roj name *(n.)* newspaper
رۆژنامەگەری لە دوورەوە rojname geri le dorewe *(n.)* telejournalism
رۆژنامەی پروینە rojnamey prwene *(n.)* tabloid
رۆژی قیامەت roji qyamat *(adj.)* doomsday
رۆشتن roshtn *(v.)* depart
رۆشنبیر بکەنەوە rwshnber bkanawa *(v.)* enlighten
رۆمانسی romansi *(n.)* romance
ریزبەست rez best *(n.)* layout
ڕێ بەست re best *(v.)* roadblock
ڕێ پێ دان re pe dan *(n.)* permission
ڕێ پێ دە دات re pe dedat *(v.)* permit
ڕێ پێ نەدراو re pe ne drawe *(adj.)* unauthorized
ڕێ لێگرتن re le girtin *(v.)* forestall
ڕێبواری پیادە rebwari pyade *(n.)* wayfarer
ڕێپێدان Re pedan *(v.)* allow
ڕێخۆڵە rikhola *(n.)* bowel
ڕێڕەو Rerew *(n.)* aisle
ڕێڕەوی تەسک rerewi tesk *(n.)* catwalk
ڕێز rez *(n.)* esteem
ڕێزدار rez dar *(adj.)* reverent
ڕێزداری rez dari *(adj.)* reverential
ڕێزگرتن rez girtin *(v.)* esteem
ڕێزگرتن لە خۆد rez girtin le khod *(n.)* self-esteem
ڕێزلێنان rez lenan *(n.)* homage
ڕێژە reje *(n.)* rate
ڕێژەی زیادە rejey zyad *(v.)* overrate
ڕێژەی سەدی rejey sedi *(n.)* percentage
ڕێسەر reser *(n.)* spinner

رێک rek *(adj.)* neat
رێک و پێک rek u pek *(n.)* orderly
رێکخستن rikshstn *(n.)* alignment
رێکخستنی rikshstne *(v.)* align
رێککەتن Rek kewtin *(n.)* agreement
رێک نەخراوە rek ne khrawe *(adj.)* unadjusted
رێککەوت re kewt *(n.)* serendipity
رێگا rega *(n.)* method
رێگا دەگرێت rega degret *(v.)* grope
رێگای خلیسک regay khlisk *(n.)* slip road
رێگر regir *(adj.)* prohibitory
رێگری کردن regri kirdin *(v.)* prevent
رێگری کردن re gri kirdin *(v.)* obstruct
رێنما renma *(n.)* guideline
رێنمایی renmay *(n.)* instruction
رێنمایی بکە renmay bke *(v.)* instruct
رێنماییکردن renmay kirdin *(adj.)* insubordinate
رێنووس re nos *(n.)* orthograph
رێنووس نووس renos nos *(n.)* orthographer
ریبەری دەکات reberi dekat *(n.)* marsupial
ریتمێکی بایۆلۆژی retmike baewloji *(n.)* biorhythm
ریتۆریک retorek *(n.)* rhetoric
ریتۆریکی retoreki *(adj.)* rhetorical
ریحانە rehane *(n.)* myrtle
ریخۆڵە rekhola *(n.)* entrails
ریخۆڵە ناوسک دەرهێنان rekhola naw sk derhenan *(v.)* eviscerate
ریخۆڵەڕاستە rekhole raste *(n.)* rectum
ریزبەندی rez bendi *(n.)* runcation
ریسوا reswa *(adj.)* subservient
ریسوا دە کات reswa dekat *(v.)* scorn
ریسوا کردن reswa kirdin *(n.)* scorn
ریسواببوون reswa boon *(n.)* disgrace
ریش resh *(n.)* bristle
ریشاڵ reshal *(n.)* fabric
ریشاڵدار reshal dar *(adj.)* filamented
ریشاڵی rishali *(adj.)* fibroid
ریشاڵی ماسولکەیی reshale masolkae *(adj.)* fibromuscular
ریشاڵەکان rishalekan *(n.)* fibre
ریشاڵەکان reshalekan *(n.)* tendon
ڕێگە بدە rege bde *(adj.)* takeaway
ڕێوی rewe *(n.)* fox
ڕەپ بوون rap bon *(adj.)* erectile
ڕەتاندن retandin *(n.)* overwork
ڕەتکردنەوە ratkirdnawa *(v.)* decline
ڕەچاوکردن rechaw kirdin *(n.)* consideration

ڕەچەڵەك rechelek (n.) lineage
ڕەچەڵەك rachalak (n.) descent
ڕەخنە rakhna (n.) criticism
ڕەخنە بگرە rakhna bgra (v.) criticize
ڕەخنەگر rakhnagr (adj.) censorious
ڕەخنەگرانە rakhna girana (adj.) acritical
ڕەخنەی هیچ و پووچ گرتن rakhnae hech o poch girtn (v.) cavil
ڕەزامەندی razamande (n.) assent
ڕەزامەندی razamande (n.) consent
ڕەزامەندی دەربرین Rezamendi derbrin (v.) acquiesce
ڕەزامەندی لەسەرە razamande lasara (adj.) agreeable
ڕەزیل rezil (adj.) niggardly
ڕەساسی resasi (adj.) grey
ڕەسەن Resen (adj.) aboriginal
ڕەسەنایەتی rasanaeate (v.) authenticate
ڕەشابایەكی بە هێز rashabaeake be hez (n.) blizzard
ڕەشبگیرکەر rashbgerkar (n.) blackmailer
ڕەشبگیری rashbgere (n.) blackmail
ڕەشبوونەوە rashbonawa (n.) blackout
ڕەشبین resh bin (n.) pessimist
ڕەشبینانە resh binane (adj.) pessimistic
ڕەشبینی resh bini (n.) pessimism
ڕەشنووس rash nosi (adj.) drafty
ڕەشەبا reshe ba (adj.) tempestuous
ڕەشەدار rashadar (n.) beech
ڕەفتار کردن reftar kirdin (v.) behave
ڕەفتاری بەڕێزە reftari bereze (adj.) respectful
ڕەفتاری سەلامەت reftari selamet (n.) safe-conduct
ڕەفە یا لیواری سەر ناگردانی ناو دیوار refe yan lewari ser agirdani naw diwar (n.) mantel
ڕەق بێت req bet (adj.) obdurate
ڕەقبوون req boon (n.) hardihood
ڕەقکردنەوە req kirdinewe (v.) harden
ڕەقەکاڵا raqakala (n.) hardware
ڕەگەز ragaz (n.) ancestry
ڕەگەزپەرست regez pesrt (adj.) racist
ڕەگەزپەرستی regez persti (n.) racialism
ڕەگەزنامە ragaznama (n.) citizenship
ڕەگەزە ragaze (adj.) elemental
ڕەند rand (n.) grate
ڕەندەکەر randakar (n.) grater
ڕەنگ reng (n.) tincture

ڕەنگ دەکا reng deka (v.) tincture
ڕەنگ مردوو rang mirdo (adj.) ashen
ڕەنگاوڕەنگ renga u reng (adj.) colourful
ڕەنگی کراوە rengi krawe (adj.) pastel
ڕەنگی دەگۆڕێ rengi de gore (n.) stain
ڕەنگی سووری زەردباو range sore zardbaw (n.) bisque
ڕەنگە renge (n.) might
ڕەها reha (adj.) obsolete
ڕەهن rehn (n.) lien
ڕەهەند rahand (n.) dimension
ڕەوا دەبینرێت rewa debinret (adj.) justifiable
ڕەوا دەبینرێت rewa debinret (adj.) justified
ڕەوانە کراوە rewane krawe (adj.) shipped
ڕەوشت rewsht (n.) decency
ڕەوشتی rawshti (adj.) ethical
ڕەووست پیس کردن rawst pes kirdn (v.) bedevil
ڕەووشت جوان rewsht jwan (adj.) mannerly
دراوی ڕوسییە (ڕوبڵ) (roble) drawi rosi (n.) rouble
ڕەوەند rawand (n.) diaspora

ز

زار zar (n.) dice
زاراوە zarawa (n.) dialect
زاراوە zarawa (n.) idiom
زاراوەیی zarawey (adj.) terminological
زاری zari (adj.) labial
زاریانە zaryane (adv.) verbally
زارە پێشەکی zare pesheki (n.) foreword
زارەکی zareki (adv.) orally
زاڵ بن zal bn (v.) dominate
زاڵ دەبێ zal de be (v.) outdo
زاڵ دەبێ لە سەر zal debe le ser (v.) overcome
زاڵبوون zal boon (n.) domination
زاڵبوون بەسەر zal boon be ser (v.) overpower
زان خوازی zan khwazi (n.) curiosity
زانا zana (n.) savant
زانای ژەهرەکان zanay jehrekan (n.) onomatologist
زانایی لۆژیك zanay lojik (n.) logician
زانای زیندەوەرانی کۆن zanay zindewerani kon (n.) paleobiologist

زاناى زيندەوەرزانى كۆن zanay zindewerani kon *(n.)* paleoecologist
زاناى موشەك zanay moshek *(n.)* rocket scientist
زانايانە zanayane *(adj.)* scholarly
زانست zanst *(n.)* science
زانستى زيندە وە رانى كۆن zansti zindewerani kon *(adj.)* paleobiological
زانستى ژەهرەكان zansti jehrekan *(n.)* onomatology
زانستى گوێ بيستن zansti gwe bistn *(adj.)* onomastic
زانستى نە خۆشيىە كان zansti ne khoshyekan *(n.)* endemiology
زانستى وە رمين zansti wermin *(n.)* oncology
زانستى ئامار zansti amar *(n.)* statics
زانستى zanisti *(adj.)* scientific
زانستى بوومەلەرزە zansti bome lerze *(n.)* seismography
زانست بوون zanst boon *(n.)* ontology
زانستى تويژكارى Zansti tuejkari *(n.)* anatomy
زانستى تەقاندن و بزواندن و كارئەنجامى گولە و مووشەك و بۆمبا zanste taqandn o bzwandn o karanjame golla o moshak o bomba *(n.)* ballistics
زانستى دارستان zansti darstan *(n.)* forestry
زانستى ديناميكى zanste denameke *(n.)* aerodynamics
زانستە دەنگ zanste dang *(n.)* acoustics
زانستى زمان zansti zman *(n.)* philology
زانستە زيندەكيميا zanste zendakemya *(n.)* biochemistry
زانستى سياسەت zansti siaset *(n.)* politics
زانستە شوێنەوارناسى zanste shoinawarnase *(n.)* archaeology
زانستى شيعردانان zansti honraw danan *(n.)* prosody
زانستى فيزيا zansti fizya *(n.)* physics
زانستە مەدەنى zanste madane *(n.)* civics
زانستى ناشياو Zansti nashiaw *(n.)* agnosticsm
زانستە ئادەميزادناسى zanste adamezadnase *(n.)* anthropology
زانستە ئەخلاقى zanste akhlaqe *(n.)* deontology
زانكۆ zanko *(n.)* university
زانين zanin *(n.)* perception
زانيارى zanyari *(n.)* knowledge
زانيارى تێكردن zaniyari te kirdin *(n.)* input

زاهيد zahid *(n.)* ascetic
زاوا zawa *(n.)* bridegroom
زاوراوىى zawrawey *(adj.)* idiomatic
زايلۆفۆن zaylofon *(n.)* xylophone
زايلۆفيلۆس zayolos *(adj.)* xylophilous
زبر zbr *(adj.)* gross
زبرى zbre *(v.)* brustle
زبل zbl *(v.)* dump
زبل كراوە zbl krawe *(adj.)* trashed
زبلدان zbldan *(n.)* dumpster
زراو zraw *(n.)* gout
زرياتى خۆل zryane khol *(n.)* sandstorm
زريپۆش zreposh *(n.)* armour
زستان zstan *(n.)* winter
زستانى zstani *(adj.)* wintry
زك Zik *(n.)* abdomen
زكى Ziki *(adj.)* abdominal
زگماكى zk maki *(adj.)* innate
زل zl *(adj.)* elephantine
زلكاو zlkaw *(n.)* bog
زلە zile *(n.)* biff
زمان zman *(n.)* language
زمان بەستران zman bastran *(n.)* aphasia
زمان پس zamn ps *(v.)* lisp
زمان رەوان zman rawan *(adj.)* fluent
زمان گرتن ziman girtn *(n.)* accent
زمان گيران zman geran *(v.)* falter
زمانزان zmanzan *(n.)* linguist
زمانزانى zman zani *(n.)* linguistics
زمانى پۆلەندى zmani polendi *(v.)* polish
زمانى خەلكى رەمەكى zmani khelki remeki *(n.)* slang
زمانى وۆتووێژ zmani wot u wej *(n.)* colloquialism
زمانە ئيرلەندى zmane erlendi *(n.)* Irish
زمانى ئيسپانى zmani espani *(n.)* Spanish
زمانە zmana *(n.)* flap
زمانەكان zmanekan *(n.)* fellatio
زمانەوان zmane wan *(n.)* philologist
زمانەوانى zmane wani *(adj.)* lingual
زمرد zmrd *(n.)* emerald
زناى بوارى شوێنەوارناسى zanay bwari shwene war nasi *(n.)* paleontologist
زنج znj *(n.)* hut
زنجير znjeer *(n.)* zipper
زنجيرە znjera *(n.)* chain
زنجيرە znjire *(adj.)* serial
زنجيرە znjire *(n.)* series
زۆر بارى دە كا zoor bari deka *(v.)* overload

زورب zorb (n.) Zorb
زورنا zorna (n.) megaphone
زورنا لێ دەدات zorna le dedat (v.) trumpet
زورنا لێ دان zwrna le dan (n.) hoot
زورناژەندن zwrna jandn (v.) doodle
زولکاو zolkaw (v.) swamp
زوو zoo (adv.) early
زوو تووره بوو zo tore bwe (adj.) temperamental
زوو هەڵچوو zo helcho (adj.) choleric
زوور بیری کردن zoor biri kirdin (n.) longing
زوور پێویست zoor pewist (adj.) indispensable
زوور حەزی لە ژنان دەکات zoor hezi le jnan dekat (v.) philander
زوور داری zor dari (n.) oppression
زوور دەبێت zoor debet (v.) swarm
زوور کەم zoor kem (n.) pittance
زوور نەخوش دەکەوێت zoor ne khosh dekewet (v.) relapse
زووربونەوە zor bonewe (n.) reproduction
زووربیس zoor pis (n.) scrumble
زووم دەکات zoom dekat (v.) zoom
زووم کردن zoom kirdin (v.) whiz
زووم کردن zoom kirdin (n.) zoom
زۆر zor (adj.) abundant
زۆر بچووك zoor bchok (adj.) tiny
زۆر بلێ zor ble (n.) windbag
زۆر بوون Zor boon (v.& prep.) abound
زۆر بێ تام zoor be tam (adj.) mawkish
زۆر بیری دەکات zor biri dekat (v.) hanker
زۆر بەتین zor be teen (adj.) torrid
زۆر بەخشندە zoor pekhshinde (adj.) indulgent
زۆر بەهێز zor bahez (adj.) titanic
زۆر پارێزراو zor parezraw (adj.) ultrasecure
زۆر پرسا zoor pirsa (adj.) inquisitive
زۆر پیاهەڵدان Zor pia heldan (v.) adulate
زۆر خواردنەوە zoor khwardinewe (n.) spree
زۆر خۆش zoor khosh (adj.) scrumptious
زۆر دوور zoor door (adj.) faraway
زۆر رووداو zor rudaw (n.) frequent
زۆر رقی لێ دەبێت zoor rqi le det (v.) loathe
زۆر ڕەو zoor rew (adj.) talkative
زۆر زل کردن zor zil kirdin (v.) overcharge
زۆر سارد zwr sard (adj.) frigid
زۆر شیدار zor shidar (adj.) dank
زۆر قەرەباڵغ کردن zor qerebalgh kirdin (v.) overcrowd

زۆر کۆنەپەرستانە zor kone perstane (adj.) ultraconservative
زۆر گران zor gran (adj.) hefty
زۆر لێژ zwr lizh (v.) steep
زۆر ناخێنراو zor akhenraw (adj.) wordy
زۆر ئاسایی zor asay (adj.) ultracasual
زۆر نیش دەکات zor ish dekat (v.) overwork
زۆرانباز zwran baz (n.) gladiator
زۆرانبازی zwran bazi (adj.) gladiatorial
زۆرانبازی کردن zwran bazi kirdin (v.) duel
زۆرانی دەکات zorani dekat (v.) wrestle
زۆربوون Zor boon (n.) accretion
زۆرتر zortr (adv.) more
زۆر ترین zor treen (adj.) most
زۆر ترین zor treen (n.) most
زۆرجار zoor jar (adv.) oft
زۆرجوولانەوە Zor jolanewe (n.) ado
زۆرخواردن zoor khwardin (n.) surfeit
زۆردار zor dar (n.) oppressor
زۆردارانە zor darane (adj.) oppressive
زۆرکردن zorkirdn (v.) augment
زۆرگەورە zoor gewre (adj.) gigantic
زۆری zore (n.) abundance
زۆری لێ دەکات zori le dedat (v.) constrain
زۆرینە zorine (n.) majority
زۆرینە هاتن zorine hatin (n.) quorum
زۆرە سەربازی zore serbazi (n.) levy
زۆرەملێ zore mli (adj.) mandatory
زۆڵ Zool (n.) bastard
زۆنگاو zongaw (n.) marsh
زۆنگاو زۆر zongaw zor (adj.) marshy
زیاد کردنی ئۆزۆن بۆ zyad kirdini ozon bo (v.) ozonate
زیندەوەری zindeweri (n.) organism
زیدەخۆشی zede khoshi (adj.) overjoyed
زیدەرەوی دەکات لە نواندندا zede rewi dekat le nwandin da (v.) overact
زیراب zirab (n.) cesspool
زێر zer (n.) gold
زێرین zerin (adj.) golden
زینۆمانیا zino mania (n.) xenomania
زیاتر zyatr (adv.) further
زیاد خۆری zyad khori (n.) overdose
زیاد دەکا zyad deka (v.) increase
زیاد دخوا zyad dekhwa (v.) overdose
زیاد لە پێویست zyad le pewist (n.) superfluity
زیادبوون Ziad boon (v.) accrete
زیادکراو Ziad kraw (adj.) addled

زیادکردن Ziadkirin (n.) accoutrement
زیاد کردن zyad kirdin (n.) increase
زیادکردن‌له zyadkirdn-la (n.) add-in
زیادکەر Ziad ker (n.) adder
زیادی دەکات zyadi dekat (v.) outbid
زیادە Ziade (n.) addendum
زیادە بە ووشە دەڵکێندرێ zeada ba wsha dalindri (v.) affix
زیادەڕۆی دەکات zyade roy dekat (v.) encroach
زیادەڕۆیی zyade roy (n.) redundancy
زیادەڕەوی کراوە zyadarawe krawa (n.) bling
زیاد کراو Ziad kraw (n.) additive
زیان ziyan (n.) damage
زیان بەخش zyan bekhsh (adj.) harmful
زیان بەخش zyan bekhsh (adj.) mischievous
زیان بەخشە zyan bekhshe (adj.) noxious
زیان گەیاندن zyan gayandn (n.) detriment
زیانبەخش ziyanbakhsh (adj.) damaging
زیاندار zyan dar (adj.) malignant
زیاتی گیانی zyane gyane (n.) casualty
زیپ zep (v.) zeb
زیپکە zipke (n.) pimple
زیرۆکس ziroks (n.) xerox
زیرەك zerak (adj.) clever
زیرەکی zerake (n.) artifice
زیرەکی دەستکرد zerake dastkird (n.) artificial intelligence
زیگ zeg (n.) zig
زیگزاگ zigzak (n.) zigzag
زین zen (n.) saddle
زین zen (v.) saddle
زیناکردن zenakirdn (n.) adultery
زیناکەر zenakar (v.) adulterate
زیناکەر(پیاو) zenakar(peao) (n.) adulterer
زیندان zendan (n.) dungeon
زیندانی دە کات zindani dekat (v.) imprison
زیندانی کراو zindani krawe (n.) inmate
زیندانی کردن zindani kirdin (n.) remand
زیندانیکردن zindani kirdin (n.) confinement
زیندوو zendo (adj.) alive
زیندوو دەکاتەوە zindo dekatewe (v.) revive
زیندوو بوونەوە zindo bonewe (n.) revival
زیندوو کردنەوە Zindo kirdnewe (v.) animate
زیندووی zindoy (n.) vivacity
زیندەورزانی ژمێرەی zindewerzani jmerey (adj.) biometric
زیندەورزان zindewerzan (n.) biologist
زیندەورزانی zindewerzani (n.) biology

زیندەوەری zindeweri (adv.) biologically
زینك zenk (n.) zinc
زینۆبایۆلۆجی zino bayoloji (n.) xenobiology
زینۆجینێسیس zino genesis (n.) xenogenesis
زینۆفیل zino fil (n.) xenophile
زینۆمۆرف zino morv (n.) xenomorph
زیو zew (n.) silver
زیوی zewi (adj.) silver
زەبر zabr (v.) force
زەبر و زەنگ zebr u zeng (n.) traumatology
زەبەلاح zebelakh (n.) giant
زەبەلاحی zebelakh o(n.) giantess
زەحمەتی دەکات zehmeti dekat (n. pl.) toils
زەخت دەکات zekht dekat (v.) jab
زەڕپی مێشك zarpe mishk (n.) concussion
زەرد zerd (adj.) yellow
زەردباو zerd baw (adj.) yellowish
زەردکردن وکۆڵاندن لە ناویکی کەمدا zardkirdn ekolandn la awike kamda (v.) braise
زەردوویی zerdoy (n.) jaundice
زەردوویی دە کا zardoy deka (v.) jaundice
زەردینە هێلکە zerdiney helke (n.) yolk
زەردەپەر zardapar (n.) dusk
زەر دەچەوە zer dechewe (n.) turmeric
زەردە واڵە zerde wale (n.) wasp
زەردەواڵەی گەورە zerdewaley gewre (n.) hornet
زەرف zarf (n.) envelope
زەرفکردن zarfkirdn (n.) envelopment
زەرافە zerafe (n.) giraffe
زەرنیخ zarnekh (n.) arsenic
زەرەنگەری zerengeri (n.) jewellery
زەعفەران zaaferan (n.) saffron
زەق و زەق zaq o zaq (adj.) flagrant
زەقکردنەوە zaqkirdnawa (v.) accentuate
زەقکەرەوە zaqkarawa (n.) accentor
زەکات zakat (n.) alms
زەلاتە zelate (n.) salad
زەلیل دە کا zelil deka (v.) humiliate
زەلیلکردن zelil kirdin (n.) humiliation
زەڵاتەی کەلەمی zalatay kalami (n.) coleslaw
زەمانی کۆن zamane kon (n.) antiquity
زەمینی zemini (n.) terrestrial
زەنجەفیل zanjafel (n.) coriander
زەنگ zang (n.) bell
زەنگ لیدەر zang lidar (n.) bellboy
زەنگڵ zangl (n.) gong
زەنگۆڵە zengole (n.) jingle
زەنگی دەرگا zange darga (n.) doorbell

زەنگی کارەبا zangi karaba (n.) buzzer
زەنگی لێ دەدا zengi le deda (v.) toll
زەنگیانەیی zangyanae (adj.) beady
زەوت کردن zawt kirdn (n.) confiscation
زەوق zawq (n.) glamour
زەوی zewi (n.) croft
زەوی zawe (n.) earth
زەوی بیابان zawi byaban (n.) glade
زەوی پاڕاو zewi paraw (n.) shambles
زەوی پاککردنەوە zewi pak kirdinewe (n.) ground clearance
زەوی تاڵاو zawi talaw (n.) bogland
زەوی کێڵراو zewi kelraw (v.) fallow
زەوی و زار چاک دەکات zewi u zar chak dekat (n.) reclamation
زەویزان zawy zan (n.) geologist
زەویزانی zawy zani (n.) geology
زەویسر zewisr (n.) swab
زەوییە تەختەکان zewye tekhtekan (n.) flatland
زەیتوون zeytoon (n.) olive

ژان jan (n.) pain
ژان دە دات jan de dat (v.) pain
ژانرا janra (n.) genre
ژانەزگ jane zik (n.) colic
ژانەسەر jane ser (n.) headache
ژاوە jawe (n.) noise
ژاوە زۆر jawe zoor (adj.) noisy
ژاوەژاو jawe jawe (n.) mob
ژاوەژاو jawe jaw (adj.) uproarious
ژاوەژاو دەکات jawe jawe dekat (v.) mob
ژمار Jimar (n.) account
ژماردن jimardin (n.) calculation
ژماردن دەکرێت jmare dekret (adj.) enumerable
ژماردنی jmardini (v.) enumerate
ژماردنی بەرەو ژێری هەتا سفر jimardni baraw jeri hata sfr (n.) countdown
ژمارە کردن jmare kirdin (v.) page
ژمارە jmare (n.) digit
ژمارە زۆر jmare zoor (adj.) numerous
ژمارەی دانیشتوان jmarey danishtwan (n.) population

ژمارەیان زیاترە jmareyan zyatre (v.) outnumber
ژمارەیی jmarey (adj.) enumerative
ژمەراو jmeraw (adj.) countable
ژمێریار Jmeryar (n.) accountant
ژمێریاری jmiryari (n.) accountancy
ژمێریاری پارە jmeryari pare (n.) cashier
ژن jin (n.) wife
ژنانە zhnana (adj.) effeminate
ژنانەیە jnane (adj.) womanish
ژنخواز jn khwaz (n.) womaniser
ژنێکی بەدناو jneki bed naw (n.) jade
ژنێکی زۆر جوان jneki zor jwan (n.) goddess
ژنێک زوور حەزی لە سێکس هەبێت jnek zoor hezi le seks hebet (adj.) nymphomaniac
ژنێک زوور حەزی لە سێکس هەبێت jnek zoor hezi le seks hebet (n.) nymphomaniac
ژنی بارۆن Jini baroon (n.) baroness
ژوان jwan (n.) tryst
ژوودار jodar (adj.) roomy
ژوور joor (n.) chamber
ژوورەوە joro (adj.) upper
ژوورۆچکە jorochke (n.) compartment
ژووری جل گۆڕین jori jil gorin (n.) cloakroom
ژووری جل و بەرگ تاقیکردنەوە jori jil u berg taqikirdinewe (n.) fitting room
ژووری چات jori chat (n.) chat room
ژووری چێشت لێنان jori chesht le nan (n.) kitchen
ژووری حەسانەوە jori hesanewe (n.) lounge
ژووری خواردنی سەربازی jori khwardini serbazi (v.) mess
ژووری میوان jori mewanan (n.) guest room
ژووری نووستن Jori nostin (n.) bedroom
ژووری وێنەکێشان jori wene keshan (n.) drawing-room
ژووشک joshik (n.) urchin
ژێر jeer (prep.) under
ژێر پیاڵە jer pyale (n.) saucer
ژێر دەنگ jer deng (n.) undertone
ژێر مەترسی jer metrsi (adj.) endangered
ژێردەستە jer deste (n.) underdog
ژێردەستەیی jer destey (adj.) subjudice
ژێرزەمین zhirzamen (n.) attic
ژێرزەمین jer zemin (n.) vault
ژێر کراسی ژنانە jer krasi jnane (n.) chemise
ژێرنووس jer noos (n.) caption
ژێر ئاو گەڕ jer aw ger (adj.) submarine

ژێرناوگەر jer aw ger (n.) submarine | سادیگەر sadi ger (n.) sadist
ژێرمەڵەدەکات jere mele dekat (n.) dive | سادیگەری sadi geri (n.) sadism
ژیاری jyari (n.) urbanity | ساده sade (adj.) simple
ژیان jyan (n.) life | سادەیی sadey (n.) rusticity
ژیاننامە Jyan name (n.) biography | سارد sard (n.) chill
ژیاننامە بەدەستی نووسەر خۆی zhyanama badaste nosar khoe (n.) autobiography | سارداو sardaw (n.) cellar
ژیاننامەنووس Jyan name noos (n.) biographer | ساردکەرەوە sardkarawa (n.) coolant
 | ساردی بەفر sardi befr (adj.) ice-cold
ژیانەوە jyanewe (n.) rebirth | ساردەمەنی sardemeni (n.) refreshment
ژیر Jir (adj.) aglare | سارغی سەر شان sarghi ser shan (n.) scapular
ژیرانە jirane (adj.) intuitive | سازگاری sazgare (n.) consistency
ژینگە jinge (n.) environment | ساس sas (n.) sauce
ژینگەپارێز jinge parez (n.) environmentalist | ساغ sagh (adj.) intact
ژینگەپارێزی jinge parezi (n.) environmentalism | ساغ دەکاتەوە sakh dekawtewe (v.) liquidate
 | ساغ کردنەوە sagh dakatawa (n.) liquidation
ژینگەیی jingey (adj.) ecological | ساف saf (adj.) slick
ژەمە خۆراک jeme khorak (n.) meal | ساکسۆفۆن ژن saksonfon jen (n.) saxophonist
ژەمە خۆراکی سەرەکی دەخوات jeme khoraki sereki dekhwat (v.) dine | ساکەرین sakaren (n.) saccharin
 | سالاری salari (n.) predominance
ژەمە دەرمانەکە jama darmanaka (n.) dosage | ساڵ sal (n.) year
ژەنگ jeng (n.) rust | ساڵانە salana (n.) anniversary
ژەنگ دەهێنی jeng de hene (v.) rust | ساڵنامە salnama (n.) almanac
ژەنگاوی jengawi (adj.) corrosive | ساڵنامەکان salnamakan (n.pl.) annals
ژەنگبر jeng br (adj.) vermillion | سالۆن salon (n.) Salon
ژەهر jehr (n.) contagion | ساڵی دووجار Sale do jar (adv.) biannually
ژەهر خواردی دەکات jehr khwardi debet (v.) poison | سامان saman (n.) fortune
 | سامان دارانە saman darane (adj.) proprietary
ژەهراو بوونی خوێن jehraw boni khwin (n.) toxaemia | سامەندار samandar (adj.) wealthy
 | سامبا samba (n.) samba
ژەهراوی jehrawi (adj.) poisonous | سامبوکا samboka (n.) sambuca
ژەهراوی بوون jehrawi bon (n.) toxicity | سامری samri (n.) samaritan
ژەهراوی کردن jehrawi kirdin (n.) detoxication | سامسۆنیت samsonayt (n.) samsonite
 | سامناک samnak (adj.) solemn
ژەهر زانی jehr zani (n.) toxicology | سامورایی samoray (n.) samurai
 | سامیتە sameta (n.) samite
 | سانا sana (adj.) flawless

 | ساناتۆریۆم sana toriom (n.) sanatorium
 | سانتر santr (n.) saunterer
 | ساندبانک sandbank (n.) sandbank
 | ساندبۆرد sandbordn (n.) sandboard
سابوون sabon (n.) soap | ساندبۆکس sandboks (n.) sandbox
سابووناوی sabonawi (adj.) soapy | ساندکاسڵ sandkasl (n.) sandcastle
سات sat (n.) instant | ساندهیڵ sandhil (n.) sandhill
ساتان satan (n.) satin | ساندویچ sandwech (n.) sandwich
ساتەوەختی sate wekhti (adj.) momentary | ساوا sawa (adj.) budding
ساحیب saheb (n.) sahib | ساوباك saw Lak (n.) sawbuck
ساختە sakhte (adj.) fake | ساوبێنچ sawbinch (n.) sawbench
ساختەچی sakhtache (n.) cheater | ساوگراس saw gras (n.) sawgrass
ساختەکاری sakhtakare (n.) dummy | ساونا sawna (n.) sauna

ساونا sawna (v.) sauna
ساویلکە sawelke (adj.) naive
ساویلکەیی sawelkae (n.) credulity
سایدبۆکس sayd boks (n.) sidebox
سایکلۆپس saeklops (n.) cyclops
سایکۆستایل saekostael (n.) cyclostyle
سبەینی sbeyni (n.) morrow
سپ هەڵگراو sp helgraw (adj.) wan
سپاردە sparda (n.) consignment
سپانیل spanel (n.) spaniel
سپانە spana (n.) spanner
سپرای دەکا spray deka (v.) mace
سپڵ spl (n.) spleen
سپوتنیك spotnek (n.) sputnik
سپیتی spiti (n.) whitewash
سپێر sper (adj.) spare
سپێرم sperm (n.) sperm
سپی spi (n.) white
سپی دەکات spi dekat (v.) whiten
سپی هێلکە sipe gilka (n.) albumen
سپیبوون spi boon (v.) blench
سپیکار spi kar (adj.) whitish
سپیکردنەوەی پارە spi kirdinewey pare (n.) money laundering
سپیناغ spenagh (n.) spinach
ستادیوم stadeom (n.) stadium
ستاندارد standard (n.) standard
ستایش staysh (n.) compliment
ستایش دەکات dtaysh dekat (v.) laud
ستایش کردن staysh kirdin (n.) laud
ستایشکراو staysh kraw (adj.) laudable
ستایشکردن staysh kirdin (n.) acclamation
ستایشی بکەن stayshe bikan (v.) acclaim
ستراتیجی straniji (n.) strategy
ستراتیج ناس stratij nas (n.) strategist
ستراتیجی stratiji (adj.) strategic
ستوڵ stol (n.) stool
ستوون Stoon (n.) arbour
ستوونی stoni (adj.) vertical
ستوونی بایەوانی کەشتی با stone baeawane kashte ba (n.) boom
ستوونی نووسەر ston nosar (n.) columnist
ستودیۆ stodio (n.) studio
ستیرۆید stiroed (n.) steroid
ستینسیل stensel (v.) stencil
ستەم stem (adj.) impossible
ستەمکار stem kar (n.) tyrant
ستەمکاری stem kari (n.) tyranny
ستەمیی stemi (n.) impossibility

سجن کردن bendi khane (v.) jail
سرسرك sr srk (n.) roach
سرکە srka (n.) acetic acid
سرنج sernj (v.) syringe
سروشت srosht (n.) nature
سروشتی sroshti (adj.) natural
سروود srod (n.) anthem
سروودی ئایینی sroddi ayni (n.) psalm
سرووشی بۆ دێنێت sroshi bu denet (v.) inspire
سروە srwe (n.) whiff
سرینەوە srinewe (n.) mop
سزا کە م دە کات sza kem dekat (v.) mitigate
زوور zoor (v) noddle
سرینەوەی تاوان بە سزا چەشتن srenawae tawan ba sza chashtin (n.) atonement
سرەوتن srawtn (n.) inertia
سر دەکات sr dekat (v.) stupefy
سر دەکەوێت sir dekewet (v.) incubate
سراواتەوە srawatawa (adj.) blotted
سربوون srbon (n.) hibernation
سرکەر sr ker (adj.) opiate
سرینە ر srener (n.) eraser
سرێن sren (n.) scrap
سرێنەوە srenawa (v.) delete
سزا sza (n.) penalty
سزا sza (n.) sanction
سزا بدە sza bda (v.) chasten
سزا دە دات sza dedat (v.) punish
سزا دەدات بەتوندی sza dadat batonde (v.) castigate
سزادان szadan (v.) chastise
سزادراو szadraw (v.) convict
سزای دوا کە وتن szay dua kewtin (n.) demurrage
سزایی szay (adj.) penal
سست sst (adj.) inactive
سستی بازرگانی ssti bazrgani (n.) slump
سفر sfr (n.) cypher
سك پر بوون sk pr boon (n.) pregnancy
سك چوون sk chon (n.) diarrhea
سکاتی skate (adj.) scatty
سکاتەرگۆن skatergon (n.) scattergun
سکاڵا skala (n.) complaint
سکاڵادەکات skala dekat (v.) complain
سکاڵاکردن بەبێ هۆ skalakirdn babi hw (n.) carp
سکامباگ skambag (n.) scumbag
سکراچبۆش skrachbosh (n.) scratchbush
سکراچبۆرد skrachbord (n.) scratchboard

سکراچپاد skrachpad *(n.)* scratchpad
سکرتاریا skrtarya *(n.)* secretariat
سکرینکاست skren kast *(n.)* screencast
سکرۆڵ بکە skrol bka *(v.)* scroll
سکوتلیبوت skotlibot *(n.)* scutllebutt
سکۆتچ skotch *(adj.)* scotch
سکۆتلەندی skotlendi *(n.)* Scot
سکەیب skeyb *(n.)* scape
سلاژر slasr *(v.)* slather
سلاشی slashe *(adj.)* slushy
سلاو slaw *(v.)* greet
سلاو بکەن slaw bken *(n.)* salute
سلاو دە کات slaw dekat *(v.)* salute
سمت smt *(n.)* breech
سمتیک smtik *(n.)* buttock
سمسار smsar *(n.)* jobber
سمساری دەکات smsari dekat *(v.)* tout
سمۆ smw *(n.)* brace
سمۆرە smore *(n.)* squirrel
سمێڵ smel *(n.)* moustache
سنت sent *(n.)* cent
سندوق sndoq *(n.)* casket
سندوقی چا sndoqi cha *(n.)* teabox
سندوقی دەستکێش sndiqi dest kesh *(n.)* glovebox
سندوقی سەلامەت sndoqi selamet *(n.)* safebox
سندوقی گچکە sndoqi gchke *(n.)* locker
سنگ sng *(n.)* wedge
سنگ فراوان sng frawan *(adj.)* tolerant
سنور snor *(v.)* bound
سنورداری snor dari *(n.)* constraint
سنوری وولات snori wlat *(n.)* boundary
سنوور بەزاندن snor bezandin *(adj.)* transborder
سنوور بەزاندن snor bezandin *(adj.)* transboundary
سنوور دیاردەکات snor dyaredakat *(v.)* demarcate
سنووردارکردن snordarkirdn *(v.)* delimit
سنووردانان snordanan *(n.)* demarcation
سنووری ولات snori wlat *(n.)* frontier
سنۆبەر snober *(n.)* pine
سە کوت دە کات ser kot dekat *(v.)* quell
سە ری کە وت seri kewt *(v.)* floor
سە قف seqif *(n.)* roof
سە کس کردن seks kirdin *(n.)* lay
سە مای سامبا دە کات semay samba dekat *(v.)* samba

سە نتە ری بازرگانی senteri bzrgani *(n.)* shopping centre
سوار swar *(n.)* rider
سوار بوون swar bon *(n.)* ride
سوار دەبێ swar deber *(v.)* ride
سوار دەبێت swar de bet *(v.)* mount
سواربوون swarbon *(prep.& adv.)* astride
سوارچاک swar chak *(n.)* knight
سوارچاکی دە کات swar chaki dekat *(v.)* knight
سوارچاکی swarchake *(n.)* chivalry
سواری کەشتی دەبێت sware kashte dabit *(v.)* embark
سوارە sware *(n.)* jockey
سواغی دەدات swaghi dedat *(n.)* gloss
سوال بکە swal bka *(v.)* beg
سوالکەر swalkar *(n.)* beggar
سۆبیر sobir *(n.)* cactus
سۆپا sopa *(n.)* corps
سوپاس supas *(n.)* thanks
سوپاس دەکات supas dekat *(v.)* thank
سوپاس گوزار sopas gozar *(adj.)* grateful
سوپاسدار supas dar *(adj.)* thankful
سوپاسگوزاری sopas gozari *(n.)* gratitude
سوپاسی بۆ ناکرێ supasi bu nakre *(adj.)* thankless
سۆتان sotan *(n.)* scorch
سۆتانەوە بە هۆی خۆر sotanewe be hoy khor *(n.)* sunburn
سوجدە بردن sojde brdin *(n.)* prostration
سوجدە بردو sojde brdo *(adj.)* prostrate
سوجدە دە بات sojde debat *(v.)* prostrate
سوخمەی مەمک sokhmae mamk *(n.)* bra
سوددەبخشێنت soddabkhshit *(v.)* avail
سوری مانگانە sori mangane *(adj.)* menstrual
سورێژە soreje *(n.)* measles
سورینچک sorinchk *(adj.)* esophageal
سوسن sosn *(n.)* lily
سۆفستی sofsti *(n.)* sophist
سوک دەکات sok dakat *(v.)* commute
سۆکانێکی دەستی sokaneki desti *(n.)* handbrake
سۆکانێکی هەوا sokanike hawa *(n.)* airbrake
سۆکانی کەشتی sokani keshti *(n.)* rudder
سۆکایەتی sokayeti *(n.)* offence
سۆکایەتیکردن sokayeti kirdin *(v.)* rebuff
سۆکردنی سزا swok kirdin sza *(n.)* mitigation
سۆلفوریک solforik *(adj.)* sulphuric

سۆڵ sol *(n.)* slipper
سوندای sonday *(n.)* sundae
سووتان sotan *(adj.)* burning
سووتاندن sotandn *(v.)* combust
سووتاندنی swtandne *(v.)* cremate
سووتاندنی جەستە sotandne jasta *(n.)* cremation
سووتاوە sotawe *(adj.)* seared
سووتێنەر sotener *(n.)* burner
سووتێناو sotinaw *(adj.)* blazing
سووتەمەنی sotemeni *(n.)* fuel
سووتەمەنی بایۆلۆجی sotamane baewloji *(n.)* biofuel
سووتەمەنی پڕکردنەوە sotemeni pr kirdinewe *(v.)* refuel
سووچ soch *(n.)* alcove
سوود sod *(n.)* subservience
سوودبەخش sod bekhsh *(adj.)* gainful
سوودبەخشە sood bekhshe *(adj.)* benefic
سوودبەر sood ber *(n.)* beneficiary
سوودمەند sod mend *(adj.)* useful
سوودمەند بێت sood mend bet *(n.)* benefice
سوودوەرگر sod wergir *(adj.)* utilitarian
سوودی لێ وەردەگری sodi le werdegre *(v.)* orientate
سوور sor *(n.)* crimson
سوور دەکات sor dekat *(v.)* redden
سووڕپڕایز sorpraiz *(n.)* surprise
سووڕپڕایز دەکا sorpraiz deka *(v.)* surprise
سوورکار sorkar *(adj.)* reddish
سوورکەرەوە sorkarawa *(n.)* blusher
سووریژە soreje *(n.)* rubeola
سووری بکەرەوە sori dekat *(v.)* fry
سووڕ کراوە sore krawe *(n.)* fry
سوورەوەکراو sorewe kraw *(v.)* saute
سووڕ sor *(n.)* cycle
سووڕانەوە soranewe *(v.)* maunder
سووس sos *(n.)* weevil
سووک sowk *(adj.)* buoyant
سووک دەکاتەوە sok dekatewe *(v.)* remit
سووک لە نرخی کەم دەکاتەوە le nirkhi kem dekatewe *(v.)* deprecate
سووک لێدان sok ledan *(v.)* tap
سووکایەتی بە خۆ کردن sokayeti be kho kirdin *(n.)* self-abuse
سووکایەتی پێکردن Sokayeti pe kirin *(adj.)* abusive
سووکایەتی کردن sokayeti kirdin *(adj.)* demeaning

سووککردن sokkirdn *(v.)* alleviate
سووکە ژەم soke jem *(n.)* snack
سووکە ماچ soke mach *(n.)* peck
سووکەچاکەت soke chaket *(n.)* blazer
سوێر soir *(adj.)* saline
سوێری soire *(n.)* salinity
سوێسکە soiska *(n.)* quail
سوێند swind *(n.)* oath
سوێند دەخوا swend dekhwa *(v.)* swear
سوێند دەخوات swend de khwat *(v.)* vow
سوێند شکاندن swend shkandin *(adj.)* oathbreaking
سوێند شکێن swend shken *(n.)* oathbreaker
سوێندان soinddan *(v.)* adjure
سوێندی درۆ swendi dro *(n.)* perjury
سوێت swet *(n.)* suite
سویچ swich *(n.)* switch
سویسری suisri *(adj.)* Swiss
سۆبا sopa *(n.)* stove
سۆرپەرمان super man *(n.)* superman
سۆز soz *(n.)* affectation
سۆزداری sozdare *(adj.)* emotional
سۆس sos *(n.)* husk
سۆسیالیست sosyalest *(n.)* socialist
سۆشیالیزم soshyalezm *(n.)* socialism
سۆفی sofe *(adj.)* mystic
سۆفیزم sofezm *(n.)* sophism
سۆفیگەری sofegery *(n.)* mysticism
سۆندەی ناگرکوژێنەوە sondey agir kojinewe *(n.)* firehose
سۆنۆگرافی sonografi *(n.)* sonography
سۆنێت sonit *(n.)* sonnet
سۆنەر soner *(adj.)* ultrasonic
سۆئند خواردن soind khwardn *(n.)* adjuration
سیحری لێ دەکا sihri le deka *(v.)* spell
سیخۆری دەکات sikhori dekat *(v.)* snoop
سیدارە دەدری sedare dedre *(v.)* splinter
سیدان (جۆرە نۆتۆمۆبیل) sidan (jore utombele) *(n.)* sedan
سیلت silt *(v.)* silt
سیلیزی silizi *(adj.)* Celsius
سێ se *(n.)* three
سێ پایسکل se payskl *(n.)* tricycle
سێ پایە se paye *(n.)* tripod
سێ جار کردنەوە ser jar kirdinewe *(n.)* triplication
سێ جاری دەکات se jari dekat *(v.)* triplicate
سێ ڕەنگ se reng *(n.)* tricolour
سێ کەسی se kesi *(n.)* trio

سێ مانگ se mang *(n.)* trimester
سێبەر siber *(n.)* shade
سێبەری لێ دەکات sibery le dekat *(v.)* overshadow
سێبەری لێ دەکات seberi le dekat *(v.)* shade
سێتی seti *(n.)* settee
سێتی گێر seti ger *(n.)* gearset
سێجار se jar *(adv.)* thrice
سێدارە se dare *(n.)* gallows
سێرک sirk *(n.)* circus
سێزدە sezde *(n.)* thirteen
سێزدەمین sezdemin *(n.)* thirteenth
سێکس seks *(n.)* sex
سێکس دە کا seks deka *(v.)* sex
سێکسی seksi *(adj.)* sexual
سێکسی زاوزێ sikse zawzi *(n.)* emasculation
سێکسییەت seksyet *(n.)* sexuality
سێگۆشە se goshe *(n.)* triangle
سێگۆشەیی se goshey *(adj.)* triangular
سێلفی selfi *(n.)* selfie
سێو Sew *(n.)* apple
سێیەم se yem *(adj.)* tertian
سێیەمانە se yemane *(adv.)* thirdly
سی se *(n.)* lung
سی هەوکردوو se hew kirdo *(n.)* pneumoniac
سیاچامانە syachamana *(n.)* elegy
سیاسی syasi *(adj.)* politic
سیاسەتی ڕەگەزپەرستی syasate ragazparste *(n.)* apartheid
سیاناو syanaw *(n.)* sewage
سیانی syani *(adj.)* tripartite
سیانید syaned *(n.)* cyanide
سیانە syane *(adj.)* triple
سیبۆرن seborn *(adj.)* seaborne
سیترین setren *(n.)* citrine
سیتش setsh *(n.)* sich
سیتیلیک setelek *(adj.)* cetylic
سیتین seten *(n.)* cetin
سیجاک sejak *(v.)* seajack
سیحر sehr *(n.)* magic
سیخۆر sekhor *(n.)* spy
سیخۆری دەکات sekhore dekat *(v.)* spy
سیر ser *(n.)* clove
سیربرین ser brin *(n.)* slaughter
سیردار serdar *(adj.)* garlicky
سیسارکی ئەمەریکی گەورە sesarke amareke gawra *(n.)* condor
سیست sest *(n.)* cist

سیستەمی دەنگ sistemi deng *(n.)* sound system
سیسرک sesrk *(n.)* cockroach
سیسکو sesko *(n.)* cisco
سیفبراکر sefebrakr *(n.)* safebraker
سیفەر sefar *(n.)* cipher(or cypher)
سیکلیف seklef *(n.)* seacliff
سیکۆتین sekoten *(n.)* glue
سیگار segar *(n.)* cigar
سیلانت selant *(n.)* sealant
سیلیسین selesen *(n.)* silicene
سیلیکۆن selekon *(n.)* silicon
سیمبیۆت simbyot *(n.)* symbiote
سیمفۆنی simfoni *(n.)* symphony
سیمینار seminar *(n.)* seminar
سیناریۆ senario *(n.)* scenario
سیناریۆنووس senario noos *(n.)* scenarist
سینگ sing *(n.)* thorax
سینی sene *(v.)* tray
سیناپلیکس senapliks *(n.)* cineplex
سینەما sinema *(n.)* cinema
سینەماکار sinemakar *(n.)* filmmaker
سینەماکاری sinemakari *(n.)* cinematography
سینەمایی sinemay *(adj.)* cinematic
سیۆکراسی seo krasi *(n.)* theocracy
سییەکان se yekan *(n.)* pneuma
سییەکان و گەدە se yekan u gede *(adj.)* pneumogastric
سیهەمین si hemin *(n.)* thirtieth
سەبارەت بە sabarat ba *(prep.)* concerning
سەباتە sabata *(n.)* basket
سەپاندن sepandin *(n.)* imposition
سەتڵ satl *(n.)* bucket
سەتڵی سەهۆڵ setli sahol *(n.)* ice bucket
سەتەلایت satalaet *(n.)* satellite
سەخت sakht *(adj.)* chilly
سەختی sakhti *(n.)* difficulty
سەد sad *(n.)* hundred
سەد ساڵ sad sal *(n.)* century
سەدی sade *(adj.)* centigrade
سەدە sada *(adj.)* centuple
سەدەف sedef *(n.)* shell
سەدەکانی ناو ڕاست sedekani nawer rast *(adj.)* medieval
سەر sar *(n.)* cusp
سەر باز sar baz *(adj.)* additional
سەر بە بازرگانی se be bazrgani *(adj.)* commercial
سەر پێچ ser pech *(n.)* headband

سەر دێڕ ser der *(n.)* rubric
سەر لێ شێواندن sar li shiwandn *(v.)* disorient
سەراب serab *(n.)* mirage
سەرانسەر saransar *(prep.)* across
سەرانە sarana *(n.)* capitation
سەرباج ser baj *(n.)* supertax
سەربار serbar *(adj.)* extra
سەربار serbar *(adv.)* extra
سەرباری ser bari *(adj.)* supplementary
سەرباز serbaz *(n.)* military
سەربازگە sarbazga *(n.)* barrack
سەربازی ser bazi *(adj.)* martial
سەربازی مەسکەت لە شان serbazi mesket le shan *(n.)* musketeer
سەربازی پیادە serbazi pyade *(n.)* footman
سەربازی ڕم هەڵگر serbazi rm helgr *(n.)* lancer
سەربازی سوارە serbazi sware *(n.)* trooper
سەربانی ماڵ derbani mal *(n.)* rooftop
سەربڕین sarbren *(v.)* decapitate
سەربە sarba *(adj.)* dependent
سەربەخۆ sarbakhw *(adj.)* autonomous
سەربەخۆیی serbekhoy *(n.)* independence
سەربەست sarbast *(n.)* bandana
سەرپشک کردن sarpshk kirdn *(n.)* authority
سەرپۆش sarposh *(adj.)* cephaloid
سەرپۆشی سەر جێگە sarposhe sar jege *(n.)* bedcover
سەرپێچ ser pech *(n.)* turban
سەرپێچی serpechi *(n.)* violation
سەرپێچی بکەن sarpiche bkan *(v.)* disobey
سەرپێچی دەکات serpechi dekat *(v.)* violate
سەرپێچی کار sarpiche kar *(adj.)* defiant
سەرپێچی کردن serpechi kirdin *(n.)* defiance
سەپێچی کەر sepechi ker *(adj.)* insurgent
سەرپێی serpi *(adj.)* arbitrary
سەرپەرشت ser persht *(n.)* supervisor
سەرپەرشتی ser pershti *(n.)* supervision
سەرپەرشتی دەکات ser pershti dekat *(v.)* supervise
سەرپەرشتیار serpershtyar *(n.)* guardian
سەرپەرشتیاری serpershyari *(n.)* superintendence
سەرپەرشتی پۆلیس ser pershti polis *(n.)* warden
سەرپەڕ serper *(n.)* front page
سەرتاش sartash *(n.)* barber
سەرتاشران بەم جۆرە ser tashran bem jore *(n.)* tonsure

سەرج serj *(n.)* serge
سەرجەم serjem *(n.)* total
سەرجەمی serjemi *(n.)* totality
سەرچاوە دەگرێت serchawe degret *(v.)* originate
سەرچاوە sarchawa *(n.)* source
سەرچاوەی پەرتووک زان sarchawae partok zan *(n.)* bibliographer
سەرخۆش ser khosh *(n.)* bibber
سەرخۆشی ser khoshi *(adj.)* tipsy
سەردان ser dan *(n.)* visit
سەردانی دەکات ser dani dekat *(v.)* visit
سەردە کەوێت ser dekewet *(v.)* triumph
سەردێڕاو ser draw *(n.)* baulk
سەردەبڕی ser debre *(v.)* massacre
سەردەستە sardasta *(n.)* cuff
سەردەکەوێ ser dekewe *(v.)* prosper
سەردەکەوێ ser dekewe *(v.)* surpass
سەردەکەوێت ser dekewet *(v.)* pass
سەرزەنشتکردن sarzanshtkirdn *(v.)* chide
سەرزەنشتکردن ser zenisht kirdin *(n.)* telling-off
سەرزەنشتی دەکات ser zenshti dekat *(v.)* scold
سەرژمێری ser jmer *(n.)* census
سەرسام بوو ser sam bow *(adj.)* flabbergasted
سەرسام بێت sarsam bit *(v.)* astound
سەرسام دەبێت ser sam debet *(v.)* marvel
سەرسام دەکات sersam dekat *(v.)* riddle
سەرسام کەر sersam kar *(v.)* fascinate
سەرسامب وون sersam boon *(n.)* fascination
سەرسامکردن sersam kirdin *(v.)* enrapture
سەرسورمان sarsorman *(n.)* amazement
سەرسورمان sarsorman *(n.)* daziness
سەرسورهێنەر Sersorhener *(adj.)* aghast
سەرسورهێنەر sarsorhinar *(v.)* dazzle
سەرسور هێنەرە ser sor hener *(adj.)* wondrous
سەرسوور هێن ser sor hen *(adj.)* stupendous
سەرسەخت sarsakht *(n.)* diehard
سەرسەم بێت sarsam bit *(v.)* amaze
سەرسەرم دەکات sererm dekat *(v.)* nonplus
سەرشێت ser shet *(adj.)* injudicious
سەرشێواو ser shewaw *(adj.)* tumultuous
سەرقاپ sarqap *(n.)* cover
سەرقاپی مەکینەی ئۆتۆمۆبیل sarqape makenae aotomobel *(n.)* bonnet
سەرقاڵ sarqal *(adj.)* busy
سەرقاڵ دەبێت sarqal dabet *(v.)* engross
سەرقاڵبوون ser qal boon *(n.)* preoccupation

سەرقاڵکردن sarqal kirdin (n.) distraction
سەرقاڵکردن ser qal kirdin (v.) preoccupy
سەرکار sarkar (n.) foreman
سەرکردەی یاری sarkrdey yari (v.) gamemaster
سەرکوتکردن sarkotkirdn (n.) crackdown
سەروک komar (n.) president
سەرکێش ser kesh (adj.) unruly
سەرکەش sarkash (n.) adventure
سەرکەشانە sarkashana (adj.) adventurous
سەرکەوتن ser kewtin (v.) climb
سەرکەوتن ser kewtin (n.) victory
سەرکەوتوو ser kewto (adj.) prosperous
سەرکەوتووی ser kewtoy (adj.) triumphal
سەرلێ شێوان ser le shewan (n.) confusion
سەرلێ شێواو ser le shewaw (adj.) distraught
سەرلێدەکاتەوە ser le dekatewe (v.) behead
سەرلێشێواو ser le shewaw (adj.) bemused
سەرلێشێواوی ser le shewawi (n.) perplexity
سەرلەنوێ sarlanoe (adv.) afresh
سەرلەنوێ بیری لێ دەکات ser le nwe bir le dekat (v.) reconsider
سەرمایە sarmaea (adj.) stock
سەرمایەبەکارهێنان sermaye be karhenan (v.) capitalize
سەرمایەدار sarmaedar (n.) capitalist
سەرمایەداری semayedari (n.) capitalism
سەرمووچە sarmocha (n.) bonus
سەرنج sarnj (n.) glimpse
سەرنج دەدات sarnj dadat (v.) behold
سەرنج راکێش sernj rakesh (adj.) spectacular
سەرنج رادە کێشیت resnj radekeshet (v.) impress
سەرنج راکێش Sernj rakesh (adj.) attractive
سەرنجراکێش نییە ernj rakesh nye (adj.) unappealing
سەرنجراکێشان Sernj rakeshan (v.) attract
سەرنجی رادەکێشێ sernj ra dekeshe (v.) stun
سەرنجی رادەکێشێت sernji ra dekeshet (v.) nudge
سەرنووسەر sarnosar (n.) editor
سەرنووسەری sarnosare (n.) editorial
سەرنەکەوتن ser ne kewtin (n.) failure
سەرهەڵدانەوە ser hildanewe (n.) resurgence
سەرهەڵدەوە ser hilderewe (adj.) resurgent
سەرو ناستی مرۆڤ sero asti mrov (adj.) superhuman
سەروا serwa (n.) rhyme
سەروپێچ رازاوە ser u pech razawe (n.) tiara

سەروو serow (n.) top
سەروو بنەوشەیی sero bnewshey (n.) ultraviolet
سەرووتار sarwtar (adj.) editorial
سەروەری serweri (n.) sovereign
سەرۆک sarok (n.) boss
سەرۆک پەرستگای seroki perstga (n.) prioress
سەرۆک تیپ sarok tep (n.) captain
سەرۆک وەزیران sarok waziran (n.) premier
سەرۆک کۆمار sarok komar (n.) chieftain
سەرۆکایەتی serokayeti (adj.) presidential
سەرۆکایەتی دەکات serokayeti dekat (v.) preside
سەرۆکی چێشت لێنەران seroki chest le neran (n.) chef
سەرۆکی قەشەکان saroke qashakan (n.) archbishop
سەری بەهێز seri be hez (adj.) headstrong
سەری درێژ seri drej (v.) headquarter
سەری دۆش seri dosh (n.) showerhead
سەری دەکەوێ seri de kewe (v.) worst
سەری سوور بوون seri sor boon (v.) flabbergast
سەری سوور دەمنێنێت seri sor demninet (n.) flabbergast
سەرە کەرە sare kara (n.) butterhead
سەری گرت seri grt (adj.) stuffy
سەری لێ دەدات ser le dedat (v.) haunt
سەری لێ دەشێوێنێ seri le deshwene (v.) confuse
سەری لێ دەشێوێنێت seri le de shewenet (v.) puzzle
سەری لێ شێواوە sare li shiwawa (adj.) dazed
سەری لێدان seri le dan (n.) haunt
سەری نامە sare name (n.) letterhead
سەری نزم دە کات seri nzm dekat (v.) nod
سەرینی هەوا sarene hawa (n.) airbag
سەرناوکەوتن der aw kewtin (v.) float
سەرناوکەوتوو ser aw kewto (n.) buoy
سەرئێشە ser eshe (n.) epilepsy
سەرە دەرگا sere derga (n.) lintel
سەرە رم sere rm (v.) spearhead
سەرەتا sereta (n.) beginning
سەرەتاتکێن کردن seretatki kirdin (n.) voyeurism
سەرەتایی seretay (n.) beginner
سەرەرای sararae (prep.) beside
سەرەرای ئەوەش sereray awesh (adv.) nonetheless

سەرەڕای ئەوە sere ray awe *(adj.)* despiteful
سەرەڕای ئەوە sereray awe *(prep.)* notwithstanding
سەرەڕای ئەوە sereray awe *(conj.)* notwithstanding
سەرەڕای ئەوەش sereray awesh *(adv.)* moreover
سەرەڕۆ sere row *(adj.)* impulsive
سەرەڕۆیی ser weri *(n.)* venture
سەرەڕۆییدەکات serweri dekat *(v.)* venture
سەرەکی sereki *(adj.)* premier
سەرەکی و گرنگ sarake o grng *(n.)* cardinal
سەرەوەی گەدە sarawae gada *(n.)* epiglottis
سەرەوەی گەڵاکە serewey gelake *(adv.)* overleaf
سەرەی کەرت serey kert *(n.)* numerator
سەزو sezo *(adj.)* verdant
سەعات saat *(n.)* hour
سەقفی دەگرێ seqfi degre *(v.)* thatch
سەکۆ sakw *(n.)* dais
سەگ sag *(n.)* dog
سەگخانە sagkhana *(n.)* doghouse
سەگسار sagsar *(n.)* gorilla
سەگوەر sagwar *(v.)* bark
سەگێکی بچووکە sagike bchoka *(v.)* cocker
سەگی بچووک sage bchok *(n.)* puppy
سەگی بچووک بۆ ڕاو segi bchok bu rew *(n.)* terrier
سەگی خۆڵەمێشی segi kholemeshi *(n.)* greyhound
سەگی دەریا segi derya *(n.)* otter
سەگی ڕاو sagi raw *(n.)* hound
سەلاجە selaje *(n.)* refrigerator
سەلماندن selmandin *(n.)* proof
سەلەمەندەر selemnder *(v.)* salamander
سەڵت salt *(n.)* bachelor
سەما sama *(n.)* choreography
سەماخانە samakhana *(n.)* discotheque
سەماکار samakar *(n.)* dancer
سەماکاری جەمسەری semakari jemseri *(n.)* pole dancer
سەماکردن samakirdn *(adj.)* dancing
سەماوەر semawer *(n.)* samovar
سەمایەکی قۆڵەرەشەکانی ئەمریکایە samaeake qolarashakane amrekaea *(v.)* cakewalk
سەمایەکی ئیسپانیە semayeki ispanye *(n.)* bolero
سەمون semoon *(n.)* loaf

سەمەری یەک لای لەسەر پشتی ئەسپ semeri yek lay le ser pshti asp *(n.)* side-saddle
سەمەرە samara *(adj.)* awful
سەنتیمەتر santematr *(n.)* centimetre
سەندیکایی sendikay *(n.)* unionist
سەندەل sendel *(n.)* sandal
سەنگین sengin *(adj.)* demure
سەنگین sengin *(adj.)* staid
سەنگەر sangar *(n.)* bosom
سەهۆڵ sahol *(v.)* ice
سەهۆڵ شکێن sahol shken *(n.)* icebreaker
سەهۆڵاوی saholawi *(adj.)* iced
سەهۆڵاوی saholawe *(adj.)* icy
سەهۆڵ بەندان sehol bendan *(n.)* glacier
سەهۆڵبەندان saholbandan *(n.)* icicle
سەهۆڵدان sahwldan *(n.)* cooler
سەودا sawda *(n.)* bargain
سەوز sawz *(n.)* green
سەوزی تاریک sewzi tarik *(n.)* sage-green
سەولەجان sewlejan *(n.)* mace
سەول seol *(n.)* oar
سەوڵ sewl *(n.)* paddle
سەوڵ لێدەدات sewl le de dat *(v.)* paddle
سەوڵ لێدەر seol leder *(n.)* oarsman
سەوود saod *(n.)* advantage
سەیر Seyr *(n.)* antic
سەیر و سەمەرە saer o samara *(adj.)* bizarre
سەیر و سەمەرە seyr u semere *(n.)* oddity
سەیران seyran *(n.)* outing
سەیرکردن seyr kirdin *(v.)* look
سەیلبۆردەر saelborder *(n.)* sailboarder
سەیوان seywan *(n.)* umbrella

شا دەمارە ژان sha demare jan *(n.)* sciatica
شا کوژ sha koj *(n.)* regicide
شاپەرۆن shaparon *(n.)* chaperone
شاتۆ shatw *(n.)* chateau
شاخ shakh *(n.)* mountain
شاخاوی shakhawy *(adj.)* mountainous
شاخی سەهۆڵبەندان shakhi sahol bendan *(n.)* iceberg
شاخی ئاسک shakhe asik *(n.)* antler
شاخەوان shakhawan *(n.)* climber
شاخەوان shakhewan *(n.)* mountaineer

شاخەوانی بەرد shakhewani berd (n.) rock climber
شاد shad (adj.) blithe
شادبوون shad boon (v.) exult
شادمان دەبێت shadman debet (v.) rejoice
شادی shadi (n.) felicity
شادەمار shadamar (n.) aorta
شار shar (n.) city
شاراوە sharawa (adj.) covert
شاردنەوە shardnawa (n.) elision
شاراوە sharawe (n.) potential
شاراوە sharawe (adj.) potential
شارستانیەتی sharstanite (n.) civilization
شارستانی sharstane (adj.) civil
شارستانیەتی sharstaneati (n.) culture
شارێک خراپەی تیا نەکرێت sharek khrapey tya ne kret (n.) utopia
شارێکی بچووک shareki bchok (n.) town
شارێکی ئۆتۆنۆمیدار shareki autonomidar (n.) borough
شاری share (adj.) civic
شاری جنۆکە shry jinoke (n.) ghost town
شاری مردووان shari mrdwan (n.) necropolis
شارە گەورەکان share gewrekan (n.) metropolis
شارەزا sharaza (n.) adept
شارەزایی Sharezay (adj.) adroit
شارەزایی sharezay (n.) mastery
شارەوانیەتی sharewaneti (n.) municipality
شارەوانیانە sharewanyane (adj.) municipal
شاری بابل share babl (n.) babel
شاز shaz (adj.) freak
شازادانە shazadane (adj.) princely
شازدە shazde (n., adj.) sixteen
شازدەهەم shazdehem (adj.) sixteenth
شازی shazi (adj.) queer
شاژن shajin (n.) queen
شاشە shashe (n.) screen
شاشە پارێزەر shashe parezer (n.) screensaver
شاشەی تەخت shashey tekht (n.) flat screen
شاعیر shaaer (n.) poet
شاعیرانە shairane (adj.) lyric
شاکار shakar (n.) masterpiece
شاگرد shagrd (n.) disciple
شاڵقی درەخت shalqi drakht (n.) bough
شالیار shalyar (v.) minister
شاڵ shal (n.) muffler
شاڵاوێک لە جنێو shalawek le jnew (n.) tirade

شالێت shalet (n.) chalet
شامان shaman (n.) shaman
شامپۆلیچ shampolich (adj.) shambolic
شامپۆ shampo (n.) shampoo
شامپۆ دە کات shampo dekat (v.) shampoo
شان shan (n.) shoulder
شان و شەپێلک خوار shan o shapelk khwar (adj.) gawky
شاناز shanaz (adj.) proud
شانازانە shanazana (adj.) honorary
شانازی پێ دەبات shanazi pe debat (v.) pride
شانازی shanazi (n.) honour
شانازە بکەن shanaze bkan (v.) boast
شانازی دەکات shanazi dekat (v.) flaunt
شان بەشانی Shan beshani (prep.) alongside
شاندەری shandare (n.) chandelier
شان شین shan shin (n.) kingdom
شانۆ shanw (v.) stage
شانۆ shano (n.) theatre
شانۆگەری shanogary (adj.) dramatic
شانۆگەری shanogari (n.) drama
شانۆگەری کۆمیک shanogeri komik (n.) skit
شانۆگەری لاقرتی و لاسایی shanogare laqrti o lasay (n.) burlesque
شانۆ نووس shano nos (n.) dramatist
شانۆیی shanoy (adj.) theatrical
شانی هەڵدە کشێنێت shani hel dekhsenet (v.) shrug
شانی هەڵکیشان shane halkishan (n.) shrug
شانە shana (n.) comb
شانە هەنگەکان shana hangakan (n.) beehive
شانەی پڕ لە خانە shanae pr la khana (adj.) cellular
شاه shah (n.) king
شاهانە shahana (adj.) regal
شاهی shahi (n.) royalist
شاورما shawrma (n.) shawarma
شاوە بۆ هاوسەرێتی shawe bu hawseriti (adj.) nubile
شایەت حاڵی دە دات shayet hali dedat (v.) testify
شایان shayan (n.) due
شایانێتی shayanite (v.) deserve
شایانی باس shayani bas (adj.) noteworthy
شایانی مشت و مڕ shayani misht u mir (adj.) controversial
شایستە shaesta (adj.) decent
شایستەیی shaestae (n.) eligibility
شایستەیی shaystey (n.) merit

شایستەیی shaystey (v.) merit
شایەنی ستایشکردنە shayeni staysh kirdine (adj.) praiseworthy
شپرزەدەبێت shprzadabit (v.) embarrass
شت sht (n.) stuff
شتن shtn (n.) wash
شتی نە بینراو دە بینرێ shti ne binraw de binre (adj.) piercing
شتێ گەورە بکات shti gawra bkat (v.) deify
شتێک shtek (adv.) something
شتێک چالاک دەکات shtik chalak dakat (v.) enliven
شتێک کە شتێکی تری پێ داپۆشرێت shtik ka shtike tre pi daposhrit (n.) coverlet
شتێک یا کەسێک زۆر بە کار و بەزەبر و سەرکەوتوو shtik ya kasik zwr ba kar o bazabr o sarkawtw (n.) blockbuster
شتێک shtiq (n.) aught
شتێکی تەمەن کورت shteki temen kort (n.) ephemera
شتێکی زۆڵ و زڵ shteki zol u zil (n.) bouncer
شتێکی سەیر Shteki seyr (n.) anomaly
شتێکی نایاب shteki nayab (n.) topper
شتێکە نەبینراو لەهەوادا shtike nabenraw lahawada (n.) aura
شتێکی وەرگیراو shteki wergiraw (n.) excerpt
شتێ بۆ بەجێماو shte bo bajimaw (n.) bequest
شتی ئاسایی shti asay (adj.) commonplace
شتە بچووکەکان shte bchokekan (n.) trifle
شتە جۆلاوەکان shte jolawekan (n.) movables
شرێت shret (n.) ribbon
شرێتی داکت shreti dakt (n.) duct tape
شرێتی ڤیدیۆیی shriti videoy (n.) videotape
شرێتەکە خۆی shretaka khwe (n.) cassette
شڕ shr (adj.) shabby
شڕووڕکردن shror kirdin (v.) tatter
شڕە shre (n.) tatter
شفرە shfra (n.) cryptography
شکستن shkstin (v.) rout
شکاتی لێ دەکات shkati le dekat (v.) sue
شکان shkan (n.) breakage
شکاندن shkandn (v.) berate
شکاندی shkande (adj.) broke
شکاو shkaw (adj.) brittle
شکست shkst (v.) defeat
شکۆ shko (n.) dignity
شکۆدار shkodar (adj.) glorious
شکۆداری دەکات shko dari dekat (v.) glorify
شکۆمەند shkomand (adj.) eminent

شکۆمەند shkomend (adj.) majestic
شکۆمەندی shkomendi (n.) majesty
شکێنراو shkenraw (n.) wreckage
شکێنەری قاسەی ئاسنین shkeneri qasey asin (n.) safecracker
شل shl (n.) fluid
شل بوونەوە shl bonewe (n.) dilaceration
شل دەبێت shl debet (v.) thaw
شل دەکات shl dekat (v.) weld
شل دەکاتەوە shl dekatewe (v.) fuse
شل کردنەوە shil kirdinewe (n.) delipidation
شل کردنەوە shl kirdinewe (n.) weld
شل و شلۆق shl o shloq (adj.) flabby
شلبوونەوە shl bonewe (n.) thaw
شلکردنەوە shlkirdnawa (v.) defrost
شل کردنەوە shil kirdinewe (v.) loosen
شلە shle (n.) slush
شلۆق shloq (adj.) insecure
شلێری ئاوی shleri awi (n.) lotus
شلە shle (adj.) fluid
شلە shle (adj.) liquid
شلەبەکی بێ ڕەنگی زوو گرگرتووە shlabake bi rang zw grgrtwa (n.) acetone
شلەتین shletin (adj.) tepid
شلەمەنیەکان shlemenyekan (n.) falls
شلەژان shle jan (n.) bewilderment
شلەژاو shile jaw (adv.) chaotic
شمپانزی shampanzi (n.) chimpanzee
شمشاڵ shmshal (n.) flute
شمشاڵ لێ دان shmshal le dan (v.) flute
شمشێر shm sher (n.) sabre
شمشێر لێ دان shm sher le dan (n.) javelin
شەپۆلی فراوان Shepoli frawan (n.) broadband
شەربەتی سێو sherbeti sew (n.) cider
شەڕ کردن sher kirdin (n.) ruckus
شەرمین sharmin (adj.) ashamed
شەفەقە shefeqe (v.) pity
شەهوانی shehwani (n.) sensualist
شوان shwan (n.) shepherd
شوانی مێگەل shwani me gel (n.) herdsman
شۆپاهۆلیزم shopaholezm (n.) shopaholism
شۆپاهۆلیک shopaholik (n.) shopaholic
شۆتی shoti (n.) shottie
شۆرت short (n.) corduroy
شۆرە shore (n.) rampart
شۆر دەکات shor dekat (v.) enclose
شۆرایی shoray (n.) dishonour
شۆشتن shoshtin (v.) rinse

شوشەی پێشەوەی ئۆتۆمۆبیل shoshey peshewey utombil (n.) windscreen
شۆفان shofan (adj.) oatmeal
شۆفێر shofer (n.) driver
شوقە shoqa (n.) apartment
شۆك shok (n.) shock
شۆك دە بێت shok debet (v.) shock
شۆكۆلاتە shokolata (n.) chocolate
شوو دەكات sho dekat (v.) wed
شووتی shote (n.) water-melon
شۆرە shore (n.) fence
شووشە shosha (n.) glass
شووشە ساز shoshe saz (n.) glassmaker
شووشەخانە shoshe khana (n.) glasshouse
شووشەسازی shoshe sazi (v.) glassify
شووشەی بخوور تێدا سووتاندن shwshae bkhwr tida swtandn (n.) censer
شووشەی خۆڵ shoshae khol (n.) sandglass
شووڵ shol (n.) wicker
شوێ showe (n.) locale
شوێن shwen (n.) location
شوێن پێ shwen pe (n.) footmark
شوێن پێ هەڵگری لەشجوانی shwen pe helgri lesh jwani (n.) fitness tracker
شوێنپێی shwen pe (n.) trace
شوێنپێی هەڵگرتن shwen pe helgrtin (adj.) traceable
شوێنكەوتوو shwen kewto (n.) follower
شوێنێكی بەرز shweneki berz (n.) perch
شوێنێكی زوورروو shwinike zhwrw (adj.) northern
شوێنی shweni (adv.) whereabout
شوێنی بێدەنگ shweni be deng (n.) nook
شوێنی تیشكی shweni tishki (n.) radiolocation
شوێنی چاكسازی shweni chak sazi (n.) reformatory
شوێنی حەڵوا فرۆشتن shwine halwa froshtn (n.) confectionery
شوێنی دەگرێتەوە shweni de gretewe (v.) supersede
شوێنی روودانی تاوان shweni rudani tawan (n.) venue
شوێنی مانەوە shwine manewe (n.) accommodation
شوێنی نیشتەجێ بوون shwine neshtaje boon (n.) domicile
شوێنی نیشتەجێبوون shweni nishte je boon (n.) residence

شوێنی وەستانی پاس shwine wastane pas (n.) bus stop
شوێناوار shwinawar (n.) artefact
شوێناوار مانەوە shwene war manewe (n.) relic
شوێناواری shoinaware (adj.) antique
شۆخ shokh (adj.) graceful
شۆربا shorba (n.) soup
شۆربای گەنمە شامی shorbay genme shami (n.) mush
شۆربە shorba (n.) broth
شۆرت short (n. pl.) shorts
شۆردنی خوێن shordni khwin (n.) dialysis
شۆردبێتەوە shor debetewe (v.) loll
شۆرشگێر shorshgir (n.) militant
شۆروید shorwed (n.) shoreweed
شۆربوون shor boon (n.) sag
شۆردبێتەوە shor debetewe (v.) sag
شۆرش shorsh (n.) commotion
شۆرشگێر shorsh ger (adj.) revolutionary
شۆستوپەر shosto per (n.) showstopper
شۆستە shosta (n.) pavement
شۆستەی بەندەر بەگشتی shostey bender be gshti (n.) wharfage
شۆستەی لەنگەرگرتنی كەشتی shostae langargrtne kashte (n.) pier
شۆفێر shofer (n.) chauffeur
شۆفێری تەكسی shwfire takse (n.) cabby
شۆفینیزم shofinizm (n.) chauvinism
شێت بوون shet boon (adj.) senile
شیروال sheerwal (n.) shearwall
شیری دوو لا تیژ shiri do la tij (n.) rapier
شی كردن shi kirdin (n.) solution
شین كردن shin kirdin (v.) commiserate
شێ she (n.) humidity
شێت shit (adj.) crazy
شێت بوون shet boon (n.) freak-out
شێت دەكات shet dekat (v.) madden
شێت گێرانە دەجوڵێنتەوە shitgerana dajolitawa (v.) fidget
شێتكردن shet kirdin (adj.) maddening
شێتۆكە shetoke (adj.) insane
شێتی shite (n.) craze
شێدار shidar (adj.) damp
شێدار shedar (adj.) humid
شێدار كردنەوە shidar kirdnawa (v.) dehumidify
شێر sher (n.) lion
شێرانە sherane (adj.) leonine

شیرپەنجە shirpanja (n.) cancer
شێرپەنجە sher penje (n.) tumour
شێرپەنجە کە وتو sherpenje kewto (adj.) oncogenic
شێری دەریا sheri derya (n.) sealion
شێگیر shegir (adj.) furious
شێگیری shegeri (n.) fury
شەلم shelm (n.) turnip
شێماتیست shimatest (n.) schematist
شێناو shinaw (n.) dilution
شێو shew (n.) supper
شێواز shewa (n.) diction
شێوازێکی دیاریکراوە لە زمان بەکارهێناندا shewazeki dyari kraw le zman be karhenan da (n.) jargon
شێوازی تەکنیکی shewazi tekniki (n.) technique
شێوازی ژیان shewazi jyan (n.) lifestyle
شێوازی نادیار shewazi na dyar (adj.) passive
شێوازی نوێ shewazi nwe (adj.) stylish
شێواندن shewandin (n.) deformity
شێواو shewawi (adj.) deranged
شێواوی shewawi (v.) deform
شێوگی نەرێ shewgi ne re (v.) negative
شێوە shiwa (n.) appearance
شێوە چوارگۆشەیی shewe chwar goshey (adj.) quadrangular
شێوە دە گۆڕێت shewe de goret (v.) transfigure
شێوە قوچەکی shewe qocheki (adj.) conical
شێوا هێلکەیی shiwa hilkae (n.) ellipse
شێوەدار shewe dar (adj.) shapely
شێوەزار Shewe zar (v.) accend
شێوەگۆڕین shewe gorin (v.) shapeshift
شێوەگۆڕین shewe gorin (n.) transfiguration
شێوەی چوارگۆشەیی shewey chwar goshey (n.) quadrangle
شێوەی سەرەوە shewey serewe (v.) shape up
شێوەی کەشتی shewey keshti (adj.) shipshape
شێوەی لاکێشە shewey la keshe (n.) rectangle
شێوەی یاسایی دەداتێ shewey yasay de date (v.) legalize
شیان shyan (v.) befit
شیاو shyao (adj.) apposite
شیاوی بەتاڵکردنەوەیە shyawi betal kirdineweye (adj.) revocable
شیاوە بۆ نیشتەجێبوون shyawe bo nishtejeboon (adj.) inhabitable

شیبوونەوە shi bonewe (n.) decomposition
شیپ لاپ ship lap (n.) shiplap
شیدەکاتەوە she dekatewe (v.) decompose
شیر sher (v.) dunk
شیر دەرژێنێت shir derjet (v.) lactate
شیرپێدان shir pedan (v.) breastfeed
شیرک shirk (adj.) polytheistic
شیری sheri (adj.) galactic
شیری دەداتێ shiri dedate (v.) suckle
شیری وشک shiri woshk (n.) milk powder
شیرین shirin (n.) sweet
شیرین دەکات shirin dekat (v.) sweeten
شیرینی sherene (n.) candy
شیرەخۆرە shire khore (n.) suckling
شیزۆفرینیا shezofrenya (adj.) schizophreniac
شیزۆفرینیا shezofrenya (n.) schizophreniac
شیعری شوانکارەی shieri shwankari (adj.) pastoral
شیک shek (n.) dandy
شیک گەرایی shik geray (n.) polytheism
شیکار دەکات shikar dekat (v.) solve
شیکارکەر shekar kar (n.) analyst
شیکاری shekare (n.) analysis
شیکاری بکەن shekare bikan (v.) analyse
شیکردنەوە shekirdnawa (v.) decipher
شیکەرەوە shekarawa (adj.) analytical
شیلان shelan (n.) coral
شیلەی گوڵ sheley gul (n.) nectar
شین shen (n.) blue
شین بۆ کردن shen bo kirdn (v.) bemoan
شینی ئاسمانی sheni asmani (n.) cyan
شێنەدەمار shenadamar (n.) capillary
شێواندن shewandn (v.) distort
شەبنەم shabnam (n.) dew
شەبەق shabaq (n.) dawn
شەبەهنگی ڕووناکی shebenhgi ronaki (n.) spectrum
شەپقە shapqa (v.) cap
شەپۆڵ دەدات shepol dedat (v.) meander
شەپۆڵدار shapoldar (adj.) corrugated
شەپۆڵدار بێت shepoldar bet (v.) undulate
شەپۆڵدان shepol dan (n.) undulation
شەپۆڵی ناو shapole aw (v.) billow
شەپۆڵ shepol (n.) wave
شەپۆڵ دەدات shepol dedat (v.) wave
شەپۆڵاوی shepolawi (adj.) wavy
شەتڵ shatl (n.) cutting
شەڕکردن sharkirdn (n.) affray

شەرم sharm (v.) blush
شەرم دەکا sherm deka (v.) shy
شەرمن sharmn (adj.) diffident
شەرمین sharmin (adj.) bashful
شەرمەزاری sharmazare (v.) beshame
شەر shar (n.) combat
شەر فرۆشتن sher froshtin (n.) petulance
شەر و پێکدادان sher u pek dadan (n.) skirmish
شەر وەستاندن shar wastandn (n.) ceasefire
شەرانگیز sharangiz (n.) aggressor
شەرانگیزی sharangize (n.) aggression
شەرانی sharane (adj.) combative
شەرخواز sharkhwaz (adj.) bellicose
شەرکردن sharkirdn (n.) brawl
شەرکەر sharkar (adj.) belligerent
شەرمەزار دەکات shermazar dekat (adj.) abashed
شەرمەزار کردن shermazar kirdin (v.) abase
شەر و شۆر sher u shor (n.) warfare
شەری دەکات sheri dekat (n.) skirmish
شەری پشیلە share pshela (n.) catfight
شەری دەستی و یەخە sheri deste u yekhe (n.) melee
شەری سەگ sheri sag (n.) dogfight
شەرە قسمەکردن shara qsmakirdn (v.) bicker
شەرە گایی shere gayy (n.) matador
شەرە چەپۆک shere chepok (v.) scuffle
شەست shest (n., adj.) sixty
شەستەم shestem (adj.) sixtieth
شەش shesh (n.) six
شەش پاڵو shash palw (n.) cube
شەشەم sheshem (adj.) sixth
شەفت sheft (n.) shaft
شەفتەڵو sheftol (n.) trapezoid
شەفەل shefel (n.) shovel
شەقام sheqam (n.) street
شەقامی پان shaqami pan (n.) boulevard
شەقیقە sheqiqe (n.) migraine
شەکر shekr (n.) sugar
شەکر دەکات shekr dekat (v.) sugar
شەکرۆکە shakreka (n.) cookie
شەکری shekri (adj.) saccharine
شەکرە shakra (n.) diabetes
شەکەتی shakati (n.) fatigue
شەلێتی shaelite (adj.) lacy
شەماڵ shemal (n.) zephyr
شەماڵ هەڵگرتن shemal hel de girtin (n.) waft

شەماڵ هەڵدەگرێت shemal hel de giret (v.) waft
شەمپانیا shampanya (n.) champagne
شەمشەمەگویز shamshama gwir (n.) bat
شەممە shemme (n.) sabbath
شەممەیی shemmey (n.) sabbatical
شەمولە shamola (adj.) dwarf
شەمەندەفەر shemende fr (n.) train
شەمەندەفەر لەسەر هێل لادەچێت shemendefir le ser hel la dechet (v.) derail
شەمەندەفەری زور خێرا shamandafare zor khera (n.) bullet train
شەن کردن shen kirdin (v.) winnow
شەنگ shang (adj.) elegant
شەهوەتی جنسی shehweti jinsi (n.) fetishism
شەهید shehid (n.) martyr
شەهیدبوون shehid boon (n.) martyrdom
شەو shew (n.) night
شەوانە shewane (adv.) nightly
شەوانە shewane (adj.) nocturnal
شەورۆیی shew roy (n.) somnambulism
شەوق دانەوە shewq danewe (v.) irradiate
شەوقێکی بەهێز shewqeki be hez (n.) limelight
شەونخونی shew nkhoni (n.) vigil
شەوی شاو shawe shaw (v.) benight
شەویلاگ shewelag (n.) jaw
شەویلگەی سەرو shewelgey sero (n.) maxilla
شەیتان sheytan (n.) devil
شەیتان بکەن shaetan bkan (v.) demonize
شەیتانیانە shaetanyana (adj.) satanic
شەیدا sheyda (n.) lover
شەیدا دەکات shaeda dakat (v.) charm
شەیدا دەبێت sheyda debet (v.) enchant
شەیدایی sheyday (v.) crush
شەیربیم sheyrbeem (n.) sharebeam

عازەبە azaba (n.) acne
عاشق بوو ashiq bo (adj.) enamoured
علمانی ilmani (adj.) lay
علمانیەت almanyet (n.) secularism
عەدەساقەرەنی adesa qereni (n.) facet
عەرەبەی شەمەندەفر arebey shemendefr (n.) cable car
عەقارات aqarat (n.) realty

عه نبه ر Anber (n.) amberite
عود awd (n.) lute
عەبا یا ڕۆبی تورکی aba ya robi turki (n.) dolman
عەبا یا ڕۆبی تورکی aba ya robi turki (n.) dolmen
عەدەسەی کامیرا adesey kamira (n.) shutter
عەرش tekht (n.) throne
عەرەبانە arabana (n.) carriage
عەرەبانەی بەستراو بە موتۆر سکل erebaney bestraw be tenshti motor skl (n.) sidecar
عەرەبانەی خواردنگێر arebaney khoardin ger (n.) diner
عەرەبانەی مندااڵن arabanae mndal (n.) buggy
عەرەبانەی مندااڵن arebaney mndalan (n.) pram
عەرەبانەیەکی رازاوە یە تێپنکی مۆسیقای لەسەر سوار دەبێت لە خۆپیشاندانێکدا arabanaeake razawaea tepike moseqae lasar swar dabit la khopeshandanikda (n.) bandwagon
عەرەبانەیەکی سەرپێنچراوەی چوار کورسییە arabanaeake sarpichrawae chwar korsea (n.) barouche
عەرەبی arabe (n.) Arab
عەرەبی ئەندەلۆس arebi andelos (n.) moor
عەرەبیتا arabeta (adj.) arrabbiata
عازی تراکی azi traki (n.) tracksuit
عەقڵ aql (n.) intellect
عەقڵ دەفرێنێت aql defrenet (adj.) mind-blowing
عەقاڵنی aqlani (n.) rationale
عەقاڵنی دەکات aqlani dekat (v.) rationalize
عەقاڵنییەت aqlanyet (n.) rationality
عەقیدە aqide (n.) doctrine
عەقیق aqeq (n.) agate
عەلوە alwa (n.) fodder
عەمید لە سوپادا amed la sopada (n.) brigadier

غار غار دەدات ghar dedat (v.) gallop
غاری ئەسپ ghare asp (n.) gallop
غاز gaz (n.) gas
غازی کراوە ghazi krawe (adj.) gasified

غەریب بوون لە ڕابردوو gherib bon le rabirdo (n.) nostalgia
غەریبی دەکات gheribi dekat (v.) pine
غۆل gol (n.) ghoul
غەرغەرە gharghare (v.) gargle
غەریزە ghareza (n.) instinct
غەریزەیی gharezey (adj.) instinctive
غەڵبە غەڵب ghalba ghalb (n.) clamour
غەمبار ghambar (adj.) dolorous

ف

فارگۆنی نوستن fargone nostn (n.) sleeper
فارێزە fareza (n.) comma
فاس fas (v.) bleach
فاسۆلیا faswlya (n.) bean
فاکس faks (n.) fax
فالوس falos (n.) phallus
فالۆسەنترێک falosantrek (adj.) phallocentric
فالچی falche (n.) hag
فانتازیا fantazya (adj.) phantasmal
فانتازیاگۆریا fantaziagorya (n.) phantasmagoria
فانێلە fanela (n.) flannel
فایل fayl (n.) file
فتق ftq (n.) hernia
فتیل ftel (n.) wick
فراندن frandn (v.) abduct
فراوان frawan (adj.) ample
فراوان بێت frawan bet (v.) dilate
فراوان دەبێت frawan debet (v.) stretch
فراوان دەکات frawan dakat (v.) enlarge
فراوانبوون frawan boon (n.) expansion
فرمان frman (n.) directive
فرمان دەدات frman dadat (n.) bid
فرمان لە frman la (v.) conjugate
فرمانی تێپەر frmani te per (adj.) transitive
فرمانی تێنەپەر frmani te neper (adj. (verb)) intransitive
فرمێسک frmesk (n.) tear
فرمێسک دەرێژێ frmesk dereji (v.) tear
فرمێسکاوی frmeskawi (adj.) tearful
فرۆکە لێ دەخورێنی froke le de khorine (v.) pilot
فرۆشتن froshtn (n.) sale
فرۆشتنی تەواو froshtini tewaw (n.) sell-out

فرۆشتەنی froshteni (adj.) salable
فرۆشگای پەرتووك froshgae partok (n.) bookstall
فرۆشگای گەورە froshgay gewre (n.) megastore
فرۆشیار froshyar (n.) monger
فرۆشیاری کۆ foshyari ku (n.) wholesaler
فرۆشیاری گرۆك froshyari gerok (n.) hawker
فرۆکەخانە frokakhana (n.) aerodrome
فری دان fre dan (v.) fling
فری دەدات fre dedat (v.) scrap
فری دەدات fre dedat (v.) throw
فریدەر fridar (n.) caster
فریاکەوتن fryakawtn (n.) emergency
فریاکەوتنی سەرەتایی fryakewtini seretay (n.) first aid
فرینی تۆپ frini top (n.) volley
فریو دەدات frew dedat (v.) tempt
فریودان frewdan (v.) beguile
فریو دەدات frew dadat (v.) bluff
فریوەدەر frewadar (adj.) alluring
فریوی دەدات frew dedat (v.) seduce
فرە پسپۆری fre pspori (adj.) mutidisciplinary
فرە زمانە fre zmane (adj.) multilingual
فرە شێوە fre hsewe (n.) multiform
فرە گەردیلەیی fre gerdiley (adj.) polymolecular
فرە مندالبوون fre mndal boon (adj.) multiparous
فرە میکرۆبی fre mikrobi (adj.) polymicrobial
فرە مەلبەندی fre melbendi (adj.) polycentric
فرە ناوەندگەرایی fre nawend geray (n.) polycentrism
فرەبا fre ba (adj.) windy
فرەجۆر fre jor (adj.) polymorphic
فرەجۆری fre jori (n.) polymorphism
فرەرەنگ fre reng (adj.) polychrome
فرەزمان fre zman (n.) polyglot
فرەژنی fre jni (n.) polyandry
فرەمانا framana (adj.) ambiguous
فرەیی frey (adv.) galore
فر فرۆکە fr froke (n.) whirligig
فرن frn (n.) furnace
فرن frn (n.) oven
فرۆکە froka (n.) aeroplane
فرۆکەخانە fruka xana (n.) airfield
فرۆکەوان froke wan (n.) pilot

فرۆکەوانی frokawane (n.) aviation
فرۆکەوانی فیداکەری ژاپۆنی frokewani fidakeri japoni (n.) kamikaze
فرۆکەی بێفرۆکەوان frokey be frokevan (n.) drone
فرۆکەی چارۆکەدار frokey charoke dar (n.) glider
فرین frin (n.) flight
فزۆلی fzoli (adj.) nosey
فزۆلی fzoli (adj.) nosy
فشار دەخاتە سەر fshar dakhate ser (v.) pressurize
فشەکردن fshakirdn (v.) brag
فلاپەر flapar (n.) flapper
فلاش بەك flash bak (n.) flashback
فلاش دەدات flash dedat (v.) flash
فلاشەر flasher (n.) flasher
فلامێنکۆ flamenkw (n.) flamenco
فلتەر filter (n.) filter
فلتەر کردن fltar kirdin (v.) filter
فلۆرا flora (n.) flora
فیلمی سینەمایی filmi sinemay (v.) film
فلێن flen (n.) cork
فلچە flcha (n.) brush
فلچەی بۆیاخ flchey boyagh (n.) paintbrush
فلچەی قژ filchey qij (n.) hairbrush
فلش دە کات flsh dekat (v.) flush
فلشکردن flsh kirdin (n.) flush
فۆز foz (n.) fuzz
فووی پیا دەکات foe pya dekat (v.) puff
فۆبیای ترسی جێنگای داخراوتەنگ fobyay trsi jegay teng (n.) claustrophobia
فۆبیای ترسی شوێنی گشتی fobyae trse shoine gshte (n.) agoraphobia
فۆتۆکۆپی foto kopi (n.) photocopy
فۆتۆگراف دە کات foto graf dekat (v.) photograph
فۆتۆگرافی foto grafi (adj.) photographic
فۆرم form (n.) form
فۆرمات format (n.) format
فۆرمی باج forme baj (n.) tax return
فۆرمی بەشدارێکردن forme bashdarekirdn (n.) entry form
فۆرمی پرۆ formi pro (adj.) pro forma
فۆسفات fosfat (n.) phosphate
فۆسفۆری fosfori (n.) phosphorus
فۆشیار foshyar (n.) salesman
فۆکۆسی نۆتۆماتیکی fokose aotomateke (n.) autofocus

فۆکەس کردن fokes kirdin (n.) focalization
فۆگبانک fogbank (n.) fogbank
فۆلکلۆری folklore (adj.) folkloric
فۆلیك folek (adj.) folic
فۆلسکاپ folskap (n.) foolscap
فۆندانت fondant (n.) fondant
فیبرۆسیس fibrosis (n.) fibrosis
فیزیاگەر fizya ger (n.) physician
فیزیایی fizyay (n.) physic
فێڵ کردن fel kirdin (n.) cheat
فێربوون fer boon (n.) learning
فێردەبێت fer debet (v.) learn
فێرکار fer kar (n.) pedant
فێرکار fer kar (n.) pedantry
فێرکارانە firkarana (adj.) didactic
فێرکاری دەکرێت fer kari dekret (adj.) teacheable
فێرکردن fer kirdin (n.) pedagogy
فێری دەکات feri dekat (v.) inculcate
فێرنەگۆلە ferne gole (n.) wren
فیێڵ fel (interj.) fie
فێڵ کردن لە یاسا fel kirdin le yasa (v.) circumvent
فێڵ fel (n.) dodge
فێڵ دە کات fel dekat (v.) trick
فێڵ کردن fel kirdin (v.) gull
فێڵباز filbaz (adj.) crafty
فێڵبازی fel bazi (n.) gimmick
فێڵکردن fel kirdin (v.) decoy
فێڵکردن fel kirdin (n.) scambling
فێڵکی جەنگی felki jengi (n.) stratagem
فێڵی دە کا feli deka (v.) gimmick
فێڵی لێ دەکات feli le dekat (v.) outwit
فێمینیست fimenest (adj.) feminist
فێنگ شوی fingshoy (n.) fengshui
فیتنە fitne (n.) intrigue
فیتنە دە کا fitne deka (v.) intrigue
فیتەر fiter (n.) fitter
فیدرالی fidrali (adj.) federal
فیدرالیەت fidralyet (n.) federation
فیرنەگۆلە firne gole (n.) warbler
فیرۆ ferw (n.) wastage
فیزن fizn (adj.) pompous
فیزنی fizni (n.) pomposity
فیزیاوان fizya ger (n.) physicist
فیزیایی fezyae (adj.) physical
فیشکە feshka (n.) hiss
فیشکەکردن fishke kirdin (v.) sibilate

فیشەکی لاستیك fisheki lastik (n.) rubber bullet
فیکە fike (n.) whistle
فیکە لێدەدات fike le dedat (v.) whistle
فیل fel (n.) elephant
فیلامێنت flament (n.) filament
فیلامێنسیۆن felamension (n.) filamentation
فیلی دەریا fili derya (n.) walrus
فیلەوان fele wan (n.) mahout
فیوز fewz (n.) fuse
فەتحکردن fathkirdn (n.) conquest
فەراموشی دەکات feramoshi dekat (v.) neglect
فەرمان farman (n.) behest
فەرمان دە دات ferman dedat (v.) order
فەرمانبەر ferman ber (n.) functionary
فەرماندار farmandar (n.) commander
فەرماندەری قەڵا farmandare qala (n.) castellan
فەرماتڕەوا ferman rawe (n.) commandant
فەرماتڕەوای دەکات ferman reway dekat (v.) rule
فەرماتڕەواییە farmnrawaea (n.) anarchism
فەرمانگەی تۆمارکردن farmangae tomarkirdn (n.) registry
فەرمانی پشکنین fermani pshkinin (n.) search warrant
فەرمی fermi (adj.) formal
فەرهەنگ farhang (n.) dictionary
فەرهەنگ دانان feheng danan (n.) lexicography
فەرهەنگۆك farhangok (n.) glossary
فەروە farwa (v.) budge
فەرەنسی ferensi (adj.) French
فەزای یاریکردن fezay yari kirdin (n.) gamespace
فەلاقە دەدات felaqe dedat (v.) taw
فەلسەفی felsefi (adj.) philosophical
فەلسەفەی قازانج felsefey qazanj (n.) pragmatism
فەلسەفەی مادەخوازی felsefey madde khwazi (n.) materialism
فەلسەفەی نە بوونی felsefey ne boni (n.) nihilism
فەلسەفەی ئەزمونگەری falsafae azmongare (n.) empiricism
فەھرەنهایتی fehrenhayti (adj.) Fahrenheit
فەوتان fawtan (n.) bane
فەوج fewj (n.) regiment
فەیلەسوف feylesof (n.) philosopher

feyleq (n.) legion فەيلەق

vazlen (n.) vaseline ڤازلین
vaziktome (n.) vasectomy ڤازیکتومی
vaksin (n.) vaccine ڤاکسین
valv (n.) valve ڤالف
van (n.) van ڤان
vayros (n.) virus ڤایرۆس
vayrosi (adj.) viral ڤایرۆسی
volt (n.) volt ڤۆڵت
voltej (n.) voltage ڤۆڵتێج
vitarne (adj.) veterinary ڤێتەڕنی
vistefal (adj.) gala ڤێستیڤاڵ
viktare (adj.) vectorial ڤێکتەری
vetamen (n.) vitamin ڤێتامین
video (n.) video ڤیدیۆ
video dekat (v.) video ڤیدیۆ دە کات
video bloger (n.) videoblogger ڤیدیۆبلۆگەر
video telefon (n.) videotelephone ڤیدیۆتەلەفۆن
video kaset (n.) videocassette ڤیدیۆ کاسێت
vikotalekan (n. pl) victuals ڤیکۆتاڵەکان
vegn (n.) vegan ڤیگن
venal (adj.) venal ڤینال

qablama (n.) casserole قابلەمە
qap (n.) dish قاپ
qech (n.) leg قاچ
qachagh chi (n.) smuggler قاچاغچی
qachakhchyati (n.) contraband قاچاغچیاتی
qachaghi dekat (v.) smuggle قاچاغی دەکات
qarchk (n.) fungus قارچک
qaremaneti (adj.) heroic قارەمانەتی
qara qara kirdn (v.) caw قارە قارە کردن
qaz (n.) goose قاز
qazanj (n.) gain قازانج
qazanj bekhsh (adj.) lucrative قازانج بەخش
qazanj dekat (v.) gain قازانج دەکات
qazanj kirdin (v.) accrue قازانج کردن
qazanj kirdo (adj.) remunerative قازانج کردوو

qazanj ne wist (adj.) non-profit قازانج نەویست
qazi eraqi (n.) swan قازی عیراقی
qajo (n.) raven قاژۆ
qase (n.) safe قاسە
qasey le ser shewey beraz (n.) piggy bank قاسەی لەسەر شێوەی بەراز
qalb (n.) cast قاڵب
qaloncha (n.) beetle قاڵونچە
qalbawy (adj.) mouldy قاڵباوی
qamchi (n.) sceptre قامچی
qawa (n.) coffee قاوە
qawakhana (n.) cafe قاوەخانە
qawae (n.) dandelion قاوەی
qawae (adj.) brown قاوەیی
qaesh (n.) belt قایش
qayshi qamchi (n.) whipcord قایشی قامچی
qael bon (n.) certitude قایل بوون
qaem (adj.) boisterous قایم
qaimi ragirtin (n.) firmness قایمی ڕاگرتن
qbol nakret (adj.) inadmissible قبوڵ ناکرێت
qbol ne krawe (adj.) unacceptable قبوڵ نەکراوە
qbol kirawa (adj.) acceptable قبوڵ کراوە
Qbol kirdin (n.) acceptability قبوڵ کردن
qbolkar (adj.) acceptant قبوڵکەر
qehbe (n.) slut قحبە
qrtandin (n.) nibble قڕتاندن
qrchok (adj.) brash قڕچۆک
qrchaqrch kirdin (n.) crepitation قڕچەقڕچ کردن
qirjali derya (n.) crab قڕژاڵی دەریا
qrjalı derya (n.) lobster قڕژاڵی دەریا
qrqina (v.) burp قڕقینە
qrkar (n.) pesticide قڕکەر
qij (n.) hair قژ
qij bestneki bichok (n.) ringlet قژ بەستنێکی بچووک
qij woshik ker (n.) hairdryer قژ ووشککەرەوە
qij pir (adj.) bushy قژ پڕ
qiji ber dem u chaw (n.) sideburn قژی بەردەم و چاو
qiji ber dem u chaw (n.) sideburns قژی بەردەم و چاو
qiji naw chawan (n.) forelock قژی ناوچاوان
qsl (n.) lime قسڵ
qsa (n.) discourse قسە
qsa khosh (adj.) blowsy قسە خۆش
qse dekat (v.) speak قسە دەکات

قسە لەڕوو qsa larw *(adj.)* downright
قسە ناڕەواکردن qse na rewa kirdin *(n.)* temerity
قسەخۆش qsakhosh *(adj.)* courteous
قسەدەکات qse dekat *(v.)* talk
قسەڕەق qse req *(adj.)* ungainly
قسەڕەوانی qse rewani *(n.)* tact
قسەزان qse zan *(adj.)* tactful
قسەکردن qsakirdn *(n.)* alliteration
قسەکردن بە ئەلیکترۆنی qsakirdn ba alektroni *(n.)* cyberbullying
قسەکەت وەربگرەوە qseket wer bgre *(n.)* talkback
قسەکەر qse ker *(n.)* speaker
قسە لەڕوو qse le row *(adj.)* frank
قسە لەڕووانە qse le rowane *(adv.)* frankly
قسەڵۆك qsalok *(n.)* hearsay
قساوقسەڵۆك qsaoqsalok *(n.)* gossip
قساوقسەڵۆك دە كا qsaoqsalok deka *(v.)* gossip
قسەی بی مانا qsey be mana *(n.)* nonsense
قسەی زل و هیچ و پووچ qsey zl u hich u poch *(n.)* flatulence
قسەی قۆڕ بێ مانا qsae qor bi mana *(n.)* bunk
قسەی ناشرین qsae nashren *(n.)* sapidity
قسەی نا شیرین qsey na shirin *(n.)* vulgarity
قشە qshe *(n.)* vainglory
قفل دەکات qofl dekat *(v.)* lock
قفل qfl *(n.)* latch
قفڵکردنی ناوەندی qflkirdn nawande *(n.)* central locking
قفڵی زنجیر qfli znjeer *(adj.)* ziplock
قڵڵەی کارژوڵە qllae karzhwla *(n.)* capricorn
قڵێش qlesh *(n.)* chink
قڵێشاندن qleshandn *(n.)* cleft
قنچکە سلاو qnche slaw *(n.)* stye
قنگە جگەرە qnge jgere *(n.)* stub
قەڵ غان qel ghan *(n.)* beserker
قە ناس بە دە ست qenas bedest *(n.)* sniper
قۆپی کردن qopi kirdin *(v.)* cheat
قۆت دە كا qot deka *(v.)* gulp
قۆت کردن qot kirdin *(n.)* gulp
قۆتابخانە qotabkhane *(n.)* school
قۆتابخانەی داخیلی qotabkhanae dakhele *(n.)* boarding school
قۆتانی صنگ qotani sng *(v.)* wedge
قۆتکە qotika *(n.)* acme
قۆتو qotw *(n.)* can
قۆتێوکە qotewka *(n.)* canister

قۆچەك qochak *(n.)* cone
قۆربانگا qorbanga *(n.)* altar
قۆربانی qorbani *(v.)* prey
قۆربانی دان qorbani dan *(n.)* sacrilege
قۆربانی دەدات qorbani dedat *(v.)* sacrifice
قۆرس qors *(adj.)* arduous
قۆرسایی qorsay *(n.)* brunt
قۆرسترە لە هی تر qors tre le hi tr *(v.)* outweigh
قۆرسی qorsi *(n.)* sediment
قۆڕ qor *(n.)* clay
قۆڕاوی qorawi *(adj.)* slimy
قۆرقوشم qorqoshım *(n.)* lead
قۆرقوشمی qorqoshmı *(adj.)* leaden
قۆرگ qorg *(adj.)* phagic
قۆز qoz *(n.)* vagina
قۆفل qofl *(n.)* lock
قۆفلە تیکەڵاو qofle tikalaw *(n.)* deadbolt
قۆلاپ qolap *(n.)* hook
قۆلترین qoltrin *(adj.)* innermost
قۆڵی qole *(n.)* depth
قۆم qom *(n.)* draught
قۆم لێدان qom le dan *(v.)* sup
قۆمارچی qomarche *(n.)* gambler
قۆمار دەکات qomar dekat *(v.)* gamble
قۆمارکردن qomar kirdn *(n.)* gamble
قۆماش qomash *(n.)* textile
قۆماشی چنراو qomashi chnraw *(n.)* tapestry
قۆماشە نەقش و نیگاراوی qomashe naqsh o negarawe *(n.)* brocade
قۆوت دەدات qot dedat *(n.)* swallow
قۆڵ qol *(adj.)* deep
قۆڵ دەکات qol dakat *(v.)* deepen
قۆڵتر qoltr *(v.)* further
قۆوڵی qole *(n.)* profundity
قۆچی قۆربانی qochi qorbani *(n.)* scapegoat
قۆچی قۆربانی دە دا qochi qorbani deda *(v.)* scapegoat
قۆچی گیانەوەر qochi gyanewer *(n.)* horn
قۆخ qokh *(n.)* peach
قۆرخیدەکات qorkhi dekat *(v.)* engage
قۆڕرە qorre *(v.)* nack
قۆزاخە qozakha *(n.)* chrysalis
قۆزاخە qozakha *(n.)* cocoon
قۆلۆنیا qolonya *(n.)* cologne
قۆڵبەستن qolbastin *(n.)* armrest
قۆناغ qonagh *(n.)* phase
قۆنتراتچی qontratche *(n.)* entrepreneur
قۆوز qooz *(adj.)* handsome

قیرتاوی ده کات qirtawi deakt (v.) pitch
قیری qiri (n.) shriek
قیری ده کات qiri dekat (v.) shriek
قیزدەکاتەوە qiz dakatawa (n.) disgust
قیزەون qizewn (adj.) nasty
قیامەت qyamat (n.) doomsday
قیبلەنما qeblanma (n.) compass
قیرات qerat (n.) carat
قیرتاوی دەکات qirtawi dekat (v.) pave
قیرە qera (n.) croak
قیزی لێ دەکاتەوە qezi le dekatewe (v.) spurn
قیژەقیژ qije qije (n.) seak
قیژەکەر qije ker (adj.) gaudy
قیسارە qesara (n.) harp
قیست qist (n.) instalment
قەقاقەق qeqaqeq (v.) cackle
قەماکیش qemakish (n.) chopper
قەن qen (n.) dislike
قین لە دڵ qin le dl (adj.) revengeful
قینە qena (n.) aversion
قەبارە qebare (n.) size
قەبارە گەورە qebare gewre (adj.) voluminous
قەبارەی گەورە qebarey gewre (adj.) outsize
قەبارەی لابردن qabarae labrdn (v.) decalibrate
قەبزی qebzi (n.) constipation
قەبڵاندن qablandn (n.) estimation
قەبە qaba (adj.) bulky
قەپاغ qapagh (n.) gasket
قەتران qetran (v.) tar
قەحبە qahba (n.) courtesan
قەحبەخانە Qehbe khane (n.) brothel
قەد qad (v.) cockle
قەدی بکە qedi bke (adj.) foldup
قەدە دەکات qade dakat (v.) crumple
قەدەخە qedekhe (adj.) forbidden
قەدەخە بکە qedekhe bke (v.) forbid
قەدەخە دەکات Qedekhe dekat (v.) ban
قەدەغەکراو qedeghe kraw (v.) taboo
قەدەغەکردن qedeghe kirdin (v.) prohibit
قەراخ qarakh (n.) footpath
قەراغ qeragh (n.) suburb
قەراغ بۆ جوانی qerakh bu jwani (n.) frill
قەراغ شار qeragh shar (adj.) suburban
قەرز qarz (v.) antecede
قەرز دە دات qerz dedat (v.) loan
قەرزار qerzar (adj.) indebted
قەرز دار qerz dar (n.) debtor

قەرزدان qerz dan (v.) lend
قەرزدەر qarzdar (n.) creditor
قەرزدەکات qerz dekat (v.) borrow
قەرزکردن qerz kirdin (v.) ordain
قەرژاڵی درێژ qerjali drej (n.) crayfish
قەرنابیت qarnabet (n.) cauliflower
قەروێلە qarwila (n.) bed
قەرەباڵغی qere balghi (v.) populate
قەرەبوو دەکات qerebo dekat (v.) reimburse
قەرەبوو دەکات qerebo dekat (v.) refund
قەرەبوو کردنەوە qerebo kirdinewe (n.) refund
قەرەنفل qerenfl (n.) pink
قەرزاری دەبێ qerzari debe (v.) owe
قەزا و قەدەر qeza u qeder (n.) fatality
قەساب qasab (n.) butcher
قەشمەرچی qashmarche (n.) buffoon
قەشە qasha (n.) bishop
قەشە ژن qeshe jn (n.) priestess
قەشەیەتی qesheyti (n.) priesthood
قەشەنگ qashang (adj.) comely
قەشەیەتی qashaeati (n.) diocese
قەفەز qafaz (n.) cage
قەفەزێکی گەورەی باڵندە qafazike gawrae balnda (n.) aviary
قەفەزی تاوان بارکردن qafaze tawanbarkirdn (v.) dock
قەڵای qalae (n.) alkali
قەڵای نەسینا Qelay asina (n.) acropolis
قەڵەرەشکە qele reshke (n.) rook
قەڵەرەش qalarash (n.) crow
قەڵا qala (n.) castle
قەڵب qalb (adj.) bogus
قەڵب دەکات qelb dekat (v.) fake
قەڵش qalsh (n.) fissure
قەڵغان qalghan (n.) aegis
قەڵەو qalaw (adj.) beefy
قەڵەو بوون qalaw bon (n.) batten
قەڵەوی qelewi (n.) obesity
قەناعەت پێکردن qenaat pe kirdin (n.) conviction
قەنەفر qanafr (n.) cinnamon
قەنەفە qanafa (n.) bench
قەوارە qawara (n.) entity
قەوارەیی qawarae (adj.) cubical
قەواڵە qewale (n.) voucher
قەواڵەیی qawaley (n.) documentary
قەوان qawan (n.) disc
قەوزە qaoza (n.) algae

قەوزەی سەر بەرد qewzey ser berd (n.) moss
قەوس وقوزەح qews u qozeh (n.) rainbow
قەیتان qaetan (v.) gimp
قەیتان qaetan (adj.) gimp
قەیران qeyran (n.) crisis
قەیرەکچ qeyre kch (n.) spinster
قەیسی qaese (n.) apricot

کات بەسەربردن kat beser bridin (adj.) recreative
کات دەبریت kat debret (v.) while
کاتی kati (adj.) provisional
کار کەر kar ker (n.) peon
کارتی بازار کردن karti bazar kirdin (n.) shopping cart
کاردانەوە kar danewe (adj.) reactive
کانگا kanga (n.) quarry
کردنی شیر لە بەرگی دا kirdini shir le bergi da (v.) sheath
کردنی شیر لە بەرگی دا kirdini shir le bergi da (v.) sheathe
کردنی کاری نامۆ namw (v.) freak
کشک kshk (n.) stall
کڤار Kivar (n.) asparagus
کە سیکی ناتەواو یان شێت keseki na tewaw yan shet (n.) oaf
کە مترین kem trin (n.) minim
کە مە ر kemer (n.) loin
کە مین Kemin (n.) ambush
کۆبوون ko boon (n.) picket
کۆدە بنەوە ko debnewe (v.) picket
کۆرسی جۆلاو korsi jolaw (n.) rocker
کۆزە koze (n.) pitcher
کوشتنی دایک یان باوک koshtni dayk yan bawk (n.) parricide
کۆکردنەوە ko kirdinewe (v.) mass
کۆکەر Koker (n.) accumulator
کۆن Kon (n.) aperture
کۆن دە کات kon dekat (v.) prick
کۆن فراوان دە کات kon frawan dekat (v.) ream
کۆن کردن kon kirdin (n.) piercing
کۆن کردن بە بزمار kon kirdin be bzmar (n.) spike
کۆنترۆلی دە کات kontroli de kat (v.) police

کۆنترۆلی میردی دە کا kontroli merdi deka (v.) henpeck
کیشە keshe (n.) matter
کابارە kabara (n.) cabaret
کابانا kabana (n.) cabana
کابۆنکل kabonkl (n.) cabuncle
کابینە kabena (n.) cabin
کاپچا kapcha (n.) captcha
کاپلان kaplan (n.) chaplain
کاپوچینۆ kapwchenw (n.) cappuccino
کات kat (n.) aeon
کات بەفیرۆ دەدات kat be fero dedat (n.) potter
کات بەفیرۆدەدات kat baferwdadat (n.) dally
کاتدرائی katdrae (n.) cathedral
کاتژمێر kat jmer (n.) clock
کاتهێن kati (n.) timeline
کاتێکی باشی بۆ دانراوە kateki bash bu danrawe (adj.) well-timed
کاتی kati (adj.) contemporary
کاتی پشوودان kate pshodan (n.) breaktime
کاتی دیاریکراو kati dyari kraw (n.) time limit
کات گەشت kat gesht (n.) traveltime
کاتیی kati (adj.) ephemeric
کاتەکانی زیادە katekani zyade (n.) overtime
کاتەکانی زیادە katekani zyade (adv.) overtime
کادمیۆم kadmyom (n.) cadmium
کار kar (n.) commission
کار پێ دەکات kar pe dekat (v.) practise
کار پێ کردن kar pe kirdin (n.) practice
کار دەکات kar dekat (v.) work
کارا kara (n.) factor
کارا kara (n.) practitioner
کارا دەکرێت kara dakrit (adj.) operable
کارابین karaben (v.) carabine
کاراتێ karate (n.) karat
کاراك karak (n.) carrack
کاراکتەر karaktar (n.) character
کارامێل karamil (n.) caramel
کارامە karama (adj.) canny
کارامەیی karamey (n.) maturity
کاربایید karbaed (n.) carbide
کاربۆن karbon (n.) carbon
کاربۆن لێدان karboon le dan (n.) carbonization
کاربۆنات karbonat (n.) carbonate
کاریپێکردن par pe kırdın (v.) operate
کاریپێنەکراو ker pe ne kraw (adj.) inapplicable

کارت kart (n.) card
کارتۆن karton (n.) cardboard
کارتۆنی kartoni (n.) cartoon
کارتۆنەکان kartonakan (n.) cartoonist
کارتێکردن kar te kirdin (n.) manipulation
کارتی بازرگانی karti bazrgani (n.) business card
کارتی بانک karti bank (n.) debit card
کارتی تروسکە karti troske (n.) flashcard
کارتی قەرز karte qarz (n.) credit card
کارتی ناسنامە karti nasname (n.) identity card
کارتی نمرەکان karti nmrekan (n.) scorecard
کارتیاکەر kar tya ker (n.) reactor
کارخانە kar khane (n.) workshop
کاردانەوە kar danewe (n.) reaction
کاردانەوە دە دات kardanewe dedat (v.) react
کاردانەوەخواز kardanewe khwaz (n.) reactionist
کاردەکات kar dekat (v.) function
کاردگیری kardagiri (v.) administer
کارڕاپەراندن kar raperandin (n.) proceeding
کارسیک karsek (adj.) carsick
کارگیر kar ger (adj.) official
کارگێڕی Kargeri (n.) administration
کارگە karga (n.) factory
کارگەی بیرە kargae bera (n.) brewery
کارگەی دڵۆپاندن kargey dlopandn (n.) distillery
کارگەی شیرەمەنی kargae sheramani (n.) dairy
کارگەی کەشتیوانی kargey keshtiwani (n.) shipyard
کارلۆک karlok (n.) carlock
کارلێک دەکاتەوە karlek dekatewe (v.) interpret
کارلێک کردن karlek kirdin (n.) interplay
کارلێکردن kar le kirdin (adj.) interactive
کارمەند karmand (n.) employee
کارمەندی لێپرسراو karmande liprsraw (n.) curator
کارمەندی ناگر کوژێنەوە karmendi agir kijinewe (n.) firefighter
کارنامە karnama (n.) agenda
کاروان karwan (n.) caravan
کاروبار karobar (n.) affair
کارێکی خراپ kareki khrab (n.) misdeed
کارێکی گران kareki gran (n.) toil
کارێکی ئاینی kareki ayyni (n.) rite
کاری پێ kari pe (n.) footwork

کاری تیمی keri temi (n.) teamwork
کاری دەستی kare desti (n.) handicraft
کاری دەستی kare desti (n.) handiwork
کاری شاشە kari shashe (n.) screenwork
کاری شکاندن kari shkandin (n.) rubblework
کاری ناڕەوا kari na rewa (adj.) taboo
کاری یاریدەدەر kare yaredadar (n.) catalyst
کاری نامێری kari ameri (n.) machination
کاریزما karezma (n.) charisma
کاریزماتیک karezmatek (adj.) charismatic
کاریکاتێر karekatir (n.) caricature
کاریگەر karegar (adj.) effective
کاریگەرە karegare (v.) affect
کاریگەری لی دە کات karegare (v.) influence
کاریگەری کۆنخوازی karegeri kon khwazi (n.) retrospection
کاریگەری لەسەرە karegare lasara (adj.) affected
کارەبا karaba (n.) electricity
کارەبا بەر یەک کەوتن karaba bar yek kawtn (v.) contact
کارەبای لێدەدات karabae lidadat (v.) electrify
کارەبایی karabae (adj.) electric
کارەسات karasat (n.) calamity
کارەساتبار karasatbar (adj.) disastrous
کارەکەر kare ker (n.) waitress
کازیوە kaziwe (n.) twilight
کازیوە kazewa (v.) dawn
کاستەر kastar (n.) custard
کاسۆلیکی kasoleke (adj.) catholic
کاسڕن kasirn (n.) casern
کاسەلێسی kase lesi (n.) sycophancy
کاخێز kakhez (n.) folio
کاغێز kaghez (n.) paper
کاغەز کۆکردنەوە kaghaz kokirdnawa (v.) collate
کاغەزی دەنگدان kaghaze dangdan (n.) ballot paper
کاغەزی ڕوون kaghaze rwn (n.) cellophane
کاغەزی ڕەش kaghaze rash (n.) sandpaper
کافر بکەن kafr bkan (v.) disbelieve
کافور kafor (n.) camphor
کافیی ئەلیکترۆنی kafie alekreni (n.) cybercafé
کافیتریا kafetrya (n.) cafeteria
کافیر kafir (n.) kaffir
کافین kafen (n.) caffeine
کاڤیار kavyar (n.) caviar
کاك kak (n.) gentleman

كاكاو kakaw (n.) cocoa
كاكۆڵ kakol (n.) wisp
كاكی kaki (n.) kaki
كاكیله kakele (n.) molar
كاكیله‌ی عاقڵی kakeley aqli (n.) wisdom-tooth
كاكه kake (n.) mister
كالغول kalghol (adj.) ghoulish
كالیدۆسكۆپ kalido skop (n.) kaleidoscope
كاڵ kal (adj.) raw
كاڵ بوونه‌وه kal bonewe (n.) dimness
كاڵا بازرگانییه‌كان kala bazrganyekan (n.) merchandise
كاڵای بێ گومرگ kalae be gomrg (adj.) duty-free
كاڵای بێ گومرگ kalae be gomrg (adv.) duty-free
كاڵكردنه‌وه kal kirdinewe (v.) blur
كاڵه‌ك kalek (n.) melon
كام kam (pron.) which
كاملێت kamlit (n.) camlet
كامێرا kamira (n.) camera
كامێرای كۆمپیوته‌ر kamiray kompyoter (n.) webcam
كامه‌ران kameran (adj.) happy
كانتۆر kantor (n.) cupboard
كاندید kanded (n.) candidate
كاندیدبوون kandedbon (n.) candidacy
كانزا kanza (n.) metal
كانزا گه‌رم ده‌كات و ده‌ی كوتی kanza germ dekat (v.) forge
كانزازانی kanza zani (n.) mineralogy
كانزاسازی kanza sazi (n.) metallurgy
كانزاناس kanza nas (n.) mineralogist
كانزای ته‌نك kanzay tenk (v.) foil
كانزای خاو kanzay khaw (n.) ore
كانزای كۆباڵت kanzay kopalt (n.) cobalt
كانزایی kanzay (adj.) metallic
كانونی یه‌كه‌م kanone eakam (n.) december
كانی kani (n.) spring
كانیاو kanyaw (n.) cistern
كاوڕ kawr (n.) ewe
كاول بوون kawl boon (n.) ravage
كاونته‌ر kawntar (n.) counter
كاوێژكردن kwej kirdin (n.) rumination
كاوێژكه‌ر kawej ker (adj.) ruminant
كپ ده‌كات kp dekat (v.) repress
كپ كردن kp kirdin (n.) repression
كپی ده‌كات kpi dekat (n.) lull

كتوپڕ ktopr (n.) contingency
كتو پڕ kto pr (n.) sudden
كتێب باز ktib baz (adj.) bookish
كتێب پارێز ktep parez (n.) book-keeper
كتێبخانه ktibkhana (n.) bookshop
كتێبخانه kteb khane (n.) library
كتێبخانه‌وان kteb khane wan (n.) librarian
كتێبدۆست ktibdwst (n.) bibliophile
كتێبی پیرۆز ktepi piroz (n.) scripture
كتێبه چیرۆك ktibe cherok (n.) talebook
كتێبی خوێندن ktebi khwendin (n.) textbook
كتێبی ده‌رسی ktebi derse (adj.) textbookish
كتێبی ده‌ستی ktebi desti (n.) handbook
كتێبی سه‌ره‌كی ktebi sereki (n.) ledger
كتێبی ڤیدیۆیی ktebi videoy (n.) videobook
كتێبی نمره‌كان ktebi nmrekan (n.) scorebook
كتێبی یاساكان ktebi yasakan (n.) rulebook
كتێبی ئه‌لیكترۆنی ktibe alektrone (n.) e-book
كچ kch (n.) daughter
كچ یا ژنێكی شۆخ kch yan jneke shokh (n.) sylph
كچانه kchana (adj.) girlish
كچێك kchik (n.) damsel
كچێكی بێ غیره‌ت kcheki be ghiret (n.) minx
كچێكی قسه‌ره‌ق kchike qsaraq (n.) chit
كچێنی kcheni (n.) maiden
كچی برا یان كچی خۆشك kchi bra yan kchi khoshk (n.) niece
كچی شۆن نه كردوو kchi show ne kirdo (adj.) virgin
كچی شه‌رمن kche sharmn (adj.) coy
كچی كوڕانی kchi korani (n.) tomboy
كچه كاركه‌ر kche kareker (n.) maid
كحۆلی khole (n.) alcoholic
كڕاس kras (n.) gown
كڕاسی ژنان krasi jinan (n.) dress
كڕاسی كورتی ژنان krase korte jinan (n.) bodice
كڕاسه‌س krases (n.) crasis
كڕانچ kranch (v.) crunch
كڕانكل krankl (v.) crankle
كڕاوه krawe (adj.) open
كڕایۆجینیكه‌كان kraeojenekakan (n.) cryogenics
كردار krdar (v.) act
كرداری krdari (adj.) practicable
كرداره بوون krdare bon (v.) be
كردارانه krdaryane (adj.) practical

کردن به کاربۆن یان خەڵووز kirdn ba karbon yan khaloz (v.) carbonize
کردنی به لەشکەر kirdin be leshker (v.) recruit
کردنە پێوانەیی krdne pewaney (n.) standardization
کردنە گاز krdna gaz (n.) gasification
کردنەوە kirdinewe (n.) inception
کردنی krdani (adj.) doable
کرژ بوون krj boon (n.) shrinkage
کرژ دەبێت krj debet (v.) shrink
کرم krm (v.) crump
کرمۆکە krmoka (n.) caterpillar
کرۆسانت krosant (n.) croissant
کرۆم krom (n.) chrome
کرۆمۆسۆم kromosom (n.) chromosome
کرێ kre (n.) fee
کرێ دەدات kre dedat (v.) remunerate
کرێپ krip (n.) crepe
کرێچی krechi (n.) lessee
کرێش krish (n.) dandruff
کرێڤیت krivit (n.) crevet
کرێکار krekar (n.) labourer
کرێکاری بەندەر krekari bender (n.) dockworker
کرێکاری کارامە krekari karame (n.) craftsman
کرێکاری میکانیکی krekareki mikaniki (n.) mechanic
کرێگرتە kre grte (n.) tenant
کرێمی دەموچاو kremi dem u chaw (n.) Face cream
کرێن kren (n.) lever
کرێنامە kre name (n.) lease
کرێۆل kriol (n.) creole
کڕینی ئۆتۆمبیل krey automobil (n.) fare
کڕینی فرۆکە krey fruka (n.) airfare
کڕینی گواستنەوە krey gwastinewe (n.) portage
کڕینی گواستنەوەی شت krie gwastnawae sht (n.) cartage
کڕیسپین krespin (v.) crispen
کریستاڵ krestal (n.) crystal
کریسمس kresms (n.) Xmas
کڕێل krel (n.) krill
کڕکراگیی krkragey (adj.) throaty
کڕنۆش kronosh (n.) obeisance
کڕنۆش دەبات krnosh debat (v.) kneel
کڕۆك krok (n.) essence
کڕیار kryar (n.) buyer

کڕین kiren (v.) buy
کز kz (adj.) faint
کز دەبێت kiz debet (v.) fade
کز بوون kz boon (v.) wither
کزەی دەکات kzey dekat (v.) sizzle
کزەی دێت kzey det (n.) sizzle
کش مات لە ksh mat la (n.) checkmate
کشانی پرد لەلایەک بو لایەکی تر kshani prd le layek bu layeki tr (v.) span
کشانەوە keshanewe (n.) withdrawal
کشت و کاڵ ksht o kal (n.) cultivation
کشتوکاڵ Kisht u kal (n.) agriculture
کشتوکاڵکار Kisht u kal kar (n.) agriculturist
کشتوکاڵناسی Kisht u kalnasi (n.) agrology
کشتوکاڵی Kisht u kali (adj.) agricultural
کشتوکاڵی دارستان khst u kali darstan (n.) sylviculturist
کشتوکاڵی کیمیایی Kisht u kali kimiawi (n.) agrochemical
کشمش kshmsh (n.) currant
کفر kfr (n.) blasphemy
کفن kfn (n.) shroud
کفن دەکات kfn dekat (v.) shroud
کلاچ kilach (n.) clutch
کلارنێت klarnet (n.) clarinet
کلاسیك klasek (adj.) classic
کلاسیکی klaseke (adj.) classical
کلایڤ klaev (n.) clive
کلك klk (n.) tail
کلۆر klor (adj.) carious
کلۆرین kloren (n.) chlorine
کلێسە klesa (n.) abbey
کلیك بکە klek bka (v.) click
کلیل klil (n.) key
کلیمێنتین kleminten (n.) clementine
کلاو klaw (n.) cap
کلاو ئاسن klaw u asin (n.) helmet
کلاوکورە klawkore (n.) lark
کلاوە سەهۆڵی klawe sahole (n.) icecap
کلاوی قەشە klawi qeshe (n.) mitre
کلۆرۆفۆرم klorwform (n.) chloroform
کلێسە klisa (n.) church
کلێسەی بچوك klisae bchok (n.) chapel
کلێسەی پەرستگا klesey perstga (n.) minster
کلیشە klisha (v.) stereotype
کحۆل khol (n.) alcohol
کۆ رەو ko rew (n.) stampede
کوالا kwala (n.) koala
کۆپ kop (n.) cub

کوپۆن kopon (n.) cupon
کوپێکی چا kopiki cha (n.) teacup
کۆتاڵ kotal (n.) tissue
کۆتان kotan (n.) inoculation
کۆتانکەرەوە kotan kerewe (n.) vaccinator
کۆتەک kotak (n.) club
کۆخ kokh (n.) cottage
کۆختەی بەفرین kokhtey befrin (n.) igloo
کودەتا kodata (n.) coup
کۆر یان برای بچۆک kor yan brae bchok (n.) cadet
کۆرت kort (adj.) brief
کۆرت دەکات kort dekat (v.) shorten
کۆرت دەکاتەوە kort dekatewe (n.) abbot
کۆرت کردنەوە Kort kirdinewe (n.) abridgement
کۆرت نەکراوە kort ne krawe (adj.) unabridged
کۆرت هێنان لە بودجە kort henan le budje (n.) shortfall
کۆرت و پۆخت kort o pokht (adj.) compendious
کۆرتان kortan (n.) bard
کۆرتبین kort bin (adj.) myopic
کۆرتبینی kort bini (n.) myopia
کۆرتکراوە kort krawe (v.) abbreviate
کۆرتکراوەی kortkraoe (n.) acronym
کۆرتکردنەوە Kort kirdinewe (v.) abridge
کۆرتی korti (n.) brevity
کۆرتی دەکاتەوە korti dekatewe (v.) summarize
کۆرتە korta (adj.) concise
کۆرتە چیرۆک korte chirok (n.) novelette
کۆرتە ڕێگا korte rega (n.) shortcut
کۆرتەباڵا korte bala (n.) pygmy
کۆرتەیەک kortaeak (n.) briefing
کۆرسی korse (n.) armchair
کۆرکۆمین korkomen (n.) curcumin
کۆرە kore (n.) kiln
کۆر kor (n.) boy
کۆژاندنەوە kojandinewe (v.) extinguish
کۆژراوە kojrawe (prep.) off
کۆژمی پارەی دراو kojmi parey draw (n.) payment
کۆشتار koshtar (adj.) murderous
کۆشتن koshtn (v.) euthanize
کۆشتن بە کارەبا koshtn ba karaba (n.) electrocution
کۆشک koshk (n.) booth

کۆشندە koshnda (adj.) deadly
کۆفر kofr (n.) disbelief
کۆکۆ koko (n.) cuckoo
کۆل و پەل kol o pal (n.) equipment
کۆلاجین kolajen (n.) collagen
کۆلێت kolet (n.) cullet
کۆلە kole (n.) locust
کۆلان kolan (n.) boist
کۆلاو kolaw (n.) decoction
کۆلک kolk (n.) fur
کۆلێنەر kolener (n.) boiler
کۆن kon (n.) hole
کۆن دەکات kon dekat (v.) punch
کۆگا koga (n.) pantry
کۆن kon (n.) opening
کۆن دە کات kon dekat (v.) hole
کۆنجە konje (n.) sesame
کۆندە پەپو konde pepo (n.) owl
کۆنکەر kon ker (n.) reamer
کۆنکەرە kon kere (n.) punch
کۆنیکی لوپ koneki lop (n.) loop-hole
کۆنی kone (v.) butt
کۆنی بچۆک koni bchok (n.) eyelet
کۆنی پارە koni pare (n.) slot
کۆنی خۆشاردنەوە kone khwshardnawa (n.) burrow
کۆنی دەکات koni dekat (v.) perforate
کۆنیلە konela (n.) pore
کۆنە سەگ kona sag (n.) doghole
کۆنە قۆڵ kona qol (n.) armhole
کۆنە کلیل kone klil (n.) keyhole
کۆنە لووت kone lot (n.) nostril
کۆتاڵ فرۆش kotal frosh (n.) draper
کوولەکە koleke (n.) pumpkin
کویر kwir (adj.) blind
کویرانە kwerane (adj.) haphazard
کویربوون kwirbon (n.) blindness
کویرکردن kwirkirdn (n.) blindage
کویرە kwere (n.) dwarf
کوی kwe (v.) koi
کویز koez (v.) quiz
کۆ ko (adj.) plural
کۆ دە بوونەوە ko debnewe (v.) muster
کۆ دەکاتەوە ko dekatewe (v.) store
کۆبرا kobra (n.) cobra
کۆبوونەوە kobonawa (n.) confluence
کۆبوونەوە و ڕێزبوونی کەسان ko bonewe u rez boni kesan (n.) muster
کۆپۆن kobon (n.) coupon

کۆپان kopan *(n.)* eunuch
کۆپولکردن kopolkirdn *(v.)* copulate
کۆپی سەرەکی kopy sereki *(n.)* master copy
کۆپییەکی ئەلکترۆنی kopi alktroni *(n.)* soft copy
کۆت kot *(n.)* fetter
کۆت و کۆت kot o kot *(n.)* bridle
کۆتایی kotae *(n.)* conclusion
کۆتایی پێ دێنێت kotay pe denet *(v.)* end
کۆتایی پێ نایەت kotay pe nayet *(adj.)* interminable
کۆتایی پێدێت kotay pe det *(adj.)* terminable
کۆتایی پێدێنێ kotay pe dene *(v.)* terminate
کۆتایی خزمەتی سەربازی kotae khzmate sarbaze *(n.)* demobilization
کۆتایی ڕێ kotay re *(n.)* terminus
کۆتایی شل kotay shl *(n.)* loose end
کۆتایی کتێب یان هۆنراوە kotae ktib yan honrawa *(n.)* epilogue
کۆتایی گەورە kotay gewre *(n.)* grand finale
کۆتایی هات kotay hat *(n.)* knockout
کۆتایی هاتنی هەناسەدان kotae hatne hanasadan *(n.)* apnoea
کۆتایی هاتوو kotay hato *(adj.)* final
کۆتر kotr *(n.)* dove
کۆچ koch *(n.)* transmigration
کۆچ بکەن koch bkan *(v.)* emigrate
کۆچ دە کا kochkirdn *(v.)* immigrate
کۆچ دەکات koch dakat *(v.)* desert
کۆچبەر koch ber *(n.)* immigrant
کۆچکردن kochkirdn *(n.)* emigration
کۆچەر kocher *(adj.)* nomadic
کۆختە khokhte *(n.)* shack
کۆختە kokhta *(n.)* slum
کۆختەیەکی قۆچکەیی هیندی ئەمەریکی یەکانە kokhteyeki qochkey hindi amriki *(n.)* wigwam
کۆد kod *(n.)* code
کۆد کراوە kod krawa *(adj.)* encrypted
کۆدکردن kodkirdn *(n.)* coding
کۆدکردنەوە kodkirdnawa *(v.)* decode
کۆ دەکاتەوە ko dekatewe *(v.)* rally
کۆ دەبنەوە ko debnewe *(v.)* group
کۆ دەبێتەوە ko debetewe *(v.)* convene
کۆدەکاتەوە kodakatawa *(v.)* collect
کۆدەنگی kodange *(n.)* consensus
کۆربێل korbel *(n.)* corbel
کۆرپە korpa *(n.)* embryo
کۆرپەکوژ korpe koj *(n.)* infanticide

کۆرپەڵە korpala *(n.)* foetus
کۆرپەیی korpae *(adj.)* embryonic
کۆرتیزۆن kortezon *(n.)* cortisone
کۆرد kord *(n.)* cord
کۆرس kors *(n.)* chorus
کۆرسی تەلەڤزیۆن korsi televzion *(n.)* telecourse
کۆرسی یاری گۆڵف korsi yari golf *(n.)* golf course
کۆرنیکل kornekl *(n.)* cornicle
کۆرۆنێت koronit *(n.)* coronet
کۆریۆگرافی koriografi *(v.)* choreograph
کۆڕ kor *(n.)* choir
کۆسپ kosp *(n.)* ridge
کۆسپی خراب kospi khrab *(n.)* misadventure
کۆست kost *(n.)* tribulation
کۆستی دەروونی kosti deroni *(n.)* trauma
کۆستەر kostar *(n.)* coaster
کۆش kosh *(n.)* lap
کۆشا kosha *(adj.)* militant
کۆشش koshsh *(n.)* diligence
کۆششکەر koshsh ker *(adj.)* studious
کۆشک koshk *(n.)* mansion
کۆشکانە koshkana *(adj.)* palatial
کۆشکی ئاژەڵان koshki ajelan *(n.)* kennel
کۆکاد kokad *(n.)* cockade
کۆکایین kokaen *(n.)* cocaine
کۆکتێل koktil *(n.)* cocktail
کۆکردنەوە kokirdnawa *(v.)* accumulate
کۆکردنەوە لە ناو چەقدا kokirdinewe le naw cheqda *(v.)* focalize
کۆ کردنەوەی پارە ko kirdinewey pare *(v.)* fundraise
کۆکە koka *(v.)* cough
کۆگا koga *(n.)* repository
کۆگای لاشە مردووان koga lashey mrdwekan *(n.)* mortuary
کۆگای یاری مناڵان kogay yari mnalan *(n.)* toystore
کۆلارە kolare *(n.)* kite
کۆلکە kolke *(n.)* quotient
کۆلۆنیالیزەکردن kolonyalezakirdn *(n.)* decolonization
کۆلۆنیزەکردن kolonezakirdn *(v.)* decolonize
کۆلێرا kolira *(n.)* cholera
کۆلێژ kolej *(n.)* college
کۆلێت kolet *(v.)* shack
کۆلێسترۆڵ kolestrol *(n.)* cholesterol
کۆڵەکە kolaka *(n.)* bracket

كۆڵەمستە kolamsta (n.) fist
كۆم kom (n.) anus
كۆمار komar (n.) republic
كۆمپانیا kompanya (n.) company
كۆمپیوتەر kompeotar (n.) computer
كۆمپیوتەر لە دوورەوە kompioter le dorewe (n.) telecomputing
كۆمۆنیست komonest (n.) communist
كۆمی دەكات komi dekat (v.) pile
كۆمیدی komede (n.) comedian
كۆمیسیۆن komeseon (n.) commissure
كۆمەڵ komal (n.) agglomerate
كۆمەڵ دەكات komel dekat (v.) heap
كۆمەڵ كردن komal kirdn (v.) amass
كۆمەڵایەتی komelayeti (adj.) communal
كۆمەڵگە komelga (n.) society
كۆمەڵناسی komel nasi (n.) sociology
كۆمەڵە komala (n.) batch
كۆمەڵە زاراوەیەك komele zawayek (n.) nomenclature
كۆمەڵە كەسێك komele kesek (n.) swarm
كۆن kon (adj.) archaic
كۆن بوون kon bon (adj.) antiquated
كۆن خوازی kon khwazi (adj.) retrospective
كۆنترۆڵكردنی زیان kontrolkirdne ziyan (n.) damage control
كۆنترۆڵی كەشوهەوا kontroli kesh u hewa (n.) climate control
كۆنترۆڵكردن kontrolkirdn (v.) decontrol
كۆنتور kontor (n.) contour
كۆنتێسە kontesa (n.) countess
كۆنسۆڵی konsole (adj.) consular
كۆنسۆڵخانە konsolkhana (n.) consulate
كۆنسێلەر konsilar (n.) concealer
كۆنفرانسی دوور konfransi dor (n.) teleconference
كۆنگرە kongra (n.) conference
كۆنە kone (adj.) worn
كۆنە ئەستێرە kona astira (n.) asterism
كۆنەباو kone baw (adj.) outdated
كۆنەپەرست kone perst (n.) fossil
كۆنەپەرستانە kone perstane (adj.) fanatic
كۆی دەكاتەوە koe dakatawa (v.) add
كۆیلایەتی koelayeti (n.) bondage
كۆیلە kwele (n.) minion
كۆیلە بكەن kwela bkan (v.) enslave
كۆیلەی koelay (n.) cuckold
كۆئەندامی زاوزێ ko andami zaw ze (n.) testicle

كێ ke (pron.) who
كێر kir (n.) penis
كێری keri (adj.) phallic
كێش kesh (n.) gravitation
كێش سووكی kesh sowki (n.) levity
كێشان keshan (n.) bruise
كێشاوی keshawi (adj.) problematic
كێشدار keshdar (adj.) rhythmic
كێشی keshi (n.) weightage
كێشە keshe (n.) case
كێك kek (n.) cake
كێكی چا keki cha (n.) teacake
كێكی كشمشدار kike kshmeshdar (n.) bun
كێلگە kelge (n.) field
كێلگەی دەرەبەگایەتی kelgey derebegayeti (n.) manor
كێلگەی ئاژەڵ kelgey ajel (n.) ranch
كێلگە kelge (n.) farm
كێم kem (n.) pus
كیوە kiwe (adj.) barbarous
كیبۆرد kibord (n.) keyboard
كیپاد kipad (n.) keypad
كیت ket (n.) kith
كیتی تەپڵ kete tapl (n.) drum kit
كیس kis (n.) sack
كیسمیس kismis (n.) keysmith
كیسی كاغەزی kisi kaghezi (n.) paper bag
كیسە چا kise cha (n.) teabag
كیسەڵ kisel (n.) tortoise
كیسەی چەوری kisey chewri (n.) wen
كیسەی مندالان kisey mndalan (n.) scrotum
كیشوەر keshwar (n.) continent
كیشوەری keshware (adj.) continental
كیفكی خەنجەر kifki khenjer (n.) scabbard
كیفی ڕەق kifi req (n) shard
كیگابایت kega bayt (n.) gigabyte
كیگابیت kega bet (n.) gigabit
كیلۆ kilo (n.) kilo
كیلۆگرام kilogram (n.) kilogram
كیلۆمەتر kelomatr (n.) mileage
كیمیا kimya (n.) chemistry
كیمیا بە واتا كۆنەكەی kemya ba wata konakai (n.) alchemy
كیمیاگەر Kimia ger (n.) alchemist
كیمیاگەر یان دەرمانگەر kimyager yan dermanger (n.) chemist
كیمیایی kimyay (n.) chemical
كینە kena (n.) enmity
كینەوەر kinewer (adj.) indignant

کیوڤێت keovit (n.) cuvette
کەپر kapr (n.) bower
کەپسول kapsol (n.) capsule
کەپسولەیی kapsolae (adj.) capsular
کەپەک kapak (n.) bran
کەتان ketan (n.) linen
کەتی منداڵ kate mndal (n.) cot
کەتیبە kateba (n.) battalion
کەتیبەکان ketibekan (n.) phalange
کەتیرە katera (n.) gum
کەتەلۆگ katalog (n.) catalogue
کەچاپ kechep (n.) ketchup
کەذاوە kazawa (n.) palanquin
کەر kar (n.) ass
کەرامەت بکە karamat bka (v.) dignify
کەرت بوون kert boon (n.) schism
کەرتر kartr (adj.) uncouth
کەرکەدان kerkedan (n.) rhinoceros
کەرناڤاڵ karnaval (n.) carnival
کەرو نفام karw nafam (adj.) crass
کەرویشک karwishk (n.) rabbit
کەرویشکی کێوی karwishke kiwe (n.) hare
کەریتی keriti (n.) gaffe
کەرە kara (n.) butter
کەرەستە kereste (n.) resource
کەرەستەی جەنگ kerestey jeng (n.) munitions
کەرەستە ئارایشت karastae araysht (adj.) cosmetic
کەرەستەی کیش kerestey ish (n.) kit
کەرەکێوی kere kewi (n.) zebra
کەرەوز karawz (n.) celery
کەڕ kar (adj.) deaf
کەڕەنا karana (n.) bugle
کەزی kaze (v.) curl
کەس kes (n.) jack
کەس و کار kas o kar (n.) folk
کەساس kasas (adj.) wretched
کەسایەتی kesayeti (n.) personage
کەسایەتیکردن kesayetikirdin (n.) personification
کەستانە kastana (n.) chestnut
کەسێتی سیاسی keseti siasi (n.) politician
کەسێتی سەربەخۆ keseti serbekho (n.) individuality
کەسێک kesek (n.) somebody
کەسێک سەدساڵ بێت kasik sadsal bit (n.) centenarian

کەسێک کە کت ومت لە کەسێکی تر دەچێ kasik ka kt omt la kasiketr dache (n.) clone
کەسێکی بەهێز keseki be hez (adj.) stalwart
کەسێکی پاککەرەوە kasike pakkarawa (n.) cleaner
کەسێکی جووت سروشت keseki joot srosht (n.) schizophrenia
کەسێکی چاوبرسی keseki chaw birsi (n.) cormorant
کەسێکی چەنەباز kasike chanabaz (n.) blabber
کەسێکی هەپۆل keseki hepol (n.) simpleton
کەسێکی درندە keseki drnde (n.) ruffian
کەسێکی دەم بەهاوار kasike dam bahawar (n.) alarmist
کەسێکی ساویلکە kasike saelka (n.) bumpkin
کەسەکی ساویلکەی گەمژە kaseki sawelkey gemje (n.) gawk
کەسێکی سەرسەری kasike sarsare (n.) debauchee
کەسەکی فشەکەر یا خۆهەڵکێش kaseki fshakar ya khwhalkesh (n.) braggart
کەسێکی کەڕ kasike kar (n.) cretin
کەسێکی گومانەوی لەبوونی خودا kasike gomanaoe labone khoda (n.) agnostic
کەسێکی لاواز keseki lawaz (n.) weakling
کەسێکی مەراییکەر keseki mery ker (n.) sycophant
کەسێکی ناسراو kasike nasraw (n.) celebrity
کەسێکی ناشی kasike nashe (n.) callow
کەسێکی نامۆ keseki namo (n.) stranger
کەسێکی نەگەیشتوو keseki ne geyshto (adj.) minor
کەسی kesi (adj.) personal
کەسی بیانی kesi byani (n.) foreigner
کەش kesh (n.) weather
کەش و هەوا kash o hawa (n.) atmosphere
کەش و هەوای زیندوو kash o hawae zendw (n.) bioclimate
کەشت دەکات لە دەریادا gesht dekat le deryada (v.) sail
کەشتی kashte (n.) barge
کەشتی keshti (n.) ferry
کەشتی چارۆکەداری خێرا keshti charokedari khera (n.) clipper
کەشتی دوو ستوونی keshti do stoni (n.) schooner
کەشتی ساز keshti saz (n.) shipbuilder
کەشتی گەل keshti gel (n.) fleet

کەشتی نوقم بوون keshti noqm bon *(n.)* shipwreck
کەشتی نوقم دە بیت keshti noqm debet *(v.)* shipwreck
کەشتی ئاسمانی keshti asmani *(n.)* spacecraft
کەشتیگە kashtega *(n.)* dock
کەشتیوانی keshti wani *(n.)* sailcraft
کەشکۆڵ kashkol *(n.)* anthology
کەشکەک kashkak *(n.)* porridge
کەشمیر kashmer *(n.)* cashmere
کەشناسی kesh nasi *(n.)* meteorologist
کەف kef *(n.)* foam
کەف دە کات kef dekat *(v.)* scum
کەف کردن kef kirdin *(v.)* foam
کەفالەت kafalat *(n.)* bail
کەفالەت دەکریت kafalat dakrit *(adj.)* bailable
کەفاوی kefawi *(adj.)* foamy
کەفی دەریا kefi derya *(n.)* seafoam
کەفی سابون kefi saboon *(n.)* lather
کەل و پەل kel u pel *(n.)* outfit
کەللوی کاور kalloe kaor *(n.)* aries
کەلوپەل kel u pel *(n.)* commodity
کەلوپەلی بیانی kel u peli byani *(adj.)* exotic
کەلوپەلی ماڵەوە kel u peli malewe *(n.)* furniture
کەلوگە keloge *(n.)* zodiac
کەلەبەز kelebez *(v.)* groove
کەلەپچە kelepche *(n.)* shackle
کەلەپچە دەکات kelepche dekat *(v.)* shackle
کەلەپور kalapor *(n.)* heritage
کەلەرم kalarm *(n.)* cabbage
کەلەرەق kele req *(adj.)* inexorable
کەلەی لێدەدات keley le dedat *(v.)* head
کەلافە دەزوو kelafe dezoo *(n.)* skein
کەلبە kalba *(adj.)* canine
کەلپەی فیل kelpey fel *(n.)* ivory
کەلوی شیر keloy sher *(n.)* Leo
کەلەشیر kalashir *(n.)* cock
کەلەکیوی kalakiwe *(n.)* elk
کەلەکەبوو kalakabo *(adj.)* cumulative
کەلەکەبوون kala kabon *(n.)* accumulation
کەلەگایی kalagae *(adj.)* bullish
کەم kam *(adj.)* deficient
کەم بوونەوە kam bonawa *(n.)* decrement
کەم بووەتەوە kam bwatawa *(adj.)* depleted
کەم خوینی kam khoine *(n.)* anaemia
کەم دەبیت kem debet *(v.)* recede
کەم دەبیتەوە kem debetewe *(v.)* dwindle
کەم دەکات kem dekat *(v.)* wane

کەم دەکاتەوە kam dakatawa *(v.)* curtail
کەم رەوشت kem rewsht *(adj.)* forward
کەم زانی kam zane *(adj.)* contemptuous
کەم قسە kem qse *(adj.)* reticent
کەم کردن kem kirdin *(n.)* subtraction
کەم کردنەوە Kem kirdinewe *(n.)* abatement
کەم و کوری kam o kori *(n.)* defect
کەم وێنەیە kem weneye *(adj.)* negligible
کەم نیمتیازات kem emtyazat *(adj.)* underpriviledged
کەم ئەندامی kam andam *(n.)* disability
کەمان keman *(n.)* violin
کەمانجە kemanje *(n.)* fiddle
کەمانجە دەژەنێت kemanje dejenet *(v.)* fiddle
کەمانژەن keman jen *(n.)* violinist
کەمبووی بودجە kemboy bodje *(n.)* deficit
کەمپی بنەرەتی Kempi bnereti *(n.)* base camp
کەمتر kem tir *(adj.)* less
کەمترین kemtreen *(adj.)* least
کەمتەرخەم kemter khem *(adj.)* careless
کەمتەرخەمی kemtir khemi *(n.)* negligence
کەم کردنەوە kem kirdinewe *(v.)* detract
کەمکردنەوەی کالیسفیک kamkirdnawae kalesfek *(n.)* decalcification
کەمکردنەوەی کالیسیۆم kamkirdnawae kalesewm *(v.)* decalcifiy
کەم کردنەوەی ئازار kem kirdinewey azar *(n.)* pain relief
کەموکوری kamokore *(n.)* deficiency
کەموڵە kamola *(n.)* flask
کەمیک kamik *(n.)* bit
کەمی kemi *(n.)* diminution
کەمی دەکاتەوە kemi dekatewe *(v.)* lessen
کەمینە kemine *(n.)* minority
کەمەر بەند kemer bend *(n.)* waistband
کەمەرە kamara *(n.)* ambit
کەمەرەیی kemerey *(adj.)* equilateral
کەمەک kemek *(adj.)* scanty
کەنار kanar *(n.)* border
کەنار دەریاکان kanar daryakan *(adj.)* coastal
کەنار دەریا kanar darya *(n.)* beach
کەناری دەریا kenary derya *(adj.)* littoral
کەناری kanare *(n.)* canary
کەناری دەریا kenari derya *(n.)* seabeach
کەنارە شاخ kanare shakh *(n.)* brow
کەناری لماوی kenari lmawi *(n.)* strand
کەنتور kentor *(n.)* wardrobe
کەند kand *(n.)* cliff
کەندال kandal *(n.)* ravine

كەنداو kandaw (n.) bay
كەنداوى چكۆلە kandawe chkola (n.) cove
كەندەك kendek (n.) groove
كەنسەى kansae (adj.) ecclesiastical
كەنگەرو kangarw (n.) kangaroo
كەھرەمان Kehreman (n.) amber
كەوانە kawana (n.) arc
كەوانەكان kewanekan (n.) parenthesis
كەوت kewt (v.) fell
كەوتن kewtin (n.) tumble
كەوتن خوارەوە kewtin khwarewe (n.) stumble
كەوتوو kawtw (adj.) bedridden
كەوتوو kewto (n.) fallen
كەوتووە kewtwe (adj.) fallen
كەوج kawj (n.) blockhead
كەوچك kewchik (n.) spoon
كەودن kewden (n.) idiot
كەول دەكات kewl dekat (v.) skin
كەوەر kewer (n.) leek
كەى key (conj.) when
كەيف خۆشى keif khoshi (n.) jollity
كەيف خۆش kaef khosh (v.) elate
كەيكى بچوك keki bichok (n.) shortcake

گا ga (n.) bull
گاجووت gajot (n.) bullock
گاڕۆت garot (n.) garrotte
گاريسۆن gareson (n.) garisson
گازگرتن gazgrtn (adj.) biting
گازليدان gazlidan (v.) bite
گازليون gazlion (n.) gazillion
گازندە gazinde (n.) reproach
گازندە دە كات gazinde dekat (v.) reproach
گازى gazi (adj.) gasesous
گازى بايۆلۆجى gazi bayoloji (n.) biogas
گازى فرمێسك رێژ gazi frmesk rej (n.) tear gas
گازى نيۆن gaze newn (n.) neon
گازى ئەستلين gaze astlin (n.) acetylene
گازينۆ gazenw (n.) casino
گاسن gasn (n.) plough
گاگۆلە gagola (v.) crawl
گالاكسى galaksi (n.) galaxy
گاڵتە دە كات shte bchokekan (v.) trifle
گاڵتە galte (n.) raillery

گاڵتەى دەكات galtey dekat (v.) rag
گاليسكە galeska (n.) chariot
گاليسكەى بار galiskey bar (n.) wagon
گاليسكەى دەستى galeskae daste (n.) cart
گاليسكەى گۆلف galeskey golf (n.) golf cart
گاليسكەى منال galeskae mnal (n.) baby carriage
گاڵتە galta (n.) comic
گاڵتە پێكردن Galete pe kirdin (n.) bait
گاڵتە دە كا galte deka (v.) jest
گاڵتە دەكات galta dakat (n.) banter
گاڵتەبازە galtabaza (adj.) comical
گاڵتە پێ دەگات galte pe degat (v.) lampoon
گاڵتەكجار galtakjar (n.) satirist
گاڵتەجارانە galtajarane (adj.) humorous
گاڵتەجارى galtajari (adj.) cynical
گاڵتەجارى galtajare (adj.) sarcastic
گاڵتەچى galtache (n.) clown
گاڵتەخواز galte khwaz (adj.) ironic
گاڵتەخوازانە galte khwazane (adj.) ironical
گاڵتەدەكات galte dekat (v.) joke
گاڵتەكردن galte kirdin (v.) deride
گاڵتەكردن بە شەو galte kirdin be shew (n.) eve-teasing
گاڵتەى پێ دەكات galtae pi dakat (v.) ridicule
گاڵتەيى galtae (adj.) satirical
گاڵتەئامێز galte amez (adj.) hilarious
گالۆن galon (n.) gallon
گاما gama (n.) gamma
گامبووت gambot (n.) gumboot
گامێش gamesh (n.) buffalo
گاور gawr (adj.) Christian
گايشا gaysha (n.) geisha
گچكەكەلتوور gchke keltor (n.) subculture
گرافيتى grafete (v.) graffiti
گرام gram (n.) gramme
گرانبەها gran baha (adj.) costly
گرانەتا graneta (n.) typhoid
گرتن girtn (v.) capture
گرتنەخۆ grtnakho (n.) adoption
گرتنەوە grtnewe (n.) inclusion
گرتە ڤيديوەكان videoekan (n.) footage
گرد grd (n.) hill
گردەك grdek (n.) hillock
گردەك كە با دروستى كردبێت grdek ke be ba drost kirdbet (n.) dune
گرژ بوون grj boon (n.) spasm
گرژ بووە grj bwe (adj.) tensioned
گرژ دە بێت grj debet (v.) tension

گرژ دەکات grj dekat *(v.)* scowl
گرژبوون grj boon *(adj.)* tensible
گرژبوونی ماسولکە girj boni masolke *(n.)* convulsion
گرژکەرەوە grj kerewe *(adj.)* tensile
گرژی grji *(adj.)* spasmodic
گرگن grgn *(v.)* dwarf
گرگنی ئەفسانەیی grgne afsaney *(n.)* gnome
گرنگ grng *(adj.)* critical
گروپێک شانۆگەری gropek shanogeri *(n.)* repertoire
گریانی gryani *(v.)* growl
گرێفت greft *(n.)* graft
گرێفت greft *(v.)* graft
گرێ gre *(n.)* bond
گرێ بەست گرێ دەدا gre best gre deda *(v.)* vault
گرێ خواردن gri khwardn *(n.)* backlash
گرێ دان بە شریت gre dan be shret *(v.)* tape
گرێدان gredan *(v.)* fetter
گرێدەدات grey dedat *(v.)* knot
گرێ gre *(n.)* node
گریان gryan *(v.)* cry
گریانە gryane *(v.)* groan
گریانی gryani *(v.)* lament
گریاو gryaw *(n.)* mourner
گریکی yonani *(adj.)* Greek
گرینۆک grenok *(adj.)* lachrymose
گرەو بکە graw bka *(v.)* bet
گرەوکردن grawkirdn *(adj.)* betting
گرەوکەر grawkar *(n.)* bettor
گر gir *(n.)* blaze
گردەگرێت gr degret *(v.)* flame
گرگر دە کات grg dekat *(v.)* flambé
گرگرتن grgritn *(n.)* inflammation
گرگرتوو Gir girto *(adv.)* ablaze
گزی gze *(n.)* deceit
گزی دەکات gzi dakat *(v.)* dupe
گزی کردن gzi kirdin *(n.)* dupe
گزی لێ دەدات gzi le dedat *(v.)* deceive
گزیکەر gzekar *(adj.)* deceitful
گژوگیا gij u gya *(n.)* weed
گسک gsk *(n.)* sweeper
گسک دەکات gsk dekat *(v.)* sweep
گسکدەر gsk der *(v.)* sweep
گشت gsht *(adj.)* all
گشت خواپەرست gsht khwaperst *(n.)* pantheist
گشت گر gisht gir *(adj.)* comprehensive

گشت گیربوون gsht gir boon *(n.)* omniformity
گشتگر gshtgr *(adj.)* inclusive
گشتگیر دە بێت gsht gir debet *(v.)* pervade
گشتێتی gshteti *(n.)* universality
گشتی gishti *(adj.)* common
گشتی گەری gishti geri *(n.)* communism
گفت و گۆ gift u go *(n.)* conversation
گفتۆگۆ giftogo *(n.)* argument
گفتوگۆ کردن gft u go kirdin *(v.)* dispute
گلاس glas *(n.)* goblet
گلام glam *(adj.)* glam
گلدانەوە gildanewe *(n.)* detention
گلۆکۆز glokoz *(n.)* glucose
گلۆکۆما glokoma *(n.)* glaucoma
گلێچ glech *(n.)* glitch
گلیسرین glesren *(n.)* glycerine
گلە کردن gle kirdin *(n.)* growl
گلەی gley *(n.)* reprimand
گلەی دەکات gley dekat *(v.)* reprimand
گلەیی کردن gley kirdin *(n.)* prank
گلاو glaw *(n.)* hood
گلکار glkar *(n.)* pottery
گلکۆ glko *(n.)* sepulchre
گلۆپ glop *(n.)* bulb
گلۆپی هەیە glope haea *(adj.)* bulbous
گلینە gline *(n.)* mug
گلێن glen *(adj.)* earthen
گلە جان gla jan *(n.)* argil
گە یشتوو Geyshto *(n.)* adult
گواستنی شتێک بە مە ڕبێڵ gwastini shtek be merbel *(n.)* spade
گواستنی شمەك بەکەشتی gwastini shmek be keshti *(v.)* ship
گواستنەوە gwastnawa *(n.)* conveyance
گواستنەوە بەرگی ئاسمان gwastnawa bargae asman *(n.)* air freight
گواستنەوە لە دوورەوە gwastinewe le dorewe *(n.)* teleportation
گواستنەوەی گشتی gwastinewey gshti *(n.)* public transport
گواستنەوەی ئەسمانی gwastnaway asman *(n.)* airlift
گواڤا gwava *(n.)* guava
گوتنی پیتی ووشە gotini piti woshe *(n.)* spell
گوتنی شتێکی بێزاراوی gotini shteki be zarawy *(v.)* mouth
گۆدا goda *(n.)* gouda
گۆرج و گۆڵ gorj o gol *(adj.)* agile
گۆرچیلە gorchela *(n.)* kidney

گورز gorz (v.) pack
گورزه بەن gorza ban (n.) clew
گورزەیەك gorzeyek (n.) faggot
گورگ gorg (n.) wolf
گوری لێ دان gori le dan (v.) gore
گورینی تایری سەیارە gorini tayri seyare (v.) retread
گوریس gores (n.) chord
گوریسی ئاژەڵ بەستنەوە gorisi ajel bestinewe (v.) tether
گورینی ڕێگا gorinin rega (v.) shunt
گورەپانی بەندەر gorepani bender (n.) dockyard
گوزەر gozer (n.) flaw
گوزەران gozeran (n.) livelihood
گوزەری پێداناکرێ gozeri peda nakre (adj.) impassable
گۆشت برژین لە هەوای کراوەدا gosht brzhin la hawae krawada (n.) barbecue
گۆشراو goshraw (n.) juice
گۆڤار govar (n.) magazine
گۆگڵ gogl (v.) google
گۆل gol (n.) leper
گۆل و گەر gul u ger (adj.) leprous
گۆڵە golla (n.) bullet
گۆڵە پێوەدەنێت gole pewe denet (v.) fire
گۆڵی guli (n.) leprosy
گۆڵە golla (n.) cartridge
گۆڵ gol (n.) flower
گۆڵ فرۆش gol frosh (n.) florist
گۆڵ گۆڵی gol goli (adj.) flowery
گۆڵان golan (n.) vase
گۆڵە gole (adj.) roseate
گۆڵە شەست پەڕە gole shest peri (n.) marigold
گۆمان goman (n.) compunction
گۆمان goman (n.) doubt
گۆمان خستنە پاڵ goman khstna pal (adj.) accusing
گۆمان دەکا goman deka (v.) misgive
گۆمان دەکات goman dakat (v.) doubt
گۆمان کردن goman kirdin (n.) scepticism
گۆمان لێدەکا goman le deka (v.) mistrust
گۆمان لێکراو goman le kraw (adj.) doubtful
گۆمان لێنەکراو goman le nakraw (adj.) doubtless
گۆمان لە خۆت goman le khot (n.) self-doubt
گۆماناوی gomanawi (adj.) sceptical
گۆماندار goman dar (adj.) uncertain

گۆمرگانە gomrgane (n.) tariff
گۆمرگی gomrge (n.) excise
گۆمرا gomra (adv.) astray
گۆمی گچکە gomi gchke (n.) puddle
گوناه gonah (n.) guilt
گوناه دە کات gona dekat (v.) sin
گوناهبار gonah bar (n.) offender
گونجان gonjan (n.) concord
گونجاندن gonjandn (n.) adaptation
گونجاندن gonjandin (v.) proportion
گونجاو gwnjaw (adj.) compatible
گونجاو gonjaw (adj.) convenient
گونجاوە gonjawa (adj.) adaptable
گوندێکی بچوك gondeki bichok (n.) hamlet
گۆنی gone (n.) gooney
گووممەت gwmat (n.) dome
گوێ gwe (n.) ear
گوێ پێ نە دان gwe pe ne dan (n.) indifference
گوێ ڕایەڵ gwe rayel (adj.) obedient
گوێ ڕایەڵی gwe rayeli (n.) obedience
گوێ ڕایەڵی دەکات gwe rayeli dekat (v.) obey
گوێ شل دەکات بۆ gwe shl dekat bo (v.) overhear
گوێ کەردەکات gwi kardakat (v.) deafen
گوێ گر gwe gir (n.) listener
گوێ گرتن gwe girtin (v.) listen
گوێ نادات gwe na dat (n.) neglect
گوێ ی ناوەوە goy nawewe (n.) labyrinth
گوێچکە gwichka (n.) earbud
گوێچکەماسی gwichka masi (n.) conch
گوێچکەماسی کو دە کات gwechke masi ko dekat (v.) oyster
گوێرەکە gwiraka (n.) calf
گوێڕایەڵ goe rayel (adj.) dutiful
گوێز gwiz (n.) almond
گوێزان gwezan (n.) razor
گوێزاوی gwezawy (adj.) nutty
گوێزی خۆش gwezi khosh (n.) nutmeg
گوێزی هیند goize hend (n.) coconut
گوێ لێ دان gwe le dan (adj.) otoscopis
گۆپال gopal (n.) cudgel
گۆتی gote (adj.) gothic
گۆچان gwchan (n.) cane
گۆچانی جادوگەر gochani jadoger (n.) wand
گۆچانی سەرخر gojani ser khir (n.) hobbyhorse
گۆچانی سەرکردایەتی مۆسیقا gwchane sarkrdaeate moseqa (n.) baton
گۆران goran (n.) metamorphosis

گۆرانی gorani (n.) chant
گۆرانی بێژ gorani bej (n.) songster
گۆرانی دەڵێ gorani dele (v.) sing
گۆرانی ووتن بەدەنگی بەرزو بەرەبەرە نزم کردنەوە gorani be dengi berz u bere bere nzm kirdinewe (n.) yodel
گۆرانی یا ئاوازی دوو قۆلی gorani ya awaze dw qole (n.) duo
گۆرانیبێژ gorani bej (n.) singer
گۆراو goraw (adj.) variable
گۆرد gord (n.) gourd
گۆرستانی ژێرزەمین gorstani jer zemin (n.) catacomb
گۆرەوی gorewi (n.) necklace
گۆرەوی درێژ gorawe drizh (n.) stocking
گۆرەوی ژنانەو پیاوانە gorey jnane u pyawane (n.) hosiery
گۆڕ gor (v.) entomb
گۆڕان goran (n.) amelioration
گۆڕانکاری gorankare (n.) alteration
گۆڕانی کەش و هەوا gorani kesh u hewa (n.) climate change
گۆڕاو gorao (adj.) alternative
گۆڕستان gorstan (n.) cemetery
گۆڕنامە gornama (n.) epitaph
گۆڕهەڵکەنە gorhalkana (n.) badger
گۆڕین gorin (n.) change
گۆڕینەوە gorinewe (v.) change
گۆڕەپان gorapan (n.) arena
گۆڕەپانی پێشانگا porepani peshanga (n.) fairground
گۆڕەپانی یاری کردن gorepani yari kirdin (n.) playground
گۆڕەپانی یاریکردن gorepani yari kirdin (n.) playfield
گۆشت gosht (n.) flesh
گۆشتخۆر goshtkhor (n.) carnivore
گۆشتکردن goshtkirdn (v.) deflesh
گۆشتی بەراز goshte baraz (n.) bacon
گۆشتی گا goshte ga (n.) beef
گۆشتی مەڕ goshti mer (n.) mutton
گۆشتی ئادەمیزاد خۆر goshte adamezad khor (n.) cannibal
گۆشە gosha (n.) corner
گۆشەگەر goshe ger (n.) introvert
گۆشەگیری goshe giri (n.) isolation
گۆشەگیری دەکات goshe giri bken (v.) persecute
گۆشەیی goshae (adj.) angular

گۆڤار govar (n.) journal
گۆڤارێکی وێنەیی weneyy (adj.) pictorial
گۆڵ gol (n.) goal
گۆڵف golf (n.) golf
گۆڵکی دەریا golki derya (n.) seal
گۆڵ پۆست gol post (n.) goalpost
گۆڵ تۆمارکردن gol tomarkirdn (n.) goalscoring
گۆڵپارێز gol parez (n.) scorekeeper
گۆڵچی golchi (n.) goalkeeper
گۆڵکار gol kar (n.) scorer
گۆم gom (n.) pond
گۆماو gomaw (n.) swamp
گۆنادەکان gonadekan (n.) gonads
گۆندۆلا gondwla (n.) gondola
گوێ تام کردن gwe tam kirdn (n.) taste bud
گوێ زەوی gwe zewi (n.) globe
گوێ مەمک gwe memk (n.) nipple
گوێیی gwe (adj.) spherical
گێب geb (n.) gib
گێبە دەکات gebe dekat (v.) gibber
گێبەر geber (n.) gibber
گێ چەڵ ge chel (n.) plight
گێر ger (n.) gear
گێرەکەر gere ker (n.) thresher
گێر ویل ger weel (n.) gearwheel
گێرانەوە geranewe (n.) narration
گێرانەوە بۆ نیشتمان giranewe bu nishtiman (n.) repatriation
گێربۆکس ger box (n.) gearbox
گێری geri (n.) rickets
گێزەر gizar (n.) carrot
گێژاو gejaw (n.) whirlpool
گێژ لۆکە geje loke (n.) whirlwind
گێژ لۆکە gejeloke (n.) vortex
گێک سڤیل giksvel (n.) geeksville
گێل gel (adj.) dull
گێلاس gilas (n.) cherry
گیا gya (n.) grass
گیا خواردن gya khwardin (n.) graze
گیا دەخوات gya dakhwat (v.) graze
گیا دەکات gya dekat (v.) mow
گیاخۆر gya khor (n.) vegetarian
گیان gyan (n.) soul
گیان ئامادەکەر gyan amade ker (n.) necromancer
گیاندارێکی ئەفسانەییە gyandarike afsanaea (n.) centaur
گیانکێشەر gyan kesher (adj.) moribund

گیانەوەر gyanawar (n.) beast
گیانەوەرزان gyanewer zani (n.) zoologist
گیانەوەرزانی gyanewer zani (n.) zoology
گیانەوەرێکی وو شکاوەکییە gyanawarik wshkawakea (n.) amphibian
گیانەوەری gyaneweri (adj.) zoological
گیانەوەری شیردەر gyaneweri shir der (n.) mammal
گیبۆن gebon (n.) gibbon
گیتار getar (n.) guitar
گیتارژەن geta jen (n.) ukeleleist
گیران geran (n.) retention
گیرانی gerani (adj.) occlusive
گیرفان gervan (n.) pocket
گیرە gera (n.) brake
گیزەر gezer (n.) geyser
گیزەگیز gize giz (n.) fizz
گیزەگیز دە کات gize giz dekat (v.) fizz
گیزەهاتن gize hatin (v.) bumble
گیك gik (n.) geek
گیکی giki (adj.) geeky
گەدە gede (v.) stomach
گەدەیی gedey (adj.) gastric
گەراج geraj (n.) garage
گەراکردن gera kirdin (v.) ovulate
گەرانەوە geranewe (n.) runback
گەرایەوە بۆ نیشتمان gerayewe bu nishtiman (n.) repatriate
گەرد gard (n.) molecule
گەردون gardon (n.) cosmos
گەردوون ناس gardon nas (n.) astronomer
گەردوونی gardone (adj.) cosmic
گەردیلە gerdile (n.) jot
گەردی garde (adj.) molecular
گەردیلەی تەپ و تۆز gerdiley tep u toz (n.) mote
گەردیلەیی gardelae (adj.) atomic
گەردەلوول gardalol (n.) hurricane
گەردەلوولە gardalola (n.) cyclone
گەرم germ (adj.) hot
گەرم دەکات garm dekat (v.) heat
گەرم و شێدار germ u she dar (adj.) muggy
گەرم و گۆڕ germ u gor (adj.) lukewarm
گەرم و خۆش و خنجیلانە garm o khosh wkhnjelana (adj.) cozy
گەرماپێدەر garmapidar (adj.) calorific
گەرماو garmaw (n.) bath
گەرمبوونی جیهان germ boni jihan (n.) global warming

گەرمخانە garm khana (n.) greenhouse
گەرمەکەرەوە (flask) germ kerewe (n.) thermos (flask)
گەرمۆکە garmoka (n.) calorie
گەرمی garme (n.) heat
گەرمی زەوی germi zewi (adj.) geothermal
گەرمی لێدان germi le dan (n.) heatstroke
گەرمی پێو germi pew (n.) thermometer
گەرمیانە germyane (adj.) thermal
گەروو gerow (n.) throat
گەڕیدە gareda (n.) globetrotter
گەڕەکی جوولەکەکان لە شەرێکدا gereki jolekekan le sherek da (n.) ghetto
گەڕەنتی garante (n.) guarantee
گەڕەنتی دە کا garante deka (v.) guarantee
گەڕەنتی دە کریت gerenti dekret (v.) purport
گەڕەنتی کراو gerenti kraw (n.) purport
گەڕ ger (n.) innings
گەڕان geran (v.) explore
گەڕان بەدوای geran be dway (n.) pursuit
گەڕانەوەی کتوپڕوتوند garana dwawae ktoprotond (n.) backlash
گەڕانەوە garanawa (n.) back
گەڕانەوە دواوە geranewey dwawe (n.) recoil
گەڕۆك garok (n.) browser
گەڕی gare (n.) scabies
گەڕیدە geride (n.) tourist
گەزۆ gezow (n.) manna
گەسك gask (n.) broom
گەش gash (adv.) aglow
گەشانەوە geshanewe (n.) flare
گەشبین gashben (adj.) hopeful
گەش بینی gesh bini (n.) optimism
گەشت gesht (n.) journey
گەشت دەکات gesht dekat (v.) travel
گەشت کردن gesht kirdin (v.) journey
گەشت نامە gesht name (n.) travelogue
گەشتکردن gasht kirdin (n.) excursion
گەشتکردن بە کەشتی gesht kirdin be keshti (adj.) sailing
گەشتکەر gesht ker (n.) voyager
گەشتنامە gesht name (n.) itinerary
گەشتی دوور geshti dor (n.) trek
گەشتی دەریایی gashti daryai (v.) cruise
گەشتی کرد بە چوون و هاتن ggeshti kird be choon u hatin (n.) shuttle
کەشتە نوح kashte noh (n.) ark
گەشتیار gashtyar (n.) passenger
گەشتیار geshtyar (n.) traveller

گەشە gasha (n.) evolution
گەشەپێدەر geshe peder (n.) developer
گەشەداری geshedarı (adv.) evolutionary
گەشەدەکات geshe dekat (v.) evolve
گەشەسەندوو gashe sando (adj.) ebullient
گەشەکردن gashakirdn (v.) ebulliate
گەل gel (adj.) folk
گەلێتی galiti (n.) popularity
گەلی geli (adj.) popular
گەلی ئیسپانی geli espani (adj.) Spanish
گەلە کەشتی جەنگ gala koshte janig (n.) armada
گەلەری galare (n.) gallery
گەلەك gelek (n.) myrrh
گەڵا دەدا gela deda (v.) sprout
گەڵا لێکردنەوە gala likirdnawa (v.) defoliate
گەڵادار galadar (adj.) foliate
گەڵاکان galakan (n.) foliation
گەڵاکانی gelakani (n.) foliage
گەڵای رووەك gelay rwek (n.) leaf
گەڵای گەڵا gelay gela (n.) petal
گەمارۆ دراوە gamarw drawa (adj.) beleaguered
گەمارۆدان gemaro dan (v.) besiege
گەمارۆی دەدات gamarwi dedat (v.) entrench
گەمژە gemje (adj.) daft
گەمژەیی Gemjey (n.) absurdity
گەمژەیی gemjey (n.) stupidity
گەمە دەکات geme dekat (v.) revel
گەمە کردن geme kirdin (n.) flirt
گەمەی لەگەڵ دەکات gemey legel dekat (v.) flirt
گەنج genj (adj.) young
گەنج genj (n.) young
گەنجانە genjane (adj.) youthful
گەنجاو ganjaw (adj.) fair
گەنجبوونەوە genj bonewe (n.) rejuvenation
گەنجێك genjek (n.) youngster
گەنجی genji (n.) youth
گەنجینە ganjena (n.) closet
گەنجینەوان ganjenawan (n.) treasurer
گەندە خۆر gende khor (adj.) malnourished
گەندەڵ gandal (adj.) corrupt
گەندەڵی gandale (n.) corruption
گەنگە هۆنەر genge honer (n.) rhymester
گەنم ganm (n.) grain
گەنم رەنگ ganm rang (n.) brunette
گەنمەشامی genme shami (n.) maize

گەنمەشامی منداڵ ganmashme mndal (n.) baby corn
گەواهی gewahi (n.) testimony
گەواهی بۆ دەکات gewhi bu dekat (v.) witness
گەواه gewah (n.) witness
گاوج gawj (n.) fool
گاوجانە رەفتار دەکات gawjana raftar dekat (v.) fool
گەوچی gewchi (n.) sloth
گەورە gewre (adj.) sizable
گەورە ی خزمە تکاران gewrey khzmetkaran (n.) butler
گەورە gawra (adj.) almighty
گەورە پیاوانی شاه gawra pyawan ishah (n.) courtier
گەور دڵدار gawr dldar (adj.) bighearted
گەورە دەکات gewre dekat (v.) magnify
گەورەبوون gewre boon (n.) bulge
گەورەترین خەڵات لە یانسیب gewre treen khelat le yanesib (n.) jackpot
گەورەدەکا gaoradaka (v.) amplify
گەورەکان gewrekan (n.) Messrs
گەورەکردن Gewrekirdn (v.) aggrandize
گەورەیی gewrey (n.) pageantry
گەوڵەبەند gawllaband (adj.) bulletproof
گەوهەر gewher (n.) gem
گەوهەرچی gewher chi (n.) jeweller
گەوهەرناسی gewher nasi (n.) gemmology
گاورە مانگا gawre manga (n.) byre
گەیاندن gayandn (n.) communication
گەیاندنە پەری ئەوپەر geyandine peri aw per (v.) maximize
گەیشتن gaeshtn (n.) advent
گەیشتن بە لوتکە gaeshtn ba lotka (v.) culminate

لابردن la birdin (n.) removal
لابردنی چەوری labrdin chewri (v.) descale
لابەلای la belay (n.) curvature
لاپتۆپ laptop (n.) laptop
لاپە ر دە بورینی laper de borene (v.) thumb
لاپەر la per (n.) page
لاپەڕە la pere (n.) sheet
لاتەریب le terib (n.) parallelogram
لاجانگ lajang (n.) whisker

لاخۆبایی lakhobay *(adj.)* pretentious
لادان ladan *(n.)* aberration
لاداو ladaw *(adj.)* subversive
لادێیی ladie *(adj.)* rural
لادێیی کردن ladey kirdin *(n.)* rustication
لادەبات La debat *(v.)* avert
لادەبڕێ la debre *(adj.)* removable
لادەدات la dedat *(v.)* deviate
لار lar *(v.)* include
لار دە بێت lar debet *(v.)* tip
لار دەبێتەوە lar debetewe *(n.)* lean
لاربوونەوە la bornewe *(v.)* lurch
لاربونەوە lar bonewe *(n.)* sway
لاردەبێت lar debet *(v.)* tilt
لاردەبێتەوە lar debetewe *(v.)* sway
لارسەنگی larsangı *(n.)* disproportion
لاری دە گرێت lari degret *(v.)* wriggle
لارێگرتۆ lari grto *(n.)* wriggle
لاری lari *(adj.)* quirky
لاسار lasar *(adj.)* stubborn
لاسایی دە کا lasay deka *(v.)* imitate
لاسایی کردن lasay kirdin *(n.)* imitation
لاسایی کە ر lasay ker *(n.)* imitator
لاسای lasay *(n.)* parody
لاسایی کردن lasay kirdin *(n.)* mime
لاسایی lasay *(v.)* gird
لاسایی دەکاتەوە lasay dekatewe *(v.)* mimic
لاسایی کار lasay kar *(adj.)* mimic
لاسایی کردنەوە lasay kirdinewe *(n.)* mimicry
لاسایی دەکاتەوە lasay dekatewe *(v.)* mime
لاساەکەرەوە lasaekarawa *(adj.)* artful
لاساییانە lasayyane *(adj.)* orthodox
لاستیك lastik *(n.)* rubber
لاسك lask *(adj.)* exultant
لاشە lasha *(n.)* body
لافاو lafaw *(n.)* deluge
لافی نازایی lafe azae *(n.)* bravado
لافاندەر lavander *(n.)* lavender
لاقی پێشەوە laqi peshewe *(n.)* foreleg
لاك لاك lak lak *(n.)* lac, lakh
لاکتۆز laktoz *(n.)* lactose
لاکتۆمیتەر laktomiter *(n.)* lactometer
لاکێشە la keshe *(adj.)* oblong
لاڵ lal *(adj.)* dumb
لاما lama *(n.)* lama
لانسێت lanset *(adj.)* lancet
لانك lank *(n.)* cradle
لانۆجۆ lanojo *(n.)* lanugo
لانە lana *(n.)* den

لانە lana *(n.)* lair
لاواز lawaz *(adj.)* emaciated
لاواز lawaz *(adj.)* weak
لاواز دە بێت lawaz debet *(v.)* slim
لاواز دەبێ lawaz debe *(v.)* weaken
لاواز دەبێت lawaz debet *(v.)* languish
لاوازبوون lawazbon *(n.)* attenuation
لاواز دەکات lawaz dekat *(v.)* enervate
لاوازکردن lawazkirdn *(v.)* debilitate
لاوازکەر lawazkar *(n.)* debilitant
لاوازی lawaze *(n.)* debility
لاوازی دەکات lawazi dekat *(v.)* vitiate
لاواز دەکات lawaz dekat *(n.)* weakness
لاو لاوە law lawe *(n.)* ivy
لاوەتی laweti *(n.)* infatuation
لاوی lawe *(n.)* boyhood
لای پێشەوە lay peshewe *(adj.)* frontside
لای خەڵك خۆشەویستی دەکا lay khel khoshewisti deka *(v.)* popularize
لای دەبات lay debat *(v.)* omit
لای راست lay rast *(adv.)* right
لای لایە lay laye *(n.)* lullaby
لایدەبات lay debat *(v.)* countermand
لایە نگری توندوتیژو کویرانە layengri tond u tij u kwerane *(n.)* zealot
لایەنگر layen gir *(n.)* loyalist
لایەنگری دەکات layengri dekat *(v.)* espouse
لایەنگیر leyengir *(n.)* bias
لایەنی laeane laeane *(n.)* sidebar
لغاو lghaw *(n.)* harness
لفافی کاغەز lfafi kaghez *(n.)* spill
لیڤینەر Liviner *(n.)* armature
لق lq *(n.)* branch
لقێك بالندەی لەسەر بنیشێت lqek balndey le ser bnishet *(n.)* roost
لکە لکە lke lke *(v.)* stammer
لکاندنی lkandne *(n.)* annexation
لکێندراو lkendraw *(adj.)* siamese
لکینار lkinar *(n.)* sticker
لم lm *(n.)* sand
لمێن lmen *(adj.)* sandy
لە رزان lerzan *(v.)* fibrillate
لە سە ر تەوەرە دە روا tewere *(v.)* pivot
لە سە رخۆ سەپێنراوە le ser kho sepenraw *(adj.)* self-imposed
لە فز کردن lefz kirdin *(n.)* pronunciation
لە کار لادان le kar ladan *(v.)* sack
لە ناوەوە nawewe *(prep.)* inside
لە وانە یە mange maes *(v.)* may

لوت lot (n.) nose
لوتکه lotke (n.) meridian
لوسێرن losern (n.) lucerne
لوکۆمۆتیڤ lokomotev (n.) locomotive
لولو lolo (n.) pearl
لووت lot (adj.) nasal
لووت بەرز lot barz (adj.) arrogant
لووت بەرزی lot barze (n.) arrogance
لووت بەرزی lot barze (n.) bighead
لووت نزم lie toradabi (adj.) snub
لوتکه lotke (n.) peak
لووتکەی lotkaey (adj.) maximum
لووره lore (n.) howl
لوورەکردن lore kirdin (v.) ululate
لووس دەکات los dekat (v.) refine
لووسه losa (n.) crowbar
لوول lol (adj.) curly
لوول بوو lol bu (n.) roll
لوول دەبێ lol debe (v.) wrinkle
لوولپێچ lol pech (n.) snail
لوولی lole (n.) wrinkle
لوولەك lolak (n.) cylinder
لوولەکی lolaki (adj.) cylindrical
لوولەی هەناسه loley henase (n.) tracheole
لۆچ loch (n.) crease
لۆژیك lojik (n.) logic
لۆقەکردن loqakirdn (v.) canter
لۆکه loka (n.) cotton
لۆگاریتم logaretm (n.) logarithm
لۆمه loma (v.) blame
لۆمه loma (v.) censure
لیسته liste (n.) slate
لێك دان lek dan (v.) multiply
لێ خشان le khshan (n.) friction
لێ دە دات le dedat (v.) kick
لێ دەبورێ le debore (v.) laminate
لێ دەخورێت le dekhoret (v.) drive
لێ دەدات le dedat (v.) pulsate
لێ دەنێت le denet (v.) cook
لێ کۆلەری چالاک le koleri chalak (n.) ferret
لێبرین le brin (n.) deduction
لێبوردن libordn (n.) amnesty
لێبوردەیی le bordey (n.) forbearance
لێپرسراو le prsraw (adj.) liable
لێپرسراوی le prsrawi (n.) liability
لێپرسراوی دارستان le prsrawi darstan (n.) forester
لێخۆش بوون le khosh boon (v.) condone
لێخۆشبوون Le khosh boon (n.) absolution

لێدان le dan (v.) beat
لێدان به توندی و دڵڕەقانه ledan be tondi u dil reqane (n.) clobber
لێدانی دەستپێکی ledani dest peki (v.) kick-start
لێدانێکی توند ledaneki tond (v.) wallop
لێدانی توند ledani tond (n.) slam
لێدانی دڵ ledani dil (n.) heartbeat
لێدانی لایەنی ledani layeni (n.) sidestroke
لێدوان ledwan (n.) commentary
لێ دە بورێت le de boret (adj.) pardonable
لێدەخوری lidakhore (v.) steer
لێدەدات Le dedat (n.) clip
لێدەردەکا le der deka (v.) subtract
لێدەکاتەوه lidakatawa (v.) pluck
لێرەوه lerewe (adv.) hence
لێرژان lerjan (n.) osmosis
لێزان lizan (adj.) adept
لێ زانی le zani (n.) skill
لێ زانین le zanin (v.) experience
لێژای lejay (v.) slope
لێژنه lijne (n.) committee
لێسانەوه lesanewe (n.) lick
لێشاو leshaw (n.) flow
لێفه life (n.) quilt
لێك دەترازێنێت lik datrazinit (v.) disconnect
لێك دەدات lek dedat (v.) integrate
لێك دەداتەوه le dedatewe (v.) explain
لێك نەدراوه lek ne drawe (adj.) inexplicable
لێکچو lek cho (adj.) like
لێکچوون Lek choon (n.) analogy
لێکدان lek dan (v.) clash
لێکردنەوه Le kirdinewe (n.) abrasion
لێکۆڵینەوه le kolinewe (v.) investigate
لێکۆڵینەوەی بوونەوەری زۆر کۆن le kolinewey bonewery zoor kon (n.) paleontology
لێگۆرن le gorin (n.) leghorn
لێل lil (adj.) dim
لێل دەبێت lel debt (v.) tarnish
لێنەبوردو le ne bordo (adj.) intolerant
لێهاتن le hatin (n.) decorum
لێهاتوو le hato (adj.) proficient
لێهاتووی lihatoe (n.) aptitude
لێهاتویی le hatoy (n.) competence
لێهاتوی le hatoy (n.) propriety
لێو lew (n.) lip
لێوار liwar (n.) brim
لێی بێزار دەبێت ley bezar debet (v.) resent
لێی تورەدەبێ ley tore debe (n.) snub

لێی جیادەبێتەوە ley jya debetewe (v.) secede
لێی دەدات ley dedat (n.) box
لێی دەردەهێنرێت ley derdehenret (v.) quarry
لێی دەستێنێت ley destenet (v.) rifle
لێی دەنالێت ley de alet (v.) cling
لێبخۆش دەبێت le khosh debet (v.) exempt
لێیدا دەشکێنێت leyda deshkenet (v.) deduct
لێیدەخشێنێت ley dekhshet (n.) jostle
لێیدەخشێنێ ley dekhshene (v.) jostle
لێیدەدات le dedat (n.) hit
لێیدەکۆڵێت liedakolit (v.) edit
لیتر litr (n.) litre
لێتە lete (v.) ooze
لێج lej (n.) goo
لیست list (n.) list
لیستی بازارکردن listi bazar kirdin (n.) shopping list
لیستی پشکنین listi pishkinin (n.) checklist
لیستی تراکەکان listi trakekan (n.) tracklist
لیستی رەش listi resh (n.) blacklist
لیستە سەتڵ leste satl (n.) bucket list
لیستی کەلوپەل Listi kel u pel (adj.) ablative
لیستی میوانان listi mewanan (n.) guest list
لیستی نرخەکان listi nrkhekan (n.) price list
لیستەی lestay (n.) docket
لیستەی خواردن listey khwardin (n.) menu
لیستەی نرخ listey nirkh (n.) invoice
لێک lek (n.) salebrosity
لێکی دەرژێت leke derjet (v.) drool
لێکی رژان lek rijan (n) drool
لیگنێت lignet (n.) lignite
لەلاک le lak (n.) lilac
لیمۆ lemo (adj.) citric
لیوا لە سوپادا lewa la sopada (n.) brigade
لە la (prep.) at
لە ناو بردن le naw birdin (n.) miscarriage
لە بار دەبات le bar deabt (v.) miscarry
لە بارمتەی خۆی زۆرتر پارە دەردەهێنێت le barmtey khoy zyatr pare der dehenet (v.) overdraw
لە باس لادان la bas ladan (n.) digression
لە باس لادەدات la bas ladadat (v.) digress
لە برسا دەمرێت le brsa de mret (v.) starve
لە برسا مردن le brsa mrdin (n.) starvation
لە بەرپرسێتی خۆی دەدزێتەوە le berprseti khoy de dzetewe (v.) shirk
لە بەشی دواوە کەشتیدا la bashe dwawae kashteda (n.) aft

لە پارەدان دوا کەوتو le pare dan dwa kewto (adj.) overdue
لە پاش سروشت le pash srosht (n.) metaphysics
لە پاش ئەوە le pash awe (adv.) thereafter
لە پشت کورسییەکان la psht korseakan (adv.) backstage
لە پشتگیرانی ڕێبازی پیوریتانی le pshtgirani rebazi pioritani (n.) puritan
لە پشتەوە le pshtewe (adj.) rear
لە پێش le pesh (prep. &adv.) before
لە پێشی le peshi (n.) priority
لە پێشەو la pishawa (adj.) anterior
لە پێکهێنەرەکان la pikhinarakan (adj.) composite
لە ترسا را دەکات le trsa ra deka (v.) stampede
لە تەنشتی le tenshti (adv.) sideway
لە جێ شوێن پێ دەروا le jey shwen pe derwa (v.) track
لە جیاتی le jyati (n.) lieu
لە چاپ دانەوە le chap danewe (n.) reprint
لە چاپ دەدات le chap dedat (v.) reprint
لە چاپدا هەڵە دەکات le chap da hele dekat (v.) misprint
لە چاک بەختی le chak bekhti (adv.) luckily
لە چی le chi (conj.) whereat
لە خاچ بدەن la khach bdan (v.) crucify
لە خاچ دراو la khach draw (n.) crucifix
لە خاچ دراوە la khach drawa (adj.) crucified
لە خۆرا le khora (adj.) spontaneous
لە دانیشتوان le danishtwan (n.) inhabitant
لە داهاتوودا le dahatow da (adj.) forthcoming
لە دایکبوون le dayk boon (n.) nativity
لە دواییدا le dwayda (adv.) lastly
لە دەرەوە le derewe (adv.) out
لە دەرەوەی شار le derewey shar (n.) outskirts
لە دەرەوەی هاوسەنگی le derewey haw sengi (v.) out-balance
لە دەرەوەی وڵات la daraway wlat (adv.) abroad
لە دەست دانی ناوبانگی باش la dast dane nawbange bash (n.) disrepute
لە دەنگ خێرا تر le deng khera tir (adj.) supersonic
لە دەوری بزوێنەر دەسورێنێتەوە le aweri bzwener de soren etewe (v.) reel

له راده دەرچوون le rade derchoon *(adj.)* excess

له رادەبەدەر دەنوێت le rade ber denwenet *(v.)* oversleep

له راستی دا la raste da *(adv.)* actually

له ڕێگا دەر دەچێت le rega der dechet *(v.)* sidetrack

له ڕێگا دەرچوون le rega derchoon *(n.)* sidetrack

له ڕێگادا le regada *(adv.)* en route

له ڕەشەبا قورتاڵ بوو le rsheba qortal bu *(v.)* weather

له ڕووی تیمیەوە le roy timyewe *(adv.)* teamwise

له ڕووی ئەکادیمی یا زانستیەوە la roe akademe ya zansteiawa *(adv.)* academically

له ژمارە نەهاتوو le jmare ne hato *(adj.)* numberless

له ژێر ڕووی زەوی le jer roy zewi *(adj.)* subterranean

له سەرا چاوەڕێ دەکات le sra chawe re dekat *(v.)* queue

له سێدارە دەدات به بێ دادگاییکردنی یاسایی le se dare dedat be be dadgay kirdini yasay *(v.)* lynch

له سەدا le dseda *(adv.)* per cent

له سەر ڕوو کەوتوو le ser ro kewto *(adj.)* prone

له سەر شێوەی مرۆڤ le ser shewey mrov *(v.)* incarnate

له سەرانسەری دەوڵەتە کەدا le seransery dewlet da *(adj.)* statewide

له سەربازی دامالراون la sarbaze damalrawn *(adj.)* demilitarized

له سەرەتاوە le seretawe *(adv.)* primarily

له سەڵاجە دابنی le selaje dabne *(v.)* refrigerate

له شایەتی لای دەبات le shayeti lay debat *(v.)* dethrone

له شوێنێکدا le shwenek da *(adv.)* somewhere

له قاتی پشتاوا la qate pshtawa *(n.)* backstairs

له قاوە la qawa *(n.)* dunk

له قۆڕ دەچقەنێت le qor de cheqenet *(v.)* mire

له قەفەز بەندی دەکات la qafaz bande dakat *(v.)* encage

له کاتی خۆیدا le kati khoyda *(adj.)* timely

له کاروان بەجێماو le karwan be je mawe *(n.)* straggler

له کوێ le kwe *(adv.)* whence

له کوێ نییە le kwe nye *(adv.)* nowhere

له کۆتاییدا le kotay da *(adv.)* eventually

له کێڵگە la kilga *(adv.)* afield

له گەڵ میلی کاتژمێردا le gel mili kat jmer da *(adv.)* clockwise

له گەڵ خۆ دوان le gel kho dwn *(n.)* soliloquy

له گەڵی دەگونجێت la gale dagonjit *(v.)* concur

له لیستی کورتدا هاتووە le listi kort da hatwe *(adj.)* shortlisted

له مس دروست کردن la ms drwst kirdn *(v.)* braze

له مەو دوا le me u dwa *(adj.)* onward

له مەیمون چو Le meymoon cho *(adj.)* anthropoid

له ناخی دڵەوە le nakhi dlewe *(adv.)* heartily

له ناخەوە le nakhewe *(adj.)* inmost

له ناو le naw *(adv.)* through

له ناو دەبات le naw debat *(v.)* overwhelm

له ناو ماڵدا le naw mal da *(adv.)* indoors

له نرخی کەم دەکاتەوە le nirkhi kem dekatewe *(v.)* depreciate

له نهۆمی خوارو la nhome khwarw *(adj.)* downstairs

له نێوان laniwan *(prep.)* amongst

له هیتر زۆرتر دەژی le hitr zortr de ji *(v.)* outlive

له هەر شوێنێک la har shoinik *(adv.)* anywhere

له هەر کوێیەکدا le ehr kweyek da *(adv.)* wherever

له هەمان کات دا le heman kat da *(adv.)* meanwhile

له هەموو شوێنێک le hemo shwenek *(pron.)* everywhere

له هەموو شوێنێک le hemo shwenek *(n.)* ubiquity

له هەموو شوێنێکدا هەیە le hemo shwenek da heye *(adj.)* ubiquitous

له هەوا بەتاڵی دەکات la hawa batale dakat *(v.)* deflate

له یاسا بەدەر le yasa beder *(adj.)* lawless

له یاساکاندا la yasakanda *(n.)* in-laws

له یەک ڕەگ le yek reg *(adj.)* cognate

له یەک کاتدا le yek kat da *(adv.)* instantly

له یەکتردا Le yektr da *(adv.)* abreast

له یەکتردا جێگیر کراوە le yektirda jegir krawe (adj.) juxtaposed
له یەکەم بینینەوە le yekem bininewe (adv.) prima facie
له ئاستی جیهانی دا le asti jihani da (adv.) globally
له ناودا هەڵدەفرێت Le awda heldefret (adv.) afloat
له نیشدا گینگل دەدات le ishda gingl dedat (v.) writhe
له ئەنجامدا la anjamda (adj.) consequent
لەباتی نامە le bati ame (adv.) therefore
لەبار lebar (adj.) fit
لەباربردن Le barbirdin (v.) abort
لەباربردنی منداڵ Le bar birdini mndal (n.) abortionist
لەبارچوون Le bar choon (n.) abortion
لەبۆ پێشەوە Le bo peshewe (adv.) ahead
لەبیر ناکرێت le bir nakret (adj.) memorable
لەبیرکراو le bir kraw (adj.) forgetful
لەبیرکردن le bir kirdin (v.) forget
لەبەر le ber (n.) sake
لەبەرچاوگرتنی le ber chaw girtini (prep.) considering
لەبەردەکات le ber dekat (v.) dress
لەبەردەکات le ber dekat (v.) wear
لەبەردەگرەتەوە le ber degretewe (adj.) duplicate
لەبەرگرتن le ber girtin (n.) transcription
لەبەرگرتنەوەی کاربۆنی le bergirtnewey karbon (n.) carbon copy
لەبەرگیراو le ber giraw (n.) copy
لەبەریدەگرەتەوە le beri degretewe (v.) copy
لەبەرئەوەی le ber awey (prep.) since
لەپخوێن lep khwin (n.) palmist
لەپخوێندن lep khwindin (n.) palmistry
لەپڕ le pr (adv.) unawares
لەپڕ دەدا بەسەریدا le pr deda be seri da (v.) overtake
لەپڕ دەکەوێ le pr dekewe (v.) slump
لەپڕ دەکەوێت le pir dekewet (v.) flop
لەپێشتردابوون یا ڕووڕدان lapishtrdabon ya rodan (n.) antedate
لەپی دەست lepi dest (n.) palm
لەت دە کات latkirdn (v.) split
لەتکردن let kirdin (v.) split
لەجێ چوو le je cho (adj.) rickety
لەجێ دەچێت le jey dechet (v.) dislocate
لەجیاتی le jiyati (n.) behalf

لەچاپدەر le chapder (n.) bookmaker
لەچاڕ lachar (adj.) envious
لەچەری le chere (v.) envy
لەخشتە بردن le khishte birdin (n.) enticement
لەخشتەی دەبات le khishtey debat (v.) entice
لەخۆبایی le khobay (n.) snob
لەخۆباییبوون lakhobaeebon (n.) egotism
لەخۆقەدەغەکرن Le kho qedekhe kirin (n.) abnegation
لەخۆگرتن lakhogirtn (n.) embrace
لەدایک بوون ladaek bon (v.) beget
لەدایکبوو le dayk bo (adj.) inborn
لەدایکبوون la daekbon (n.) birth
لەدواوە le dwawe (v.) bewind
لەدەرەوەی باڵانس le derewey balans (adj.) off balance
لەدەرەوەی ڕێڕەوەکە le derewey rereweke (adv.) off-road
لەدەم دەرچوون بەبێ بیرکردنەوە ladam darchon babi berkirdnawa (v.) blurt
لەدەور ladaor (adv.&prep.) around
لەرزین lerzin (n.) quiver
لەرزینی لەش lerzini lesh (n.) sheading
لەرزین lerzin (v.) oscillate
لەرزین پێوان lerzin pewan (adj.) oscillometric
لەرزینی جووت بوون lerzini joot boon (n.) orgasm
لەرزە lerze (n.) tremor
لەرینەوە lerinewe (v.) jiggle
لەرە lere (n.) frequency
لەرەهەلەر lere ler (adj.) osculant
لەر ler (adj.) gaunt
لەڕادە بەدەر le rade be der (adj.) excessive
لەڕ و لاواز ler u lawaz (adj.) meagre
لەڕولاوازکردن larwlawazkirdn (v.) emaciate
لەڕوو le roo (adj.) brusque
لەڕووی شەیتانییەوە larwe shaetaneeawa (adv.) satanically
لەڕەگەوە لێی دەکاتەوە laragawa lie dakatawa (v.) uproot
لەژێر le jer (prep.) underneath
لەژێرەوە بەکرێ دەدات le jerewe be kre dedat (v.) sublet
لەسەر Le ser (prep. & adv.) above
لەسەر خۆ le ser kho (adj.) sedate
لەسەر دانان lasar danan (n.) addition
لەسەر ڕێگا le ser rega (adj.) on-road
لەسەر شاشە lasar shasha (adj.) on-screen

لەسەر شاشە پێشان دەدات le ser shashe peshan dedat (v.) screen
لەسەر عەرش دادەنیشێ le ser arsh dadenishe (v.) throne
لەسەر کار لادەدرێت le ser kar la dedret (v.) depose
لەسەر هێل دادەنێ le ser hel da dene (v.) sideline
لەسەر هێل le ser hel (adj.) online
لەسەر یەک تەوەرەن leser yek teweren (n.) coaxial
لەسەرپێ leser pe (adj.) erect
لەسەرخۆ le ser khow (adj.) leisurely
لەسەرخۆ دەسووتێ le ser kho desote (v.) smoulder
لەسەرخۆ ڕۆیشتن Le ser kho roishtin (v.) amble
لەسەردانان le ser danan (v.) tag
لەسەرێکی تراوە lasarike tirawa (adv.) alternatively
لەش ساخ بوون lash sakh bon (n.) convalescence
لەش ساغ lash sagh (adj.) hale
لەش فرۆشتن lash froshtn (n.) debauchery
لەشجوانی lesh jwani (n.) gymnast
لەشفرۆش lesh frosh (n.) prostitute
لەشفرۆشی lesh froshi (n.) prostitution
لەشکری leshkeri (n.) legionary
لەشی دە فرۆشی leshi defroshe (v.) prostitute
لەقلەق laqlaq (n.) crane
لەقۆری دەگری laqori dagre (n.) daub
لەکاتێکدا le katek da (conj.) whereas
لەکارخستن le kar khistin (v.) defuse
لەکارکردن le karkirdin (n.) consumption
لەکارکەر le karker (n.) consumer
لەکارکەوتن le kar kewtin (v.) decommission
لەکاری دەکات le kari dekat (v.) consume
لەکردن هاتوو le kirdin hato (adj.) feasible
لەکە leke (n.) smear
لەکەدار دەکا leke dar deka (v.) smear
لەکەدارکردن Le kedarkirdin (v.) attaint
لەکەناری دەریا lakanare darya (adv.) ashore
لەگەڵ le gel (prep.) with
لەگەڵ یەکداگونجان legel yekda gonjan (adj.) congruent
لەگەڵ ئەوەدا نین la gal awada nen (v.) disagree
لەگەڵ ئەوەش legel awesh (conj.) nevertheless

لەگەڵی دەردەبرێت le geli derdebret (adj.) endurable
لەلاوە lalawa (adv.) aside
لەلای lalae (prep.) by
لەلایەکەوە le layekewe (adj.) ex-parte
لەلایەکەوە le layekewe (adv.) ex-parte
لەم دوایییەدا lem dway yeda (adv.) lately
لەم کاتەدا lem kateda (adv.) presently
لەماوەی lamawae (prep.) during
لەمردوو دەچێت le mirdo dechet (adj.) cadaverous
لەمەودوا le mew dwa (adv.) henceforth
لەناخەوە دووان le nakhewe dwan (n.) ventriloquism
لەناخەوە قسە کردن le nakhewe qse kirdin (n.) ventriloquist
لەناکاو Le nakaw (adj.) abrupt
لەناکاو رەپ بوو le nakaw rep bu (n.) upstart
لەناو lanao (prep.) amid
لەناو le naw (adv.) within
لەناو دەبات le naw debat (v.) raze
لەناو دەچێت le naw de chet (adj.) perishable
لەناو فڕۆکەکەدا Le naw frokeda (adv.) aboard
لەناوبردن le naw birdin (v.) decimation
لەناوبردنی Le naw brdini (v.) annihilate
لەناوبەر le naw ber (n.) destroyer
لەناوچوون Le nawchon (n.) annihilation
لەناودەبات le naw debat (v.) eradicate
لەناوەڕاست le nawerast (prep.) betwixt
لەنجە دەکا lenje dekat (n.) swagger
لەنجە دەکات lenje dekat (v.) strut
لەنجە و لار lenje u lar (n.) strut
لەنگەر langar (n.) anchor
لەنگەرکردن lenger girtin (n.) moorings
لەنگەرگرتن langargirtn (n.) anchorage
لەنێوان laniwan (prep.) among
لەهۆشخۆچوون le hosh kho chon (n.) trance
لەهەموو شوێنێک بوون لەهەمان کاتدا le hemo shewenk bon le hemo kat da (n.) omnipresence
لەهەمووﻻیەکەوە Le hemo layekewe (adj.) ambient
لەو lew (conj.) since
لەو باشترەدەبێت lew bashtr debet (v.) excel
لەو دەچێ lew deche (v.) resemble
لەوانەیە le waneye (n.) contingent
لەوچە lewche (adj.) insolent
لەوچەیی lewchey (n.) insolence

لەورگا le wrga (n.) pasture
لەوکاتەدا lew kateda (adv.) then
لەوکاتەوە lew katewe (adv.) since
لەوە lewe (adv.) hither
لەوێ le we (adv.) there
لەوەدا le weda (conj.) whereupon
لەوێوە نزیك le wewe nizik (adv.) thereabouts
لەورگا le werga (n.) lea
لەیەکچوو le yekcho (adj.) congenial
لەیەکدان Le yekdan (v.) abut

لێپرسینەوە Le pirsinewe (n.) accountability
لێپرسینەویان لەگەڵدا بکرێت liprsenawayan le gelda bkret (adj.) accountable
لێڵ lel (adj.) indistinct
لەڕاوکێ وگومان le rawki u goman (n.) consternation

مات mat (adj.) wistful
ماتی mati (n.) woe
ماتەمین matemin (adj.) woebegone
ماتەمینی matamene (n.) consolation
ماچ mach (n.) kiss
ماچ دەکات mach dekat (v.) kiss
مادده ی کینین madey kenin (n.) quinine
مادده madde (n.) item
مادده هۆشبەرەکان mada hoshbarakan (adj.) doped
مادده هۆشبەرەکان madde hosh berekan (n.) narcosis
ماددەی کالسۆم maddae kalsom (n.) calcium
ماددەی کیمیایی madey kimyay (adj.) chemical
مادده madde (adj.) material
ماددەی پاکەرەوە madae pakarawa (n.) antiseptic
ماددەی داغکەر madae daghkar (adj.) caustic
ماددەی زیندەیی madae zendae (n.) bioagent
ماددەی سیلولۆید madae selwlwid (n.) celluloid

مار mar (n.) snake
ماراسۆن marason (n.) marathon
مارت mart (n.) March
ماردەخۆر marde khor (n.) usurer
مارشاڵ marshal (n.) marshal
مارکێتینگ لە دوورەوە marketing le dorewe (n.) telemarketing
مارل marl (n.) marl
مارماسی marmase (n.) eel
مارمێلکە mer melke (n.) lizard
مارمێلکەیەکی ئەفسانەیی marmilkeyeki afsaney (n.) salamander
ماڕەیی maray (n.) dowery
ماڕۆنی maroni (n.) maroon
ماست mast (n.) yoghurt
ماستاو mastaw (n.) buttermilk
ماستە ر master (n.) master
ماسك mask (n.) muzzle
ماسك دە کاتی mask dekate (v.) muzzle
ماسکی دەم و چاو maski dem u chaw (n.) face mask
ماسۆلکە masolka (n.) brawn
ماسۆلکە گرژ دە بێت masolke grj debet (v.) tensor
ماسۆلکەی قۆڵ و ڕان masolkae qol o ran (n.) biceps
ماسۆلکەی گرژکەر masolkey grj ker (n.) tensor
ماسۆلکەی گرژکەر masolkey grj ker (adj.) tensor
ماسۆلکەیی masolkey (adj.) muscular
ماسۆنیەت masonyet (n.) masonry
ماسی masi (n.) fish
ماسی بەرد masi berd (n.) rockfish
ماسی تەپڵ mase tapl (n.) drumfish
ماسی شنی mase shne (n.) sandfish
ماسی کۆتر mase kotr (n.) catfish
ماسی یە مشاری masye mshari (n.) sawfish
ماسی یەکی ڕەشتاڵە دەریایی یە masiyeki reshtaley deryaye (n.) sea bass
ماسیگر masi gir (n.) fisherman
ماشینچی amere chi (n.) machinist
ماعونی کاغەز maoni kahgez (n.) ream
ماف maf (n.) prerogative
مافووری بچووك mafore bchok (n.) rug
مافی دەروات mafi derwat (v.) disqualify
مافی دەستوری mafi destori (n.) franchise
مافی دەنگدان mafi deng dan (n.) suffrage

مافى لەچاپدان و بلاوكردنەوە mafi chap kirdin u bilawkirdinewe (n.) copyright
مافيا mafia (n.) mafia
ماقوڵ maqol (adj.) reasonable
ماك mak (n.) mack
ماكاداميا makadamia (n.) macadamia
ماكارۆن makaroon (n.) macaroon
ماكرۆبايۆتيك makrobayotik (adj.) macrobiotic
ماكرۆسفێر makrosifer (n.) macrosphere
ماكرۆسێفالى makrosifaly (n.) macrocephaly
ماكرۆفايبەر makrofayber (n.) macrofibre
ماكياژ makyaj (n.) make-up
ماكەبرين make brin (n.) weal
مالنج malnj (n.) trowel
ماڵناوايى ڵێ بكەن malawai li bkan (exclam.) adieu
ماڵ mal (n.) abode
ماڵ و موڵك mal o molk (n.) belongings
ماڵى پاراستو mali parasto (n.) safehouse
ماڵى male (n.) domestic
ماڵێكەر malekar (n.) domesticator
ماڵاوە malawa (adj.) domiciliary
مام mam (n.) uncle
مام ناوەندێتى mam nawenditi (n.) mediocrity
مام ناوەندى mam nawendi (adj.) moderate
ماندوو mandoo (adj.) bleary
ميكانيزم mikanizm (n.) mechanism
مەتەڵ metel (n.) mystique
مامان maman (n.) midwife
مامناوەند mam nawend (adj.) median
مامۆژن Mamo jin (n.) aunt
مامۆس mamos (n.) mammoth
مامۆستا mamosta (n.) pedagogue
مامۆستا سەنتەرى mamostay senteri (adj.) teacher centric
مامۆستاى تايبەتى mamostay taybeti (n.) tutor
مامۆستاى قوتابخانە mamostay qotabkhane (n.) schoolmaster
مامەڵە كردن لە گەڵ دەرمان mamele kirdin le gel derman (v.) physic
مامەڵەكار mamalakar (n.) dealmaker
مامەڵەكان mamalakan (n.) dealings
مامەڵەكردن mamele kirdin (n.) transaction
مامەڵەى خراپ Mamelay khrab (v.) abuse
مامەڵەى لەگەڵ دەكات mameley le gel dekat (v.) transact
مانا mana (n.) meaning
ماناى دە دا manay deda (v.) signify

ماندوو mandw (v.) exhaust
ماندوو بوونێكى زۆر mando boneki zoor (v.) fatigue
ماندوو دەبێ mando debe (v.) weary
ماندوو دەكات mando dekat (n.) tire
ماندووكردن mando kirdin (adj.) tedious
ماندووكەر mando ker (adj.) tiresome
ماندووى دەكات mandoy dekat (v.) harass
مانسون manson (n.) monsoon
مانشێتى رۆژنامە mansheti rojname (n.) headline
مانگ mang (n.) month
مانگ گيران mang geran (v.) eclipse
مانگا manga (n.) cow
مانگانە mangana (adv.) monthly
مانگگرتوو mang grto (n.) striker
مانگۆ mangw (n.) mango
مانگۆز mangoz (n.) mongoose
مانگى چواردە mangi chwarde (n.) full moon
مانگى شوبات mani shobat (n.) February
مانگى كانونى دووهەم mangi kanoni dohem (n.) January
مانگى مايس mangi mais (n.) May
مانگى نوێ mangenwe (n.) crescent
مانگە هەنگوين mange hangwen (n.) honeymoon
مانگى ئۆكتۆبەر mangi oktober (n.) October
مانگى ئۆكتۆبەرى mangi oktoberi (adj.) octogenarian
مانهۆڵ manhol (n.) manhole
مانوريال manoryal (adj.) manorial
مانوميت manomet (v.) manumit
مانۆر manor (n.) manoeuvre
مانۆر دەكات manor dekat (v.) manoeuvre
مانيكێر manikir (n.) manicure
مانيگرتووە mani grto (adj.) restive
مانەوە manewe (n.) permanence
ماولستيك maulstik (n.) maulstick
ماوە mawa (n.) duration
ماوە زێرينە mawe zerine (n.) heyday
ماوە كورت mawe kort (adj.) short-term
ماوەپێدان mawe pe dan (n.) leave
ماوەى حوكمرانى mawey hokimrani (n.) reign
ماوەيەكى جڵەو بۆ خۆ شل كردن mawaeake jlaw bo kho shl kirdn (n.) binge
مايكرۆ بيرەخانە maikro bire khane (n.) microbrewery
مايكرۆپرينت maykro prent (n.) microprint

مايكرۆپرۆسێسەر maikro proseser *(n.)* microprocessor
مايكرۆسكۆپ maykro skop *(n.)* microscope
مايكرۆفليم maykro film *(n.)* microfilm
مايكرۆفۆن maykro fon *(n.)* microphone
مايكرۆميتەر maykro miter *(n.)* micrometer
مايكرۆويڤ maykro wev *(n.)* microwave
مايكە mayke *(n.)* mica
متمانە mtmana *(n.)* credit
متمانە بە خۆ بوون mtmane be kho boon *(adj.)* self-confident
متمانە پێ دەکات mtmane pe dekat *(v.)* trust
متمانەی بە خەڵکە mtmaney be khelke *(adj.)* trustful
مخەڵەڵ mkhelel *(n.)* pickle
مخەڵەڵ دروست دەکات mkhelel drost dekat *(v.)* pickle
مراوی mrawy *(n.)* duck
مرخەمرخ mrkhe mrkh *(n.)* purr
مرخەمرخی دە کا mrkhe mrkhi deka *(v.)* purr
مرد mrd *(v.)* succumb
مردن mrdn *(n.)* death
مردو mrdw *(n.)* dead
مەرسیرێز mersi rez *(v.)* mercerise
مرۆڤ mrov *(adj.)* human
مرۆڤایەتی mrovayeti *(n.)* humanity
مرۆڤخۆرکردن mrovkhwrkirdn *(v.)* cannibalise
مرۆڤێکی ئاسایی mrovekı yasay *(n.)* layman
مرۆڤی mrovi *(adj.)* humane
مرۆڤی بەد mrove bad *(n.)* crook
مرۆی درندە mroy drnde *(adj.)* savage
مرۆی ناشایی mroy na asay *(n.)* misfit
مریشک mreshk *(n.)* chicken
مریشکی بچووک mreshke bchok *(n.)* bantam
مریشکە رەشە mreshka rasha *(n.)* coot
مرەبا پڕکراوەتەوە mreba prkrawetewe *(adj.)* jam-packed
مزرکشە mzrksht *(n.)* bobble
مزگەوت mzgewt *(n.)* mosque
مژ mij *(n.)* mist
مژدە دەدا mjde deda *(v.)* herald
مژدەدەر mjde der *(n.)* herald
مژدەی خۆش mjdey khosh *(v.)* portend
مژمژە mij mije *(n.)* lollipop
مژین mjin *(n.)* suck
مژینی Mjini *(n.)* adsorb
مژەر Mjer *(adj.)* absorbent
مس ms *(n.)* brass

مستێن mstin *(n.)* boxing
مستەکۆڵە mstakola *(v.)* biff
مسکین mskin *(n.)* boor
مشار mshar *(n.)* sawbill
مشت و مڕ misht u mir *(n.)* controversy
مشت و مڕدەکات misht u mir dekat *(v.)* contend
مشتومڕ mshtomr *(v.)* argue
مشتێک mshtik *(n.)* handful
مشتەوان mishtewan *(n)* boxer
مشک mshk *(n.)* mouse
مشک دەگرێ mshk de gre *(n.)* rat
مشە mshe *(n.)* maul
مشەخۆر mshe khor *(adj.)* obtuse
مشەخۆری دەکات mshakhore dakat *(v.)* cadge
مقاش mqash *(n. pl.)* tongs
مل ml *(n.)* neck
ملپێچ ml pech *(n.)* scarf
ملکەچ mlkach *(adj.)* compliant
ملکەچ بوون mlkach bon *(n.)* compliance
ملکەچ دەبێت mlkech debet *(v.)* subordinate
ملکەچ دەکات mlkech dekat *(v.)* subjugate
ملکەچ کردن mlkech kirdin *(n.)* subjection
ملکەچی mlkache *(v.)* cringe
مل ملانێ ml mlane *(n.)* tussle
ململانێ دە کات ml mlane dekat *(v.)* tussle
ململانی mlmlani *(n.)* altercation
ململانێ دەکات mlmlane dekat *(v.)* vie
ملوانکە mlwanke *(n.)* locket
ملیار mlyar *(n.)* billion
ملیاردێر mlyardir *(n.)* billionaire
ملیۆن mlion *(n.)* million
ملیۆنێر mlioner *(n.)* millionaire
مڵەوان mle wan *(n.)* tie
من mn *(pron.)* I
من خۆشم دەوێت mn khoshm dawit *(interj.)* ahoy
مناڕە mnare *(n.)* minaret
مندال دە بێت mndal debet *(v.)* mother
مندال mndal *(n.)* baby
مندال بوون mndal bon *(n.)* delivery
مندالانە mndalana *(adj.)* boyish
Mindal boon *(n.)* accouchement
مندالدان mndal dan *(n.)* uterus
مندالفرۆش mndal frosh *(n.)* paedophile
مندالفرۆشی mndal froshi *(n.)* paedophilia
مندالناسی mndal nasi *(n.)* paedology
مندالێکی بێ حەیا و هاروهاج mndaleki be haya o harohaj *(n.)* brat

مندالی mndale (n.) childhood
مندالی بچوک به تایبەتی زۆڵ Mndali bichok be taybeti zol (n.) bantling
مندالی ساوا mndale sawa (n.) babe
مندالی مێشک mndale mishk (n.) brainchild
منگامنگ mngamng (n.) hum
مەرد merd (adj.) generous
مەرپێڵ merbel (v.) spade
مەزەندە کردن mezende kirdin (n.) presumption
مەقەس meqes (n.) shears
مەین meyn (n.) mane
مواشیری دادگا mwashere dadga (n.) bailiff
موجەب mojeb (adj.) plus
مور mor (n.) stamp
مور دە کات mor dekat (v.) seal
مور دە کات mor dekat (v.) stamp
مۆرۆۆ Moroo (n.) bead
مورەبا moreba (n.) sweetmeat
موزلین mozlen (n.) muslin
موزیک mozik (n.) music
موزیکی moziki (adj.) musical
موژدەبەری mojde beri (n.) missionary
موسوڵمان mosolman (adj.) muslim
موشەکچی moshek chi (n.) rocketeer
موعجیزە moajize (n.) miracle
موفلیس mofiles (adj.) bankrupt
موگناتیس mognatis (n.) magnet
موگناتیسانە دەینوێنێت mognatisane denwenet (v.) mesmerize
موگناتیسێتی mognatisiti (n.) magnetism
موگناتیسی mognatisi (adj.) magnetic
موگناتیسیانە دەیخەوێنێت mognatisyane dekhewenet (v.) hypnotize
موڵاتۆ molato (n.) mulatto
موو لابەر mw labar (adj.) depilatory
مووچە mocha (n.) stipend
مووشەك moshhek (n.) missile
مۆبیلیات mobelyat (v.) furnish
مۆتۆر motor (n.) motor
مۆتێل motel (n.) motel
مۆد mod (n.) module
مۆدێرنکردن nwe kirdin (n.) modernization
مۆدێل model (n.) mannequin
مۆدیۆلار modio lar (adj.) modular
مۆدە moda (n.) fad
مۆر mor (n.) cachet
مۆر mor (n.) sealab
مۆر کراوە mor krawe (adj.) sealed

مۆرانەی پەرتووک moranae partok (n.) bookworm
مۆرس mors (n.) morse
مۆرفۆلۆژی morfoloji (n.) morphology
مۆرفیا morfya (n.) morphia
مۆرفین morfen (n.) morphine
مۆرکردن morkirdn (n.) authentication
مۆری پەنجە mori penje (n.) thumbprint
مۆری خشڵ more khshl (n.) hallmark
مۆرە کردن more kirdin (n.) grunt
مۆرەدەکات more dekat (v.) grunt
مۆز moz (n.) banana
مۆزاییك mozayyk (n.) mosaic
مۆزیك ژەن mozik jen (n.) musician
مۆزی بەهەشت mozi behesht (n.) plantain
مۆزەخانە moze khane (n.) museum
مۆسیقا بۆ مردوو ناشتن moziqa bo mrdo nashtin (n.) requiem
مۆکتێل moktil (n.) mocktail
مۆلیدە moleda (n.) generator
مۆڵەت molet (n.) licence
مۆڵەتی پێدەدرێت moleti pe dedret (v.) license
مۆم mom (n.) candle
مۆم دە کات mom dekat (v.) wax
مۆمیاکردنی گیانەوەر momia kirdini gyanewer (n.) taxidermy
مۆمیاکەر momia ker (n.) taxidermist
مۆن mon (adj.) grim
مۆن mon (adj.) stern
مۆن دەبێت mon debet (n.) frown
مۆنۆگرام monogram (n.) monogram
مۆنۆلۆج monoloj (n.) monologue
مۆنی mone (n.) scowl
مۆنیتەر monetar (n.) monitor
میلی کات ژەم mili kat jem (n.) pendulum
مین کۆلینەر min kolener (n.) miner
مینبەر minber (adj.) pulpit
میهرەبان mihreban (adj.) merciful
مێ me (n.) female
مێ تاووس me tawos (n.) peahen
مێینە meyne (adj.) female
مێرد merd (n.) husband
مێرد یان ژن merd yan jin (n.) spouse
مێرگ merg (n.) meadow
مێرگ merg (n.) oasis
مێروو miro (n.) cicada
مێرووکوژ miro koj (n.) insecticide
مێرووڵە mirola (n.) ant
مێرووڵەزانی merole zani (n.) entomology

مێروولەکوژ merole koj (n.) termiticide
مێروولەی سپی meroley spi (n.) termite
مێز mez (n.) desk
مێزی بیلیارد mize belyard (n.) billiard table
مێزی جوانکردن mize jwankirdn (n.) dressing table
مێژوو mejoo (n.) history
مێژووناس mejo nas (n.) historian
مێژوویی mejoy (adj.) historic
مێژوویی نە خوش Mejoy nekhosh (n.) anamnesis
مێژووییانە mejoyane (adj.) historical
مێش mesh (n.) fly
مێشک mishk (n.) brain
مێشک تێکچوو mesh tekcho (adj.) demented
مێشک تەسکی meshk teski (n.) provincialism
مێشکی لە ناو هەستی meshki le naw hesti (n.) marrow
مێشکدار meshkdar (adj.) brainy
مێشکی mishka (adj.) cerebral
مێشکی پەرش و بڵاو meshki persh u blaw (n.) scatterbrain
مێشکی پەرش و بڵاو meshki persh u blaw (adj.) scatterbrained
مێشکە بچکۆلە mishka bchkola (n.) cerebellum
مێشوولە mesole (n.) bug
مێگالیت megalet (n.) megalith
مێگالیتیک megaletik (adj.) megalithic
مێلۆدراما melo drama (n.) melodrama
مێلۆدرامای melo dramay (adj.) melodramatic
مێوانداری دەکات mewandari dekat (v.) invite
مێویژ mewij (n.) raisin
مێوی گۆی miwe gwe (n.) cerumen
مێوە mewe (n.) fruit
مێی پلێنگ mey plng (n.) tigress
مێی ئاسک mey asik (n.) doe
مێی ئاسک یان کەروێشک mey ask yan kerwishk (n.) roe
مێیەتی me yeti (n.) womanhood
میانڕەو myan rew (n.) moderation
میانکار myan kar (n.) middleman
میاوەی پشیلە myawey pshile (n.) mew
میاوەی دە کات myawey dekat (v.) mew
میترۆ metro (n.) metro
میتۆدی metodi (adj.) methodical
میخ mekh (v.) stud
میر mir (n.) prince

میرات mirat (n.) legacy
میراتگر (مێ) merat gir (me) (n.) heiress
میراتگر (نێر) merat gir (ner) (n.) heir
میز miz (n.) urine
میز دەکات miz dekat (v.) urinate
میز کردن miz kirdin (n.) urination
میزکردن miz kirdin (n.) feces
میزگا mezga (n.) urinal
میزڵدان mezldan (n.) bladder
میزی meze (adj.) urinary
میزەڵان mezalan (n.) balloon
میسک mesk (n.) musk
میشەکەرانە meshe kerane (n.) gadfly
میکانیکانە mikanikane (adj.) mechanical
میکانیکزانی mikanikzani (n.) mechanics
میکرۆب mekrob (n.) germ
میکرۆب کوژ mekrob koj (n.) germicide
میکرۆب کوژ mekrob kozh (n.) antibiotic
میل mel (n.) mile
میلیشیا meleshya (n.) militia
میلینەری milinery (n.) millinery
میلینەر miliner (n.) milliner
مینای minay (n.) enamel
میهرەبان mihreban (adj.) gracious
میهرەبانانە mihrebanane (adv.) kindly
میوان mewan (n.) guest
میوان نەخواز mewan ne khwaz (adj.) inhospitable
میوانداری mewandari (n.) hospitality
میوانداری دەکات mewan dari dekat (v.) feast
میوە miwe (adj.) vegetable
مەبەست mebest (n.) contemplation
مەبەست نادیار mabast nadyar (adj.) enigmatic
مەتاڵ qalghan (n.) shield
مەتر matr (n.) meter
مەترسی matrse (n.) apprehension
مەترسی دە کات metrsi dekat (v.) jeopardize
مەترسی لە ئەستۆ دەگرێ matrse le asto degre (v.) hazard
مەترسیدارە زیندەییەکان metrsidare zindyekan (adj.) biohazardous
مەتری metri (adj.) metrical
مەتەڵ matal (n.) enigma
مەتەڵ و مەتەڵ matal o matal (adj.) enigmatical
مەتەڵی سەیروسەمەرە meteli seyr u semer (n.) conundrum
مەچەک mechek (n.) wrist

مەحار mehar (n.) oysterling
مەحارگر mehar gir (n.) oysterman
مەحکومە mahkoma (adj.) doomed
مەخمەلی mekhmeli (adj.) velvety
مەخمەڵ mekhmel (n.) velvet
مەدالی medali (n.) medal
مەراکیش merakish (v.) moor
مەرایی دەکات meray dekat (v.) flatter
مەرج marj (n.) condition
مەرج دادنی marj dadani (v.) stipulate
مەرج دادەنێت merj dadenet (v.) wager
مەرج دانان marj danan (n.) stipulation
مەرگەرین mer gerin (n.) margarine
مەریخ merihk (n.) Mars
مەرەکەب merekeb (n.) ink
مەر mer (n.) lambkin
مەرمەر mermer (n.) marble
مەرمەری سپی marmare sipe (n.) alabaster
مەزادخانە mezad khane (n.) flea market
مەزادکەر mazadkar (n.) bidder
مەزارگە mezarge (n.) shrine
مەزن mazn (adj.) colossal
مەزن mezn (adj.) tremendous
مەزندەی دەکات mazndae dakat (v.) calibrate
مەزنی mezni (n.) splendour
مەزنی دەکات mezni dekat (v.) ennoble
مەزەندە دە کات mezende dekat (n.) guess
مەزەندە کردن mezende kirdin (v.) guess
مەزەندە دە کات mezende dekat (v.) estimate
مەزەندە کردن mezende kirdin (n.) estimate
مەزەندەدەکا mazandadaka (v.) anticipate
مەساج دە کات masaj (v.) massage
مەساجکەر mesaj ker (n.) masseur
مەست mast (adj.) ecstatic
مەست بوون mast bon (v.) booze
مەستکردن mest kirdin (v.) masticate
مەستکەر mest ker (n.) intoxicant
مەستی maste (n.) ecstasy
مەستی دەکات mesti dekat (v.) intoxicate
مەسخەرە maskhere (n.) farce
مەسیح maseh (n.) Christ
مەسیحییەت mesihiyet (n.) Christianity
مەشخەڵی meshkheli (n.) torch
مەشق mashq (n.) drill
مەشق دەکات mashq dakat (v.) drill
مەشق دەکات mashq dakat (v.) exercise
مەش دەکات mesh dekat (v.) rehearse
مەشق کردن meshq kirdin (n.) training
مەشق کردوو meshq kirdo (n.) trainee

مەشقی پێ دەکات meshqi pe dekat (v.) train
مەشکە mashka (v.) churn
مەعریفی mearifi (adj.) notional
مەعمودیات mammwdeat (n.) baptism
مەعمودیەت بدەن mammwdeat bdan (v.) baptize
مەقەس meqes (n.) scissors
مەکرباز یا چاوباشقاڵ یا نازوونوزکەر makrbaz ya chawbashqal ya nazwnozkar (n.) coquette
مەکۆ makw (n.) forum
مەکینەی فڕۆکە mekiney froke (n.) jet engine
مەگەر meger (conj.) unless
مەلاریا malarya (n.) ague
مەلاقی دەکات melaqi dekat (v.) soap
مەلاقی دەکات melaqi dekat (v.) wheedle
مەڵت melt (n.) malt
مەلە mele (n.) swim
مەلەدەکات mele dekat (v.) swim
مەلەوان melewan (n.) swimmer
مەلا mela (n.) mullah
مەڵاشو malashw (n.) palate
مەڵاشوانە malashwana (adj.) palatal
مەڵبەند malband (n.) bastion
مەلحەمی بۆن خۆش malhame bon khosh (n.) balm
مەلهەم melhem (n.) ointment
مەمک mamk (v.) breast
مەمکی memki (adj.) mammary
مەممە meme (n.) pacifier
مەنجەر menjer (n.) manger
مەنجەڵ menjel (n.) pot
مەنجەڵی قورس manjale qors (n.) cauldron
مەنگەنیز mengeniz (n.) manganese
مەنی meni (n.) semen
مەودا mewda (n.) range
مەی mey (n.) wine
مەی نەخۆرەوە mey ne khorewe (n.) teetotaller
مەیخانە mey khane (n.) inn
مەیخۆر may khor (n.) drunkard
مەیدانی جەنگ maedane jang (n.) battlefield
مەیدانی شەرە کەڵەشێر meydani shere kelesher (n.) cockpit
مەیگێر maegir (n.) barman
مەیلی meyli (n.) inclination
مەیمون maemon (n.) ape
مەیموون meymoon (n.) monkey
مەین mayn (n.) clot

334

نا na (conj.) nor
نا تەندرووست na tendrost (adj.) unhealthy
نا خۆپەرست na kho perst (adj.) selfless
نا رازی na razi (v.) obduct
نا ژمێردرێ na jmer dre (adj.) incalculable
نا گونجاو na gonjaw (adj.) improper
نا لە جێگای خۆ na le jegay kho (v.) misplace
نا مەلبەندی Na melbendi (adj.) acentric
نا مەلبەندی کردن na melbendi kirdin (v.) decentralize
نا ئارام na aram (adj.) inconvenient
نابووتی na boti (n.) insolvency
نابوون na boon (n.) nonentity
نابێت na bet (adj.) impermissible
نابیستریت na bistret (adj.) inaudible
نابەجێ nabaji (adj.) extravagant
نابەزێنریت na bezenret (adj.) indomitable
ناپاک napak (adj.) dishonest
ناپاکی napake (n.) betrayal
ناپوختی na pokhti (n.) impurity
ناپێویست na pewist (adj.) unnecessary
ناپیشەباز napeshabaz (n.) amateur
ناپەسەند na pesend (adj.) heinous
ناپەیوەست na peywest (adj.) irrelevant
ناتوانریت ببەزێنریت natwanret bbezenret (adj.) insurmountable
ناتوانی قەرزەکەی بداتەوە natwane qerzeke bdat (adj.) insolvent
ناتوانێت na twanet (adj.) unable
ناتوێتەوە na twetewe (n.) insoluble
ناتەبابی natababy (n.) discrepancy
ناتەواندن natawandn (n.) ablactation
ناتەواو na tewaw (adj.) imperfect
ناتەواو بێت na twaw bet (adj.) inadequate
ناتەواوی natawawe (n.) demerit
ناتەواوی na tewawi (n.) imperfection
ناجوولێندریت na jolendret (adj.) immovable
ناجێگیر Na jegir (adj.) astatic
ناچار nachar (v.) oblige
ناچارکردن nacharkirdn (n.) compulsion
ناچاری na chari (adj.) compulsory
ناچاریدەکات nachari dekat (v.) compel
ناچالاک کردن nachalak kirdn (v.) disable

ناچالاک کردن na chalak kirdin (n.) deactivation
ناچالاک کەر na chalak ker (n.) deactivator
ناچۆ nacho (n.) nacho
ناخوێندرێتەوە na khwendretewe (adj.) illegible
ناخۆش nakhosh (adj.) annoying
ناخۆیی na khoy (adj.) impersonal
ناخی nakhi (adj.) tacit
نادروست nadrost (adj.) invalid
نادروستی na drosti (n.) impropriety
نادروستە na droste (adj.) unaccurate
نادگەر nadger (n.) nadger
نادڵسۆز nadlsoz (adj.) disloyal
نادیار nadyar (adj.) amorphous
نادیاری nadyary (n.) mystery
نارازی بوون na razi boon (n.) malcontent
ناراستەوخۆ na rastew u kho (adj.) indirect
ناردن nardin (n.) shipping
ناردن بۆ دەرەوە nardin bo derewe (n.) export
نارنجۆک narnjok (n.) grenade
نارێک narek (adj.) fitful
نارازی بوون narazi boon (n.) dissatisfaction
نارازی کردن narazi kirdin (v.) dissatisfy
ناروون Na roon (adj.) abstruse
ناروونی Narooni (n.) ambiguity
نارێک narek (adj.) aberrant
نارێک خستن na rek khistin (v.) disarrange
نارێکخستن na rek khistin (n.) non-alignment
نارەحەتی na reheti (v.) destress
نارەزای لەسەرە na rezay le sere (adj.) objectionable
نارەزایەتی na rezayeti (n.) objection
نارەزایەتی دەربرین na rezayeti derbrin (n.) protest
نارەزایەتی دەردەبریت na rezayeti der debret (v.) protest
نارەسەن ne resen (adj.) ignoble
نارەوا na rewa (n.) taboo
ناز naz (n.) demur
نیر ner (n.) yoke
نازکردن naz kirdin (v.) caress
نازکردن naz kirdn (n.) fondler
نازناو naznaw (n.) nickname
نازی دەداتی naze dedati (v.) fondle
نازی هەڵدەگرێ nazi hel degre (v.) pamper
Na zindo (adj.) abiotic نازیندوو
ناس ناوی دەکات nas nawi dekat (v.) title

ناساز nasaz *(adj.)* morbid
ناساندن nasandin *(v.)* introduce
ناسراو nasraw *(adj.)* familiar
ناسراوبه nasraeba *(adv.)* alias
ناسروشتی Na sroshti *(n.)* abnormality
ناسك nask *(adj.)* modest
ناسككردنەوە nask kirdinewe *(v.)* tenderize
ناسککەرەوە nasik kerewe *(n.)* tenderizer
ناسکی naske *(n.)* delicacy
ناسیاو Nasiawi *(n.)* acquaintance
ناسیاوی Nasiawi *(n.)* acknowledgement
ناسەرەکی na sereki *(adj.)* subsidiary
ناسەقامگیرکردن na seqam gir kirdin *(v.)* destabilize
ناسەقامگیری na saqam giri *(n.)* destabilization
ناشارەزایی na sharezay *(n.)* inexperience
ناشتن nashtn *(v.)* burial
ناشرین nashren *(adj.)* embarrassing
ناشرینکردن na shirin kirdin *(v.)* uglify
ناشیاو nashyao *(adj.)* amiss
ناشرین na shirin *(adj.)* hideous
ناشیرینی na shirini *(n.)* ugliness
ناشەرعی na sherii *(adj.)* illegal
نافەرمی na fermi *(adj.)* informal
نافورە nafore *(n.)* fountain
نافەرمی na fermi *(adj.)* unofficial
ناکارامە na karame *(adj.)* maladroit
ناکرداری nakrdari *(n.)* impracticability
ناکرێ na kre *(n.)* nacre
ناکۆتا nakota *(n.)* infinity
ناکۆکن nakokn *(adj.)* disagreeable
ناکۆکی nakokı *(n.)* discord
ناکۆکی nakoki *(n.)* strife
ناگونجاو na gonjaw *(adj.)* inopportune
نالۆژیکی na lojiki *(adj.)* illogical
نالین nalin *(n.)* moan
نالەباریبوون nalabarebon *(n.)* aggravation
ناڵ nal *(n.)* horseshoe
ناڵی بن پێڵاو nali bin pelaw *(n.)* cleat
ناڵێن nalen *(n.)* groan
ناڵە دەکات nale dekat *(v.)* moan
نامادی na madi *(adj.)* immaterial
نامەقوڵ namaqol *(adj.)* irrational
نامڕۆڤانە na mrovane *(adj.)* inhuman
نامە name *(n.)* massage
نامۆ namo *(adj.)* awkward
نامیلکە namelka *(n.)* booklet
نامە name *(n.)* letter

نامە بۆ گاڵتە name bu galte *(n.)* missive
نامەبەر name ber *(n.)* messenger
نان Nan *(n.)* bagel
نان کراوە nan krawa *(adj.)* breaded
ناندەر nandar *(n.)* caterer
نانۆ nano *(n.)* nano
نانۆ پێکهاتە nano pekhate *(n.)* nanocomponent
نانۆ سووڕەکان nano sorekan *(n.)* nanocircuitry
نانۆبۆت nano bot *(n.)* nanobot
نانۆپلازما nano plazma *(n.)* nanoplasma
نانۆترانسیستۆر nano trans sestor *(n.)* nanotransistor
نانۆتەکنەلۆژیا nano teknolojya *(n.)* nanobiology
نانۆچیپ nano chip *(n.)* nanochip
نانۆکۆمپیوتەر nano kompioter *(n.)* nanocomputer
نانۆگەردیلە nano gerdile *(n.)* nanoparticle
نانۆمیکانیك nano mikanik *(n.)* nanomechanics
نانۆهێرتز nano hertz *(n.)* nanohertz
نانی برژاو nani brjaw *(n.)* toast
نانی بەیانی nane bayane *(n.)* breakfast
نانی بەیانی و نیوەڕۆ پێکەوە nane bayane o newarw pikawa *(n.)* brunch
نانی زەنجەفیل nane zanjafel *(n.)* gingerbread
نانی نیوەڕۆ nani newe ro *(n.)* lunch
نانی نیوەڕۆ دە خوا nani newe ro de khwa *(v.)* lunch
نانی ئێوارە nane aiwara *(n.)* dinner
نانیت nanet *(n.)* nanite
نانیزم nanizm *(n.)* nanism
نانە تەختەکان nane tekhtekan *(n.)* flatbread
نانەوا nanawa *(n.)* baker
نانەواخانە Nanewakhane *(n.)* bakery
ناهاوسەنگ nahaosang *(adj.)* asymmetrical
ناهاوسەنگی nahaosange *(n.)* asymmetry
ناهێڵی na hele *(v.)* debar
ناهێڵێت na helet *(v.)* obliterate
ناهەموار na hemwar *(adj.)* slanderous
ناو naw *(n.)* interior
ناو خوێندنەوە naw khwendinewe *(n.)* roll-call
ناو دەبات naw debat *(v.)* nominate
ناو دەنێت naw de net *(v.)* name
ناو زانکۆ naw zankw *(n.)* campus
ناواخن nawakhn *(n.)* padding

ناوازه nawaze *(adj.)* picturesque
ناوبانگ naw bang *(n.)* fame
ناوبانگی naw bangi *(n.)* renown
ناوبانگی پیس دەکات nawbangi pes dakat *(n.)* defile
ناوبردن naw birdin *(n.)* nomination
ناوبژیوان Naw bijiwan *(n.)* arbiter
ناوبژیوانی دە کات naw bjiwani dekat *(v.)* umpire
ناوبژیوانی Naw bijiwani *(n.)* arbitration
ناوبژیوانی بکات Naw bijiwani bkat *(v.)* arbitrate
ناوبەناو naw be naw *(adj.)* occasional
ناوبژیوان nawbjiwan *(n.)* referee
ناوپۆش naw posh *(n.)* lining
ناوپۆشی دەکات nawposhi dekat *(v.)* flank
ناوت تۆمار بکە nawt tomar bka *(v.)* enrol
ناوچاوان nawchawan *(n.)* forehead
ناوچە naocha *(n.)* area
ناوچە رۆژناواکان nawche roj awakan *(n.)* occident
ناوچەی بەربەست :ناوچەی بێلایەن nawchae barbast: nawchae bilaean *(n.)* buffer zone
ناوچەی فریو دان nawchey frew dan *(n.)* dropzone
ناوچەی ناوەراستی وڵات nawchey nawerasti wlat *(n.)* midland
ناوچەیی nawchey *(adj.)* zonal
ناودار nawdar *(adj.)* titular
ناورد nawrd *(adj.)* inexact
ناوزران nawzran *(n.)* defamation
ناوزراندن nawzrandn *(adj.)* defamatory
ناوسک nawsk *(adj.)* gorge
ناوقەد naw qed *(n.)* waist
ناوک nawk *(n.)* kernel
ناولنگ nawlng *(n.)* crotch
ناونیشان Naw nishan *(n.)* address
ناو و نیشان naw u nishan *(v.)* entitle
ناونیشاندەر Naw nishander *(n.)* addressee
ناو هێنانی نا راستەوخۆ Naw henani na rastewkho *(n.)* allusion
ناوورد na word *(adj.)* inaccurate
ناووک nawook *(n.)* pulp
ناووکی nawoki *(adj.)* nuclear
ناوی لێ دە نێت nawi le denet *(v.)* nickname
ناوی بردن nawe brdn *(v.)* denominate
ناوی تەواو nawi tewaw *(n.)* full name
ناوی خێزان nawi khezan *(n.)* surname

ناوی شاشە nawi shashe *(n.)* screen name
ناوی نادیار naoe nadyar *(adj.)* anonymous
ناوی نهێنی یا درۆ Nawi nheni yan dro *(adv.)* anon
ناوی هەڵە nawi hele *(n.)* misnomer
ناوەراست nawerast *(adj.)* mid
ناوەراستی بری ەی پشت nawerasti br brey psht *(n.)* midriff
ناوەراستی چاو nawerasti chaw *(n.)* eyeball
ناوەراستی سەرەوە nawerasti serewe *(n.)* mid-on
ناوەراستی کۆتایی nawerasti kotay *(n.)* mid-off
ناوەراستی هاوین nawerasti hawin *(n.)* midsummer
ناوەرۆک nawerok *(n.)* quintessence
ناوەکی nawake *(adj.)* indoor
ناوەکی هەسارە naweki hesare *(n.)* core
ناوەنجی nawnji *(n.)* minor
ناوەند nawand *(n.)* center
ناوەندی nawendi *(adj.)* central
ناوەندی بومەلەرزە nawandi bomalarza *(n.)* epicentre
ناوەندی پەیوەندیکردن nawande paewandekirdn *(n.)* call centre
ناوەوە nawewe *(adj.)* inner
ناوەوەی nawewey *(adj.)* inside
ناوەوەی پێ nawewey pe *(adj.)* sole
نایاب nayab *(adj.)* excellent
نایابی nayabı *(n.)* excellence
نایاسایی na yasayi *(adj.)* illicit
نایترۆجین naetrojen *(n.)* nitrogen
نایکات nay kat *(n.)* holdback
نایلۆن naylon *(n.)* nylon
نایەکسان na yeksan *(adj.)* dissimilar
نایەڵێ گەشە بکات nayele geshe bkat *(n.)* stunt
نایەڵێ گەشە بکات nayele geshe bkat *(v.)* stunt
نایەوێت nayewet *(v.)* gainsay
نائارام بکە na aram ke *(v.)* unsettle
نائارامگر na aram gir *(adj.)* impatient
نائارامی na arami *(n.)* unrest
نائاسایی na asay *(adj.)* extraordinary
نائاسایی Na asay *(adj.)* abnormal
نائاسوودەیی naasodaı *(n.)* discomfort
نائومێد na umed *(adj.)* hopeless
نائومێدکردن naomidkirdn *(v.)* disappoint
نائومێدی دەکات naomidı dakat *(v.)* discomfit
نرخ nrkh *(n.)* price

نرخ گۆڕینەوەی دراو nrkh gorenaway draw (n.) exchange rate
نرخ لەسەردانان Nirkh le ser danan (v.) appraise
نرخاندن nrkhandn (n.) appreciation
نرخێکی گران nrkheki gran (n.) overcharge
نرخی بۆ دادەنێت nrkh bo dadenet (v.) price
نزگارە nzgara (n.) hiccup
نزم nzm (adv.) low
نزم دە کات nzm dekat (v.) slash
نزم دەبێتەوە nizm debetewe (v.) deteriorate
نزم کردن nzm kirdin (n.) slash
نزمترین بالکۆنی سینەما nzmtrin balkoni sinema (n.) mezzanine
نزمی دەکاتەوە nzmi dekatewe (v.) lower
نزمیی nzmi (n.) lowliness
نزیك Nizik (adj.) adjacent
نزیك دە بێت nizik debet (v.) near
نزیک بووەوە nzek bonawa (v.) approach
نزیک دەبێتەوە nzek dabitawa (v.) apprise
نزیکایەتی Nizikayeti (n.) affinity
نزیکی niziki (n.) proximity
نزیکی کۆم nzeke kom (adj.) anal
نزیکە nzeka (adj.) imminent
نزیکەی nzekae (adv.) almost
نزیکەی سۆرانەوە Niziki soranewe (n.) about-turn
نزیکەیی nzekaee (adj.) approximate
نشێو nshiw (n.) slope
نشینگە nshenga (n.) habitat
نقورچ دەگرێت nqorch degret (v.) nip
نقوم بوون nqom bon (n.) sink
نقوم دەبی nqom debe (v.) sink
نقوم دەبێت nqom dabet (v.) dive
نقوم دەکات nqom dakat (v.) dip
نقومبوون لە بیرکردنەوە nqom bon le bir kirdinewe (n.) reverie
نکۆڵی کردن nkole kirdn (v.) deny
نکۆڵی لێدەکات nkole lidakat (v.) disown
نمایش nmaysh (n.) parade
نمایش دە کات nmaysh dekat (v.) parade
نمایشکردن nmaish kirdin (v.) demonstrate
نمایشی تەقڵەبازی فڕۆکە nmaeshe taqlabaze firoka (n.) aerobatics
نمایشی لایەنی nmaishi layeni (n.) sideshow
نمرەکان nmrekan (n.) scorepad
نمونە nmone (n.) norm
نمونە تاقی کەر nmone taqi ker (n.) sampler
نمونەترین nmone treen (n.) optimum

نمونەی بەرز nmonae barz (n.) apotheosis
نمۆنەیی nmoney (adj.) platonic
نمۆنە nmona (n.) example
نمونە کۆکردنەوەو تاقی کردنەوە nmone ko kirdinewe u taqi kirdinewe (n.) sampling
نمونە وەردەگرێت nmone wer degret (v.) sample
نمۆنەیی nmonae (n.) exemplar
نمونەیەکی بنچینەیی یان سەرەتایی nmoneyeki bnchiney yan seretay (n.) prototype
نە بیل nebil (n.) noble
نە خۆشی تاعون nekhoshi taoon (adj.) plague
نە خۆشی ھەوکردنی پەردەی مێشك nekhoshi hewkirdni perdey meshk (n.) meningitis
نە زوە nezwe (n.) freak
نە یار Neyar (n.) adversary
نهۆم nhom (n.) floor
نهێنی nhine (adj.) arcane
نهێنی پارێز nheni parez (adj.) secretive
نهێنی پیرۆز nheni piroz (n.) sacrament
نهێنی خۆی دەدرکێنێ nheni khoy dedrkene (v.) unburden
نهێنی درکاندن nhine drkandn (v.) blab
نهێنی کردن nheni kirdin (n.) encryption
نهێنی لا دەدرکێنێت nheni la dedirkenet (v.) confide
نهێنیگەری nheni gery (n.) secrecy
نهێنی nhie (adj.) cryptic
نواندن nwandn (n.) acting
نواندن بە نیشارە و نیشان nwandin be ishare u nishan (n.) pantomime
نواندنی موگناتیسی nwandini mognatisi (n.) mesmerism
نۆتەری notery (n.) notary
نۆخبەگەرایی nokhba garae (n.) elitism
نۆخبەیی nokhbae (n.) elitist
نۆرمال normal (adj.) plain
نۆس nos (v.) noose
نۆساو nosaw (adj.) husky
نۆستن nostn (n.) sleep
نۆستۆ nosto (adv.) asleep
نۆسراو nosrao (n.) article
نۆسین بە نامیرە و نۆسین nosin be amerey nosin (v.) key
نۆسینەوە nosinewe (n.) transcriber
نۆقم دەبێت noqm dabet (v.) engulf
نۆقمدە کا noq mkirdin (v.) immerse
نۆقمکردن noq mkirdin (n.) immersion
نۆقورچ دەگرێت noqorch degret (v.) pinch

نۆقۆرچ گرتن noqorch grtin (n.) pinch
نۆقۆڵ noqol (n.) comfit
نۆکتە nokta (n.) epigram
نۆکتەچی noktache (n.) humorist
نۆکتەی هیچ وپووچ noktey hich u poch (n.) tinsel
نۆکە نۆک کردن noka nok kirdn (v.) croon
نووژە نووز دەکات noze noz deakt (v.) whimper
نوسین nosin (n.) notation
نووسین بە کورتی nosen ba korte (n.) stenography
نووسینگە nosenge (n.) bureau
نووسینی پێکەوە لکێنراو nosene pikawa lkinraw (adj.) cursive
نووسەر nosar (n.) clerk
نووسەری بە کورتی nosare ba korte (n.) stenographer
نووسەری جنۆکە nosare jnoka (n.) ghostwriter
نۆک nok (n.) blade
نووکی پێنووس noki penos (n.) nib
نوێنەر nwener (n.) credential
نوێ nwe (adj.) new
نوێ کراوە nwe krawe (n.) reconductor
نوێدەکاتەوە nwe de katewe (v.) renew
نوێژ nwej (n.) prayer
نوێژ دەکات nwej dekat (v.) pray
نوێژی نان خواردن nweji nan khwardin (v.) grace
نوێکردنەوە nwe kirdinewe (n.) regeneration
نوێنەر nwener (n.) delegate
نوێنەرایەتی nwenerayeti (n.) delegacy
نوێنەرایەتی کردن nuenerayeti kirdin (n.) deputation
نوێنەری nwenery (adj.) parliamentary
نۆ no (n.) nine
نۆردیک nordek (adj.) Nordic
نۆزدە nozde (n.) nineteen
نۆزدەیەم nozdeyem (adj.) nineteenth
نۆژەنکردنەوە nojen kirdinewe (v.) refurbish
نۆش nosh (n.) wassail
نۆک nok (n.) chickpea
نۆکەر noker (n.) servant
نۆکەری nokeri (n.) servile
نۆیی دەکاتەوە nwe dekatewe (v.) regenerate
نۆیەم noyem (adj.) ninth
نێبولا nebula (n.) nebula
نیشان nishan (n) pointedness

نیشان بە جولانی سەر nishan be jolani ser (n.) nod
نێتیزن netizn (n.) netizen
نێچیر nechir (n.) predator
نێچیرگە nechir ge (n.) warren
نێر ner (adj.) male
نێردراو nirdraw (n.) envoy
نێردراوی خودا nirdraoe khoda (n.) apostle
نێرگز nergiz (n.) daffodil
نێرگزیسم nirgzism (n.) narcissism
نێرینە nerine (adj.) masculine
نێرە nere (n.) malefactor
نێرەمووک niramok (adj.) epicene
نێرەی بەراز nirae beraz (n.) boar
نێرەی قاز nerey qaz (n.) gander
نێرەی ئاسک nerey ask (n.) stag
نێزەی قوڵڵەی کلێسە nizae qollae klisa (n.) steeple
نێوەند newend (n.) intermediary
نێوەندگیری newend giri (n.) mediation
نێوەندگیری بکەن newend giri bken (v.) mediate
نیاز nyaz (n.) intent
نیازپاکی nyaz paki (n.) goodwill
نیازی وایە nyazi waye (v.) intend
نیان nyan (adj.) gentle
نیانی درەخت neane darakht (n.) bark
نیچی niche (n.) niche
نیسان nesan (n.) April
نیسک nisk (n.) lentil
نیشاستە nishaste (n.) starch
نیشاستە دەکات nishaste dekat (v.) starch
نیشان nishan (n.) garter
نیشان دەدات neshan dadat (v.) point
نیشاندان nishan dan (n.) reference
نیشاندانی رێگا nishan dani rega (n.) roadshow
نیشانکردن nishan kirdin (n.) tect
نیشانە neshana (n.) brand
نیشانە دادەنێت nishane dadenet (v.) label
نیشانە دانەر nishane daner (n.) marker
نیشانە دەکات nishane dekat (v.) signal
نیشانەچی nishane chi (n.) marksman
نیشانەی بازرگانی nishaney bazrgani (n.) trademark
نیشانەی شێتییە nishaney shetye (adj.) idiotic
نیشانەی کۆکردنەوە nishaney ko kirdinewe (n.) plus
نیشانەیی nishaney (adj.) symptomatic

نیشتگه neshtga (n.) seat
نیشتگەی بالْندە nishtgey balinde (v.) perch
نیشتمان پەروەر nishtiman perwer (n.) patriot
نیشتمان پەروەری nishtiman perweri (n.) patriotism
نیشتمانی nishtimani (adj.) patriotic
نیشتنەوە nishtinewe (n.) landing
نیشتیمانی netewey (adj.) national
نیشتاجێ بوون neshtaje boon (adj.) domiciled
نیشتەجێ دەبێت nishte je debet (v.) lodge
نیشتەجیبوون nishte jeboon (n.) dwelling
نیشتاجیبوونی کاتی neshtajibone kate (n.) sojourn
نیشتەجێبوون nishtejeboon (n.) habitation
نیعمەت neamat (n.) blessing
نیکڵ nikl (n.) nickel
نیکۆتین nikotin (n.) nicotine
نیگا دە کات negar dekat (v.) gaze
نیگار nigar (n.) configuration
نیگارکێش nigar kesh (n.) painter
نیگاکردن nega kirdn (n.) gaze
نیگەران negaran (adj.) anxious
نیگەرانی nigerani (v.) concern
نیلی nili (n.) indigo
نیمچە پێکەنیناوی nimche pekeninawi (adj.) semi-amusing
نیمچە فەرمی nimche fermi (adj.) semi-formal
نێنۆك nenok (v.) nail
نێنۆکی چەنجە nınokı chenje (n.) fingernail
نیهاد nehad (n.) predicate
نیو new (n.) half
نیو رۆژ new roj (n.) half-day
نیوترۆن newtron (n.) neutron
نیوە بازنە newa bazna (n.) demicircle
نیوە دڵ newe dil (adj.) half-hearted
نیوە دەکات newe dekat (v.) halve
نیوەتیرە newe tire (n.) radius
نیوەڕۆ newarw (n.) midday
نیوەڕۆ خەو newe ro khew (n.) siesta
نیوەشەو new shew (n.) midnight
نیوەگۆی زەوی niwe goy zewi (n.) hemisphere
نیەپ neap (adj.) neap
نەبراو ne braw (adj.) impenetrable
نەبزیو nabziw (adj.) steadfast
نەبوون nabon (n.) absence
نەبینراو ne binraw (adj.) invisible

نەباز nabaz (adj.) durable
نەبەزی nebezi (n.) gallantry
نەبەزیو ne beziw (adj.) unbeaten
نەپتون napton (n.) Neptune
نەپێگەیشتن ne pe geyshtin (n.) immaturity
نەپێگەیشتوو ne pe geyshto (adj.) immature
نەترس natrs (n.) daring
نەترسی natrse (adj.) daring
نەتوانین ne twanin (n.) inability
نەتەوە netewe (n.) ethnicity
نەتەوەپەرست netewe perst (n.) nationalist
نەتەوەپەرست netewe perst (n.) naturalist
نەتەوەیی netewey (adj.) ethnic
نەجوولْاو najolaw (adj.) still
نەچەسپاو ne chespaw (adj.) non-stick
نەختێك کورت nekhtek kort (adj.) shortish
نەختێك کراوە nakhtik krawa (adv.) ajar
نەخشاندن nakhshandn (n.) embroidery
نەخشاو nakhshaw (adj.) fancy
نەخشێنراو بە غار nekhshenraw be khar (adj.) laureate
نەخشە nekhshe (n.) map
نەخشە دادە نێت nekhshe dadenet (v.) plan
نەخشە دەکێشێت nekhshe de keshet (v.) map
نەخشە کێشان nekhshe keshan (n.) design
نەخشەکێش nekhshe kesh (n.) cartographer
نەخشەکێشان nekhshe keshan (n.) sketch
نەخوازراو ne khwaz raw (adj.) ominous
نەخۆش ne khosh (adj.) patient
نەخۆشی سەگ nekhoshi seg (n.) rabies
نەخۆشی بلاو دەبێت nekhoshi blaw debet (v.) stalk
نەخوێندراوەتەوە ne khwendrawetewe (adj.) unread
نەخوێندەوار ne khwendewar (adj.) illiterate
نەخوێندەواری ne khwendewari (n.) illiteracy
نەخوێنەرەوە ne khwenerewe (n.) illegibility
نەخۆش nakhwsh (adj.) ailing
نەخۆش دەخات ne khosh dekat (v.) sicken
نەخۆش کەوتووە ne khosh kewtwe (adj.) sickened
نەخۆشخانە nekhosh khane (n.) hospital
نەخۆشخانەی دەرەوە nekhosh khaney derewe (n.) outpatient
نەخۆشخانەی شێتان nekhoshkhaney shetan (n.) madhouse
نەخۆشی nakoshı (n.) disease
نەخۆشی بیرچوونەوە nakhoshe berchonawa (v.) dement

نەخۆشی پیست ne khoshi pist (n.) ringworm
نەخۆشی جگەر nakhshe jgar (n.) cirrhosis
نەخۆشی دیزانتری nakhoshi dezantri (n.) dysentery
نەخۆشی دەمارەکان ne khoshi demarekan (n.) neurosis
نەخۆشی سیل nakhoshe spil (n.) anthrax
نەخۆشی سییەکان ne khoshy se yekan (adj.) pneumonic
نەخۆشی شێرپەنجەیی nekhoshi shir penjey (n.) malignancy
نەخۆشی گەنگرینا nekhoshi gengerina (n.) gangrene
نەخۆشی لەبیرچوونەوە nakhoshe laberchonawa (n.) amnesia
نەخۆشی ملەخرە ne khoshi mle khre (n.) mumps
نەخۆشی مێشك nakhoshe mish (n.) dementia
نەخۆشی ناسی ne khoshi zani (n.) pathology
نەخۆشی ئالزامیر nashoshe alzamer (n.) Alzheimer's disease
نەخۆشیەکانی سی ne khoshyekani se (n.) pneumatology
نەخێر ne kher (adv.) nay
نەدارا ne dara (adj.) needful
نەدۆراوە ne dowrawe (adj.) invincible
نەرم nerm (adj.) lenient
نەرم دە کات nerm dekat (v.) temper
نەرم دەبێتەوە nerm de betewe (v.) relent
نەرم دەکات nerm dekat (v.) soften
نەرم و نیان nerm u nyan (n.) lenience
نەرم و لووس nerm u los (n.) sleek
نەرمكەر nerm ker (n.) softener
نەرمۆڵەکان nermolekan (n.) mollusc
نەرمی nermi (n.) leniency
نەرمەلۆکە nermolke (adj.) molluscous
نەڕی ne re (n.) negation
نەڕێکراو ne rekkraw (n.) paradox
نەڕێکراوە ne rekkrawe (adj.) paradoxical
نەریت naret (n.) custom
نەریتی ئەدەبی neriti adebi (n.) lore
نەزان ne zan (adj.) ignorant
نەزاندراو ne zandraw (adj.) unknown
نەزانراو nazanraw (adj.) dark
نەزانی ne zani (n.) ignorance
نەزانین ne zanin (n.) nescience
نەزۆك nazwk (adj.) barren
نەزۆکی ne zoki (n.) futility
نەسەبنامە neseb name (adj.) genealogical

نەشتەرگەری قەستەرە nashtargare qastara (n.) cesarean
نەشتەرگەری قەستەرە nashtargare qastara (adj.) cesarean
نەفتالین neftalin (n.) naphthalene
نەفرۆشراوە ne froshrawe (adj.) unsold
نەفرین ne frin (adj.) vicious
نەفرەت nafrat (n.) curse
نەفرەت لێکراو nafrat likraw (adj.) damned
نەفرەت لێکراوی nafrat likrawi (adj.) damnable
نەفرەتکردن nafratkirdn (n.) damnation
نەفەقە nafaqa (n.) alimony
نەفەوتاو ne fewtaw (adj.) incorruptible
نەقیب neqib (n.) lieutenant
نەقیز naqez (n.) goad
نەگبەت negbet (adj.) petulant
نەگرتنەوە ne grtinewe (v.) preclude
نەگریس nagres (n.) bully
نەگونجاو ne gonjaw (adj.) unadapted
نەگۆڕ nagor (adj.) constant
نەگوڕان na gwran (v.) bide
نەمام namam (n.) sapling
نەمامگە ne mamge (n.) nursery
نەمان maman (n.) depletion
نەمانی ڕێز لێنان namane rez le nan (n.) disrespect
نەمر namr (adj.) eternal
نەمری nemri (n.) glorification
نەمری دەکات ne mri dekat (v.) immortalize
نەھاتوو Ne hatoo (adj.) absent
نەهێشتن Ne heshtn (v.) abolish
نەهێشتنی سک پربوون ne heshtini sk pir boon (n.) contraception
نەهەنگ neheng (n.) shark
نەوت newt (n.) petrol
نەوتی خاو nawte khaw (adj.) crude
نەوتی سپی newti spi (n.) kerosene
نەوجوان new jwan (adj.) juvenile
نەورەس nawras (n.) gull
نەوسن nawsn (n.) epicure
نەویست ne wıst (adj.) disinclined
نەویستراو ne wistraw (adj.) repellent
نەویستن ne wistn (n.) rejection
نەوە nawa (n.) descendant
نەوەت newet (n.) ninety
نەوەدەمین newezdemin (adj.) ninetieth
نەوەکو ne weko (conj.) lest
نەوەی ئاینده newey aynde (n.) posterity

نەیار nayar (adj.) hostile
نەیاری nayari (n.) hostility
نەیزەکی neyzeki (adj.) meteoric

هاتن hatn (v.) come
هاتنە ژوورەوە hatne jorewe (n.) check-in
هاتوچۆ hat u cho (v.) traffic
هاتوچۆ قەدەغەکردن hatochw qadaghakirdn (n.) curfew
هاتوهاوار hatohawar (n.) din
هارپ harp (n.) ukelele
هارنەسەکان harnasakan (n.) cavorting
هاریك harik (n.) collateral
هاری hare (n.) bacchanal
هارین haren (v.) gnaw
هاککردن hakkirdn (v.) hack
هاکەر hakar (n.) hacker
هان دەدات han dedat (v.) encourage
هاندان handan (v.) abet
هاندەدات han dedat (v.) urge
هاندەر hander (n.) impulse
هاندەران handaran (n.) cheerleader
هاندەری handare (n.) enticer
هانی دە دات hani dedat (v.) instigate
هانی دەدات hani dedat (v.) rouse
هاوار hawar (n.) exclamation
هاوار بکە hawar bka (v.) exclaim
هاوار دەکات hawar dekat (v.) scream
هاوارکردن hawarkirdn (v.) blare
هاواری دێت hawari det (v.) relieve
هاوبەش Haw besh (n.) accomplice
هاوبەشکار hawbesh kar (n.) contributor
هاو بەشی haw beshi (n.) partnership
هاوبەشی تاوان دەداتە پاڵ hawbeshi tawan dedate pal (v.) implicate
هاوبەشی ناکات haw beshi nakat (v.) interrupt
هاوبەشیکردن hawbeshi kirdin (n.) communion
هاوبەشینەکردن haw beshi nekirdin (n.) interruption
هاوبەند haw bend (adj.) interdependent
هاوپۆل hawpol (n.) classmate
هاوپێچ Hawpech (v.) annex
هاوپێچکردن Haw pechkrdin (v.) attach
هاوپەیمان Hawpeyman (n.) alliance

هاوپەیمانان Hawpeymanan (adj.) allied
هاوپەیوەندی گۆڕاوەکان haw peywendi gorawekan (n.) correlation
هاوتا hawta (v.) coordinate
هاوتاکردن hawtakirdn (n.) coordination
هاوجووت hawjot (adj.) identical
هاوچەرخانە haw cherkhane (n.) modernity
هاودەردی hawdarde (n.) empathy
هاوڕیەتی haorieate (n.) amity
هاوڕەگەزبازی haw regez bazi (n.) sodomite
هاوڕێ hawre (n.) buddy
هاوڕێژەبوون haw reje boon (adj.) proportional
هاوڕێژەیی haw rejey (adj.) proportionate
هاوڕێی تیم hawrey tem (n.) teammate
هاوڕێی ژوور hawrey joor (n.) room-mate
هاوڕێی کەشتی hawrey keshti (n.) shipmate
هاوڕێی یارمەتیدەر hawrey yarmeti der (n.) helpmate
هاوڕێیەتی Hawre yeti (n.) accompaniment
هاوڕێیەتی بکە hawrieate bka (v.) befriend
هاوڕێی hawre (n.) colleague
هاوڕێی قوتابخانە hawrey qotabkhane (n.) schoolfellow
هاوڕەگەزباز haw regez baz (adj.) gay
هاوڕەگەزباز haw regez baz (adj.) gay
هاوژینیەتی hawjinyeti (n.) symbiosis
هاوسنووربوون haosnorbon (v.) adjoin
هاوسۆز Haw soz (adj.) acausal
هاوسۆزی hawsoze (n.) empath
هاوسەر hawser (adj.) spousal
هاوسەرانە haw serane (adj.) matrimonial
هاوسەرگرتن hawser girtin (n.) wedding
هاوسەرگری کردن hawser giri kirdin (n.) marriage
هاوسەرگیری hawser giri (v.) marry
هاوسەرێتی haw serity (n.) matrimony
هاوسەری haw seri (adj.) nuptial
هاوسەری دەکات hawseri dekat (v.) cohabit
هاوسەنتەری haw senteri (adj.) concentric
هاوسەنگ hawsang (v.) steady
هاوسەنگ بێت hawsang bit (adj.) balanced
هاوسەنگ دەکات hawsang dakat (v.) equate
هاوسەنگی hawsange (n.) balance
هاوشان hawshan (n.) counterpart
هاوشێوە hawshiwa (adj.) alike
هاوشێوەکردنی دەنگ haw shewe kirdini deng (n.) onomatopoeia
هاوشێوەیی haw shewey (n.) likeness

هاوکاری ده کات hawkari dekat (v.) shoulder
هاوکات hawkat (adj.) simultaneous
هاوکاتی hawkate (adj.) cotemporal
هاوکار haokar (n.) assistant
هاوکاری Hawkari (n.& v.) aid
هاوکاری دهکات haw kari dekat (v.) collaborate
هاوکاری کردن hawkare kirdn (v.) cooperate
هاو کێشە haw keshe (n.) equation
هاوگوزەرانی hawgozarane (n.) coexistence
هاولاتیین رە سە ن Hawlatien resen (n.) aborigine
هاولاتی hawlati (n.) citizen
هاومۆنیۆم hawmonewm (n.) harmonium
هاوناوی haw nawi (n.) namesake
هاوواتا haw wata (n.) synonym
هاولاتی hawlati (adj.) indigenous
هاویشتنج haweshtinj (v.) libel
هاوێژەر hawejer (n.) calibre
هاویشتنه بههێز hawishtne bahiz (v.) belch
هاوێنه hawene (n.) lens
هاوین hawen (n.) summer
هاوێنه هەوار hawene hewar (n.) resort
هاوناهەنگ hawahang (adj.) harmonious
هاوهڵ hawel (n.) fellow
هاوەڵی haweli (n.) fellowship
هاوەڵی دەکات haweli dekat (v.) mate
هاوەن hawen (v.) mortar
هایدرۆجین haydrojin (n.) hydrogen
هتد htd (adv.) etcetera
هە ریس heris (v.) mash
هە ست کردن به ماندوو بون hest kirdin be mando bon (n.) oat
هە ستی پشتەسەر hesti pshte ser (adj.) occipital
هه میشه یی hemishey (adj.) permanent
هه یه تی heyeti (v.) own
هۆلۆکۆست holokost (n.) holocaust
هۆڵۆڵ holol (v.) hollow
هۆنەر honar (n.) art
هۆنەر له honar la (n.) art form
هۆنەرمەند honarmand (n.) artist
هۆنەری honare (adj.) artistic
هۆنەری باش خواردن honery bash khwardin (n.) gastronomy
هۆنەری گڵکاری honare glkare (n.) ceramics
هۆنەری وتاربێژی honeri wtar beji (n.) oratory

هۆنەری ناخاوتن honare akhawtn (n.) eloquence
هۆ ho (n.) causality
هۆز hoz (n.) tribe
هۆزان hozan (n.) poetry
هۆزانفان hozan avn (n.) poetaster
هۆزانفان hozan avn (n.) poetess
هۆزانڤانی گۆرانی hozan vani gorani (n.) lyricist
هۆزی hozi (adj.) tribal
هۆش hosh (n.) intellectual
هۆشێنتی hosheti (n.) mentality
هۆشی تێک دەدات hoshi tek dedat (v.) fester
هۆشیاری hoshyare (n.) awareness
هۆگر Hogir (v.) addict
هۆگری hogri (n.) intimacy
هۆلۆکۆست holokost (n.) pyre
هۆلۆگراف holograf (n.) holograph
هۆڵی ناهەنگ holi ahang (n.) ballroom
هۆڵی ئامادەبوون hole amadabon (n.) auditorium
هۆڵ hol (n.) hall
هۆڵی وەرزشی holi werzishi (n.) gymnasium
هۆمۆپاتی homoyati (n.) homeopath
هۆنراوە honrawa (n.) acrostic
هۆنراوە دانان یا دارشتن honrawe danan ya darishtin (v.) versify
هۆنراوەکاری honrawe kari (n.) versification
هۆراوەی گۆرانی horawey gorani (n.) lyric
هۆنراوەی گۆرانی honrawey gorani (n.) ode
هۆنراوەیی honrawey (adj.) poetic
هۆنینەوە honenawa (n.) braid
هۆی جووت بوون hoy joot boon (n.) matchmaker
هۆیێك بۆ نەهێشتنی سك پربوون hoyek bo ne heshtini sk pir boon (n.) contraceptive
هۆیی hoy (adj.) causal
هۆیەکی بڵاوکردنەوە hoyeki blaw kirdinewe (n.) transmitter
هێنان له دە رە وە henan le derewe (n.) import
هێر her (n.) sod
هێرش hirsh (n.) assault
هێرش دەبات hersh debat (v.) maraud
هێرش دەکات hersh dekat (v.) pounce
هێرش کردن hersh kirdn (n.) pounce
هێرش یا پەلامارەدانێکی لەپڕ و توندوتیژ hirsh ya palamardanike lapr o tondotezh (n.) blitz
هێرشانه hershane (adj.) offensive
هێرش بەر hersh ber (v.) forward

هێرشکردن hersh kirdin (n.) onslaught
هێرشکردنه سەر hirshkirdna sar (v.) assail
هێرشی زەمینی hershi zemini (n.) ground attack
هێز hez (n.) force
هێز کۆدەکاتەوە hez kodekatewe (v.) marshal
هێزی بەرزکردنەوە hezi berz kirdinewe (n.) leverage
هێزی دەریایی hezi deryay (n.) navy
هێزی سوارە یان تانک hezi sware yan tank (n.) cavalry
هێزی سەربازی hize sarbaze (n.) army
هێزی فرۆشتن hezi froshtin (n.) salesforce
هێزە چەکدارەکان hiza chakidarakan (n.) armed forces
هێستر hestr (n.) ostrich
هەشتا heshta (conj.) yet
هێشوو hishw (n.) bunch
هێلانە helane (n.) nest
هێلانە دەکات helane dekat (v.) nest
هێلکە hilka (n.) cardamom
هێلکە دەکات helke dekat (v.) spawn
هێلکەدان helke dan (n.) hawthorn
هێلکەماسی helke masi (n.) spawn
هێلکەی helkey (adj.) ovular
هێلکەی شلقاو helke y shlqaw (n.) omelette
هێلکەی شەمێتانۆکە hilkae shaetanoka (n.) clam
هێلکەیی helkey (n.) oval
هێلی تەنشتی heli tenshti (n.) sideline
هێلی یەکسانبوون heli yeksan boon (n.) equator
هێل hel (n.) line
هێل دەکێشێت hel de keshet (v.) line
هێڵکاری hilkare (v.) chart
هێڵکاری بکە helkari bke (v.) underline
هێڵکاری ڕەوتی helkari rewti (n.) flow chart
هێڵکاریانە helkaryane (adj.) graphic
هێلنج hilnj (n.) nausea
هێلنجدان hilnjdan (n.) delirium
هێلی heli (n.) lane
هێلی تەلە heli tele (n.) trapline
هێلی زەمینی heli zemini (n.) landline
هێلی شرێت heli shret (n.) tapeline
هێلی شەمەندەفەر heli shemendefr (n.) rail
هێلی کەناری دەریا heli kenari derya (n.) shoreline
هێلی ئاسن heli asin (n.) railway
هێما hema (n.) symbol

هێما دەکات hema dekat (v.) symbolize
هێما سەرەکییەکان hema serekyekan (n.) landmark
هێماگەری hema geri (n.) symbolism
هێمای هاتووچۆ hemay hat u cho (n.) traffic sign
هێمایی hemay (adj.) symbolic
هێمن himn (adj.) calm
هێمن بە himn ba (v.) becalm
هێمن خواز hemn khwaz (n.) pacifist
هێمن کەرەوە hemn kerewe (n.) placebo
هێمنکەر hemin ker (n.) sedative
هێمنکەرەوە himnkarawa (adj.) calmative
هێمنی himne (n.) calmness
هێنان henan (v.) fetch
هێنانە بەر بار henane bar (v.) induct
هێواش hewash (adj.) slow
هێواش دەبێتەوە hewash debetewe (v.) simmer
هێواش دەکات hewash dekat (v.) slow
هێواش دەکاتەوە hewash dekatewe (v.) moderate
هیۆر کردنەوە hior kirdinewe (v.) lull
هیۆری کردەوە hiori kirdewe (v.) subside
هیۆریدەکات hioredakat (v.) appease
هیوڕێکردەوە hiwrekrdawa (v.) allay
هیێنا هیێنا hiena hiena (n.) hyaena, hyena
هی باس he bes (adj.) thematic
هی چاو he chaw (adj.) ophtalmic
هی ڕابواردن he ra bwardin (adj.) recreational
هی کێ hi ke (pron.) whose
هی ماوەی حەوانەوە he mawae hawanawa (adj.) sabbatical
هی من he min (n.) mine
هی نەخشێیی nekhshey (adj.) schematic
هی ئێمە he eme (pron.) our
هی ئەوان he awan (pron.) theirs
هیچ hich (adv.) none
هیچ کەسێک hich kesk (pron.) nobody
هیچ ناهێنێت hich nahenet (adj.) worthless
هیچ و پووچ hech o poch (adj.) banal
هیچی لەبەردا نییە hichi le berda nye (adj.) nude
هیس hes (n.) soot
هیستریا hesterya (n.) hysteria
هیستریانە hesteryana (adj.) hysterical
هیمۆگلۆبین hemogloben (n.) haemoglobin
هیندی hindi (adj.) Indian

هیوا hewa (n.) fiasco
هیوا دەخوازێت hewa dekhwazet (v.) hope
هەبوون خوازی heboon khwazı (n.) existentialism
هەتا heta (v.) even
هەتا ئێستا heta esta (n.) still
هەتیوخانە hetiw khane (n.) orphanage
هەتەر hatar (adj.) consistent
هەتەری hatare (n.) determination
هەر har (adj.) any
هەر چۆنێك بێت har chonik bit (adv.) anyway
هەر دەبێ ببێت her debe bbet (adj.) inevitable
هەر ساڵێك bo her salek (adv.) per annum
هەر شتێك har shtik (pron.) anything
هەر شوێنێك har shoinik (pron.) anyplace
هەر کاتێدا har katida (adv.) anytime
هەر کەسێك har kasik (pron.) anyone
هەرا hara (n.) fuss
هەراسان دەکات harasan dekat (v.) bother
هەرچۆنێك بێت herchonek bet (adv.) however
هەرچەندە harchanda (conj.) albeit
هەرخۆی her khoy (adv.) namely
هەردووك hardok (adj & pron.) both
هەردەم سەوز herdem sewz (adj.) evergreen
هەرزان herzan (adj.) cheap
هەرزانی دەکات harzane dakat (v.) cheapen
هەرزە herze (n.) millet
هەرزەکار harzakar (adj.) adolescent
هەرزەکاران herze karan (n. pl.) teens
هەرزەکاری Herzekari (n.) adolescence
هەرس دەکات hars dakat (v.) digest
هەرس کردن بە ناخۆشی hers kirdini be nekhoshi (n.) indigestion
هەرس ناکرێت hers nakret (adj.) indigestible
هەرسکردن hars kirdn (n.) digestion
هەرقەڵی harqale (adj.) herculean
هەرکاتێك her katek (conj.) whenever
هەرکامێك her kamek (pron.) whichever
هەرکەس her kes (pron.) whoever
هەرکەسێك harkasik (pron.) anybody
هەرگیز hargez (adv.) decidedly
هەرگیز کۆتای نایەت hergiz kotay nayet (adj.) never-ending
هەروەها harwaha (adv.) also
هەرێم herem (n.) canton
هەرێمایەتی heremayeti (adj.) provincial
هەرێمی hermi (adj.) regional
هەرێمی heremi (adj.) territorial
هەرێك heryek (adj.) each

هەریەکەی hareakae (adv.) apiece
هەراس haras (n.) avalanche
هەرەشە کردن بە چەك hereshe kirdin be chek (n.) gunpoint
هەرەم herem (n.) pyramid
هەرەوەزکردن harawazkirdn (n.) cooperation
هەرەوەزکار harawazkar (adj.) cooperative
هەرەشە hereshe (n.) menace
هەرەشە دەکات hereshe deakt (v.) menace
هەرەشەی لێ دەکات hereshey le dekat (v.) rebuke
هەزار hezar (n.) thousand
هەزار ساڵە hezar sal (n.) millennium
هەزارپێ hezar pe (n.) centipede
هەزارەمین hezaremin (adj.) thousandth
هەزەڵی hozale (adj.) comic
هەژار hejar (adj.) helpless
هەژاری hejari (n.) poverty
هەژاری دەکات hajari dekat (v.) impoverish
هەژدە hazhda (n.) eighteen
هەژین hejin (adj.) sensational
هەژیو hejiw (adj.) frantic
هەسارەی hesarey (adj.) planetary
هەسارە hesare (n.) planet
هەسارەی دۆڵفین hasaray dolfen (n.) dolphin
هەست hest (n.) feeling
هەست بزواندن hest de bzwenet (v.) thrill
هەست پێکراو hest pe kraw (adj.) substantial
هەست پێکروی هەیە hest pe kroy heye (adj.) perceptible
هەست پێنەکراو hest pe ne kraw (adj.) insensible
هەست تێژ hast tezh (adj.) apprehensive
هەست دەکات hest dekat (v.) feel
هەست دەکات لەگەڵ hast dakat la gal (n.) commune
هەست کردن بە ناخۆشی hest kirdin be na khoshi (n.) malaise
هەست مردوو hest mrdo (n.) pachyderm
هەست ناسکی hest naski (n.) sensibility
هەست و سۆز hast o soz (v.) emote
هەستپێکراو hest pe kraw (adj.) tactile
هەستدار hastdar (adj.) emotive
هەستی haste (adj.) carnal
هەستی برایانە hesti brayane (n.) fraternity
هەستی قوڵ hesti qol (n.) rancour
هەستی نەتەوایەتی hesti netewayeti (n.) nationalism
هەستیار hastyar (adj.) allergic

هەستیاری hastyare (n.) allergy
هەستەنی hesteni (adj.) sensuous
هەشت hasht (n.) eight
هەشتا hashta (n.) eighty
هەشتگۆشە hesht goshe (n.) octagon
هەشتگۆشەیی hesht goshey (adj.) octangular
هەشتەمی heshtemi (adj.) octuple
هەشتەمین رۆژ پاش جەژن heshtemin roj pash jejn (n.) octave
هەفتانە heftane (adv.) weekly
هەفتە hefte (n.) week
هەل hel (n.) occasion
هەل خەڵەتێنرا hel kheletenra (adj.) polary
هەل دەقۆزێتەوە hel deqozetewe (v.) profiteer
هەل قۆزێنەر hel qozener (n.) profiteer
هەڵاوسان helawsan (n.) inflation
هەڵبژاردن helbjardin (n.) pick
هەڵبژاردنی لیژنەی سوێند خواران hel bijardni lijney swend khwaran (v.) panel
هەڵبەستراو hel bestraw (adj.) fictional
هەڵ دە بژێری hel de bjere (v.) poll
هەڵگرتنی چەک لە تەنشتی خۆی helgrtini chek le tenshti khoy (n.) sidearm
هەڵوەشاندن helweshandin (v.) cancel
هەڵەی کرد heley kird (v.) goof
هەڵەیەکی نا بەرێکەوت heleyeki na bere kewt (n.) lapse
هەڵ چوون hel choon (n.) eruption
هەڵ دەچێت hel dechet (v.) erupt
هەڵا hala (v.) fuss
هەڵاتن Helatin (v.) abscond
هەڵاتن لە ڕاستی helatn le rasti (n.) escapism
هەڵاتوو helatw (n.) escapee
هەڵاڵە helale (n.) pollen
هەڵاوێردن hela werdın (n.) exception
هەڵاوێردوو hala werdo (adj.) exceptional
هەڵبژاردن hel bijartin (n.) choice
هەڵبژاردن hel bijartin (v.) choose
هەڵبژاردە halbzharda (adj.) elite
هەڵبژاردە helbjarde (adj.) select
هەڵبژێران halbzhiran (n.) electorate
هەڵبژێردراو hel bijerdraw (adj.) choosy
هەڵبەست helbest (v.) rhyme
هەڵبەستن helbestin (n.) fabrication
هەڵبەستی گۆرانی helbesti gorani (n.) monody
هەڵپەرەستی hel peresti (n.) opportunism
هەڵچوو halchw (adj.) effusive
هەڵچوون halchon (n.) ebullience

هەڵدە وەشێنێتەوە hel deweshenet (v.) invalidate
هەڵدێنێت hel denet (v.) hatch
هەڵدەبژێرێ helde bjere (v.) pick
هەڵدەبژێرێت haldabzhirit (v.) elect
هەڵدەبەستێ hel debeste (v.) trump
هەڵدەچێ hel deche (v.) rampage
هەڵدەستێ hel deste (v.) rise
هەڵدەستێت hel destenet (v.) wake
هەڵدەقۆڵی haldaqoli (n.) stem
هەڵدەقۆڵێت haldaqolit (v.) emanate
هەڵدەکوری haldakori (v.) crouch
هەڵدەکۆڵی hel dekole (v.) etch
هەڵدەکەنێت heldekenet (v.) dig
هەڵدەگرێت hel degret (v.) load
هەڵدەگرێتەوە hel degretewe (v.) rummage
هەڵدەگیری hel degire (adj.) portable
هەڵدەمژرێت Hel demijret (adj.) absorbable
هەڵدەمژێ hel demje (n.) snuff
هەڵدەواسێ hel dewase (v.) suspend
هەڵدەواسێت hel dewaset (v.) string
هەڵسان helsan (n.) rise
هەڵستا helsta (n.) rose
هەڵسە ندن hel sendin (n.) wake
هەڵسوکەوتی خراپ reftari khrab (n.) misbehaviour
هەڵسەنگاندن halsangandn (v.) assess
هەڵکشان و داکشان hel kshan u dakshan (adj.) tidal
هەڵکۆڵاندن hel kolandin (n.) rummage
هەڵکۆڵین halkolen (n.) craving
هەڵکەندراوە halkandrawa (adj.) etched
هەڵکەندن hel kendın (v.) excavate
هەڵکەوتو helkewto (adj.) brilliant
هەڵکەوتوو hel kewto (adj.) witty
هەڵگر halgr (n.) carrier
هەڵگرتن halgrtn (v.) carry
هەڵگرتنی گەرمی helgirtini germi (n.) convection
هەڵگرەی فریاکەوتن helgrey frya kewtin (n.) stretcher
هەڵگیراو hel geraw (adj.) borne
هەڵم helm (n.) steam
هەڵم دەبێت helm debet (v.) vaporize
هەڵماوی helmawe (adj.) vaporous
هەڵمژین Hel mijin (v.) absorb
هەڵمژینی Hel mijini (n.) absorption
هەڵهاتن halhatn (v.) elope
هەڵهاتن خواز hel hatin khwaz (n.) escapist

هەڵهاتن ناسی hel hatin nasi (n.) escapology
هەڵهاتوو hel hato (n.) runaway
هەڵهاتووە hel hato (adj.) escapable
هەڵواسراو halwasraw (adj.) dangling
هەڵواسین halwasen (v.) hang
هەڵووژە heloje (n.) plum
هەڵوێست helwest (n.) situation
هەڵوەشاندنەوە Helweshandnewe (n.) abolition
هەڵوەشانەوە Hel weshanewe (n.) abrogation
هەڵۆ halw (n.) eagle
هەڵی دەکۆڵێت heli de kolet (adv.) perforce
هەڵی وەشاند hale washand (v.) abrogate
هەڵێدەپەڕێنێ haledaparine (v.) dandle
هەڵناوسان halawsan (v.) ablate
هەڵناوسانی پووك helawsani powk (n.) pyorrhoea
هەڵ ئاوساو hel awsaw (adj.) inflammatory
هەڵە hale (n.) error
هەڵە چاپکردن hele chap kirdin (n.) misprint
هەڵە حیساب دەکات hele hisab dekat (v.) miscalculate
هەڵە حیسابکردن hele hesab kirdin (n.) miscalculation
هەڵە دەکات hele dekat (v.) mistake
هەڵە لە ورزشدا hele le werzish da (v.) foul
هەڵەشە heleshe (adj.) impetuous
هەڵەکردن hele kirdin (adj.) blundering
هەڵەی بچووك heley bchok (adj.) venial
هەڵەی گەورە heley gewre (n.) blunder
هەڵەی مێژوویی halae mizhoe (n.) anachronism
هەڵەیە heleye (adj.) incorrect
هەمان heman (adj.) same
هەموار کردن hamwar kirdn (v.) amend
هەموار کردنەوە hamwar kirdnawa (n.) amendment
هەموارکردنەوە hamwarkirdnawa (v.) emend
هەموو شت خۆر hemo sht khor (n.) omnivore
هەموو hamw (adj.) entire
هەموو باش meho bash (adj.) omnibenevolent
هەموو توانا hemo twana (n.) omnicompetence
هەموو زمانە hemo zmane (n.) omnilingual
هەموو شتێك لێهاتوو hemo shtek le hato (adj.) omnicompetent
هەموو شێوەیەك hemo sheweyek (adj.) omniform

هەموو یەكێك hemo yekek (pron.) everyone
هەموو ئاراستەیەك hemo araste yek (adj.) omnidirectional
هەموو ئاراستەیەكی hemo arasteyeki (n.) omnidirectionality
هەموو شتێك hemo shtek (pron.) everything
هەمووكاتێ hamokate (adv.) always
هەمووی hamoy (adv.) altogether
هەمیشە hemishe (n.) perennial
هەمیشە عارەق خواردنەوە hamesha araq khwardnawa (n.) alcoholism
هەمیشە ئامادەیە hemishe amadey (adj.) ever-ready
هەمیشەیی hemishey (adj.) everlasting
هەمیشەیی کردن hemishey kirdin (v.) eternalize
هەمە رەنگ hama rang (adj.) eclectic
هەمەجۆر heme jor (adj.) manifold
هەمەجۆری heme jori (n.) variety
هەمەچەشن کردن heme cheshn kirdin (v.) diversify
هەمەخۆرە heme khor (adj.) omnivorous
هەناسە hanasa (n.) breath
هەناسە دە برێت henase de bret (v.) pant
هەناسە دەدات henase dedat (v.) respire
هەناسە هەڵدەکێشنێ henase hel dekshene (v.) sigh
هەناسە هەڵکێشان henase hel keshan (n.) sigh
هەناسەبڕكێ hanase brke (adj.) breathtaking
هەناسەدان hanasadan (n.) gasp
هەناسە دەکات henase dekat (v.) gasp
هەناسەدەدات henase dedat (v.) breathe
هەناساو وەردەگرێت henase werdegret (v.) inhale
هەناسەی سەگ hanasay sag (n.) dogbreath
هەنجیر henjir (n.) fig
هەندێ hende (pron.) some
هەندێ جار hende jar (adv.) sometime
هەندێك hendek (adj.) several
هەنسك هەڵدان hensk heldan (n.) sob
هەنسك هەڵدەدات hensk hel dedat (v.) sob
هەنگ hang (n.) bee
هەنگ بەخێوکردن hang bakhiokirdn (n.) apiculture
هەنگاو hengaw (n.) pace
هەنگاو دەنێت hengaw denet (v.) pace
هەنگاو دانێت hangaw danit (v.) step
هەنگاوی فراوان hengawi frawan (n.) stride

هەنگاوی فراوان دە نێت hengawi frawan denet (v.) stride
هەنگاوی گرنگ hengawi grng (n.) milestone
هەنگوین hangwen (n.) honey
هەنگەوان hangawan (n.) beekeeper
هەوا پۆنگ خواردوو hewa pong khwardo (adj.) sultry
هەوا دەگۆرێ hewa degore (v.) ventilate
هەوادار hawadar (adj.) airy
هەوارگە hawarga (n.) campsite
هەوارنشین hawarnshen (n.) camper
هەواگۆر hewa gor (n.) ventilator
هەواگۆرکێ hawagorki (v.) aerate
هەواگۆرین hewa gorin (n.) ventilation
هەوالگر hewal gr (adj.) intelligent
هەوالگری hewal gri (n.) intelligence
هەواڵ hewal (n. pl.) tidings
هەواڵ بەیەکێک دەگەیەنێت hewal be yekek degeyenet (v.) impart
هەواڵبەر hewal ber (n.) informer
هەواڵنێر hwalner (n.) teller
هەواڵەکان hewalekan (n.) news
هەوای گەرم hawae garm (n.) breeze
هەور hawr (n.) cloud
هەور داپۆشیو hawr daposhew (adj.) cloudy
هەوراوی hew rawi (adj.) overcast
هەوری تەنك hawre tank (n.) cirrus
هەورەبان hewre ban (n.) loft
هەوس Hews (v.) abseil
هەوکردنی بۆرییەکانی هەناسە hawkirdne boreakane hanasa (n.) bronchitis
هەوکردنی پێستی دیوی ناوەوەی پێڵووی چاو hakirdne piste dewe nawawae pilwe chaw (n.) conjunctivitis
هەوکردنی ڕیخۆڵە کویرە haokirdne rikhola koira (n.) appendicitis
هەوکردنی ڕیشاڵ hewkirdini reshal (n.) tendinitis
هەوکردنی سییەکان hew kirdini se yekan (n.) pneumonia
هەولی زیندووکردنەوە دە کات hewli zindo kirdinewe dekat (v.) reanimate
هەوڵ دەدات haol dadat (v.) attempt
هەوڵدان hawldan (n.) endeavour
هەوڵدان دە دات hewl dedat (v.) try
هەوڵدەدات hewl dedat (n.) contender
هەوڵدەر hawldar (adj.) diligent
هەوڵی هاوبەش hewli hawbesh (n.) joint effort

هەویر hawer (n.) dough
هەویرکاری hewir kari (n.) pastry
هەوس hewe (n.) mood
هەوەس هەڵسان hewes helsan (n.) eroticism
هەوەسباز hewes baz (adj.) whimsical
هەوەسکار hawaskar (adj.) capricious
هەوەسی hewesi (adj.) voluntary
هەیڤ heyv (n.) moon
هەینی hayni (n.) Friday
هەیوان heywan (n.) terrace
هەیە Heye (adj.) available
هەیەتی heyeti (v.) have

و

و o (conj.) and
وا پێشان دەدات wa peshan dedat (v.) pretend
وا درەخستن wa drekhstin (n.) pretence
وا دیارە wa dyare (adj.) seemly
وابلی wabli (adj.) wabbly
وابینین wabenen (v.) envision
وابەستە wabasta (n.) dependant
وابەستیی wabastae (n.) dependence
وابەستەیی یەکتر wa bestey yektir (n.) interdependence
واپێشاندان wa peshan dan (n.) pretension
وات wat (n.) watt
واتا wata (v.) connote
واتە wate (adj.) mean
واجبە wajba (adj.) obligatory
وادادنی wa dadene (v.) suppose
Wadadenet وادادەنێت (v.) assume
وادانان wadanan (n.) assumption
وادانای زانستی wadanay zanisti (n.) hypothesis
وادانراوی wa danrawe (adj.) hypothetical
وادیار دەبێت wa dyar debet (v.) seem
وادەزانێ wa dezane (v.) reckon
وادەگەیەنێ wa degeyene (v.) imply
وادەگەیەنێت wa degeyenet (n.) drive
وارد ward (v.) ward
وارنیش warnesh (v.) varnish
واز هێنان waz henan (v.) abdicate
وازدە هێنێ waz de hene (v.) resign
Waz dehenet وازدەهێنێت (n.) abbreviation
وازدەهێنێت waz dehenet (v.) waive
وازلێ هێنان waz le henan (n.) renunciation

وازهێنان waz henan (n.) abduction
وازهێنانی مەی خواردنەوە waz henani mey khwardinewe (adj.) teetotal
وازهێناوە waz henawe (n.) abdication
وازهێنان waz henan (n.) dropout
وازی waze (n.) contest
وازی لێ دێنێ wazi le dene (v.) relinquish
وازی لێ دێنێت wazi le denet (v.) forsake
وازی لێهێنا wazi le hena (adj.) left
واژوو wajoo (n.) signature
واژۆ دەکات wajoo dekat (v.) sign
واژۆکردن wazhokirdn (n.) autograph
واژە waje (n.) subscription
واژە کردوو wazha krdw (n.) signatory
واشەر washer (n.) washer
واك wak (adj.) wack
واکۆ wakw (adj.) wacko
والێکردن walekirdn (v.) conduce
وانە wane (v.) lecture
وانە بێژ wane bej (n.) lecturer
وای دێنێتە بەر چاو way denete ber chaw (v.) delude
وای نیازە way nyaze (v.) purpose
وایەر wayer (n.) wire
وایەرکاری wayer kari (n.) wiring
وتار لە سە ر کە سی مردوو wtar le ser kesi mrdo (n.) orbituary
وتارنووس wtar nos (n.) essayist
وتاریکە هەڵسەنگێنەر wtarike halsanginar (n.) critique
وتارەکەم wtarakam (adj.) enunciatory
وتن wtn (n.) statement
ورچ wrch (n.) bear
ورچی گەورە worchi gewre (n.) wain
ورد word (n.) minute
وردبوونەوە wrdbonawa (v.) delve
وردبین word bin (adj.) observant
وردبین wordbin (adj.) scrupulous
وردبینانە word binane (adj.) meticulous
وردبینی Wordbini (n.) audit
وردەکات wrdakat (v.) crumble
وردکار wird kar (n.) controller
وردکردن word kirdin (v.) mince
وردکەر wrdkar (n.) grinder
وردی wordi (n.) precision
وردە لە هەڵبژاردن wrde le helbijardin (adj.) selective
وردە وردە wrde wrde (adj.) gradual
وردەباران wrde baran (v.) drizzle

وردەکاغەز worde kakhez (n.) clipping
ورگ worg (n.) belly
ورل orl (n.) orl
ورن orn (v.) orn
وروژاندن wrozhandn (n.) agitation
وروژاندن wrojandin (v.) excite
وروژێنەر worjener (adj.) irritant
ورێنە wrine (v.) rave
وریا wrya (adj.) prudent
وریا بوون wrya boon (n.) heed
وریا دەبێتەوە wrya debetewe (v.) heed
وریا دەکرێتەوە wrya dekretewe (v.) notify
وریادەکاتەوە wrya dekatewe (v.) warn
وریاکردنەوانە wrya kirdnewane (adj.) precautionary
وریاکردنەوە wrya kirdinewe (n.) notification
وریایی wryay (n.) prudence
وریك wrek (n.) wrick
وربوون wrbon (v.) daze
ورێنە wrine (n.) gibberish
وشک کراوەتەوە wshk krawatawa (adj.) dried
وشککردنەوە wshk kirdnawa (n.) dehydrate
وشککەرەوە wshkkarawa (n.) dryer
وشکە ساڵی wishke sali (n.) drought
وشە woshe (n.) vocabulary
وشەی سەرەکی wshey sereki (n.) keyword
وشەیی wshey (adj.) literal
ولات wlat (n.) country
ونوماست uno mast (n) onomast
ونوزدەدات wnawz dedat (n.) doze
وە ردە کی لاستیك werdeki lastik (n.) rubber duck
وە رم werm (n.) oncogene
وە ستانی سوری مانگانە westani sori mangane (n.) menopause
وەسف دەکات wesf dekat (v.) term
وە کو weko (prep.) like
وە کو مار دە جولی weko mar de jole (v.) snake
ووتار wtar (n.) essay
ووتار گوتن wtar gotin (v.) essay
ووتاربێژ wtar bej (n.) orator
ووتاری wtari (adj.) oratorical
ووردز wdz (n.) woods
وورد Wird (adj.) accurate
ووردبینە ر Wordniner (n.) auditor
ووردی Wirdi (n.) accuracy
ووردە نان wrda nan (n.) breadcrumb
ووردەکاری worde kari (n.) detail

وورگ worg (n.) stomach
ووره wore (n.) morale
ووزه wza (n.) energy
ووشتر wshtr (n.) camel
ووشك wshk (adj.) arid
ووشك ده كات woshk dekat (v.) season
ووشك دەكاتەوه wshk dekatewe (v.) parch
ووشك كردن wshk kirdin (v.) dry
ووشك دەكات woshk dekat (v.) towel
ووشه woshe (n.) word
ووشه لێك دەدات woshe lek dedat (n.) slur
ووشەی نهێنی wshae nhine (v.) countersign
وولات wlat (n.) commonwealth
وون win (adj.) missing
وون بوو won bow (v.) straggle
وون بوون won boon (v.) disappear
وون دەبی won debe (v.) stray
وون دەبێت won debet (v.) vanish
وون دەكات won dekat (v.) lose
وونبوو won bo (adj.) stray
وونیكرد wni kird (v.) lost
وۆلدلینگ wold ling (n.) worldling
ویب پەر web per (n.) web page
ویب فروشگا web froshga (n.) web store
ویبكاستینگ web kasting (n.) webcasting
ویبماستەر webmaster (n.) webmaster
ویبی wibe (adj.) webby
ویبیسۆد webisod (n.) webisode
ویبینار webinar (n.) webinar
ویر weran kar (n.) whir
ویران weran (n.) ruin
ویران بوون weran boon (n.) dilapidation
ویران دەكات weran dekat (v.) ravage
ویران كردن weran kirdin (n.) deconstruction
ویرانكار weran kar (adj.) wasteful
ویرانكەر weran kirdin (v.) devastate
ویرانی werani (n.) havoc
ویرانە werane (v.) desolvate
ویژه weje (n.) literature
ویژەوان weje wan (n.) litterateur
ویژەیی wejey (adj.) literary
ویژەی هونەری wejey honeri (n.) terminology
ویستگەی پاس wistgae pas (n.) bus shelter
ویستگەی ئاگر كوژێنەوه kojinewe westgey agir (n.) fire station
ویسكی wiske (n.) whisky
وێنە دەكا wene deka (v.) illustrate
وێنە كردن wene kirdin (n.) illustration

وێنك wink (v.) oink
وێنە دە كات wene dekat (v.) pencil
وێنە wene (n.) figure
وێنە wene (n.) portrait
وێنە دە گریت wene de gret (v.) portray
وێنە كێشراوی ڕەنگاوڕەنگ wene keshrawi renga u reng (n.) pastel
وێنە گرتنی شاشە wene grtini shashe (n.) screenprint
وێنە و پەرتووك و گۆڤار و شتی هەوەس هەڵسین wina o partok o govar o shte hawas halsen (n.) erotica
وێنە یا ڕووناكییەكی سەر شاشەی ڕادار wina ya rwnakeake sar shashae radar (n.) blip
وێنەخاڵ wene khal (n.) pixel
وێنەخوێن wene khwen (n.) scanner
وێنەدەكێشێنێت wene dekeshenet (v.) draw
وێنەكێش wene kesh (adj.) draftsman
وێنەكێشان wene keshan (n.) drawing
وێنەگرتن wene girtin (n.) imagery
وێنەگرتنی فۆتۆگرافی wene grtini foto grafi (n.) photography
وێنەگری wene gri (n.) portraiture
وێنەگری فۆتۆگرافی wene gri foto grafi (n.) photographer
وێنەی بەدەست كێشراو weney be dest keshraw (n.) toll
وێنەی پشتەوە winae pshtawa (n.) background
وێنەی خێرا weney khera (n.) snapshot
وێنەی دەقاودەق weney deqa u deq (n.) facsimile
وێنەی دەكات weney dekat (v.) trace
وێنەی شاشە weney shashe (n.) screenshot
وێنەی فۆتۆگرافی weney foto grafi (n.) photograph
وێنەی كاغەزی تەنك weney kaghezi tenk (n.) tracing
وێنەی كەسێك winae kasik (n.) effigy
وێنەی ناوێنەی weney awene (n.) flip
وێنەی ناوێنەیی weney aweney (n.) mirror image
وێنەیەكی بچوككراوە weneyeki bchok kraw (adj.) miniature
وێنەیەكی پەرچاوە weneyeki perchawe (adj.) reflex
وێت wet (n.) withe
وێتاڵ wetal (adv.) withal
ویژدان wijdan (n.) conscience

ویست wist (n.) urge
ویستراو westraw (adj.) laboured
ویستگە westge (n.) station
ویستن westn (n.) desire
ویستیکی سەرپێی westike sarpie (n.) caprice
ویلو welw (n.) willow
ویلێکی ئازاد weleki azad (v.) freewheel
ویلی wele (adj.) wily
ویلینگتون welengton (n.) wellington
ویمبڵ wembl (n.) wimble
وەبڵ webl (v.) wabble
وەبیر هێنانەوە weber henanewe (v.) evocate
وەبەر هێنان weber henan (v.) invest
وەبەر هێنان weber henan (n.) investment
وەچە wacha (n.) progeny
وەردە گیرێت wer degiret (v.) transceive
وەردەگرێ wer degre (v.) take
وەردەگرێتەوە wer degretewe (v.) restore
وەردەگرێت wer degret (v.) translate
وەرز werz (n.) season
وەرزش werzish (n.) sport
وەرزش دەکات werzish dekat (v.) sport
وەرزشکار werzish kar (n.) sportsman
وەرزشوان warzshwan (n.) athlete
وەرزشی warzshe (adj.) athletic
وەرزی warze (adj.) seasonal
وەرزی تری لێکردنەوە werzi tre le kirdinewe (n.) vintage
وەرزی خوێندن werzi khwendin (n.) semester
وەرسی دەکات wersi dekat (v.) upset
وەرگر wergr (n.) receiver
وەرگرتن wargirtn (n.) acquisition
وەرگرتە wergrte (v.) quote
وەرگرنامە wergr name (n.) receipt
وەرگێر و وەرگر werger u wergr (n.) transceiver
وەرگێر werger (n.) interpreter
وەرگێران wergeran (n.) citation
وەرگیراو wer geraw (adj.) derivative
وەرگیراوە wargirawa (adj.) accepted
وەرگیراوە wer giraw (adj.) takeable
وەرگەڕانی شەمەندەفەر wargarane shamandafar (n.) derailment
وەری دەگرێ weri degre (v.) receive
وارینی خوێن Warini khoin (v.) atrophy
وەرس بوون wers boon (n.) resentment
وەرین waren (n.) yap
وەرەسکار weres kar (adj.) irksome
وەرەی گر werey gr (n.) woof

وەزارەت wezaret (adj.) ministrant
وەزارەتی دارایی wazarate darae (n.) treasury
وەزیر wezir (n.) minister
وەزیر wezir (n.) secretary
وەستان westan (n.) outage
وەستاندن wastandn (n.) containment
وەستانی دڵ wastane dl (n.) cardiac arrest
وەستاو westaw (adj.) motionless
وەستایانە westayane (adj.) masterly
وەستای دەکات westay dekat (v.) master
وەسف دەکات wasf dakat (v.) depict
وەسف ناکرێت wesf nakret (adj.) indescribable
وەسفی دەکات wesfi dekat (v.) prescribe
وەسیەتنامە wesyet name (v.) bequeath
وەشت washt (n.) drizzle
وەفادار wefadar (adj.) faithful
وەک wak (adv.) as
وەک باو wak baw (adj.) fashionable
وەک پێویستە wak piwesta (adv.) duly
وەک چەقۆ wak chaqw (n.) cutlery
وەک دایک wek dayk (adj.) motherlike
وەک شیری دایکی لێ دەکات wek shiri dayki le dekat (v.) humanize
وەک کەسێک لە گەڵ شتێک رەفتار دەکات wek kesek le gel shtek reftar dekat (v.) personify
وەک هێستر wek hestr (adj.) mulish
وەک یەک wek yek (adv.) evenly
وەک ئەوە wek awe (pron.) such
وەک wek (n.) second
وەک یەک wek yek (n.) consonant
وەکو یەک دەنێت weko yek denet (v.) conform
وەکیلی خانووبەرە wakele khanobara (n.) estate agent
وەڵام walam (n.) answer
وەڵام دانەوە welam danewe (n.) response
وەڵام دەداتەوە welam dedatewe (v.) reply
وەڵامدانەوە welam danewe (n.) rejoinder
وەڵامدانەوەی ژیرانە welam danewey jirane (n.) repartee
وەڵامدراوە walamdarawa (adj.) answerable
وەڵامی خێرا welami khera (n.) retort
وەڵامی خێرا داتە وە welami khera de datewe (v.) retort
وەناق wanaq (n.) angina
وەنەوشە wenewshe (n.) violet
وەهم wehm (n.) illusion
وەهماوی wahmawe (adj.) delusional

یاری بۆکەر yar poker (n.) poker
یاری خلیسکێنەی دەکات yari khleskiney dekat (v.) skate
یاری کارت yari kart (n.) playcard
ینبعث enbas (v.) emit
یەك دەگری yek degre (v.) solder
یەك گرتۆ yek grto (n.) solder
یاخی بوو yakhi bo (n.) insurgent
یاخی دە بێت yakhi de bet (v.) mutiny
یاخی دەکات yakhi dekat (v.) rebel
یاخیبوو yakhi bo (adj.) mutinous
یاخیبوون yakhi boon (n.) mutiny
یاخیدەبێ yakhi debe (v.) revolt
یاخیگەر yakhi ger (adj.) rebellious
یاخیگەری yakhi geri (n.) rebellion
یادکردنەوە yadi kirdinewe (n.) commemoration
یادگار yadgar (n.) memento
یادگاری yadgari (adj.) immemorial
یادگاریکردن yad gari kirdin (n.) mnemonization
یادگاریەکان دێنەوە یاد yadgaryekan denewe yad (adj.) evocative
یادنامە yadnama (n.) diary
یادی تێپەربوونی سەدەیەك yade tibarbone sadaeak (n.) centennial
یادی دەکاتەوە yadi dekatewe (v.) commemorate
یادی سەدسالە yade sadsala (n.) centenary
یادەوەر yade wer (adj.) reminiscent
یاراستە yarasta (n.) course
یارمەتی yarmate (v.) assist
یارمەتی دارایی yarmeti daray (n.) subsidy
یارمەتی دەدات yarmeti dedat (v.) help
یارمەتیدان yarmetedan (n.) assistance
یارمەتیدەر Yarmetider (n.) abettor
یارمەتیدەر yarmatedar (adj.) ancillary
یارمەتیدەری باند yarmatedare band (n.) Band-Aid
یارمەتیدەری یاد yarmeti deri yad (adj.) mnemonic
یارمەتییەکان yarmateakan (n.) AIDS
یاری yari (n.) game
یاری دەکا yari deka (v.) toy

یاری نۆڵۆمپی نوێ yari ulompi nwe (n.) olympiad
یارە پاڵەوانی yare palawane (adj.) acrobatic
یاری پێدەکات yari pe dekat (v.) tamper
یاری پیتەکان yari pitekan (n.) pun
یاری پیتەکان دە کات yari pitekan dekat (v.) pun
یاری پەر yare par (n.) badminton
یاری تێنس yari tens (n.) tennis
یارە تەختە yare takhta (n.) board game
یاری چەرخ و فەڵەکی ئەسپ yare charkh o falake asp (n.) carousel
یاری دە کات yari dekat (v.) play
یارە دۆمینە yare domine (n.) domino
یاری دەکات yeari dekat (v.) frolic
یاری سازکەر yari saz ker (n.) toymaker
یاری شیربازی yari sher bazi (n.) fencing
یارە شەترەنج yare shatranj (n.) chess
یاری فرۆش yari frosh (n.) toyseller
یاری ڤیدیۆیی yari videoy (n.) videogaming
یاری کردن yeari kirdin (n.) frolic
یارە کرێکێت yare krekit (n.) cricket
یاری گۆڕ yar° gor (n.) game changer
یاری لەگەڵ دەکات yari le gel dekat (v.) tease
یاری هۆکی yari hoki (n.) hockey
یاری ناگر yari agir (n.) fireworks
یاریدەدەر yaredadar (n.) aide
یاریزان yarezan (n.) gameplayer
یاری زانانە yari zanane (adj.) playful
یاریکەر yariker (n.) fencer
یاریگا yarega (n.) arcade
یاریی سکواش yari skwash (n.) squash
یارییەکی دادپەروەرانە yaryeki dad perwerane (n.) fair game
یازدە yazda (n.) eleven
یاسا yasa (n.) law
یاسا دەربکات yasa darbkat (v.) enact
یاسا شکاندن yasa shkandn (n.) rulebreaking
یاسا یان فرمانی ناوخۆیی yasa yan frmani nawkho (n.) ordinance
یاسابەستراو yasa bestraw (adj.) rulebound
یاسادادەنێت yasa dadenet (v.) legislate
یاسادانان yasa danan (n.) legislation
یاسادانانی yasa danani (adj.) legislative
یاسادانەر yasa daner (n.) legislator
یاساشکاندن yasa shikandin (v.) breach
یاساوان yasawan (n.) jurist
یاسای کلێسە yasae klisa (n.) canon
یاسای نموونە yasay nmone (n.) role model

ياسايى yasay *(adj.)* lawful
ياسايى بوون yasay boon *(n.)* legality
ياسايەتى yasayeti *(n.)* legitimacy
ياسمين جێسامين yasmin jisamin *(n.)* jasmine, jessamine
ياڤى yave *(n.)* eave
ياقوت yaqot *(n.)* ruby
ياك yak *(n.)* yak
يانەسيب yanesib *(n.)* lottery
ياوەر yawar *(n.)* chamberlain
ياوەرى Yaweri *(n.)* accompanist
ياوەرى بكەن yaware bikan *(v.)* accompany
يسپاسى espasi *(n.)* espace
يوبيسيتى yubisiti *(n.)* ubicity
يوتيوب yotyob *(v.)* You Tube
يوفولوجى yufoloji *(n.)* ufology
يوكاليپت ewkalept *(n.)* eucalypt
يونيف نو yu ef u *(n.)* ufo
يۆريكا ewreka *(int.)* eureka
يۆگا yoga *(n.)* yoga
يۆگى yogi *(n.)* yogi
يۆنانى yonan *(n.)* Greek
يەخت yekht *(n.)* yacht
يەخە yekhe *(n.)* collar
يەدەك yedek *(n.)* substitute
يەك yek *(pron.)* one
يەك برگانە yek brgane *(adj.)* monosyllabic
يەك برگە yek brge *(n.)* monosyllable
يەك پارچەيى yek parchey *(n.)* monolith
يەك تاپەرستى yek ta persti *(n.)* monotheism
يەك چارچە yek parche *(adj.)* seamless
يەك خوا پەرست yek khwa perst *(n.)* monotheist
يەك دەگرێ yak dagri *(v.)* amalgamate
يەك دەنگ yek deng *(n.)* unison
يەك رێگا yek rega *(adj.)* one-way
يەك ژن yek jn *(adj.)* monogynous
يەك فلس yek fls *(n.)* penny
يەك لايەنە yek layene *(adj.)* one-sided
يەك لە دواى يەك yek le duay yek *(adj.)* consecutive
يەك لەزار يان لە دۆمينۆ yak lazar yan la domeno *(n.)* ace
يەكبگرن yek bgrn *(v.)* unite
يەكبوو yek bo *(adj.)* compact
يەكبوون yek boon *(n.)* coalition
يەكتر جێگيركردن yektir jegir kirdin *(n.)* juxtaposition
يەكتر دابنى yektir dabne *(v.)* juxtapose
يەكتربرين yektir brin *(n.)* intersection
يەكتربرينەكان yektir brinekan *(n.)* crossroads
يەكترى تاوانباركر دەكات yektri tawan bar dekat *(v.)* recriminate
يەكجى yekje *(n.)* ensemble
يەكدەگرێت yek degret *(v.)* cohere
يەكگرێزى yek rezi *(n.)* unity
يەكسان yeksan *(n.)* equal
يەكسان كردن yeksan kirdin *(v.)* equal
يەكسانبوونى شەو و رۆژ yeksan boni shew u roj *(n.)* equinox
يەكسانى yeksanı *(n.)* equality
يەكسانى دەكات yeksani dekat *(v.)* equalize
يەكسانە yeksane *(v.)* correspond
يەكسەر yek ser *(adv.)* forthwith
يەكسەرى yekseri *(adj.)* instantaneous
يەكشەممە yek shemme *(n.)* Sunday
يەكگرتن yek girtin *(n.)* confederation
يەكگرتن yek girtin *(n.)* juncture
يەكگرتنێكى نا بەجى yek grtneki na be je *(n.)* misalliance
يەكگرتنەوە yek girtow *(n.)* incorporation
يەكگرتنەوە لەك خاڵ يا شوێندا eakgrtnawa lak khal ya shwinda *(n.)* convergence
يەكگرتۆ yek girto *(adj.)* corporate
يەكگرتوو yek girto *(adj.)* convergent
يەكگرتووى بيرورا yek grtoy bir u ra *(adj.)* coherent
يەكلا كردنەوە yek la kirdinewe *(v.)* settle
يەكلاكەرەوە yaklakarawa *(v.)* alliterate
يەكێتى yeketi *(n.)* union
يەكێك لە دەستەى yekek le destey *(n.)* gangster
يەكێك لە سێ وێنە yekek le se wene *(n.)* triplicate
يەكێك لەو دووانە eakik law dwana *(pron.)* either
يەكێتى yekyeti *(n.)* pantheism
يەكەم yekem *(adj.)* first
يەكەم دەركەوتن yekem derkewtin *(n.)* debut
يەكەم نمايش yekem nmaysh *(n.)* premiere
يەكەى پێوانى درێژايى كە يەكسانە بە (٢٢٠)يارد yekey pewani drejay ke yeksane be 220 yard *(n.)* furlong
يەكەى پێوانى تێنى دەنگ eakae pewane tene dang *(n.)* decibel
يەن yen *(n.)* Yen